Die Inside Passage
(Süd)
Kartendetail Nord
Kartendetail Süd
Greene Point Rapids
Dent Rapids
Blind
Channel
Yuculta Rapids
Arran Rapids
Refuge Cove
Desolation Sound
Seymour
Narrows
Vananda
Malaspina Strait
ncouver Island
Strait of Georgia
Vancouver
Dodd Narrows
KANADA
VEREINIGTE STAATEN
Crofton
Sansum Narrows
Spieden Channel
Haro Strait
Victoria
Juan de Fuca Strait
Rosario Strait
Deception Pass
Skagit Bay
Saratoga Passage
Possession
Sound
Seattle
Puget Sound
125°30'
125°
124°30'
124°
123°30'
123°
122°30'
52°30'
52°
51°30'
51°
50°30'
50°
49°30'
49°
48°30'
48°
47°30'

Jonathan Raban

Aus dem Englischen von Sabine Hedinger

Passage nach Juneau

Eine Reise hinter die Spiegel der See

marebuchverlag

Für die Zitate auf den angegebenen Seiten wurde auf folgende Übersetzungen ins Deutsche zurückgegriffen: S. 256 f.: William Wordsworth, *Präludium oder Das Reifen eines Dichtergeistes*, übersetzt v. Herrmann Fischer, Stuttgart 1974 / S. 368 ff.: Percy Bysshe Shelley, *Alastor oder Der Geist der Einsamkeit*, in: Percy Bysshe Shelley, *Ausgewählte Werke*, hrsg. v. Horst Höhne, übersetzt v. Heinz Berger, Leipzig 1985 / S. 587 f.: Evelyn Waugh, *Eine Handvoll Staub*, übersetzt v. Matthias Fienbork, Zürich 1986 / S. 593 ff.: Mark Aurel, *Selbstbetrachtungen*, übersetzt v. Willy Theiler, Reinbek bei Hamburg 1965

Die Deutsche Bibliothek verzeichnet diese Publikation
in der deutschen Nationalbibliografie;
detaillierte bibliografische Daten sind im Internet
unter http://dnb.ddb.de abrufbar.

Die amerikanische Originalausgabe erschien 1999 unter dem Titel
Passage to Juneau. A Sea and its Meanings bei Pantheon Books, New York.

1. Auflage 2003

Lektorat Henning Ahrens, Berlin
Redaktion Olaf Kanter, Hamburg
Umschlaggestaltung Ⓢ sans serif, Berlin
Typografie Farnschläder & Mahlstedt, Hamburg
Schrift Apolline
Druck und Bindung Clausen & Bosse, Leck
Printed in Germany
ISBN 3-936384-82-7

Für Julia

Ich fühle alle Leidenschaften mich durchzittern eines schmerzlich ringenden Schiffes; der gute Wind, der Sturm und seine Zuckungen

Auf dem unendlichen Abgrund wiegen mich. – Und manchmal auch: Windstille, großer Spiegel meiner Verzweiflung!

Charles Baudelaire, *Die Blumen des Bösen*

«Der Golf … Ja! Ein merkwürdiges Stückchen See, das!», bemerkte Kapitän Giles.

Joseph Conrad, *Die Schattenlinie*

Klar Schiff

Da kam er die Pier entlang: ein linkischer Lulatsch, das blonde Haar mit rotem Tuch zum Zopf gebunden, auf den Schultern eine aufgerollte Isomatte. Seine bunt karierte Wolljacke wäre ein lohnendes Biotop für jeden nicht allzu wählerischen Insektenforscher gewesen. Er wirkte wie ein entwurzelter Farmersohn skandinavischer Abstammung, aus Wisconsin vielleicht, eventuell auch aus Minnesota, den es in die neue Welt der Pazifikküste des Nordwestens verschlagen hatte. In der Hand hielt er einen Zettel, den er auf Briefmarkengröße zusammengefaltet hatte, um die Nachricht sicher zu verwahren. Als er ihn sorgfältig auseinander faltete und die beiden Wörter las, die mit Kugelschreiber in großen Blockbuchstaben darauf gekritzelt waren, schien er dies zum hundertsten Mal zu tun.

«*Pacific Venturer?*», fragte er. Die Sonne (es war Ende März und der erste Tag, an dem sich nach Wochen eines wolkenreichen Tiefs wieder ein blauer Himmel über Seattle wölbte) ließ seine hellen Bartstoppeln glitzern. «Das ist das Schiff, das ich suche. *Pacific Venturer.*» Er betonte jede Silbe des Namens, und ich sah ihn als Erstklässler vor mir – ein schlaksiges, ungeschicktes, zerstreutes Kind, das im Unterricht schon lange nicht mehr mitkam. «Kennst du das Schiff, Mann?»

Dreitausend, vielleicht auch viertausend Schiffe lagen Bordwand an Bordwand im Fishermen's Terminal. Sie bildeten ein über 4000 Quadratmeter großes, winterlich anmutendes Dickicht aus Masten,

Spieren, Schleppangelruten, Peitschen- und Radar-Antennen, Winden und Davits. Ich sah mich um. Die in der Nähe liegenden Schiffe hießen *Vigorous, Tradition, Paragon, Sea Lassie, Peregrine, Resolute, Star of Heaven, Cheryl G., Cheerful, Immigrant* (ein grünes Kleeblatt zierte das Ruderhaus), *Paramount, Memories.* Es gab auch eine *Pacific Breeze,* aber keine *Pacific Venturer.*

«Was soll das sein – ein Beutelnetz-Trawler?»

Er hielt das für eine Fangfrage, starrte mich an, als wolle ich ihm auf den Zahn fühlen. Seine Augen waren barbiepuppenblau. «Weiß nich'. Ein *Lachs*fänger.» Er sah noch einmal auf seinen Zettel. «Ja. Ein Lachsfänger – so was.»

Er stank nach dem Leben auf der Straße – dem Trampen auf Interstate Highways und Wühlereien in Müllcontainern, Nächten im Pappkarton unter Straßenbrücken und nach billigem Fusel.

«Bin schon seit sieben hier.»

Es war zwei Uhr nachmittags. Männer in der ortsüblichen Einheitskluft – Kapuzenshirt und schwarze Schirmmütze – drängelten sich geschäftig an uns vorbei, schleppten alle möglichen Ausrüstungsgegenstände und ärgerten sich über die beiden Landratten, die ihnen im Weg standen.

«Fragen Sie lieber einen von denen da.»

«Hab ich schon.»

Er schob ab – «Also dann!» – zur nächsten Pier, und ich sah die Bewegung seiner Lippen, als er die Wörter auf den Hecks buchstabierte: *Oceania, Prosperity, Stella Marie, Enterprise, Quandary,* eine verlorene Gestalt zwischen all den klangvollen Abstraktionen und Frauennamen. Die viel beschäftigten Männer schlugen einen großen Bogen um ihn. Seinetwegen hielt ich von nun an Ausschau nach einer *Venturer,* aber wenn es das Schiff überhaupt gab, dann dampfte es bestimmt schon in Richtung Ketchikan und weiter nach Norden.

Die Schiffe wurden – wie immer in letzter Minute – für ihre Frühjahrsfahrt zu den Fischgründen Alaskas ausgerüstet. Im Terminal hing schwer der harzige, an Leinsamenöl erinnernde Geruch von Lack und frischer Farbe, und unentwegt ertönte der muntere Lärm von Elektrosägen und Schleifmaschinen, von Hämmern und Bohrern. Lötlampen fauchten, und Dieselmotoren wurden eilig in ihre Bestandteile zerlegt, bis die schwarzen Eingeweide einzeln auf den Achterdecks lagen. Die Eigentümer, leise vor sich hin murmelnd und mit wunden Fingerknöcheln, rätselten über Nockenwellen und Ventilspiel. Bis zur Oberkante beladene Pick-ups hielten neben den fast auslaufbereiten Schiffen, und ganze Paletten mit Dinty-Moore-Stews, Campbell's-Suppendosen und Toilettenpapier wurden an Bord gehievt. Auf der großen Netzflickerfläche «behängten» ein Mann und eine Frau ein 400 Meter langes Stellnetz, indem sie weiße, zigarrenförmige Schwimmer im Halbmeterabstand in die obere Kante fädelten. Wie ein schimmernder Fluss breitete sich zu ihren Füßen das jadegrüne, spinnwebartige Nylongewebe aus.

In Seattle, der Stadt der virtuellen Realität, war es immer eine Wohltat, diese letzte Bastion des traditionellen Handwerks mit seinen Netzen, Hummerkörben, Pinseln und Zimmererarbeiten zu besuchen, die wettergegerbten und von Erfahrung gefurchten Gesichter zu sehen und die familiäre Atmosphäre zu spüren, denn hier hatte sich das Handwerk von einer Generation auf die nächste vererbt. Großeltern, die inzwischen nicht mehr fit genug für die Fahrt waren, spielten beim Ausrüsten immer noch eine wichtige Rolle. Sie fuhren die Pick-ups, lackierten Holzteile, flickten Netze und überprüften Stromkreise, denn anders als beim Gros ihrer Altersgenossen hatten sich ihre Fertigkeiten nicht überlebt. Und hinter den Großeltern lagen wie Schemen die Fischerdörfer Europas, denen die meisten Familien entstammten, an den Fjorden, Buchten und Sunden Norwegens, Schwedens, Dänemarks, Schottlands und Irlands. Auch hieran erinnerten die Schiffsnamen: *Cape Clear, Stavanger, Solvorn, Lokken, Tyyne, Thor, Saint Patrick, Uffda, American Viking.* Ein Witzbold, offenbar angeödet vom allgegenwärtigen Heimweh nach Skandinavien, hatte sein Fischerboot auf den Namen *Edsel Fjord* getauft.

Am Fishermen's Terminal verbanden sich die Traditionslinien jahrhundertelanger Seefahrt. Trotz der modernen, blau und beige gestrichenen Wellblechschuppen wirkte dieser Ort älter als die Stadt, deren Teil er war. Wie die Hochseefischer selbst blickte auch der Hafen auf eine lange Vergangenheit zurück. Seine Schiffe, für den Pazifik gebaut, waren direkte Nachfahren der Trawler, Schmacken und Logger von Nord- und Ostsee. Der hohe, überhängende Bug und der steile Sprung, die sich in den Mahlströmen der Lofoten bewährt hatten, waren hier für die Fischerei bei den Aleuten nachgebaut worden. Die Troller mit ihren steil aufragenden 15 Meter langen Angelruten aus unbehandeltem Fichtenholz waren mir ein vertrauter Anblick, denn ich kannte ihre holländischen und dänischen Vettern. Im Fishermen's Terminal war die Vergangenheit – ja selbst die ferne Vergangenheit – so lebendig und gefragt wie kaum sonst irgendwo in den zukunftsfixierten Vereinigten Staaten. Für einen Mann meines Alters hatte das etwas Tröstliches. Fast jeden Tag fand ich eine Ausrede, um am Hafen vorbeizuschauen. Ich mochte die Schiffe mit den nostalgischen Namen, die stolzen Kapitäne und ihre angenehmen, allzu harmlos klingenden Geschichten vom Meer.

Jetzt, da die Sonne aus dem Exil zurück war und sich die Fahrt nach Norden und die Fangsaison klar am Horizont abzeichneten, merkte man allen das gewisse Kribbeln an – halb gespannte Erwartung, halb kalte Füße –, das den Beginn eines großen Abenteuers ankündigt. Verheißungsvolle Wochen lagen vor ihnen. Früh genug würde die raue Wirklichkeit der Saison das Ruder übernehmen, mit überraschenden Stürmen, Strandungen und Motorschäden, mit Fischschwärmen, die durch Abwesenheit glänzten, mit Schlafmangel, gerissenen Geduldsfäden und allen möglichen anderen Widrigkeiten. Nicht mehr lange, dann würde sich die Flotte über tausend Meilen Wasser zerstreuen, vom Dixon Entrance bis zum Beringmeer, und jedes Schiff wäre dem anderen fremd. Verwandte, die auf konkurrierenden Schiffen fuhren, würden einander wie Spione behandeln. Doch während der gemeinsamen Ausrüstungszeremonie wurden Werkzeug und fachmännischer Rat bereitwillig von einem Schiff zum anderen weitergereicht, und die ganze Zeit über rückte jener Augenblick näher, wenn man die letzte Leine löst und zum Abschied winkt, wenn die Schraube das Wasser unter dem Heck zum Kochen bringt und die Reise nach Alaska beginnt.

Ich wollte möglichst viel von dieser Stimmung mitnehmen, denn dieses Jahr würde auch ich auslaufen. Nicht um zu fischen, sondern um der Route der Fischer zu folgen. Ich wollte nichts weiter als im eigenen Boot aufs Meer hinaus. Dabei hoffte ich, einige Geister der Vergangenheit zu bannen und die eigenartige Anziehungskraft zu verstehen, die das tiefe, dunkle, gleichgültige, kalte und schauerliche Meer auf so viele Menschen ausübt. «Wasser und Nachdenken sind auf ewig verbunden», schrieb Melville. Und für die Dauer einer Fangzeit wollte ich auf See über die See nachdenken.

Überall in den USA ging unter jungen Männern, ob auf dem Campus oder im Obdachlosenasyl, folgendes Gerücht um: Schafft man es nach Seattle und ergattert ein Plätzchen auf einem Fischdampfer mit Kurs auf Alaska, dann kann man am Tag 1000 Dollar verdienen. Oder noch mehr. Irgendwer kannte immer irgendwen, der mit 100 000, manchmal sogar 200 000 Dollar heimgekehrt war, und das für nur zwei Monate Arbeit.

Mit so einer Summe kann man das Ruder seines Lebens herumreißen – ein Haus kaufen, ein Unternehmen gründen, als Kapitän eines eigenen Schiffes reich werden. Hier, im Land, in dem man sich selbst immer neu erfinden kann, wurden die Fischgründe Alaskas zu einem großen Zauberteich verklärt, in dem Arme auf einen Schlag reich werden konnten: In nur acht Wochen ließ sich mordsmäßig viel Geld machen.

Also strömten die jungen Männer jedes Frühjahr scharenweise nach Seattle, um ihr Glück zu versuchen, klapperten die Piers ab und dienten sich jedem Kapitän an, der sich auf ein Gespräch einließ. Eine wahre Landplage, alle Jahre wieder, diese bunt zusammengewürfelte Schar von College-Kids, Kiffern, Säufern, Ausreißern, arbeitslosen Computer-Programmierern, Supermarkt-Kassierern, Kellnern, Pizzaboten. Die nautischen Kenntnisse dieser hoffnungsfrohen Bewerber erschöpften sich meist darin, dass sie schon einmal als Passagiere auf einer Fähre unterwegs gewesen waren.

Nur den hartnäckigsten dieser Grünschnäbel gelang es, für einen halben (fünf Prozent) oder ganzen Anteil (zehn Prozent) des Nettoerlöses, auszahlbar am Ende der Reise, angeheuert zu werden. Und von diesen verdiente sich nur ein winziger Bruchteil an die märchenhaften Summen heran, von denen die Gerüchte erzählten. Es gab gerade so viele Jobs für Matrosen und gerade so viel Geld, dass der Nachschub an jungen Männern nicht versiegte.

Das Geld lockte natürlich am meisten, aber die See, mit ihrer uralten Verheißung von Flucht und Abenteuer, lockte auch. Viele der Greenhorns kamen vom flachen Land, und die einzigen Wellen, die sie kannten, wogten zu Hause in den Weizenfeldern. Aber sie hatten ihren C. S. Forester gelesen und sehnten sich in seliger Ahnungslosigkeit nach dem «Joho und Ahoi» des Seemannslebens. In Des Moines träumt es sich leicht vom schlingernden Deck, von Hagelschauern gefrierender Gischt, vom Kampf mit dem Netz bei Windstärke acht, denn in Iowa gibt es dergleichen nicht.

Tatsächlich war die Fischfangfahrt nach Alaska das letzte echte Wildwestabenteuer. Am Ende des 20. Jahrhunderts stellte sie eine romantische Anomalie dar: eine Welt der Männer und der Waffen und des ungezügelten, freien Unternehmertums, in der ein Vagabund oder ein spät geborener Huckleberry Finn auf der Flucht vor den Witwen Douglas der Zivilisation noch immer erhobenen Hauptes einherstolzieren konnte. Den Jungen von der letzten Bank (manchmal handelte es sich auch um Mädchen), die ihren Schulabschluss nicht geschafft hatten, bot das Meer doch noch die Chance auf ein uramerikanisches Leben: Reisen, Abenteuer, Reichtum.

Alaska rühmt sich gern als «The Last Frontier», obwohl dieser Beiname sich selbst ad absurdum geführt hat, seit er auf Autonummernschildern steht, die von einer staatlichen Zulassungsstelle ausgegeben werden. Wenn dieser Slogan heute überhaupt noch etwas bedeutet, dann höchstens hinsichtlich des Meeres und nicht des Landes, denn das Meer vor Alaska hat nach wie vor etwas von jener Wildnis und Einsamkeit, für die der Wilde Westen einst legendär war.

Der Golf von Alaska ist eine Schlechtwetterküche. Die von Südwesten über dem Ozean aufziehenden Pazifik-Tiefs legen dort gern eine Pause ein, um sich richtig aufzubauen. Wenn der atmosphärische Druck im Zentrum des Tiefdrucksystems sinkt, beschleunigen sich die umlaufenden Winde auf fünfzig, sechzig oder achtzig Knoten. Die Wellen türmen sich zu wilden Bergen, und weiße Schaumstreifen durchziehen das Wasser. In Küstennähe stellen sich den Wellenketten die starken Gezeitenströmungen entgegen, die aus den engen Durchfahrten zwischen den Inseln herausdrängen, sodass sich die Wellen dort zu dicht gestaffelten, steilen, bis zu fünfzehn Metern hohen Kämmen auftürmen, zwischen denen sich tiefe, Schiffe verschlingende Löcher auftun. Diese Stürme, mit denen es der Alaska-Fischer ständig zu tun hat, bieten der Landratte einen Crashkurs in kotzendem Elend und Schrecken, noch verschärft durch das Wissen, dass in Wellen dieser Größenordnung jedes Jahr Schiffe mit Mann und Maus untergehen – den «Unbilden der Witterung» zum Opfer fallen, wie es so schön heißt.

Doch auch in anderer Hinsicht war der Golf von Alaska ein letztes Grenzland. Das einst riesige Eldorado der Fischerei im Atlantik, von der Doggerbank bis zu den Großen Neufundlandbänken, war durch Überfischung, Umweltverschmutzung und Seuchen fast oder ganz am Ende. Auch im Pazifik vor den Küsten Oregons und Washingtons blieben die Netze leer. In manchen Abschnitten war der Chinook-Lachs, von dem es früher in den Flüssen und Meeresarmen gewimmelt hatte, zur aussterbenden Art erklärt worden. Am Fishermen's Terminal sah man Dutzende von aufgegebenen kleinen Treibnetz-Kuttern mit «Zu verkaufen»-Zetteln in den Ruderhausfenstern, die zu leicht für die Reise nach Alaska waren und an ihren Liegeplätzen verrotteten. Die Besitzer lebten jetzt von der Stütze, weil ihre Schiffe samt den dazugehörigen und einst so wertvollen Lizenzen zu Flohmarkt-Preisen gehandelt wurden. Aber die Alaska-Fischerei ging weiter. Sie war inzwischen stärker reguliert denn je: Ein undurchschaubares Gewirr von Kleingedrucktem legte mit immer wilderer Detailversessenheit alles fest, vom Saisonbeginn über die Schiffslänge bis zum Material für die Netze und deren Maschengröße. Und trotzdem war der Fischfang vor Alaska, verglichen mit dem, was anderswo vor sich ging, immer noch der große Kuchen der gesammelten Wildwestphantasien, so wie einst die Goldader von Comstock oder jene unberührten Quadratmeilen Urwald, für die man schon die Kettensägen anschmiss.

 Greenhorns, die in der Hoffnung anreisten, ein Stück von diesem

Kuchen abzubekommen, mussten feststellen, dass er längst verteilt war. Ja, es stimmte, dass man bei der Heilbuttfischerei mit Langleinen 1000 Dollar am Tag verdienen konnte. Aber die Heilbuttsaison war auf wenige Tage zusammengeschrumpft, und die Kapitäne der Heilbutt-Schoner konnten sich ihre Matrosen aus einem Schwarm erfahrener Männer aussuchen. Ein Anfänger hatte da keine Chance. Die meisten Treibnetz-Fischdampfer und auch die Troller waren Familienschiffe, das Geschäft teilten sich Eheleute oder Vater und Sohn, und für Fremde war kein Platz an Bord. Ein großer Krebsfänger ... ja, vielleicht. Ein Beutelnetz-Trawler bot einem Greenhorn noch die beste Chance; die Schiffe waren zwar klein (in Alaska waren maximal 58 Fuß zulässig), aber das ringförmige Netz wurde durch einen großen, offenen Aluminiumkahn mit einem 350-PS-Innenbordmotor ausgelegt. Das Mutterschiff und sein Beiboot brauchten also mindestens vier Mann Besatzung, manchmal auch sechs oder sieben; daher nahmen «Beutelnetzer» gelegentlich einen nicht zum Kreis der Verwandten und Bekannten gehörenden zusätzlichen Matrosen mit.

Einem alten Spruch zufolge fangen zehn Prozent der Fischer neunzig Prozent der Fische, und die Champions der Beutelnetz-Flotte waren weithin bekannt. Heuerte einer von ihnen Zusatzkräfte an, dann nur Leute, die er kannte. Blieb also nur ein «Scheißboot». Ein solches Schiff war eine schwimmende Katastrophe, der Kapitän ein Säufer, die Hydraulik im Eimer, die Netze waren voller Löcher und die durch Elektrolyse halb zersetzten bronzenen Bodenventile drauf und dran, sich in Wasserspeier zu verwandeln. Aber Scheißschiffe nahmen absolute Anfänger.

Auf der Pier winkte mich der Kapitän der *Glenda Faye*, eines 58 Fuß langen Beutelnetz-Trawlers, heran. «Willste mal ein echtes Wunder sehen?» Er hielt einen Pinsel in der einen und eine Flasche mit Phosphorsäure in der anderen Hand.

«Pass auf ...»

Vor ihm lag ein Fischblech, das mich an einen alten, braunen, bereits wüst oxidierten Ölschinken erinnerte. Doch sobald der großzügig mit Säure getränkte Pinsel die Oberfläche berührte, löste sich der Rost, und das Metall schimmerte wieder silbrig durch. «Zauberei! Ich habe das Zeug bisher nie benutzt ...»

«Sie könnten es glatt mit einem Schuss Soda und einer Zitronenscheibe servieren.»

«Wird doch längst gemacht – in Kana-nada.»

Die *Glenda Faye* war eine echte Schönheit: aus Stahl gebaut, mit ordentlichem Tiefgang, der Rumpf – rotbraun mit schwarzen Verzierungen – frisch gestrichen. Sie hatte mehr Elektronik an Bord als die meisten anderen Schiffe; das Dach ihres Ruderhauses war mit Antennen gespickt. Durch das Kombüsenfenster sah ich frisch abgewaschene, ordentlich zum Trocknen gestapelte Becher und Teller, glänzende Teak-Wandschränke und blitzendes Messing. Alles picobello.

Die letzte Saison sei gut gewesen, erzählte der Kapitän. An einem Tag hatten sie Lachs im Wert von 5000 Dollar gefangen. Das war ein Tag, den man im Kalender rot anstreichen konnte, auch wenn sie später, als sie die seichten Meeresarme nördlich des Dixon Entrance abgrasten, noch mehrmals dicht an dieses Fangergebnis herankommen sollten. Er unterhielt das Schiff zusammen mit seinem Vetter. Zur Saison nahmen sie jedes Mal eine zwei- bis dreiköpfige Crew mit. «College-Jungs. Fleißige Arbeiter. Keine Drogen, nicht mal Fluppen.» Immer Familie oder Freunde der Familie. Bei der Endabrechnung im letzten Jahr hatten die Jungen, nach Abzug für Treibstoff und Verpflegung, pro Kopf fast 11 000 Dollar für zwei Monate Arbeit eingesteckt – viel Geld für einen Ferienjob, aber noch immer himmelweit entfernt von der Legende plötzlichen Reichtums, die den Strom der Greenhorns nach Seattle nicht abreißen ließ.

«Haben Sie mit dem großen blonden Typen mit der aufgerollten Isomatte gesprochen, der hier vor kurzem vorbeigekommen ist?»

«Mit *welchem*? Von der Sorte gibt's Hunderte.»

«Würden Sie jemandem wie dem einen Job geben – einem Fremden, der über die Piers zieht und ein Schiff sucht?»

Er bestrich ein weiteres Fischtablett mit seiner Zaubersäure. «Die meisten von den Typen würde ich nicht mal als Köder benutzen.» Er drehte den Kopf, um mich zu mustern, und prustete bei meinem Anblick. «Hey, Mister, Sie wollen doch nicht etwa bei mir anheuern? Mannomann!»

Ich gönnte ihm den Scherz auf meine Kosten, zuckte die Achseln und ging weiter, um meine Einkäufe zu erledigen.

Beim Stöbern nach nautischem Zubehör im «Seattle Ship Supply» konnte man trotz des Leuchtröhren-Dämmerlichts erkennen, was in der Fischerei angesagt ist: eine Seiltrommel mit Dreifach-Tau, um einiges dicker als mein Arm, ein Haufen riesiger, leierförmiger feuerverzinkter Schäkel. Man hätte täglich mit Gewichten trainieren müssen, um auch nur einen davon anheben zu können. Alle Waren – Fender, Schraubenschlüssel, Blöcke, Wantenspanner, Ketten – sahen aus, als wären sie für ungeschlachte Riesen gemacht, und ließen die Fischer, die durch den Laden gingen, geradezu mickrig aussehen. Die Ausrüstungsstücke bezeugten knallhart, was ein Schiff vor Alaska alles von Wind und Wellen einstecken musste, verdeutlichten die Zerstörungskraft tonnenschwerer Brecher und ließen zumindest erahnen, welch ungeheuren physischen Gewalten der Fischer an seinem Arbeitsplatz ausgesetzt war.

Ich suchte mir eine Hand voll kleiner Schäkel, ein paar Bolzen, eine Flasche mit Lampenöl und zehn Fuß eines viertelzolldicken Gummistropps zusammen. In der Kassenschlange musterte der

Mann, der hinter mir stand und eine Rolle Tau und einen Fünf-Gallonen-Farbkanister im Einkaufswagen hatte, den Inhalt meines Korbs und sagte: «Sie wollen wohl segeln gehen, was?» Und im Gedanken an all die verflixten Freizeitboote, die Plage seines Berufszweigs, fügte er düster hinzu: «Na, ist wohl auch die Jahreszeit dafür.» Er dürfte der Einzige in meiner Hörweite gewesen sein, der gutes Wetter als schlechte Nachricht auffasste.

Hinter dem Platz zum Netzflicken befand sich das Herzstück des Terminals, das Fishermen's Memorial. Hoch oben auf seiner Säule stand ein bronzener Fischer in klassischer Heldenpose: Sein windzerzaustes Haar ähnelte dem Lorbeerkranz eines römischen Eroberers, und er war im Begriff, eine Langleine mit einem riesigen Heilbutt einzuholen. Um den runden Sockel der Säule schwammen (oder flohen oder klebten mit plastisch ausgeformten Saugnäpfen) in Bronze gegossen alle wichtigen Fangfischarten: Lachs, Kabeljau, Hering, Tintenfisch, Krebs, Schnapper, Seehecht, Krabbe, Krake, Dornhai, Muschel, Flunder. Auf der niedrigen Mauer daneben waren in Spritzgussbuchstaben die Namen der auf See Gebliebenen verzeichnet. Seit ich hier lebte, hatte ich zusehen können, wie ihre Anzahl ständig wuchs: Innerhalb von sechs Jahren waren anderthalb Spalten hinzugekommen, siebzig Menschen insgesamt, zumeist Männer und Jungen. Auf dem Boden davor standen Blumensträuße in Marmeladengläsern und Plastikvasen mit handgeschriebenen, vom Regen verwaschenen Zetteln. *Du fehlst mir, Daddy. Matt – ich werde dich immer lieben. Für Ben, in traurigem Gedenken, Mom und Dad. Kirk – du fehlst uns so! Wir werden dich ewig lieben. Terry und die Jungs. Herzlichen Glückwunsch zum Geburtstag, Papa! In Liebe, Jeffrey.*

Im Winter, wenn die großen Krebsfangschiffe in den Golf und das Beringmeer einfielen, hatte das Ehrenmal Hochkonjunktur. Die «Crabber» waren wegen ihrer Deckkräne und der an Deck gestapelten Hummerfallen topplastig und kenterten daher besonders leicht. Unter arktischen Wetterbedingungen, wenn die Gischt sofort auf allem gefror, mit dem sie in Berührung kam, und die See wie bleierner Klebstoff in großen Klumpen an den Schiffen hängen blieb, war die Crew rund um die Uhr damit beschäftigt, das Eis mit Baseballschlägern aus der Takelage zu schlagen. Aber immer wieder geschah es, dass eines dieser überlasteten 40-Meter-Schiffe zu schaukeln begann, sich immer weiter aufschaukelte und schließlich kenterte. Da sich ein solcher Vorgang innerhalb von Sekunden abspielen konnte, reichte die Zeit nie, um einen Funkspruch abzusetzen oder in Überlebensanzüge zu steigen. *In die Rollbewegung halten!,* hieß das verbreitete Seemannsgebot, doch in den Untersuchungen der Coast Guard, die solchen Unglücksfällen folgten, wurde diese Praxis kritisiert und den Kapitänen geraten, das Ruder mittschiffs zu halten. In anderen Worten: *Nichts tun!* Eine schreckliche Vorstellung, wenn die Welt koppheister schießt und einem der eisige Schlund des Meeres entgegengähnt.

Die Leichen solcher Crews wurden selten geborgen, und die Schiffe versanken manchmal spurlos. Verschollen, vermutlich untergegangen, so lautete das übliche Epitaph, was grausam war, da es noch Raum für Hintertürchen und aberwitzige Hoffnungsstrahlen bot. Vor vielen Jahren ertrunkene Seeleute wurden manchmal in der Menschenmenge eines Sportstadions oder im Fernsehen entdeckt. Und alle Jubeljahre geschah es, dass sich die Träume von wundersamen Wiederauferstehungen tatsächlich erfüllten, etwa wenn jemand wegen eines Verkehrsdelikts festgenommen wurde und sich herausstellte, dass der angebliche Tote gesund und munter war und längst ein neues Leben in Anchorage oder Santa Fe begonnen hatte.

An diesem Nachmittag war das Ehrenmal in ein Meer aus Blumen getaucht. Das Mittelstück bildete ein lebensgroßer Anker aus weißen Chrysanthemen und Rosen. Schon merkwürdig, dass ausgerechnet das störrischste, schwerste und für Schienbeine gefährlichste Stück Eisen aus dem gesamten Arsenal an Schiffszubehör das Hauptsymbol der christlichen Hoffnung darstellt. Doch wie bereits der heilige Paulus, der selbst Schiffbruch erlitten hatte, an die Hebräer schrieb: «An ihr [der Hoffnung] haben wir einen sichren und festen Anker unsrer Seele, der hineinreicht bis in das Innere hinter dem Vorhang.» Daher symbolisiert der Blumenanker sowohl den Fischer und seinen gefährlichen Beruf als auch seine Hoffnung auf das ewige Leben in einer zukünftigen Welt.

Der Platz war schon halb gefüllt, als ich eintraf. Von allen Kaizungen strömten die Leute herbei und gruppierten sich zu zweit oder dritt vor dem Ehrenmal. Kurz vor drei traf die Familie des Verstorbenen ein, deutlich erkennbar an ihren Sonntagsanzügen und Krawatten und den noch vom Schock gezeichneten Gesichtern. Zum Denkmal geführt wurden sie von einem Mann – offensichtlich ihrem Seelsorger –, der einen zugeknöpften dunklen Blazer und einen weißen Rollkragenpullover trug, einen Aufzug, der an die priesterliche Kleidung mit Soutane und hohem Kragen erinnern sollte, wenn auch auf eine betont lässige, demokratische, ja unpriesterliche Art und Weise. Ernst lächelnd stellte er sich neben den Anker der Hoffnung und sprach mit den Familienangehörigen: ein blühend aussehender, alt-jugendlicher Spezialist für Tod und Trauer.

Erst als er um Ruhe bat, merkte ich, dass die Menge plötzlich auf über dreihundert Menschen angeschwollen war und einen dichten Halbkreis um die Eltern des Toten bildete. Einige nahmen die Mütze ab und standen mit gesenktem Kopf da, wie in der Kirche. Andere zogen während der ganzen Zeremonie nachdenklich an ihren Zigaretten. Der Hafen wurde still, mit Ausnahme der schimpfenden Möwen und des bronchitischen Rasselns der Generatoren auf den verlassenen Schiffen. Als der Geistliche zu sprechen begann, musste er die Stimme kaum heben, um auch in der letzten Reihe verstanden zu werden.

Lester, so sprach er, sei ein reicher Mann gewesen – nicht an irdischen Gütern, sondern an freundschaftlichen Beziehungen, die er hier und in Alaska geknüpft habe. Davon lege die große Anzahl der hier Versammelten Zeugnis ab ... Die Sätze waren zwar abgedroschen, aber zugleich angemessen und tröstlich. Der Pastor löste seine Aufgabe, die sinnlose Werft-Explosion, die den Mann das Leben gekostet hatte, in eine altmodisch-würdevolle Sprache zu kleiden, wie es sich für einen Geistlichen geziemt.

Dann wurde ein Brief von einem Freund in Kodiak verlesen. Ein Onkel erzählte stockend ein paar Erinnerungen. «Leb wohl, Lester – und gute Reise ...», endete er und verlor die Fassung.

Nun übernahm wieder der Geistliche das Wort. Wir murmelten ein Vaterunser und anschließend ein Gloria. Der gesamte Gottesdienst dauerte nur zwölf oder dreizehn Minuten – nicht länger als eine Kaffeepause, doch lange genug, um den Eltern zu beweisen, dass ihr Sohn Teil einer Gemeinschaft gewesen war und diese Gemeinschaft ernsthaft Anteil nahm.

Die Stadt Seattle setzte sich wie eine Honigwabe aus so genannten *communities* zusammen, die eigentlich nur als leere Worthülse existierten, etwa die Gemeinde der Künstler, der Rundfunkhörer oder der Einzelhändler. Der Fishermen's Terminal war vielleicht der letzte Stadtteil von Seattle, in dem dieses abgewirtschaftete Wort noch etwas bedeutete. Die Fischer bildeten tatsächlich eine eng vertraute Gemeinde mit wachen Erinnerungen, eine Gemeinschaft, die so grausam wie gutherzig war. Ihre Mitglieder verpassten sich derbe

Spitznamen wie Carl Eiterbeule, Drei-Finger-Bob oder Tom Treudoof. Sie genossen es, Leute auf Normalmaß zurückzustutzen. Sie hielten über Jahrzehnte hinweg alte Kränkungen und Animositäten am Köcheln und zerfielen in grollende Fraktionen: Beutel- kontra Treibnetzer, die «Söhne Norwegens» gegen den Rest der Welt. Doch wenn ein Schiff unterging, ein krebskranker Fischer ins Hospital eingeliefert wurde oder ein Kind starb, dann scharte sich die Gemeinschaft um die Hinterbliebenen. Zur See zu fahren war etwas, das sich Außenstehenden einfach nicht vermitteln ließ, und so trennte eine tiefe Kluft den Fischer von seinen Nachbarn in den Vorstädten. Nur hier am Terminal fand er echtes Verständnis für sein Leben, eine echte Würdigung seiner Existenz – wenn sein Name denen auf der Mauer hinzugefügt wurde.

Beim letzten «Amen» verlief sich die Menge so schnell, wie sie zusammengekommen war. Mit hängenden Schultern – eine letzte Reverenz – strömten die Männer zu ihren Schiffen zurück. Von den Piers ertönte erneut das Klingklang eines Hammers, das schrille Schnurren einer Schleifmaschine, und so kam, im nachmittäglichen Dämmerlicht der Todesahnung, das fröhliche Geschäft des Ausrüstens wieder in Gang.

Ich kehrte zu meinem Schiff zurück, das in einer kleinen Bootswerft am Ship Canal lag, eine Viertelmeile östlich vom Fishermen's Terminal. 1972 in Schweden als elegante Fahrten-Ketsch gebaut und reichlich mit Teakholz und lackiertem Mahagoni ausgestattet, war es in den sechs Jahren, denen es mir gehörte, zu einem gemütlich verlotterten, schwimmenden Ferienhaus heruntergekommen: voll gemüllt mit Büchern und Bildern, Zettelkästen, zwei Schreibmaschinen, Kuscheltieren (ein Beitrag meiner Tochter), Wein, Fotokrempel, Manuskripten mit Eselsohren, leeren Kugelschreibern und was sonst noch zu den Siebensachen eines einzigartig unordentlichen Schriftstellerlebens gehört. Der in dunklem Ultramarin gestrichene Rumpf war – hier machte sich die benachbarte Reparaturwerft bemerkbar – mit einer schwarzen Staubschicht überzogen; auf dem Vordeck ringelte sich ein spaghettiartiges Gewirr nicht aufgeschossener Leinen. Mir ging jeglicher Sinn für das Klarschiffmachen ab. Das Boot war für mich ein Arbeitsgerät – das Vehikel meiner Erzählung.

Ich wohnte in einem Haus am Kanal, von dessen oberem Sonnendeck ich stets sehen konnte, ob die Ketsch noch flott war, verbrachte aber jedes Jahr mehrere Wochen, manchmal auch Monate, an Bord. Immer wenn eine Runde konzentrierter Lektüre anstand, wenn ein misslungenes Kapitel in Ordnung gebracht werden musste oder meine Furien mich bis zum Wahnsinn trieben, fuhr ich zum nächstgelegenen Gewirr aus Inseln und warf dort irgendwo Anker. Sobald der Boden unter meinen Füßen leise hin und her schwankte, die Ankerkette am Meeresgrund rumpelte und der Blick aus den Bootsfenstern sich langsam mit der Tide im Kreis drehte, fand ich das innere Gleichgewicht wieder, das mir auf dem unsicheren Land so leicht verloren ging. An den Wintermorgen, wenn der Schlick zum Ufer hin silbergrau von Frost war und einsame Möwen unter dem nebligen Himmel Kreise zogen, drehte ich den Ölofen hoch, zündete die Lampen an und arbeitete mit einer Intensität, um die ich mich zu Hause umsonst bemühte. Das Knarren und Stöhnen des Bootes, der Geruch nach Heiz- und Dieselöl wirkten sich höchst positiv auf mein Denk- und Erinnerungsvermögen aus. Auf dem Wasser war das Boot ein Un-Ort – eine Welt wie unter einer Glasglocke, in nützlichem Abstand zum aufdringlichen Hier und Jetzt der amerikanischen Küste. Doch dieses enge, dunkle und sargähnliche Ding war meine Schreibwerkstatt, meine Zuflucht, meine Arche.

Wohlgemerkt ein Ding, ein *Es*, keine *Sie*. Zwar hatte der erste Käufer das Boot auf einen Frauennamen getauft, der mit Schnörkelschrift aufs Heck gemalt war. Doch mir bedeutete dieser Name so wenig, dass es immer einen Moment – einmal tief Luft holen – dauerte, bis er mir wieder einfiel. Es war nur der Name der Ehefrau oder Freundin eines anderen Mannes und nichts weiter, im Übrigen ging das Paar ja vielleicht längst getrennte Wege. Wenn möglich, zog ich es vor, das Boot anhand seiner vom Staate Washington verliehenen Registernummer auszuweisen: *Whiskey November Eleven Ninety-six Romeo Bravo* – ein komplexer Wort-Bandwurm, wie er einer entsprechend komplexen Wohnung in Rautenform mit drei Kabinen, einer Dusche-plus-Toilette, noch in den letzten Winkel eingebauten Schapps, einem Motorraum, einem Mittelcockpit, einem glatt durchgehenden Deck, zwei Masten und einem Satz Segel angemessen war. Der Name *Whiskey November etc.* verlieh ihm eine nüchterne Eigenart, die sehr gut zu seiner eigentlichen Funktion passte.

An diesem Nachmittag standen die Luken offen, und unter Deck arbeitete ein Elektriker. Das Boot hatte einmal einem Elektronikingenieur aus San Diego gehört, mit dessen selbst gebastelten Schaltkreisen ich mich jetzt herumschlagen musste. Dieser technisch höchst raffinierte und zugleich absurde Irrgarten aus Kabeln und gebogenen bunten Drähten passte eher zu einem Großrechner als einer Elf-Meter-Yacht: Der Strom durfte nie direkt von A nach B fließen, sondern wurde bei jeder Gelegenheit durch eine Abfolge von Querverbindungen, Spannungsreglern, Widerständen und Sicherungen umgeleitet. Meine Schalttafel stieß auf allgemeine Bewunderung, denn sie war mit 43 Druckknöpfen bestückt, was auch auf der Brücke eines hochseetüchtigen Schleppers oder eines mittelgroßen Kümos Eindruck gemacht hätte. An der genialen Konstruktion dieses labyrinthischen Systems waren schon mehrere Elektriker verzweifelt, und erst jetzt, nach drei Jahren, hatte ich jemanden gefunden, der beim ersten Anblick der Schaltungen juchzte und sichtbaren Lustgewinn daraus zog, dem System auf die Schliche zu kommen. Dieser Mann war nun damit beschäftigt, eine Reihe von Vereinfachungen für den Notfall einzubauen, wobei er den Kabelsalat allerdings noch um ein weiteres Dutzend Drähte vermehrte.

Er hatte die Fußbodenbretter hochgenommen und kauerte in der Bilge. Mit waschbärenartiger Geschmeidigkeit brachte er das Kunststück fertig, seine ein Meter achtzig in die engsten Winkel hineinzubugsieren. Inzwischen hatte sein Anblick sich auf einen Helm aus strähnigem schwarzem Haupthaar und einen Klobürstenbart reduziert, zwischen dem die Zähne aufblitzten, mit denen er eine Kombizange hielt. Den Verlust seines rechten Arms, der an der Schulter abgetrennt war, hatte er, wie man sich am Hafen erzählte, einer ausrauschenden Ankerkette beim Fischen vor Alaska zu verdanken, und so war er ständig mit dem Mund, den Knien oder den Füßen zugange, um seine linke Hand zu unterstützen.

John Munroe war wieselflink und zugleich ein echter Perfektionist. Jede Leitung, jede Installation versah er mit einem Etikett in seiner schönen, gestochen scharfen Handschrift. Er tolerierte mein technisches Analphabetentum und erklärte mir immer wieder alles in seinem Maschinengewehr-Tenor, bis ich meinte, im Wesentlichen verstanden zu haben, was es mit den unzähligen elektrischen Strömchen auf sich hatte, die durch mein Boot flossen, tröpfelten oder auch manchmal austrockneten wie ein Prärie-Creek im Sommer.

Jetzt aber wollte ich von ihm seine Vergangenheit in der Goldrausch-Fischerei hören. Was hatte ihn damals nach Alaska geführt?

«Hering.» Seine Stimme hallte aus der Bilge hinauf. «Damals, 1979, hat man für Hering 3000 pro Tonne gezahlt. Du musstest nur ein bisschen mit dem Treibnetz wedeln, und schon konntest du um die hundert Tonnen reinholen. Die Kerle machten Geld wie irre.»

Nachdem er fünf Jahre in San Luis Obispo Flugzeugbau studiert hatte, verdingte Munroe sich als Elektriker auf einem Weingut in Napa County. Doch das geregelte Arbeitsleben in kalifornischen Vororten war «langweilig, stumpfsinnig und ohne Perspektive». Deshalb hörte er gut zu, wenn es um Geschichten von aufregenden Abenteuern und leicht verdientem Geld ging, die im Hafen von San Francisco, seiner Heimatstadt, kursierten. Und natürlich lag ihm die See im Blut. Sein Vater war Schiffbauingenieur; John war mit großen und kleinen Booten aufgewachsen. Während er auf dem Weingut Leitungen legte, flüchtete er sich in den Traum, allein in die Südsee zu segeln. «Bei den Gauguin-Frau'n / unterm Banyanbaum ...» Um sich diesen Traum vom einsamen Leben am blauen Meer oder vom Turteln unter Palmen zu erfüllen, hatte er schon 10 000 Dollar gespart. Ein anständiges Startkapital, doch bis er seinen Job aufgeben und nach Ozeanien in See stechen konnte, würde es noch Jahre dauern.

«Aber wenn ich nach Alaska ginge und es würden, sagen wir mal, hundert Riesen dabei rausspringen, dann wäre ich reich.»

Ein älterer Fischer in San Francisco, der seinen Spitznamen Joe Sack vermutlich weniger seiner Geldgier als seinem Sexhunger verdankte, bot Munroe ein hölzernes Treibnetz-Boot an, erst sechs Jahre alt und gut in Schuss. Es sollte 40 000 Dollar kosten – 10 000 als Anzahlung, der Rest war bei Saisonende fällig. «Wenn wir im Golf von Alaska fischen würden, konnte man uns vertrauen. Damit hatten wir das Geld schon so gut wie in der Tasche.»

Curt und Joe, zwei von Munroes Freunden aus College-Zeiten, hatten den langweiligen Alltag ebenso satt wie er. Die drei teilten sich die Kosten für die *Vagabond* samt dazugehöriger Ausrüstung. «Es war eine Chance, diesen zweitklassigen Jobs ohne Zukunft zu entkommen, die nur Zeitverschwendung waren.» Sie überführten das Schiff per Lastwagen nach Seattle und verschifften es von dort auf einem

Lastkahn nach Alaska; in der Zwischenzeit verproviantierten sie sich in San Francisco für den Sommer. Auf dem Parkplatz eines Co-op in Berkeley beluden sie einen Chevrolet Jahrgang 53 mit Tofupaste, Bierhefe, Lezithinpulver, Linswurst und Säcken mit Mehl und Kichererbsen. «Wir waren eingefleischte Vegetarier. Was zeigt, wie lange wir schon in Kalifornien gelebt hatten. Viel zu lange.»

Über 4000 Kilometer ging die Fahrt mit dem Chevy, der so schwer beladen war, dass die Schutzbleche auf den Reifen schrammten, und in Anchorage angekommen, flogen sie mit ihren Vorräten nach Togiak an der Bristol Bay weiter.

Bristol Bay liegt in der rechten unteren Ecke des Beringmeers, im Haken zwischen dem Festland und dem nach Russland ausgreifenden langen, dünnen Arm der Aleutenkette. Die Ostküste ist von Meeresarmen durchzogen, an denen Dutzende von weg- und steglosen Fischersiedlungen wie Togiak liegen. Im Winter sind es Dörfer, im Sommer krawallige Städte, in denen Fischer, Einkäufer und Arbeiter aus den Konservenfabriken sämtliche Kneipenwände zum Wackeln bringen und der Himmel von den unentwegt startenden und landenden Wasserflugzeugen dröhnt, die als Taxis benutzt werden. Der Lastkahn, auf den Munroe und seine Freunde warteten, war zwölf Tage überfällig. Er war im Golf von Alaska in einen anhaltenden Sturm geraten und hatte in der schweren See einen Großteil seiner Ladung verloren, darunter mehrere Fischerboote. Die drei Vagabunden, die nicht herausfinden konnten, ob ihr Boot gesunken war, schliefen entsprechend schlecht. Inzwischen befand sich der Preis für Hering im freien Fall. Von 3000 pro Tonne im Vorjahr rutschte er unter die 1000-Dollar-Marke und dann schnell weiter durch die Hunderter.

Schließlich machte der Kahn am Dock fest. Die *Vagabond* war unversehrt, wurde gleich mit dem Kran in die Bucht gefiert, der Proviant hastig an Bord verstaut. Da die Heringssaison nur noch ein paar Tage dauerte, liefen Munroe und seine Crew sofort aus und gerieten prompt in einen stürmischen Nordwest. Bei schwerer Dünung machten sie sich ans Fischen.

Als Neulinge auf See, folgten sie den Möwen. Ihr von Bojen getragenes Netz wurde von der Trommel am Heck abgerollt und lag im rechten Winkel zum Gezeitenstrom, wobei die weißen Schwimmer auf der Oberfläche glitzerten wie eine 400 Meter lange Perlenkette. Der nordwärts schwimmende Hering traf in einer dünnen, weit auseinander gezogenen Prozession ein. «Es war einfach nicht viel Biomasse da. Die schlimmste Saison aller Zeiten.» Immer wieder holten die Männer das Netz ein und klaubten jedes Mal nur eine dürftige Hand voll Fische aus den Maschen. Die *Vagabond* begann, in sicherem Abstand hinter anderen Schiffen herzufahren. Widersprüchliche Theorien wurden entwickelt, wenn das Netz hochkam und wieder fast leer war. Sie hielten näher an die Küste und rollten das Netz unmittelbar vor einer Landspitze ab, wo die Strömung neben den Felsen zu kochen schien. Dann fuhren sie mehrere Meilen von der Küste weg, denn vielleicht hatte der Hering ja eine Allergie gegen den Anblick von Land entwickelt. Sie versuchten es bei Flut, sie versuchten es bei Ebbe, sie versuchten es beim Gezeitenwechsel. Alles für die Katz. Und was sie bis dahin gefangen hatten, reichte ja kaum für eine Katze. Sie arbeiteten Tag und Nacht und hatten am Ende ganze sechseinhalb Tonnen Fisch, mühselig aus dem Netz gepflückt.

Der Preis für Hering war inzwischen auf 200 Dollar pro Tonne gefallen, und 1300 Dollar durch drei war angesichts der Erwartungen der Vagabunden ein Witz. Allerdings waren es die einzigen 1300 Dollar, die sie hatten. Irgendwo in der Nähe von Cape Constantine rissen sie das Ruder herum und machten sich auf die Rückfahrt zur Konservenfabrik in Togiak. Da schlug das Wetter um.

«Es war nicht bloß irgendein Sturm. Es war ein echt ausgewachsener Sturm.» Das Schiff stieg die Wellen hoch. Der Wind blies die Möwen fort und heulte in der Takelage. Sie hatten nicht die geringste Chance, Right Hand Point zu umrunden und die Togiak Bay zu erreichen. Stattdessen fuhren sie vor dem Wind und suchten dankbar und reichlich ernüchtert Zuflucht in der Kulukak Bay, wo sie am Fuß einer felsigen Steilküste mit einer verlassenen Ureinwohner-Siedlung Anker warfen.

Der Wind blieb unvermindert stark. Das Eis im Laderaum schmolz schnell, und die Heringe fingen an zu riechen. Aus einem verborgenen Leck hinter dem Kochherd tropfte ständig Diesel auf den Sack mit Kichererbsen.

Nachdem der Sturm sie drei Tage lang an der Weiterfahrt gehindert hatte, schaufelten sie ihre stinkende Ladung über Bord, doch der Geruch von verdorbenem Fisch blieb im kleinen Salon hängen. Der Dieselgeschmack der Kichererbsen – ihrer Hauptnahrung – verursachte ihnen Brechreiz. Um sich etwas Gutes zu tun, backte die Crew eine Kürbis-Pie. In dem Moment, als Munroe sie aus dem Ofen holte, fing das Schiff an zu schlingern, und die weiche Masse ergoss sich über sämtliche Möbel.

«Alles voller Kürbismatsche! Sie tropfte aus dem UKW-Gerät, sie klebte auf dem Fußboden. Wir haben uns einfach irgendwohin gesetzt und Lezithinpulver gelöffelt. Das war der absolute Tiefpunkt.»

Als es endlich aufklarte, die See sich beruhigte und die *Vagabond* in Togiak landen konnte, warfen die Vegetarier all ihre Prinzipien über Bord und genehmigten sich riesige Portionen Steak mit Pommes frites. Allmählich kapierten sie den Stil und das Tempo des Lebens in Alaska. «Es war irre. Da war wirklich die Hölle los. Unglaublich viel ging kaputt. Schiffe rammten sich. Schiffe sanken. Es wurde geschossen. Ein Flugzeugzusammenstoß direkt über der Stadt … Es gab

Tote. Eine Menge Tote. Leute, die man kannte, gute Freunde, ertranken oder wurden erschossen oder verschwanden einfach. Aber wenigstens war es nicht so langweilig wie in Kalifornien.»

Dann kam die erste Juniwoche. Die Heringszeit war vorbei, die Lachssaison stand bevor. Aber eine Lizenz zum Lachsfischen in Alaska kostete Fremde 80 000 Dollar. Da Einwohner und Ureinwohner Sonderbedingungen erhielten, galt es, jemanden mit einer Lizenz zu finden und auf dem Schiff unterzubringen, der dann am Fang beteiligt wurde. In der Red Dog Bar lernte Munroe einen Mann kennen, dessen von den Aleuten stammende Freundin eine Lizenz geerbt hatte.

In den folgenden sechs Wochen ging die *Vagabond* mit einem Treibnetz auf Lachsfang. Unerfahren wie sie war, brachte die Crew einen der kleinsten Fänge ein, und der Einkaufspreis war bei nur 75 Cent pro Pfund angelangt. Der Fang betrug 55 000 Pfund Lachs, und das Geld wurde fifty-fifty mit der Lizenzeigentümerin und ihrem Freund geteilt – damit blieben Munroe und seinen Partnern am Ende weniger als 7000 Dollar pro Kopf. Das rechnete sich natürlich nicht, weshalb sie sich dazu durchrangen, dem immer noch wohlwollenden Finanzier Joe Sack einen Brief zu schreiben.

Munroe war der Einzige von den dreien, der regelrecht süchtig nach Alaska wurde. «Es gab null Zwänge ... nicht mal eine Behörde für Fischfang und Jagd ... schon verrückt. An der Bristol Bay fühlte man sich frei, weil es so gefährlich war, wegen dem ganzen Stress.» Er begeisterte sich für die extremen Wetterverhältnisse und die ständig wechselnden, «irren» Farben der See. «Wenn ich da draußen war, dachte ich immer dasselbe: Ich möchte nirgendwo anders sein als hier.»

Er fand eine Bleibe in Naknek, wo sich am Fluss die Konservenfabriken aneinander reihen. «Nichts los in dem Kaff. Aber dafür ganz herrlich. 400 Leute im Winter, 12 000 im Sommer.» Im Winter war er mit Reparaturarbeiten auf fremden Schiffen ausgelastet. «Niemand in Alaska hat von irgendwas eine Ahnung. Das war meine große Entdeckung. Fischen können die Leute zwar, aber nicht mit elektrischen Anlagen umgehen oder einen Motor reparieren. Ich hatte gut zu tun.»

In der nächsten Saison entsprach der Fischfang plötzlich wieder der Legende. Die Preise zogen an. Die Netze waren voll. Buckellachs brachte 2,40 Dollar pro Pfund, und die *Vagabond* holte mehr als fünfzig Tonnen an Land – genug, damit Munroe seinen Geldgeber auszahlen, seine Partner auskaufen und als eingebürgerter Einwohner Alaskas eine Lizenz auf seinen eigenen Namen erwerben konnte. «Ich habe mir eine goldene Nase verdient.»

Die nächsten zehn Jahren ging es auf und ab, je nach Marktlage. Ende der achtziger Jahre war die Fischerei «am Abkacken». Der Kreislauf aus Boom und Pleite, der Munroes Adrenalinspiegel anfangs noch hochgepusht hatte, brachte mit der Zeit auch Monotonie und Depressionen mit sich. Wenn Munroe jetzt in die Bristol Bay hinausfuhr, fischte er über einem Seemannsgrab voll ertrunkener Freunde. 1991 verkaufte er die *Vagabond* und kehrte in die «Lower 48» zurück, wie man dort stur die Staaten nennt, die nicht nur in Breitengraden, sondern auch in Abenteuern, gesundheitlichen Risiken, Pro-Kopf-Einkommen und Promillewerten unter Alaska, dem 49. Staat, liegen.

«Meine Freundin meckert dauernd, ich würde zu schnell fahren. Aber ich habe in Alaska gelebt. In Seattle gehst du nicht bei einem Unfall drauf, das ist rein statistisch unmöglich. Hier sterben die Leute an Krebs oder Altersschwäche. Deshalb gebe ich Gas und fahre wie der Teufel.»

Der Kreis hatte sich geschlossen. Nach fast zwanzig Jahren arbeitete er wieder als selbständiger Elektriker. Sein Geschäftslokal oder

Büro war ein knallig blaues Wohnmobil mit der Aufschrift *Ocean Currents*. Er kassierte 35 Dollar die Stunde dafür, dass er sich in anderer Leute übel riechende Bilgen quetschte, und träumte immer noch von der Südsee. Inzwischen hatte er das Geld beisammen. Im nächsten Sommer würden er und seine Freundin nach Tahiti, Samoa und zum Great Barrier Reef segeln … Das Einzige, was ihnen noch fehlte, war ein Schiff.

«Ich bin schon am Suchen. Es soll einen Stahlrumpf haben. Vierzig bis fünfzig Fuß lang. Wahrscheinlich eine Ketsch. Aber es muss Stahl sein. Wenn Sie mal was hören …»

Sein Kopf, der jetzt wieder zwischen den Fußbodenbrettern auftauchte, war der eines Schuljungen, den Alter und Wetter arg mitgenommen haben; ein beunruhigendes Memento mori. Die Jahre an der Bristol Bay hatten ihm eine Schießpulverhaut beschert, die sich so straff über die Backenknochen spannte, dass der Schädel hindurchschimmerte. Seine Augen lagen tief in den Höhlen. Der Mund hinter dem Bart war schlaff. Und doch war das Gesicht jung, passte eher zu einem kalifornischen Drop-out als zu einem Mann in den Vierzigern.

«Ihr Arm», sagte ich, «haben Sie den in Alaska verloren?»

«Nein. Das ist in meiner wilden Zeit passiert. Damals, zu College-Zeiten, als ich beim Trampen auf Güterzüge aufgesprungen bin.»

Als ich das Boot zum ersten Mal sah, interessierte mich weniger der nautische Kram an Deck als die in allen drei Kabinen vorhandenen Bücherregale aus Teakholz, insgesamt zwölf Meter, alle mit Schlingerleisten. Ich ließ das Geschwätz des Maklers über Niederholer und Cunningham-Segeltrimm, Stagsegelfalls und selbstholende Winschen nur deshalb über mich ergehen, weil man in diesem Boot eine richtige Bibliothek unterbringen konnte. In den folgenden sechs Jahren habe ich zugelassen, dass die Regale sich immer mehr füllten, während ich um das südliche Ende der Inside Passage in Washington und British Columbia herumschipperte und einige vorsichtige Exkursionen auf das offene Meer vor der Westküste von Vancouver Island unternahm. Den Anfang der Sammlung machte George Vancouvers Bericht über seine Landvermessungs-Expedition von 1790–94 in der vierbändigen Ausgabe der Hakluyt Society in blauem Leinen mit Goldprägung. Zu den ersten Schmökern gehörten auch Claude Lévi-Strauss' *Weg der Masken*, mehrere College-Lehrbücher über physikalische Grundlagen der Ozeanographie, die *Odyssee* in der Vers-Übersetzung von Robert Fitzgerald, die Biographie (eines langen und geradezu einschüchternd produktiven Lebens) von Lord Kelvin, der im 19. Jahrhundert die Gezeitenrechenmaschine erfand und die Grundlagen der Tiefseekabeltechnik entwickelte, W. H. Audens *The Enchaféd Flood*, außerdem *Fishing with John* von Edith Iglauer, *Between Pacific Tides* von Ed Ricketts, dem Vorbild des «Doc» in Steinbecks *Straße der Ölsardinen*, *Schwerwettersegeln* von Adlard Coles und James Gleicks *Chaos*, mit eindrucksvollen Abbildungen von Lorentz-Kräften und Mandelbrot-Mengen.

Der Strom der Bücher wollte einfach nicht versiegen. Er zeugte von einem grenzenlosen Seefieber, das nicht zwischen dem Meer im Allgemeinen und dem vor meiner Tür im Besonderen unterschied. Ich las kreuz und quer, sprang von der Physik der Turbulenz zur Kultur-Anthropologie der Nordwestküstenindianer, weiter zu Seereisen und Memoiren, zu Büchern über wirbellose Meerestiere und zu Literatur über das Meer von Homer bis Conrad, und mit jedem neuen Werk versuchte ich, meine eigene Besessenheit zu ergründen. Auf der Suche nach dem Meer landete ich bei Freud und – wesentlich ergiebiger – der Offenbarung des Johannes. Dickens (auch so ein Süchtiger, dessen Vorstellung von einem Feiertag darin bestand, sich an einem windumtosten Gestade hinzupflanzen und den Wellen zuzuschauen) lässt in *Dombey und Sohn* ein Kind, das in Brighton todkrank darniederliegt, der Brandung vor dem Fenster seines Fremdenheims lauschen und dann seine große Schwester flehentlich fragen: «Ich möchte wissen, was es sagt. Das Meer, Floy, was sagt es nur andauernd?» Tja, das wüsste ich auch zu gern.

Das Meer macht mir Angst. Ich habe Angst vor dem Geräusch einer Welle, die wie ein Reisigfeuer knackt, wenn sie sich bricht und in Gischt verwandelt, Angst vor dem Sog des Gezeitenstrudels, vor der Meeresdünung, die sich während einer Windstille vor der Kabbelung bedrohlich aufbaut, Angst vor der starken, wirbligen Strömung, vor der Abgrundtiefe des Wassers, obwohl ich mich zugleich in kindlicher Unwissenheit von der Oberflächenspannung tragen lasse. Auf dem Meer geht mein rationales Denkvermögen flöten. Ich habe die finstere Feindseligkeit und Verachtung auf dem Gesicht einer Welle gesehen, die aus dem Rudel ausbrach und einen Schwenk machte, um sich auf mein Boot zu stürzen. Ich habe Gott zweimal geschworen, nie wieder aufs Meer hinauszufahren, wenn Er mich nur dieses eine Mal noch den Hafen erreichen ließe. Ich bin kein geborener Segler, sondern ein ängstlicher, schmächtiger, intellektueller Typ, der sich nie weniger in seinem Element befindet als auf See.

Trotzdem habe ich in den letzten 15 Jahren jeden freien Tag, den ich dem Kalender abringen konnte, auf dem Wasser verbracht – in einem Zustand unverminderter Fasziniertheit vom Meer, von seiner Bewegung, seinen Bedeutungen. Wenn andere Menschen Schäfchen zählen oder nach Schlaftabletten greifen, unternehme ich in meiner Phantasie Seereisen, auf denen ein Wind (immer hübsch unter 15 Knoten) über das Meer geht, die Sicht gut und das Boot nie weiter als eine Stunde vom nächsten sicheren Ankerplatz entfernt ist.

Als ich 1990 von London nach Seattle übersiedelte, tat ich dies nicht zuletzt des Meeres wegen. Die Inside Passage nach Alaska mit ihren zahllosen Verästelungen und Verzweigungen wird sicher nie ihren besonderen Reiz verlieren: Seit Jahrtausenden für die Schifffahrt genutzt, ist sie heute eine durch Bojen markierte und beleuchtete Wasser-Schnellstraße von tausend Meilen Länge, mit Verkehrsstaus an bestimmten Stellen, wo Fischdampfer, Schleppzüge, Leichter, Yachten und Kreuzfahrer den Wasserwindungen zwischen Puget Sound und Alaskas Panhandle folgen. Zum Teil geht es über das offene Meer, zum Teil durch Passagen, die nicht breiter sind als ein mittelgroßer Fluss. Manche Abschnitte, wie zum Beispiel die Strait of Georgia, sind kleine, flache, trübe Gewässer und doch per Definition richtige Meere. Anderswo gibt es unterseeische Abgründe von fünfhundert Meter Tiefe. Wo die Flut von Felsen und Inseln gedrosselt wird, stürzt sie sich brodelnd und zischend durch die Engpässe wie der Strahl aus einem Feuerwehrschlauch. Wasser ist ja eigentlich nicht dazu gedacht, sich mit 16 Knoten vorwärts zu bewegen: Bei dieser Geschwindigkeit verwandelt es sich in ein wogendes Chaos aus brutalen Brechern, schäumenden Strudeln und grotesken, pilzförmigen Eruptionen. Es siedet und tost. Auf einer Insel mitten in einem solchen Hexenkessel fühlt man das Felsgestein unter sich erbeben, als könnte die See es jeden Augenblick vom Grund reißen und das ganze Eiland kopfüber mit der Strömung davonfegen.

Die scheinbar immer noch zum Greifen nahe und deshalb so reizvolle Vergangenheit der Ureinwohner stellt die Inside Passage auf eine Stufe mit den Meeren der alten Griechen und Phönizier. Für einen Kwakiutl- oder Tsimshian-Indianer des 19. Jahrhunderts wäre es ein Leichtes gewesen, sich auf der See Homers mit ihren vorherrschenden Winden und kreatürlichen Himmelsmächten zurechtzufinden. Der Indianer hätte bloß andere Namen benutzt. Mordlustige Gauner vom Schlage eines Zeus oder Poseidon hätten bei ihm im Raben, Schwertwal und Heilbutt ihre Entsprechung gefunden. Er hätte sich lebhaft in Odysseus' Lage versetzen können, als dieser die Straße von Messina durchfuhr – auch wenn ihm die Charybdis nach den kanuschluckenden Wasserwirbeln seiner Heimatgewässer wohl ziemlich zahm vorgekommen wäre.

Hohe Berge und undurchdringliche Wälder ließen den Küstenindianern nur dicht am Meer Platz für ihre Behausungen. Das Wasser war ungefährlicher, leichter zu bereisen und ergiebiger als das Umland. Die Indianer lebten in einer rein maritimen Kultur, mit dem verschwenderisch bemalten Zedernkanu als Mittelpunkt. Ihre Säuglinge wurden in winzigen Kanus gewiegt, ihre Toten in Kanusärgen auf den Weg gebracht. Mit ihren Masken, Rasseln, Kisten, gewebten Decken und verzierten Kopfbedeckungen schufen sie eine herrliche, hochstilisierte, ausgesprochen maritime Kunst.

Das Bücherbord an der Vorderwand der vorderen Kajüte, in der ich schlief, wurde zur Kunstabteilung meiner Bordbibliothek. Es war der trockenste Platz zur Aufbewahrung der 75 oder sogar 125 Dollar teuren (in Schutzhüllen aus Zellophan eingeschlagenen) Anschaffungen – Bücher über die Kunstwerke der Salish-, Kwakiutl-, Haida-, Tsimshian- und Tlingit-Indianer. Sie stellten Meeres- und Küstentiere dar – einerseits wohlbekannte wie Wale, Bären, Frösche, Heilbutt, Seelöwen, Kormorane, Kraken, andererseits ganz eigene Schöpfungen, phantastische Meeresbewohner wie den Nagunakas der Tsimshian, der vom Meeresgrund nach oben ausholt, sich ein Kanu voller Fischer schnappt und diese dann vier lange Jahre in seinem «Octopus Garden» gefangen hält.

Je öfter ich diese Abbildungen betrachtete, umso deutlicher fiel mir auf, dass die künstlerischen Schöpfungen der Nordwestküstenindianer das Thema Meer nicht nur in formeller Hinsicht aufgreifen: nein, die gesamte formale Konzeption und Komposition hat ihre

Wurzeln im Erleben des Wassers (eine Tatsache, die den europäischen Sammlern und Hütern anscheinend weitgehend entgangen ist). Die leidenschaftliche Vorliebe für Symmetrie, für paarweise auftretende Abbilder entsprang zweifellos der ständigen Begegnung mit Spiegelbildern – man denke nur an das Kanu, wie es während der Abend- oder Morgendämmerung mit seinem umgekehrten Zwilling in einer stillen Bucht liegt. Der typische breit-ovale Umriss – das von allen Stämmen an der Inside Passage verwendete Grundelement der Komposition – entspricht genau der von einer sanften Brise hervorgerufenen winzig kleinen, haarfeinen Welle in dem Moment, wenn sie das Licht fängt und die Sonne einrahmt. Die auffallendste formale Besonderheit der Kunst der Küstenindianer, die Angewohnheit, Tiere in einzelne Glieder zu zerteilen und diese Teile innerhalb eines großen Bildes an verschiedenen Stellen zu verstreuen, ahmt wiederum das nach, was geschieht, wenn ein Spiegelbild durch eine leichte Kräuselung der Wasseroberfläche in abstrakte Bildfragmente aufgebrochen wird. Ich kenne keine andere maritime Kunst, die bei der Transformation von im Wasser stattfindenden Vorgängen in wesentliche Bildbestandteile auch nur annähernd so weit geht.

Die Indianer drückten sich ganz unmittelbar mit Pinsel und Meißel aus. Viele Beispiele ihrer Kunst wurden zwischen 1778 und 1800 von den ersten Forschungsreisenden gesammelt, also noch bevor die Künstler von den Invasoren beeinflusst werden konnten. Ihre Sagen und Geschichten jedoch wurden fast alle sehr viel später aufgeschrieben, am Ende des 19. Jahrhunderts und danach, als Kolonisierung, Christentum sowie Tourismus – ein ebenfalls nicht zu unterschätzender Einfluss auf die Kunst der Ureinwohner – diese Kultur bereits so sehr ausgehöhlt hatten, dass nur noch dürftige Bruchstücke übrig waren. Die Übersetzungen der Indianersprachen ins Deutsche oder Englische waren bestenfalls holprig, die beflissenen indianischen

Erzähler bereits mit den importierten biblischen Geschichten und europäischen Märchen vertraut, und sobald ein Sammler mit sonderbaren Unstimmigkeiten konfrontiert wurde, stellte er Überleitungen und Verbindungen her, bis das Material so geglättet war, als stammte es von Äsop oder den Brüdern Grimm.

Immerhin trugen Männer wie Aurel Krause, John Swanton und Franz Boas eine umfangreiche Sammlung von Literatur der Ureinwohner entlang der Inside Passage zusammen. In meinem Boot nahmen ihre Bücher mit Geschichten voller seltsamer Transaktionen zwischen Menschen und Muscheln, Bären, Flügelrochen und anderen Wesen, die sich das Wasser mit den Indianern als Lebensraum teilten, mehr als einen Regal-Meter ein.

Der Salon meines Bootes wurde von den europäischen Forschungsreisenden des 18. Jahrhunderts beherrscht, Eindringlingen aus dem Zeitalter der Aufklärung, für die das Vermessen – mit Quadranten, Chronometern und magnetischen Kompassen – eine Form der Inbesitznahme war. Sie teilten die Inside Passage mit Hilfe eines Millimeterpapier-Gitters aus Längen- und Breitengraden, festgelegt und abgeleitet vom Königlichen Observatorium in Greenwich und am Äquator, in Quadrate auf. Im Zuge des großen Gemeinschaftsprojekts jenes Jahrhunderts, der Linné'schen Systematik, durchforsteten sie die Gegend nach Exemplaren unbekannter Pflanzen, Vögel und Säugetiere. Sie überzogen ihre neu entstehenen Seekarten mit Namen, benannten die verzeichneten Orte nach sich selbst, ihren Schiffen, ihren Schirmherren sowie nationalen historischen Daten und Ereignissen. Das animistische Meer der Indianer wurde von den Europäern nach den Vorstellungen ihres eigenen Zeitalters neu erfunden. Außer Vancouver hatte ich Kapitän Cook, Peter Puget (Vancouvers Leutnant) und Archibald Menzies (Vancouvers amtlich bestallten Naturforscher) an Bord sowie aus Spanien Alessandro

Malaspina und Alcalá Galiano mitsamt dem Tagebuch des spanischen Expeditionsmalers Tomás de Suria. Jeder hatte sein eigenes Vokabular, jeder sah ein und dieselbe Wasserfläche mit anderen Augen. Mit diesen Männern in ihren engen Schaftstiefeln und geschnürten Westen unterwegs zu sein war, als besuchte man ein fortlaufendes Seminar, in dem ständig über Charakter und Bedeutung dieses neuen Meers diskutiert und manchmal auch gestritten wurde.

Um den Salon zu verschönern, hatte ich Drucke aus der Zeit dieser Forscher aufgehängt. Den Anfang machte ein Kupferstich von 1792 mit verschiedenen Vögeln der Neuen Welt, offensichtlich nach präparierten Exemplaren gezeichnet, den ich am vorderen Schott anbrachte. Eine Karikatur von George III., dem armen, verrückten, freundlichen Farmer George, wurde achtern, neben dem UKW-Funkgerät, mit Klebeband befestigt. Über dem Barographen hockte ein Kolibripärchen von 1789. Ich hatte die Drucke im Ramsch gekauft, und es dauerte einige Zeit, bis ich merkte, wie gut sie zu meiner anschwellenden Bibliothek passten: Der König hatte wegen des Verlustes seiner amerikanischen Kolonien großen Wert auf den Erwerb der noch unentdeckten Küste Nordamerikas gelegt, während die Vogel-Stiche die wichtigsten Gebote der Entdeckungsreisen im 18. Jahrhundert verkörperten: *Totschießen! Eingruppieren! Benennen! Beschreiben!*

Als James Cook in den Nootka Sound an der Westküste von Vancouver Island einlief, boten ihm die Indianer Seeotterfelle im Tausch für Werkzeug aus Eisen an. In seinem Tagebuch vermerkt er:

Hier giebt es Seeotter, die zumeist im Wasser leben. Der Pelz dieser Tiere ... ist gewiss weicher und feiner als der jeder anderen uns bekannten Art, derhalben man die Entdeckung dieses Theiles des nordamerikanischen Kontinentes, woselbst sich derart wertvolle Handelsware findet, nicht unterschätzen möge.

Kaum hatte Cooks Schiff, die *Resolution*, Nootka in Richtung Norden verlassen, als schon die Pelzhändler eintrafen. Genau wie die Fischer, die Ende des 20. Jahrhunderts den Hafen von Seattle abklapperten, waren diese Leute auf eigene Rechnung unterwegs und entsprechend Rendite-orientiert. Sie kauften Otterfelle für den chinesischen Markt und ließen nicht eher von der Küste ab, bis die Indianer die Seeotter schließlich ausgerottet hatten. Die Glücksritter-Kapitäne dagegen lebten auf den Seekarten weiter, als Meares Passage, Kendrick Islands, Dixon Entrance, Barkley Sound, Gray's Harbor. Ihre Bücher waren allerdings schwerer zu finden als die ausgedehnten otterfreien Gewässer, denen sie ihre Namen aufgedrückt hatten: Ich suchte noch immer eine Ausgabe von John Meares' *Voyages in the Years 1788–1789, from China to the Northwest Coast of America* (London, 1790) und George Dixons *Voyage Round the World* (London, 1789).

Dann kamen die ersten vereinzelten weißen Siedler. Da ihre nächsten englischsprachigen Nachbarn oft viele Meilen entfernt lebten, waren sie auf die Ureinwohner angewiesen, wenn sie Lust auf Gesellschaft und Gespräche hatten. Nachts diente Tagebuch- oder Bücherschreiben der Bekämpfung seelischer Gefährdungen. Mein Favorit war James Gilchrist Swan, der 1849 Frau und Kinder in Boston zurückließ, um beim Goldrausch in Kalifornien dabei zu sein, und sich dann von San Francisco aus per Schiff nach Norden absetzte, um an der Küste von Washington ein neues Leben zu beginnen. Auf seinen Kanureisen mit den Indianern erlernte er deren Sprache und schnappte einiges von ihrem maritimen Sagen- und Märchengut auf. Obwohl er es mit seiner Vorliebe, seinen indianischen Begleitern spaßige Titel wie «der Herzog von York» zu verpassen, etwas übertrieb, war Swan doch alles in allem ein bescheidener, weichherziger Mann; er konnte gut zuhören und war ein scharfsinniger, wenn vielleicht auch etwas pedantischer Amateurethnologe. Auf dem Wasser fühlte er sich ganz in seinem Element. Er fertigte Segel für die Kanus der Indianer an und schmückte sie mit Mustern, die überall auf der Strait of Juan de Fuca bewundert wurden. Daneben war er eine wandelnde Apotheke und behandelte die Indianer mit allen möglichen Pillen, Sirups und Salben.

Mit 42, im Jahre 1857, veröffentlichte er *The Northwest Coast: Or, Three Year's Residence in Washington Territory*. Elf Jahre später gab die Smithsonian Institution *The Indians of Cape Flattery* heraus. Beide Bücher behandeln viele kleine Seereisen, die er mit den Indianern unternahm, und vermitteln, wie es seither kein Anthropologe vermocht hat, das mal langsame, mal schnelle Zickzack dieser Reisen, die Navigationskünste der Ureinwohner, das Fingerspitzengefühl, mit dem sie einen Einbaum durch schnelle Strömungen und schweres Wetter steuerten.

Als ich auf der Suche nach weiteren Kanutrips Swans private Tagebücher in der Bibliothek der University of Washington durchkämmte, wurde ich unfreiwillig zum intimen Zeugen seines Niedergangs. In Port Townsend, an der Spitze des Puget Sound, hielt Swan in den 1870er Jahren das Amt eines Friedensrichters und den Posten als Korrespondent für Zeitungen an der Ostküste, verkam dabei aber zu einem miesepetrigen Whiskeysäufer. Fast jeden Abend verlor er die Kontrolle über seine Handschrift. Nur ein krakeliger, sepiafarbener Tintenstrich verriet, wo ihm die Feder weggerutscht war. Zwei zittrige Wörter – «Fat Billy», bei denen jeder einzelne Buchstabe mühselig gezogen war und wie der Umriss eines einstürzenden Schuppens aussah – stellten bisweilen den Eintrag für einen ganzen Tag dar. Manche Seiten waren immer noch vom Branntwein gewellt, der sich vor 120 Jahren über sie ergossen hatte.

Doch die Indianer, bei denen er früher gelebt hatte, luden ihn weiterhin zu Ausflügen im Kanu ein. Dann lebte er auf, und seine Handschrift erholte sich. Wenn er hinten in einem Boot saß oder sein Lager an der Padilla Bay aufschlug, wo er nach Herzenslust Krebse und Flundern futterte, die «Patrick Henry» oder der «Herzog von York» gefangen hatten, konnte Judge Swan sich fast einreden, alles sei wieder wie früher, in besseren Tagen. Hatte man ihn dann – zu früh – nach Port Townsend heimgebracht, saß er sonntags auf seiner gewohnten Kirchenbank, misstrauisch beäugt von den Müttern heranwachsender Töchter, die ihn als gefährlichen alten Bock ansahen.

Mit den Siedlern kamen auch die Missionare – Männer wie der kongregationalistische Geistliche Myron Eells (ein Name wie aus einem Dickens-Roman), dessen äußerliche Mängel auf dem überlieferten Foto krass hervortreten: Seine Augen werden durch eine viel zu kleine Drahtbrille mit dicken Gläsern vergrößert, die dünnen Lippen wirken blutleer, der Respekt heischende Vollbart ist mehr Schein als Sein. Eells' Gemeinde bestand aus den Skokomish-Indianern an der südlichen Biegung des Hood Canal, einem Seitenkanal des Puget Sound. Er war dazu berufen worden, sie aus ihrem heidnischen Aberglauben zu erretten und ihren Alkoholkonsum zu kontrollieren. Wenn man seinem Bericht Glauben schenken darf, unternahm er einmal mit ihnen (allerdings widerstrebend, denn der gute Mann war nicht seefest) eine lange Kanufahrt zu einem Potlach, einem traditionellen Gabenfest, in Dungeness, an der Strait of Juan de Fuca, weil seine Schäfchen ihn gebeten hatten, sie vor den Versuchungen des Trinkens zu bewahren. Doch während er sich anschickte, die Grundlagen der indianischen Kultur mit Stumpf und Stiel auszurotten, dokumentierte er gleichzeitig akribisch die Überbleibsel der Sitten und Gebräuche der Skokomish, die er bei seiner Ankunft 1874 noch vorfand. Er sammelte und beschriftete eine große Kollektion von Artefakten und schrieb eine gründliche, wenngleich recht langweilige Monographie mit dem Titel *The Indians of Puget Sound.*

Im Vergleich zu James Swan fand ich Myron Eells als Reiselektüre schwer verdaulich. Der Unterton selbstgerechter Frömmelei in seinen Aufzeichnungen schreckte mich ab, und außerdem hatte sein Sammeltrieb eindeutig etwas Anales. Trotzdem war sein Buch lesenswert, insbesondere wegen der unbequemen Kanufahrt, bei der sich die Indianer seinen Zorn zuzogen, weil sie jedes Mal, wenn sie sich einer starken Gezeitenströmung näherten, auf dem Boden ihres Boots niederknieten und unchristliche Beschwörungsformeln murmelten.

Ich hoffte, auf meiner Fahrt durch British Columbia als Ergänzung zu Eells eine Ausgabe von Thomas Crosbys viel unterhaltsamer klingendem Buch *Up and Down the Northwest Coast by Canoe and Mission Ship* zu finden. Die Missionare, die so viel daransetzten, eine Religion auszurotten, um eine andere durchzusetzen, werden ihre liebe Mühe damit gehabt haben, den abergläubischen und althergebrachten Ängsten entsprungenen Vorstellungen über das Element Wasser entgegenzutreten, zumal auf See jeder – ganz gleich, ob Indianer oder Weißer – für Aberglauben besonders anfällig ist. Außerdem war ich zwei katholischen Missionaren auf den Fersen: Pater Brabant und Pater Blanchant.

Pech für die Anthropologen und ihre vergleichsweise junge Wissenschaft, dass die Missionare die Inside Passage vor ihnen erreichten. Als Boas und seine Kollegen ihre Arbeit an der Küste aufnahmen, ließ sich schon nicht mehr feststellen, ob die Indianergeschichte über eine große Flut und die Errettung des Stammes vor ihr viele Generationen alt oder bloß eine zusammengequirlte Version des 7. Kapitels der Genesis – oder eine Mischung aus beidem – war. Hatten die Indianer schon immer an einen Schöpfer geglaubt – einen Himmelsgott, den Großen Geist, den Umgestalter –, oder war das eine neuere Vorstellung, die sie bei den Shakern in der Sonntagsschule aufgeschnappt und mit älteren Glaubensvorstellungen und Geschichten vermischt hatten? Hatte es den Totempfahl, das eindrucksvollste Symbol der Kultur der Nordwest-Indianer, schon seit undenklichen Zeiten gegeben, oder war er dem Pelzhandel zu verdanken, der den Indianern einen gewissen materiellen Reichtum beschert und damit neue Schaffenskräfte freigesetzt hatte? In einer Gesellschaft ohne Schrift, also auch ohne schriftliche Hinterlassenschaft, verschmelzen Ereignisse von gestern mit Geschichten aus grauer Vorzeit, und nachdem die Stammesangehörigen seit hundert Jahren mit Forschern, Händlern, Missionaren und Kolonialverwaltern Kontakt gehabt hatten, stellten sie selbst auf dem Gebiet ihrer eigenen Traditionen keine verlässlichen Autoritäten mehr dar.

Von allen Stammesgruppen in Nordamerika hatten die Indianer der Inside Passage die größte Menge an zeremonieller und dekorativer Kunst sowie die umfangreichste Literatur in mündlicher Überlieferung hinterlassen. Ihre Kultur war noch vergleichsweise intakt, weil sie bei der Entdeckung der Neuen Welt lange von den Invasoren verschont geblieben war. Doch auch hier kamen Franz Boas und seine Kollegen zu spät, denn die Alltagswelt der Ureinwohner war bereits zu verschwommenen Momentaufnahmen verblasst. Viele Jahre später sollte Claude Lévi-Strauss über die Inside Passage schreiben, sie sei eine Bühne, auf deren gesamter Länge Schauspieler aus einem Theaterstück, von dem kein Textbuch existierte, ihre Fußabdrücke hinterlassen hätten.

Die Tatsache, dass dieser Text vor noch nicht allzu langer Zeit verloren gegangen war und man die Fußabdrücke praktisch auf jeder Meile entlang der Küste sehen konnte, machte die Nordwestküste zu einem Magneten für Freigeister und andere abgedrehte Intellektuelle. Auf dem Boot befand ich mich in der anregenden und streitlustigen Gesellschaft von Boas, Lévi-Strauss, Edward Sapir, Edmund

Leach, dazu Wayne Suttles, einem Sozialanthropologen und skeptischen Empiriker, der in dieser Gegend beheimatet war und dessen Essays voll kleiner bunter Stecknadeln waren, mit denen er die gasgefüllten Ballons der gängigen Vorstellungen von den Indianern und ihrer Kosmologie platzen ließ.

Auch die Anthropologen wohnten im Salon. Die achtern gelegene Kabine, ein zweckdienlicher keilförmiger Raum hinter Cockpit und Motor, normalerweise das Spielzimmer meiner Tochter, war für diesen Ausflug zur Reise-Abteilung umgewandelt worden. Zwar hatte ich Julias Kinderbücher von Dr. Seuss *(The Enormous Crocodile, Clifford the Big Red Dog* und *Sleepy Bear)* zusammen mit den Malstiften und der Knetmasse behalten, denn ich konnte es nicht übers Herz bringen, sie auch nur zeitweilig ins Exil zu schicken, und außerdem harmonierten ihre Tiergeschichten auf interessante Weise mit denen in Sapirs *Nootka Texts*, doch den größten Teil der Kabinenwand nahmen jetzt eine Zeichenmappe aus schwarzem Kunstleder mit Seekarten sowie diverse Gezeitentafeln, Lotsenbücher und Reiseführer mit Titeln wie *Golf-Inseln für Enthusiasten* oder *Der Zauber des Nordens: Meile für Meile erleben* ein.

Nach den Indianern, den Forschungsreisenden, den Pelzhändlern, den Siedlern, den Missionaren und den Anthropologen kamen schließlich auch die Touristen zur Inside Passage, um das Meer auf ihre Weise zu erleben. Im Jahr 1879 zog der in Schottland geborene Naturforscher John Muir durch die nördlichen Gefilde und nahm sie mit der ihm eigenen lyrischen, feierlichen, wohlklingenden Prosa für das Hochromantisch-Erhabene in Beschlag. Die heutigen Touristenbroschüren mit ihren «majestätischen Gipfeln» und «Fjorden voller Ursprünglichkeit» sind ein direkter Abklatsch von Muirs Schriften.

Die Strahlen der Sonne strömten durch die hell angeleuchteten Wolkenränder und fielen auf die grünen Wasserflächen des Fjords, die glitzernden Eisberge, die kristallenen Klippen des riesigen Gletschers, die intensiv weißen, sich weithin ausdehnenden Eisfelder und die unermesslich reinen und spirituellen Höhen der Bergkette Fairweather Range, die sich abwechselnd verbargen und dann wieder in Theilen zeigten, sodass das Ganze ein Bild eisiger Wildheit von unaussprechlicher Reinheit und Erhabenheit ergab.

Diese Darstellung von Land und Meer als verklärende, quasireligiöse Erfahrung hatte für den Südosten Alaskas die gleichen Folgen wie Wordsworths Gedichte für das englische Seengebiet des Lake District: Sie rief, aus den «Lower 48» und von noch weiter, ganze Schiffsladungen sehnsüchtiger Pilger herbei, die, mit Kameras und Skizzenblöcken bewaffnet, wild entschlossen waren, ein Stückchen von jenem Geist mit nach Hause zu nehmen, der diesem Ort innewohnte.

Und so wie Wordsworths Lake District mit Hütern eines uralten ländlichen Wissensschatzes bevölkert war – zahnlosen Schäfern, Blutegelsammlern, halbwüchsigen Dorftrotteln –, so wimmelte es in Muirs *Inside Passage* von edlen Rothäuten in Kanus, die unweigerlich als «hehr», «von heiterem Gemüthe» oder «würdevoll» beschrieben wurden. Wenn diese Indianer mittels Dolmetscher etwas sagten, dann hielten sie Reden in blumigem viktorianischem Englisch, mit klangvollen, wohlgefügten Sätzen und dick aufgetragenen Gleichnissen aus dem Reich der Natur. John Muirs Indianer war ein direkter Nachfahre des Fenimore-Cooper-Indianers.

Ich bin ein alter Mann, doch lausche ich gern Euren merkwürdigen Schilderungen, und sie mögen durchaus wahr sein; denn was ist herrlicher als der Flug der Vögel durch die Lüfte? Ich erinnere mich noch an den ersten weißen Mann, den ich erblickte, vor langer Zeit. Seit damals sah ich deren gar viele, doch niemals bis zum heutigen Tage habe ich jemals das Herz eines weißen Mannes wahrhaftig gekannt und gefühlt … Wann immer ich versuchte, mit Händlern zu sprechen und mit solchen, welche Goldminen suchten, dünkte es mich, wie wenn ich mit einem Menschen auf der anderen Seite eines breiten Wasserlaufs spräche, der hurtig über die Steine springt und so viel Lärm macht, dass man kaum ein Wort versteht. Doch nun weilen der Indianer und der weiße Mann zum ersten Male auf derselben Seite des Flusses, Aug' in Aug' und Herz an Herz …

Indianer à la John Muir hat auch der in Seattle ansässige Fotograf Edward S. Curtis in den fünf Bänden abgebildet, die er innerhalb seiner epischen Reihe *The North American Indian* der Inside Passage widmete. Seine arrangierten Sepiastudien, bei denen jede Spur der modernen Zeit geschickt aus dem Bildfeld verbannt ist, schwelgen in Naturvolk-Romantik. Curtis' Fotos wurden zum größten Teil zwischen 1900 und 1916 aufgenommen. Er reiste mit Eisenbahn und Dampfschiff durch eine Welt, die von der Missionsschule, der Konservenfabrik, der Sägemühle, dem Ford-Modell T und dem Phonographen beherrscht wurde, doch darauf wäre man beim Anblick seiner Bilder nie gekommen, denn sie zeigten die Indianer, als würden diese in einem Zustand ursprünglicher Würde und Schlichtheit leben. Ihre in leichtem Dunst verschwimmenden Landschaften waren wie durch ein Wunder völlig unberührt von den Holzfällercrews und ihren Zugmaschinen.

Muir und Curtis produzierten gemeinsam Bilder, wie sie die Tourismusindustrie des 20. Jahrhunderts brauchte. Zu der Zeit, als ich im Nordwesten eintraf, patrouillierten Flotten weißer Kreuzfahrtschiffe regelmäßig auf der Inside Passage, und das Meer diente den Passagieren mittlerweile als Medium, um «die prächtigen Seiten in der Bibel der Natur», wie Muir es formuliert hat, aufzublättern. Oder in den Worten des Werbetexters einer Schifffahrtslinie:

> *Wenn Sie auf diesen grandiosen Gewässern dahingleiten, übertrifft ein Ausblick den anderen. Verlässlich folgt Ihr Schiff seinem gewundenen Kurs vorbei an Wäldern, Inseln und Buchten, die von grenzenloser Stille umgeben sind. Sie erhaschen einen Blick in einen tiefen Fjord, einen Blick in absolut ursprüngliche Wildnis. Im Osten glitzert die Sonne auf schneeigen Gipfeln. Es ist einfach unglaublich.*
> *Werden Sie Zeuge des Ehrfurcht gebietenden Schauspiels, wenn eine Zacke krachend von der steilen Wand eines Gletschers bricht und ins Meer stürzt ... Seehunde sonnen sich auf einem Eisberg. Hoch oben auf den Felsklippen können Sie Bergziegen beobachten. Vielleicht taucht neben Ihnen ein Buckelwal auf, oder es begegnet Ihnen eine Schule von springenden Schwertwalen. Und vielleicht entdecken Sie auch einen Schwarzbären, der am Ufer nach etwas Essbarem sucht. ...*

Zum Verdruss all der Schlepperkapitäne, Treibnetz-Fischer und Troller, die auf diesen engen Kanälen arbeiten müssen, gesellen sich zu den naturliebenden Kreuzfahrern auch noch jede Menge naturliebende Kajaks, Motorkreuzer und Segelboote wie meines – «Yachten und so'n Schiet», so die grimmigen Worte des Kapitäns eines Holzschleppers, auf dem ich einst eine geruhsame Woche verbrachte.

Wir alle hatten selbstverständlich unseren Muir dabei und außerdem ein Regal voller Segelbücher, die ihrem eigenen neoromantischen Schreibstil huldigten. Sie übertrafen sich gegenseitig mit Beschreibungen von Ankerplätzen, die ach so abgelegen und ungewöhnlich und deren Zufahrten nicht nur felsengespickt, sondern auch so gezeitenumtost waren, dass sie den Reisenden, der dorthin fand, mit absoluter Einsamkeit belohnten. Immer wieder schilderten diese Schreiber detailgenau die gefahrvollen Begegnungen mit starken Gezeitenströmungen und mächtigen Strudeln. Sie sogen jede Menge Honig aus den wenigen Abschnitten der Passage, wo es durchs offene Meer ging – zehn Meter hohe Dünung, plötzliche Sturmböen, heimtückischer Verlauf der Tideströme und erwiesene Schiffbruchgefahr! Risiken und Schwierigkeiten wurden zum Hauptreiz dieser Fahrt stilisiert. Die Autoren bezeichneten ihre Leser als *Seefahrer*: «Der Seefahrer ist gut beraten, den Hinweisen der Egg-Island-Leuchtturmstation auf UKW, Kanal 9, Beachtung zu schenken ...» In diesen Darstellungen war eine Fahrt durch die Inside Passage ein einsames Wagnis, bei dem man sich nur auf sich selbst verlassen konnte, weil sie durch eine gänzlich menschenleere, ja von zerstörerischer Menschenhand gänzlich unberührte Wasserwildnis führte.

Sobald das Boot den Hafen verlassen hatte, begann meine noch immer sehr unvollständige Bibliothek ein rutschendes, schwankendes Eigenleben zu führen. Die Bücher auf den Regalen schaukelten hin und her, knallten gegeneinander und gegen die elastischen Rückhaltegurte, und manchmal gelang es ihnen sogar, sich zu befreien und wie fette Tauben durchs Boot zu flattern. Nach einer rauen Überfahrt konnte ich etwa Edmund Leach, Evelyn Waugh, George Vancouvers *Kunst der Kwakiutl*, Anthony Trollopes *12-Volt-Bibel*, Homer und *Ozeanographie und Seemannschaft* in einem aberwitzigen Durcheinander auf dem Boden des Salons wiederfinden, mit klaffenden Seiten und fleddernden Umschlägen, und Hannah Arendt und Myron Eells waren sogar im Spülbecken vereint. Ich hatte meinen Spaß an diesen zufälligen Paarungen und Kollisionen und hoffte, die ganze Bibliothek würde auf dem langen Weg nach Norden so lange durcheinander geworfen, geschüttelt und gerüttelt werden, bis daraus ein hübscher interdisziplinärer Cocktail geworden wäre.

Narziss blickt in den Teich und entdeckt dort ein Gesicht, dessen Ausdruck von Staunen und Sehnsucht ein perfektes Gegenstück zu seinem eigenen darstellt. Ein schlauer Zug der Nemesis, Narziss zum Brunnen zu schicken! Die Spiegelung des Wassers sorgt dafür, dass wir gar nicht tief blicken, wenn wir in die Tiefe blicken – dass wir auf der Suche nach irgendwelchem schattenhaften Tiefsinn unter der Oberfläche normalerweise nichts weiter finden als uns selbst.

Einst betrachteten die Menschen das Meer mit einem religiösen Schauder. Es war das Chaos, das Fließende, die weite Wasserwüste. Es war der Beginn des Abgrunds, aus dem Gott den Menschen und seine zerbrechliche, kostbare Zivilisation gehoben hatte. Genau wie zu Anfang der Schöpfungsgeschichte:

Und die Erde war wüst und leer, und Finsternis war über der Tiefe;
und der Geist Gottes schwebte über den Wassern …

W. H. Auden schreibt, das Meer in der Bibel habe «so wenig von einem freundlichen Symbol, dass dem Verfasser der Offenbarung in seiner Vision von dem neuen Himmel und der neuen Erde am Ende der Zeiten als Erstes auffällt: *‹und das Meer ist nicht mehr›*.»

Später, in der Renaissance, betrachtete man das Meer als reinen, einladenden Raum, eine Tabula rasa, in die man neue Wege des Handels, der Forschung und dieser oder jener Krone einzeichnen konnte. Die Kartographen dekorierten es mit Fontänen sprühenden Walfischen, Windrosen, Schiffen mit stolz geschwellten Segeln und Navigationsinstrumenten – Quadranten, Stechzirkeln, Sanduhren. Das Meer der Landkartenzeichner spiegelt, ähnlich wie höfische Auftragsporträts von Tizian oder Veronese, den Ruhm des Handelsfürsten sowie den seiner jeweiligen Schiffsflotte mitsamt der Abenteurercrew wider. Auf diesem der Ausbeutung preisgegebenen Meer musste man nur ein stolzes Handelsschiff auslaufen lassen, und es kehrte tief im Wasser liegend, schwer von seiner Goldfracht, zurück.

Noch später, unter dem Einfluss der deutschen Philosophen und der englischen Dichter der Romantik, wurde die See als die Quintessenz des Erhabenen betrachtet: grausam und schön, von kalter Gleichgültigkeit gegenüber der Menschheit. Die «ewige See» oder die «unsterbliche See», die Byron («Woge weiter, du tiefer und dunkelblauer Ozean, woge!») und Tennyson («Stürze, stürze, stürze, auf deine kalten grauen Steine, o Meer!») feierlich besangen, war eine morbide Gottheit. Als in Melvilles *Moby Dick* das Wasser sich am Ende über den zerschmetterten Resten der *Pequod* schloss, «zog der große Schleier der See genau so weiter, wie er es schon vor fünftausend Jahren getan hatte». In einer säkularisierten und industrialisierten Welt fanden wir im Meer ein Symbol für unser ureigenes Bedürfnis nach etwas, das weit über uns hinausreicht.

Die Vorstellung vom Meer als Spiegel war einst sehr beliebt und ist es heute noch, wenn sie auch zunehmend durch ein ein ganz anders geartetes Spiegelbild ersetzt wird. Seit den sechziger Jahren betrachteten die Menschen das Meer auf einmal voller Ernüchterung oder sogar Selbstvorwürfe. Sie erkannten darin ihre eigene Habgier, mangelnde Voraussicht und Verschwendungssucht. Sie hatten das Meer als Latrine missbraucht, und nun war das Wasser voller krebserregender organischer Chemie wie etwa polyzyklische Aromate oder polychloriertes Polychlorbiphenyl, war verdreckt durch das ausgelaufene Öl gestrandeter Tanker, leer gefischt, die Muscheln giftig, die berühmten Seezungen vor Dover von Leberkrebs befallen und die gesamte Botanik von einem Artensterben in katastrophalem Ausmaß betroffen. So hielt nun der verschmutzte Ozean der Menschheit einen ganz anderen Spiegel vor: den ihrer Dummheit und Rücksichtslosigkeit.

Solche zersplitterten Teilansichten tanzten ständig auf der Wasseroberfläche, tauschten die Plätze, lösten sich ineinander auf, gewannen für einen Augenblick die Vorherrschaft und verloren dann plötzlich wieder an Schärfe. Mir ging durch den Kopf, dass man das Meer vielleicht als die Summe aller Bilder, die es im Laufe seiner Geschichte gespiegelt hatte, betrachten könnte. Natürlich würde man nicht einmal die Hälfte davon erkennen, doch in den Zusammenstößen und Widersprüchen der Bilder ließe sich zumindest etwas von der provokativen Macht der See einfangen, die uns schon immer so viel und so Wechselvolles bedeutet hat.

Sich auf eine so alte und stark befahrene Seeroute wie die Inside Passage zu begeben hieß auch, sich dem heroischen Zug all der Gestalten der Gegenwart und der Geschichte anzuschließen, die in diesen Gewässern auf Sinnsuche gegangen waren. An einem typischen Tag musste man etwa einem Kreuzfahrtschiff der Holland America Linie ausweichen – oder einer Flotte von Treibnetz-Fischern im Familienbetrieb, einem Forschungsschiff der NOAA (National Oceanic & Atmospheric Administration), randvoll mit Wissenschaftlern, oder dem Müllsammelschiff mit Türmen aus gepresstem Auto-, Kühlschrank- und Aktenschrankschrott, das alle vierzehn Tage zwischen Juneau und Seattle verkehrte. Wenn ich länger allein auf See bin, leide ich gern an leichten Wahnvorstellungen, und darum würde es mich nicht besonders überraschen, wenn ich plötzlich auch deshalb nach Steuerbord ausweichen müsste, weil mir etwa unter vergilbtem Luggersegel eine Vermessungs-Pinasse der Vancouver-Expedition entgegenkäme oder am Rande einer Nebelbank ein rot und schwarz bemaltes Haida-Kanu mit einer Ladung Chilkat-Decken zu einem südlich gelegenen Handelsplatz vorbeizöge.

Allerdings würden sich die Menschen an Bord dieser Schiffe wohl in kaum einem Punkt ihrer jeweiligen Lesart des Meeres einig sein.

Der urlaubende Makler aus Omaha und Leutnant Peter Puget hätten sich womöglich mehr zu sagen als der Meeresphysiker, der gerade ein theoretisches Modell des Wärmeaustausches zwischen einer brechenden Welle und der Atmosphäre entwickelte, und sein Zeitgenosse, der Kapitän der Müllschute. In gewisser Weise befuhr jedes Schiff einen anderen Ozean. Ich allerdings bildete mir ein, ich könnte all diesen Menschen zuhören, mit ihnen über das Meer sprechen und irgendwie zwischen ihren widerstreitenden Vorstellungen vermitteln.

Ich hatte ein Boot, einen Großteil des Frühlings und einen ganzen Sommer, eine Ladung Bücher und den Traum vom Reichtum, wie alle, die von Seattle nach Norden fahren. Allerdings wollte ich weder Hering und Lachs fischen, sondern Spiegelungen – und mit diesem ganz besonders glitzernden Fang heimkehren: den Spiegelbildern anderer, wie ich damals glaubte. Doch auf den Fang, der mir dann ins Netz ging, war ich nicht vorbereitet.

Ich füllte das Öl in den kardanisch aufgehängten Messinglampen nach und konstruierte eine neue Befestigung aus einem Gummistropp für den Barographen, dessen Tintennadel eine gleichmäßige, waagerechte Linie auf der 1025-Millibar-Linie zeichnete. Blauer-Himmel-plus-Westwind-Wetter. Ein Fabrikschiff auf dem Weg nach Alaska, das die westliche Route durch den Ship Canal nahm, schickte seine Bugwelle durch die Liegeplätze. Die Bücher schurrten leise auf den Regalen, das Boot stieß knarrend gegen die Fender, und Fetzen von Lampenlicht tanzten im Salon auf und ab. An diesem Abend war ich an der Reihe, bei uns zu Hause zu kochen, und deshalb hatte ich nur noch ein paar Minuten Zeit. John Munroe war bereits seit einer Stunde fort, weil er sich eine zum Troller aufgetakelte Stahlketsch ansehen wollte, die ich im Fishermen's Terminal aufgetan hatte.

Für die Fahrt hatte ich mir drei Ringskizzenbücher sowie zwei linierte Logbücher angeschafft, in die ich die meteorologischen und nautischen Details des Törns eintragen wollte. Ich schrieb «Fahrt nach Juneau I» auf den Deckel eines Grumbacher-Skizzenblocks und auf die erste Seite ein Zitat aus dem letzten Kapitel vom *Weg der Masken*:

> *Auf diese Weise stellten die Mythen zwischen zwei Kodizes eine Beziehung her: Inzest und die Ablehnung oder Unzufriedenheit mit der Schöpfung, verschiedenste asoziale Verhaltensweisen finden ihre Entsprechungen in der natürlichen Ordnung, wo sich gleichfalls extreme Ausprägungen von Turbulenz und Unbeweglichkeit beobachten lassen.*

Lévi-Strauss gilt als schwer übersetzbar, und in der mir vorliegenden Übertragung klang er noch unergründlicher und verschrobener als sonst. Doch das Wesentliche seiner Argumentation wurde trotz der schwerfälligen Formulierungen deutlich. Beim Beschreiben der vielen Geschichten über Meeresstrudel und der Art, wie sie die Menschen in den Sog des Mahlstroms zogen, erkannte Lévi-Strauss, dass zwischen dieser Art der Turbulenz und den Turbulenzen in Gesellschaft und Familie eine enge Verbindung bestand.

Das Wasser, auf dem die Nordwest-Indianer einst ihr ganzes Leben verbracht haben, ist voller Gefahren und Turbulenzen. Weiß schäumend drängt es zwischen den Felsklippen hindurch, beim leisesten Anzeichen von Gegenwind wird es schnell steil und gewalttätig, und wilde, trügerische Strömungen suchen es heim. Der Strudel – ohne weiteres imstande, eine ganze Zeder zu verschlingen und wie einen Kirschkern wieder auszuspucken – ist das zentrale Symbol des Meeres und all seiner Schrecken.

Brodelndes Wasser, Wirbel, überbrechende See an Klippen ...

einen Moment nicht aufgepasst, und das Boot kenterte. Dieses Leben gab den Indianern ein natürliches Modell sozialer Verhaltensweisen vor. Der Stamm glich einem zerbrechlichen Kanu: Ständig musste man vor allem auf der Hut sein, was es zum Kentern bringen konnte. Unfrieden schaffende Verhaltensweisen, wie mit der eigenen Schwester zu schlafen oder seinen Bruder zu töten, waren ebenso unheilträchtig wie das fahrlässige Unterschätzen eines Wasserstrudels: Sie gefährdeten die für den Stamm lebensnotwendige Stabilität. Die Metapher des Staatsschiffs – eigentlich eine ziemlich abgehobene Vorstellung – passte, wörtlich genommen, auf die Kultur der Nordwest-Indianer, für die das gefährdete Kanu, mit dem sie auch in Mythen und Legenden ihr Sozialwesen bildlich darstellen konnten, zum täglichen Leben gehörte. Das große schützende Netz aus Sitten, Regeln und Ritualen, das die Küstenindianer um sich herum spannen, war ein Navigationssystem, mit dem das von Familie und Dorfgemeinschaft gebildete Kanu davor bewahrt wurde, über den Rand des Mahlstroms zu treiben.

Ich machte mir ein paar Notizen zu diesem Gedanken, blies die Petroleumlampen aus, schloss das Boot ab und ging nach Hause, um für Frau und Tochter das Abendessen zu kochen.

Tiefes Wasser

Am 1. April saß ich mit meiner Tochter auf der obersten Treppenstufe unseres Hauses und hörte mich in einem Ton, der mir selbst zuwider war, auf sie einreden: «Ist doch nicht so schlimm, Julia. In 21 Tagen bin ich ja wieder hier. Mit einem Wasserflugzeug. Und ich bring dir auch was ganz Tolles mit.»

Dieser übertriebene Singsang, die hörbaren Pausen zwischen den einzelnen Silben ... Meine Sätze klangen, als suchte sich jemand die Melodie von «Twinkle, Twinkle, Little Star» auf einem Spielzeug-Xylophon zusammen.

«21 Tage!»

«Juliamäuschen, das ist doch nicht lange ...»

Plink-plink-plonk-plonk.

Plank-plink-plonk-plink-plank-plank.

Reisen heißt in gewisser Weise immer auch, Verrat zu üben. Da mag man zwar sein Bestes tun, um sich das klammheimliche Triumphgefühl nicht anmerken zu lassen, das sich einstellt, wenn man seinem Zuhause und allem, was es darstellt, den Rücken kehrt, doch sobald man am Flughafen im Warteraum verschwindet oder im Morgengrauen sein Gepäck im Auto verstaut, weiß man, dass man ein feiger Hund ist. Im Verschwinden hatte ich zwar Erfahrung, war aber noch nie so direkt wie jetzt mit meiner Treulosigkeit konfrontiert worden.

Auf Julias Gesicht verschwamm alles. Die Unterlippe vorgeschoben und die Augen voller Tränen, starrte sie, überwältigt vom Bewusstsein der eigenen Ohnmacht, in die mit grünem Teppich ausgelegte Tiefe der Kellertreppe. Ihr Votum war nicht gefragt, und mit ihren dreieinhalb Jahren hatte sie keine Ahnung, wie sie ein Stimmrecht erwerben konnte.

Und dann fand sie plötzlich doch eine Stimme – das genaue Echo meines Tonfalls. In einem Singsang, der Takt für Takt dem meinen entsprach, sagte sie: «Ich bin nicht traurig, wenn du weg bist. Ich hab Mommy sowieso lieber als dich.»

«Julia ...»

Neuerdings stellte sie uns andauernd Fragen über die Grenzen und Dimensionen des Ortes, den sie als «unsere Welt» bezeichnete. «Gibt es in unserer Welt echte Bären?», «Liegt New York City in unserer Welt?» Ich konnte mir genau vorstellen, wie unsere Welt durch mein Weggehen jetzt aus dem Gleichgewicht geriet, wie dieser kleine Planet aus seiner Bahn geschleudert wurde und in das gefährliche Blau der Ferne davontrudelte.

Sie rutschte hinter meinem Rücken auf der obersten Stufe hin und her und drückte ihren Kopf an mein Kreuz. «Ich geb dir Küsse», erklärte sie, jedes Wort abwägend, «weil ich dich lieb hab. Aber es macht mir gar nichts aus, wenn du nicht da bist. Ich freu mich sogar darüber.»

Der Widerspruch zwischen ihren Worten und ihrem Gesichtsausdruck ließ sie wie eine Erwachsene wirken. Natürlich hatte ich immer gewusst, dass dieser Augenblick irgendwann kommen würde – der denkwürdige Moment, wenn Eltern und Kinder zum ersten Mal feststellen, dass sie sich beim Reden hinter schützenden Masken verbergen –, doch ich hätte nie gedacht, dass es schon so früh passieren würde.

«Julia, ich muss nun mal wegfahren. Das ist meine Arbeit, und die mache ich, damit wir in diesem Haus wohnen können. Ich werde jeden Tag an dich denken, und ich komme bald wieder. Versprochen!»

Sie blickte mich unverwandt und mit düsterer Skepsis an, denn sie wusste es besser.

«Bist du an meinem Geburtstag daheim?»

Aus der Küche rief Jean hoch: «Julia! Zeit für dein Müsli!»

«Am 26. November hab ich Geburtstag.»

Julia zuliebe hatte ich eine Party auf dem Boot arrangiert; zwei ihrer Freundinnen würden samt Eltern gegen zwölf vorbeikommen, um mit Limo, Champagner, Käse und Schokoladenkeksen Abschied zu feiern. Bevor wir zum Hafen fuhren, schenkte ich ihr ein Stofftier – ein graues Kätzchen, das sie sofort auf den Namen Juliette taufte.

«Ich werd immer auf sie aufpassen. Ich werd sie nie verlieren. Niemals.» Sie sprach im selbstgerechten Ton der moralisch Überlegenen.

Wir zwängten uns ins Auto. Der schmale Hochdruckkeil hatte sich am Vortag aufgelöst, und vom Meer näherte sich eine Schlechtwetterfront. Unter einem schwammig-grauen Himmel verwischte spärlicher Niederschlag – mehr Nebel als Regen – die Konturen von Phinney Ridge und Queen Anne Hill. Die Scheibenwischer quietschten laut, während Julia in einem langen Monolog ihrem Kätzchen alle möglichen Geheimnisse anvertraute und ihre Mutter und ich über die Fixkosten sprachen. Julia fragte: «Mommy, was bedeutet ‹rücksichtslos›?»

Als wir am Boot ankamen und Julia ihre Freundinnen erblickte, war ihre gedrückte Stimmung im Nu wie weggewischt. Sie verwandelte sich in die stolze Kuratorin eines Raritätenkabinetts. «Wir haben ein echtes Klo auf unserem Boot!», verkündete sie und führte

Zoe und Natalie nach unten, damit sie die offene Porzellanschüssel, den schönen Griff der Pumpe und den Seehahn bewundern konnten, der sich nur mit zwei Händen bewegen ließ. Unter ihrer Anleitung durften die Kinder ein Dutzend Mal die Spülung betätigen – hydrophile Zwerge, völlig hingerissen vom wirbelnden, gurgelnden Wasser in der Schüssel. Dann machten sie es sich auf dem Doppelbett im Vorschiff gemütlich, wobei sie mit ihren Schokoladenfingern das gesamte Bettzeug voll schmierten und einen zarten Moschusduft wie von Falläpfeln hinterließen, der noch tagelang im Raum hing.

Wegen des schlechten Wetters saßen die Erwachsenen dicht gedrängt um den Tisch im Salon, tranken in kleinen Schlucken Veuve Clicquot und machten Bahnsteig-Smalltalk. Nur Natalies Vater, David Shields, beteiligte sich nicht daran, sondern drehte ständig den Kopf hin und her wie ein Fleckenkauz, der nach Mäusen Ausschau hält. Ich sah seinen Blick vom Barographen zur Uhr und weiter zu der Karikatur von George III. springen, zum UKW-Funkgerät und von dort zu den Büchern auf den Wandborden, zwischen denen er eines seiner eigenen entdeckte, *Remote*, unteres Regal, Backbordseite. Unwillkürlich nickte ich ihm zu, doch er starrte an mir vorbei auf ein gerahmtes Foto von Julia in forsythiengelbem Regenzeug und dann auf den am Schott befestigten Feuerlöscher. Schließlich platzte er heraus: «Bei Ihnen zu Hause ist ein einziges Kuddelmuddel, aber hier herrscht solche ... Klarheit, solche Zweckmäßigkeit – man merkt, dass Sie die Bücher alle sehr bewusst ausgewählt haben. Der Raum ist so gut wie perfekt – Größe und Einrichtung sind genau richtig zum Lesen und Schreiben. Äußerst wohnlich. Hier werden Ihnen bestimmt Gedanken kommen, die Sie niemals an Land haben könnten – Wassergedanken.»

Erfreut sagte ich: «Es ist der einzige Ort, wo ich Ordnung halten kann.»

«Wirklich erstaunlich!», bekräftigte David, der dabei offenbar an das Durcheinander in meinem Arbeitszimmer dachte, wo Bücher und Papiere sich zu Schneewehen türmten und alles aussah, als wäre es gerade von dilettantischen Einbrechern durchwühlt worden. Jeder Besucher verspürte spontan den Impuls, die Polizei anzurufen. «Und dieses wunderschöne Holz hier, so stelle ich mir das Büro eines Professors in Oxford vor ...»

Ich musste an Shields' Arbeitszimmer denken. Er schrieb bei künstlichem Licht in einem Betonbunker unter seinem Haus. An einer Wand stand eine lange Reihe schwarzer Aktenschränke. Jeder war mit dem Etikett eines der Themen versehen, von denen seine Werke handelten. Ich fand sein Büro abschreckend nüchtern, es war ein Arbeitszimmer, das eher zu einem puritanischen Kriminalkommissar gepasst hätte. Wenn ich ihn besuchte, war sein Computer stets ausgeschaltet, sein Notizbuch zugeklappt. Ich spioniere andere Leute gern bei der Arbeit aus. Shields, auch er ein Spion, sicherte sich durch sorgfältige Vorsichtsmaßnahmen ab. Sein Arbeitszimmer gab nichts preis. Ich fand es interessant, dass er sich so für mein Boot erwärmen konnte. Vielleicht lag es daran, dass das Boot alles offen legte: die Menschen, die ich liebte, die Bücher, die ich mochte, die Ausrüstungsstücke wie den Kurs-Winkelmesser und den Stechzirkel aus Messing, die zu meiner seltsamen, späten Leidenschaft für die Seefahrt gehörten.

Die Kinder kamen kreischend aus dem Vorschiff gesprungen. «Wir fahren nach Alaska! Wir fahren nach Alaska!», jubelte Julia.

Mit einiger Mühe – ein Schuh war verloren, ein Schnuller fehlte, und zwischen den Bettdecken musste nach verschwundenen Stofftieren gefahndet werden – verlagerten wir die Abschiedsparty auf den Kai, wo der Tröpfchen-Nebel sich zu einem Sprühregen verdichtet hatte. Ich ließ den Motor an, wickelte die Leinen von den Klampen, küsste Jean und Julia zum Abschied und ließ das Boot behutsam nach achtern gleiten. Dann bückte ich mich vom Cockpit aus in den Salon und holte meine Kamera, um das Menschenknäuel aufzunehmen, das im Regen stand und mir nachwinkte.

«Bye, Daddy!» Julia, die auf der Schulter ihrer Mutter hockte, hatte die lauteste Stimme von allen. Ich fand sie im Sucher und holte sie heran: ein glückliches Gesicht, Mund und Augen weit offen, die Arme in der Luft wie ein Fußballfan beim ekstatischen Jubel über ein Tor in der letzten Spielminute. Als ich auf den Auslöser drückte, hörte ich sie wieder rufen: «Byeeee!»

Viele Wochen später, schon in Juneau, ließ ich den Film entwickeln. Der Abzug dieses Schnappschusses haute mich um. Das Foto ist zwar scharf und Julia mittendrin, doch ihre Hände umklammern den Kopf ihrer Mutter und auf ihrem geschlossenen Mund liegt ein unschlüssiges Mona-Lisa-Lächeln.

Eher wehmütig als hochgestimmt, tuckerte ich den Ship Canal hinunter. Dieser Kanal ist die Hauptstraße des maritimen Seattle, ein langer, breiter Boulevard mit Schiffen und Schuppen, Trockendocks, Kränen, Takeleifirmen, Hafenbahnen und Fischverarbeitungsbetrieben. Hier und da unterbrachen surreale Lichtflecken von Bogenlampen und Schweißbrennern das eintönige, verwaschene Grau. In Wasserwinkeln zwischen den großen Lagerplätzen betrieben weißbärtige Piraten, allesamt Käpten genannt und mit den verschiedensten Emphysemen geschlagen, auf schwimmenden Bruchbuden exzentrische Handelsunternehmen. Wenn man einen Dieselauspuff, eine elektrische Winsch, ein altes Radargerät oder eine linksdrehende 48-Inch-Schiffsschraube suchte, musste man nur bei Käpten Mac oder Käpten Don oder Käpten Sorenson reingucken. Alle bekamen ausrangierte Teile jener Schiffe, die zur Überholung oder zum Verschrotten hierher kamen. Auf den rostigen Hecks der Kähne standen Namen von Häfen aus aller Herren Länder: Anchorage, Wladiwostok, Panama City, Lima, Manila.

Wenn man Seattle vom Ship Canal aus betrachtete, hätte man meinen können, dass es vor allem eine Hafenstadt war. Am Nordufer drängte Ballard, das Wohnviertel der skandinavischen Fischer, bis an die Wasserkante. Über der Market Street wehten die Flaggen Norwegens, Schwedens und Dänemarks, und jeder Olson und Johnson konnte sich im Feinkostgeschäft an der Ecke seinen Lutefisk kaufen. Jedes Jahr war Ballard monatelang ein Stadtteil ohne Väter. In jedem Haus hing ein Bild von Dads Schiff an der Wand, gab es den wöchentlichen per Funk durchgestellten Anruf und den täglichen Kampf, bis zum Zahltag nach Rückkehr des Vaters über die Runden zu kommen.

Kein Wunder, dass die Schiffe im Fishermen's Terminal heimwehträchtige Namen hatten. Wenn ein Mann sein Schiff nach seiner Frau nannte, konnte er wenigstens ihren Namen mit auf See nehmen und jeden Tag aus dem Mund anderer Leute hören. Die brummige Männerstimme etwa, die über UKW rief: «Gilda? Gilda? Hier ist Bettijean, Bettijean», bestätigte damit die Unversehrtheit des Familienzusammenhalts angesichts von auffrischendem Wind und unruhiger See.

Ich befand mich in guter Gesellschaft, denn Schiffe und Segelboote bedeuten immer Abschied und Trennung. Auf den Kais am Ship Canal standen lauter einsame Gestalten herum: in Seattle gestrandete russische und philippinische Seeleute, fern der Heimat, die rauchten, die Zeit totschlugen und der Strömung nachsahen, die so träge wie die Stunden nach Westen zog.

In der Schleuse von Ballard Locks musste das Boot mehr als sieben Meter sinken, um auf den Wasserstand des Puget Sound zu gelangen.

Während es im triefenden Hallraum der kleinen Schleusenkammer abwärts ging, unterhielt ich mich mit dem Wärter über mir.

«Na, kleiner Nachmittagstörn?»

«Nein, ich bin auf dem Weg nach Alaska.»

«Ganz allein? Wohl auf Urlaub von Ihrer Frau, was?»

«Nein, berufliche Gründe.»

«Eine Überführung? So einen Job könnte ich auch gebrauchen. Bloß, dass ich dann eine Scheidung am Hals hätte.»

«Das kenne ich. Heute Morgen hing bei uns zu Hause auch ein Eishauch in der Luft.»

«Ja, ja. Frühstück in der Eiszeit ...» Er lachte – dieses komplizenhafte amerikanische Männerlachen, das impliziert, dass alle Männer mit dem gleichen Typ von mütterlichem Hausdrachen verheiratet sind. Leider gehörte ich nicht zu diesem Club der großen Jungen.

Die Schleusentore öffneten sich ächzend, und im selben Moment strömte der salzige Geruch des Meeres herein.

«Viel Spaß, Käpten! Und lass dich für mich in Ketchikan von einer schönen Frau verwöhnen!»

Wie für so viele Männer seines Standes und seiner Generation war Alaska für ihn das Land der verschwundenen Jugend, der Zeit, in der man im Geld schwamm und sich die Hörner abstieß. In der Erinnerung vervielfachten sich die Geldsummen von damals in einem Maße, dass einem schwindlig werden konnte, und die Hörner von einst stießen immer wilder zu. Wenn ich Männern über fünfzig erzählte, dass ich nach Alaska wollte, hätte ich ebenso gut behaupten können, mein Haar würde wieder voller und ich feierte demnächst noch einmal meinen 22. Geburtstag.

Hinter der Schleuse klarte der Himmel auf. Durch die Wolken schimmerte fahl wie ein abgegriffenes Zehn-Cent-Stück eine kleine Sonne. Das Wasser vor mir glänzte silbern im Licht. Eine unruhige

Brise von Süden kräuselte die See und erzeugte kleine Wellen, die immer steiler wurden, aber nicht brachen. An der Ansteuerungsboje stellte ich den Motor ab und rollte das Vorsegel aus, woraufhin das Boot mit dem Wind in einem derart gemächlichen Tempo nach Norden trieb, dass uns jede Oma auf dem Fahrrad überholt hätte.

Doch viel interessanter als die Wasseroberfläche war das, was sich jetzt darunter abspielte: Das Echolot, dessen Ultraschallimpulse vom Meeresboden zurückgeworfen wurden, zeigte bei der Ansteuerungsboje 15 Meter Tiefe an. Dann fing es an, Zahlen herunterzurasseln – 24 Meter, 33 Meter, 35 Meter, 42 Meter, 55 Meter ... Mit jeder Bootslänge, die ich vorankam, fiel der Grund des zerklüfteten Unterwasser-Steilufers weiter ab. Bei etwa 66 Meter Tiefe verlor das Echolot den Kontakt zum Boden und bot mir hilflos beliebige Zahlen an, bis ich es abstellte. Jetzt hatte die Seekarte das Sagen. Eine halbe Seemeile vom Ufer entfernt, glitt ich über die 50-Faden-Linie. Noch eine halbe Meile weiter, und ich kreuzte die 100-Faden-Linie. Das bedeutete eine Tiefe von 183 Metern.

Die Grenze von 100 Faden, etwa 200 Metern, wird üblicherweise als Rand des Festlandsockels betrachtet. Früher gelangten die mit 100-Faden-Lotleinen ausgerüsteten Schiffe dort in eine noch auslotbare Wassertiefe. Wenn man von New York aus nach Osten über den Atlantik segelt, muss man mehr als 100 Seemeilen zurücklegen, um diese Tiefe zu messen, und fährt man von Land's End in Cornwall nach Westen, sogar etwa 200 Meilen.

Und der Meeresboden fiel weiter ab. Nachdem ich kaum eine halbe Stunde unter Segel dahingeschlichen war, befand ich mich bei 150 Faden, und das Meer wurde immer noch tiefer. Wie ein Käfer, der seine Füße auf die Haut des Wassers setzt, befand das Boot sich in einem bedenklichen Schwebezustand über einem überfluteten Senkungsgraben.

Das Erscheinungsbild des Umlandes gab keine Hinweise auf die Meerestiefe. Niedrige, noch zur Vorstadt gehörende Hügel fielen sanft zum Ufer ab. Den Wald hatte man gerodet, um Platz für die halbmondförmig angelegten, quasi identischen 500 000-Dollar-Villen zu schaffen – pastellfarben gestrichene Bungalows im Ranch-Stil aus Schlackenstein und Rigipsplatten, verkleidet mit farblich passendem Kunststoff. Durchs Fernglas konnte ich die Barbecue-Grills und die großen Panoramafenster sehen, die gestreiften Sonnenliegen auf den Terrassen und die motorgemähten Rasenflächen, die an einem schmalen Streifen felsigen Strandes endeten. Mit ein bisschen Phantasie konnte ich sogar noch weiter blicken, auf das nämlich, was hinter der Bildkulisse lag, und dort sah ich das Fernrohr mit Stativ aus dem Versandhauskatalog, die Original-Schiffslampen, die anzeigten, wo bei der offenen Feuerstelle mit dem elektrisch beleuchteten Kaminholz Backbord und Steuerbord lagen, das Messingschild an der Küchentür, das diese als «Kombüse» oder «Sklavenquartier» kennzeichnete, den Navajo-Teppich, das Pilchuck-Glas, die aufgeschlagene *Discovery Channel*-Programmzeitschrift, das S-förmige, «Love-Seat» genannte Sofa, die Keramikbodenvase mit getrockneten Schilfstängeln, den dösenden Kurzhaarhund.

Und ein so unschuldiges Leben spielte sich am Rand des Abgrunds ab. Gleich hinter der Gartenskulptur eines Cupido tat sich eine Welt eisiger Dunkelheit auf, bewohnt von schleimigen Kreaturen mit Greifarmen und fleischigen Saugnäpfen, Monstern, wie sie nur in den übelsten Albträumen auftauchen. Ob die Leute hier überhaupt von diesen Gräueln wussten? Oder waren sie ein Geheimnis, das die Immobilienmakler ebenso sorgfältig vor ihren Kunden verbargen wie die Tatsache, dass in der Nachbarschaft der Bau einer Methadon-Klinik geplant war?

In 270 Meter Tiefe ist der Druck etwa dreißigmal so hoch wie der

der Erdatmosphäre und reicht aus, um sämtliche Organe eines Ertrunkenen zu zerquetschen, nachdem höchstwahrscheinlich der Brustkorb geborsten ist und die Eingeweide ausgetreten sind. Dort unten ist es zwar dunkel, aber nicht so dunkel, als dass man nicht durch das Fenster einer Tiefseetaucherkugel schattenhafte Wesen sehen könnte, die sich, schwärzer als schwarz, mit zielsicherer Neugier auf unser Gesicht zubewegen. Zweieinhalb Zentner schwere Heilbutte – Fische im Wandschrankformat – gleiten gemächlich durch die Düsternis. Weicher, schwarzer Schwebstoff bewegt sich, aufgewirbelt durch schnelle Tideströme, in wirbelnden, wogenden Schwaden wie vom Himmel in die Tiefe gefallene Wolken.

Der Riesenkrake durchsucht mit seinen fünf Meter langen Fangarmen die Schwebstoffe nach Beute. Er hat Augen wie Bratpfannen, die hochgewölbte Schädeldecke eines Marsmännchens und einen kecken, kleinen Papageienschnabel mit giftspritzendem Biss: ein keinesfalls wählerischer Fleischfresser, der sich auch einen menschlichen Leichnam einverleiben würde. Als Jacques Cousteau die *Dofleini* filmen wollte, wählte er Seattle als Ausgangsbasis für sein Schiff. Beim Tauchen in Ufernähe, in neun bis 18 Meter Tiefe, traf er auf einige kleine Exemplare – Babys von drei bis vier Meter Durchmesser – und war fasziniert von ihrer Anmut, Gelehrigkeit und Intelligenz. Aber in den Tiefen des Puget Sound leben weitaus größere, ältere und gerissenere Kraken, die ihren Lebensraum mit einem noch größeren Kopffüßer, dem pazifischen Riesenkalmar, teilen. *Moroteuthis robusta* besitzt zehn hakenbesetzte Tentakel, die er mit atemberaubender Geschwindigkeit auswirft, wie ein Cowboy sein Lasso beim Rodeo.

Wenn ich einen Bungalow am Richmond Beach hätte, dann würde ich gut auf meinen Hund aufpassen.

Hin und wieder wird ein aufgedunsener, halb verwester Fangarm ans Ufer gespült. Den hier einst ansässigen Indianern waren solche gelegentlich auftauchenden Körperteile ein greifbarer Beweis für die Existenz einer Unterwasser-Unterwelt, in der gigantische Geschöpfe regierten, die, wenn sie sich beleidigt fühlten, einfach nach oben langten und sich rächten. Falls Sie irgendwann zufällig bei einem Morgenspaziergang über ein von Fliegen umschwärmtes Stück eines *Dofleini* stolpern sollten, dann werden Sie hoffentlich nicht einfach ungläubig den Kopf schütteln, sondern an die Geschichte denken, die sich die Tlingit erzählten und die John Swanton im Jahr 1904 in Wrangell, Alaska, aufgeschrieben hat. Sie handelt von einem Kraken, der einst ein ganzes Fischerdorf zerstörte:

Es war einmal im Sommer, als die Bewohner eines Fischercamps einen großen Fang Rotlachse an Holzgestellen zum Trocknen aufhängten. Auf dem Wasser spiegelte sich die Farbe des Fanges wider, es glühte blutrot. Dies zog die Aufmerksamkeit eines in der Tiefe lebenden Riesenkraken oder «Teufelsfisches» auf sich. Er kam an die Oberfläche, «sehr weiß» (wie ein abgestorbener Tentakel; ein lebender Krake sieht nicht so hell aus), und streckte einen einzigen gigantischen Fangarm aus, umfing damit das ganze Fischercamp und riss es ins Meer, wo er die Menschen verschlang und ihre Kanus zerschmetterte. Zwei Männer und ein Knabe, die vom Jagen aus dem Wald zurückkehrten, sahen erst die auf dem Wasser schwimmenden Trümmer der Kanus und entdeckten dann, dass die Überreste der Häuser und Fischgestelle mit einer dicken Schicht «Teufelsfisch-Schleim» überzogen waren.

So könnte es auch dem Pendler ergehen, wenn er nach einem harten Tag auf dem Microsoft-Campus in Redmond nach Redmond Beach, seinem behaglichen Vorort, zurückkehrt. Mehr als die Opfer betrifft diese Geschichte ja die beiden Männer und den Knaben (die einzigen hervorgehobenen Figuren der Erzählung), und damit spricht sie die uns allen bekannte Angst an, dass zu Hause etwas

Schreckliches geschehen könnte, während wir bei der Arbeit sind. Teufelsfisch-Schleim gibt es in vielerlei Gestalt.

So nah am Land eine so schauerliche Meerestiefe, die zu Recht als Heimstatt vieler großer, gewalttätiger, abstoßender Wesen gilt, hat etwas besonders Bedrohliches, gerade weil das Wasser an der Oberfläche so unschuldig wirkt: Puget Sound etwa ist ein geschütztes Eckchen, nirgendwo breiter als vier Seemeilen, und Stürme sind selten. Der Sund war (und ist) das kanufreundlichste Gewässer der Inside Passage. Man konnte fast bedenkenlos zu jeder Jahreszeit darauf paddeln, und seine Lachsschwärme und Muschelstrände sorgten für ein leichtes Leben, bei dem es nur zuzugreifen hieß. Kein anderer nordamerikanischer Stamm konnte sich so üppig und mühelos ernähren wie die Salish am südlichen Teil des Puget Sound.

Doch dieses zahm wirkende, nahrungsreiche Meer war voller Bedrohungen. Man wusste, dass sein Flachwasser häufig von furchtbaren, launischen Kreaturen heimgesucht wurde. Die Indianer jedenfalls erlebten täglich das Walten untermeerischer Kräfte, die den Menschen – vielleicht unnötigerweise – zeigten, wie töricht und erbärmlich sie waren.

Im September des Vorjahrs hatte ich am Ruder gestanden, als ein Mörderwal etwa sechzig Meter vom Boot entfernt aus dem Wasser schnellte. Die See war so glatt wie Sirup. Von der Oberfläche stiegen Dunstschwaden in die frostige Morgenluft. Meine Schraube hinterließ einen dicken Zopf Kielwasser, der sich Hunderte von Metern hinter dem Heck herzog, bis er im Frühnebel verschwand. Ich hatte gerade unter Deck zwei Eier zum Kochen aufgesetzt, als der Wal querab an Backbord wie eine Rakete aus dem Wasser schoss – zehn Tonnen, schwarzweiß gemustert, mit einer genoppten Haut wie schweres PVC – und wieder aufklatschte, wobei er eine Welle erzeugte, die das Boot halb überrollte.

Das Ereignis hatte die plötzliche Gewalt einer Autobombe, die in einer stillen Seitenstraße hochgeht. Nichts war mehr wie zuvor. Nur einen Augenblick später schien die Temperatur plötzlich um zehn Grad gefallen zu sein. In meinem Nervensystem kreiste das Adrenalin der Explosion, und als ich etwas schreiben wollte, produzierte der Kugelschreiber nur unkontrollierbare Kringel auf dem glatten Papier. Wenige Minuten später, als sich das Wasser geglättet hatte, war die wieder eingekehrte Stille auf eigentümliche Weise noch stiller, die Luft noch regloser, stickig und aufgeladen von der Erinnerung an den vorbeigezogenen Wal.

Es ist eine Sache, ob man einen Mörderwal von einem voll besetzten Ausflugsboot voller gezückter Kameras aus springen sieht oder ob er aus dem Nichts auftaucht, wenn man ganz allein ist. Für den einsamen indianischen Fischer, der sich auf seine Heilbuttleine aus gedrehter Zedernrinde konzentrieren musste, war das Erscheinen des Wals eine eindringliche Warnung vor den Mächten der Tiefe, wo Komogwa (wie er bei den Kwakiutl hieß), der Reiche, der Herr des Meeres, in seinem Unterwasserpalast aus gehämmertem Kupfer regierte. Komogwa – in Schnitzereien stets ein feister Mann mit Glubschaugen, denen nichts entgeht – konnte sich in Form eines Seetauchers, einer Robbe, eines Kraken, eines stachelflossigen Katzenwelses zeigen, aber auch als Wasserwirbel und Bewegung der Gezeiten. Doch die massige Gestalt und das schimmernde Muskelspiel des Mörderwals kamen seinem Wesen wohl am nächsten, und bei diesem Ausbruch einer fremden, gleichgültigen Kraft sah man sich unmittelbar mit der gewaltigen und gewaltsamen Pracht und Herrlichkeit des Meeres konfrontiert.

Die Vorstellung von Komogwa als aufgeblasenem Kapitalisten, der Verkörperung von Bosheit und Geiz, dem Herrn über die Unordnung und das Chaos der See, hat etwas vom Humor der Hochgotik. Ein Kanu geht in einem Gezeitenstrom verloren – gib Komogwa die Schuld. Ein anderes Kanu wird von einem auftauchenden Wal erwischt – auch das geht auf Komogwas Kappe. Eine Ladung wertvoller Decken rollt über Bord – na, die wandern direkt in Komogwas Schatztruhe! Bei den Wintertänzen war der unersättliche Komogwa eine beliebte Figur. Der Tänzer, der seine Rolle übernahm, trug eine Maske in Grün, der Farbe des Meeres, und Schwarz, für die verborgenen Tiefen, in denen er lebte. Auf vielen dieser Komogwa-Masken sind seine dicken Backen als die saugnapfbesetzten Tentakel des *Dofleini* dargestellt, des schleimigen Greifers, dessen achtfache Umarmung den bedauernswerten Besucher von Komogwas Unterwasserschloss erwartet.

Gegen vier Uhr ging in den Fenstern der Häuser am Ufer das Licht an, und das Meer wurde tintenschwarz. Für mich war es fast ein wenig enttäuschend, am Ende des Tages noch immer in den Vororten von Seattle zu sein, denn ich hatte gehofft, weiter zu kommen. Doch als das Boot die Reihe der Öltanker am Edwards Point umrundete, hatte ich immerhin schon 105 Faden unterm Kiel, und bei einer solchen Tiefe darf man sich zu Recht weit weg von daheim fühlen. Ich bog in die Marina von Edmonds ein, die nur zwanzig Taxi-Minuten von unserem Haus entfernt ist, und musste mich ernsthaft ermahnen, jetzt, da ich die Abreise hinter mich gebracht hatte, auch auf Reisen zu bleiben. Ich zündete die Lampen an, legte eine leere Kassette in den Rekorder, stellte das Mikrophon auf den Tisch im Salon und las die Geschichte von I-Aahs Geburtstag aus *Pu der Bär*.

«I-Aah, der alte graue Esel, stand neben dem Fluss und betrachtete sein Spiegelbild im Wasser. ‹Traurig›, sagte er. ‹Das ist es: traurig ...›»

Ich schätzte das Porto und schickte die Kassette zusammen mit einer Postkarte von einem springenden Mörderwal an Julia.

Am 29. April 1792, einem regnerischen Tag, als der Wind böig vom Südosten kam und die Sichtweite auf weniger als drei Seemeilen gesunken war, umrundete die *HMS Discovery,* gefolgt von ihrem plumpen Begleitschiff, der *Chatham*, Kap Flattery, fuhr an dem schroffen Steinhaufen der Tatoosh Island entlang und dann in die Meerenge Juan de Fuca. Es war ein freudiger Tag auf einem freudlosen Schiff.

Die Männer hatten dreizehn Monate zuvor ihre Heimat verlassen. Ihre Expedition war am 1. April 1791 aus Falmouth in Cornwall ausgelaufen – ein Datum, an das allzu viele Seemannsscherze gnadenlos erinnern. Die *Discovery* und die *Chatham* waren auf dem Atlantik bis nach Kapstadt gesegelt, von dort über den Indischen Ozean nach Südwestaustralien und Tasmanien, über die Tasmanische See nach Neuseeland, und schließlich hatten sie Tahiti und Hawaii angelaufen. Am 16. März 1792 verließen sie Niihau, die westlichste der Hawaii-Inseln, und machten sich zur Nordwestküste Amerikas auf. Am 17. April, auf 39 Grad 20 Minuten nördlicher Breite, bemerkten sie erste Anzeichen dafür, dass sie in Landnähe waren – Treibholz, schwimmendes Gras, Krähenscharben, Papageientaucher und eine schwache bräunliche Verfärbung des Meeres. Die Sicht war schlecht, und Kapitän Vancouver gab Befehl, dass der Handloter auf dem Backbordbug der *Discovery* Position beziehen solle. Plötzlich ließ sich die Wassertiefe messen – 53 Faden –, und der Talg am Boden des Senkbleis zeigte einen weichen, braunen, sandigen Grund an. Nur wenige Minuten später kam Land in Sicht – eine gezackte Brandungslinie an einem nicht näher bestimmbaren Ufer. Da es dunkel wurde, drehten die Schiffe unter gerefften Segeln nach Westen ab, zurück in tiefes Wasser. Am nächsten Morgen war sich Vancouver ziemlich sicher, dass es sich bei dem in einiger Ferne erkennbaren Küstenvorsprung im Nordosten um Kap Mendocino handelte, das zweihundert Meilen nördlich der spanischen Garnison San Francisco lag.

Die Schiffe brauchten zwölf lange Tage, um die Küste hochzufahren, geplagt von Nordwestwinden, die sich mit leichten Brisen abwechselten, und von Regen und Nebel, was ihren Auftrag, das Gelände zu erfassen, nicht gerade leicht machte, obwohl sie, sofern es irgend ging, hart am Ufer segelten, immer bemüht, die Brandungslinie im Blick zu behalten. Es war wirklich ein frustrierendes Unternehmen, diesen Abschnitt der amerikanischen Küste, über den die bisherigen Karten hoffnungslos uneins waren, zu kartieren. Das eigentliche Interesse der Offiziere galt allerdings den voraus liegenden Gewässern, jener «ausgedehnten mediterranen See», wie Vancouver jenes Meer nannte, das schließlich den Namen Inside Passage erhalten sollte.

Die lange, langweilige Fahrt von Mendocino bis Kap Flattery wurde durch das ätzende Klima auf dem Achterdeck der *Discovery* noch unerträglicher. Vancouver herrschte über seine kleine, 99 Mann starke Mannschaft (weitere 45 Mann befanden sich an Bord der *Chatham*) einzig kraft seines militärischen Rangs und der Strafen, die er über seine Untergebenen verhängen konnte. Mit seiner gründlichen, streng an den Vorschriften orientierten Arbeitsweise sowie seinen Fähigkeiten als Nautiker und Kartograph verdiente er sich den nachhaltigen, wenn auch strikt sachbezogenen Respekt der Seeoffiziere, die schon längst jede echte Sympathie für diesen Mann verloren hatten. Die «jungen Gentlemen» – von denen sich 15 als Seekadetten, Vollmatrosen oder Offiziere auf der *Discovery* befanden, konnten ihn überhaupt nicht ausstehen. Diese Patriziersöhne mit ihren einflussreichen Verbindungen betrachteten den Kapitän mit einer Mischung aus primitiver Angst und snobistischer Geringschätzung.

Mit seinen 34 Jahren war Vancouver keine Führernatur. Er war ein kleiner, korpulenter Mann, der auf dieser Fahrt noch erheblich zugenommen hatte. Er war schon fast kahl, hatte Glubschaugen und geriet schnell ins Schwitzen. Seinen rasselnden Friedhofshusten konnte man bei milder Witterung vom Bug bis zum Heck hören. Seine häufigen Zornesausbrüche waren berüchtigt: Wenn er mit rot angelaufenem Gesicht wüst herumbrüllte, schien er wie von einem bösen Dämon besessen. Zu einer Zeit, in der Symptome selbst extremer psychischer Störungen im Allgemeinen noch als akzeptable Exzentrik durchgingen, stellten mehrere Gentlemen an Bord der *Discovery* die Diagnose, dass Vancouver an temporärem Irrsinn litt.

Vancouvers Leutnants auf der *Discovery* – Zachary Mudge, Joseph Whidbey, Joseph Baker und Peter Puget – waren Berufsoffiziere, denen die erfolgreiche Beendigung der Fahrt ein eigenes Kommando einbringen würde. Sie befanden sich gemeinsam mit dem Naturforscher und Schiffsarzt Archibald Menzies in der delikaten und unangenehmen Lage, zwischen den jungen Snobs von mittschiffs und ihrem vorzeitig gealterten, kahlköpfigen, dicken und zu Wutanfällen neigenden Kapitän zu vermitteln.

Die *Discovery* war nicht einmal 30 Meter lang. Selbst unter den besten Umständen eng und übel riechend, war sie viel zu klein für den bitteren Klassenkampf, der hinter dem Großmast schwelte. Das Achterdeck – die für Gentlemen aller Dienstgrade reservierte Zone – maß ungefähr 8,40 auf 9 Meter. Zugleich war dies der Wirtschaftshof des Schiffes. Man konnte kaum einen Schritt gehen, ohne über ein Ferkel oder ein Huhn zu stolpern oder mit einer knochigen Ziege zusammenzuprallen. Und dann war dieser ohnehin kleine Raum auf Befehl von Sir Joseph Banks, dem Präsidenten der Royal Society, sogar noch weiter verkleinert worden, um Mr. Menzies' «Garten» aufzunehmen – ein Gewächshaus aus Glas, 2,40 mal 3,60 Meter groß, in dem die neu entdeckten Pflanzen heil nach England transportiert werden sollten. Vancouver hielt das Gärtchen für «Spinnkram» und bedachte es bei jeder Gelegenheit mit gotteslästerlichen Flüchen.

Inzwischen konnte Menzies dieses Thema bei seinem Kapitän nur mehr vorbringen, indem er ihm einen versiegelten Brief schickte, obwohl er Vancouvers Kabine ansonsten regelmäßig aufsuchte, um ihm Arzneien für sein rätselhaftes Leiden zu verabreichen.

Mit fünf Seeoffizieren, etwa einem Dutzend Tieren und dem Gewächshaus war das Achterdeck bereits überlastet. Doch die *Discovery* hatte auch noch eine ungewöhnlich große Anzahl junger Gentlemen im Alter von 16 bis 22 an Bord. Alle 15 verfügten über «Familienbeziehungen», sprich allerbeste Kontakte zur Admiralität. Maritime Abenteuer wie dieses bedeuteten eine abenteuerliche Neuauflage der Bildungsreise alten Stils. Die jungen Leute würden den edlen Wilden in freier Wildbahn erleben, den Anblick des Erhabenen, die Pracht und Herrlichkeit des Ozeans mit all seinen Launen ... Die *Discovery* versprach eine hohe Schule epischen, ruhmreichen Zuschnitts zu sein und eine Ausbildung in Führungsqualitäten, Navigation, Geographie, Naturkunde und Anthropologie zu bieten.

Lord Bute hatte seinen Sohn, den Honourable Charles Stuart, mitgeschickt, Lord Camelford, der Cousin des Premierministers, seinen Sohn, den Honourable Thomas Pitt. Der Marquis Townshend hatte einen Platz für seinen jungen Freund Thomas Manby ergattert, der Earl von Hardwicke dasselbe für Spelman Swaine erreicht. Sir Alan Gardner war es gelungen, zwei seiner Neffen an Bord zu bringen, Robert Barrie und Henry Humphrys. Und so weiter und so fort. Die *Discovery* war zum Bersten voll mit dem müßigen Nachwuchs der oberen Zehntausend.

Armer Vancouver. Er war holländischer Abstammung und kam aus King's Lynn in Norfolk, wo sein Vater ein bekannter Tory und stellvertretender Zollaufseher war. Nein, Käpten Van, wie er heimlich genannt wurde, eignete sich leider ganz und gar nicht als Mentor für die noch unreifen Vertreter der feinen englischen Art.

Als das Schiff sich langsam an Tatoosh Island vorbeischob und kurz vor dem Ziel seiner einjährigen Fahrt war, verspürte die Besatzung eine unvermeidliche Erregung, die noch erheblich verstärkt wurde durch die Aussicht, den persönlichen und gesellschaftlichen Spannungen des Achterdecks eine Zeit lang – mochte sie noch so kurz sein – zu entkommen. Demnächst würde es Landkommandos geben, die das astronomische Observatorium bauten, die Eingeborenen kennen lernten und Handel mit ihnen trieben oder Sprossenbier brauten. Vermessungstrupps würden in den kleinen Booten die Küste und ihre Gewässer erforschen. Womöglich vergingen ganze Tage, ohne dass man in Käpten Vans hervorquellende Augen blicken musste.

Im Kampf mit Wind und Ebbstrom kreuzten die *Discovery* und die *Chatham* auf kurzen Schlägen. Am südlichen Ufer der Meerenge passierten sie ein Indianerdorf (das heutige Neah Bay), ein Wirrwarr aus Holzhütten, die in einiger Entfernung vom Wasser hinter niedrigen Dünen standen. Die Kanus waren auf einen sichelförmigen Sandstrand gezogen worden. Vancouver überlegte, ob er dort über Nacht vor Anker gehen sollte, entschied sich dann aber dagegen. Um sieben Uhr fand er drei Meilen weiter zwischen zwei Klippen voll tropfender Kiefern eine schmale Bucht. Dort warfen die Schiffe ihre Anker in 23 Faden tiefem Wasser, dessen Grund aus schwarzem Sand und Schlamm bestand.

Vom Vordeck erklangen die dünnen, asthmatischen Töne von «Spanish Ladies», auf einer Querpfeife gespielt. Es wurde Grog ausgeteilt, und dann begaben sich die Männer in die Messen, um ihr karges Abendessen aus Schiffszwieback und Grütze einzunehmen.

Bei Anthony's, dem Restaurant im Yachthafen von Edmonds, wurde mir ein Glas Fetzer Chardonnay und das Blue Plate Special – Lengfisch mit Spargel und kleinen roten Kartoffeln – serviert. Ich hatte einen Tisch am Fenster mit einer herrlichen Aussicht auf Whidbey Island und ihren mattschwarzen Buckel, der über der Gabelung von Puget Sound und Possession Sound aufragt. In dem dunklen Keil zwischen Edmonds und Kingston, auf der Halbinsel von Kitsap, schwebte die Pendlerfähre wie eine japanische Laterne. Zerzauste Wolken nahmen den größten Teil des Himmels ein, doch in einem Spalt über der Admiralitätsbucht stand ein einzelner, blasser Stern.

Ich hatte dieses Labyrinth aus Inseln und Buchten durch einen glücklichen Zufall entdeckt. 1989 war mir beim Gespräch mit einem Geschäftsmann im tiefsten Alabama die Idee gekommen, mich einmal sechs Wochen lang in Seattle umzuschauen, denn es hörte sich ganz danach an, als würde die Stadt einen interessanten Hintergrund für ein Kapitel des Buches abgeben, an dem ich gerade schrieb. Einmal dort und einen einsamen Thanksgiving Day in einem Pensionszimmer vor Augen, nahm ich die Fähre nach Victoria, BC. Ich weiß noch, dass es an diesem Morgen stürmte, dass die leeren Straßen wie Flüsse aussahen und die Verkehrsampeln an den Oberleitungen hin und her schwankten. In der Elliott Bay drängten sich schaumgekrönte Wellen. Genau das richtige Wetter, um in See zu stechen, jedenfalls an Bord eines Schiffes vom Kaliber der *Vancouver Island Princess*, eines schwerfälligen, salzverkrusteten, altgedienten Potts, 1955 in Glasgow gebaut, der gewiss schon so manchen Sturm erlebt hatte.

Sobald wir die Stadt hinter uns gelassen hatten, stieg ich zum Ruderhaus hinauf, um dem Kapitän auf die Pelle zu rücken. Es war wie bei Flauberts Begegnung von Bouvard und Pécuchet: Kaum hatten wir unsere Namen genannt, als wir auch schon in die Brieftasche griffen und einen Schnappschuss von unserem jeweiligen Segelboot zückten. Der Erste Offizier, offenbar mit der Leidenschaft seines Chefs vertraut, übernahm das messingbeschlagene Steuerrad und führte die Fähre durch die kabbelige See, während der Kapitän die flachen Schubladen des Kartentischs zu durchwühlen begann und ein Dutzend Seekarten herauszog, um mir darauf die Vorzüge seiner Heimatgewässer zu präsentieren.

Hier – sein Wurstfinger klopfte aufs Papier –, *hier* lief die Tide bei Springfluten mit 16 Knoten. *Dort* war er selbst einmal auf dem Rand eines drei Meter tiefen Strudels gefahren. *Hier* gab es einen besonders schönen Ankerplatz für den Winter. Und *da* meilenlanges Flachwasser in Flussmündungen, wo die See bei südöstlichem Wind hoch aufwirbelte und er einmal fast sein Boot verloren hätte. Seekarten, auf denen das Beige des Landes und das Blau des Meeres derart miteinander verschlungen waren, hatte ich noch nie gesehen.

Seinen Jahresurlaub, erzählte mir der Kapitän, nehme er immer im Februar, weil das der Monat mit den beständigen Winden sei. Er segelte allein. Seine Frau, die mit solchen Sachen offenbar ebenso wenig zu tun haben wollte wie der Erste Offizier der *Princess*, sonnte sich auf Hawaii, während er in den Untiefen rund um die Inseln herumpütscherte.

Er war gerade dabei, sich über das interessante Thema der mit und gegen die Tide aus den Fjorden wehenden Winde auszulassen, als er in etwa einer Meile Entfernung an Backbord eine Herde Orkas erspähte, die dort im Trüben herumplanschten. Er wies den Ersten Offizier an, den Kurs zu ändern, und gab dann über Bordlautsprecher bekannt, welches Schauspiel die Passagiere erwartete, worauf alle gleichzeitig an die entsprechenden Fenster stürmten. Während wir durch die See ruckelten, um die Kolosse aus der Nähe zu bestaunen, hatte die Fähre plötzlich eine Schlagseite von zehn Grad.

Wenige Minuten später passierten wir ein Segelboot, das in den Kreuzseen querab Marrowstone Island schlingerte. Es lief hoch am Wind, unter doppelt gerefftem Großsegel und einem mageren Dreieck von Fock, und die Gischt stand wie ein Federbusch an seinem

Bug, während es sich durch die Brecher vorankämpfte. Der Kapitän sah es mit Wohlwollen durch sein Fernglas. «Der Tidestrom unter ihrem Kiel ist mindestens drei Knoten schnell. Sehen Sie, wie kurz und steil die Wellen sind?»

Das Gesicht des Ersten Offiziers überm Steuerrad war eine Studie in tiefem, routiniertem Desinteresse. «Ich wollte immer schon mal nach London», sagte er.

Der Kapitän, sein Fernglas immer noch auf das Segelboot gerichtet, meinte: «*Eine* Person an Bord ist jedenfalls überhaupt nicht glücklich.»

«Die Familie meines Vaters stammt aus der Gegend», fuhr der Erste Offizier fort.

Mit weinerlicher Fistelstimme sagte der Kapitän: «Wenn wir hier jemals heil rauskommen, fahren wir zwei nie, nie wieder zusammen.» Es klang wie ein wörtliches Zitat aus dem Privatleben des Kapitäns.

Hinter dem Leuchtturm am Point Wilson, westlich vom Kurs der Fähre, brodelte das Wasser wie kochende Milch. Hohe, spitze Wellen knallten pausenlos aufeinander, sodass sich über ihnen ein dichter Nebel aus Gischt bildete.

«Ziemlich heftige Strömung», bemerkte ich.

«Ach was, auf der kanadischen Seite gibt es viel schlimmere – eine bei Trial Island und eine andere querab von Race Rocks ... In beiden sind schon große Schiffe untergegangen.»

«Kennen Sie zufällig die Strömung querab von Portland Bill in England?», fragte ich.

«Nein. Würde ich aber gern mal sehen – ich hab schon was drüber gelesen.»

«Brauchen Sie nicht. Das Meer hier bei Ihnen hat einfach alles.»

Und das war die Wahrheit. Ich fand es toll, so nah an der Großstadt und zugleich so weit draußen auf diesem wunderbar ereignisreichen Meer zu sein, mit seinen wilden Geschöpfen und labyrinthischen Wasserwegen. Wenn ich in Seattle leben würde, dachte ich, dann würde ich mir ein eigenes Boot anschaffen und dorthin segeln, wo die Flut bei Springfluten mit 16 Knoten lief und wo es drei Meter tiefe Strudel gab. Ich würde in einer ausgewogenen Balance zwischen Natur und Zivilisation leben, mit einem Fuß im Wasser und dem anderen in einer Metropole voller Restaurants und Buchhandlungen. Ich würde morgens lesen und schreiben und mich nachmittags aufs Meer verziehen.

Binnen weniger Tage nach meinem Thanksgiving-Ausflug war ich schon fleißig dabei, aus dem *Ich würde* ein *Ich werde* zu machen.

Als am nächsten Morgen die Sonne aufging, waren die Wolken verschwunden. Die Luft war dünn und wie verfeinert. Weit im Osten hob sich eine Kette sägeförmig gezackter Berge schwarz gegen den rosenroten Himmel ab. Eine leichte westliche Brise kräuselte die Wasseroberfläche. Die *Discovery* und die *Chatham* trieben langsam an den ächzenden Ankerketten im Kreis, um den Bug in die auflaufende Flut zu drehen.

Kurz darauf waren sie in Fahrt und glitten, angetrieben von Wind und Flut, langsam unter vollen Segeln die Juan de Fuca Strait entlang. Die niedrigen, bewaldeten Hügel an Steuerbord leuchteten in frischem Grün. Die Hügel wurden immer höher und wuchsen binnen zwanzig Meilen zu schneebedeckten Bergen mit glitzernden Eisfeldern und gezackten Gipfeln aus schwarzem Fels an. «Steril», schrieb Vancouver in sein Logbuch, um ihren Anblick zu beschreiben.

Doch der Kapitän war entspannt und bester Laune. Er herrschte über diese neue Welt, die sich entfaltete, als hätte er sie höchstpersönlich aus dem Hut gezaubert. Er, der sonst die unwichtigsten Pläne für sich behielt und es für besser befand, sie hinter dem Schleier seiner Befehlsmacht zu verbergen, plauderte jetzt freimütig mit seinen Offizieren, erkundigte sich nach ihren Ansichten und gab zu verstehen, dass er ein offenes Ohr für ihre Vorschläge habe. Viele Leute an Bord sollten diesen sonnigen Tag als den glücklichsten der ganzen Reise in Erinnerung behalten. Seekadett Thomas Manby notierte in sein geheimes Tagebuch:

Niemals gab es einen größeren Unterschied zu allem, woran wir nun seit langem gewöhnt waren, als an diesem Reisetag. Ihm haftete mehr Verzauberung als Wirklichkeit an; in stummer Bewunderung nahm jeder die Schönheiten der Natur wahr, und an Bord war nichts Anderes zu hören als leise Ausrufe des Entzückens aus aller Munde. Still glitt unsere Bark über die gläserne Oberfläche des Meeres, mit drei Meilen in der Stunde, eine sanfte Brise blähte die hohen Segel, indessen unten alles windstill war.

Dicht am Ufer segelten die Schiffe, vorbei an anmutigen Baumbeständen, sonnengesprenkelten Lichtungen und einer Waldwiese, auf der ein äsendes Rudel Rehe, die in der Morgensonne lange Schatten warfen, ohne jede Furcht in die Linsen der Fernrohre blickte. Vom Kapitän ausdrücklich ermuntert, holten die Kadetten Sykes und Humphrys ihre Skizzenbücher herauf und hielten die idyllische Szene fest.

Joseph Baker, der sich an Backbord auf dem Achterdeck befand, entdeckte einen glatten, weißen Gipfel, der sich über die Berge am östlichen Horizont erhob. Vancouver verkündete feierlich, er werde ihn zur Ehre des Dritten Leutnants auf den Namen Mount Baker taufen.

Kurz vor zehn Uhr Schiffszeit ging im Nordosten der Mond auf und hing wie ein blasser Aschefleck im Blau. Für Vancouver und den Ersten Offizier der *Discovery*, Mr. Whidbey, die beiden einzigen ausgebildeten Nautiker an Bord, bedeutete der Mondaufgang den Höhepunkt dieses ohnehin perfekten Morgens. Das Meer war glatt wie ein See, Sonne und Mond standen gleichzeitig am klaren Himmel, und daher konnte man den richtigen Längengrad bestimmen und die Einstellung der Schiffschronometer korrigieren.

Anno 1792 war es bereits über dreißig Jahre her, dass John Harrison sein Schiffschronometer vorgestellt hatte, doch die Länge zu bestimmen war immer noch schwieriger, als die meisten populären Bücher über das Thema (wie z. B. *Längengrad* von Dava Sobel) suggerierten. Bei Reisen von drei oder vier Wochen funktionierten die neuen Chronometer einwandfrei, auf längeren Strecken dagegen wichen sie so sehr von der Mittleren Greenwich-Zeit ab, dass sie durch regelmäßige Messungen korrigiert werden mussten.

Auf der Reise nach Süden, von Falmouth nach Kapstadt, war Vancouver unter anderem mit einer neuen Methode der Längenbestimmung beschäftigt gewesen, für die man in der Admiralität kräftig die Werbetrommel gerührt hatte. Es galt, die magnetische Abweichung des Kompasses an einer bestimmten Breite exakt zu bestimmen und diese auf einer Karte aller auf einem bestimmten Ozean beobachteten Missweisungen einzutragen. Vancouver probierte diese simple Lösung aus und stellte fest, dass sie ungenau und gefährlich war. Dass die Admiralität sie überhaupt so spät in der Entwicklung der Navigation förderte, sagt wohl einiges über die zweifelhafte Zuverlässigkeit der Harrison-Uhr aus.

Was blieb und sich schlussendlich durchsetzte, war eine sinnreiche und zuverlässige Methode: die so genannte Monddistanzbeobachtung. Da Sonne und Mond auf unterschiedlichen Umlaufbahnen und mit verschiedenen Geschwindigkeiten um die Erde reisen (der

Navigator muss notwendigerweise davon ausgehen, dass die Sonne wie auch alle anderen Himmelskörper die Erde umkreisen und nicht etwa andersherum), kann man sie sich als zwei Zeiger einer Uhr vorstellen. Indem man die Entfernung zwischen ihnen zu einem gegebenen Moment bestimmt, ermittelt man die genaue Greenwich-Zeit und damit die eigene Länge.

Die Bestimmung der «Monddistanz» war die Königsdisziplin eines Navigators. Zunächst einmal erforderte sie exakte Beobachtungen mit einem Quadranten oder Sextanten und anschließend ungeheuer komplizierte Berechnungen. Jeder Seekadett schreckte vor dieser Übung zurück, und nur wenige Kapitäne trauten sie sich zu. Doch George Vancouver war ein Meister der «Monddistanz» mitsamt der pingelig-genauen Verwendung des Quadranten und der abstrusen Mathematik. Sobald er in seinem Buch auf das Thema «Monde» zu sprechen kommt, tut er dies im Ton eines Evangelisten. «Ich hoffe, dass ich die Zeit noch erlebe, wenn jede zur See fahrende Person, die imstande ist, einen Quadranten zu benutzen, durch entsprechende Belehrung zusätzlich befähigt wird, die Länge auf See durch Mondbeobachtungen zu bestimmen.»

Sämtliche junge Gentlemen an Bord der *Discovery* wurden von ihrem Kapitän in der Mond-Methode gedrillt. Sie war seine größte intellektuelle Herausforderung, und er genoss es, die ihm an Bildung überlegenen Jüngeren zurechtzuweisen, wenn sie sich im schaurigen Dickicht von Sekante, Kosinus und Tangente verirrten.

Vancouver hatte die Technik der Monddistanzbeobachtung als Kadett an Bord von Kapitän Cooks *Resolution* erlernt (Cook beschrieb ihn als «stillen, friedfertigen jungen Mann»), wo er sich eng an William Wales, den Astronomen der Expedition, angeschlossen hatte. Wales, ein begnadeter Lehrer, der später die Mathematik-Schule vom Christ's Hospital leitete, wo er Leigh Hunt, Charles Lamb und

S. T. Coleridge zu seinen Schülern zählte, hatte den jungen George an die Hand genommen und ihm intensiven Einzelunterricht erteilt, bis er die Astronavigation so gut beherrschte wie kein anderer Offizier auf dem Schiff. Wales war Vancouvers Ein-Mann-Universität gewesen und Cook sein Idealbild eines Kapitäns.

Vancouver war daher bester Laune, als der blasse Mond am östlichen Himmel aufzugehen begann. Für ihn war es ein Himmelsgeschenk, denn endlich konnte er diesen Jünglingen eine längst überfällige Lektion erteilen. Er wartete geduldig, bis der Mond eine zur Beobachtung geeignete Höhe erreicht hatte, und ließ dann seine jungen Gentlemen an die Arbeit gehen.

Kurz vor zwölf Uhr mittags peilte der Mond rechtweisend, also bezogen auf geographisch Nord, 69°. Die mit einem Quadranten beobachtete Höhe betrug 29° 50'. Die Sonne stand in 179°, auf einer Höhe von 54° 50'. Und ab da rauchten die Köpfe. *(Aufgepasst, Sykes! Haben Sie auch gut zugehört, Humphrys?)* Man musste ein verzwicktes sphärisches Dreieck berechnen. Das Schiff befand sich auf einer Breite eben unter 49° N. Die Sonne, bezogen auf ihren Zenitpunkt auf der Erdoberfläche, lag mitten im Pazifik, grob geschätzt rund 2700 Seemeilen westlich von Costa Rica, der Mond – noch gröber gerechnet – irgendwo in der Nähe von Providence, Rhode Island. Nun musste man die Entfernung zwischen diesen beiden geographischen Punkten errechnen, dazu alle Winkel des von Schiff, Mond und Sonne gebildeten Dreiecks.

$$\tan\theta = \tan b \, \cos c$$

$$\cos c = \cos b \, \cos(a-\theta) \, \sec\theta$$

Armer Sykes! Armer Humphrys! Vancouver hingegen kritzelte zwei Minuten vor sich hin und hatte die Lösung.

Noch ein bisschen Arbeit mit einem weichen Bleistift und einem Parallellineal aus Buchsbaumholz auf der im Entstehen begriffenen, in Teilstücken gezeichneten Karte, und schon hatte man die Breite: 48° 13' N. Länge: 235° 59' E (Vancouver maß seine pazifischen Längen stets, indem er östlich herum von Greenwich ausging). Am wichtigsten war aber, dass es in Greenwich genau 8.13'.06" am Nachmittag gewesen war, als die Beobachtungen stattfanden. Nach dreizehn Monaten auf See ging das von Larcum Kendall in London hergestellte Hauptchronometer der *Discovery* um 45 Minuten und 46 Sekunden vor.

Hochbeglückt über diese Paradevorführung, dank deren er nun genau wusste, wo er sich befand, stolzierte Vancouver mit geschwellter Brust übers Achterdeck wie ein dicker Gockel, der sein Gefieder spreizt. Scharf an Steuerbord streckte sich eine lange, sandige, oben spärlich mit Gras bewachsene Landzunge etwa eine Meile weit ins Wasser. Ihr Strand war mit totem, von Weststürmen angeschwemmtem Tannenholz übersät. Die Tide brodelte an der Spitze vorbei, um die lauter Kabbelungen und Wirbel zu erkennen waren. Vancouver befand, die Landzunge habe eine bemerkenswerte Ähnlichkeit mit Dungeness, wo sich ein langer kiesiger Arm von Winchelsea und Rye aus in den englischen Kanal streckt. Der Vergleich sagte den meisten der Gentlemen an Deck nichts, doch alle nickten höflich, als Vancouver anordnete, den Namen New Dungeness auf der Karte einzutragen.

Im Laufe der nächsten fünf Monate musste er Tausende von Namen finden. Das traditionelle Ritual der kolonialen Inbesitznahme verlangte, dass jeder Berg, jede Bucht, jedes Vorgebirge, jeder Pass und jede Landspitze einen englischen Namen erhielten. Und der Kapitän hatte das Vorrecht, dabei seiner Phantasie freien Lauf zu lassen. Vancouver benannte sämtliche Land- und Seemarken nach hoch gestellten Herrschaften in der Admiralität, deren Wohlwollen seinem Aufstieg nützlich sein mochte, außerdem nach alten Freunden und Mentoren wie William Wales, nach dem *Royal Kalendar*, einem abgegriffenen, verstaubten, roten Buch, das Gedenktage und Persönlichkeiten verzeichnete und sich in Vancouvers Kabine befand, ferner nach seinen Schiffen, Offizieren und Familienangehörigen, nach Ereignissen während der Reise und nicht zuletzt nach seinen eigenen, wechselhaften Befindlichkeiten. Die meisten dieser Namen blieben haften. Zweihundert Jahre später konnte man die Karten der Nordwestküste wie ein offenes Tagebuch von Vancouvers Expedition lesen – eine Landkarte seines Geistes, auf der all die wechselhaften Launen und Gedanken festgehalten waren.

Jetzt befand er sich in einer Stimmung heiterer, wenn auch seltsam überschäumender Nostalgie, und seine Offiziere zeigten sich verblüfft über diesen neuen Charakterzug ihres Kapitäns. Die folgenden sieben Tage mit anhaltendem Sonnenschein und linden Lüften wirkten wie ein Spiegelbild des unvorhergesehenen Gemütszustandes von Käpten Van. Doch das Achterdeck blieb auf der Hut. Etliche betrachteten seine unerschütterliche gute Laune als schlechtes Omen, als die Ruhe vor dem Sturm, die unheimliche Stille in der Luft, bevor ein Unwetter mit Blitz und Donner losbricht.

Als Vancouver 1797, auf halbes Kapitänssalär gesetzt, im Dörfchen Petersham an der Themse seine Tagebücher für die Veröffentlichung überarbeitete, beschrieb er diese ersten Tage als Idyll. Das Land, in das er gesegelt war, hatte ihn völlig verzaubert. Er pries alles dort Gesehene in einer Form, die sehr viel über seine Persönlichkeit aussagt.

Die *Discovery* und die *Chatham* gingen im Schutz verheißenden Meeresarm von New Dungeness vor Anker, die kleinen Boote – zwei Kutter und eine Yawl – wurden zu Wasser gelassen, und die Offiziere begaben sich auf einen Segeltörn entlang der nahen Küste. Vancouver lehnte sich zwischen den Heckschoten der Yawl zurück. In Kniebundhosen, gelber Weste mit silbernen Knöpfen, Perücke und Dreispitz bot er den Anblick eines vornehmen Engländers im Sonntagsstaat, der sich aufmacht, über seine Ländereien zu lustwandeln. Sechseinhalb Meilen östlich des Ankerplatzes lief der Kutter auf den Sandstrand einer Insel mit hohen Küsten, und die Gesellschaft kletterte den Steilhang hinauf, um sich einen besseren Blick auf die Umgebung zu verschaffen.

«Unsere Aufmerksamkeit», schrieb Vancouver,

wurde alsbald auf eine Landschaft gelenkt, die den stilvollsten Lustgärten Europas fast ebenbürtig zu nennen sey. Der höchste Punkt dieser Insel stellt sich als beinah horizontale Fläche dar, hie und da durchsetzt von einigen Unebenheiten des Bodens, welcher auf einem weiten offenen Platz, bedeckt mit üppigem Gras und abwechslungsreich gestaltet mit einem Überfluss an Blumen, eine schöne Vielfalt hervorbrachte. In nordwestlicher Richtung stand ein Hain aus Kiefern und verschiedenartigen Sträuchern, welcher einzig dem Zwecke zu dienen schien, diese entzückende Wiese vor den NW-Winden zu schützen. Wie zufällig verstreuten sich Baumgruppen über die Wiese, sodass selbst die genialsten Landschaftszeichner dies bei aller Mühe nicht angenehmer hätten entwerfen können. Während wir innehielten, um all diese Naturschönheiten zu betrachten, welche eine so unerwartete wie angenehme Aussicht boten, pflückten wir einige Stachelbeeren und Rosen, die für die Jahreszeit schon sehr weit waren.

Vom Aufstieg noch rot im Gesicht, atemlos, mit verrutschter Perücke (er trug sie ständig, um seine Halbglatze zu verbergen) pflückte Käpten Van zur Verblüffung seiner amüsierten Begleiter wilde Rosen.

Auf der Küste dieser reizenden Insel fand sich eine tiefe Bucht, die sogleich zu Erkundungszwecken angefahren wurde. Und wieder ließ Vancouver sich von dem hinreißen, was er sah. Eine zuverlässige Wasserversorgung sei «das Einzige, was man noch brauchte, um hieraus einen der besten Häfen der Welt zu machen». Das Boot suchte sich seinen Weg am Strand entlang, während Vancouver nach der Mündung eines Wasserlaufs Ausschau hielt. «Ich zweifelte schon am Erfolg, als ich plötzlich auf einen ausgezeichneten Bach mit sehr gutem Wasser stieß.» Am nächsten Morgen lichteten seine Schiffe die Anker und segelten die neun Meilen bis zur Bucht, der Vancouver den Namen Port Discovery gab.

Die Fahrt dauerte drei angenehm verlaufende Stunden.

Das Land war völlig eben und zeigte alles, was man nur von der freigebigen Natur erwarten kann. Da wir keinerlei Grund zu der Annahme hatten, dass dieses Land jemals irgendetwas von seinem Schmuck der Hand des Menschen zu verdanken hatte, konnte ich mir unmöglich vorstellen, dass jemals ein unkultiviertes Land entdeckt worden wäre, welches dem Auge ein so reiches Bild darbot.

Nein, Vancouver war gewiss kein begnadeter Schriftsteller. Er mochte die harte Klarheit der Zahlen, doch das Willkürliche, Ungreifbare der Wörter missfiel ihm. Die richtigen Worte zu finden muss ihn viel Schweiß gekostet haben, und mit seiner Grammatik stand er ohnehin auf dem Kriegsfuß. (Einer seiner Seekadetten, Robert Barrie, bezeichnete Käpten Vans großartiges Werk als «eines der langweiligsten Bücher, die ich je gelesen habe».) Im Ringen um die richtige lyrische Note hat Vancouver sich im Petershamer Exil ein zu hohes Ziel gesetzt und es verfehlt.

Das Land … stieg … in einem sehr sanften Winkel an und war mit einer Vielfalt von stattlichen Waldbäumen dicht bedeckt. Diese verbargen jedoch nicht das gesamte Antlitz des Landes in einer einzigen ununterbrochenen Wildnis, sondern überzogen in angenehmer Form dessen Anhöhen und sorgten für eine wechselvolle Gestaltung der Täler. Auf diese Weise präsentierten sie in vielen Richtungen ausgedehnte freie Plätze, die wirkten, als wären sie kunstfertig gerodet worden wie die schöne Insel, welche wir am Vortag besucht hatten. Als wir nahe dem Ufer an einem dieser bezaubernden Fleckchen vorbeikamen, waren die Spuren von Rehen oder anderem Rotwild so zahlreich, dass wir uns in der Hoffnung wiegten, Delikatessen selbiger Art nicht missen zu müssen, solange wir in diesem Theile der Welt weilten. Ein so angenehmes Bild konnte nicht verfehlen, uns gewisse schöne Momente unseres alten Englands ins Gedächtnis zurückzurufen …

Für einen noch nicht Vierzigjährigen, der am Ausgang des 18. Jahrhunderts schrieb, war Vancouvers Art der Landschaftsbetrachtung altmodisch, wenn nicht gar verschroben. Sein Wortschatz entspringt der englischen Klassik und palladianischen Epoche zu Beginn des Jahrhunderts, beruft sich auf die Landschaftsgärten eines William Kent oder die Lyrik eines Alexander Pope. Vancouver gleicht die Wildnis des Westens der idealisierten waldigen Kulisse von Flur und Hain mit ihren schachbrettartigen Feldern und grünen Refugien an und beschwört damit eine Landschaft herauf, wie Pope sie 1713 in seinem Gedicht *Windsor Forest* beschrieb:

Die Höhen, Täler, Wälder und die Auen
Und Erd' und Wasser, die wir hier erschauen,
Sind wie die Welt verwachsen und verwoben,
Nicht chaosgleich zerschunden und zerstoben.

Die Ordnung variiert zwar, doch wir sehen sie:
Trotz allen Unterschieds herrscht schönste Harmonie.

An Bord wie an Land legte Vancouver großen Wert auf Ordnung und Unterordnung: Bilder mit einem Fluchtpunkt, alles ausgewogen und am Platz. «Natur» gut und schön, aber sie in eine gefällige Hierarchie von Farben, Formen und Räumen zu bringen erforderte «Kunst». Beim Pflücken von Rosenknospen auf dem «Rasen» von Protection Island erblickte Vancouver eine Landschaft, die nur einiger weniger Urnen und klassischer Skulpturen, eines Obelisken, einer Pagode und vielleicht eines Apolltempels bedurfte, um es mit den Lustgärten von Hampton Court und Chiswick House (beide rein zufällig unweit von Petersham gelegen) aufnehmen zu können.

Kein Wunder, dass er mit dem arithmetischen Unverstand und dem unverbindlichen Gerede über das Erhabene der jungen Gentlemen so wenig anfangen konnte. Ganz im Einklang mit dem Zeitgeist, schwärmten sie für Wildnis und Einsamkeit, für Landschaften, die Ehrfurcht, Bangigkeit oder, mit Edmund Burkes Worten, «wohliges Erschauern» in ihnen auslösten. Solche Ideen waren Käpten Van ein Gräuel, denn er erblickte in ihnen nichts weiter als die Saat von Aufruhr und Chaos: Sie bedrohten die gute Ordnung auf seinem Schiff wie in der Welt.

Von der Mannschaft durch seinen beschränkten und konservativen Geschmack isoliert, hätte Vancouver mit seinen 34 ebenso gut 70 sein können. Doch in dieser milden sonnigen Maiwoche waren Offiziere und Kadetten gleichermaßen von der neuen Landschaft entzückt, obwohl sie sie mit völlig unterschiedlichen Augen sahen.

Vancouver sah das gute «alte England» aus der Regierungszeit Georges I. wundersam wieder auferstanden. Zu den Urnen und Obelisken dachte er sich mit Flintplättchen aus Norfolk gedeckte Kirchtürme, geschäftige Häfen mit wappengeschmückten Zollhäusern, auf jeder zurechtgestutzten Anhöhe ein stattliches Landgut, eine prosperierende Landwirtschaft mit Schafen auf den Hängen und Weizenfeldern. Er hatte den Auftrag, das Land für eine mögliche Besiedlung zu begutachten. Jetzt nahm ein grandioser Plan in seinem Kopf Gestalt an: ein paradiesisches neues Albion zu erschaffen, eine tüchtige grüne Feste der von den Vorvätern ererbten, erzkonservativen Grundhaltung.

Archibald Menzies, der in den Wäldern botanisierte, sah dagegen ein weites wissenschaftliches Grenzland. Sein Arbeitsauftrag bestand darin, das von Linné begonnene gewaltige Klassifizierungswerk weiterzuführen, und so kehrte er tagtäglich mit neuen Exemplaren für die Royal Gardens in Kew aufs Schiff zurück. (Die meisten verkümmerten im Gewächshaus auf dem Quarterdeck oder wurden von den Bordziegen gefressen.) In Port Discovery fand er eine neue Spezies des Arbutus mit schraubenförmig verdrehtem Stamm und papierener roter Rinde. Er nannte ihn «östlichen Erdbeerbaum», *Arbutus menziesii*. Auch mit einem Stinktier schloss er nähere, allerdings eher unangenehme Bekanntschaft.

Peter Puget wiederum sah den den Lebensraum des «natürlichen Menschen». Puget, ein Londoner aus einer hugenottischen Bankiersfamilie, der Jean-Jacques Rousseaus Werke zumindest oberflächlich kannte, versuchte in jeder freien Minute, mit den Indianern Kontakt aufzunehmen. Er fragte sie in Zeichensprache nach der Bedeutung merkwürdiger Holzgebilde in New Dungeness, nach ihrer Kost und Kleidung, ihren Hochzeits- und Bestattungsriten. Puget war kein Intellektueller – Menzies, der ihn für einen unbedarften Stadtmenschen hielt, versuchte irgendwann sogar, seine Beförderung zu verhindern –, aber geistig wach, seelisch ausgeglichen, auf sämtlichen Decks beliebt und seiner Zeit so weit voraus, wie Vancouver (der nur acht Jahre älter war) ihr hinterherhinkte. Als Amateuranthropologe war Puget nachdenklich, phantasievoll und betont zurückhaltend in seinen Beobachtungen. Als er in Port Discovery ein Kanugrab fand, sann er in seinem Tagebuch über dessen Bedeutung nach:

> *Dies … spricht sehr dafür, dass die Indianer an ein Jenseits glauben – warum sonst geben sie bei der Bestattung Esswaren und Waffen für weitere Nahrungsbeschaffung mit & legen den Leichnam in ein Kanu, welches in der Luft hänget, woraus wir wohl schließen dürfen, dass man dadurch Insekten oder wilde Tieren fern halten will, auf dass es dem Dahingeschiedenen noch zu Diensten sein möge? Jedoch sind unsere Kenntnisse derzeit so überaus unvollkommen, als dass es möglich wäre, daraus irgendwelche Vorstellungen von ihrer Religion oder der Gottheit abzuleiten – noch glaube ich in Anbetracht der sehr kurzen Zeit, die wir an irgendeinem Orte verweilen, sei es auf Schiffen oder Booten, dass wir je ihre Sitten und Gebräuche kennen lernen werden.*

Das sind die spätnächtlichen Notizen eines auf Anhieb sympathischen, lebhaften und aufgeschlossenen Menschen. Puget war besonders: Er nahm nichts krumm, hatte stets gute Laune und bemühte sich bei aller Arbeit, das Vergnügen nicht zu kurz kommen zu lassen.

Im Morgennebel und aufkommenden Südostwind schoben sich die Schiffe vorsichtig am Ufer entlang, bis sie sechs Meilen östlich von Port Discovery zum Eingang einer bedeutenden Meerenge kamen – jedenfalls der Geschwindigkeit nach zu urteilen, mit der die Flut dort hindurchfegte. Gegen Mittag lichtete sich der Nebel, und die Entdeckungsreisenden konnten erkennen, dass sie sich am seewärtigen Ende einer großen landeinwärts führenden Wasserstraße befanden, einem sieben Meilen breiten Kanal, der sich, von großen Inseln gesäumt, nach Süden erstreckte.

Auf der Steuerbordseite lag – getrennt von der Hauptrinne – «ein Hafen größeren Ausmaßes als jener zu Port Discovery». Weit im Süden schien eine gigantische Schneekuppe wie ein gestürzter Pudding von gespenstisch blassvioletter Farbe über den Wolken zu schweben. Vancouver benannte den Berg nach Kapitän Peter Rainier (der bald Konteradmiral werden sollte). Der Hafen erhielt den Namen Port Townshend, nach dem Marquis Townshend. Kadett Thomas Manby, der den Platz an Bord der *Discovery* seiner Bekanntschaft mit den Townshends verdankte, zog sein Federmesser heraus und schnitzte in den Stamm einer alten Zypresse:

Anne Marie Townshend
T. M. 1792

Reisender, wo du auch seyest
Wisse, dass sie besitzet
Eines Weibes reinste Schönheit.
Die eines Baumes
Besitzet die Zypresse ohnegleichen
Ohne Fehl und ohne Makel.

Hatte sich der Marquis etwa aus diesem Grund um eine Kabine für Manby bemüht? Wollte er Anne Marie auf 20 000 Meilen Distanz von diesem überspannten jungen Schwärmer halten?

Unterdessen tauchte Menzies auf, mit erhitztem Gesicht und dem Zylinder voller rosa Blütenblätter aus einem Rhododendronhain, Pflanzen, die der Wissenschaft neu waren.

Puget wurde mit einem Kutter zu Reihenlotungen in die Mittelrinne geschickt. Es war eine raue und nasse Fahrt. Sechs Männer ruderten hart gegen den Wind und die kurzen brechenden Wellen an.

Von der Flut nach Süden getrieben, war Pugets Boot bald außer Sichtweite von Port Townsend und der Gesellschaft am Ufer. Man machte sich also an die Arbeit.

Die Lotleine aus drei viertel Zoll starkem Hanf lag aufgerollt auf der Ruderbank im Bug. Bändchen, die durch das geflochtene Seil gezogen waren, markierten in Abständen von fünf Faden die Tiefe.

Das konische, 14 Pfund schwere Lot hatte ein hohles Ende, das der Handloter durch Einfetten mit Talg «präparierte», um Proben vom Meeresboden aufzusammeln. Als das Boot hielt, ließ der Handloter, der Lederhandschuhe trug, das Hanfseil gleichmäßig durch seine Finger gleiten, und es wickelte sich Schlinge um Schlinge von der Ruderbank ab; das Lot sank immer tiefer, die Leine bauschte sich im aufgewühlten Wasser und ratschte dem Handloter so heftig in die Hände, als hätte am unteren Ende ein großer Fisch gezappelt.

«Mit 100-Faden-Leine gelotet. Keinen Grund gefunden», schrieb Puget in sein Notizbuch. Seine Handschrift ist elegant und kühn geschwungen. Mit einem flotten Schnörkel hebt sich der Bleistift am Wortende vom Blatt.

Das Lot von seiner vergeblichen Reise aus der Tiefe wieder hochzuholen dauerte mehrere Minuten. «Gelotet, ohne auf Grund zu gehen.» Anscheinend fiel das Land bis zur Wasserkante sanft ab und danach jäh in einen untermeerischen Abgrund.

Hinter dem Vorgebirge im Süden quoll eine vom Wind flach geblasene Rauchfahne hervor: das Anzeichen für ein indianisches Lagerfeuer.

Wenn diese Landschaft bei Puget manchmal die Illusion weckte, sich wieder daheim oder in einer grüneren, wilderen Variante Englands zu befinden, belehrte ihn dieses unergründliche Wasser schnell eines Besseren: Es war so tief, wie Amerika weit war.

Meine Morgendämmerung war feucht, still, gazegrau. Die Tintennadel auf der Trommel des Barographen war über Nacht gleichmäßig gefallen, und jetzt sank sie unter die 1000-Millibar-Linie in die 990er, die Schlechtwetterzone. Während ich darauf wartete, dass das Wasser im Kessel kochte, schaltete ich den Seewetterbericht der NOAA ein und hörte mir die Vorhersage für die Juan de Fuca Strait an.

«Der Seewetterdienst für kleine Wasserfahrzeuge teilt mit: Winde, West, 10 bis 20 Knoten, zunehmend auf 25 bis 30 Knoten. Nachmittags Regen im Wechsel mit Schauern.» Die monotone Männerstimme hätte auch noch hinzusetzen können, dass es nachmittags, wenn die Ebbe einsetzte, fast zum Sturm kommen und jede Welle im turmhohen, heulenden Meer die Zähne blecken würde. Im Klartext bedeutet die Wettervorhersage für *kleine Wasserfahrzeuge* natürlich: «Sie werden frieren, nass werden und Angst kriegen. Sie werden sich dafür verfluchen, dass Sie so blöd waren und nicht zu Hause geblieben sind.»

Eigentlich hätte ich an dem Tag zur Admiralitätsbucht segeln und die Fuca Strait queren wollen, um Vancouvers Expedition zu treffen, wie sie mit kleinen Booten südwärts zum Sund segelte. Jetzt musste ich eine andere Route durch das Labyrinth nehmen und an der geschützten Rückseite von Whidbey Island entlangschleichen, während Puget & Co die Vorderseite herunterkamen. Aber vielleicht war das Katz-und-Maus-Spiel mit dem 18. Jahrhundert ja sogar besser als eine direkte Konfrontation.

Als ich Edmonds verließ, war es windstill. Dennoch war die glatte Oberfläche des Wassers von den Schnecken und Schnörkeln der Strömung durchzogen, da sich die Flut teilte – der Hauptstrom ging nach Süden, während der Nebenstrom, auf dem ich fuhr, einen Bogen schlug, um im Norden die Stauwasser zu füllen. Ich steuerte das

Boot durch die Strudel, über denen sich ein wütend kreischendes Möwenparlament um übel riechende Leckerbissen zankte, die aus der Tiefe aufgetaucht waren.

Die See verströmte den gleichen Fäulnisgeruch, der einen begrüßt, wenn man nach dreiwöchiger Abwesenheit die Kühlschranktür aufmacht. Das Wasser war dickflüssig und trüb, wollte nicht einmal den blauesten Himmel widerspiegeln, sondern beharrte auf seiner Bodensatzfarbe – einem schaumigen, dunklen Grünlich-Grau. In Dickens' Dotheboys Hall hätte es als Suppe durchgehen können.

Doch es war wunderbares Wasser. Die unermessliche Tiefe des Puget Sound wurde stellenweise durch flache steinere Drempel unterbrochen, über die sich die Flut in verborgenen untermeerischen Kaskaden stürzte. Große Wirbel schnellten vom Grund empor und bewirkten Strudel, Mäander- und Spiralenmuster. Man brauchte wohl das ganze Vokabular der Chaostheorie mitsamt ihren Fraktalen, Mandelbrot-Mengen, seltsamen Attraktoren und der homoklinen Verzweigung, um den ungeordneten Gezeiten in diesem Becken Gerechtigkeit widerfahren zu lassen.

Eisiges, lichtloses Salzwasser aus der Tiefe wurde ständig mit dem warmen, sauerstoffreichen und brackigen Oberflächenwasser vermischt – ideal als Brutstätte und Lebensraum für jede Planktonart. Diese Herumtreiber der Meere (vom griechischen *plankton*: das Herumtreibende) waren echte Chaos-Kreaturen.

In einem Ablagefach unter der Couch im Salon lag ein Mikroskop vom Flohmarkt. Manchmal, wenn ich mich zum Schreiben auf das Boot zurückgezogen hatte und trotzdem unter Arbeitsunlust litt, zog ich das Mikroskop hervor und ließ dann einen Eimer an der Seite hinunter, um meine Mit-Herumtreiber mit einem 97fach-Objektiv unter die Lupe zu nehmen. Ein Teelöffel voll Wasser aus dem Puget Sound förderte ein ganzes Universum von Hollywood-Monstern zutage: Ruderfußkrebse, Räder- und Geißeltierchen, die heftig auf das Glas schlugen. Jedes Mal, wenn ich den Objektträger in den Eimer tauchte, änderte sich die Besatzung: Neue Zappelwinzlinge wellten ihre stacheligen Fühler, bliesen ihre ballonartigen leuchtenden Torsi auf, bogen ihre Geißeln, flatterten mit gummiartigen wässrigen Flügeln oder starrten mich aus leeren Fußballaugen an. Sie erinnerten mich an Hieronymus Bosch, den Holländer, den irgendein Doge nach Venedig geholt hatte. Dort müssen es ihm die Krebse in der Lagune so angetan haben, dass er sein Fegefeuer (in einem Triptychon im Dogenpalast) von einer dienstbeflissenen, aus Riesengarnelen bestehenden Bürokratie verwalten lässt. Ein Glück, dass Plankton so klein ist – sonst würde es durch sämtliche Albträume geistern.

Das Phytoplankton – Diatomeen, Sporen grüner Algen – liefert Nahrung für das garnelen- und quallenähnliche Zooplankton, das wiederum von Fischen gefressen wird. Fische sind also nur durch zwei oder drei Glieder in der Nahrungskette von den Mörderwalen, den Seelöwen, Weißkopf-Seeadlern und Schwarzbären entfernt. Was der ganzen Tierhierarchie zugrunde liegt, ist die unentwegte Umwälzung des Wassers im Becken infolge der Anziehungskraft des Mondes.

In der Morgenstille offenbarte sich diese produktive Turbulenz in den zuckenden Schlangenlinien aus Seetang und Treibholz, die sich auf den Rändern zwischen den Strudeln sammelten, in fingergroßen Wirbeln, in Schlickwasser-Schwaden, die auf verschlungenen Pfaden über die Oberfläche liefen, in Fäden und Säumen von Strömung, gleichsam wirbelnden Fingerabdrücken. Schon die leichteste Brise würde diese Anzeichen von der Wasseroberfläche wischen.

Der sicherste Gradmesser für das Wüten in der Tiefe war das GPS (Global Positioning System), das sich über dem Kartentisch befand und laufend Kurs und Geschwindigkeit des Schiffes kommentierte.

Dieses geniale Gerät von der Größe und Form einer Fernbedienung erfasste die Signale der militärischen und neuerdings auch zivilen Navigationssatelliten, maß die Zeit, die jedes einzelne Satellitensignal bis zur Erde benötigte, und übersetzte die Zeiten an jedem beliebigen Ort auf der Erde in eine bis auf wenige Meter genaue Position. Das GPS kannte stets die Geschwindigkeit des Schiffes über dem Grund und lieferte somit eine zuverlässige Karte der turbulenten Strömung.

Vom Kompass und vom Speedometer – der die Geschwindigkeit des Schiffs durch das Wasser anzeigte, die von einem kleinen rotierenden Propeller unterm Bug gemessen wurde – las ich ab, dass ich mich auf einem gleich bleibenden Kurs von 005° bei einer Geschwindigkeit von 5,9 Knoten bewegte. Doch wenn sich das Wasser selbst bewegt, weichen Kurs und Geschwindigkeit im Wasser erheblich von Kurs und Geschwindigkeit über Grund ab. Das GPS zeigte, dass die tatsächliche Geschwindigkeit des Schiffs ständig schwankte. Von 9 Knoten fiel sie auf 3,8, kletterte auf 7,5, zauderte ein Weilchen bei etwa 6,0, stieg auf 7,2. Beim Kurs verhielt es sich nicht anders. Der Kursstrich des Steuerkompasses blieb zwar mehr oder weniger auf 005° kleben, doch die simulierte Kompasskarte auf dem GPS bewegte sich in einem 25°-Bereich. In Wahrheit tanzte das Boot einen beschwipsten Meeres-Foxtrott, bei dem es sich mal im Kreis drehte, mal zur Seite werfen ließ und dann wieder aufgrund heftiger Strömung vorwärts sauste, um schließlich durch die entgegenwirkende Kraft des nächsten Strudels fast still zu stehen.

Die Ankunft des 250-Dollar-GPS war für mich eine Offenbarung gewesen. Davor hatte ich mich von der Kompassrose einlullen lassen, die sich nur gedämpft in ihrem Gehäuse regte, und von dem gleichmäßigen Verticken der Meilen auf dem Log. Ich bildete mir ein zu wissen, wohin ich fuhr und wie schnell ich dorthin kommen würde, und stand dabei eigentlich doch die ganze Zeit nur auf schwankendem Boden, von einer Tangente zur anderen pendelnd. Meine Illusion eines stetigen Verlaufs wurde nur durch die zufälligen Drehungen und Wendungen und Korrekturen genährt, wie sie jedem chaotischen System eigen sind. Schließlich müssen sich Abweichungen gegenseitig aufheben, weil das Chaos selbst mit einem «seltsamen Attraktor» zusammenzuhängen scheint. Vermutlich fährt man die ganze Zeit in eine völlig falsche Richtung, und das mit einer Geschwindigkeit, die einen bestimmt überraschen und möglicherweise ängstigen würde. Was 250-Dollar-Lektionen in der Navigation des Lebens betrifft, so wäre diese hier auch bei doppeltem Preis noch billig gewesen.

Im Cockpit hielt ich mit beiden Händen den Kaffeebecher und überließ das Steuer dem Autopiloten. Ich sah die Welt in fünfzig verschiedenen Grautönen vorbeigleiten. Ein Schlepper zog im Krebsgang Baumstämme durch die Strömung. Nur der endlos lange Güterzug, der über die Gerüstbrücke der Burlington Northern Line Richtung Vancouver den Strand entlangkroch, brachte ein bisschen Farbe in die Landschaft. Zwischen den Bäumen ragten die Schornsteine von Everetts verfallenen Zellstofffabriken hervor, und die Eigentumswohnungen und exklusiven Wohnanlagen für betuchte Senioren überzogen die Hügel am Ufer wie blasse, entstellende Pickel.

Doch aus der Ferne, vom Meer aus betrachtet, hatte sich das Land seit Käpten Vans vornehm-klassischen Zukunftsvisionen erstaunlich wenig verändert. Selbst jetzt konnte man sich noch vorstellen, wie die Landschaft hier und da mit ein paar Obelisken, Aussichtstürmchen und klassischen Tempeln verschönert werden könnte. 150 Jahre nach der Besiedlung durch Weiße sah es immer noch wie ein Wald aus – ein übel zugerichteter zwar, aber ein Wald.

In diesem feuchten, gemäßigten Klima wuchern Tanne, Salal, Erle,

Farn und Prachtbrombeere auf jedem Zoll Boden, den man unbeaufsichtigt lässt. Die hiesigen Gärtner haben ihre liebe Not, das Vordringen des Waldes zu verhindern. Wie ich aus eigener Erfahrung weiß, wird die freie Stelle, die man für einen Rosenbusch geschaffen hat, gleich hinterrücks von schlangenähnlichen Ranken in grüner Tarnfarbe kolonisiert. Wenn die Leute in diesem Landstrich von einer Katastrophe heimgesucht würden – wenn, sagen wir mal, Boeing und Microsoft Pleite gingen –, würde die Vorhut aus Ranken und Dornengestrüpp binnen kurzem, zumindest aber in wenigen Monaten, sämtliche Highways und Ladenzeilen einnehmen, dicht gefolgt von einem Besatzungsheer junger Douglastannen. Und kaum ein halbes Menschenleben später wäre der Ort wieder Teil der Wildnis. Bären und Pumas (die selbst jetzt Sommerstammgäste am Stadtrand von Everett sind, wo sie Mülltonnen umkippen und Haustiere zum Frühstück verspeisen) würden sich ihre Höhlen in den Ruinen der Stadt suchen.

Die Landnahme durch die so genannte Zivilisation erscheint mir hier mehr als überall sonst erstaunlich provisorisch und unsicher, beinahe so, als hätte sie nie richtig Wurzeln geschlagen. Die Indianer hatten auf Zehenspitzen und in kleinen Grüppchen am äußersten Rand des Waldes und auf der Oberfläche des Wassers gelebt. Aber dann überrollte der amerikanische Kapitalismus das Nordwestpazifikgebiet wie eine Dampfwalze. Man rodete es mit Kettensägen, pflasterte es zu mit Asphalt, Brücken, Banken, Versicherungspalästen, Wohnsiedlungen und allem, was sonst noch dazugehört. Doch an diesem verhangenen Morgen, nur eine Meile vom Ufer entfernt, merkte man kaum etwas davon, so unbedeutend wirkte all das im Vergleich mit dem Vormarsch des Waldes und der wirbelnden Flut. Einmal kurz gezwinkert, und schon könnte man sich im Jahr 1792 wiederfinden und die noch vom Menschen unberührte Natur betrachten.

Mukileo, Farlington, Everett verschwammen achteraus mit den Wäldern ... *Unwirkliche Städte* ... Querab von Gedney Island öffnete sich an Steuerbord die Einfahrt zur Tulalip Bay mit einem verblassten roten Seezeichen, das am Ende von Mission Beach aufgestellt war. Die etwa eine Meile breite Bucht sah aus wie ein See, der von zwei niedrigen, tannenbewachsenen Landzungen umschlossen wurde. Erst wenn man sich hineinbugsiert hatte, zeigte einem der Turm der alten weiß getünchten katholischen Missionskirche, wo der Hafen des Reservats mit seiner kleinen Treibnetz-Flotte lag. Das Wasser war spiegelglatt. Keines der Boote bewegte sich, und obwohl ich das Dock sorgfältig mit dem Fernglas absuchte, konnte ich keine Menschenseele entdecken.

In ökonomischer Hinsicht hatte das Reservat sich vom Meer ab- und dem sechsspurigen Highway zugewandt, wo die Tulalip ein Kasino betrieben, das rund um die Uhr geöffnet war. Fischerei und Lachsräucherei hatten gegenüber Bingo, Blackjack, Poker, Keno und Roulette den Kürzeren gezogen. In die Tulalip Bay verirrten sich selten Weiße, da man nur auf krummen Wegen in dem engen Kanal mit seinen Unterwasserfelsen und dem zähflüssigen Flachwasser hinkam. Der lauschige, wenngleich verbotene Hafen bescherte den Indianern eine Abgeschiedenheit, um die sie jeder hübsche kleine Badeort beneiden könnte. Sie hatten sogar darauf verzichtet, den Kanal mit Tonnen zu markieren – um für Fremde wirklich schwer erreichbar zu sein.

Am Berg hinter der Kirche konnte ich das rot-schwarze Mörderwalmotiv auf der Wand des Langhauses ausmachen, das Stammesgericht, den Halbmond aus schlichten grauen Holzbungalows. Der «Ort»: halb Steueroase, halb offenes Gefängnis.

Schon aus der Ferne bekam man die unheimliche Ruhe mit – eine lustlose Sonntagsnachmittagsatmosphäre, die allerdings die ganze

Woche über dem Reservat hing. Ein Pick-up mit kaputtem Auspuff knatterte auf der Küstenstraße vorbei. Eine kleine Meereskräuselung, Katzenpfote genannt, strich über die stille Bucht und ließ das Spiegelbild des Reservats einen Augenblick lang erzittern und dann zersplittern.

Eines milden Januarnachmittags im Jahre 1992 hatten mich die Tulalip als einen von zwei weißen Gästen eingeladen, einem abendlichen Geistertanz beizuwohnen. Im Reservat angekommen, erfuhr ich, dass man umdisponiert hatte. Man hatte die Veranstaltung, die sonst bei Feuerschein im hölzernen Langhaus stattfand, ins Jugendzentrum verlegt, dessen grelles Neonlicht, so warnte man mich, ihr einiges an Atmosphäre nehmen würde. «Sie müssen Ihre Phantasie spielen lassen», sagte meine Gastgeberin, eine Stammesälteste. «Heute wird es nicht ganz so wie sonst zugehen.»

Gasttänzer aus dem vierzig Highway-Meilen entfernten Reservat der Swinomish fuhren in Rostlauben-Pick-ups und pastellfarben bemalten Klapperkisten aus der Chrom-und-Heckflossen-Ära vor. Da hier ein Stamm einem anderen einen Höflichkeitsbesuch abstattete, handelte es sich nicht nur um einen Tanz, sondern auch um einen Potlach. Tulalip-Frauen bereiteten hinten in der Küche des Jugendzentrums einen Festschmaus vor, während im großen Saal haufenweise rituelle Geschenke für die Swinomish-Gäste abgelegt wurden.

Im 19. Jahrhundert waren zeremonielle Umhänge eine wichtige Währung zwischen den Stämmen. Die begehrtesten stammten von den Tlingit der Queen Charlotte Islands und waren unter dem Namen Chilkat-Decken bekannt. Diese aus Zedernrinde und der Wolle von Bergziegen mit aufwendigen Motiven – Augen, Flossen, Schnäbel, Klauen und Hände – gewebten Umhänge wurden von Häuptlingen bei feierlichen Anlässen getragen und bildeten einen wertvollen Teil des Gemeindeschatzes. «Decken» war eine Fehlbezeichnung, doch das englische Wort «blankets», das frühe Reisende dafür benutzt hatten, war hängen geblieben. Also entsprach man nun eher dem Wortsinn als der eigentlichen Sache, indem man Nylondecken, noch in ihrer Original-Zellophanhülle aus dem K-Mart, auf dem Fußboden des Jugendzentrums stapelte.

Ein Ältester hielt die Begrüßungsrede auf Lushootseed, der örtlichen Stammessprache. Obwohl es keine Muttersprachler mehr gab, wurde eine Wiederbelebung der Sprache unter Anleitung von Anthropologen der University of Washington in den Abendschulen betrieben. Die «Anthros», wie sie bei den Indianern hießen, lehrten die Stämme, Kanus nach Vätersitte zu bauen und solche verlorenen Rituale wie die Zeremonie des Ersten Lachses und die Wintertänze wieder aufleben zu lassen.

Sobald alle in einem große Halbkreis um die Tanzfläche herumsaßen, begann die Zeremonie urplötzlich mit dem Geheul, das ein untersetzter Dreißigjähriger in einem weinroten Anorak mit der Aufschrift TULALIP BINGO anstimmte. Wie von einem Geist besessen, wand er sich zuckend und stöhnend auf seinem Stuhl, taumelte dann mit zusammengekniffenen Augen auf die Füße und begann, sein Geisterlied in einer undefinierbaren Sprache zu singen, die weder Englisch noch Lushootseed war. Unter fortwährendem Geschlacker von Kopf, Armen und Oberkörper stieß er ein langes Klagelied aus sinnlosen Silben hervor.

Der Rhythmus dieses Liedes wurde von den Musikanten mit Rasseln und Trommeln aufgenommen. Die Trommeln – mit Hirschhaut bespannte achteckige Tannenholzrahmen – gaben ein dumpfes *Dumdumdumdumdumdum* von sich. Die Rasseln waren Stöcke mit geschnitzten Adlerköpfen als Griffen und zusätzlich verziert mit Hirsch-Afterklauen, die wie Büschel von Miesmuscheln aussahen.

Die Trommeln wummerten, die Rasseln klackerten. Der vom Geist besessene Mann umkreiste den Tanzboden mit wuchtigen, unbeholfenen Sprüngen, ermuntert vom Singsang der Zuschauer: «Kiro-k! Kiro-k! Kiro-k! Kiro-k!» Meinem profanen Auge erschien der Tänzer wie ein fetter, bibbernder Frosch.

Im Jahre 1794 wohnte George Washington einem Stammestanz an der Einfahrt vom Nootka Sound bei, den Häuptling Maquinna für ihn veranstaltete: «Eine Darbietung, die hauptsächlich daraus bestand, auf sehr eigenartige Art zu springen.» 1859 war James G. Swan Zeuge eines ähnlichen Tanzes bei den Clallam-Indianern: «Eine Aneinanderreihung sporadischer Sprünge, die weder Anmut noch Behändigkeit verrieten.» 1887 schrieb der Missionar Myron Eells von der Skokomish-Version im Hood Canal: «Weiße würden dies nicht Tanzen nennen, denn es ist einfach nur ein Auf- und Abhüpfen.» 205 Jahre später bestand der Tanz immer noch aus Sprüngen, obwohl er jetzt von fiebrigem Zittern und unmelodiösem Gejaule begleitet wurde.

Frühe Beobachter indianischer Wintertänze meinten einer profanen Darbietung beizuwohnen. James Swan beeindruckte vor allem die naturgetreue Nachahmung von Bären, Wölfen und Eidechsen, wenn die maskierten Tänzer in die Rollen wilder Tiere schlüpften. Aber Geister sah er nicht.

Wie «Decke» ist das Wort «Geist» eine ungenaue Übersetzung. In der Literatur der Völker- und Volkskunde wimmelt es nur so von Geistern. Beim Eintritt in die Pubertät gingen die Nordwest-Indianer, Mädchen wie Jungen, auf «Geistsuche», um die Geister von Naturkräften wie Wasserstrudel, Mörderwal, Grizzlybär, Seetaucher oder Wolf einzufangen. Ein junger Mann soll von solch einer Suche mit dem Geist einer Dampflok zurückgekommen sein.

Doch laut Wayne Suttles, einem altgedienten Ethnologen der

Küstensalish und dem zuverlässigsten Experten für deren Sprache, gibt es gar keine indianische Entsprechung für «Geist». Er fand kaum Belege dafür, dass die Indianer vor dem Kontakt mit Weißen irgendwelche Gottheiten «verehrten». In seinem überaus unterhaltsamen Essay «On the Cultural Track of the Sasquatch» vertrat Suttles den Standpunkt, dass in der Kosmologie der Nordwest-Indianer «natürliche» und «übernatürliche» Bereiche nicht klar voneinander getrennt sind. Ein seltenes Tier wie die doppelköpfige fliegende Schlange (*s'inetlequy*) existiert in derselben zeitlichen Dimension wie die häufig vorkommenden Bären und Wale. Mit dem Wort «Geist» und seiner Konnotation des Übernatürlichen hat man einer monistischen Kultur und Sprache also einen eurozentrischen Dualismus übergestülpt. Wo auch immer der schwer fassbare Ursprung einer «Geistsuche» liegen mag – der körperlose Geist der abendländischen Religionslehre war er sicher nicht.

Die Neonlicht-Tänzer im Jugendzentrum ahmten ganz offensichtlich das Besessensein von nachchristlichen, abendländischen Geistern nach. Irgendwann zwischen Mitte des 19. und Ende des 20. Jahrhunderts war das Schlüpfen in Tiergestalt zu einem religiösen Ritus mutiert: Der Tänzer fiel in ekstatische Trance und redete wirr.

Um 1880 herum fegte das Shakertum – insbesondere wegen seiner schwärmerisch-körperlichen Vereinigung mit dem Heiligen Geist – zum Leidweisen der alten Garde katholischer, methodistischer und presbyterianischer Missionare durch die Reservate des Nordwestens. Inzwischen sprachen die Indianer vom «Großen Geist» als ihrem einzigen Gott und Schöpfer – eine viktorianische, durch die Missionskirchen propagierte Erfindung, ohne belegbare Basis im Glauben der Ureinwohner. Shaker-Ekstase, Trancezustände und heiliges Zittern waren eben höchst ansteckend. Was ich sah, war eine seltsame Mischung aus animistischem Stammesbrauch, Shakertum und Pfingstbewegung, von weißen amerikanischen «Anthros» für den Gebrauch im ausgehenden 20. Jahrhundert aufpoliert.

Einer nach dem anderen wechselten sich die Tänzer beim Heulen, Zittern, Springen und Absingen ihres Geisterlieds ab, während die Trommeln wummerten, die Rasseln klackerten und das Publikum «*Kiro-k! Kiro-k!*» schrie, als gälte es, ein Basketballteam anzufeuern. Da sich bei mir Anzeichen von Kopfschmerzen meldeten, warf ich dem anderen weißen Gast, einer Produzentin des örtlichen PBS-Senders, verstohlene Blicke zu: Sie hatte das Kinn auf beide Hände gestützt, die Augen weit aufgerissen, und ihre Lippen umspielte ein andächtiges, wohlgefälliges Lächeln. Vermutlich träumte sie von einer Mini-Serie über die Spiritualität der Ureinwohner Nordamerikas.

Im bläulich-unbarmherzigen Gleißen der Neonröhren ließ sich meine wachsende Langeweile schlecht verbergen. Was hätte ich jetzt für ein bisschen Schatten gegeben, für ein Holzfeuer im Kamin des Langhauses, um meine Gleichgültigkeit verhehlen zu können. Stattdessen versuchte ich es damit, mein Kinn auf beide Hände zu stützen und so verzückt dreinzuschauen wie die Fernsehproduzentin. *Rums! Stöhn. Rums! Stöhn. Aiyiiiiiieeee Kiro-k!* Ich verrenkte mir das Handgelenk, um auf meine Uhr zu sehen. Anderthalb Stunden waren verstrichen – von der mindestens fünfstündigen Veranstaltung, die man mir in Aussicht gestellt hatte.

Um halb neun ebbte das Getöse ab, und der Festschmaus wurde serviert: Scheiben von Putenbraten mit kaltem Kartoffelbrei auf Papptellern, dazu knallrotes Kool-Aid. Eigentlich hatte mir eher etwas in Richtung Räucherlachs und wilde Beeren vorgeschwebt.

Meine Gastgeberin kam und fragte mich nach meinem Eindruck von der Darbietung.

«Sehr, *sehr* interessant», murmelte ich mit vollem Mund. «Wirklich!»

Sie erklärte mir, es gebe zwei Arten von Geisterliedern, die so genannten «schwarzfarbenen» oder «Salzwasser-Lieder» und die «rotfarbenen» oder «Süßwasser-Lieder». Schwarzfarbene Lieder seien rau, kriegerisch und beängstigend, rotfarbene Lieder sanft und heilend. Raue, sagte sie, würden die sanften im Verhältnis sechs oder sieben zu eins überwiegen.

Nach zehn Minuten ging die Tanzerei wieder los. Da ich jetzt wenigstens wusste, was ich heraushören sollte, konzentrierte ich mich auf die Unterscheidung zwischen den roten und den schwarzen Liedern – und kam dabei auf eine Idee. Ich hatte knapp hundert Dollar in der Brieftasche. Wenn die Veranstaltung endlich vorbei wäre, würde ich im Kasino vorbeischauen und mein Glück am Roulettetisch versuchen. Ich hatte schöne Erinnerungen an spätnächtliche Kasino-Besuche in Monte Carlo, Venedig und sonst wo, fühlte mich immer wohl in der zusammengewürfelten Schicksalsgemeinschaft, die sich unter dem Vorsitz des Croupiers ums Rad schart und zu der man mit Chips im Gegenwert weniger Dollars Zugang erlangen kann. Ich setze nie auf eine einzelne Zahl, sondern nur auf Blöcke. Meine Strategie lautet: ein paar Chips auf *Rot*, ein paar auf *Impair* – eine relativ sichere Methode, um im Spiel zu bleiben. Entweder machte ich bescheidene Verluste oder alle Jubeljahre mal den ganz großen Reibach – wie in jener denkwürdigen Nacht, als ich im Kasino des Kairoer Hilton zwischen Whiskey schlürfenden Scheichen saß und es mir irgendwie gelang, einen anfänglichen Einsatz von 20 Dollar bis zum Morgengrauen in eine fette Beute von knapp 1000 Dollar zu verwandeln. Die nächsten zwei Wochen spazierte ich mit einer dicken Brieftasche durch die Straßen von Kairo und kam mir wie ein Scheich von eigenen Gnaden vor, obwohl der echte Scheich an meinem Tisch meinen riesigen Haufen Chips mit geringschätziger Belustigung betrachtet hatte.

Solange ich an Roulette dachte, rückten Tanz und Trommeln in beruhigende Ferne. Jedes Lied ließ das Rad in meinem Kopf drehen. *Schwarz. Schwarz. Schwarz. Rot.* Ich wettete, welche Farbe als nächste an die Reihe kommen würde, und verlor überraschend oft angesichts des Übergewichts von Schwarz. Ich freute mich auf das Kasino, zog im Geiste schon eine entlarvende Parallele zwischen dem ernsten und volkstümlichen Ritual von Roulette – der stilisiertesten und zeremoniellsten Form des Spiels – und dem fremdartigen Ritual, das jetzt im Jugendzentrum stattfand. Die Roulettesüchtigen mit ihrem heimlichen Hang zur Zahlenmystik würden bestimmt an den Geist des Rades glauben und an die Fähigkeit des begabten Spielers, mit ihm zu kommunizieren ...

Es war nach halb elf, als sich der letzte Tänzer endlich auf seinen Stuhl sinken ließ. Als ich aufstand, um zu gehen, wurde ich gefragt, ob ich einen der Tänzer nach Seattle mitnehmen könnte. Roulette fiel also flach.

Mein Fahrgast war mir nicht ganz geheuer. Wenige Minuten vorher hatte ich diesen Ron erschauernd und erzitternd aus seiner Geister-Trance erwachen sehen. Doch meine Sorge erwies sich als unbegründet. Als ich die Tür des Wagens für ihn öffnete, schleuderte er Rassel und Insignien nach hinten, kletterte auf den Beifahrersitz, meinte: «Gute Party, was? Da war echt der Bär los!», und zündete sich eine Marlboro an.

Ich hätte Ron gern ein paar Fragen gestellt, wusste aber nicht recht, wie ich sie formulieren sollte. «Was für einen Geist haben Sie, Ron?» hätte viel zu salopp geklungen. «Haben Sie nur einen Geist, oder kann man auch mehrere haben?» war auch nicht besser. Ich befand mich in derselben Verlegenheit wie Mr. Salter, der Londoner Redakteur aus Evelyn Waughs *Knüller*, der sich für die Begegnung mit einem ländlich-bäuerlichen Gast die rechten einfühlsam-verständnisvollen Fragen zurechtzulegen versucht. Mr. Salter besinnt sich auf: «Was machen die Runkeln, Boot?»

Eingedenk dieses Beispiels hielt ich mich strikt an allgemeine soziologische Themen, während hinter uns das hell erleuchtete Kasino zurückblieb und vor uns der Highway im Regen glänzte. Ron, ähnlich schüchtern wie ich, erzählte mir etwas von der Bedeutung der Geistertänze für junge Männer seines Alters. Wie er selbst waren die meisten Tänzer arbeitslos. Fast alle hatten in der Vergangenheit Probleme mit Alkohol oder Crack gehabt. Das Tanzen half ihnen, ihr angeknackstes Selbstwertgefühl wiederherzustellen, denn dadurch nahmen sie Verbindung zu den «Sitten der Vorväter» auf.

«Man kriegt dabei Kontakt zu seiner eigenen Kreativität», fand Ron. «Man kommt auf sein eigenes Lied und seinen eigenen Tanz. Das ist echt kreativ.»

Als ich den Wagen vor seiner Wohnung auf dem Queen Anne Hill anhielt, zeigte mir Ron seine Rassel. An dem wilden Adlerkopf musste er tagelang geduldig geschnitzt haben.

Endlich allein, fuhr ich eine Weile ziellos durch die Straßen. Queen Anne war zu Bett gegangen; die Waschbären hatten den Ort für sich und starrten mit ihren Blutorange-Augen erschrocken auf die Invasion in ihr Revier. Mir tat es Leid um den vergeudeten Abend. Ich hätte die Einladung nicht annehmen dürfen. Doch was ich gesehen hatte, war immerhin entlarvend – diese kunterbunte Mischung aus längst ungebräuchlichen Bräuchen, schwarmgeistigem Christentum, schlampiger Übersetzung, Stammesstolz, Anthropologie, New-Age-Mystik und Therapie à la Oprah Winfrey. Ich war in der Hoffnung hingefahren, ein echtes Fragment der letzten maritimen Kultur der Küstenindianer zu finden. Von wegen! Hätte ich jetzt eine Lotleine in das trübe Wasser der Salish-Stammes-Vergangenheit geworfen, wäre auch sie nie auf dem Grund angekommen.

Grundlagen der Labyrinthkunde. Immer mit einer Hand an der Wand lang – wie beschwerlich der Weg auch sein mag, irgendwann findet man doch den Ausgang.

Das war Vancouvers Taktik. Er sollte im Auftrag der Admiralität den Nachweis erbringen, dass es die sagenumwobene Nordwestpassage zwischen dem Pazifischen und dem Atlantischen Ozean nicht gab. Eine grausame Order: Kein ernst zu nehmender Geograph glaubte mehr, dass man eine schiffbare Route finden konnte, doch solange noch Schiffe aus Frankreich, Spanien, Russland und den frisch geschlüpften Vereinigten Staaten an der Pazifikküste herumspionierten, vermeintlich, um den geheimnisvollen Durchgang zu finden, konnte Großbritannien es sich nicht erlauben, der Jagd auf das Einhorn fernzubleiben.

George Vancouver war der ideale Kandidat für diesen Job. Anders als Cook nahm er nirgendwo eine Abkürzung, sondern hielt sich strikt an seine Anweisungen. Während der Fahrt durch das Labyrinth aus Inseln und Meerengen, die sich als Sackgassen erwiesen, ließ er die rechte Hand immer an der Wand entlang rutschen.

Als er in die Juan de Fuca Strait einfuhr, nannte er das Land auf der Steuerbordseite das «Kontinentalufer». Ab jetzt würden sich die Schiffe an Steuerbord dicht an der Küste halten und Stück für Stück gewissenhaft jede Bucht, jeden Fjord befahren, um sicherzustellen, dass nicht etwa irgendeine obskure tannenüberhangene Wasserstraße ostwärts durch die Berge zu den Großen Seen und dem St. Lawrence Seaway führte.

Käpten Van gab Peter Puget das Kommando über ein Beiboot der *Discovery* und befahl ihm, eine lange, nach Süden verlaufende Meerenge zu erforschen. Ausgerüstet war das Boot mit Proviant für eine Woche, Feuerwaffen nebst Munition und einem Sack voller Krimskrams. *Discovery* wie *Chatham* waren mit einer grotesken Ladung von

Nippes und Gebrauchswaren in See gestochen. Für den Ankauf von Werkzeug, Zinnkesseln, Perlen, Armbändern, kariertem Tuch, Damenstrumpfbändern, Federn, Knöpfen, Kupferplatten, Eisenstangen, Kaliko, rotem Boi, Ohrringen und Feuerwerkskörpern waren sage und schreibe 10 000 Pfund – nach heutiger Kaufkraft etwa drei Millionen Pfund – bereitgestellt worden. Eine gigantische Verschwendung staatlicher Mittel, und ich wüsste zu gern, wie viele verdrossene Londoner Steuerzahler Zeugen davon wurden, wie die Forscher das Geld für Tand für die Indianer zum Fenster hinauswarfen. (Zum Vergleich: Vancouver konnte sein eigenes Salär als Kommodore, Zahlmeister und Astronom der Expedition irgendwann von sechs auf acht Shilling täglich heraufhandeln; das entspricht etwa 40 000 Pfund Jahresgehalt in neuzeitlicher Währung.)

Am 20. Mai, bei schwachem Sonnenschein und sanftem Rückenwind, segelte Puget im Beiboot nach Süden – durch einen Kanal von einer Meile Breite, der zwischen dem Kontinentalufer und einer langen zigarrenförmigen Insel lag. Das Urlaubswetter und das leichte Segeln machte die Arbeit des «Triangulierens» zu einem angenehmen Zeitvertreib. Sobald eine neue Landmarke in Sicht kam, nahm Puget eine sorgfältige Kompasspeilung vor, segelte eine abgemessene Meile und peilte die Landmarke erneut. Um die Meile festlegen zu können, wurde die Geschwindigkeit des Bootes durch das Wasser alle paar Minuten mit dem Log durch Zählen der Knoten auf der Logleine bestimmt, die zu dem achteraus driftenden Logbrett von ihrer Trommel auslief. Das Beiboot fuhr mit Rückenwind stetige vier Knoten. Die Geschwindigkeit der Strömung ließ sich durch Peilungen in den Lotungspausen abschätzen. Jede neue Peilung wurde auf eine Seite im Logbuch eingetragen, das angepflockt auf der Ruderbank lag. Eine schmuddelige Karte der sich entfaltenden Welt mit all ihren Klippen, kleinen Buchten, Vorgebirgen und Flussmündungen wuchs allmählich aus dem immer dichter werdenden Spinnennetz der Bleistiftlinien empor.

Etwa jede Stunde stoppte Puget das Beiboot auf, mit dem Wind von vorn und flatterndem Segel, worauf das Tiefseelot geworfen wurde. «Keinen Grund gefunden», schrieb er in das Notizbüchlein mit dem roten Marokkoledereinband, in dem er Tagebuch führte. Mittlerweile war das ein monotoner Refrain. In diesen Gewässern kam es einer Lotterie gleich, wer wann auf Grund stieß.

Doch zwischenzeitlich hielt jeder an Bord eifrig Ausschau nach Zeichen von Bewegung am Ufer. Die geladenen Musketen standen parat. Bislang waren die Eingeborenen beängstigend undurchschaubar, weder freundlich noch feindselig. Man konnte sie aus sicherer Entfernung bei ihrem Tagwerk beobachten, beim Angeln aus Kanus, beim Lachstrocknen auf Holzrahmen am Strand. Die weißen Eindringlinge schienen ihnen aus der Ferne gleichgültig zu sein, doch sobald ein Boot auf sie zusteuerte, flüchteten sie in die Wälder. Die wenigen Indianer, die Puget von nahem gesehen hatte, waren «klein und schlecht gebaut, mit breiten Gesichtern und kleinen Augen», ihr schwarzes Haar «ausgesprochen schmutzig». Sie trugen Kupferrollen in ihren durchlöcherten Nasen und Ohren, und die Gesichter der Männer waren mit «Streifen aus rotem Ocker und schwarzem Glimmer» bemalt.

Während der 18 Meilen langen Passage sichtete man keine Indianer, ein schlechtes Zeichen, dachte Puget, der die Anwesenheit unsichtbarer Beobachter spürte. Er hielt das Beiboot in Strommitte, außer Schussweite ihrer Pfeile, und suchte den Strand mit dem Fernrohr ab.

Als das Boot die Südspitze der Insel umrundete, kam der große weiße Klotz des Mount Rainier in Sicht. Mit seinem Auftauchen überraschte der Berg die Forschungsreisenden ständig aufs Neue.

Jedes Mal, wenn er sich zeigte, schien er sich meilenweit vom vorherigen Standort fortbewegt zu haben. Wie ein Schachtelteufel sprang er plötzlich über einen Berggipfel. Jetzt, wo er genau Südost peilte, konnte Puget zum ersten Mal seit Sichten des Berges bei Port Townsend die Entfernung auf 45 bis 50 Meilen schätzen.

Eine schnelle Flut fegte das Beiboot südwärts auf einen Lichtstreif zwischen hohen Klippen zu. Der Berg verschwand hinter einer schwarzen Wand aus Tannen. Wo der Durchgang sich verengte, umbrodelte das Wasser das Boot in zähen Wirbeln. Der Wind erstarb. Das Beiboot beschrieb einen trägen Kreis auf der Turbulenz, während Puget um die Steuergewalt kämpfte.

Sobald das Boot wieder unter Kontrolle war, versuchte man zu loten. Zur Abwechslung fand man hier in dreißig Faden Tiefe tatsächlich Grund, obwohl das Wasser so unruhig war, dass man eher eine Untiefe von wenigen Fuß vermutet hätte. Das Beiboot passierte jetzt einen der Drempel (bei den Tacoma Narrows), die den fruchtbaren untermeerischen Aufruhr vom Puget Sound erzeugen.

Das starke Gefälle des aufgewühlten Wassers erwies sich als ein plötzlich aufspringendes Tor zu einem sonnigen Panorama mit flachen Inseln und gewundenen Kanälen. Als Puget wie geheißen zum Ufer an Steuerbord segelte, erblickte er in unmittelbarer Strandnähe zwei schwimmende Kanus. In einem saßen zwei Gestalten, in dem anderen vier. Er fierte die Gaffel und ließ seine Männer langsam auf die Kanus zu rudern. Sofort paddelten die Indianer vom Ufer weg zu einem Durchlass zwischen den Inseln im Süden.

Puget stoppte das Beiboot auf, die Indianer die Kanus. Fünfzig Yards Wasser trennten die beiden Parteien. Puget zog ein riesiges weißes Schnupftuch aus der Tasche und winkte den Indianern damit wie mit einer Flagge. Sie starrten herüber, nahmen aber nicht Reißaus. *Lächeln!*, zischte Puget seiner Mannschaft zu, die pflichtschuldig grinste und wie wild wedelte. Ein Neerstrom trieb das Beiboot näher an die Kanus. Die Gesichter von zwei Indianern waren mit Narben übersät, die nach Blattern aussahen. Einer hatte nur noch ein Auge. Pugets Blick fiel auf einen kleinen grünen Tannenzweig, der gerade vorbeitrieb. Er zog ihn aus dem Wasser und winkte damit langsam von einer Seite zur anderen, um seine friedliche Absicht zu bekunden. Die Indianer paddelten hastig ein paar Yards weiter weg und warteten dann ab, was als Nächstes kam.

Was als Nächstes kam, war eine Verführungsszene. Puget wollte die Indianer bezirzen, wie er es bei einem Mädchen versucht hätte. In diesen kolonialen Begegnungen schwang, kaum verhüllt, immer auch Erotik mit, wobei den Indianern der irrationale, impulsive, wankelmütige, *weibliche* Part zugedacht war. Also versuchte Puget jetzt, mit hübschen Dingen um sie zu werben, wie sie das Auge eines Mädchens im 18. Jahrhundert entzückt hätten.

Der Sack voller Tand stand bereit. Puget suchte zwei Spiegel, ein Dutzend polierter Kupfermedaillen, ein Armband und einen silbernen Löffel aus. Ein schwimmender Ast diente als Tablett, und Puget legte sein Nippessortiment auf den beiden Spiegeln aus, die er mit Bindfaden am Holz befestigt hatte. Barhäuptig und mit gewinnendem Lächeln, die Schultern in einer Geste unterwürfiger Freundlichkeit nach vorn gezogen, ließ er danach das Boot abdrehen, bis der Ast von beiden Parteien gleichermaßen weit entfernt war. Das Holz drehte sich in der Strömung, die Schätze funkelten in der Sonne.

Es klappte. Die Indianer paddelten vorsichtig näher, nahmen die Geschenke schnell an sich und ruderten flugs zu ihrer Ausgangsposition zurück.

Nun steuerte man wieder den Ast an. Diesmal wurden eine Pfauenfeder, eine Karte mit Perlmuttknöpfen, eine bunte Glasperlenkette, ein Zinnkessel und eine Metallbrosche als Köder ausgelegt, und wieder zog sich das Beiboot zurück. Wie zuvor kamen die Indianer, um sich die Beute zu holen, paddelten aber gleich davon, sosehr Puget sich auch bemühte, sie in seiner Nähe zu behalten.

Nach der dritten Figur dieses Tangos auf See näherten die Indianer sich dem Boot weit genug, um sich die nächste Rate von Geschenken per Hand übers Wasser reichen zu lassen, doch ihre finsteren Mienen wichen Pugets Blick aus. Weit davon entfernt, dem jungenhaften Charme des Leutnants zu erliegen, wirkten sie eher wie ein Rollkommando, das Geld von einem hartgesottenen Schuldner eintreibt. Sie zeigten auf den Sack mit den Geschenken und verlangten mehr, wobei sie den Engländer in einer Sprache voll knallender Knacklaute anschrien.

Wie es bei manchem verschmähten Freier der Fall ist, schlug Pugets hoffnungsfrohe Stimmung bald in gelangweilten Widerwillen um. Er konnte nicht schnell genug von diesen lästigen Wilden mit der ungesunden Haut und den schmutzigen Haaren wegkommen.

Später, als die Zelte am Ufer aufgeschlagen waren und eine Wache Posten bezogen hatte, schrieb Puget den Vorfall bei Kerzenschein auf:

Noch vermochten alle Zeichen, welche Freundschaft symbolisieren, beispielsweise ein weißes Schnupftuch – ein grüner Zweig & viele andere Methoden, sie zu bewegen, sich in unsere Nähe zu wagen … Jedoch wollte ich jene Indianer nicht ohne einen handfesten Beweis unserer vollkommen freundlichen Absicht ziehen lassen & bald fand sich ein Weg zu diesem Behufe … Die weiteren Umstände brachten mich zu der Erkenntnis, dass sie so undankbar waren, unsere Freundschaft als Angst vor ihrer Stärke zu missdeuten …

Die See in der Saratoga Passage hatte sich mit einer dünnen Frostdecke überzogen, als der vorhergesagte Wind von Süden her aufkam. Die runzlige Haut des Wassers überzog sich mit winzigen brechenden Wellen. Innerhalb einer knappen halben Stunde waren die Wogen steil, gleichmäßig, wuchtig, getrieben vom aufbauenden Wind. Mit der Fock nach Steuerbord schlitterte das Boot voran. Die Schot war bretthart durchgesetzt und das Segel zu einer weißen Parabel gebogen; es erinnerte an die Schwünge von Frank Gehrys Betonwänden. Ein scharfer Wind blies in die Stahltakelage. Hinter mir hörte ich jede neue Welle heranrollen, dann ihren jähen, heftigen Kollaps in einem knisternden Feuerwerk aus Schaum. Als ich am Rad zerrte und das Boot, das sich um die eigene Achse zu drehen versuchte, zurück auf seinen Kurs vor dem Wind brachte, erfasste mich ein fiebriges Hochgefühl. Seit vielen Monaten hatte ich kein solches Segelerlebnis mehr gehabt. Der Walzertakt, zu dem das Boot tanzte, und der Wind- und Wellensound mit seinen Streich- und Schlaginstrumenten erfüllten mich mit altbekannter, unbändiger Freude, in der wie immer auch ein Hauch von Panik mitschwang.

Mit einer Länge von 35 Fuß hatte das Boot die Größe, die sich mit meinen Wohnbedürfnissen vereinbaren ließ und meine Segelkünste nicht überstrapazierte. Doch je stärker der Wind war, desto größer erschien es mir. Wie ein Reitschüler, der die Zügel einer durchgehenden, rossigen Stute umklammert (kein erfundenes Bild; ich bin aus dem Sattel geflogen und höchst unsanft gelandet, als sie über die erste von drei Hecken setzte, die zwischen ihr und dem Hengst lagen), hielt ich mich breitbeinig am Steuerrad und manövrierte der Reihe nach Schlafzimmer, Bad, Küche, Salon und Arbeitszimmer durch das tosende Meer.

Urplötzlich erklang ein neuer Sound im Orchester: das explosive *Tschoff!* eines Dall-Schweinswals, der neben dem Boot auftauchte.

Tschoff! Tschoff! Tschoff! Sechs schwarzweiße Torpedos schossen in dichter Formation unter den Bug, tauchten zum Ausatmen auf und sausten dann nach achtern, wo sie sich alle auf einen Schlag herumwälzten, bevor sie zu einem neuen Scheinangriff übergingen. Bantamgewicht und reine Muskelmasse, flitzten sie nur wenige Zentimeter unter der Oberfläche und mit kokettem Schwung ihrer Körper querab vorbei.

In diesen Gewässern war die Gesellschaft von Delphinen an der Tagesordnung – ein anderes Nebenprodukt von Turbulenz und Plankton. Die Tiere tauchten in Schwärmen auf, nahmen fünf Minuten lang das Boot aufs Korn, wurden des Spiels aber schnell überdrüssig und schwammen auf der Suche nach neuen Kicks weiter. Es war ein bisschen so, als würde man von einer Straßengang als temporäres Mitglied geduldet.

Sie schienen in menschlicher Aufmerksamkeit zu baden. Ihre Verweildauer ließ sich oft dadurch verlängern, dass man zum Vorschiff ging, sich über die Reling lehnte und ein übertriebenes Interesse an ihren Unterm-Bug-Manövern bekundete. Da ich nicht vom Steuer wegkonnte, solange das Boot wie eine durchgeknallte Schlange hin- und herzuckte, versuchte ich es mit dem Tipp eines Charter-Kapitäns aus Key West, der behauptet hatte, er könne zur Belustigung seiner Passagiere jederzeit Delphine herbeitrommeln: Er müsse nur nach unten gehen und eine Hornpipe – Hacke, Spitze – aufs Decksparkett legen. Also stampfte ich auf dem Teakrost des Cockpit-Fußbodens die einzige Taktfolge, die mir gerade einfiel: den albernen Jingle «Tam – taderadamtam – tam, *tam*!» Oder wie Julia es in der Vorschule zu singen gelernt hatte: «Rasieren und schneiden – *schnipp, schnapp*!» Ich hätte wohl besser ein leiseres Symbol der Freundschaft wählen und etwa mit einem weißen Taschentuch oder einem grünen Zweig wedeln sollen, denn die Tümmler ergriffen umgehend die Flucht. Nicht zum ersten Mal hatte ich eine Beziehung mit meinem Bleifuß-Gehopse verpatzt.

Unmöglich, einen geraden Kurs zu halten. Durch sein einzelnes Segel allzu hohem Druck ausgesetzt und aus der Balance geworfen, trudelte das Boot bei 7,6 Knoten im Zickzack vor dem Wind und hielt diese Geschwindigkeit nur dank der Bremskraft seiner eigenen Bugwelle bei, die sich in einem langen Brandungskräusel vom Rumpf schälte. Der Besanmast hinter mir bebte unter der Belastung aus der Takelage. Ich machte mir ernstlich Sorgen, dass da oben irgendetwas brechen könnte. Und wenn irgendetwas brach, käme es schnell zu einem sehr beunruhigenden Dominoeffekt. Welche Erleichterung, als ich Strawberry Head auf der Whidbey-Island-Seite erreichte, wo der Wind auf Böen und leises Heulen reduziert war. Ich rollte das Vorsegel ein Stück weiter ein und ließ das Boot gemächlich über einen Abschnitt des Meeres treiben, der sich genauso gut auf einem anderen Planeten hätte befinden können – so stark war der Kontrast.

Der durch Tonnen markierte Kanal verlor rapide an Tiefe – von etwa dreihundert auf knapp dreißig Fuß – und verengte sich zu einem Wasserpfad, der den Windungen des Ufers folgte. Ostwärts bedeckten die Gezeiten mehrere Meilen Watt, wo das Wasser in einem Violett changierte, das an einen drei Tage alten blauen Fleck erinnerte. Dahinter präsentierte sich das Kontinentalufer als Tiefebene, wo die Kirchtürme höher ragten als die Bäume.

Genau wie Vancouver sich ein wieder auferstandenes konservatives England vorgestellt hatte, das sich auf dem Vorgebirge der olympischen Halbinsel erhob, war es auch den niederländischen Einwanderern auf dem Delta des Skagit River ergangen, die darin das neue Holland des Fernen Westens erblickten. So unglaublich es klingen mag, aber ihr Traum hatte sich fast hundertprozentig erfüllt: Auf den Briefkästen standen holländische Namen, auf den Feldern holländische Scheunen, holländische Pappeln säumten schnurgerade holländische Landstraßen, die zu düsteren holländischen Kirchen führten. Die flachen Felder waren eingezäunt und mit Gräben im streng rechteckigen holländischen Stil durchzogen, und auf diesen Feldern züchteten die Nachkommen der ursprünglichen Einwanderer Tulpen für den Schnittblumenhandel. Im Frühling, vom Flieger Seattle–Vancouver aus betrachtet, wirkte das ganze Tal wie ein riesiger Mondrian aus bunten Farbfeldern, von Deichen schwarz eingerahmt. Aus jedem beliebigen Blickwinkel war dieser Flecken Erde ein auffallendes Trompe-l'Œil, ein Maß für die Macht des strengen Calvinismus niederländischer Prägung, die alten Lebensbedingungen in einem neuen Land getreulich nachzubilden.

Vom Wasser aus erinnerte mich der Anblick auf unheimliche Weise an die Nordseite des Scheldt-Ästuars zwischen Flushing und Dordrecht – Beveland und Overflakkee –, wo ich zehn Jahre zuvor gesegelt war. Eigentlich fehlte nur noch ein holländischer Lastkahn, komplett mit Haus und Garten am Heck, einer ganzen Fahrradfamilie, vor dem Ruderhaus aufgestapelt, und dem Volkswagen auf dem Achterdeck.

Der wesentliche Unterschied bestand darin, dass die Niederländer in Europa ihr Land auf geniale Art dem Meer abgerungen, hier jedoch den Skagit-Indianern gestohlen hatten. Unmittelbar nördlich von diesem fruchtbaren Überschwemmungsgebiet erhob sich der dunkle, brotlaibförmige Berg des Swinomish-Reservats – eigentlich eine Insel, vor der dem Meer aber offenbar die Puste ausgegangen war. Die Tulpenzüchter hatten Meilen feuchter brauner Erde ergattert, während den Skagit bei diesem Kuhhandel nur graue Felsbrocken, Tannen, Salal, Lebensmittelgutscheine, Reha-Kliniken geblieben waren. Und von dem mit Gestrüpp überwucherten Gipfel ihrer Beinahe-Insel das Panorama holländischer Gartenbaukunst.

Leutnant Whidbey, der im Beiboot der *Discovery* mitsegelte, stellte aufgeregt fest, dass die Ebbe nördlich aus der Skagit Bay lief. Er hatte angenommen, dass er schon wieder einer Sackgasse bis an ihr schlammiges Ende folgte, doch die nach Norden führende Ebbe verhieß einen anderen Ausgang aus dem Labyrinth. Und so folgte er der Strömung in der Hoffnung, eine Durchfahrt zu finden, durch die beide Mutterschiffe aufs offene Meer zurücksegeln konnten.

Es war Ebbe, für mich wie für ihn. Zum Nordende hin war die breite Bucht voller gekräuselter Wellen und winziger Inselchen – unregelmäßige Felsbrocken, jeder gerade groß genug für einen Brombeerstrauch, einen sich häutenden Erdbeerbaum, eine verkrüppelte Tanne. Der Kot der Kormorane, die solche Felsen als Stützpunkt für ihre Fischfang-Touren nutzten, hatte fast jeden Zollbreit des nackten Steins weiß gefärbt. Die Ebbe zwängte sich mit Macht durch diese Eilande, und ich segelte laut GPS mit neun Knoten an diesen Miniaturklippen vorbei.

Backbord endete Whidbey Island in einer niedrigen, lang gestreckten Felsnase, die in den Strom ragte. Als das Boot die Spitze umfuhr, kam Leutnant Whidbeys vorhergeahnte Passage in Sicht. Der gute Mann dürfte seinen Augen nicht getraut haben.

Der Gezeitenstrom eilte durch einen trichterförmigen Korridor, gesäumt von bewaldeten Steilufern, nach Westen. Am anderen Ende, etwa eine Meile entfernt, zeigte sich zwischen den Steilufern ein Haarriss wie ein weißer Faden in einem Ballen dunklen Tuchs. Mindestens fünfzig Quadratmeilen Meer flossen hier irgendwie durch einen schmalen Spalt, durch dessen Felsbacken sich wohl nicht einmal ein Ruderboot hätte zwängen können.

Ich drehte vor dem aufgewühlten aufsteigenden Wasser des sich aufbauenden Sogs ab und segelte an der Einfahrt zur Engstelle hin und her, um das Abschwächen der Ebbe abzuwarten. Whidbey, der schon dringend von Vancouver erwartet wurde, fuhr mit dem Beiboot voraus, um einen näheren Blick auf seine unwillkommene Entdeckung zu werfen: Die Passage war seicht, wegen der riesigen Gesteinsbrocken unwegsam und höchst turbulent, schiffbar nur mit kleinsten Booten, und auch dann nur bei Stromkenterung. Käpten Van nannte diese Stelle Deception Pass, die Passage der Täuschung.

In den 1970er Jahren habe ich immer wieder gegen den Drang ankämpfen müssen, mir eine Lavalampe zu kaufen – das bunte Chaos in der Flasche. Als Gefangener meines ungefestigten guten Geschmacks fürchtete ich das snobistische Gespött von Freunden, wenn ein solches Gebilde plötzlich in meinem Wohnzimmer auftauchen sollte. In englischen Pubs wurden diese Lampen allerdings rasch Teil des Inventars, und so konnte ich zumindest vom Barhocker aus verstohlen mit den schillernden, endlos mutierenden zitronengelben, grünen und braunroten Kügelchen kommunizieren, während sie hinter Glas anschwollen und auf und nieder rollten. «Obszön» war das übliche Epitheton dafür, doch ich fand sie schön; eine Faszination, die ich für mich behalten musste.

Der Deception Pass glich einer Lavalampe gigantischen Maßstabs. Sobald der Gezeitenstrom in den Trichter floss, war er dem immer härter werdenden Außendruck des Landes ausgesetzt. Es fehlte an Tiefe, und die haushohen Steine brachten das Wasser zum Trudeln. Und weil hier immer viel zu viel Meer durch eine viel zu enge Öffnung flüchten wollte, brach in diesem Engpass unentwegt Panik aus. Die Fluten, am Weiterfluss gehindert, brandeten zu atompilzartigen Gebilden mit bis zu zwölf Metern Durchmesser auf oder kreisten ohnmächtig in großen, untertassenförmigen Strudeln. Über die Meeresoberfläche fegten unzählige kleine Wasserwirbel. Alles bewegte sich auf seiner eigenen exzentrischen Bahn. Auch nur die kleinste

Stelle im Wasser für länger als ein paar Sekunden im Blick zu behalten hätte so viele graue Zellen in Anspruch genommen wie der Versuch, einen ganzen Saal voll Quickstepp-Tänzer bei jedem Schritt im Auge zu behalten und genau zu verfolgen, wie die Paare sich auswichen, drehten, wiegten und aneinander vorbeischoben.

Die Gezeitentafel reduzierte diesen spektakulären Wassernotstand auf ein nüchternes Zahlenspiel: Ebbe bei 1437, Geschwindigkeit 7,4 Knoten, Richtung 270° rwP. Dieses stand für rechtweisende Peilung (270° gemessen am echten, nicht magnetischen Norden) und war eine witzige Fiktion. Die Gezeitenvorhersagen bezogen sich auf irgendeinen theoretischen Netto-Transport von Wasser durch die Passage. Doch innerhalb des Trichters, wo Wasser gegen Wasser knallte, um endlich ins offene Meer durchzukommen, konnte die schöne Theorie nur baden gehen. Der tatsächliche Fluss befand sich in jeder nur denkbaren Richtung bei jeder nur denkbaren Geschwindigkeit. Wo der Saum eines Wirbels mit dem eines starken Strudels zusammenstieß, konnte die Tide ohne weiteres mit 14, 15 Knoten ostwärts fließen.

Wesentlich brauchbarer als die Gezeitentafeln war da der Satz, den ich mir aus dem Dreißiger-Jahre-WPA-Führer für den Bundesstaat Washington herausgepickt hatte:

Die schmale hochwandige Schlucht des DECEPTION PASS vergießt bei Ebbe stündlich 2 500 000 000 Gallonen Wasser in die Rosario Strait.

Mir gefiel die Vorstellung von Heerscharen eimerbewehrter Männer, obwohl ich mir keinen Reim darauf machen konnte, wie es zu der relativ moderaten Nullenkette gekommen war. Man hätte ohne weiteres noch drei oder vier zusätzlich ankleben können, um die Sache auf den Punkt zu bringen: Wer wirklich genau messen will, was im

Deception Pass bei Ebbe oder Flut passiert, sollte sich vorher für einen längeren Aufenthalt in einem gemütlich eingerichteten Tollhaus anmelden.

Im schwindenden Licht des Nachmittags wirkte das Wasser so schwarz und zähflüssig wie Pech, und seine Oberfläche war von kraterartigen Strudeln übersät. Um zehn nach fünf, mit noch fünfundvierzig Minuten Stillwasser vor mir, drückte ich das Boot bei voll aufgedrehtem Motor in die Strömung, um maximale Steuerkraft durch die Turbulenz zu behalten. Es war wie Autofahren auf Eis. Jedes Mal, wenn das Vorderteil des Boots auf einen Wirbel traf, rutschte es zur Seite weg, und ich musste das Ruder heftig herumreißen, um auch nur einigermaßen die Kontrolle zu behalten. In dieser Gezeitenphase sollte die Strömung eigentlich bei wenig mehr als 2,5 Knoten fließen, doch dieser verminderte Durchfluss hat kaum Einfluss auf die Masse des umwälzenden Wassers im Trichter, das seinen hinter den Meerengen aufgestauten Druck weitergibt. Zu sehr mit dem Steuern beschäftigt, um das GPS ständig im Auge behalten zu können, riskierte ich nur ab und zu einen flüchtigen Blick auf die Geschwindigkeitsanzeige: In einem Augenblick sah ich 0,0, im nächsten 13,5.

Eine romantische Brücke verband die vor mir liegenden Steilufer – beim näheren Hinsehen eine sehr kurze Brücke. Das Wasser, über dem sie schwebte, hätte sicher einen bemerkenswerten Forellenbach abgegeben, ließ als Meeresarm aber sehr zu wünschen übrig. Doch erst als ich sah, wie steil es nach unten abfiel, erkannte ich in dem Wasserchaos das Produkt simpler Schwerkraft. Der Meeresspiegel in der Skagit Bay liegt zwei bis drei Fuß höher als der in der Rosario Strait: ein vielmillionenfacher Gallonen-Aufruhr, hervorgerufen durch einen winzigen Höhenunterschied.

Ein Baumstamm, so lang wie das Boot, trieb gemächlich kreiselnd am Steuerbordbug. Ich riss das Ruder herum und fuhr rückwärts unter der Brücke durch – aber da oben hing ein halbes Dutzend blasser Gesichter, und es wurmte mich, plötzlich ein höchst amüsantes Schauspiel nautischer Inkompetenz abzugeben. Also brachte ich das Boot wieder in Vorwärtslage, gierte auf einem Wirbel, drehte mich auf einem Strudel um die eigene Achse und knallte prompt in eine Reihe niedriger brechender Seen. Während ich aus der Passage herausgeschleudert wurde wie der Korken aus einer Champagnerflasche, schoss mir durch den Kopf, dass ein solches Manöver in einem simplen Kanu noch viel weniger lustig gewesen wäre.

Die europäischen Forschungsreisenden hielten nicht viel vom Deception Pass, doch in der Kultur der Salish spielte er als Kulisse für Geschichten und als Quelle geheimen Wissens eine wichtige Rolle. All diese Aspekte flossen zu einer einzigen Geschichte zusammen, die Franz Boas um 1900 herum erstmals in seine Sammlung aufnahm und die seitdem in verschiedenen Versionen kursiert.

Eine junge Frau (in einer Version trägt sie den Namen Kokwalalwoot) sammelte am Strand Muscheln oder suchte vielleicht auch nach einem *sklakletut* (einem «Geist» in der Übersetzung). Die übliche Methode, sich mit den Mächten des Meeres vertraut zu machen, bestand darin, nach ihnen zu tauchen. Und in Strudeln zu tauchen wurde weithin empfohlen, wenn man zu einem *sklakletut* kommen wollte. Meine Gastgeberin bei den Tulalip erzählte mir, dass ihre Tante auf diese Weise einen «Strudelgeist» gefangen habe. Nach rituellem Fasten und Baden pflegte der oder die Heranwachsende allein in die Wälder oder aufs Wasser zu gehen, um schließlich im Besitz eines *sklakletut* ins Dorf zurückzukehren – eine nützliche Qualifikation und ein Zeichen des Erwachsenseins, genau wie das Diplom eines College-Absolventen. Folglich nahm Kokwalalwoot das Studium der Strudel nach tradierter Art der Salish auf.

Im Deception Pass nahm nun ein Strudel für Kokwalalwoot die Gestalt eines schlanken Jünglings an, in den sie sich prompt verliebte. Sie verließ das Land, um mit ihrem Strudel-Geliebten unter Wasser zu leben. Doch als sie heimkehrte, um von ihrer Heirat zu erzählen, schreckten die Dorfbewohner vor ihrem Anblick zurück – ihre Haut war von Muscheln überkrustet, Tang wuchs ihr aus Augenhöhlen, Ohren und Mund. Familie und Freunde verdammten dieses schauerliche Seewesen daraufhin zu einem untermeerischen Leben in der Passage, wo sie zu einer verlässlichen Navigationshilfe wurde und Kanufahrer sicher über Stromschnellen und Strudel brachte. In einer anderen Version sind die Schnecken und Schnörkel der Strömung Kokwalalwoots wogende Zöpfe – obwohl mir dieses Detail wie eine Ausschmückung von weißen Volkskundlern vorkommt.

Das Vertrackte an allen Indianergeschichten ist der Umstand, dass sie gemeinhin wahllos zusammengewürfelt sind und als «Mythen» bezeichnet werden. Manche sollen eindeutig fiktiv sein – leichte Unterhaltung mit menschlichen und tierischen Protagonisten. Manche waren für Erwachsene gedacht, andere für Kinder. (Es ist interessant, das Geschlecht des ursprünglichen Erzählers zu erfahren. Vielen von Frauen erzählten Geschichten haftet da etwas von *Clifford the Big Red Dog* an.) Es sind Schöpfungs- und Stammesgeschichten, Allegorien, Klatsch und Tratsch in Anekdotenform. Sie alle als «Mythen» zu bezeichnen hieße, den Indianern einen Grad von naiver Leichtgläubigkeit anzudichten, der sie unnötig weltfremd erscheinen lässt.

Ich würde die Geschichte von Kokwalalwoot eher als Mahnung zur Vorsicht lesen, im Ton vergleichbar mit Hilaire Bellocs «Geschichte Mathildas, die verbrannte, weil sie immer log». Es geht um gefährliche Beziehungen – ein Lieblingsthema in einem Gemeinwesen, dessen Kleingedrucktes von Verwandtschaftsbeziehungen und Status handelt. Der Geschlechtsverkehr mit einem Strudel wäre in etwa dasselbe, wie es mit einem wilden Tier oder dem Angehörigen eines Stammes zu treiben, der dem eigenen so fremd ist, dass dies den Rahmen sanktionierter Exogamie sprengt. Außerdem ist es eine Geschichte über die Gefahren der Erziehung, besonders für Mädchen. Ein Interesse an Strudeln (oder irgendeinem anderen Zweig der Naturwissenschaften) zu bezeugen mag schön und gut sein, doch wenn das Interesse in Leidenschaft ausartet, kann dem Schulmädchen Schreckliches widerfahren. Blaustrümpfe bedrohen nun mal das soziale Gefüge. Die einst so schöne Kokwalalwoot endet im wahrsten Sinn des Wortes als Scheusal. Seid also gewarnt, Mädchen!

Wie viele andere Geschichten, die sich landauf, landab um die Inside Passage ranken, veranschaulicht auch diese die Bedeutung der Strudel als Meeresgewalten. Macht wird von jeher mit Bewegung assoziiert (weshalb ein Mann sich durchaus auf die Suche nach dem «Geist» einer Dampflok begeben konnte), und von all den turbulenten Bewegungen des Wassers gleicht der saugende, kreisende, umherirrende Strudel dem gierigen Mund auf der Suche nach einer Mahlzeit und kommt somit der menschlichen Gestalt und Persönlichkeit am nächsten. Auf dem Höhepunkt der Ebbe im Deception Pass bildete sich direkt vor der Brücke eine Kette großer Strudel. Sie hätten einen sechs, sieben Meter langen Baumstamm verschlingen und wieder ausspucken und ein fehlgesteuertes Kanu mit Leichtigkeit kentern lassen können. Wenn einer von diesen großen Saugern sich herausdreht und im Krebsgang über die Strömung auf einen zukommt, würde man ihm ohne weiteres eigenen Willen, Boshaftigkeit und auch Begehren zuschreiben. Wie Catherine Earnshaw, die Heldin aus *Sturmhöhe*, sich in Heathcliff (auch er eine Version von Chaos in der Natur) verliebte, so konnte Kokwalalwoot sich in ihren Strudel verlieben und wurde wie Catherine von ihm zerstört.

Bei Anbruch der Abenddämmerung ging ich in der Cornet Bay vor Anker, gleich um die Ecke vom Deception Pass. Diese schöpfkellenartige Senke zwischen den Steilufern lag im Schutz eines zerklüfteten Riffs, das den größten Teil der Einfahrt blockierte. Eine schwere See lief in die Fuca Strait, und jede Menge Abwasser suchte sich seinen Weg am Riff vorbei in die Bucht. Der Salon füllte sich mit Geräuschen. Ächzend verlagerte die Ankerkette Glied um Glied auf den harten Sandgrund. In den Spinden fing es an zu klappern. Jede hereinkommende Welle zerschellte am Rumpf, zuerst dumpf, dann mit langem Zischen, wie wenn Reis aus einem Sack herausquillt. Ein loses Fall schlug gegen den Mast. Die Lampen kippten in ihren kardanischen Aufhängungen und schossen Lichtstrahlen zum Fußboden.

Weil ich dem Leben an Bord so entwöhnt war, hatte ich ganz vergessen, dass dieses Boot mit seinem enormen Jammerrepertoire aus Ächzen und Stöhnen selbst an einem stillen Ankerplatz eine Art kleines Erdbeben – zwischen vier und fünf auf der Richterskala – erzeugen konnte. Damit will ich es beileibe nicht verunglimpfen, nein: Auf dem Wasser wird mein Bewusstsein dafür, am Leben und lebendig zu sein, jeden Moment aufs Neue geschärft. Und kleinere Erdbeben haben es nun mal an sich, uns das unsichere Dasein in dieser Welt deutlich zu machen.

Ich kochte mir ein einsames Junggesellennachtmahl aus Pasta und Paul Newmans Marinara-Soße und entkorkte eine Flasche Wein aus dem Bilgenkeller. Obwohl ich nie zuvor Heimweh gehabt hatte, verspürte ich plötzlich nervöse Sehnsucht nach dem Haus auf dem Queen Anne Hill und das dringende Bedürfnis, mit meiner Tochter zu sprechen.

Ich rief den Seefunk auf Kanal 28, doch mein Funksignal prallte an den hohen Klippen der Bucht ab und ging ins Leere. Die einzige Antwort, die ich erhielt, war ein statisches Rauschen.

Zu meinem eigenen Trost und um Julia eine Freude zu machen, schob ich eine leere Kassette in den Rekorder und sprach eine Gutenachtgeschichte auf – eine revisionistische Version der Geschichte von Kokwalalwoot («Kokwalalwoot. Kokwalal-waas? Kein Mensch konnte ihren Namen aussprechen. Man rief sie kurz Koko ...!»), dem Mädchen, das Wasser liebte.

Unterwegs ins Erhabene

Der Morgenhimmel, weiß getüncht und durchzogen von rosa Bändern, sah aus wie das Innere einer Muschel. Die Rosario Strait war noch aufgewühlt, ein Nachhall des Sturms vom Vortag in der Juan de Fuca Strait, und obwohl kein Lüftchen wehte, schlingerte das Boot bedenklich, als ich Kurs auf die San Juan Islands hielt. Unten bewegte sich alles, was in meinem Leben nicht niet- und nagelfest war. Bücher fielen von den Regalen, Teller schlitterten im Geschirrschrank hin und her, eine offene Kleiderspindtür legte einen Trommelwirbel hin. Das Ganze klang wie ein schlecht organisierter Einbruch.

Ich suchte Schutz im Deckshaus, wo ich mich breitbeinig gegen den Kartentisch stemmen musste, während ich versuchte, meinen Kurs für den Tag einzuzeichnen. Es erforderte einiges an Geduld und Geschick, unter den gegebenen Bedingungen die Bleistiftkurslinie durch Parallelverschiebung über die nächste Kompassrose der Karte zu bringen, und die Zahl 283 neben den Kurs schreiben zu können bedeutete schon einen kleinen Triumph. Ich maß die Meilen mit einem schweren Messing-Stechzirkel aus dem Antiquitätenladen (eine Bogenminute von geographischer Breite ist eine Seemeile). Dabei berücksichtigte ich die voraussichtlichen Versetzungen durch die Gezeitenströmung, denn das Meer, auf dem ein Schiff schwimmt, ist ja selbst in Bewegung, womit das Ganze dem Versuch gleicht, quer über ein Riesenfließband geradewegs von A nach B zu gelangen.

Eigentlich wäre der ganze Aufwand gar nicht nötig gewesen. Der GPS-Navigator mit seiner digitalen Anzeige, der über der Seekarte hing, mokierte sich über meine Bemühungen, indem er mit seiner schwarzen Stummelantenne einen Strom von Signalen aus dem Weltraum herbeirief. Das GPS wusste, wo sich das Boot zu jedem Zeitpunkt befand, konnte den Kurs zu jedem Ziel auf dem Globus bestimmen und den Abweichungen durch Tideversetzung und Leeweg angleichen sowie blitzschnell sowohl die zurückgelegte als auch die noch zurückzulegende Entfernung und dazu die geschätzte Ankunftszeit bis auf die Minute anzeigen. Der emotionslose GPS-Navigator – dessen Marke und Modell, Garmin 45, sich eher nach einer Handfeuerwaffe anhörten – war der winzige allwissende Erzähler meiner Reise.

Dennoch zog ich mit einem frisch angespitzten HB-Bleistift weiter meine Linien. Bei einer besonders heftigen Schlingerbewegung hüpfte der Stechzirkel vom Kartentisch und hätte um ein Haar meinen Fuß aufgespießt. Der hockeypuckartige Handpeilkompass, den ich um den Hals trug, hämmerte mir in gleichmäßigem Rhythmus gegen die Brust. Zweimal brach die Bleistiftspitze ab. Auf die alte Art zu navigieren – jedenfalls bei hochgehender See – war kein Vergnügen und barg zudem die Gefahr schmerzhafter Körperverletzungen. Für mich hatte diese Beschäftigung allerdings eine magische Bedeutung. Es war eine Methode, Böses abzuwehren – von Windböen bis zu Unterbrechungen der Treibstoffzufuhr. Ich frönte dem tief sitzenden, unerschütterlichen Aberglauben, dass die See emporsteigen und mich verschlingen würde, wenn ich sie nicht mit diesem allmorgendlichen Ritual gebührend ehrte. Dass ich mit altmodischen Instrumenten – aus Messing und Buchsbaum – hantierte, die schwer in meinen Händen lagen, gab mir Mut und Zuversicht.

Ich kam mir so zünftig vor wie ein Handwerker, der seinem Gewerbe nachgeht. Meine bescheidenen Fähigkeiten am Kartentisch bedeuteten mir so etwas wie eine Daseinsberechtigung auf See: Wenn ich sie verlöre, würde es ein schlimmes Ende mit mir nehmen.

Alle halbe Stunde mit dem Glockenschlag nahm ich die Peilung dreier weit auseinander liegender Landmarken vor und zeichnete sie in die Karte ein, wo sie zu einem mehr oder weniger großen Dreieck zusammenliefen, im Englischen als «cocked hat», «Dreispitz», bekannt. Theoretisch sollte die Position des Bootes irgendwo innerhalb dieses «cocked hat» liegen, der normalerweise etwa das Viertel einer Quadratmeile See abdeckt.

Dann warf ich einen Blick auf den Garmin 45, der Längen- und Breitengrade bis auf die zweite Dezimalstelle einer Minute angab und die echte Position des Bootes bis auf etwa 60 Fuß genau lokalisierte. Im Vergleich dazu schienen meine Berechnungen mit dem Peilkompass und dem Parallellineal höchst ungefähr, Pi mal Daumen, ja eigentlich witzlos. Wie allwissende Erzähler es gern tun, stellte der Garmin den Helden der Geschichte als tumben Toren dar, dem von der nächsten überraschenden Wendung des Plots nichts schwant.

Zu Olims Zeiten haben die Menschen auf See sich an den Oberflächen, Formen und Farben des Wassers orientiert. In klaren Nächten wiesen die Sterne ihnen den Weg, bei Tag segelten sie mit dem Wind und den Wellen. In Homers Welt gab es vier herrschende Winde: Boreas blies von Norden, Notos aus dem Süden, Euros vom Osten und Zephyros von Westen.

Gerade die Dünungen, die der Wind erzeugte, machten ihn zur unverzichtbaren Navigationshilfe. Welches Lüftlein auch wehen mochte, der vorherrschende jahreszeitliche Wind kam in der Bewegung des Meeres zum Ausdruck. Eine Dünung kann sich viele Tage lang halten und manchmal über Tausende von Meilen laufen, auch wenn der Wind, der sie verursachte, längst abgeflaut ist. Weil Inseln die Dünungsrichtung ablenken, können sensible Lotsen deren Lage aus großer Entfernung «erfühlen». Sobald die Tiefe der See abnimmt, wird die Dünung höher, ein warnender Hinweis darauf, dass Land voraus ist.

Segeln nach Seegang verlangte höchste Konzentration auf das Wesen des Meeres. Die Wellenform war alles. Eine einzelne Welle kann von verschiedenen Kräften geformt sein: vom örtlichen Wind als so genannte Windsee, von einer starken unterschwelligen Dünung und häufig von einer schwächeren Dünung aus einer dritten Richtung. Die frühen Seefahrer mussten auf jedes Heben des Bugs achten, wenn das Meer unter den Rumpf rauschte, um jede Komponente in der Welle zu spüren und daraus das Vorhandensein unsichtbarer Landmassen zu fühlen.

David Lewis, ein gebürtiger Neuseeländer, der seine Londoner Arztpraxis für das ungebundene Abenteurerleben auf dem Meer aufgegeben hatte, segelte in den 1960er Jahren mit den letzten polynesischen Seefahrern, die noch traditionelle Auslegerkanus verwendeten. *We, the Navigators* heißt sein Bericht vom Pazifischen Ozean in der Mitte des 20. Jahrhunderts, und er veranschaulicht, wie Odysseus und seinesgleichen das Mittelmeer um 700 v. Chr. befuhren, also etwa 1800 Jahre vor der Erfindung des Magnetkompasses. Lewis' Buch vermittelt höchst anschaulich, wie das offene Meer zu einem vertrauten Ort, ja fast einer Heimstatt für den Seemann werden konnte, der gleich den Möwen auf seiner Oberfläche lebte, von Welle zu Welle.

Für den See*mann* wohlbemerkt, denn die Hoden reagieren laut Lewis am empfindlichsten auf die leichten Änderungen im Rhythmus einer Dünung, etwa ein plötzliches Aufsteilen durch Überlagerung zweier entgegengesetzter Wellenzüge. Man lasse die Hoden oben auf dem Vorsteven ruhen und fühle den Druck beim Steigen des Bugs, dann deren jähe Entlastung beim Sturz ins Wellental ... Als Vierjähriger habe ich es sehr genossen, im 1938er Ford meiner Mutter über die holprigen Brücken meiner Heimat zu schaukeln. Bei leicht überhöhtem Fahrtempo bereitete mir jede Brücke einen Augenblick unaussprechlichen Entzückens, wie wenn ich in meinem Hodensack plötzlich einen kleinen, aber springlebendigen Laubfrosch entdeckt hätte. Wäre ich 1946 mit verbundenen Augen herumkutschiert worden, hätte ich wohl die Hälfte der Brücken in Norfolk allein mit meinen Genitalien unterscheiden können.

So erfühlten auch Lewis' polynesische Freunde ihren Weg über den schaukligen Ozean. Auf diesen Reisen verlor Lewis – ein überaus erfahrener Segler kleiner Boote – oft völlig die Orientierung, wenn der Wind drehte, die See rauer wurde und die alten Dünungen gestört oder nicht mehr wahrnehmbar waren. Doch seine Führer spürten noch in der stürmischsten See eine Dünungskomponente. Sie konnten fünfzig Meilen oder mehr unter dunkel verhangenem Himmel ohne einen Sonnenstrahl zurücklegen und dennoch einen perfekten Landfall erzielen – und zwar ohne jedes Zögern, bei einer engen Durchfahrt zwischen den Inseln, die plötzlich in weniger als zwei Meilen Entfernung in Sicht kamen.

Im Unterbewusstsein des Seemanns früherer Zeiten, der ohne Instrumente navigierte, war das heimische Meer genauso verankert wie die Felder in jenem des Bauern. Die Sterne lieferten ihm eine großartige Karte für das Wegenetz auf seinem Ozean, obwohl er sie kaum brauchte, da das Wasser selbst so lesbar war wie seit Generationen bestelltes Ackerland. Farbe, Wind und Vogelflug sowie verräterische Veränderungen der Dünung gaben der See Richtung, Form und Charakter.

Hier, wo du die Überlagerung zweier Dünungen spürst, jede von Inseln weit hinter dem Horizont beeinflusst, vollziehe deine Wende ... Jetzt suche *toake*, den tropischen Vogel, und folge seinem Heimflug, bis sich das Meer von Sand braun zu färben beginnt ... In *Polynesian Seafaring and Navigation* präsentiert der Anthropologe Richard Feinberg mehrere Interviews mit Seefahrern von der Solomon-Insel Anute. Einer seiner Gesprächspartner, Pu Maevatur, sagt über das Segeln bei bedecktem Himmel: «Der erfahrene Seemann lässt sich vom Ozean tragen.»

Das Gefühl, sich vom Ozean tragen zu lassen, findet sich besonders ausgeprägt bei Homer, dessen Reisende als Naturgeschöpfe gesehen werden, denen die Götter entweder helfen oder Hindernisse in den Weg legen. Wem die Götter gewogen sind, der wird von Winden und Meer geführt und von Welle zu Welle vorangetragen wie der Samen der Pusteblume. Für Odysseus wie für die polynesischen Seefahrer in den Büchern von Lewis und Feinberg ist der Ozean ein fester Ort, kein endloser Raum, und seine bewegliche Oberfläche ist voller Omina, Hinweise und Bedeutungen. Er ist ebenso greifbar und vielfältig und hat genauso viele topographische Merkmale wie etwa eine englische Grafschaft.

Die Erfindung des Magnetkompasses verursachte einen fundamentalen Riss in der Beziehung zwischen Mensch und Meer. Europäer segeln seit dem 12. Jahrhundert mit Kompass und haben ihn womöglich auch schon vorher benutzt. Nachdem der Kompass auf dem Quarterdeck – hübsch ordentlich in seinem hölzernen Kompasshaus – zur festen Einrichtung wurde, verschob sich die ganze Aufmerksamkeit des Rudergängers vom Meer selbst auf ein Instrument von vielleicht 18 Zoll Umfang direkt vor seiner Nase. Plötzlich war er nicht mehr darauf angewiesen, die Bedeutung der Wellen intuitiv zu erfassen, sondern war zum reinen Funktionär geworden, dessen

Aufgabe darin bestand, das Schiff in einem steten Winkel zur Kompassnadel mit dem verschnörkelten «N» zu halten. Zuerst steuerte er nach Buchstaben, wie SzW, Süd zu West, oder NWzN, Nordwest zu Nord. Später hielt er sich an die Gradzahlen, die ihm der Wachhabende angab. Jetzt hieß SzW also 191,25 Grad und NWzN genau 326,25 Grad. Doch den Bug sicher auf einem Kurs von 195 Grad zu halten ist eine Aufgabe, die selbst ein geübter Rudergänger nie so verlässlich bewältigten konnte wie die Maschine, die ihn irgendwann abgelöst hat.

Welch schlichte Erfindung oder Entdeckung der Kompass doch ist! An einem verregneten Sonntagnachmittag bastelte ich einen für Julia: Wir rieben das Öhr einer Nähnadel an einem Kühlschranktür-Magneten, legten die Nadel in einen abgesägten Trinkhalm, um sie schwimmfähig zu machen, und ließen sie in einer Salatschüssel zu Wasser. Den Widerstand der Oberflächenspannung überwindend, schwang die Nadel langsam, aber gehorsam herum, um sich gemäß dem Magnetfeld der Erde auszurichten, wobei magnetisch Nord bei uns um 21½° nach Osten von der wahren Nordrichtung abweicht. Mit dem Sofa im Süden, dem Fernseher im Norden, der Bücherwand im Osten sowie dem Esstisch im Westen ließ ich Julia eine Reihe von Kompasskursen simulieren – Vorschul- bzw. Wohnzimmer-Navigation, erste Übung.

Doch vielleicht haben wir beide mit mechanischen Hilfsmitteln nur etwas nachgeahmt, was wir sozusagen als Körperwissen in uns tragen. Wie eine Untersuchung an der University of Auckland in Neuseeland kürzlich erbrachte, verfügen Regenbogenforellen über eingebaute Sensoren aus Magnetitzellen sowie Nerven, die diese Sensoren mit dem Gehirn verbinden. Ein Pawlow'sches System von Strafe und Belohnung brachte die Fische dazu, auf jedem beliebigen Kompasskurs zu schwimmen; für das Futterkörnchen gehe auf 195°.

Und neuerdings sollen (wie ich im BBC World Service hörte) Wissenschaftler dabei sein, Zugvögel zu sezieren, um ähnliche Magnetsensoren zu isolieren. Sie spekulieren darauf, dass auch Menschen mit solchen Navigationsgeräten geboren sein könnten – zumindest in verkümmerter Form. Falls ja, muss die klassische Beschreibung von Kolumbus als einem Mann mit eingepflanzter Kompassrose buchstäblich als wahr gelten.

Doch der externe Kompass – das Zauberding im Kasten – hat den Menschen aus seiner Umwelt herausgerissen. Der Kompasskurs ist eine Hypothese. Er hat eine Richtung, aber keine Ausdehnung. Man kann ihn nicht sehen oder fühlen (obwohl das einst vielleicht möglich war, wie es bei den Regenbogenforellen der Fall zu sein scheint). Man kann ihn nicht einmal steuern. Der Autopilot auf meinem Boot hinterlässt ein so gerades Kielwasser, wie ich es niemals hinbekäme, aber er hält «den Kurs» – so wie ich – nur, indem er ständig Fehler macht. Immer wenn das Schiff so weit von der eingestellten Richtung abweicht, dass der Autopilot den Fehler registriert, liefert die Maschine eine Steuerkorrektur, die den Bug auf die gegenüberliegende Seite des Sollkurses richtet. Das Ruder, mit einem Stropp am Motor des Autopiloten befestigt, dreht sich mal nach Backbord, mal nach Steuerbord, dann wieder nach Backbord und gibt dabei wie ein siecher Esel ein monotones *Hiii-Hoooo! Hiiii-Hooo!* von sich. In Wahrheit fährt das Schiff einen Zickzackkurs, dessen unzählige Abweichungen sich auf der Karte zum idealen Kurs vereinen. Ob ein Kompasskurs nun maschinell oder von Hand gesteuert wird, die Richtung ergibt sich immer indirekt durch Regelung.

Deshalb ignoriert der Rudergänger das Meer und vertraut stattdessen einer geometrischen Abstraktion, die keine fassbare Entsprechung in der Natur findet. Der Besitz eines Kompasses hat einen großen Schatz an ererbtem, instinktivem Wissen überflüssig und aus dem Meer selbst – zumindest bei schönem Wetter – ein Vakuum gemacht, einen leeren Raum, der anhand einer bezifferten geraden Linie, der Coxodrome, zu durchqueren ist.

Dieser kritische Moment in der Geschichte der Nautik wird allzu wenig hervorgehoben. Weil wir schon seit tausend Jahren mit dem Kompass arbeiten, haben wir den Blick dafür verloren, welche geistige Revolution er in Gang gesetzt hat. Die Gestalt des Rudergängers, der sein Augenmerk auf die schwingende Kompassrose richtet und dabei die Speichen des Rades hin und her wendet, um die vorgegebene Kurszahl auf der Vorausmarke des Kompasses zu halten, ist ein früher Avatar des modernen Menschen. Der Kompass hat ihn in eine Steuermaschine verwandelt. Er ist der direkte Ahnherr von Thomas MacWhirr, dem einfältigen, phantasielosen Sohn eines Krämers aus Ulster, der das Kommando über die *Nan-Shan* in Conrads *Taifun* hat.

MacWhirr (dessen Name eigentlich schon alles sagt) ist unterwegs nach Fu-Tschu, auf Nordostkurs durch das Südchinesische Meer. Er steuert sein Schiff direkt durch das Auge eines Orkans. Er muss einen Fahrplan einhalten, und zu ebendiesem Zweck besitzt er eine Dampfmaschine. Daher weigert er sich, vom Kurs 040 abzuweichen, der quer über die Karte zur Ansteuerung nach Fu-Tschu führt. MacWhirr ist zum blinden Befehlsempfänger des Kompasskurses mutiert. Wegen einer «Schlechtwetterecke» mag er nicht ein Jota davon abweichen. Jukes, der Erste Offizier, drängt darauf, das Schiff nach Osten auszurichten, um der gewaltigen Kreuzsee besser begegnen zu können, die das erste Anzeichen für den aufziehenden Taifun ist.

«Ostwärts?», sagte MacWhirr, während er sich aufzurappeln versuchte. «Das ist mehr als fünf Striche vom Kurs ab.»
«Ja, Sir. Fünfzig Grad … Würde das Vorschiff gerade weit genug herumbringen, um gerüstet zu sein für dieses …»

Kapitän MacWhirr saß jetzt aufrecht. Er hatte das Buch nicht fallen lassen, hatte die Stelle nicht verloren.
«Ostwärts?», wiederholte er mit dämmerndem Erstaunen ... «Ost ... ja wohin, glauben Sie, fahren wir denn? Sie wollen, dass ich mit einem Dampfschiff bei voller Maschinenkraft vier Strich vom Kurs abweiche, bloß damit ein Chinese es bequem hat! Nun, ich habe schon mehr als genug verrückte Dinge auf dieser Welt gehört – aber dies ... Wenn ich Sie nicht kennen würde, Jukes, dann hielte ich Sie für betrunken.»

MacWhirr ist Conrads Archetyp des neuzeitlichen, auf die Technik vertrauenden Seefahrers. Der Natur steht er fern, und dies tut er unbekümmert und unbedarft. Seine See ist eine stille Leere, seine Ängste besiegt er mit Kompass und Maschine. Die *Nan-Shan* – eine Eisenkonstruktion von einer großen Werft am River Clyde – umfährt den Globus in unbeirrbar geraden Linien, reduziert den Ozean auf ein neutrales Medium für die kommerziellen Unternehmungen von Männern, die so engstirnig und mechanisch wie MacWhirr selbst funktionieren. Der Wirbelsturm, den Conrad zusammenbraut, um den dummen Kapitän und seine Crew zu verschlingen, stellt nichts anderes dar als die Rache des Ozeans für die Hybris der Dampfturbine und die Bleistiftlinie auf der Seekarte.

An Bord der *Discovery* und der *Chatham* befanden sich die neuesten, von der Admiralität zugelassenen Kompasse, Quadranten, Chronometer, künstliche Horizonte (mit Quecksilber gefüllte Tabletts zum Einfangen der Spiegelbilder von Sonne, Mond und Sternen), Peilscheiben, Winkelmesser mit in Bein gravierten Skalen, Stechzirkel, Lineale – alle Instrumente, die man benötigte, um den Erdball auf ein zweidimensionales Netz aus sich schneidenden Linien zu reduzieren. Weiße Eindringlinge aus dem Zeitalter der Aufklärung platzten in eine indianische Welt primitiver, animistischer und sinnlicher Navigation. Auch wenn Marineschiffe und Zedernholz-Kanus im gleichen Wasser schwammen, segelten sie doch auf zwei verschiedenen Meeren. Weiße und Indianer bewohnten Parallelwelten, und für beide Seiten war das Verhalten der anderen ein stetiger Anlass zur Sorge.

Vom Achterdeck wie von Beiboot und Kutter aus wurden die Bewegungen dieser Kanus genau beobachtet und ins Logbuch eingetragen, obwohl sich niemand vorstellen konnte, was sie wohl vorhatten. «Immer wieder fahren Kanus vorbei», notierte Käpten Van, als die *Discovery* unweit eines großen Indianerdorfs vor Anker lag. Die Boote der Eingeborenen erschienen und verschwanden nach ebenso rätselhaften Mustern wie Gelbrandkäfer, fuhren aus unerfindlichen Gründen bis zu einem beliebigen Punkt in der Strommitte, wo sie eine halbe Stunde lang blieben, um dann in eine andere Richtung wegzupaddeln. Sie flitzten hin und her, wobei sie ohne jeden nachvollziehbaren Grund ständig den Kurs änderten. Von den Offizieren durch Fernrohre beobachtet, gaben diese insektenähnlichen Bewegungen oft Anlass zu höchster Alarmbereitschaft: Die Indianer bereiteten sich auf einen Angriff vor; sie waren einfach nur neugierig; sie angelten; sie besuchten ihre Nachbarn; sie hielten eine Art Picknick auf dem Wasser ab; sie planten einen Hinterhalt.

Dies alles bescherte den Vermessungsexpeditionen in den kleinen Booten viele schlaflose Nächte. Bewaffnete Posten stellten sich um die Zelte auf, um im Finstern nach Kanus Ausschau zu halten, und selten verging eine Stunde ohne das leise Geplätscher von Paddeln im Wasser, gedämpfte Stimmen, verdächtige Schatten. Peter Puget verbrachte die halbe Zeit damit, die Kanu-Insassen zu Freundschaft zu verführen, die andere Hälfte mit dem Versuch, sie zu verscheuchen. Aber so leicht konnte man den Indianern keine Angst einjagen. Als sie eines Abends am Ufer des heutigen Carr Inlet im Puget Sound kampierten, sorgte Puget sich wegen der Anwesenheit von zwei Kanus, die hundert Yards vom Strand entfernt bewegungslos im Wasser lagen.

Sie lungerten immer noch um die Boote herum, und da ich befürchtete, sie könnten für die Nacht Plünderungen planen, ließ ich Schüsse aus einer Muskete abfeuern. Doch sie ließen sich dadurch nicht einschüchtern oder abschrecken, sondern blieben an Ort und Stelle und riefen nur jedes Mal wie zum Hohn: «Peng!»

Viele Jahre später, als die weißen Siedler und Missionare als Passagiere in den Kanus der Indianer zu reisen begannen, waren sie erstaunt und höchst irritiert darüber, wie langsam und stockend es selbst auf einfachsten Fahrten voranging. Offenbar schafften es die Ureinwohner nicht, von A nach B zu gelangen, ohne unterwegs einen Abstecher nach L, P oder Y zu machen. Die Weißen, die sich das Meer als leeren Raum vorstellten, gingen davon aus, dass die Kanus, dem Kompasskurs entsprechend, vom Abfahrts- bis zum Zielort den kürzesten Weg nehmen würden. Es wollte ihnen nicht einleuchten, warum indianische Lotsen darauf beharrten, kostbare Zeit mit zahlreichen Fahrtunterbrechungen und Umwegen zu verplempern. Viele Siedler haben sich lang und breit über die vermeintliche Trägheit und den Aberglauben der Indianer ausgelassen – warum sonst sollte eine Fahrt von wenigen Meilen und in geschützten Gewässern generell zu einem Tagesausflug mit Pausen, Geplapper und unplanmäßigen Landgängen ausarten?

1852 baute sich der Bostoner James Swan eine Blockhütte an der Shoalwater Bay (heute Willapa Bay). Frisch von der Leber weg bekundete er seine Bewunderung für die Navigations- und Bootsbaukunst der Quinault-Indianer, bei denen er wohnte und denen er einen Einbaum von 46 Fuß Länge und sechs Fuß Breite abkaufte. «Die Kanus sind wunderschöne Beispiele dieser Schiffsarchitektur», schrieb er. «Die Boote, stets aus einem einzelnen langen Zedernstamm gefertigt, wären gewisslich der Stolz jedes weißen Handwerkers.» Doch selbst der langmütige Swan verlor irgendwann die Geduld mit dem Stop-and-go-Stil indianischer Navigation. Den typischen Tagesablauf in einem Kanu beschrieb er folgendermaßen:

> *Im Kanu packen alle Hände zu, und man möchte annehmen, dass die Reise schnell zu Ende geht, da das Boot gleichsam zu fliegen scheint. Dieses Tempo wird auf einer Strecke von hundert Knoten beibehalten, dann hören sie auf zu paddeln, und alle fangen an zu reden. Vielleicht hat einer etwas erspäht, was er den anderen schildern muss, während diese zuhören, oder einem kommt eine Anekdote oder lustige Begebenheit in den Sinn, die sich bei den besuchten Indianern zugetragen hat und nun mitgeteilt werden will, oder sie passieren einen bemerkenswerten Baum oder Fels, mit dem es eine besondere Bewandtnis hat und an denen die Alten nie vorbeikönnen, ohne den Jungen davon zu erzählen, die alle höchst respektvoll lauschen. Wenn die Geschichte zu Ende ist, sagt der Steuermann «Que-nuk, que-nuk, whid-tuck» (jetzt aber los!). Anschließend paddeln alle wieder ein paar Minuten lang wie besessen, und dann spielt sich die gleiche Szene von vorn ab.*

Es gab zahllose Abweichungen vom Kurs:

> *Ich bemerkte, dass die Indianer alle zum Strand statt geradewegs auf Gray's Harbor zuhielten. Ich fragte sie, warum sie an Land gingen, und erhielt als Antwort das unweigerliche «Klo-nas» oder «Weiß ich nicht»; eine Floskel, die genauso aussagekräftig ist und so häufig verwendet wird wie das mexikanische «Quien sabe».*

Swan verzichtete schließlich darauf, «die Indianer ständig zur Eile anzutreiben», da sie dies unnötig quäle, und suchte Trost in seiner Whiskeyflasche und seinem wasserdichten Zigarrenbeutel.

Myron Eells – der an Verstopfung leidende Methodisten-Missionar und humorlose Reisende, der lang und breit über die üblen Folgen des Tabakgenusses predigte – war ein häufiger Passagier in den Kanus seiner Skokomish-Gemeindemitglieder. Wenn Swan in den Reise-Unterbrechungen und Abstechern der Kanufahrer eine Passion für Tratsch und Geschichtenerzählen entdeckt haben wollte, unterstellte Eells ihnen ein Festhalten an heidnischen Gebräuchen. Wann immer seine Indianer das Kanu anhielten und untereinander redeten, glaubte er, dass sie «tamahnous» machten (Eells' Bezeichnung für das, was spätere Anthropologen meist als *tamánamis* umschreiben – abwechselnd «Geheimwissen», «besondere Macht» oder «Schutzgeist»). Ein Gegenwind zog unmittelbar einen Halt für «tamahnous» nach sich, ebenso eine steiler werdende See oder die Vorbeifahrt an einem Strudel, einer Stromschnelle, einem gefährlichem Felsen. Als der kurzsichtige Prediger wider die Torheit wetterte, an den heidnischen Sitten festzuhalten, machte dies keinen Eindruck auf die Indianer. Vielmehr versuchten sie jetzt, ihn zu belehren.

> Wasserungeheuer. *Sie glauben, dass es ein großes Wassertier gibt, das Kanus zum Kentern bringt und Menschen frisst, das man aber nicht töten kann. Wie ich bemerkt habe, vermuten sie dieses an Stellen, wo die Navigation für Kanus ungewöhnlich gefährlich ist, wie bei Point Wilson, nahe Port Townsend, wo die Stromkabbelungen sehr schlimm sind, und an einer Gefahrenzone in der Nähe von Duckaboos, am Hood Canal. Wenn ihre Kanus diese Stellen passieren, hat man mir oft befohlen, still zu sein und kein Wort zu sagen, aus Angst, das Ungeheuer zu wecken, und man erzählte mir auch, wie es dort ganze Kanus in die Tiefe gezogen habe.*

Myron Eells war kein Seemann. In einem Kanu musste er tun, wie ihm geheißen wurde. Der für seine moralinsauren Predigten berühmte Geistliche bekam einen Maulkorb verpasst und sah sich gezwungen, mit angehaltenem Atem stocksteif dazuhocken, um bloß nicht das Monster zu wecken.

Noch über fünfzig Jahre später erinnerten sich die alten Leute, die als Kinder mit in den Kanus gesessen hatten, deutlich an Reverend Eells. 1934 befragte William W. Elmendorf, ein Student der Anthropologie von der University of Washington, einen Skokomish-Ältesten namens Henry Allen, der von Eells als dem «grässlichen Mann» sprach.

> *Niemand mochte ihn. Er sammelte Klallam-Wörter bei einigen Klallam-Indianern, die damals hier zu Besuch waren. Ich musste für ihn dolmetschen. Da fragte er sie dann nach Begriffen wie Vater, Mutter, Haus, Hund usw. Und diese Menschen hielten nicht viel von Eells, darum nannten sie ihm alle möglichen schlimmen Wörter, die er sich in sein Buch schrieb. Dann versuchte er, einige dieser Wörter anzuwenden, und bildete sich ein, Indianisch zu sprechen. Die Leute mussten schwer an sich halten, um nicht in Gelächter auszubrechen.*

Am lustigsten fand Allen in seiner Erinnerung an Eells eine Episode, bei der der Pfarrer samt Weib und Kindern furchtbar seekrank wurde, als sie in einem Kanu die Juan de Fuca Strait von der Neah Bay nach Port Townsend fuhren:

> *Es wurde so rau, dass sich die ganze Familie des Geistlichen unter eine Decke hockte und dort übergab. Sie leerten eine volle Schüssel unter der Decke heraus.*

Von Übelkeit und Ängsten geplagt und fast immer ungehalten über den schleppenden und beschwerlichen Fortgang der Reise, waren die Weißen auf See keine besonders tüchtigen Beobachter. An Land dagegen machten sie zahlreiche Aufzeichnungen über fast alles, was die Indianer taten, vom Kochen bis zum Korbflechten. Sie beschrieben detailliert den Bau der Zedernkanus und die Fischereiausrüstung. Aber sobald die Kanus im Wasser lagen, befiel diese fleißigen Laienethnologen ein so heftiges Unwohlsein, dass die indianische Navigationskunst mit all ihren Raffinessen plötzlich aus ihrem Blickfeld schwand und sie nur noch über die mangelnde Bereitschaft der Eingeborenen jammern konnten, die offensichtliche Überlegenheit einer geraden Linie anzuerkennen.

Die meisten Berichte über Reisen aus dem 19. Jahrhundert erwähnen Streitigkeiten und schlechte Stimmung im Kanu. Manche Eskapaden sind unfreiwillig komisch – etwa wenn der belgische Missionar Pater Austin Brabant beschreibt, wie die Crew in der Einfahrt zum Clayoquot Sound an der Westküste von Vancouver Island angesichts des unerwartet schweren Seegangs zunächst versuchte, die Wogen zu glätten, indem die Männer sie mit der Flachseite ihrer Paddel schlugen. Anschließend wollten sie die Wellen anscheinend durch Nahrungsmittel besänftigen, die sie ins Wasser warfen. Ihr Priester las ihnen dafür gehörig die Leviten und schalt sie für ihren primitiven Aberglauben. Und Pater Brabant hatte sogar die Lösung parat: «Ich lege die Angelegenheit in die Hände des heiligen Lorenz», schrieb dieser Meister der himmlischen Magie. Das Kanu landete sicher, lief dabei aber auf ein Riff zerklüfteter Klippen. «Ich nannte den Ort St.-Lorenz-Riff», vermerkte Pater Brabant nicht ohne Entdeckerstolz. Die Lawrence Inlets (die wie eine Reihe zackiger, schwarzer Backenzähne anmuten) liegen auf der Nordseite des heutigen Brabant Channel.

Zwei Weltsichten prallten hier aufeinander, und die Dürftigkeit der von Europäern verfassten Berichte über diese Kanureisen spiegelt die Blindheit der Kolonisten gegenüber der See der Ureinwohner wider. Sie verstanden nicht und konnten vielleicht auch nicht verstehen, dass das Wasser für die Indianer ein bestimmter Ort, ihr Umland jedoch größtenteils nur undifferenzierter Raum war.

Die Weißen hatten eine große Spiegelwelt betreten, die ihre eigenen Prinzipien auf den Kopf stellte. Sie richteten ihr Augenmerk ausschließlich aufs Land: die natürlichen Häfen, das Holz, geeignete Stellen für Siedlungen und Ackerbau. Wohin sie auch reisten, ihre mentalen Kettensägen konnten einen Berg im Nu seiner Waldesdecke entkleiden (wie Vancouver es in seiner *Voyage* immer wieder tut) und dort zukünftige Hecken, Felder, Häuser, Kirchen erkennen. Im Meer sahen sie nur das Mittel zum eigentlichen Zweck: Land zu gewinnen.

Man ersetze im vorigen Absatz «Meer» durch «Land» und umgekehrt, und schon ist man nah dran an der Welt, die aus den Geschichten der Indianer aufsteigt, wo der Wald Gefahr, Dunkelheit, Exil, Einsamkeit und Selbstauslöschung repräsentiert, während das Meer und seine Ufer Sicherheit, Licht, Heimat, Gesellschaft und weiteres Überleben darstellen.

Die Zivilisation der Küstenindianer konzentrierte sich ganz auf den schmalen Küstenstrich zwischen Wasser und Wald. Ihre höchst stabilen Holzhäuser mit den gemalten Familienwappen auf der Vorderseite, flankiert von geschnitzten Totempfählen und -hauspfosten, hatten Meerblick, die Rückseite dagegen war dem verbotenen Land zugewandt. Der Wald barg entschieden mehr Gefahren als das Meer, denn seine Tücken waren viel weniger vorhersehbar und vermeidbar als die Mahlströme und Kraken der Tiefe. In den Wäldern lauerten Wölfe, Pumas und Grizzlybären. Das dicht belaubte obere Stockwerk des Waldes ließ die Sonne nicht durch, und Menschen verloren schnell die Orientierung, wenn sie sich gezwungen sahen, vor Astwerk und umgestürzten Bäumen kehrtzumachen oder durch mannshohe Dickichte aus Farn, Dornengestrüpp und Salal zu stapfen.

Am ehesten wagten sich Jagdgesellschaften in den Wald, da sie darauf vertrauten, gemeinsam stark zu sein, und die Heranwachsenden, die ihn auf ihrer rituellen Suche nach *sklakletuts* oder *tamánamis* betraten, um sich in fremder, unheimlicher Umgebung ihren Mut zu beweisen, so wie ihre europäischen Altersgenossen von zu Hause ausrissen oder zur See fuhren. Und hinter dem Wald erhoben sich die Berge aus schrundigem Fels, mit Eis bedeckt und Lebensraum des gefürchteten Donnervogels und anderer Fabelwesen, die für die brutalen Streiche berüchtigt waren, die sie den Menschen spielten. Je tiefer man in den Wald eindrang, desto näher kam man dem Nachtmahrreich grausamer übernatürlicher Mächte, die in den Winterzeremonien bei Feuerschein von maskierten Tänzern verkörpert wurden: dem gehörnten und knurrenden doppelköpfigen *sisiutl*, *kwekwe*, dem Erdbebenmacher, *bookwus*, dem Waldriesen, *hokhkw*, einem Vogelungeheuer. Diese Wesen waren echte Verwandlungskünstler und konnten – ganz bescheiden – Frosch- oder Ottergestalt annehmen, aber auch auf mächtigen Adlerschwingen durch die Lüfte schweben oder Menschen mit Bärenzähnen und -klauen zerfleischen. Sie alle gehörten der Unterwelt Furcht einflößender Phantasien an – einem Ort, den die Indianer bereitwillig in den tiefen Wald und auf die hohen Berge oberhalb der Baumgrenze verlegten.

Wenn man in Franz Boas' monumentaler Sammlung von Fabeln der Kathlamet, Kwakiutl, Salishan, Bella Bella liest, fällt auf, wie häufig die Begriffe «landeinwärts» und «seewärts» von den Geschichtenerzählern benutzt werden. Wenn Figuren «landeinwärts» gehen, signalisiert dies beinahe unweigerlich ein gefährliches Abenteuer in unbekanntem Gelände. «Seewärts» steht dagegen für Geborgenheit und sichere Heimkehr.

Ein sehr illustratives Beispiel für das Verhältnis zwischen Land und Meer bieten die einleitenden Sätze der Tlingit-Geschichte vom «Mann, der die Bären einlud», die Swanton 1904 aufzeichnete:

> *Ein Mann vom Raven-Stamm, welcher in einer sehr großen Siedlung lebte, hatte all seine Freunde verloren und grämte sich sehr, weil er allein übrig war. Er sann darüber nach, wie er den Ort verlassen könnte, ohne Mangel zu leiden. Zuerst dachte er daran wegzupaddeln, doch dann sagte er sich: «Wenn ich zu einem anderen Dorf fahre und die Menschen dort sehen, dass ich allein bin, meinen sie womöglich, dass ich aus meinem eigenen Dorf geflohen bin, weil man mich der Zaubererei bezichtigt oder weil ich sonst etwas Schändliches verbrochen habe.» Da er sich nicht selbst das Leben nehmen wollte, beschloss er, in den Wald zu gehen.*
> *Während seiner Wanderung durch den Wald kam ihm der Gedanke, die Bären aufzusuchen, um sich von ihnen töten zu lassen …*

Auf dem Meer hätte dieser Außenseiter nicht die gewünschte Einsamkeit gefunden. Sein Kanu wäre aufgefallen, seine Anwesenheit hätte Anlass zu Gerede gegeben. Für ihn bedeutete das Meer nicht die Leere und anonyme Zuflucht wie in der Kultur der Weißen. Er konnte ebenso wenig auf das Meer hinaus fliehen wie ich in mein Einkaufszentrum in der Vorstadt. Er musste ins Binnenland, ins alles verhüllende Dunkel des Waldes, um Trost oder den Tod durch eigene Hand zu finden.

Das Meer war den Kanu-Indianern Arbeits-, Markt- und Tummelplatz. Dort wurden Ehen zwischen den Stämmen beschlossen, dort traf man Freunde und trieb Handel. Es war die Türschwelle des

Hauses, auf der man Gäste in aller Form willkommen hieß, wie die Nootka-Indianer Kapitän Cook bei der Einfahrt in den Nootka Sound willkommen hießen, aufrecht in ihren Kanus stehend, während sie Federn und roten Ocker ins Meer streuten, Begrüßungsworte und dann Musik darboten. «Nachdem die geräuschvolle Rhetorik geendet hatte», schrieb Cook, «sang einer von ihnen eine sehr gefällige Weise, so weich und melodisch, wie wir es nicht erwartet hätten.» Hier, an der ungeschützten Küste, wo die unentwegte westliche Dünung vor dem seichten Grund am Eingang des Sundes zu Besorgnis erregenden Wellen anwächst, muss man wohl schon Nootka sein, um aufrecht in einem Kanu stehen, Reden schwingen und Lieder singen zu können, ohne dabei umzukippen.

Das Meer war für die Indianer ein ständiger Aufenthaltsort, wo sie sich trafen und Neuigkeiten austauschten. Zwar beherbergte es in seinen Tiefen Komogwa und andere gefährliche Geschöpfe, die ebenso unberechenbar waren wie jene des tiefen Waldes, doch seine Oberfläche bot den Menschen eine breite, öffentliche Arena, in der sich der größte Teil ihres Alltagslebens abspielte. George Vancouver, dem das scheinbar erratische Auftauchen und Verschwinden der Kanus samt ihren vertrackten Zickzackkursen solche Kopfschmerzen bereitete, hätte sich nur an seinen Geburtsort King's Lynn zu erinnern brauchen, wo der sonnabendliche Markt im langen Schatten der St.-Margaret-Kirche immer nach demselben Muster ablief: ein ständiges Kommen und Gehen und Hin-und-her-Schlendern von Passanten, wie es auch anderswo üblich ist. Diese Indianer bewegten sich auf See genauso wie Weiße auf dem trockenen Land – nur dass die Weißen diese grundlegende Umkehrung von Land und Meer, Ort und Raum nicht verstanden.

Als der deutsche Geograph Aurel Krause 1881 an einem Forschungsbericht für die Geographische Gesellschaft in Bremen arbeitete, nahm er sich Urlaub, um zu forschen und eine anthropologische Monographie über den Stamm der Tlingit zu schreiben. Mit schulmeisterlicher Strenge zog er über den dürftigen Intellekt seiner Versuchspersonen vom Leder. «Ihr Begriffsvermögen ist beschränkt. Die Geschichten vom Ursprung der Dinge sind voller lebhafter Phantasie, doch es mangelt ihnen an Verstand, und vom Universum begreifen sie kaum etwas.» Krause belegte sein harsches Urteil mit dem angeblich unzulänglichen geographischen Verständnis der Indianer:

> *Obwohl der Tlingit inmitten der Natur lebe, beschränke sich seine Kenntnis derselben auf das Lebensnotwendige. Er kenne jede Bucht, in der man fischen oder ein Kanu auf den Strand ziehen kann … und für diese habe er auch Namen, aber von den Berggipfeln selbst, obwohl sie durch ihre Form oder Größe herausragten, nehme er er kaum Notiz.*

Diese unwissentlich enthüllende Beobachtung lässt vermuten, dass die Berge in der Kosmologie der Tlingit etwa denselben Stellenwert einnahmen wie der Ozean in der Kosmologie von Europäern wie Aurel Krause. Sie repräsentierten den formlosen und ursprünglichen Fluss, «jenen Zustand barbarischer Vagheit und Unordnung, aus dem sich die Zivilisation entwickelte und in den sie, falls sie nicht durch die Anstrengung von Göttern und Menschen davor bewahrt wird, immer wieder zurückzufallen droht», wie W. H. Auden vom Ozean schrieb. Berge waren für Menschen höchst ungastliche Orte. Der schreckliche Donnervogel, die Inkarnation des Chaos, hatte dort seinen Horst. Die unzähligen Gipfel der Gebirgsketten waren unbenennbar oder nicht nennenswert. Doch für das Meer hatten die Tlingit tausend Namen.

Der Thatcher Pass war wie ein Loch in einer Wand aus Inseln. Das Boot schlüpfte hindurch und gelangte in ein fast gänzlich landumschlossenes Wasserbecken, spiegelglatt und silbrig glänzend im diffusen Licht des Morgennebels. Auf einem Felssockel an der Südwestspitze von Blakeley Island verharrte ein hochbeiniges Reh so reglos, als wollte es den malerischen Effekt unterstreichen. Neun von zehn der San Juan Islands liegen in der Gegend verstreut. Die kleineren balancieren wie Kuchenkrümel auf ihren Spiegelbildern im Wasser, während die größeren – Blakeley, Lopez, Orcas, Decatur – ihre tintige, immergrüne Farbe auf die See zu ihren Füßen überschwappen lassen.

Während ich unter Motor zwischen den San Juans durchfuhr, hatte ich das Gefühl, mich unhöflicherweise in eine bemalte Leinwand einzuschleichen. Auch wenn es sich nicht gerade um ein Aquarell voller Lichteffekte à la Martin Johnson Heade oder George Caleb Bingham handelte, sondern um das Werk eines späteren und sentimentaleren Künstlers, der es gern ästhetischer und harmonischer hatte – mit dem spiegelglatten Wasser, den Felsen und Tannen und der Aussicht auf ferne schneebedeckte Höhen war dies ein echter Bob Ross.

Ich hatte ihn an einem Sonntagnachmittag auf Channel 9 malen sehen. Er brauchte pro Leinwand 25 Minuten. In seiner PBS-Sendereihe «Spaß am Malen», deren Name die Kunst so nett auf dieselbe Schiene wie andere *Spaß am ...*-Beschäftigungen – etwa Kochen oder Sex – schiebt, führte Ross vor, wie man aus unberührter amerikanischer Naturkulisse Gemälde zaubert, die sich gut auf den Wänden jedes besseren Chinarestaurants machen würden. Die Sendereihe wandte sich in erster Linie an ältere Zuschauer ohne große Erfahrung mit Farbe und Pinsel, und die Titel, die Ross seinen Werken vorzugsweise gab – Gelassenheit, Abgeschiedenheit, Goldener Oktober, Zuflucht, Lauschiges Plätzchen, Schlupfwinkel, Ruhe, Herbst, Winter –, waren allesamt treffende Beschreibungen für den Ruhestand.

An dem bewussten Sonntag trug Ross jedenfalls Berge in Preußischblau auf und umkränzte sie mit titaniumweißem Nebel, wobei er die ganze Zeit leutselig vor sich hin plauderte. «Ist das nicht herrlich … ist das nicht entzückend? Gucken Sie sich mal diesen Höhenzug an – sieht ganz so aus, als ob Gott wirklich einen guten Tag hatte, als er ihn erschuf.» Sein leichter Südstaatenakzent, übertrieben weich und gedehnt, war wie eine anständige Dosis Valium für die Ohren. Ross, Mitte fünfzig und mit einem dichten Dornwald aus Bart- und Kopfhaar gesegnet, die ein begnadeter Formbaum-Künstler zur perfekten Kugel zurechtgestutzt hatte, wirkte wie ein lieber, tüchtiger Sohn oder Schwiegersohn, der nie seinen Sonntagsbesuch im Altersheim versäumt. Auf einer Palette mixte er einen Cocktail aus Mitternachtsschwarz, Alizarinrot und Satingrün zusammen, um dann ein niedriges Vorgebirge samt Tannenforst hinzuzaubern, das sich auf der rechten Seite des Bildes bis ins Wasser erstreckte. Seine Bäume, schlank und rank in Reih und Glied, waren weniger als zwanzig Jahre alt und wurden von den Schleppercrews, die das Holz auf der Inside Passage auf- und niederflößten, spöttisch «Besenstiele» genannt.

Ich schipperte um das Vorgebirge, immer ein Auge auf die Spiegelbilder gerichtet, die ich warf. Die Bäume im Vordergrund, heller und detailreicher als der Rest, schimmerten saftgrün und ockergelb. Felsbrocken durchbrachen die Wasseroberfläche entlang der Küstenlinie, als hätte sie Bob Ross mit einem Spachtel voller Van-Dyke-Braun in Maurerart dorthin geklatscht.

«Vergessen Sie nicht», hatte er erklärt, «dass die Leinwand Ihre eigene Welt ist. Sie können damit machen, was Sie wollen. Lassen Sie Ihrer Phantasie freien Lauf.»

Er schichtete Treibholz am Strand auf, indem er den Pinsel leicht an der Wasserkante entlangtackerte. «Mit einem einzigen Pinselstrich können Sie all diese hübschen Sächelchen machen.» Für die

Lichteffekte gab er ein, zwei Tupfer Weiß dazu – und fertig! «Was für eine herrliche Szene!» Künstler und Zuschauer beäugten gemeinsam das Werk in Vollendung: mehrere hundert Quadratmeilen traumhafter Landschaft für Ruhestand oder Urlaub. Hier war eine Pazifikküste, eine kastrierte, ihrer Krallen beraubte Natur, die weder drohen noch überraschen konnte. Bob Ross zeigte mit seinem Pinsel auf die Stelle, wo der nur noch dekorative Wald an die auf eine Spiegelfunktion reduzierte See stieß. «Genau da würde ich *meine* Blockhütte hinstellen.»

Mitten in dieser atemberaubenden Kulisse zündete ich mir eine Marlboro an und schmiss dann den Motor an, dessen Dröhnen die Stille zerriss. Das Boot pflügte mitten durch den Spiegel, vorbei an Upright Head und in den Harney Channel. Anders als im Fernsehen war dieses Bild allerdings keineswegs menschenleer. Wenn man zum Ufer mit seinen Wäldern in Ocker, Grün und Siena sah, konnte man die auf Stelzen gebauten Immobilien in Uferlage erkennen, die wie zugewachsene Baumhäuser mit ihren riesigen, aussichtshungrigen Fenstern hoch über dem Strand hockten und ihren Wagenpark diskret in efeuverkleideten Blockhütten-Garagen versteckten. Millionen-Dollar-Wochenendhäuser und Wohnsitze eines vergoldeten Lebensabends lugten verstohlen durch die Zweige und taten ihr Bestes, um sich in dem allgemeinen Dickicht aus Douglastannen, fiedrigen Zypressen und schraubenförmig verdrehten Erdbeerbaumstämmen zu tarnen. Die einheimischen Wälder waren wie mit Pinsel und Spachtel hingekünstelt und aufgeputzt worden, um die Aussicht zu verschleiern oder zu verschönern.

Die Uferlagen-Immobilien auf den San Juans hatten allerdings alle einen Haken: Sie boten überwiegend Aussicht auf viele andere Grundstücke in ebensolcher Lage. Da das Thema des Bildes aber – wie die Ross'schen Titel es so schön ausdrückten – Waldesruh, Majestätische Berge, Einsame Seen und Abendstille lautete, mussten die Eigentümer ihre Domizile tarnen, um die Illusion nicht zu zerstören. Die wenigen modernistischen Ausnahmen wirkten dabei wie Parias.

Weiter hinter der kostbaren Uferlage, wo die Grundstückspreise sich dem unteren Bereich der sechsstelligen Summen annäherten, war Kunstgewerbe angesagt: Schmuckdesigner, Töpfer, Kunstmaler, Quiltmacher, Holzschnitzer und Weber meist weiblichen Geschlechts stellten Windspiele, Traumfänger, Wetterhähne und Muschelkästchen her, schmiedeten Verse, schrieben Stücke und nähten kleine, bestickte Duftsäckchen mit selbst getrocknetem Potpourri. Die Andenkenläden von Friday Harbor waren voll gestopft mit den Werken ortsansässiger Künstler, darunter auch etlicher Bob-Ross-Jünger.

Die Inseln – einst bekannt für den Schweinekrieg gegen die Briten Anno 1859, dem lediglich das Schwein zum Opfer fiel – hatten es erst kürzlich auf die Titelseite der *New York Times* gebracht: als Schauplatz des PWC-Kriegs, eines größeren Geplänkels in den Annalen des zeitgeistigen US-Klassenkampfes. Stein des Anstoßes war der Jetski-Verleih in Friday Harbor. Er rief eine empörte Allianz aus Uferlagen-Anliegern und Kunstgewerblern auf den Plan. Die protestierte nun lautstark gegen die angeblich gefährlichen, Lärm verursachenden «personal watercraft» oder PWCs (so die amtliche Bezeichnung dieser «Wasser-Schneemobile»), die mit der Stille und unberührten Natur der Insel-Umwelt unvereinbar seien. Der wohlinszenierte Klagechor veranlasste die regionale Gerichtsbarkeit zu einer einstweiligen Verfügung, die jegliche Nutzung privater Wasserfahrzeuge auf den San Juans untersagte. Dann brach der Sturm los.

Die Maßnahme wurde prompt als Angriff der Mittel- auf die Unterschicht und deren Geschmack und Kultur aufgefasst, für die der Jetski hier als die Spitze des Eisbergs symbolisch herhalten musste.

In Wahrheit dürfte es den Anwohnern um einen vorbeugenden Rundumschlag gegen Basecaps auf den Köpfen unbedarfter Sixpack-Konsumenten, um Hot-Dog-Buden, bonbonfarbene Pick-ups mit Jumboreifen, Zigarettenqualm, Getränkedosen, Ghettoblaster, präfeministische Körperkunst, MTV, Nasenringe und Crack-Ampullen gegangen sein. Der Jetski-Unternehmer brachte einen falschen Menschenschlag ins Bild und verdarb so dessen Komposition. Wenn man allen jungen Prolls gestatten würde, die Inselgewässer mit dem PWC zu durchpflügen, wäre das hübsche Kunstgebilde der San Juans bald bis zur Unkenntlichkeit verschandelt. Das Verbot brach eine Lanze für die Hierarchie und das ästhetische Empfinden in der Gesellschaft und wurde daher mit einiger Empörung als elitär und nicht verfassungskonform abgelehnt.

Während ich an den direkt Betroffenen vorbeifuhr, legten diese gerade Berufung beim Obersten Gerichtshof des Bundesstaates ein. Zähneknirschend musste ich zugeben, dass die Klagesteller (mit Unterstützung der Jetski-Hersteller) wahrscheinlich genügend natürliche Gerechtigkeit auf ihrer Seite hatten, war aber den PWCs selbst nicht grün und drückte deshalb den Anwohnern die Daumen.

An jenem Morgen fuhr ich das einzige private Boot. Eine Autofähre, zu groß für den Inselbetrieb, hangelte sich von Dock zu Dock wie ein weißes Nilpferd im Goldfischteich. In den geschützten Buchten schwojten ein paar unvermietete Segel- und Motorboote bei ihren Vertäuungsbojen. Viele der am Wasser gelegenen Häuser wirkten noch wie für den Winter verrammelt; die Rasenflächen begannen zu verwildern, hinter den dunklen Fenstern spielte sich nichts ab. Jetzt, außerhalb der Saison, war das Bild, das die San Juans boten, über jede Kritik erhaben. Ein Weißkopf-Seeadler stieß herab und zog seine Spiralkreise auf einem thermischen Aufwind. Aus der Tiefe tauchten schnurrbärtige, neugierige Robbengesichter auf, und

Tümmler drehten sich wie Zahnräder. Ich steuerte zwischen Bäumen durch, um Felsen herum, an tannenbewachsenen Eilanden vorbei: ein Tourist, höchst empfänglich für das Miniatur-Badeortidyll.

Der Charme der San Juans dürfte Käpten Van verborgen geblieben sein. Als er in der Ferne «Inseln unterschiedlicher Größe» sichtete, schickte er Leutnant Broughton aus, um sie mit der *Chatham* zu vermessen. Und Broughtons Bericht nach fünf Tagen Aufenthalt zeugte von müder Resignation: gefährliche unterseeische Felsen, schlechte Ankerplätze, kein Wind, Fischen zwecklos (jeden Nachmittag warf die Mannschaft ein Netz aus und holte es leer wieder ein), schwere überbrechende Seen, schnelle und überraschende Tiden. Broughton verlor ein Tiefenlot und zwanzig Faden Leine in einem Felsspalt, was seine Laune nicht gerade verbesserte. Die größeren Inseln waren «reichlich bewaldet», doch das bedeutete noch längst keine Empfehlung, wo es doch augenscheinlich überall Holz in Hülle und Fülle gab. Selbst die Indianer schienen die Gegend zu meiden: Während der Kreuzfahrt begegnete Broughton mit seinen Männern nur sechs Eingeborenen in zwei Kanus. Sie tauschten mit ihnen Perlen und Glöckchen gegen Wild und nahmen ein lebendes Rehkitz an Bord. Danach umfuhr Vancouver die Inseln im weiten Bogen.

Zweihundert Jahre später hätte Käpten Van verwundert feststellen können, dass die San Juan Islands seinem klassischen Landschaftsideal näher kamen als jedes andere Fleckchen auf dem 2000 Meilen langen Küstenstrich, den er während seiner Forschungsreise kartographierte. Im ausgehenden 20. Jahrhundert gab es hier ein nordamerikanisches Gegenstück zu Popes Windsor Forest, üppig bestückt mit Hainen und lichtgesprenkelten Schattenplätzen. «Trotz allen Unterschieds herrscht schönste Harmonie»: Schatten und Spiegelung, Fels und Baum, Robbe und Tümmler.

Wer sich darüber mokiert, wie zahm die Natur sich hier zeigt, hat nicht begriffen, was der springende Punkt dabei ist: Die San Juans wollen ja ein Kunstwerk sein, ein Lustgarten, ein Pastorale, ein klug konzipiertes Elysium. Popes poetisches Vokabular passt übrigens hervorragend dazu. Grüne Inseln, auf deren Rasenflächen und Lichtungen verstreut die schlanken Bäume stehen, schmücken ein Meer, dessen Wellen in violetten Gewändern gehen.

Doch sicher gleitet nun das bunte Boot dahin –
Die Sonnenstrahlen zittern auf den Fluten
–
Und Wellen plätschern, wo Zephire spielen –

Sonnenstrahlen waren Mangelware, aber sonst gab es alles. Als ich zum Pole Pass kam, einer fünfzig Fuß schmalen Durchfahrt zwischen großen bemoosten Steinen mit überhängenden Tannen und Erlen – eher Grotte als schiffbarer Kanal –, sah ich ein Aussichtstürmchen auf einem algengegürteten Felsen und gleich darauf eine Pan-Statue aus alabasterweißem Zementguss inmitten einer künstlich geschaffenen Lichtung. Dies war die nordwestliche Pazifikküste, wie Vancouver sie sich im ersten Überschwang auf der *Discovery* erträumt hatte. Hier hätte er in der Tat seinen Lebensabend genießen können: ein cholerischer alter Kapitän, der sich die Zeit mit Briefen und Petitionen vertrieb und sein Fernrohr auf die bizarren Exzesse der modernen Welt richtete, die derart provozierend an seinem Fenster vorbeischwammen. PWCs mit wütendem Protest zu bekämpfen hätte ihm vielleicht das Leben verlängern können (er starb mit vierzig).

Der einzige Haken daran ist, dass sich kein Kapitän mit halbierten Bezügen auf den San Juans ein Anwesen in Uferlage leisten könnte. Käpten Van wäre längst nicht mehr reich genug für das Land, das er entdeckt hat.

Farbgeruch und andere Ölschinken-Phantasien verflüchtigten sich im Spieden Channel, wo die brisenbeschleunigten Wellen hart gegen das Boot schlugen. Aus den San Juans herauszukommen war viel schwerer, als hineinzufahren. Ich kroch buchstäblich über Grund und musste mir gegen die einlaufende See meinen Weg erzwingen. Vor mir zeichneten sich die Gulf Islands, die kanadische Fortsetzung der San Juans, wie dunkle Schatten einer aufziehenden Sturmfront gegen die lange, meerumspülte Bergkette von Vancouver Island ab. Die Grenze verlief von Norden nach Süden, mitten durch die Haro Strait. Um zum Zoll bei Sidney auf Vancouver Island zu gelangen, musste ich wie eine Krabbe quer über den Verlauf des Tidestroms in der Haro Strait kriechen. Um dabei einen Kurs über Grund von einem Strich von West zu Nord gutzumachen, steuerte ich das Boot Südwest. Die Riffbojen vor Gooch Island und South Cod Reef glitten in Schräglage an mir vorbei wie schwimmende Inseln, die konstant eine Geschwindigkeit von etwa drei Knoten gegen eine ruhende See einzuhalten schienen.

Nur fünf Meilen breit, aber über hundert Faden tief, war die Haro Strait ein mächtiger Salzwasserstrom. Sie führte dem 2000-Quadratmeilen-Becken der Strait of Georgia Wasser zu und ließ es abfließen und bildete außerdem die Grenze zwischen zwei Nationen. Das Wasser der Haro Strait floss mit beinahe pompöser Trägheit dahin; seine Oberfläche war vom Druck der schnellen Strömung kaum gezeichnet. Man musste unentwegt das Land beobachten und ständig auf der Hut sein, um nicht von der Strömung weggefegt zu werden.

Als der Garmin den Meridian von 123° 15' W anzeigte, lief das Boot in kanadische Gewässer ein. Diese Grenze war viel unauffälliger als die des Rio Grande oder des Ärmelkanals, und doch markierte die blasse Linie auf der Seekarte eine kulturelle Kluft, die durch ihre Dezenz und Ambivalenz nur an Tiefe zunahm.

Und durch den Feldstecher betrachtet wirkte Kanada tatsächlich wie ein anderes Land. Die Gulf Islands wirkten zerklüfteter und wilder als ihre amerikanischen Schwestern. Sie litten an traumatischem Haarausfall, unregelmäßigen kahlen Stellen in ihren Tannenpelzen. Hier lugten die Meeresblick-Lagen nicht verstohlen zwischen Säumen aus zurechtgestutztem Grün hervor, sondern glotzten frech aus Schneisen im Hang oder gleich von nackten Felsen. Ich konnte die Umrisse von Gemüsegärten erkennen, mit Reihen von Alufolienstreifen, die traditionelle Vogelscheuchen ersetzen, Schaukeln und Rutschen von Toys R Us, hingekleckst in Klatschmohnrot und Forsythiengelb, die blinkenden Scheiben eines Treibhauses, auf einem Rasen auch den erdbraunen Halbmond vor einer Hundehütte. Hier wurden die Konsequenzen von Kaufkraft beziehungsweise Käuflichkeit wieder einmal augenfällig: In Kanada waren Grundstücke am Wasser im Besitz der Krone und somit frei zugänglich, was dieser Wohnlage einiges von ihrer Exklusivität nahm und die Ufergartengestaltung eher auf Zweckmäßigkeit reduzierte. In Kanada sind die Einkommen generell niedriger und die Steuern höher als in den USA. Viele Gulf-Insulaner waren pensionierte Staatsdiener, Käpten-Van-Figuren, die sich mit festen Rentenbezügen über Wasser hielten. Sie wohnten in schlichten Holzhäusern, nicht in Millionen Dollar teuren Altersruhesitzen.

Fast die gesamte Grenze zwischen Kanada und seinem dicken, leichtlebigen Nachbarland besteht aus einem Maschendrahtzaun, der ab und zu durch Straßensperren unterbrochen ist. Spricht man auf beiden Seiten einer Grenze dieselbe Sprache, so spiegelt eine Straßensperre die nationalen Unterschiede, gerade wenn sie intensiv empfunden werden, höchst unangemessen wider. Die Festlegung der Grenze entlang dem 49. Breitengrad, quer über die Westhälfte des Subkontinents von den Großen Seen bis zur Strait of Georgia, missachtet die Topographie von Bergketten und Flusstälern, die die Trennung von Kanada und den Vereinigten Staaten auf einleuchtende Weise hätte sichtbar machen können.

Aber es gibt eben auch diese Kurve durchs Meer – eine anmutige Arabeske, die genau wie die Ebbe zwischen den San Juans und den Gulf Islands verläuft, nach Osten schwingt und dann wieder nach Westen, durch die Juan de Fuca Strait. Dies ist eine Grenze, bei der Natur und Politik sich ausnahmsweise einmal die Waage halten. Von hier aus könnten Kanadier nach Amerika hinüberschauen, über eine Wasserstraße, welche der metaphysischen Kluft von Geschichte, Geschmack und Gefühl entspricht, die nach Ansicht all meiner kanadischen Bekannten beide Länder voneinander trennt. Immer wenn ich nach drüben kam, erlebte ich diese Kluft als bange Frage: *Fällt euch denn nicht auf, wie anders wir sind? Merkt ihr denn nichts?* Oft merkte ich zu wenig, nahm Kanadas Andersartigkeit nicht gebührend zur Kenntnis. Es scheint das Schicksal dieses Landes zu sein, sich die USA vergeblich woandershin zu wünschen, hinter ein Stück leeren Raum, einen Cordon sanitaire. Kanada will und braucht die Abschottung durch das Meer, und hier, über eine Strecke von 130 Seemeilen, liegt Amerika gottlob jenseits des Meeres. An manchen Tagen, wenn die atmosphärischen Bedingungen besonders günstig sind, wird jenes ordinäre, selbstherrliche Reich sogar völlig unsichtbar.

Vor Sidney legte ich am verlassenen Zolldock an und meldete meine Ankunft über das Service-Telefon, das an einem Pfosten hing. Das Mundstück trug noch den schalen Geruch nach zollpflichtigen Artikeln – die würzige Duftnote eines Zigarrenrauchers, das Parfüm einer Frau, einen Hauch von Whiskey. Es waren Wochenendgerüche, zwei oder drei Tage alt. Ich gab meine Weinkellerbestände an – elf Flaschen – und erhielt Order, an Bord zu warten; ein Beamter würde in Kürze bei mir eintreffen.

Auf dieser Seite des Yachthafens gab es weder Boote noch Menschen. Das Dutzend nackter Pontons, für die im Sommer einfallenden Horden gedacht, erstreckte sich quer über den Hafen wie riesige, gebleichte Fischskelette. Zwei Liegeplätze weiter stand ein blauer Häher am Ende einer Helling. Sein Ziehharmonika-Hals faltete sich auf seinen Schultern, ein Rinnsal aus wässerig-grünem Guano tröpfelte vom Schwanz auf den weißen Beton. Er verströmte eine Aura nachsichtiger Langeweile, die mich ansteckte: Ich würde also den Tag zwischen den Inseln beschließen und nicht in Sidney festsitzen, während ich auf den Zoll wartete. Ich machte mir ein Käsebrot, setzte mich ins Cockpit und kaute nervös. Zwanzig Minuten vergingen. Ein Otter schwamm laut platschend und ohne jede Scheu zwischen den Pontons herum; die Leckerbissen der Fischer hatten ihn gezähmt. Ich warf ihm die Reste vom Sandwich hin, doch der Bursche änderte den Kurs und verschmähte meinen amerikanischen Cheddar. Der Häher starrte mit illusionslosem Knopfaugen-Blick weiter aufs Wasser. Die Flut kam zurück. Ich leistete dem Vogel bei seiner eintönigen Wache Gesellschaft und betrachtete die Ebbe, die Ketten aus fingergroßen Wirbeln zog, kleine Turbulenzkegel, während sie an den geteerten Dalben vorbeifloss.

«Penelope?»

«Ja?» Ich hasste es, auf den Namen meines Bootes zu reagieren, den ich in diesem Bericht hatte unterschlagen wollen.

Zwei Beamte, ein Mann und eine Frau, die beide zu jung für ihre blauen Serge-Uniformen und schwarzen Diplomatenköfferchen aussahen, hievten sich wichtigtuerisch an den Wanten aufs Schiff und kamen nach achtern zu mir ins Cockpit.

«Verrrzeihen Sie, dass Sie warrrten mussten. Wirrr hatten im Flughafen zu tun.» Der schottische Akzent war nicht zu überhören. In Kanada wirkt die Vergangenheit länger nach als in den USA, und die

Einwohner von British Columbia sprechen immer noch in dem singenden Tonfall ihrer Vorfahren, der sich seit dem 19. Jahrhundert, als sie aus den schottischen Lowlands – Stirling, Falkirk, Motherwell und Kilmarnock – hierher kamen, kaum verändert hat.

Ich rollte den Teppich im Salon auf, zog ein Fußbodenbrett hoch und zeigte meine bescheidenen Weinvorräte vor.

«Wir machen eine Routinekontrolle», erklärte der Beamte, dessen Gesicht vor Pflichteifer glühte. Dies war Kanada bei der Wahrnehmung seiner Hoheitsrechte auf dem Meer. Die Amerikaner zeigten sich beinahe sträflich nachlässig, wenn es um kleine Boote ging, die in die USA einliefen, doch auf meinen Reisen nach Kanada war ich schon mehrmals durchsucht und verhört worden. Entweder stand ich auf irgendeiner amtlichen Top-Ten-Fahndungsliste, oder die kanadischen Behörden setzen alles daran, den Amerikanern einzuhämmern, dass sie sich hier tatsächlich im Ausland befanden.

«Sind Sie die einzige Person an Bord?»

«Ja.» Mit den beiden war nicht zu spaßen.

Mein Akzent und mein britischer Pass zählten nicht. Ich steuerte ein Fahrzeug, das in den USA angemeldet war – ein kleines schwimmendes Amerika, eine Arche, einen Kurier aus Schlaraffenland. Mit den Augen dieser Grenzwächter sah ich das Boot unter der Last von frei erhältlichen Feuerwaffen, billigem Alkohol, Tabak und Porno-Videos – kurz gesagt der ganzen Verderben bringenden Fracht amerikanischer Kultur – tief im Wasser liegen.

«Soll ich Ihnen zeigen, wo alles ist?»

«Nein. Wir finden uns schon zurecht.»

Aus dem Cockpit heraus beobachtete ich sie bei der Arbeit: ein Paar junger Proktologen mit Gummihandschuhen, die im Analbereich des Bootes herumstocherten und -tasteten. Sie kletterte auf das Doppelbett vorn und durchwühlte ein Spind mit Socken und Hosen.

Er nahm irgendetwas am Bug auseinander. Sie hoben Fußbodendielen hoch, rammten die Arme bis zur Schulter in jeden Spalt, leuchteten mit Taschenlampen in alle dunklen Winkel meines Lebens.

Ich hatte keine Schmuggelware dabei, hatte meine wenigen zollpflichtigen Waren deklariert, und dennoch wurde mir angst und bange. Irgendetwas musste ich auf dem Kerbholz haben, so viel stand fest, und diese klinischen Ermittler würden mich bestimmt überführen.

Sie kamen in den Salon zurück. Die Frau zog eine Reihe meiner eigenen Taschenbücher aus dem Regal und legte sie auf einen Haufen. Einen Augenblick lang dachte ich, sie würde sagen: «Ach, Sie sind der Autor!», und alles wäre in Butter. Doch sie interessierte sich nur für das, was hinter den Büchern lag, für den unerlaubten Subtext, und dort, fürchtete ich, würde sie vielleicht sogar etwas finden. Während sie den Hohlraum nach der verbotenen 9-mm-Halbautomatik oder den geschmuggelten Zigarettenstangen abtastete, war mir zumute, als würden ihre Finger in meiner Bauchhöhle herumwühlen.

Ich begann, über längst vergessene Gesetzesübertretungen nachzugrübeln. In einer Sommernacht ... als ich das phosphoreszierende Wasser mit einem Ruder umrührte und dabei schaufelweise wimmelnde, grün leuchtende *Noctilucae* heraufholte. Wir hatten Joints geraucht. Wo waren die Kippen geblieben? Und noch wichtiger, was war aus dem grasgefüllten kleinen Gefrierbeutel mit dem Reißverschluss geworden?

Aber nein, das war doch bestimmt in der Mündung des Orwell gewesen ... bei Pin Mill, also im fernen England. Jedenfalls nicht auf diesem Boot. Nicht in diesem Jahrzehnt. Das meeresleuchtende Plankton, vor einer Sekunde noch beängstigend hell, erlosch urplötzlich vor meinem geistigen Auge.

Seit 25 Jahren werde ich von einem immer wiederkehrenden

Traum heimgesucht. Ich bin der Besitzer oder Mieter eines Zimmerlabyrinths in einer Stadt, die meistens London zu sein scheint. Es ist eine seltsame Wohnung, wo die Grenze zwischen meinem Eigentum und dem meiner unmittelbaren Nachbarn verschwimmt, aber diese Leute besetzen mindestens ein Zimmer, das von Rechts wegen mir gehört. Und irgendwo in diesem staubigen Niemandsland, in einem Schrank oder unter den Fußbodenbrettern, liegt eine verweste Leiche. Obwohl ich nicht der Mörder bin, habe ich mich als Mitwisser schuldig gemacht, und meine Verhaftung steht unmittelbar bevor.

Jetzt rissen sie die Dielenbretter hoch.

Das Gesicht des jungen Mannes tauchte aus der Luke auf. Er hob eine Plastiktüte hoch. Beweisstück A. «Erdäpfel», sagte er.

Die großen Backkartoffeln waren mit Schimmel überzogen. Jede einzelne hatte blasse Keime getrieben, wächserne Ranken, die im Dunkel der Bilge zum Licht strebten.

«Tut mir Leid – die habe ich ganz vergessen. Die müssen vom letzten Jahr übrig sein.»

«Werden beschlagnahmt.» Er kritzelte etwas auf sein Klemmbrett.

«Aber gern.»

Er kletterte den Niedergang hinunter und begann, die Spinde im Cockpit zu durchwühlen, während seine Kollegin sich an mir vorbeidrückte und in die Hundekoje hockte.

«Können Sie mir sagen, warum so eine Durchsuchung ausgerechnet mich erwischt?»

Die Beamtin unterbrach ihre Ausgrabungsarbeiten. «Das geht nach dem Zufallsprinzip.»

Da war ich mir nicht so sicher. Vor ein paar Jahren hatte ein Freund in einem Restaurant in Seattle aufgehorcht, als am Nachbartisch mein Name fiel. Ein Mann Mitte dreißig (besser konnte mein Freund ihn nicht beschreiben) erzählte seinem Gesprächspartner, er kenne mich gut und wisse daher, dass ich meine Einkünfte aus der Schriftstellerei aufbesserte, indem ich an Bord meiner Ketsch Alkohol zu einem Indianerreservat in British Columbia schmuggelte. «Deshalb kann er sich das Boot leisten.» Falls diese Sumpfblüten-Phantasie ihren Weg in die Computerdateien des kanadischen Zolls gefunden hatte, konnte ich von Glück sagen, dass die Beamten ihre Untersuchung nicht mit Kettensägen und Presslufthämmern durchführten. Hoffentlich würde ich eines Tages auf einen Zollbeamten mit so viel Altersweisheit treffen, dass ich mich ihm anvertrauen könnte – bei diesen jungen Zeloten war ich da sicher an der falschen Adresse.

Die Frau kam kopfschüttelnd aus der Hundekoje hoch, wo sie zwischen Kuscheltieren, Seekarten, Lotsenhandbüchern und dem Büchersortiment von Dr. Seuss und A. A. Milne ebenfalls nicht fündig geworden war. Ich ertappte das Paar bei einem Blickaustausch, der wohl «Pech gehabt» bedeutete.

Für meine elf Flaschen entrichtete ich dieselbe Summe an Zoll, die ich dafür im Supermarkt bezahlt hatte. Das Boot bekam eine Abfertigungsnummer. Letzten Endes konnte man mir also nur nachweisen, aus den Vereinigten Staaten gekommen und im Besitz dreier ältlicher amerikanischer Kartoffeln gewesen zu sein.

Das Licht war aus dem Tag gewichen, die Ebbe lief jetzt mit voller Kraft nach Süden. Mit dem Odium amtlicher Überprüfung in den Kleidern und auf der Haut, genervt und nervös, warf ich vom Zollanleger los und machte an einem Liegeplatz des nächsten Schwimmstegs auf Slip fest. Ich würde meine Flucht aus Sidney bei Sonnenaufgang antreten.

Im «Phoenix», einem schuhkartonartigen, halb leeren Chinarestaurant, das sich allerdings einer «echt kantonesischen Küche» rühmte, stocherte ich mit Stäbchen in einer Schüssel voll pfannengerührtem Rindfleisch und unterzog meine bisherigen Reisenotizen einer kritischen Revision. Das Passieren der Grenze ... die Kluft aus tiefem Wasser – der Einfachheit halber Haro Strait genannt – zwischen Kanada und den Vereinigten Staaten, das glatte, trügerische Meer, das man so leicht falsch einschätzt, erforderte eine vorsichtige Navigation.

Wenn Amerika ein Schmelztiegel ist, so heißt es, dann ist Kanada eine Salatschüssel. In Kanada behalten Einwanderer ihre ursprüngliche Identität, sozusagen ihren Eigengeschmack, während sie in Amerika in einen kulturellen Einheitsbrei eingerührt werden. Wenn man als Frühlingszwiebel hierher kommt, kann man eine bleiben, ohne dass jemand versucht, einen zum bloßen Bestandteil von Coleslaw zu machen.

Es war schon etwas Wahres dran. Die chinesische Küche im «Phoenix» war authentischer als in entsprechenden US-amerikanischen Restaurants. Ein Neuankömmling stand hier unter vergleichsweise wenig Druck, sich zu «kanadisieren», seine Lebensgewohnheiten und Gepflogenheiten denen des Gastlandes anzupassen. Leichter als in den Vereinigten Staaten konnte er mit dem weitermachen, was er zu Hause getan hatte. Engländer blieben Engländer, Chinesen Chinesen. Amerika war ein Land der Immigranten, Kanada eins voller Emigranten.

Diese Unterscheidung war zwar platt, passte aber schön zu einer wesentlich feineren von Russell Brown, einem kanadischen Literaturkritiker. Brown durchfischte mit breitem Schleppnetz die Literaturen Amerikas und Kanadas und machte an den Gestalten von Ödipus und Telemach einen wesentlichen Unterschied zwischen den beiden Kulturen fest. In den Staaten einer auf Revolution gegründeten Gesellschaft war der mythische Held der verschollene Sohn, der Vatermörder: Ödipus als Huckleberry Finn. Flucht, Rebellion, der Kult eines neuen Lebens um den Preis des alten – das waren die beherrschenden amerikanischen Themen. Oben im Norden dagegen, in einer Gesellschaft, der die Weigerung zugrunde lag, sich gegen die Mutter aufzulehnen, war der sagenhafte Held Telemach, der treue Sohn des Odysseus, der Reisende auf der Suche nach dem verlorenen Vater. Amerikaner brachen mit der Geschichte ihrer Ahnen, Kanada dagegen ehrte die seinen.

Die Leute vom Zoll (schrieb ich) taten ganz recht daran, über meinen Akzent und meinen Pass hinwegzusehen und mich als Amerikaner von jenseits des Wassers festzunageln. Ich war Ödipus, nicht Telemach – ein Eskapist, ein Aussteiger, ein Jäger des Regenbogens. Immigrant, nicht Emigrant. Mein Umzug von England in die Vereinigten Staaten war der Versuch, die Brücken hinter mir abzubrechen. In Kanada wäre das nicht möglich gewesen. In Seattle meinte ich den Staub Englands abschütteln und von vorn beginnen zu können. Amerikas alter, heiserer Sirenenruf lockte mich, wenn auch reichlich spät im Leben, und ich glaubte, dass ich *drüben* doch noch etwas Neues, Überraschendes zustande bringen würde.

Sirenen treiben Seeleute ins Verderben, doch das vergessen wir immer wieder, sobald ihr Lied erklingt. Aus Kanada drang kein Gesang in meine Ohren. Ich sah das Haupt der Königin auf der Währung, die lässig neogotische Kolonialarchitektur, die Auslandsbriten mit ihren Ruder- und Rugby-Clubs, ihren zwei bis drei Tage alten Londoner Zeitungen. Das war ein nationales Auftreten von grantiger Bescheidenheit, ein von Vernunft und Fairplay geprägtes öffentliches Leben. Kanada war etwas für Realisten, und ich war keiner. Als ich in Heathrow das Flugzeug bestieg, war ich ein alternder Huck Finn auf der Suche nach einem Territorium, wohin ich durchbrennen könnte. Aber nach Kanada durchzubrennen wäre so ähnlich gewesen, wie auf die Isle of Man auszubüxen.

«Hammse vleich Litjes?»

Die Stimme kam vom Tisch bei der Tür. Der Sprecher näselte wie ein Engländer aus den städtischen Midlands – Walsall vielleicht oder Dudley … jedenfalls unweit des Internats, in dem ich fünf Jahre zugebracht hatte. Er erkundigte sich bei der Kellnerin nach einem Dessert, aber ich brauchte eine ganze Weile, um zu entschlüsseln, was er meinte.

«Hammse vleich Litjes?»

«Wah!» Die Kellnerin schnalzte mit der Zunge und bleckte ihre Zähne zu einem überbreiten Grinsen.

«Litschis!», sagte er nun, als ob er in Großbuchstaben spräche, laut und deutlich.

«Ngha! Nein!»

Kanadische Sprachprobleme. Die erzwungene Zweisprachigkeit hat Kanada mit doppelt so viel Schreibkram wie die meisten andern Nationen belastet. Cornflakespackungen, Zigaretten, Gezeitenkalender – alles kommt in Paralleltexten, auf Englisch und Französisch, daher. Das lässt jede amtliche Veröffentlichung bedenklich anschwellen, aus Broschüren werden Bücher, aus Büchern dicke Wälzer, und die einfachste Mitteilung ufert in uferloses Geschwafel aus. Alles ist eine Übersetzung von etwas anderem, und jede Version weckt eher Zweifel an der anderen, als sie zu bestärken, wodurch ihr Sinn vage und provisorisch bleibt.

Die Rückseite des kanadischen Zwanzig-Dollar-Scheins ziert ein hübscher Kupferstich von einem Eistaucher. Auf dem Weg nach Sidney hatte ich mich durch einen ganzen Schwarm von den Viechern kämpfen müssen. COMMON LOON lautet die Bildunterschrift auf

Englisch, und direkt darüber steht HUART A COLLIER, «Kragentaucher». Es gibt also eine englische und eine französische Art, denselben Vogel im selben Bild zu betrachten. Im Französischen richtet der Blick sich sofort auf den «Kragen» – eine augenfällige Halskrause aus weißen und schwarzen Federn –, und man sieht ihn förmlich *tauchen* und Abrakadabra! eine Millisekunde später nur noch die Ringe auf dem Wasser. Im Englischen dagegen ist es die Gewöhnlichkeit – common – des Vogels, die einem als Erstes in den Sinn kommt, sein manisches Lachen, seine Quietsche-Entchen-Figur.

Solche Phänomene schärfen das Bewusstsein für die kanadische Sprache – ständig sucht man nach Widersprüchen, Doppeldeutigkeiten, Schlupflöchern. Irgendwann hoffe ich einmal eine kanadische Zigarettenmarke zu finden, die einen umbringt, wenn man auf Französisch raucht, bei englischsprachigen Rauchern aber lediglich der Gesundheit schadet.

Jedes Mal, wenn ich aus den Vereinigten Staaten nach Kanada fuhr, fiel mir sofort diese Weder-Fisch-noch-Fleisch-Ambivalenz auf. Das Land schien eine beängstigende Neigung zu haben, sich aus seiner Verankerung in Raum, Zeit und Sprache zu lösen und heute hierhin, morgen dorthin zu driften. Nur wenige Wochen zuvor hatte ich sonntags als einziger Weißer bei einem Edelchinesen in Vancouver zu Abend gegessen. Das Mahl, von einem zuvorkommenden Kellner für mich ausgesucht, bot durchweg angenehme Überraschungen. Nur eines störte meine hemmungslose Schlemmerei, nämlich das unablässige Plastikkanarienvogel-Gezwitscher von etwa zwei Dutzend Mobiltelefonen, die solo oder im Chor losgingen. Zeitweise sah ich mehrere Männer am selben Tisch in verschiedene Telefonate verwickelt, die Köpfe vom Futternapf abgewandt, während sie in ihre lederumhüllten Motorolas fauchten oder bellten.

Für dieses hektische Sozialverhalten sonntagabends um acht gab es eine simple Erklärung: Die hier in Kanada lebenden Geschäftsleute konnten einerseits noch ihr Wochenende im Kreis der Familie genießen und andererseits ihre Bürosklaven in Hongkong triezen, wo es mittlerweile ja Montagmittag war. Während ich nun mit diesen schnatternden Geschäftsleuten irgendwo mitten im Pazifik zwischen Zeitzonen und Datumsgrenzen herumschwebte, dachte ich mir, dass Vancouvers geringe spezifische Schwerkraft vielleicht überhaupt das kanadischste seiner Attribute war. Die Stadt hing so locker an ihren Breiten- und Längengrad-Koordinaten, dass man sich leicht einbilden konnte, in Glasgow, Portland oder Hongkong zu sein. Selbst nach sieben Jahre und etlichen Besuchen hätte ich nicht zu sagen gewusst, worin denn nun eigentlich das typisch Vancouverische bestand. Die Stadt hatte kein besonderes Flair. Wenn ich von dort abreiste, blieb mir kein Bild im Gedächtnis haften, und des Öfteren war ich mir nicht einmal sicher, ob sie wirklich existierte.

Nach dem klar umrissenen Amerika wirkt Kanada konturlos. Mit seiner Resistenz gegen Ideologien und Mythenbildung entzieht es sich zugleich auch einer Definition. Im permanenten Übersetzungszustand begriffen, hat es keine Entsprechung für den amerikanischen Traum, und der wäre wohl auch zu bombastisch für ein Land, das an die englische Tradition der alles andere verachtenden Empirie anknüpft. Vermutlich ließe sich jeder kanadische Traum mit der Frage aushebeln, die Alice Munro als Titel für eine ihrer Kurzgeschichten gewählt hat: «Who Do You Think You Are?» In Amerika erwartet man von den Menschen, über sich hinauszuwachsen. Hier, jenseits der Grenze, gilt das als gesellschaftlicher Fauxpas. Hier lernt man, seine Ambitionen hinter gespielter Zurückhaltung zu verbergen, mit einem Anflug der feinen englischen Art und nervösem englischem Partygelächter, was sie nach amerikanischen Maßstäben schwer greifbar erscheinen lässt.

Ich beglich die Rechnung und machte mich auf den Weg zu Sidneys unauffälliger Haupteinkaufsstraße. Der Abend war lau und feucht. Um jede Straßenlaterne zog sich ein Heiligenschein aus gebrochenem Licht. Die Straße selbst war wie aus einem kitschigen Western, mit einstöckigen Billigbauten, die eine verhältnismäßig zu breite Fahrbahn säumten. Als ich in einem Lebensmittelgeschäft ein Regal voller *Marmite* entdeckte, legte ich mir ein Glas in den Korb. Dieser streng schmeckende Brotaufstrich, klebrig, mahagonifarben und fester Bestandteil des Abendbrots englischer Kinder, hatte nie den Sprung in die Staaten geschafft, und es freute mich, dass er in Kanada immer noch so weit verbreitet war. Ich kaufte drei Ansichtskarten mit Grizzlybären und schickte sie vom Postamt aus an Julia.

Sidney war Alice-Munro-Gebiet. Mehrere ihrer Geschichten spielten auf der städtischen Südspitze von Vancouver Island, zwischen Sidney und Victoria. Jedes Mal drehte sich die Handlung um eine Frau wie Emma Bovary in einer langweiligen gutbürgerlichen Ehe. Die Frauen taten irgendwas, das entfernt mit Kunst zu tun hatte – arbeiteten in Buchläden, übernahmen Rollen im Laienspieltheater, schrieben, hielten Vorträge in örtlichen Radiosendern, und vor allem flüchteten sie sich in amouröse Abenteuer mit unpassenden Männern. Genau da wurde die Grenze zum Thema. Seattle spielte eine Schlüsselrolle in Munros Geschichten – Seattle als die zuverlässige Quelle von treulosen Liebhabern, darunter ein Freundschaften zerstörender rothaariger Tiefseetaucher, ein durch und durch amerikanischer Pan mit dem seltsam unamerikanischen Namen Miles. In einer anderen Geschichte, die in den Kootenay Mountains spielt, hatte eine Figur namens Dorothy «einen Lover in Seattle, und sie hatte kein Vertrauen zu ihm» – ein grammatisches Kabinettstückchen, das die Heimatstadt des Mannes zu einer Garantie für seinen reizvollen Mangel an Vertrauenswürdigkeit macht.

Ich kannte Alice Munros ersten Ehemann, wenn auch nur flüchtig. Er besaß die hübsche, dunkel getäfelte Buchhandlung – eine ehemalige Bank – in der Government Street in Victoria. Es war mir immer ein Vergnügen, ihn oder Teile von ihm in den Ehemann-Gestalten ihrer Werke zu entdecken. In seinem grauen Steinhaus auf einem Berg mit Blick über die Juan de Fuca Strait hatte ich jedenfalls meinen Phantasien nach viele der weiblichen Figuren kennen gelernt – wenn auch 25 Jahre später: geistreiche, wehmütige Gesprächspartnerinnen, die ihre mittlerweile grauen Haare mit indischen Tüchern nach hinten gebunden trugen und immer noch irgendetwas mit Kunst zu tun hatten. Als ich dort eines Abends rauchend im Korbsessel auf der Veranda saß und die schwarze Meeresstraße unten im Sternenlicht glitzern sah, fragte ich mich, ob sie auch immer noch südwärts über die Grenze Ausschau nach ihren verhängnisvollen Männern hielten, nach diesem Miles etwa, der auf dem Motorrad aus Seattle angebraust käme – eine scharf gemachte menschliche Bombe, die nur das Ziel hatte, eine Ehe im biederen Victoria zu zerstören.

Vis-à-vis vom Postamt hatte ein Buchladen noch geöffnet, zwar nur ein blasser und staubiger Abglanz von Munro's, aber immerhin gab es hier ein paar neue Bücher aus England, die in den USA noch nicht erhältlich waren. Ich schmökerte herum, suchte nach Werken von Freunden und Bekannten. Schließlich kaufte ich die *Times* – wegen des Kreuzworträtsels, das ich schon schmerzlich vermisst hatte – und einen Nachdruck von *The Adventures and Sufferings of John R. Jewitt, Captive of Maquina*, das von einem Ghostwriter verfasste Buch über einen englischen Seemann, der 1802 von den Nootka-Indianern gefangen genommen wurde. Die Geschichte kursierte auch unter dem fetzigen Titel *White Slave of the Nootka*. Dies war ein Buch, das ich schon seit einiger Zeit meiner Bordbibliothek hatte einverleiben wollen – ein merkwürdiges Machwerk, in dem die romantischen

Ausschmückungen von Jewitts Ghostwriter, einem unbereisten Journalisten aus Connecticut namens Richard Alsop, mindestens ebenso interessant waren wie Jewitts zweifelhafte persönliche Erinnerungen. Ich zahlte per Kreditkarte, und als ich den Beleg unterschrieb, war ich angenehm überrascht, dass die Verkäuferin meinen Namen wiedererkannte.

«Ich war letztes Jahr auf dem Festival bei Ihrer Lesung», sagte sie. «Was machen Sie denn in Sidney?»

«Ich segele nach Alaska. Ganz gemächlich.»

Und gemächlich war der richtige Ausdruck, wie ich dann feststellte, als ich auf die leere Straße hinaustrat. Der Berggipfel erglühte im unheimlich angeschwollenen Widerschein eines Ampellichts, das wie ein verschwommener grüner Mond am Himmel über der Stadt hing.

Ich kehrte zum Boot zurück, mit einem klöternden Marmite-Glas im Einkaufsbeutel und der *Times* unterm Arm. Kanada hatte in mir ein schmerzliches Gefühl ausgelöst, das ich in den Vereinigten Staaten eigentlich nie empfand: plötzlich im Exil zu sein.

Bis sechs Uhr morgens hatte der Nebel das Boot in ein dichtes, klammes Froschlaichgrau gehüllt. Vom elektronischen Fiepen des Weckers hochgeschreckt, hörte ich aus weiter Ferne das hohle, unerwiderte Tuten eines Diaphons. Ich setzte mich auf und spähte durchs Kajütenfenster in die Dämmerung: Das Zolldock in sechzig Fuß Entfernung war verschwommen, aber erkennbar. Dahinter gab es nichts mehr. Die bewaldete Klippe, der Yachthafen und die Stadt Sidney waren verschwunden.

Die Advektion war die ganze Nacht über fortgeschritten und, die Gelegenheit nutzend, in meine Klamotten gekrochen, die ich im Salon hatte hängen lassen. Nebel hing in meinem Hemd, in meiner

Hose, in meinen Socken. Ich stellte den Kajütenheizofen an, setzte den Wasserkessel für den Kaffee auf und suchte mir einen CBC-Sender im Radio. Die Morgennachrichten waren entsprechend düster.

Ein Flugzeug mit Ron Brown, dem amerikanischen Handelsminister, an Bord war in Kroatien verschollen. Beim Landeanflug auf Dubrovnik hatte es in heftigem Regen und einer Sicht gegen null den Kontakt mit dem Flughafen verloren, und man nahm an, dass es irgendwo in den Bergen von Dalmatien abgestürzt sei.

In Moskau dementierte Präsident Boris Jelzin eine Invasion seiner Truppen in Tschetschenien, was sich aus Grosny anders anhörte, wo von russischen Panzern und Heckenschützen auf den Straßen berichtet wurde.

In England hatte man den Rindfleischpreis gesenkt, um die durch BSE-Angst verloren gegangenen Kunden zurückzugewinnen.

In British Columbia hatte die Provinzregierung einen Plan verkündet, die Lizenzen von kommerziellen Lachsfischern zurückzukaufen, um die bereits dezimierte regionale Fischereiflotte zu halbieren. Ein Branchensprecher erklärte, der Niedergang der Fischerei an Kanadas Westküste vom Fraser River bis zum Skeena an der Grenze zu Alaska habe seine Ursache in der rücksichtslosen Profitgier der Vereinigten Staaten. Angeblich lauerten amerikanische Fischer überall entlang der Küste von Washington und um den Dixon Entrance herum den Millionen von Lachsen auf, die in kanadischen Flüssen geboren waren und nun aus dem Ozean in heimatliche Gefilde zurückkehren wollten.

Die binationalen Gespräche über diese Frage waren abgebrochen worden. Die kanadische Küstenwacht erklärte, scharf gegen amerikanische Fischerboote vorgehen zu wollen. Was an Wasserfahrzeugen aus Seattle auf der Inside Passage unterwegs war, werde man für jeden Verstoß gegen kanadische Vorschriften zur Verantwortung ziehen. Ein Schiff, das nicht sämtliche beweglichen Teile der Fischereiausrüstung unter Deck verstaue oder sich nicht umgehend melde, wenn es die Grenze überquert habe, werde von bewaffneten Patrouillenbooten aufgebracht. Kanadische Fischer planten eine Blockade aller in amerikanischem Besitz befindlichen Passagierfähren, die zwischen Prince Rupert, British Columbia und Häfen in Alaska verkehrten. In diesem Krieg wollte ich auf meine Neutralität pochen.

In der Bilge befand sich noch eine Dose mitternachtsblauer Lack zum Ausbessern von Dellen und Kratzern auf dem Rumpf. Ich gedachte, einen Teil dieses nebelgeplagten Vormittags darauf zu verwenden, den Namen des Heimathafens zu übermalen. Und hinten im Besteckkasten hatte ich sogar noch ein aufgerolltes Nationalfähnchen liegen, ziemlich verschossen und ausgefranst, aber immerhin. Eigentlich hisse ich nur ungern eine Flagge, ganz gleich welcher Couleur, aber rechtlich gesehen wird ein Schiff zu einem – wenn auch räumlich getrennten – Teil der Nation, unter deren Flagge es segelt. Mir gefiel der Gedanke, dass ich bei nach oben offener Fahnenstange das Boot als unabhängige politische Einheit ausgeben könnte – eine lässig-liberale, bibliophil-freigeistige Republik. Mich jetzt als schwimmendes US-amerikanisches Segment auf kanadischen Gewässern herumzutreiben war das Letzte, was ich wollte.

Vom Boden einer Backskiste förderte ich einen alten Göschstock zutage, eine Hinterlassenschaft des vorigen Bootseigners; daran befestigte ich die britische Flagge, die ich dann in den Halter an der Heckreling steckte. Das würde zwar den Amtsschimmel nicht beeindrucken, aber hoffentlich jeden seefahrenden Normalbürger täuschen. Während ich die Flagge hisste, schwand der Zollanleger aus meiner Sicht. Um das Boot herum trieben Dampfspiralen wie Rauchwölkchen, da die meergekühlte Luft sich in Wasserstaub verwandelte.

Dass die Region kein Dauernebelloch war, überraschte mich, denn ein beherrschendes Merkmal des örtlichen Wetters war der «Ananas-Express» – feuchte, warme Luft aus dem subtropischen Pazifik, der von Südwest über die eiskalten Kanäle der Inside Passage blies. Das gazeartige Zeug, das jetzt die Takelage wie Girlanden schmückte, kam direkt aus Honolulu: heiße Luft mit einem derartig hohen Taupunkt, dass sie sich schon bei minimalem Absinken der Temperatur in Wasser verwandelte.

Das Kreuzworträtsel bot eine halbe Stunde Abwechslung. In dichtem Nebel über den Salontisch gebeugt, als Außenposten des Commonwealth im äußersten Westen und unter einer illegalen britischen Flagge segelnd, entdeckte ich zu meiner Freude, dass es mir immer noch leicht fiel, «Einsatz für den Ersatz (7)» als «Umsturz» zu deuten. «Sprache, die einst im Gebiet von Yorkshire oder Kent gesprochen wurde (10)» war natürlich Norwegisch.

Von der «Nymphe, auf weitere Abenteuer aus (5)» schreckten mich schwere Schritte auf dem Dock hoch. Am Ende des Pontons stand ein kahl geschorener Mann in Öljacke. Nachdem sein Blick von links nach rechts gewandert war, hatte er offenbar etwas gefunden, das mitten im Nichts eine eingehendere Betrachtung verdiente.

«Bis Mittag soll er sich gelichtet haben.»

Der Mann sprach Englisch mit einem hochprozentig französischen Akzent, war gebaut wie ein bereiftes Fass, nussbraun, um die siebzig und verströmte eine ansteckende, wenngleich düstere Heiterkeit. Gemeinsam mit seiner aus England stammenden Frau hatte er im Katamaran von der Isle of Wight aus Südafrika, die Westindischen Inseln, den Panamakanal und Hawaii bereist. Auch dieses Pärchen wollte nach Alaska. Sein Leben als Landwirt in Frankreich – Weizenanbau – habe ihn, wie er sagte, in Bezug aufs Wetter zum Philosophen gemacht.

«Ich erwarte nichts. Und darum bin ich auch nie enttäuscht.»

Er winkte in Richtung meines neu installierten Banners. «Ich segle unter der gleichen Flagge. Ich bin ein großer Bewunderer Ihrer Mrs. Thatcher.»

«Ja?» Das hatte ich damit eigentlich nicht signalisieren wollen.

«Auf den Yachten wimmelt es heutzutage nur so von Kommunisten.»

«Ach ja!?»

«Und ob das Kommunisten sind! Da streicht man sein Boot an, und prompt fragt so ein Typ: ‹Darf ich was von Ihrer Farbe haben?› Wissen Sie, so geht das am laufenden Band. Sie wollen Ihre Farbe, Ihren Wein, Ihren Kaffee. Kommunisten eben.»

«Ach, *solche* Kommunisten.»

«Der Kommunismus ist für mich ein rotes Tuch. Umso mehr freue ich mich, einen weiteren Bewunderer von Margaret Thatcher zu treffen.»

Im Nebel schüttelten wir uns herzlich die Hände. «Sie haben so ein hübsches Boot – bitte sagen Sie jetzt nicht, dass Sie Kommunist sind.»

Oreade, so hieß die abenteuerlustige Nymphe.

Kurz nach zwölf erhob sich vor meinen Augen ein schimmernder Felsbrocken, gekrönt von einem Erdbeerbaum. Ein paar Minuten später begann der Laternenpfahl oben auf der Helling einen kurzen Schatten zu werfen, und dann tauchte Sidney auf, blass und glänzend, wie von einem hohen Fieber genesen. Ich ließ den Motor an und zog die Festmacher von den Klampen des Stegs.

Im Süden blockierte eine niedrige Nebelbank den Kanal, strahlend weiß im Sonnenschein und so massiv wirkend wie die Kreideklippen von Kent. Masten und Toppdeck einer mehrstöckigen Fähre tauchten aus dem Nebel auf und zogen schnell vorbei. Im Norden klammerten sich Nebelfetzen an die Inseln und verhakten sich in den Bäumen. Um einen der beiden breiten Kanäle zu erreichen, die nach Norden durch die Gulf Islands führten, musste ich mein Boot erst einmal durch eine acht Meilen lange Hindernis-Rennstrecke aus Mini-Inseln, Seetangbetten, halb unter Wasser liegenden Steinen und ein verwirrendes Dickicht aus Tonnen und Landmarken manövrieren. Die genaue Richtung des Flutstroms, der mit drei Knoten durch diese steinübersäten Untiefen jagte, war zweifelhaft, aber er bedeutete doch eher Hilfe als Behinderung, obwohl er das Boot wohl seitlich versetzen würde, weg vom vorgezeichneten Kurs.

Eine halbe Stunde und drei Meilen nach Sidney passierte ich ein rostiges Eisenkreuz, das nicht auf der Karte verzeichnet war. Es hing an einem trocknenden Felsbrocken, der in Größe und Umriss einem Nilpferd beim Schlammbad ähnelte. Fünfzig Yards weiter rutschte der Felsen abrupt außer Sicht, aber das Eisenkreuz war seltsamerweise weiterhin zu sehen. Ich musste ein paarmal blinzeln, bis ich erkannte, dass sich ein langer weißer Nebelschal, höchstens vier, fünf Fuß breit, über diese Inselchen legte und bereits bei der letzten Tonne auf meiner Route angelangt war, die ich vor erst fünf Minuten bei guter Sicht passiert hatte.

Nebel, so heißt es in Leckys *Wrinkles in Practical Navigation* von 1881, bedeute «auf See eine scheußliche Kalamität» – und ganz besonders dann, wenn er einen in einer engen Wasserstraße voller Hindernisse umhüllt, die zudem ständig von Fähren, Schleppern, Fischerbooten und Vergnügungsdampfern genutzt wird. Als das Eisenkreuz an Steuerbord verblasste, drehte ich das Steuerrad so schnell ich konnte nach Backbord und brachte das Boot auf einen Gegenkurs von 170°, um mich, so gut es ging, auf dem Weg zurückzutasten, den ich gekommen war. Das anhaltende Tuten meines Signalhorns blieb unerwidert, und ich raste nach unten, um das Radar einzuschalten.

Das Radar hatte ich mit dem Boot übernommen. Es war schon

älteren Datums, wärmte sich nur langsam auf und ließ sich, wenn ich allein segelte, nur schwer handhaben. Das Gerät stand in der achteren Steuerbord-Ecke der Kajüte; um den Monitor zu lesen, musste ich vom Steuerrad weg, den Niedergang runter und meinen Kopf in den Blendschutz zwängen, dann wieder nach oben huschen und das Gesehene entsprechend umsetzen. Bei Nebel und in einem so engen Gewässer wie diesem, wo es in jedem Quadranten des Bildschirms von Radar-Echos nur so wimmelte, trug der Gebrauch des Radars wesentlich zur Desorientierung bei. Aber zu wissen, dass es überhaupt Radar an Bord gab, war mir doch ein gewisser Trost: Wenn es zum Äußersten käme, könnte ich das Boot auf der Stelle anhalten, die Küstenechos vom Radarschirm auf ein Blatt zeichnen und mit der Seekarte oben im Deckshaus abgleichen.

Doch fürs Erste konzentrierte ich mich darauf, beim Steuern die 170° meines Kurses auf der Kompass-Vorausmarke so gut wie möglich zu halten, obwohl die geneigte, schwimmende Rose ständig ausschwenkte. Von seinem Platz über dem Kartentisch meldete der Garmin, dass die Flut das Boot westwärts versetzte. 170° durch das Wasser waren mehr als 190° über Grund. Allerdings nahm ich erleichtert zur Kenntnis, dass bei der Fahrt gegen den Flutstrom mit reduzierter Geschwindigkeit von etwa vier Knoten unsere wahre Geschwindigkeit über Grund nur 1,5 Knoten betrug, was den Stoß wohl mildern würde, falls unerwartet ein Fels unter dem Bug auftauchen sollte.

Während ich mich wie auf Zehenspitzen durch den Kanal bewegte, musste ich mich gleichzeitig vor dem verführerischen Blendwerk des Nebels hüten. Das Boot drehte sich nach Steuerbord im Kreis, während die Kompasskarte offenbar an einem Steinchen festhing – aber nein! Der Kompass hatte Recht! Der Nebel wirbelte im Kreis, nicht das Boot. Mehr als eine halbe Meile entfernt zeichnete sich – in meinen Augen – deutlich ein Horizont ab, eine Linie wie ein dunkler

Faden, der Luft und Wasser verband. Doch der Eistaucher oder *huart à collier*, der sich an Backbord näherte, verblasste innerhalb einer Schiffslänge zu Grau. Der wahrgenommene Horizont war reinem Wunschdenken entsprungen.

Ich horchte angestrengt, so gut das im Tuckern des mit halber Kraft arbeitenden Motors ging, und suchte gleichzeitig das Wasser nach dem verräterischen Kielwasser eines anderen Schiffes ab. Mein schwaches Signalhorn bekam Gesellschaft von etlichen tieferen Tutern, doch zum Glück aus beruhigender Ferne und wahrscheinlich von Schiffen, die drei Meilen und weiter ostwärts in der Haro Strait fuhren. Obwohl meine Blitzvisiten beim Radarschirm keine unmittelbar vor mir liegenden fremden Leuchtflecken aufzeigten, bildete ich mir ständig ein, etwas zu sehen: die Nieten und verschwommenen Rostschwären auf den riesigen, ziegelfarbenen Platten eines Frachters, der mir aus etwa dreißig Fuß Entfernung entgegenkam, die dunklen Zacken eines Schelfs, das die Tide nur knapp bedeckte. Mit dem Herzen in der Hose steuerte ich durch Nebelschimären und wartete auf den Zusammenstoß.

Mittlerweile war auch das Warngeheul des Diaphons am Danger Shoal in der Haro Strait zu vernehmen. In einer von Alice Munros Geschichten beschreibt eine Frau ein Nebelhorn, das man selbst in einer Vorstadt von Vancouver hören kann, als «Ton kosmischer Langeweile». Na, der Frau hätte ich was erzählen können! Doch einmal hatte ich die naturgetreue Nachahmung eines Nebelhorns gehört: beim Brandmarken auf einer Ranch in Norddakota. Genau in dem Moment, als man dem Kalb das rot glühende Eisen aufdrückte, also eine Nanosekunde bevor der Qualm wie Grillgeruch aus dem Fell dampfte, brüllte das Tier wie ein Diaphon im Nebel, übrigens ohne jeden Anflug von Langeweile.

Ein Echozeichen verwandelte sich in den Schatten eines Fischerbootes, im Nebel nur schwach zu erkennen, aber mit etwa hundert Yards Abstand in beruhigendem Abstand. Ich achtete auf Echolot und Radar und ertastete mir vorsichtig den Weg durch den eine Meile langen schützenden Arm des Sidney Spit, einer Sandzunge am Nordende von Sidney Island. Wie ein Blinder mit seinem Stock tapp-tapp-tappte ich mit Hilfe des Echolots um eine schmale Stelle herum, wo der Grund gleich bleibend in 14 Fuß Tiefe lag und ich vor Anker ging, den Motor abstellte und dann merkte, dass meine Hände nicht mal mehr fähig waren, eine Zigarette anzuzünden. Sie fuchtelten in der Luft herum, ein Paar zitternde Fäuste, die sich hartnäckig weigerten, Befehle vom Hirn zu empfangen.

Als mein Boot schließlich munter am Anker schaukelte, ließ ich das Horn ertönen. Fünf Sekunden später kam ein schwaches Echo aus den unsichtbaren Wäldern auf Sidney Island zurück, aus einer halben Meile Entfernung.

In der Luft legt der Schall etwa 330 Meter pro Sekunde zurück, eine Tatsache, an die man sich in diesem nebligen und steilen Teil der Welt klammern muss. Indianische Seefahrer waren Experten in der Handhabung des Echoverfahrens. Schweigend ließen sie das Kanu treiben und brüllten dann ins leere Grau hinaus; der Widerhall gab ihnen die Entfernung vom Ufer an, und die Art des Klangs verriet ihnen, ob sie an einem nackten Felsen, einem bewaldeten Berg oder einer Klippe aus Sand und Schiefer vorbeifuhren. So paddelten sie in heimischen Gewässern selbst bei Sichtweite null von einem Punkt zum nächsten und wussten über Meilen genau, wo sie sich befanden.

Bis in die 1970er Jahre, als Radar allgemein in Gebrauch kam, hielten es weiße Fischer in dichtem Nebel noch wie die Indianer. 1961 fuhr mein Freund und Mentor Mike Wollaston mit dem Treibnetz-Schiff *Alaska Seas*, das einem gewissen Bob Kohlhase gehörte, zum ersten Mal nach Norden. Die beiden Männer, beide Anfang zwanzig, lernten über weite Strecken nach Gehör und Geruchssinn zu navigieren. Alle zehn Minuten stellten sie den Motor ab und betätigten die Cunningham-Luftpfeife. Jede Sekunde, die das Echo benötigte, um zurückzukommen, wurde als zweihundert Yards – eine Kabellänge – gerechnet. Dann versuchten sie, die Art des Echos mit der Topographie auf der Karte abzugleichen; mal errieten sie einen Wald, mal einen nackten Felsen. Sie folgten dem Rat aus dem *U. S. Coast Pilot*: «In engen Kanälen mit Steilufern lässt sich das Schiff in der Hauptrinne halten, wenn man sich so positioniert, dass die Echos von beiden Ufern gleichzeitig zurückkommen.»

Oft brachten lästige oder lärmende Zeichen vom Ufer eine willkommene Bestätigung ihrer Position. «Man roch eine Konservendosen- oder eine Zellstofffabrik. Holzfeuerrauch aus einem Holzfällercamp ... Wasserfälle liefern ebenfalls gute Fixpunkte. Sie sind auf der Karte genau markiert, und man kann sie schon von weitem hören.»

Nebel provoziert eine angstgetriebene Hyperwachsamkeit der Sinne. Das Bewusstsein um die ständige Gefahr, auf Grund zu laufen oder zu kollidieren, weckt Kräfte und Instinkte, von deren Vorhandensein man sonst kaum etwas ahnt. Mit gespitzten Ohren, witternder Nase und geschärftem Blick für kleinste Bewegungen, Verdunkelung oder Unterschiede in den Grautönen tut man es unwillkürlich einem wilden Tier gleich. So ähnlich muss sich ein Dachs fühlen, wenn er in der Nacht herumstreicht.

Wie damals vermutlich auf jedem Fischerboot lag auch auf der *Alaska Seas* Hansens Handbuch stets aufgeschlagen auf dem Regal neben dem Ruder. Für meine Fahrt nach Norden hatte Mike mir sein Exemplar geliehen: Mit dem flaschengrünen Kunstledereinband mutete die Ausgabe von 1951 wie eine altes Familiengesangbuch an.

Nach der Erstveröffentlichung im Jahr 1917 wurde Kapitän Sofius Hansens *Handbook for Piloting in the Inland Waters of the Puget Sound Area, British Columbia, Southeastern Alaska and Western Alaska* von jedem Fischer und Schlepperführer auf der Inside Passage benutzt, bevor es durch Radar überflüssig wurde. Kapitän Hansen reduzierte alle größeren Routen zwischen Seattle und der Beringstraße auf Listen von Landmarken, Kompasskursen sowie genaue Entfernungsangaben. Sein Buch nummerierte ganz Alaska durch. Mit Hilfe von Hansen und Koppelkurs konnte man sogar sicher durch einen 2500 Meilen langen Graben mit chronischem Küstennebel navigieren.

Für seine 865-Meilen-Route zwischen Seattle und Juneau gab Hansen 53 Kursänderungen an. Hier sind wir zum Beispiel in der Haro Strait, Kellett Bluff liegt eine halbe Meile Steuerbord querab. Eine möglichst sorgfältig abgemessene Strecke von zwei Meilen auf einem Kurs – magnetisch – von NW 3/4 Punkt zu Nord, heute entsprechend vollkreisig 323°, sollte uns zwei Meilen auf die Höhe der Glockentonne Danger Shoal (die es damals noch gab) bringen. Und so geht das etwa: Point Light, Pelorus Point, Canoe Rock Light, Mouatt Point ... Die Textränder sind voll gekritzelt mit Skizzen des Kapitäns, Federzeichnungen von Leuchttürmen, Inseln, Vorgebirgen, Wasserfällen, Klippen und Felsen, die die Durchfahrt nach Juneau markieren, Meile um annotierte Meile.

Bei rauem Wetter und trüber Sicht war Hansen «der alte Seefahrer», der neben einem im Ruderhaus stand. Seine barsche Stimme wirkte beruhigend. «Drehung beginnen, sobald Leuchtfeuer zwei Punkte vor querab peilt!», «Kurs ändern, wenn das Feuer 45° vom Bug peilt!» Die Zeichnungen der von ihm passierten Landschaft verrieten eine seemännische, nüchterne Sicht auf die Natur, die er wie eine Reihe von in die Berge gravierten Wegweisern behandelte. Er reduzierte John Muirs romantische Wildnis auf briefmarkengroße

Umrisse mit energischen Kreuzschraffuren und kleinen Pfeilen, die auf die jeweiligen Unterscheidungsmerkmale hinwiesen. Das Meer wurde auf jedem Bild durch vier enge, parallele Linien angedeutet.

Hansens Skizzen verliehen seinem Handbuch eine regelrechte Persönlichkeit: Sie waren stur, penibel und ohne den leisesten künstlerischen Touch. Bei ihrem Anblick konnte ich den Kapitän die Augen zusammenkneifen sehen, schwer atmend, die Faust um den Füllfederhalter geballt, während er durch das Fenster des Ruderhauses blickte. Kein Wunder, dass die Leute den Hansen mochten und ihn zu Hause auf dem Regal wie keines der anderen, amtlich abgesegneten Lotsenbücher hüteten. Da ich selbst gern ein Exemplar gehabt hätte, hängte ich irgendwann einmal eine Anzeige ans schwarze Brett im Fisherman's Terminal. Daraufhin bekam ich ein halbes Dutzend Anrufe von Fischern im Ruhestand und von Fischerwitwen. Alle meinten, ich könne mir ihr Exemplar ansehen und es mir vielleicht sogar ein paar Tage ausleihen, aber verkaufen wollten sie es bestimmt nicht – dafür sei es zu kostbar. Wenn das eigene Boot längst verschrottet war, blieb Hansens Handbuch mit den vor Feuchtigkeit gewellten Seiten und den Kaffeetassenringen das letzte greifbare Andenken an die alljährliche Reise nach Norden. Schlug man es aufs Geratewohl auf, konnte das eine plötzliche Flut von Erinnerungen auslösen. Jeder antiquarische Buchladen in Seattle hatte zerfledderte Exemplare von *The U.S. Coast Pilot* und *The British Columbia Pilot* vorrätig, aber keiner den Hansen. Den Freund aus Jugendtagen verkauft man eben nicht.

Inzwischen steckte ich im Nebel fest, der sich nicht lichten wollte. Die Bake auf dem Inselchen am Ende von Sidney Spit gab eine kurze gespenstische Gastvorstellung und verblasste wieder. Der Kielwasserausläufer von etwas Großem rollte glatt durch den Ankerlatz. Ich hörte die Welle brechen, ganz in der Nähe an einem Sandstrand, der sich durch diesen Aufschlag immer wieder neu formte. Die Stadt Sidney lag nur zwei Meilen quer übers Wasser entfernt. Ich hätte leicht meinen Weg zurück zum Bootshafen finden können, zum Chinarestaurant, zum Andenkenladen, zur nächsten veralteten Ausgabe der *Times*. Doch hier war das Boot sicher, der Welt entrückt in seinem Nebelkokon, und ich war froh, zu sein, wo ich war.

Ich machte klar Schiff: Ich räumte die Kajüte auf, fegte den Fußboden, polierte den Salontisch mit Möbelwachs. Als sich der letzte Rest Tageslicht aus dem Nebel verzog und das Boot in dicker, pelziger Dunkelheit zurückließ, blubberte ein Eintopf, frei nach Elizabeth David, auf dem Herd. Ein primelgelber Lichtkegel aus der Lampe am Schott fiel auf die Seiten eines offenen Buches. Ich hörte das Getröte der Pötte in der Strait, hörte die Glieder meiner Ankerkette auf dem sandigen Grund weiterrutschen, während das Boot mit der Flut schwang. Und als es endlich auf einem Strömungswirbel schaukelte, gönnte ich mir einen Drink und versenkte mich in meine Lektüre.

In dieser tristen und unwirtlichen Gegend bedeutete es ein unerhörtes Glück, eine kleine Bucht zu finden, die uns nach einiger Suche Schutz und ein kleines Fleckchen von ebenem Land bot, um unser Zelt aufzuschlagen …

Auf der Fahrt nach Norden verspürte man an Deck der *Discovery* erneut die alte Last unguter Gefühle. Die freudige Erregung, die sich bei der Ankunft im Nordwesten an Bord ausgebreitet hatte, war rasch verflogen, während die wiederholten Vermessungsfahrten in kleinen Booten immer anstrengender wurden, die Kontakte mit den Eingeborenen den Reiz des Neuen verloren, der Vorrat an frischen Nahrungsmitteln schwand, das Umland sich bedrohlich steil auftürmte und somit immer weniger Aussichten auf eine künftige Besiedlung bot. Die Winde waren unbeständig und ungünstig. Die Expedition schleppte sich langsam voran, durch einen Vorhang aus Nebel und Regen. Alle waren leicht gereizt. Auf dem Quarterdeck wahrte der kleine, dicke, rotgesichtige Kapitän eine zunehmend kühlere Distanz zu den Offizieren und Kadetten – kurz, es herrschte eine angespannte Atmosphäre.

Ein halbes Jahr war vergangen, seit Vancouver im Januar 1792, als die *Discovery* und die *Chatham* in der Matavai Bay in Tahiti vor Anker lagen, die Auspeitschung des Honourable Thomas Pitt, eines seiner Kadetten, befohlen hatte. Der Vorfall, der die Reederei noch lange beschäftigen sollte, war weniger die Ursache der schlechten Stimmung als der Kern, um den sie sich ansammelte. Wenn die Herren an Bord der *Discovery* ihre Antipathie gegen Käpten Van zu rechtfertigen versuchten, flogen ihre Gedanken spontan in die Matavai Bay zurück: zum dort vor Anker liegenden Schiff, das ungemütlich in der Dünung schlingerte, zur Dampfbadhitze, zur vollzähligen Besatzung aus Offizieren und Kadetten, die sich feierlich in der Kajüte des Kapitäns versammelt hatten, zum jungen Pitt, entblößt bis zur Taille und mit ausgebreiteten Armen auf einer Lafette liegend, zur Peitsche in der Hand des Bootsmaats John Noot.

Pitt war in Falmouth, dem letzten englischen Anlaufhafen, von seinem Familiensitz bei Camelford in Cornwall auf die *Discovery* gekommen. Vancouver hatte sich darauf gefreut, ihn an Bord zu haben: Der sechzehnjährige war Erbe des Baronet-Titels von Camelford und ein Vetter des Premierministers William Pitt. Vancouver hoffte, in dem jungen Aristokraten mit den erstklassigen Verbindungen die ergebene Bewunderung zu erwecken, die Kapitän Cook zwanzig Jahre früher in den Kadetten auf der *Resolution* erweckt hatte. Die geographischen Benennungen im Nordwestpazifikgebiet verraten, dass Käpten Van die dem aufstrebenden Bürgertum eigene Schwäche für Lords und Ladys teilte, vor allem, wenn deren Titel politisches Gewicht in Parlament und Admiralität bedeuteten. Denn Vancouver war sich schmerzlich bewusst, dass er auf einsamem, unsicherem Posten stand. 1796 beklagte er sich in einem Brief an Lord Chatham, er sei «eigentlich von allen Verbindungen mit wichtigen Persönlichkeiten abgeschnitten ... ich habe keinen Freund von Einfluss, an den ich mich wenden kann.» Und daher schien Kadett Pitt – jedenfalls auf dem Papier – ein ziemlich guter Fang zu sein.

In Fleisch und Blut hielt Kadett Pitt allerdings ganz und gar nicht, was Vancouver sich von ihm versprochen hatte. Mit gut einem Meter achtzig überragte ihn der blasierte und gertenschlanke Jüngling mit römischer Nase und Schmollmund. Vancouver hätte sich eine Form wohlerzogener Ehrerbietung gewünscht: ein sittsames Senken des Kopfes, die Augenlider auf Halbmast, sobald ein vorgesetzter Offiziers anwesend war, etc. Stattdessen stolzierte Pitt (mitsamt einer gewaltigen Menge an Gepäck) über den Landungssteg, als würde das Schiff ihm persönlich gehören, und redete so leichtfertig daher, als hielte er seinen Kapitän für einen Pachtbauern. Vancouver, stets reizbar und Zeichen von Insubordination witternd, war angewidert von dem, was er dem Jungen als großtuerische Sorglosigkeit auslegte. Die Leutnants auf der *Discovery*, die mehr von Pitt zu sehen bekamen als Vancouver, fanden ihn dagegen nicht besonders schwierig oder ungehorsam. Nach allgemeiner Auffassung war er ausgelassen, vielleicht etwas wild, ein guter Kamerad, aber eben erst sechzehn.

Als sie mit Kurs auf Kapstadt nach Süden segelten, schwang Tom Pitt sich zum Sprecher der Kadetten auf. Das war ein weiteres Ärgernis für Vancouver, der den Verdacht hegte, seine jungen Herren würden gegen ihn aufgewiegelt und von diesem arroganten, provokanten Schlaks verdorben. In seinen Augen steckte immer Pitt dahinter, wenn jugendlicher Übermut eskalierte, wenn Whist und Lu mit unverschämt hohen Einsätzen gespielt wurden. Er brauchte den Kadetten nur zu sehen, um sich von ihm verhöhnt zu fühlen.

 Wenn Pitt sich auf dem Quarterdeck in seiner herrschaftlichen

Stimme mit den Kameraden unterhielt, geriet Vancouvers Blut in Wallung. Bei jeder Unterredung mit dem Jungen spürte Käpten Van seine eigenen Defizite – von der Körpergröße über Vermögen und gesellschaftlichen Status bis zur natürlichen Autorität –, und so sah er die gute Ordnung an Bord durch Pitt gefährdet.

Pitt schlief auf Wache ein.

Pitt raufte sich spätabends mit zwei anderen Kadetten und zerbrach dabei das Glas des Steuerkompasses.

Pitt, der auf dem Vordeck Wache hielt, antwortete seinem Kapitän nicht, als dieser vom Quarterdeck rief.

Die sich häufenden Verstöße des Kadetten Pitt wurden zum Pfahl in Vancouvers Fleisch.

Die *Discovery* und die *Chatham* erreichten Tahiti (damals Otaheite genannt) im Dezember 1791. Vancouver war zuletzt 14 Jahre früher dort gewesen, als Kadett auf Cooks dritter Reise. Fast alle Insulaner, die er von seinem ersten Besuch kannte, waren mittlerweile tot, und die Tahitianerinnen – deren Schönheit in allgemeiner Erinnerung geblieben war – kamen Vancouver jetzt plump, von Syphilis verseucht und wenig reizvoll vor. «Der extreme Mangel an weiblicher Schönheit auf diesen Inseln», schrieb er, «lässt es umso bemerkenswerter erscheinen, dass ein derart großer Teil der Mannschaft der *Bounty* verliebt genug war, um Heimatland, Ehre und Leben zugunsten einer Verbindung mit einer Frau aus Otaheite aufzugeben.»

George Hewitt, der Sanitätsmaat an Bord der *Discovery*, bemerkte bissig, dass Vancouver 1777 «ein junger Mann» gewesen sei, «doch da dies nun nicht mehr der Fall war, erschienen ihm die Damen natürlich auch nicht mehr so anziehend». Vancouvers Überzeugung, dort grassiere die Syphilis, gründete sich auf Cook, der die Symptome dieser Krankheit mit denen der Frambösie verwechselt hatte, die im Südpazifik endemisch war, aber nicht durch Geschlechtsverkehr übertragen wurde. Sei es, weil er seine eigene Libido verloren hatte oder weil er eine Ausbreitung der Krankheit auf seinen Schiffen fürchtete – jedenfalls traf Vancouver die höchst unpopuläre Entscheidung, den Landgang für alle Mannschaftsgrade unterhalb des Leutnantrangs zu verbieten.

Dies war ein klarer Bruch mit jedem Marinebrauch. Die Ruhe- und Erholungsmöglichkeiten von Tahiti und Hawaii gehörten zu den Hauptattraktionen der Pazifikreisen. Auf der Suche nach willigen Mädchen durchkämmten englische Matrosen die Dörfer der Einheimischen, und bei Anbruch der Nacht schwammen Frauen zu den verankerten Schiffen hinaus, um sich für eine Hand voll Nägel anzubieten. Eisen in jedweder Form war die übliche Bezahlung für eine Dirne, und laue Tropennächte in den Armen einer Südseeschönheit krönten nun einmal jede solche Expedition.

Um das Fraternisieren mit Eingeborenen zu unterbinden, entsandte Vancouver für die Abwicklung der Schiffsgeschäfte nur feste Abordnungen an Land. Auf beiden Schiffen wurde diese Regelung für extrem grausam gehalten, und so suchten viele heimlichen Sex.

Auf einem dieser offiziellen geschäftlichen Landgänge ertappte Käpten Van den Kadetten Pitt dabei, wie er mit einer Frau sprach, und ließ ihn sogleich unter Arrest stellen. Pitt befand sich im Besitz eines Eisenstücks, Teil eines alten Fassreifens, in Zickzackform gebogen, wie er im Quartier der Kadetten als Backblech benutzt wurde.

Dieses verbogene Stück Metall lieferte Vancouver den erwünschten Vorwand. Technisch betrachtet gehörte der Eisenreifen zu den Schiffsbeständen, ergo hatte Pitt gestohlen. Vancouver verurteilte ihn wegen «Diebstahls» zu zwei Dutzend Peitschenhieben.

Wie Joseph Whidbey, der Eigner der *Discovery*, später schrieb: «Wenn sich eine solche Konstruktion wie *Diebstahl* auf das Zerschneiden eines Eisenreifens anwenden lässt, dann fürchte ich, dass nur wenige Offiziere in der Marine sich dieses Vergehens nicht schuldig gemacht haben.»

Die übliche Bestrafung für das Fehlverhalten eines Kadetten war das «Sitzen im Topp» – ein paar Stunden hoch oben mit einem erbaulichen Buch. Keiner der Leutnants stand hinter Vancouvers Urteil. In der Offiziersmesse hielt man die Strafe für die furchtbare Rache eines rasenden Kapitäns an seinem unglückseligen *bête noire*.

Vancouver, der sich von Pitt über jedes erträgliche Maß hinaus provoziert fühlte, besaß nicht genügend Phantasie, um sich die vermutlichen Folgen seiner Handlung auszumalen. Natürlich musste er die Macht des Rangs über die heimtückische Macht der Klasse setzen, musste Pitt um seiner eigenen Stellung als Kapitän willen demütigen und der Reederei zeigen, dass er seine rechtmäßige Autorität, die ihm im Auftrag Seiner Majestät verliehen war, nicht von einem unausstehlichen Jung-Edeling untergraben lassen durfte.

Von allen Leutnants an Bord der *Discovery* war der Erste Offizier Zachary Mudge über den Urteilsspruch am tiefsten bestürzt. Mudge verdankte seine Position der Protektion durch die Pitts. Lady Camelford war es ein Anliegen gewesen, ihren Sohn für die Dauer der Reise in Mudges persönliche Obhut zu geben – bestimmt keine beneidenswerte Aufgabe. Im Nachhinein beschrieb Sir Joseph Banks Mudge als einen Mann, «der anscheinend nur als gemäßigter Charakter geboren wurde». Fest steht jedenfalls, dass er als Vermittler erfolglos war. Immer wenn er versuchte, sich Vancouver als Pitts Fürsprecher zu nähern, setzte er sich selbst der wütenden Unduldsamkeit des Kapitäns aus, und sobald er an Pitt herantrat, scheiterte er an dessen Namens- und Standesdünkel.

Beim sechsten Glasen in der Vormittagswache (um elf Uhr) wurden alle Offiziere und Leutnants in die Kapitänskajüte beordert, in Uniform und mit Degen. Die 15 Matrosen mussten auf dem Quarterdeck unter ihrem Leutnant in Habachtstellung mit geschulterten Musketen zum Appell antreten. Der Bootsmannsmaat brachte die neunschwänzige Katze in ihrem zeremoniellen Beutel aus rotem Plüsch. (Daher stammt übrigens die Redensart: «Die Katze aus dem Sack lassen.»)

Archibald Menzies pochte als mitreisender Naturforscher auf das Vorrecht eines Zivilisten und blieb in seiner privaten Kabine, wo er dennoch den unerträglich ausgedehnten Vollzug der Strafe mit anhören musste. Der trommelförmige Bau des Schiffsrumpfs ließ jeden einzelnen Schritt von John Noot und jeden einzelnen seiner Peitschenhiebe zwischen den Decks widerhallen.

Nach dem ersten Dutzend Schläge gab es eine Pause. Blut rann aus den Striemen auf Pitts schmächtigem Rücken; sein Körper sah aus wie ein Kadaver, der an einem Fleischerhaken hängt. Mudge trat aus der Reihe der Offiziere und ging zu dem Jungen. Er sagte, falls Pitt nun gelobe, sich in Zukunft besser zu betragen, werde er den Kapitän bitten, ihm das letzte Dutzend Hiebe zu erlassen.

Mit dem letzten Rest seiner Stimme erwiderte der Kadett etwas von «Ehre» und dass er «nicht der Fürsprache von Mr. Mudge» bedürfe.

Noot ließ die Katze weitere zwölf Mal niedersausen.

Als die Kunde von der Auspeitschung über Pelzhändler, die sich im Nootka Sound und Hawaii aufgehalten hatten, nach London durchdrang, meldeten einige Zeitungen, auf der *Discovery* habe es eine Meuterei gegeben. Das traf nicht zu. Die *Discovery* war nicht die *Bounty*, und die Disziplin hielt sowohl während als auch nach Thomas Pitts Bestrafung. Doch nach dem Vorfall in der Matavai Bay beruhte die Befehlsstruktur nur mehr auf Rang und Vorschrift. Käpten Van konnte nicht länger auf die respektvolle Zuneigung irgendeines seiner Offiziere zählen. Sie gehorchten seinen Befehlen. Sie vertrauten seinem Können als Nautiker und Vermesser. Sie erkannten seine Berufserfahrung an. Doch damit hatte es sich. Selbst Joseph Whidbey, Vancouvers Günstling, mochte kein herzliches Verhältnis zu ihm aufrechterhalten. Auf dem Quarterdeck herrschte eine Atmosphäre steifer Korrektheit, als die *Discovery*, eine winzige, überfüllte Welt aus Holz, ihre beschwerliche Fahrt über den Nordpazifik fortsetzte. Immer wieder rüttelte das Gespenst aus der Matavai Bay an der Schapptür.

Am 4. Juni 1792, dem Geburtstag des Königs, kündigte Käpten Van eine Feier aus doppeltem Anlass an: Die Vermessung des Gebiets um den Puget Sound war abgeschlossen, und am nächsten Tag würde die Expedition nach Norden in den Gulf of Georgia (die heutige Georgia Strait) einfahren. Für den Toast auf den König würde man eine doppelte Portion Grog an die Männer ausgeben und in der Kapitänskajüte einen Festschmaus mit Wein halten. Pitts engster Freund an Bord, der Honourable Charles Stuart, Lord Butes Sohn, betrank sich bei diesem Anlass unmäßig. In einem Augenblick wirrer, trunkener Theatralik zog er ein Rasiermesser aus der Westentasche und prahlte vor Vancouver: «Wenn Ihr mich jemals auspeitschen lasst, Sir, werde ich diese Schmach nicht überleben: Dies hier halte ich bereit, um mir damit die Kehle durchzuschneiden.»

Sir Joseph Banks' Bericht zufolge, der sich auf Menzies' Darstellung aus erster Hand bezieht, «erlitt Mr. Stuart viel Ungemach infolge der Rache des Kapitäns. Seit der Auseinandersetzung wurde er oft in die Saling geschickt, zur Strafe für geringfügige oder vermeintliche Verfehlungen, und musste dort eine unangemessene Zeit ausharren, doch blieb er stets unbeugsam, tat seine Pflicht, so gut er nur konnte, und ertrug geduldig die Ungerechtigkeit, die ihm widerfuhr.»

Wie Staubwolken steigt noch dem heutigen Leser der Geruch uralten Standesdünkels aus diesen Seiten auf. Die «Schmach», die Stuart fürchtete, war selbstverständlich die Schande, von jemandem zur Prügelstrafe verurteilt zu werden, den er als einen gewöhnlichen Menschen betrachtete. Und von denen, die Aufzeichnungen über diese Reise hinterlassen haben, teilten wohl die meisten die Ansicht des jungen Honourable, dass Vancouver ein grobschlächtiger Parvenü war. Ein anderer junger Gentleman, Robert Barrie, nannte Vancouver – er verglich ihn mit La Pérouse – «einen schlichten Seemann ohne Bildung». Dass der Kavaliersreise-Aspekt dieser Fahrt eine solche Schar snobistischer junger Gecken angelockt hatte – Knaben, die ihm schon qua Geburtsrecht jeden Fauxpas und jede Unsicherheit ankreiden konnten –, wurde Käpten Van zum Verhängnis. Indem er seine gesellschaftlichen Probleme zu lösen versuchte, verschlimmerte er sie nur.

In seinem Brief an einen Freund im kalifornischen Monterey beschrieb Kadett Thomas Manby 1793 die schlechte Stimmung auf dem Quarterdeck:

Theurer Freund, wir drehen uns über den Erdball wie ein Kreisel, selten an einem Ort und so selten wie echte Seeleute zufrieden mit unserer Lage. Unsre kleine Schwadron erfreut sich weiterhin guter Gesundheit, obwohl ich leider hinzufügen muss, nicht guter Kameradschaft, wie sie unter Abenteurern, welche diese fernen Meere befahren, herrschen sollte. Schuld daran ist das Verhalten unseres Kommandeurs, welcher Hochmüthig, Stolz, Gemein und Anmaßend geworden ist, was ihn und die Herren Offiziere während der gesamten Reise in einem Dauerzustand des Zwistes hielt.

Nach Vancouvers Reisebericht und den ausführlichen Fußnoten und Anhängen von W. Kaye Lambs Ausgabe der Hakluyt Society, zwischen deren Zeilen man einiges lesen kann, verspürte ich eine wachsende Verwandtschaft mit dem Mann. Ich war empört darüber, wie seine Kadetten über ihn redeten – als stünde er von Natur aus unter ihnen. Immerhin müssen die Lords der Admiralität Vancouver so sehr geschätzt haben, dass sie ihm eine der größten Expeditionen seiner Zeit anvertrauten. Sie sahen ihn als den logischen Erben Kapitän Cooks. Er kannte den Pazifik, er hatte das Navigieren nach Sternen unter einem führenden Astronomen und Mathematiker studiert und konnte auf glänzende Zeugnisse als Kadett und Leutnant verweisen. Doch sein Unvermögen, den Respekt einer Bande von hämischen, halbstarken Patriziern zu gewinnen, untergrub seine Stellung als Kapitän.

Sein Schiff war ein kleines schwimmendes England in einer Epoche wahnwitziger Umwälzungen. Vancouver, aus eigener Kraft aufgestiegen, war eine neue Art Mensch und ein einsamer dazu. Er besaß jede technische Begabung, die sein Auftrag erforderte, aber nicht ein Quäntchen Charme oder Humor. Seine bloße Anwesenheit an Bord der *Discovery* war eine Bedrohung für die alte aristokratische Ordnung – für Menschen, die Erfahrung darin besaßen, Außenseiter brutal zurechtzustutzen. Der Sohn des Zollbeamten mit dem verballhornten niederländischen Namen (ursprünglich van Coeverden) und der Physiognomie von Wurzelgemüse war gezwungen, den hochmütigen Spott der Jüngeren zu ertragen.

Er versuchte, seinen Widersachern den Wind aus den Segeln zu nehmen, indem er immer mehr auf Distanz ging. Er zog sich in seinen höheren Rang zurück wie ein verletzter Einsiedlerkrebs in seine Muschel, strebte danach, der Welt eine unergründlich gravitätische Fassade zu zeigen, die durch die Wucht seines ungestümen Temperaments allerdings immer wieder einstürzte.

«Er gebärdete sich wie ein Rasender, tobte und fluchte», schrieb George Hewitt nach einem von Vancouvers Ausbrüchen. «Seine Anrede werde ich nie vergessen und seine Ausdrucksweise nie verzeihen», schrieb Thomas Manby nach einem anderen Ausbruch. «Es war nichts Ungewöhnliches für ihn, in seinen Schmähungen leidenschaftlich und unfein zu sein», schrieb Menzies.

Würde kannte Käpten Van nicht. Schon der leiseste Angriff auf seine Autorität konnte zu wüsten Ausbrüchen führen. Unpünktliches Erscheinen zu einem Treffen, der Rauch eines Feuers der Ureinwohner, ein Fünkchen von Insubordination bei einem Kadetten, die Erwähnung von Menzies' vermaledeitem Gewächshaus auf dem Quarterdeck – und Vancouver explodierte, wobei er seine gesamte Umgebung mit dem Lavafluss seines Zorns versengte. Doch wenn es um das ermüdende und frustrierende Geschäft nautischer Astronomie ging, überkam ihn eine geradezu unheimliche Ruhe: Er stellte das Observatoriumszelt auf, wartete geduldig, bis die niedrigen Wolken den Blick auf den Antares oder den Polarstern freigaben, machte zahlreiche Beobachtungen, berechnete sie auf Papier und übertrug sie auf die immer umfangreicher werdende Karte. Unter allen Offizieren war Vancouver wohl einzigartig in seiner methodischen Gelassenheit. So schnell er aufbrauste, wenn sich ein Mensch seinem Willen widersetzte, so gutmütig-gelassen reagierte der Mensch auf die Launen des Wetters und der Sterne.

Für mich gab es kein Morgenrot, nur ein langsames Verschwinden der Dunkelheit in Hafermehlgrau. Ich rappelte mich aus dem Bett auf und fand mich im Zwielicht wieder, das Besitz von der Kabine genommen und sich um die ungewaschenen Teller und das halb leere Weinglas gelegt hatte. Vancouver in vier Bänden, achtlos über Sofa, Tisch und Fußboden verstreut. Auf dem UKW-Seewetterkanal meldete der Seewetterbericht an der Festlandküste der Georgia Strait die Sichtweite in Meilen, was verheißungsvoll klang. Ich quälte mich durch die Vormittagsstunden, suchte immer wieder das Cockpit auf und versuchte, das weiße Gespenst durch Willenskraft zu verscheuchen. Die Spitze des Hauptmastes verlor sich im Nebel, die Bugkanzel war ein undefinierbarer Schatten ihrer selbst. Mein Bronchialhusten klang schon ein wenig beängstigend, als er vom unsichtbaren Ufer zu mir zurückrasselte.

Nach zwei Uhr verdampfte der Nebel plötzlich und enthüllte eine Welt dunstiger, unerwarteter Weite. In vielen Meilen Entfernung zeigte sich Sidney als Stadt von Substanz, und die Felsen und Inseln im Norden, die sich im Nebel verloren, wirkten grenzenlos. Ich ließ den Motor an, lichtete den Anker und kämpfte mich gegen einen glatten, schnellen Gezeitenfluss in den Archipel durch.

Baiser-artige Nebelbrocken hingen noch in den schattigen, nach Norden gerichteten Tälern, doch sonst war die Küste klar. Langsam schlängelte ich mich zwischen sonnendurchfluteten Inseln hindurch und hakte die vorüberziehenden Landmarken ab. Im Satellite Channel überholte mich ein ältlicher hölzerner Beutelnetz-Trawler, der in Seattle zugelassen und derartig aufgetakelt war, als wollte er zu einem Blind Date nach Ketchikan – der Rumpf ein leuchtendes Moosgrün mit rotem und weißem Rand. Die letzten Verschönerungen wurden noch aufgetragen. Das Deckshaus war zum größten Teil grau grundiert, und auf dem Achterdeck, im Lee des Hauses und gerade außer Sichtweite des Skippers am Ruder, stand ein Mann und rauchte, vor sich den Farbeimer. Während er an mir vorbeischwebte, hob er die Zigarette zum Gruß, und einen Augenblick lang glaubte ich, ihm schon einmal begegnet zu sein – das helle Haar, zurückgebunden zum Pferdeschwanz, der kindliche Blick, die fettige, verflohte Holzfällerjacke.

Als ich Musgrave Point an der Einfahrt zu den Sansum Narrows umrundete, drosselte ich die Geschwindigkeit und ließ das Boot im Leerlauf treiben, vorbei an der winzigen Bucht am Fuß eines grasüberwucherten Steilhangs von Saltspring Island. Hinter dem Strand befand sich eine baufällige Mole. Genau hier hatte die Ketsch *Tzu Hang* in den 1950ern an ihrer Tonne gelegen, wenn sie nicht gerade über Kopf durchkenterte oder entmastet vor Kap Horn lag oder auf Besuch in Japan, auf den Hebriden oder an einer jener anderen Stellen auf dem Globus weilte, zu denen Brigadegeneral Miles Smeeton und seine Frau Beryl unter den fadenscheinigsten Vorwänden segelten. Die beiden setzten sich durchaus rationale Ziele – Melbourne, um die Olympischen Spiele von 1955 zu sehen, Tokio, um einem japanischen General ein zeremonielles Schwert zurückzugeben, aber das waren nur Ausreden für ihre Sucht nach großen Wellen, Seenot und riesigen Rationen unverdünnter Einsamkeit auf dem Ozean. Ich hatte einige von Miles Smeetons Büchern an Bord – *Once Is Enough, Sunrise to Windward, The Sea Was Our Village* – und hoffte, zumindest einen Blick auf Musgrave, die Farm der Smeetons, erhaschen zu können. Falls das Haus noch stand, wurde es sicher durch die Bäume auf der Wiese verborgen.

Die Smeetons waren für ihre Unerschrockenheit berühmt gewesen: Menschen mit rauer Schale, spartanisch, kampflustig, zäh wie ein Paar alte Stiefel und entschlossen, glücklich zu sein. Als sie 1947, im Jahr der Unabhängigkeit, Indien verließen und er seinen Abschied aus der Armee nahm, schreckte sie die Aussicht auf ein muffiges bravbürgerliches Leben in Clement Attlees nachkolonialem sozialistischem England ab. Musgrave, eine Ruine, halb überwuchert von Brombeergestrüpp und Salal und mitten in der westlichen Wildnis gelegen, hatten sie gekauft, ohne es je gesehen zu haben. Doch wie viele andere ehemalige Offiziere mussten sie nach Kriegsende feststellen, dass ihnen vom Temperament her das Leben in Friedenszeiten nicht lag, und so machten die Smeetons sich in den trüben Häfen Englands auf die Suche nach einem eingemotteten Boot, mit dem sie auf das Meer hinaus flüchten konnten. Die *Tzu Hang*, ihre 46 Fuß große Arche, die sie in Dover fanden, bauten sie zum Schrein ihres unzeitgemäßen Wertekodex aus. Als Hauptfigur in Miles' Büchern wurde dieses Boot zum Emblem persönlicher Freiheit, Selbstgenügsamkeit, Sparsamkeit (in einer Notlage hat Beryl ihren Gästen einmal ein Curry aus Katzenfutter als Gala-Essen vorgesetzt) und der romantischen Suche nach gefährlichen Abenteuern.

Die *Tzu Hang* war eine Gegenwelt, die dem Kurs gegensteuerte, den Großbritannien nach dem Krieg genommen hatte. Als Kind jener Zeit zitterte ich beim Gedanken an die Smeetons und das, wofür sie standen. Ich wusste sehr wohl, dass der Brigadegeneral, wenn wir beide uns je gegenübergestanden hätten, mich sofort als Dummkopf und Duckmäuser durchschaut hätte – ein typisches Produkt des Wohlfahrtsstaats, den er verachtete. Im Gegenzug hätte ich ihn für ein Furcht erregendes Fossil gehalten. Aber ich las seine Bücher mit Vergnügen und reiste als stellvertretender blinder Passagier auf der *Tzu Hang* mit, voller Bewunderung für die Unverwüstlichkeit und Tapferkeit der Smeetons – aus sicherer Entfernung, ohne den geringsten Wunsch oder die Fähigkeit, es ihnen nachzutun.

1968 verkauften die Smeetons die *Tzu Hang* aus Altersgründen an einen Freund. Mehrere Eigner später fuhr sie große Ladungen von Marihuana auf der Route Kolumbien–Chesapeake Bay. 1988 wurde sie vom US-Zoll beschlagnahmt. 1990 hat sie ein puerto-ricanischer Schiffsverschrotter platt gewalzt.

Die Sonne, blockiert von den Bergen über Vancouver Island, war schon aus der Bucht verschwunden, und das Wasser, auf dem früher einmal die *Tzu Hang* geschaukelt hatte, wurde schnell pechschwarz.

Die Smeetons gab es nicht mehr – Beryl war 1979 verstorben, Miles 1988 –, und die Überreste ihres geliebten Boots waren jetzt in einer Geländeaufschüttung in San Juan beerdigt. Miles' Patensohn, Miles Clark, den ich kennen lernte, als er an ihrer Biographie schrieb, hatte sich vor kurzem im Alter von 32 Jahren umgebracht. Das letzte Lebenszeichen von ihm war ein fröhliches Fax gewesen, in dem er mir seine Pläne erläuterte, über Schwarzes Meer und Wolga mitten in Russlands Herz zu segeln. Es war eine Expedition, um die ich Clark beneidete, obwohl ich es versäumt hatte, ihm zu antworten. Er brachte sich kurz nach seiner Rückkehr aus Russland um. Es war das schreckliche Ende einer viel versprechenden, jungen Karriere. Als ich jetzt an Musgrave vorbeifuhr, an dem eingefallenen Dock und dem reparaturbedürftigen Zaun, war ich erschrocken, wie mächtig es den nur allzu vertrauten Gestank des Schnitters verströmte.

Das Dämmerlicht ließ Sansum vielleicht friedhofsähnlicher erscheinen, als es tatsächlich war: Die schwarzen Klippen beiderseits der Passage fügten sich wie locker sitzende Puzzleteilchen zusammen; der Name Burial Islet – Begräbnis-Eiland –, der an einem grasbewachsenen Hügelchen in der Hauptrinne befestigt war; die priesterlichen Kormorane auf einer Reihe von Duckdalben an der Küste. In den Meerengen zwischen Sansum Point und Bold Bluff murmelte das unruhige Wasser wie ein Bach über Kieseln, obwohl die Karte anzeigte, dass es hier dreihundert Fuß tief war. Ein Fischerboot auf Südkurs, das mit der Tide fuhr, kam aus der Einfahrt geschossen, als ich einlief, wobei ich hart gegen die Strömung zu kämpfen hatte; das seichte Wasser um den Rumpf gluckste und spuckte.

Sechs Meilen weiter trieben blasse Dampfschwaden aus den hohen Schloten der Croftoner Zellstofffabrik über den dunklen Himmel. Ich konnte gerade noch die flach im Wasser schwimmenden Inseln aus Stammhölzern in den Floßhäfen ausmachen – ein kompletter

Wald, behauen und geschält, zermahlen und kochfertig für die Fabrik. Langsam, mit Blick auf dic gefährlichen Umrisse entfleuchter Baumstämme im Wasser vor mir, schob ich mich in die Traube von Fischerbooten im Regierungshafen, wo ein liebenswerter Pykniker meine Leinen annahm und belegte. Die Fender meines Bootes hatten kaum das Dock berührt, als Herr Pykniker mir schon ein Ohr abkaute.

Er war eine selbst ernannte Handelskammer für Crofton und all seine Herrlichkeiten. Als Schichtarbeiter in der Fabrik pendelte er von seinem Heim, das auf einer wenige Meilen entfernten Insel lag, in einem weißen, 21 Fuß langen Motorboot, seinem eigenen seetüchtigen Sport- und Nutzfahrzeug. Mit einer Familie auf der anderen Seite des Wassers und einer schnuckligen Filipina in Crofton – die ihn gerade mit einer Schale heißer Nudeln verwöhnen wollte – war er, wie er sagte, rundum glücklich in der Provinz.

Wie viele kontaktfreudige Gemüter, denen ich im Lauf der Zeit begegnet bin, schätzte auch Mr. Pykniker die Schlitzohrigkeit vor allen anderen Tugenden. Er war stolz auf seine eigene und konnte sie auch bei anderen anerkennen. Er machte mich – als ob das nötig gewesen wäre – auf die spitz zulaufenden Fabrikschlote aufmerksam, die über dreihundert Fuß hoch über unseren Köpfen aufragten.

«Wissen Sie, wie der Dampf riecht?», fragte er.

Ja. Dampf aus einer Zellstofffabrik, die auf Hochtouren läuft, riecht wie das Darmgas eines Riesen, der sich nicht ausgewogen ernährt.

«Tja, so wie sie das Dingens gebaut haben, riecht man ihn jedenfalls nie in Crofton. Diese Schlote tragen ihn nämlich senkrecht hoch und dann über den Berg da drüben, sodass er rund um die Cowichan Bay niedergeht, wo die Reichen und Schönen wohnen. Raffiniert, was?»

Er brannte darauf, mir sein Boot zu zeigen, ein Wunder «made in British Columbia, genau hier!». Er wies mich in die Handhabung der Bedienungshebel ein und demonstrierte, wie sich die achteren Sitze zu einem Doppelbett ausklappen ließen. «Und jetzt passen Sie mal auf.» Er schob ein Paneel beiseite, und ein himmelblauer Behälter rückte ins Blickfeld. «Mein kleines Scheißhaus mit Spülung», sagte er liebevoll. «Raffiniert, was?»

Was war ich froh, seine Filipina über den klampenverstärkten Bedienungssteg stöckeln zu sehen, die versprochene Nudelsuppe mit beiden Händen haltend. Ich griff mir den Vancouver, Band 2, und flüchtete ins Zentrum von Crofton.

Crofton war eine Stadt wie aus einem Western, jedenfalls insofern, als ihre großen historischen Erwartungen geplatzt waren. Die Stadtplaner hatten ein breites Straßennetz an einem abgeholzten Hang mit Blick auf den Stuart Channel angelegt, doch nach mehr als neunzig Jahren seit dem ersten Spatenstich waren hier Läden und Häuser immer noch so dünn gesät, dass sie bequem in eine einzige Straße gepasst hätten. Crofton bestand größtenteils aus öligem Gras. Die schöne Aussicht auf die Golf-Inseln wäre durchaus verlockend für die Touristik- und Alterssitzbranche gewesen, aber die das Stadtbild kathedralengleich dominierende Zellstofffabrik und der proletarische Anblick der Häuser im Umkreis hatte die Stadt gegen die von Vancouver Island aus nordwärts marschierende Schickimickisierung gefeit. Wahrscheinlich hätte kein Mensch in Crofton ein Fischerdorf gesehen, das nur der Verschönerung durch etwas Farbe sowie einer Andenkenbude und einiger antiker Lampen bedurft hätte: Nein, es sah aus wie eine Gegend, wo Werktätige ihrer Arbeit nachgingen, rauchten, an Motoren herumdokterten und umweltschädliche Dämpfe in die Luft pusteten.

 Im Dockside-Motel-Pub-Café spachtelte ich mich glücklich durch das Putengericht zu 8,95 Dollar. Mein Vancouver lag aufgeschlagen zwischen der Ketchupflasche linker und dem Senfspender rechter Hand. Die *Discovery* und die *Chatham* bewegten sich an der Festlandküste entlang, etwa zwanzig Meilen ostwärts von Crofton, und behielten gemäß der Labyrinthkunde-Regel die Steuerbordufer in Sicht. Vancouvers Laune – selbst drei Jahre später, als er sie im Petershamer Exil zu beschönigen suchte, wo er seine Logbücher zu Literatur verarbeitete – war mies und wurde immer mieser.

Er idealisierte Cook. Seine Vorstellung von der Aufgabe eines Kapitäns gründete sich auf das Beispiel Cooks. Aber Vancouver war nun einmal genauso wenig ein Kapitän Cook wie ich ein Miles Smeeton bin.

Ein Teil von Cooks außergewöhnlichem Reiz bestand darin, dass ihm sein obskurer sozialer Hintergrund einen heroischen Glanz verlieh. Als Sohn eines Wanderlandarbeiters stand James mit 17 hinter dem Ladentisch eines Kurzwaren- und Krämerladens in Straithes in der Grafschaft Yorkshire, zog dann aber nach Whitby, heuerte dort auf einem Kohlenschiff an und trat kurz darauf in die Marine ein, wo er mit 27 Jahren zum Bootsmann befördert wurde, mit 28 zum Steuermann, mit 39 zum Ersten Offizier, mit 42 zum Kommodore und mit 46 zum wirklichen Kapitän. Ein Aufstieg durch seemännisches Genie – diese Formulierung wurde oft von Cooks Vorgesetzten verwendet, wenn von ihm die Rede war.

Alle Künstler, die Cook porträtiert haben, betonten seine große Krummsäbelnase, das quadratische Kinn, den strengen Mund, die großen, tief zurückliegenden Augen. Es ist das Gesicht eines Raubtiers, eines Fischadlers mit menschlichen Zügen. Auf dem Quarterdeck wird ein derartiges Gesicht wohl von Nutzen gewesen sein.

Cook verstand sich darauf, seine Untergebenen gleichzeitig zu begeistern und in Angst zu versetzen. Gleich einem begnadeten Schauspieler setzte er die gestrenge Befehlsmaske auf und hob sie gelegentlich um wenige Zoll, um das Gesicht dahinter zu enthüllen – damit wollte er sich Respekt verschaffen. James Trevenen, George Vancouvers Mitkadett an Bord der *Resolution,* beschreibt eine Szene mit Cook und seinen jungen Gentlemen während eines Küstenausflugs:

> *Auch bei solchen Gelegenheiten entspannte sich Kapitän Cook etwas von seiner gewohnten Strenge und ließ sich hie und da herab, leutselig mit uns zu plaudern. Doch das dauerte nicht an; sobald wir an Bord waren, wurde er wieder zum Despoten.*

Armer Vancouver: zu jung, zu klein, zu schlicht und zu unbeherrscht, um in Cooks Rolle zu schlüpfen. Doch die Totemfigur – «jener vornehme Charakter», «jener große Mann» mit seinem «profunden Urteil» und «hervorragenden Fähigkeiten» – verfolgte seinen Jünger in der *Voyage.* Käpten Van sah sich als aus demselben Holz geschnitzt, musste aber schließlich zu seinem großen Kummer erkennen, dass auf seiner Expedition niemand dieses erhabene Selbstbild bestätigte. Je stärker er sich bemühte, es zu propagieren – genau wie Cook mit düster gerunzelter Stirn –, desto mehr kicherten die Kadetten hinter seinem Rücken.

Cook hatte die Gnade, aus dem Nichts, Vancouver das Pech, aus einem leicht identifizierbaren Ort zu kommen. Cooks Aufstieg war ein sagenhaftes Ereignis – der eines Phönix, aus Asche und Rauch geboren – und sein hoher Rang etwas, das die Aristokratie mit selbstgefälligem Stolz betrachten konnte. Cook bewies, dass es in den höheren Rängen im England des 18. Jahrhunderts Raum genug für wildes, schöpferisches Genie gab. Und er bewies, dass ein solches Genie, das extrem selten vorkam, keine Bedrohung für das System darstellte.

Vancouver war ein anderes Kaliber. Sein Vater, der Zollbeamte, engagierte sich an prominenter Stelle in der Lokalpolitik, für die Tories, und um King's Lynn herum war er als Little Van bekannt. Seine Mutter war eine jüngere Tochter aus einer Land besitzenden Familie in East Anglia. Käpten Vans Problem – von der streng klassenbewussten Perspektive des Quarterdecks aus betrachtet – bestand darin, dass er sowohl zu sehr als auch zu wenig «Gentleman» war. Gerade weil er dem suspekten Randbezirk der vornehmen Gesellschaft entstammte, war er weder Fisch noch Fleisch. Kaum verkaufte er einen Seeotterpelz, murmelte prompt ein sozial höher stehender Kadett: «Handel!» – die verächtlichste Bezeichnung im Standeslexikon. Thomas Manby, der sich um die Hand der Tochter des Marquis of Townshend bewarb, charakterisiert Vancouver folgendermaßen:

> *Seine Sprache gegen seine Offiziere ist zu schlimm, und ich bedauere, sagen zu müssen, dass seine Geschäfte und der Handel, den er betreibt, des Wesens eines Beamten in einer derart ehrenwerten und gehobenen Stellung unwürdig sind.*

Dabei hatte auch Cook Felle in Nootka gekauft und stets nach Möglichkeiten Ausschau gehalten, sich persönlich bereichern zu können. Gerade der Handel interessierte ihn ungemein: Nicht umsonst hatte er in einem Krämerladen gearbeitet. Und als er schließlich gestorben war, lebte seine Witwe Elizabeth in viel beachtetem Pomp, zu dem auch ein livrierter Diener gehörte, in Clapham. Doch was Cook sich leisten konnte, war kein Maßstab für das, was Vancouver von seinen Offizieren zugebilligt wurde. Der Pirat in Kapitän Cook imponierte denselben Leuten, die die Nase über das rümpften, was sie Käpten Van als ordinäre Geldscheffelei ankreideten.

Langsam arbeitete sich Vancouver die Küste hoch und schrieb, er sei «enttäuscht» über das, was er sah: Er fand sie «zerklüftet», «öde», «eintönig», «steril», «düster», «trist», «trostlos». Jedes dieser Wörter wurde immer wieder gebraucht. Es waren wohl die einzigen Farben, die Vancouver im Juni des Jahres 1792 auf seiner Wortpalette zur Verfügung standen, und anscheinend beschrieben sie seine Seelenlandschaft mindestens ebenso gut wie die Festlandküste von British Columbia. Das tropfende Vorgebirge, die schwarzen Tannen, der Nebel und der Regen, das Schiefer- und Steingeröll, die mächtigen, aber unregelmäßigen Gezeitenströme könnten die immergrüne Landschaft der Depression selbst sein, der natürliche Lebensraum des «armen Tiers», mit dem Vancouver eine intimere Beziehung unterhielt als mit jedem menschlichen Wesen.

Unter dem Münztelefon des Hafen-Pubs stand eine blaue Naugahyde-Couch, die vermutlich schon vor Jahren an ihren Stichwunden verendet war. In ihre herausgequollenen Eingeweide geflázt, einen Bierkrug zu meinen Füßen, wählte ich Seattle.

In der Leitung gab es einen Widerhall. Obwohl wir nur hundert Meilen Möwenfluglinie voneinander entfernt waren, klang es, als ob wir über einen Ozean hinweg miteinander sprächen.

Es dauerte einige Zeit, bis Jean Julia überreden konnte, ans Telefon zu kommen. «Hallo, Daddy, wir sind nach Coe Park gefahren. Ich hab Spinatpie gegesst, jetzt guck ich Mogli im Fernsehn, du kannst jetzt mit Mommy reden, bye-bye ...» – und weg war sie.

«Sie guckt», erklärte Jean, «gerade das *Dschungelbuch*-Video.»

«Bin ich bei ihr in Ungnade gefallen?»

«Nein, sie ist nur nicht ganz bei der Sache. Ich übrigens auch nicht. Wir haben hier eine Menge Scherereien gehabt.»

Violetter Zigarettenrauch umnebelte den Billardtisch und ließ die Umrisse der Spieler verschwimmen.

«Wo genau steckst du eigentlich?»

«Ach, in einer kleinen Industriestadt auf Vancouver Island. Viele Baumstämme, ein paar Fischerboote, ein kanadischer Pub.»

Das Thema Kinderbetreuung kam auf. Jeans Arbeit als Musik- und Tanzkritikerin für die *Seattle Times* erforderte es, dass sie an drei Abenden pro Woche Konzerte und ähnliche Veranstaltungen besuchte und dann vor ihrem Computer hockte, oft bis vier Uhr morgens, wenn die Zeitung in Druck ging, um aus einem Chaos nächtlicher Satzfetzen einen Artikel zusammenzuschreiben. Die Babysitter für Julia fischte sie aus einem Reservoir von Schülerinnen, die an den Kassen bei Ken's, unserm örtlichen Supermarkt, saßen. Doch die Mädchen neigten dazu, sich im letzten Augenblick zu entschuldigen, weil sie verabredet oder erkältet waren oder weil ihre Eltern etwas dagegen hatten oder sie noch Schulaufgaben machen mussten. Heute Abend war Jean für eine Konzertkritik eingeteilt, aber die Babysitterin hatte um sieben Uhr angerufen und abgesagt.

Und wo war Julias Vater in dieser Geschichte?, schien sie damit zu implizieren. Draußen im Pub, bei all den anderen fix und fertigen Vätern.

«Es tut mir Leid», sagte ich, eher als Reaktion auf ihren Tonfall als zu einem konkreten Vorwurf. Dass ich mich jetzt in einer Hafenkneipe herumtrieb beziehungsweise dort auf einer geschlachteten Couch hockte, kam auch mir wie eine unverzeihliche Fahnenflucht vor.

«Na, dann amüsier dich mal schön», meinte Jean, als ob Crofton Waikiki wäre. «Wie ist denn das Wetter?»

«Schön», erwiderte ich geknickt, und wir hängten ein, ohne verbale Zärtlichkeiten aufgetauscht zu haben.

Bedrückt schlich ich zum Boot zurück. Beim Überqueren des Bahngleises stolperte ich im Dunkeln und verknackste mir den Fuß.

Der Vancouver flog ins Gras. Unter Schmerzen humpelte ich zum Kai, wo das Boot des Herrn Pykniker immer noch festgemacht hatte. Hinter den zugezogenen Vorhängen brannte Licht. Ich kroch vorbei, zog meinen lädierten Fuß so geräuschlos wie möglich nach. Als ich mich an den Wanten zu meinem eigenen Schiff hochhievte, verscheuchte ich eine Eule, die auf der Saling gehockt hatte. Sie flatterte geräuschvoll zum Nachthimmel empor. Aus dem schwimmenden Liebesnest des Pyknikers drang ersticktes Lachen.

Kurz nach Tagesanbruch war ich auf den Beinen, leicht hinkend und von dem Wunsch beseelt, Crofton weit hinter mir zu lassen. Der Nebel war wieder da, Herrn Pyknikers Boot dafür weg. Ich nahm den Kaffeebecher mit ins Cockpit, um mir anschauen zu können, wie die Fähre ablegte, und die Sicht auf dem Wasser zu überprüfen. Mit lang gezogenem, klagendem Tuten entfernte sie sich vom Kai und hielt auf Saltspring Island zu. Binnen sechzig Sekunden waren ihre Farben verblasst, begann ihre Silhouette zu verschwimmen. Zwei Minuten später war sie nur noch ein graues Gespenst und gleich darauf ganz verschwunden. Ich schätzte die Sicht auf ungefähr eine halbe Meile – gerade eben ausreichend, wenn sie sich nicht verschlechterte.

Am anderen Ende des Pontons bereiteten ein Mann und ein Junge einen Treibnetz-Trawler für die Abfahrt vor. Da ich kein Netz auf der Trommel sah, fragte ich den Mann, ob er vielleicht in Urlaub fuhr.

«Wir suchen Treibgut», erwiderte er.

Sein Schiff, dessen mächtige Winde das Heck beherrschte, war jetzt ein provisorischer Schlepper. Er verbrachte seine Tage damit, kreuz und quer zwischen den Inseln umherzufahren, auf der Suche nach Holzstämmen, die sich aus den Flößen gelöst hatten oder aus den Floßhäfen weggetrieben waren – all die Drifthölzer und ausgebüxten Stämme, die einem die Navigation in diesen Gewässern so verflixt schwer machten. Mit etwas Glück konnte er ein ganzes Floß entfleuchter Baumstämme zusammenbekommen, die er dann zur Zellstofffabrik schleppte und nach laufendem Meter verkaufte. Für eine einzige große Kiefer gab es gut und gern 150 Dollar.

«Das rechnet sich», sagte er. «Holz bringt jetzt mehr Geld als Fisch.»

Mit seiner Brille und dem Kurzhaarschnitt sah er aus wie ein magerer, sonnengebräunter High-School-Lehrer, und er vertrat auch eine lehrerhaft-objektive Meinung über das, was aus der Fischerei geworden war. Mit Blick auf mein Hinkebein und die pitschnasse britische Nationalflagge erklärte er: «Wir schieben die Schuld gern auf die Amerikaner, aber damit drücken wir uns nur vor der Verantwortung. Wir waren zu lange unersättlich. Wir haben die Fischerei zugrunde gerichtet. Und jetzt müssen wir Driftholz fischen.»

Sie kamen nicht nur in den Erinnerungen alter Männer vor, die großen Lachsschwärme – Schiffe, bis ans Schandeck beladen und unter der Last ihres Fangs sinkend, und die gesamte Strecke der Juan de Fuca Strait zerwühlt und schäumend von springenden Fischen. Im Sommer 1990, ein paar Monate nach meiner Ankunft in Seattle, stießen Jean und ich während einer Fahrt nach Vancouver auf die Lachsflotte an der Mündung des Fraser River. Der Versuch, unser Boot zwischen den schwimmenden Netzen mehrerer hundert Lachsfänger durchzufädeln, machte das Lotsen zum Albtraum. Über eine Stunde lang fuhren wir, bei halber Geschwindigkeit, im Zickzackkurs durch die Durchlässe, die kaum breiter als das Boot waren, und glitten Rumpf an Rumpf an den Fischern vorbei. Jean stand vorn am Bug und brüllte Kommandos, während wir uns zentimeterweise aus dem Meer weißer Korken herausarbeiteten. Damals dachte ich, ein Lachs müsste schon mindestens ein Houdini sein, um den Meilen aus aufgehängtem Nylongewebe zu entkommen, die ihm den Zugang zu den Laichgründen stromaufwärts versperrten.

Aber so habe ich die Küstenflotte nie wieder gesehen. Mittlerweile verrottete ein Großteil der Schiffe in den Häfen, mit ZU VERKAUFEN-Schildern an den Fenstern. Im Puget Sound, in der Juan de Fuca und der Georgia Strait war das Meer völlig leer gefischt.

«Um die Jungen von den hinteren Bänken tut es mir Leid», sagte der Treibgutfischer. «Aus denen wären nie Raketenforscher geworden, und die Fischerei war ihre einzige große Chance. Damit hätten sie es zu was bringen können. Für Leute in meinem Alter ist das was anderes – wir kommen schon irgendwie über die Runden. Aber der da ...» – er nickte in Richtung Sohn – «der hat auf einen Schlag keine Zukunft mehr. Hier in der Gegend haben Kinder in seinem Alter keine Zukunft mehr. Das ist traurig und vielleicht auch eine Gefahr.»

«Sie waren mal Lehrer», sagte ich.

«Ja. Woher wissen Sie das?»

«Man hört es Ihnen an.»

Ich winkte ihnen nach, als sie auf Beutezug gingen. Binnen sieben Minuten war der Treibnetzer im Nebel verschwunden. Dann folgte ich ihm, die massiven Schlote der Zellstofffabrik als Landmarke nehmend, und hielt an Steuerbord Ausschau nach Gespenstern.

Am Morgen des 22. Juni, in einer dunstigen Kalme, saß Käpten Van im Heck des Beiboots, während die Männer südwärts zur Birch Bay ruderten, wo die *Discovery* und die *Chatham* vor Anker lagen. Er kam von einer zehntägigen Vermessungsfahrt zurück, die ihn über achtzig Meilen nach Norden und von einer düsteren Sackgasse in die nächste geführt hatte. Lange, anstrengende Tage lagen hinter ihm, Stunde um Stunde Loten, Peilen, Kartographieren, Benennen.

«Die Grenzen meiner Sprache bedeuten die Grenze meiner Welt», schrieb Wittgenstein – und die Welt, durch die der Kutter jetzt ruderte, war ganz frisch in englische Wörter gegossen und glich einem *Who's Who* der königlichen Marine in den 1790ern. Der «weitläufige Sund» mit seiner «zerklüfteten Schneegrenze» im Norden war Burrard's Channel, benannt nach Sir Harry Burrard. Der «triste und unwirtliche» Bereich dahinter war der Howe Sound, nach Admiral Earl Howe. Ein «ebenso trister» Fjord, fünfzig Meilen weiter nördlich, hatte den Namen Jervis Inlet bekommen, nach Admiral Sir John Jervis.

Selbst in erschöpftem, niedergeschlagenem Zustand war Vancouver verständlicherweise zufrieden. Binnen zehn Tagen hatte er ein großes und einsames Stück düsterer, nebliger Wildnis in das ordentliche Umfeld englischer Zivilisation gebracht. Jetzt richtete er sein Fernrohr auf Point Grey, neun Tage zuvor nach Kapitän George Grey benannt, dem jüngeren Sohn des Generals Grey, der später Earl Grey werden sollte. Das niedrige, dicht bewaldete Vorgebirge endete an einem blassen, konkaven Felsen, vor dem zwei fremde europäische Schiffe lagen, ein kleiner Schoner und eine Brigg.

Eindringlinge.

Das Beiboot änderte den Kurs. Der Kapitän herrschte Peter Puget an, er solle die Ruderer zu einer höheren Schlagzahl antreiben. Fast zehn Minuten vergingen, bevor Vancouver fähig war, durch das Glas die Flaggen der spanischen Marine auszumachen.

Dies war ein niederschmetternder Moment. Natürlich wusste der Kapitän, dass die Spanier sich auf der äußeren Küste herumtrieben, ja, es war sogar ein Teil seines Auftrags, die spanische Garnison in Nootka für Seine Majestät, den englischen König, gemäß der Nootka-Konvention, die 1789 in Madrid unterzeichnet worden war, zurückzufordern. Doch er hatte er nicht damit gerechnet, dass sich in seinem «mediterranen Ozean» Spanier aufhalten könnten. Seit er im Mai in die Juan de Fuca Strait eingefahren war, hatte er sich für den ersten Weißen gehalten, der je in dieses stumme Meer eingedrungen war.

Jetzt enthüllte das Fernrohr, dass er nur ein weiterer europäischer Besucher in einem Land war, das eine fremde Macht schon längst entdeckt hatte.

Wie Käpten Van im Laufe des Tages herausfinden sollte, hatten die Spanier genau jene Gewässer, die er in den letzten anderthalb Wochen erforscht hatte, bereits gelotet, kartographiert und benannt. Point Grey hieß auf ihren Karten Punta de Langara.

Die Grenzen unserer Sprache bedeuten die Grenze unserer Welt. *Point – Punta. Grey – Langara.* Vancouvers Namen waren durch die spanischen Alternativen jäh ihrer Autorität beraubt. Wo sie natürlich und einzig richtig geklungen hatten, schienen sie jetzt keck und willkürlich. In seiner *Voyage* gestand er die Demütigung ein, die er durch den ersten wahren Entdecker der Strait of Georgia erlitten hatte.

Ich kann nicht in Abrede stellen, dass mich bei dieser Gelegenheit die Entdeckung nicht wenig beschämte, dass die äußeren Ufer des Golfs besucht worden waren und schon ein paar Meilen über das Gebiet hinausgingen, welches ich erforscht hatte …

Doch auf der Brigg *Sutil* und dem Schoner *Mexicana* fand Vancouver unverhofft Balsam für seine wunde Seele. Die beiden spanischen Befehlshaber, Dionisio Alcalá Galiano und Cayetano Valdés, brachten Vancouvers höherem Rang ausgesuchte Ehrerbietung entgegen. Galiano sprach Englisch und ließ ihm ein opulentes Frühstück in der Kapitänskajüte des Schoners servieren. Die vorzüglichen Salonmanieren der spanischen Offiziere, die Promptheit, mit der sie Vancouver in jedem Punkt Recht gaben, standen in scharfem Gegensatz zu der Behandlung, die er von seiner eigenen Besatzung gewohnt war. Beim Frühstück drückte Galiano gelinde Überraschung darüber aus, dass der Herr Kapitän den Fraser River übersehen hatte, den die Spanier als Rio Brancho kannten, und Käpten Van schien dabei nicht zu bemerken, dass seine Forscherqualitäten plötzlich auf subtile Weise infrage gestellt wurden.

Es gefiel ihm ausnehmend gut in Gesellschaft der Spanier – sowohl hier als auch im weiteren Verlauf der Reise in Nootka und Monterey. Als Mitglied des mit sich selbst kämpfenden englischen Bürgertums fühlte er sich chronisch unwohl unter Landsleuten, die einen vornehmeren Hintergrund hatten als er, zumal wenn sie ihm unterstanden. Doch in einer Offiziersmesse voller Ausländer, die an die Regeln des internationalen Marineprotokolls gebunden waren, konnte Vancouver nur aufblühen. Er schaffte es sogar, seine Gastgeber zu charmieren, obwohl er kein Wort Spanisch sprach. Für die Spanier war Käpten Van das Haupt der britischen Expedition und der designierte Repräsentant von William Pitt und König George. Sie interessierten sich weder für seinen Akzent noch für den Beruf seines Vaters oder sein Unvermögen, mit den blaublütigen Kadetten auszukommen.

Am Abend, als Vancouver wieder auf der *Discovery* war, traf ein spanisches Ruderboot am Ankerplatz der Briten ein, um einen Sack voll Kohl und eine Kanne voll Milch von der Farm des Juan Francisco de la Bodega y Quadras in Nootka zu bringen, mit besten Empfehlungen der Leutnants Galiano und Valdés. Diese leiblichen, nach Heimat schmeckenden Genüsse wurden an der langen Tafel der Offiziere freudig begrüßt, obwohl einige Herren den in der Gabe versteckten Seitenhieb sehr wohl zu deuten wussten.

Der Kohl und die Milch signalisierten, dass die Engländer hier die Eindringlinge waren, wohingegen die Spanier schon eine florierende Farm angelegt hatten. Quadra, der Gouverneur von Nootka, Ritter des Ordens von Santiago, war ein berühmter Lebemann, der auf der äußeren Küste einen Riesenreibach gemacht hatte. Er ließ sich gern mit teuren und ohrenbetäubenden 21 Böllerschüssen begrüßen. Als Gegenleistung schmiss er üppige Dinnerpartys für Kapitäne und ihre Offiziere, die bei ihm zu Gast waren: Wildbret auf wappenverzierten silbernen Serviertellern, spanischer Jahrgangswein in Silberpokalen, gefolgt von Trinksprüchen und Nach-Tisch-Reden. Marineforscher und Pelzhändler waren von den Annehmlichkeiten geblendet, die ihnen Quadras Landsitz im Fernen Westen bot. Bei Friendly Cove züchtete er Vieh, Schweine, Schafe, Ziegen und Hühner. Seine weitläufigen Gärten waren mit europäischem Gemüse bepflanzt. Seine Diener betrieben eine Bäckerei nahe dem Haus. Jeden Morgen schickte Quadra ein Boot mit warmen Semmeln und Milch an sämtliche Schiffe in der Bucht.

Gemäß der Nootka-Konvention war er aufgefordert, seinen Grund und Boden den Briten zu übergeben, deren Anspruch auf Nootka, obwohl streng genommen durchaus rechtmäßig, auf wackligen Beinen zu stehen schien, wenn man berücksichtigte, wie viel Fleiß und Liebe er in dieses Land gesteckt hatte. Die Milch und der Kohl brachten es ironisch auf den Punkt. Wie konnte Kapitän Vancouver auch nur daran denken, den ungemein gastfreundlichen und höflichen Gouverneur Quadra von seinem fruchtbaren Land zu vertreiben?

Doch Käpten Van war kein Mann für feine Nuancen. Er trank die Milch und aß den Kohl, dann ging er hin und schrieb über «diese neuen und unverhofften Freunde».

Der Nebel lichtete sich und legte die Inseln Kuper und Thetis frei und daneben eine Perlenschnur aus Sägezahnriffen und Eilanden. Eine milde südliche Brise blies der schwächer werdenden Ebbe entgegen und zerhackte die Oberfläche des Wassers in kleine, flintsteingraue Wellen. Um Dodd Narrows zu erreichen, bevor es von der Flut in eine halsbrecherische Slalomstrecke verwandelt wurde, setzte ich die Fock und drehte den Motor voll auf.

Auf der Fahrt nach Norden und Westen wurden die Gezeitenpriele immer zahlreicher, turbulenter und interessanter. In der Meerenge von Dodd Narrows, wo das Wasser sich bei Geschwindigkeiten von bis zu neun Knoten durch die 225 Yards breite Lücke zwischen Vancouver Island und Mudge Island ergießt, ging es rascher voran als im Deception Pass, obwohl ich diese Turbulenzen eher als Vorwarnung für die waagerechten Katarakte der Seymour Narrows (15 Knoten) und Nakwato Rapids (18 Knoten) ansah. Die Namen der Meerengen – Arran, Yuculta, Dent, Hole-in-the-Wall, Greene Point, Whirlpool – waren für mich die einprägsamsten Namen an der Küste. Jede Anhäufung von Stromschnellen hatte ihren eigenen denkwürdigen Charakter. Jedes der wilden Gewässer, die ich passiert habe, bleibt unauslöschlich in meinem Gedächtnis haften und verfolgt mich manchmal bis in meine Träume.

Unter derselben Rubrik wie diese Meerengen hatte mein Hirn auch ein Gemälde von Lucian Freud abgespeichert: laufendes Wasser aus einem Hahn an der Wand seines Londoner Ateliers. Die Form, die das Wasser auf dem Bild angenommen hatte, war die eines unordentlichen Zopfes – schlampig zusammengebunden, sodass einige Strähnen heraushingen. Das Bild hatte mich auf zwei Freud-Ausstellungen in seinen Bann geschlagen, beide Male viele Minuten lang. Es passte wunderbar zu meiner eigenen Besessenheit von der chaotischen Bewegung von Flüssigkeiten, wenn sie auf ein Hindernis stoßen, sei es ein defekter Dichtungsring am Wasserhahn oder das riesige Bein samt Stiefel von Portland Bill, das im Ärmelkanal baumelt und einen Mahlstrom aufwirbelt, in dem viele Schiffe auf Grund laufen. Freud, der jede Arbeit mit legendärer Geduld angeht, muss Wochen mit der Beobachtung dieses sich drehenden Strahls verbracht haben, dieser spindelförmigen, fussligen Doppelhelix, mit der das Wasser sich ins Waschbecken ergoss. Freuds Wasserstrahl, den es so nur bei jenem Hahn, jener Wand, jenem Spülbecken gab, war ein ebenso unreproduzierbares Naturwunder wie die Seymour Narrows oder die Arran Rapids – ein erlesenes Niagara in den eigenen vier Wänden.

Ich erreichte Dodd Narrows rechtzeitig, in den letzten paar Minuten der Ebbe. Vom Süden zeigte sich die Meerenge als das schmalere Ende eines Trichters, der sich auf der anderen Seite zu einem niedrigen, undurchdringlichen Gewirr aus Brombeergestrüpp und Erlen verbreiterte. Das Wasser war von schmierigen Strudeln und Wirbeln durchzogen, in denen sich große Schaumbrocken wie Stücke aus vergilbtem Schaumstoffpolster langsam im Kreis drehten. In der Luft hing ein faulig-salziger Gestank.

Und mittendrin stürzte sich ein ungeordnetes Heer von Heringsmöwen auf die Leckerbissen, die das Meer ausgespien hatte. Sie kreischten und schubsten, kämpften um die Reste loser Kadaverteilchen, die Untersee-Aasfresser wie Katzenhai und Tintenfisch übrig gelassen hatten: ein Stückchen alte Seeanemone, ein halber Plattwurm, ein noch kaum verwester Seesternarm, ein faseriger Bissen von ranzigem Krebsfleisch.

Dodd Narrows hatte einen seichten, unebenen Grund. Auf dem Höhepunkt der Flut wurden selbst sehr schwere Gegenstände vom Grund an die Wasseroberfläche gerissen und in das Rennen einbezogen. Wenn man sich lange genug in Dodd Narrows aufhält, kann man alle bleichen versunkenen Schrecken ans Licht kommen sehen.

Und so pickten die keifenden Möwen in Schatten herum und machten Bocksprünge über die Rücken ihrer Artgenossen, um jeden Klumpen fester Materie zu erhaschen, der vom Grund hochsprudelte. Würgen diese Vögel eigentlich je an dem, was sie fressen? Gibt es vielleicht ein letztes Ekel erregendes Stadium von Verwesung, bei dem selbst eine Heringsmöwe die Grenze ziehen würde?

Plötzlich tauchte ein Schlepper aus den Sträuchern auf, und Sekunden später kam ein Stammholzfloß hinterher. Die Meerenge, die an ihrer engsten Stelle einen Knick hat, lag gute hundert Yards weiter Backbord, als ich vermutet hatte. Ich wartete an ihrem hinteren Ende darauf, dass der Schlepper die Zufahrt frei machte und die Tide sich zu meinen Gunsten änderte.

Dann hielt ich auf eine imaginäre Lücke zwischen den Erlen und geradewegs auf die zuckende Möwenmasse zu. Mit ausgestreckten Klauen und flatternden Flügeln erhoben sich die Vögel kreischend bis auf Höhe des Cockpit-Sülls und fixierten mich dabei mit ihren ausdruckslosen gelben Knopfaugen. «Hi-ja! Hi-ja!» Genauso gut hätte ich mich durch ein Geschwader von Kampftrinkern schieben können. Als Leiche wäre ich ein Festmahl für die Möwen gewesen, doch so konnten sie nur grummelnd ins Kielwasser des Bootes zurückfallen und ihre Jagd auf schmackhafteres, reiferes Fleisch fortsetzen.

Als ich die Erlen erreichte, hatte die Flut sich beschleunigt und schwappte mich förmlich durch den Eingang der Durchfahrt. Der widerliche Niedrigwassergeruch von Dodd Narrows hing mir noch in der Nase, als ich den Ort längst achteraus gelassen hatte. Ich zündete mir eine Zigarette an, doch der wochenalte Tabak schmeckte nicht, und ich musste sie über Bord schnippen.

Dodd überraschte mich über die Maßen und eroberte sich einen festen Platz in meinem privaten Pantheon der gezeitenabhängigen Gewässer. Dass es fünf Meilen vor der Stadt Nanaimo und anderthalb Meilen von der Zellstofffabrik in Harmac lag, erklärte viel von seiner denkwürdigen Besonderheit: Es war eine riesige Klospülung.

Ich hatte beabsichtigt, in Nanaimo zu übernachten, aber mit weiteren fünf Stunden Tageslicht und einem freundlichen Wind aus Südost kam es mir albern vor, nicht weiterzufahren, um die Vancouver-Expedition am anderen Ende der Strait of Georgia – fünfundzwanzig Meilen weiter nördlich – einzuholen. Ich kurbelte das Großsegel hoch, machte mir einen späten Lunch aus Käse- und Marmite-Sandwiches und schlurfte ins Cockpit, von wo ich die nur sechs Meilen entfernte Küste von Vancouver Island im Dunst verblassen sah. Endlich außer Sichtweite zu sein, mit Windstärke drei bis vier in den Segeln und einer leichten Dünung, das Boot unter Autopilot mit eingestelltem Kurs von 323°, war ein Vergnügen. Ich hatte einen Seekreis von zwölf Meilen Durchmesser ganz für mich allein.

Die zehntägige Entdeckungsreise entlang der Festlandküste der Georgia Strait vertiefte noch die Kluft zwischen Vancouver und den jüngeren Offizieren und Kadetten. Bei der Erforschung der Meerengen mit den großen Steilufern vom Howe und Jervis Sound und den hohen schneebedeckten Gipfeln, den tosenden Wasserfällen und den verkrüppelten Fichten auf Felsvorsprüngen sah Käpten Van eine Landschaft, die hässlich, einschüchternd, ungastlich und ohne jeden praktischen Nutzen war. Instinktiv schreckte er vor dem Anblick des Schwindel erregenden Abgrunds und der gefährlichen Klippe zurück: Sie beleidigten seinen Sinn für Ordnung. Die sanften Hügel und die Waldlichtungen der Discovery Bay und des Puget Sound entsprachen Vancouvers konservativen Vorstellungen von natürlicher Harmonie geradezu ideal. Doch in der wilden – und immer wilder werdenden – Geologie der nördlichen Georgia Strait war er verloren. Er beklagte sich über die «unergründlichen» Tiefen, darüber, dass die donnernden Kaskaden den Gesang der Vögel ertränkten, und äußerte Enttäuschung über die spärliche, verkrüppelte Vegetation.

Auch hier hinkte Käpten Van seiner Zeit hinterher. Die Landschaft, die er bloß deprimierend fand, erhitzte die Gemüter der Bildungsreisenden des 18. Jahrhunderts, die spürten, dass sie tatsächlich das Reich des Erhabenen betraten – ein Wort, das die Kadetten ständig auf den Lippen hatten, wenn sie im Zwielicht zwischen überhängenden Klippen ruderten und die Sonne mehrere tausend Fuß über ihnen Schneefelder aufleuchten ließ.

Bei der konventionellen Kavaliersreise jener Zeit waren die Alpen für die Gentlemen, die mit ihren Hauslehrern auf der Suche nach der italienischen Renaissance gen Süden reisten, eine wichtige Station. Für Schweizer Exkursionen war die empfohlene Lektüre Edmund Burkes Essay von 1757, *Philosophische Untersuchung über den Ursprung unserer Idee vom Erhabenen und Schönen*, in dem er der wilden Natur einen geistigen Raum schuf, wie man ihr etwa im englischen Lake District, in den Alpen, in einem Sturm auf dem Meer oder weiten unbewohnten Landstrichen in der Wüste und in der Prärie begegnen könnte. Burke zufolge nahm das Erhabene seinen Anfang im Entsetzen.

> *Alles, was sich in irgendeiner Weise dazu eignet, die Vorstellung von Schmerz und Gefahr zu erzeugen, also alles, was irgendwie schrecklich ist oder mit schrecklichen Objekten zu tun hat oder ähnlich wie Schrecken wirkt, ist eine Quelle des Erhabenen; das heißt, es ruft das stärkste Gefühl hervor, dessen der Geist fähig ist. Ich sage «das stärkste Gefühl», denn ich bin der Überzeugung, dass die Vorstellungen von Schmerz sehr viel mächtiger sind als jene, die von Freude herrühren.*

Der Ozean – besonders in einem Sturm – war der Archetyp von Erhabenheit in der Natur.

Eine weite Ebene ist gewiss keine geringe Idee; der Blick auf solch eine Ebene mag so weit sein wie der auf den Ozean: Doch kann sie jemals den Sinn mit etwas so Großem wie dem Ozean selbst füllen? Dies hat mehrere Ursachen; doch vor allem die, dass der Ozean ein Objekt von nicht geringem Schrecken ist. Wahrlich, Schrecken ist in allen Fällen, sei es eher offen, eher latent, das herrschende Prinzip des Erhabenen.

Weiter beschrieb Burke in *The Finer Organs*, wie physischer Schmerz und geistiger Schrecken gemeinsam Gefühle des Erhabenen herbeiführen:

Sie vermögen Entzücken hervorzurufen; nicht Freude, sondern eine Art wohliges Schaudern, eine Art heitere Gelassenheit mit einem Schreckenshauch.

Burkes Essay war hilfreich, weil er der neuen Reaktion auf die Wildnis, die gegen Mitte des Jahrhunderts in der Literatur und Malerei an Boden gewann, einen Namen und eine Erklärung gab. 1739 besuchten Thomas Grey und Horace Walpole Grande Chartreuse, ein Kloster auf einem Berggipfel bei Grenoble. Grey schrieb an einen Freund:

Auf unserem kleinen Ausflug zur Grande Chartreuse erinnere ich mich nicht, zehn Schritt gegangen zu sein, ohne einen Ausruf grenzenlosen Staunens zu tun. Jeder Abgrund, jeder Sturzbach, jede Klippe, alles ist mit Religion und Poesie geschwängert. Es gibt gewisse Szenen, die jeden Atheisten mit Ehrfurcht vor dem Glauben erfüllen würden, ohne dass es eines weiteren Arguments bedürfte. Man braucht fürwahr keine besondere Einbildungskraft, um dort mitten am Tag Geister zu sehen …

Die grenzenlose Begeisterung des jungen Poeten für Sturzbäche, Felshänge und Klippen hätte die Älteren sicher schockiert. Burkes Theorie vom wohligen Schauder, der Vermischung von Freude und Schmerz, ließ weiterhin die altmodische Vorstellung von Bergen als «Furcht erregend», «öde» und «gewaltig» zu – die Worte, mit denen Daniel Defoe 1726 den Lake District beschrieb –, auch wenn man auf ästhetischer Ebene in ihren entsetzlichen Eigenschaften schwelgte.

In den 1770ern war der Erhabenheitswahn im ländlichen England voll erblüht. Landschaftsgärtner ersannen alle möglichen reizvollen Schrecken für ihre Auftraggeber. Sir Richard Hill, der Herr von Hawkstone in Shropshire, der sich plötzlich im Besitz einer neumodischen Klippe mit Aussicht auf sechs Grafschaften fand, wandelte sein Land in einen Themenpark des Erhabenen um. Sogar der Ozean trat darin auf, tief im Binnenland, in Gestalt Neptuns, der als Statue in den Rippen eines Wals saß, und mit einer «Szene aus Otaheite», den Abbildungen in Kapitän Cooks *Voyages* nachempfunden. Ein Wachsdruide residierte in einer Grotte. Doch der große Clou waren die «Klippen». Dr. Johnson schleppte sich bis zu ihrem Gipfel und schöpfte dort aus Burkes Essay, um sein erregtes Gemüt zu beschreiben:

> *Wer die Klippen von Hawkestone erklimmt, fragt sich, wie er hinaufgelangt ist, und hegt Zweifel an seiner Rückkehr … Er hat nicht die Ruhe, aber den Schrecken der Einsamkeit, eine Art* turbulentes *[von mir hervorgehoben] Vergnügen zwischen Angst und Staunen. Die Ideen, die es dem Geist aufzwingt, sind die der Erhabenheit, des Schreckens und der Weite.*

Diese Art von Bewegtheit war an Vancouver vorbeigerauscht. Hier, an der Nordwestküste, wo der Ozean am Fuß weitaus höherer Klippen als jenen in Hawkstone saugte und grollte, befand Käpten Van sich im Herzstück des modischen Erhabenen, doch nichts an der Landschaft konnte ihn zur Poesie inspirieren: Er fand sie fremdartig und die Vorstellungen vom Erhabenen verdächtig und prätentiös.

In denselben Monaten, als die Engländer an der Küste entlang segelten, fuhr ein amerikanischer Pelzhändler namens Joseph Ingraham als Kapitän der 70-Tonnen-Brigg *Hope* zwischen den Queen Charlotte Islands nach Süden. Mit den Fellen, die er den Indianern auf seiner Reise abkaufte, wollte er in China handeln. (Vancouver und Ingraham würden sich bald begegnen, an Quadras Tafel in der Friendly Cove.) Ingraham, vier Jahre jünger als Käpten Van, hatte noch jugendlichen Überschwang und kreuzte zu eigenem Vergnügen und Profit. Am Abend des 31. Juli lotete er seinen Weg um die Copper Islands und an der Leeseite von Burnaby Island – selbst heute, mit Motor und moderner Karte, eine Zitterpartie. Laut Logbuch steuerte Ingraham sein Schiff in einem Zustand exaltierten ästhetischen Staunens durch die Dunkelheit:

> *Es gab etwas schrecklich Erhabenes beim Betreten dieses tristen Hafens zu dieser nächtlichen Stunde. Die hohen Berge ringsum warfen zusätzliche Düsternis über das Antlitz der Tiefe, deren großes Schweigen hin und wieder durch das hohle Aufbranden der See auf den umliegenden felsigen Ufern oder das Spiel riesiger Wale unterbrochen wurde. Das Ufer bot ein Bild, dem ich zu meinem Leidwesen nicht gerecht werden kann. Es schien Ehrfurcht vor dem Allmächtigen zu wecken, Welcher an allen Orten herrschet: Doch keiner, glaube ich, zeigt Seine Herrlichkeit, Macht und Eleganz auffälliger als die Geschehnisse der gewaltigen Tiefen.*

Wenn Ingraham dem armen Vancouver nur ein paar Gramm jener Droge hätte abgeben können, die ihn so berauschte, dann wäre die *Discovery* ein ganz anderes Schiff gewesen. Ingrahams gängiges

Schwelgen im Erhabenen war eine notwendige Vorbedingung für die Erforscher dieser Küste, und Vancouver besaß nicht die Spur davon.

Und vermutlich war es das, was die Jüngeren meinten, wenn sie ihn als «Mann ohne Bildung» verspotteten. Der versierte Astronavigator, stockkonservativ, was die gewöhnlichen Manieren und Marotten seiner Zeit anging, konnte nichts anfangen mit den wunderlichen Schwärmereien und Modewörtern der Kadetten, denen er wiederum ungeschlacht und spießig vorkam, ein grauer Mann der Zahlen, ein Körper ohne Seele.

Die Reaktion der Kadetten auf die Landschaft ist wohl am deutlichsten an ihren Zeichnungen abzulesen. Weil es für diese Expedition keinen offiziell bestallten Künstler gab, ließ man John Sykes, Thomas Heddington und Henry Humphrys fleißig mit weichen Bleistiften und Tuschkästen hantieren. Sie sollten das Land, das sich auf der Fahrt neben Schiffen entrollte, im Bild festhalten. Leider haben die Kupferstecher die Originale der Kadetten verfälscht, indem sie die Abbildungen in Vancouvers *Voyage* konventioneller erscheinen ließen als die Skizzen, auf denen sie beruhten. Eine Zeichnung von Henry Humphrys, auf der sich hohe schwarze Berge aus einer leeren See nahe Port Dick erheben, änderte der Kupferstecher durch Hinzufügen einer Flotte von 38 Indianerkajaks und verwandelte damit eine Szene einsamer, romantischer Weite in eine Sonntagsnachmittagsregatta. Doch selbst in retuschiertem Zustand sind die Illustrationen – besonders die von Heddington – voller Eindrücke des Erhabenen: öde Felsen und Klippen, schneebedeckte Gipfel, von wirbelndem Nebel umkränzt, einsame Adler am Himmel, ein brütender Ozean. Der Geist von Salvator Rosa, dessen Malerei damals in England höchst populär war, durchweht die Bemühungen der Kadetten, Schwindel erregende Höhen und leere Einsamkeiten des Nordwestens in vertraute Bildmittel umzusetzen.

Selbst Vancouver kam nicht um den Gebrauch des Wortes «erhaben» herum, obwohl er es so widerstrebend benutzte, als müsste er es mit der Kneifzange anfassen. Über seinen schrecklichen Ausflug im Howe Sound, das Zeitgeist-Geplauder der jungen Gentlemen noch in den Ohren, gab er in den Aufzeichnungen zu, «ein erhabenes, wenngleich düsteres Schauspiel» erlebt zu haben.

Meinen Berechnungen zufolge tauchten die Inseln Lasqueti und Texada etwa fünfzehn Minuten zu spät auf. Da, wo die südlichen Spitzen von beiden hätten sein sollen, war der Horizont klar, weshalb ich mein Radar schon mal zum Aufwärmen anschaltete. Unter Segel und Motor rollte das Schiff in der Dünung, während der abflauende Wind pustete und pfiff. In der Ferne, etwa fünf Meilen weiter, versperrte mir ein großer Hochseeschlepper, der ein paar Leichter zog, den Weg.

Als ich zum Radar hinunterging, fand ich auf dem Schirm drei Leuchtflecken im Umkreis von einer Meile. Wieder vom Nebel genarrt. Groß war der Schlepper nicht, aber viel näher, als ich gedacht hatte, und als ich zum Cockpit hinaufkletterte, hörte ich das *Wummwummwumm* seiner Dieselmotoren. Während der nächsten neunzig Minuten spielte ich im dichter werdenden Nebel und im Anbruch der Dunkelheit Blindekuh mit einer Kette unsichtbarer Inseln – ich schlich mit drei Knoten über das Meer und verwendete das Radar, den Garmin und das Echolot als Blindenstock. Die Sicht betrug weniger als eine Viertelmeile, als ich auf einen Felsspalt am Festlandufer zutappte. Plötzlich teilte sich der Nebel um eine Wand aus schwarzem Stein, und zum Vorschein kamen ein Sims mit Kormoranen, ein Erdbeerbaum, der sich mit den Zehen in einer Nische festkrallte, sowie eine tropfende Zinne mit einem fröhlichen Navigationszeichen – einer großen Planke, auf der stand: SECRET COVE →.

Ich schaffte es gerade rechtzeitig zum Dinner im Jolly Roger Resort. Irgendwer muss hier mal vorbeigekommen sein und so launige Ortsnamen wie Buccaneer Bay (Freibeuterbai) oder Pirate Cove (Piratenbucht) auf der Karte verstreut haben. Die eigentliche Geschichte dieser Küste war interessant, aber offensichtlich nicht interessant genug: Sie lechzte nach dem gefühlsduseligen «Johoho!» eines Käpten Kidd und der Totenkopfflagge und Zollwächtern samt Umhängen und Dreispitzen. Diese nostalgische Vorliebe für alles Pseudo-Europäische gegenüber dem realen Fernen Westen war, fand ich, eher ein kanadisches als ein amerikanisches Leiden und brachte Wirtshausschilder mit Messinghufeisen und Fachwerkbalken aus Plastik hervor. Auf diese Weise sind die Forscher und Pelzhändler des 18. Jahrhunderts gegenüber Piraten und Schmugglern aus der trivialfiktiven Geschichte Merry Old Englands ins Hintertreffen geraten. Augenzwinkernd-lustig soll das wirken, doch spricht daraus die zählebige provinzielle Besorgnis, die eigene Erfahrung und der Heimatort samt seiner Geschichte wären irgendwie weniger wirklich als die derjenigen, die näher am Zentrum der großen, weiten Welt leben.

Gerade als ich meinen Seeräuberteller bezahlen wollte, blieb ein Paar, offenbar kurz vorm Rentenalter, an meinem Tisch stehen.

«Wir haben Sie hereinkommen sehen. So ganz allein auf dem großen Segelboot?»

Sie strahlten dieselbe behagliche Selbstzufriedenheit aus wie ein emsiges Meisenpärchen. Manche Leute sind verheirateter als andere, und die Schmales (ihr Name fiel wenige Sekunden nach der Kontaktaufnahme) waren verheirateter als die meisten. In der ersten Person Singular von sich zu sprechen fiel beiden nicht ein. Anscheinend machten sie alles gemeinsam, und ihre erste besorgte Frage war, wo ich meine Frau gelassen hätte. Den Schmales erschien es unvorstellbar, dass ich keine Frau haben könnte.

«Sie ist in Seattle, mit unserer Tochter.»

«Ach herrje», sagte Mrs. Schmale.

Sicher geleitet von Mr. Schmales Taschenlampe, gingen wir durch das Fichtengehölz zum Yachthafen zurück.

«Wir haben einen Bayliner 25 ...»

«Wir sind gerade um die Inseln geschippert ...»

«Wir sind im Mineraliengeschäft ...»

«... in Vancouver. Wir waren eine Woche unterwegs ...»

«Wir hatten den Urlaub nötig ...»

Dies war eine kontinentübergreifende Ehe. Ihre Stimme klang nach Südwestengland, seine kanadisch. Ihr Schnurren und sein Näseln waren ihre Hauptunterscheidungsmerkmale, aber sie sangen dasselbe Lied.

Wie die Schmales selbst war auch ihr Boot klein, rundlich und gemütlich. In einem Schapp fand sich eine Flasche Drambuie. Wir tranken aus Gläsern mit Oldtimer-Abziehbildchen. Ich erwischte einen Bugatti.

Außer einem Kompass besaßen sie keine Instrumente. Ihre einzige Karte war die von Vancouver und den Zufahrtswasserwegen. Die letzten sechs Tage auf See hatten sie sich mit einer Straßenfaltkarte von Alberta und British Columbia durchgeschlagen.

«Unser einziges Problem war der Nebel.»

«Wie haben Sie bloß die Einfahrt hierher gefunden?», fragte ich.

«Na, wir haben uns halt von Felsen zu Felsen gehangelt.»

«Mir liegt das Seefahren im Blut», warf Mr. Schmale ein.

Unter dem «Mineraliengeschäft» hatte ich mir irgendetwas mit Edelsteinen vorgestellt, doch das Ganze war wesentlich prosaischer. Die Schmales handelten mit Sand. Hauptabnehmer waren die Golfplätze in Vancouvers Vorstädten. Er trug die schweren Säcke, sie telefonierte und kümmerte sich um die Buchhaltung. Immer wenn die

Nachfrage stagnierte, stachen sie in See und schaukelten ohne Karte in ihrem kleinen weißen Fiberglaskokon auf den Wellenkämmen herum. Am besten gefalle es ihnen bei rauer See, sagten sie, und da begriff ich, dass ihre Ehe ein Boot war: fassartig, seetüchtig, für stürmisches Wetter gebaut. Ich sah sie deutlich vor mir, wie sie Unwetter überstanden und die Klippen fast ohne Schrammen umschifften. Bei aller Respektlosigkeit vor den üblichen Navigationsregeln wussten sie, wie man ein Boot flotthält.

«Los, noch einen», sagte Mrs. Schmale. «Wir trinken auch noch einen!»

Es gefiel mir, mich ein Weilchen an ihrer guten Beziehung zu wärmen – obwohl ich dabei auch ein klein wenig die Demütigung Vancouvers bei seiner Begegnung mit Galiano und Valdés nachvollziehen konnte: Der unbekümmerte Umgang der Schmales mit der See nahm meiner ernsthafteren Expedition einiges von ihrem Glanz.

Ihre Vorhänge waren zugezogen, als ich am nächsten Morgen ablegte. Nebel sah ich nicht, die Luft war unheimlich still. Ein Eisvogel platschte hundert Meter weiter wie ein Ziegelstein in die Bucht. Ein Himmel aus geronnenem Grau hatte sich über die Wipfel gelegt. So leise wie möglich ließ ich das Boot losfahren. Doch als ich mich noch einmal umsah, standen beide Schmales auf der Mole und winkten zum Abschied.

In der Malaspina Strait zwischen Texada Island und dem Festland war die See von einem Ufer zum anderen wie mit einer glänzenden Haut überzogen. Darauf sah man durch die Strömung verursachte Dehnungsstreifen, aber vom eigentlichen Wasser hoben sie sich ab wie ein riesiges Stück Frischhaltefolie. Beim Hineinfahren hinterließ ich einen langen gezackten Riss in der Folie, und meine schäumende Kielwasserspur zog sich, so weit ich sehen konnte.

Als der Himmel sich langsam aufklärte, kam ein zögerlicher Lufthauch von Süden die Meerenge hochgeweht und furchte die Wasseroberfläche, ohne sie zu zerreißen. Die immer noch intakte Folie erschien jetzt wie eine genoppte Masse aus kleinen Lichtrauten – jede fing etwas anderes vom Himmel auf –, und das Wasser erwachte durch die zahllosen, unendlichen Spiegelungen urplötzlich zum Leben.

Bei der Entstehung der Wellen «verformt» die Luft zunächst das Wasser, das dann den Luftstrom, der darüber geht, zu «stören» beginnt. Aus diesem heiklen Miteinander der Elemente wird die Welle geboren. Wenn aus der Kabbelung eine kleine Welle wird, bietet deren leicht konvexe Wölbung dem Wind einen Widerstand, und bald entwickelt die kleine Welle ein Lee-Gesicht und einen Luv-Rücken mit einem wachsenden Differenzial zwischen dem schwachen Luftdruck vorn und dem starken von hinten. Unter der plötzlichen Unausgewogenheit des Drucks hilft die unstabile Luft der (jetzt ausgewachsenen) Welle beim Steigen: Das Wasser geht den Weg des geringsten Widerstandes, in diesem Fall nach oben, während die Energie des Windes auf die See übertragen wird.

An jenem Morgen wehte der Wind, dem Zephir entwachsen, mit zunehmender, zielgerichteter Beschleunigung durch den langen Trichter der Meeresstraße. Kaum hatte ich die Genua ausgerollt, musste ich auch schon darum kämpfen, sie auf die Hälfte zu reffen. Selbst die kleinsten Wellen zerschellten plötzlich weiß ums ganze Boot herum. (Mit der zerstiebenden Schaumkrone bezahlt das Wasser für einen Teil der Energie, die ihr die Luft zuvor gegeben hat.) Es dauerte nur Minuten, bis die Wellen ihren natürlichen periodischen Rhythmus fanden und eine kurze, steile, holprige See bildeten.

«Holprig» war das treffende Wort. Von den Klippen her dürfte das Meer wie die gleichmäßig angeordneten Saiten einer Harfe ausgesehen haben – die parallel verlaufenden Linien der weißen

Schaumkronen mit Intervallen von vielleicht sechzig Fuß. Vom Ruder eines kleinen Schiffs aus bot sich ein ganz anderer Anblick. Jede einzelne Welle im Zug wies eine Vielzahl kleinerer Verformungen auf: entstehende Wellen, die sich aufbauten und zu brechen versuchten, während sie auf dem Rücken der größeren ritten. Vieleckig und in alle Richtungen steigend, verwandelten sie noch die kleinste Fläche Wasser in ein Gebrodel sich verschiebender Flächen und einbrechender Huckel. Wo immer der Wind eine freie Fläche fand, wirbelte er winzige Runzeln von Wellen auf, die ihre Geburt erwarteten. Große Wellen nahmen kleinere huckepack, kleine Wellen trugen noch kleinere auf dem Rücken und so weiter und so fort.

Vor dem Wind konnte ich nicht sicher fahren, also musste ich das Boot in einem solchen Winkel steuern, dass er mir von Backbord über die linke Schulter blies. Unter verkleinerter Genua fügte sich das Schiff einigermaßen bequem in die Wellen – oder vielmehr in eine anhaltende Welle, wie es schien, denn mein ständiger Begleiter war die Gischt, die mit jeder heranrollenden und am Achterschiff zerschellenden Welle aufspritzte. Zum Geräusch der Gischt gesellte sich bald auch noch die Katzenjammermusik in der Takelage, was eine Windgeschwindigkeit von etwa fünfunddreißig Knoten bedeutete.

Für *Taifun* oder *Moby Dick* hätte das Material allerdings wirklich nicht gereicht: Die Wellen waren höchstens vier Fuß hoch, mit einem gelegentlichen Ausreißer von fünf Fuß, und die Sechsmeilenbreite von Malaspina Strait sorgte dafür, dass hier kein richtig gefährlicher Sturm entstehen konnte. Aber ich hatte trotzdem genügend zu kämpfen. Mir blieb nichts anderes übrig, als an meinem Kurs festzuhalten. Das Ufer von Texada Island war ein langes, durchgehendes Kliff, und ein Spurt zu den Inselchen auf der Festlandseite hieße – mindestens – eine Stunde voll roher Gewalt vom Wind wie vom Meer:

Alles an Bord würde herumfliegen wie Zement in einer Mischmaschine.

Der Anblick eines kleinen, offenen Fischerbootes mit zwei Mann Besatzung, etwa zwei Meilen vor mir, machte mir Mut. Meistens waren sie in den Brechern verschwunden, aber hin und wieder erschienen sie über der Kimm. Ihre schwarze Silhouette, steigend und fallend, wurde mein Freund. Wir zogen das hier gemeinsam durch – und wenn so eine Walnussschale es packte, dann sollte es für mich mit einem seetüchtigen Boot doch wohl ein Kinderspiel sein. Ich versuchte, möglichst dicht an den beiden vorbeizusegeln, um ihnen zuzuwinken. Sie konnten nicht ahnen, wie froh ich war, in ihrer Gesellschaft zu sein, aber ich wollte ihnen genau dafür meine Dankbarkeit signalisieren.

Eine Meile weiter, und schon verbesserte sich meine Stimmung enorm. Der Wind in den Stagen und Wanten hatte die Kraft verloren, größeres Unheil anzurichten. Das Boot sauste mit sieben Knoten unter dem winzigen Dreieck des Segels über das Meer. Die Sonne durchbrach die Wolken und schien von achtern durch die Wellenkronen, die grün wie Pernodflaschen aufleuchteten, bevor sie eine Sekunde später zu weißem Pulver zerstäubten. Mein Sicherheitsgurt war in seinem Augbolzen im Cockpitboden eingeschnappt, ich hatte die Beine gespreizt und drehte das Ruder, um mit den Wellen mitzuhalten, und verspürte plötzlich einen Adrenalinstoß. *Hier gefällt's mir.*

Gerade als ich den Fischern zuwinken wollte, hob das Meer sie auf der überbrandenden Schaumkrone einer großen Welle hoch ins Sonnenlicht. Das Boot war gar kein Boot, sondern das abgesägte untere Ende einer riesigen Douglastanne, aus dem zwei mannsgroße Stümpfe ragten. Halb untergetaucht, dunkel gefärbt und mit einer langen Schleppe aus Wurzeln hätte dieses veritable Navigationshindernis einen ganzen Schleppzug versenken können. Als ich wegsteuerte, sah ich es in einem Wellental untergehen, und es dauerte viele Sekunden, bis es wieder über dem Wasser erschien wie eine Schildkröte, die auftaucht, um Luft zu holen.

Man hätte nie erfahren, mit was man zusammengestoßen war.

Als ich fünf Minuten später zurückschaute, standen dort die Fischer, unheimlich lebensecht, an beiden Enden des Boots und genossen ihren morgendlichen Törn.

Texada Island, lang und schmal, hatte ungefähr die Form eines Bumerangs. Bei North Point, auf der Mitte ihrer nach Osten führenden Ecke, beschrieb die Insel einen Knick nach Westen. Bisher hatte der Wind aus Südsüdost geblasen, also auf dem Kurs der Meeresstraße. Wenn dieser Wind so blieb, würde ich hinter North Point Schutz suchen. Wenn er aber der Strait um die Biegung folgte, musste ich auf den nächsten 18 Meilen mit einer ständig schlechter werdenden See rechnen, bevor ich mich in die Blubber Bay an der Nordwestspitze der Insel verdrücken konnte. Ich versuchte mir auszumalen, was bei North Point geschehen würde: Nachdem ich gerade wie George III. in seinem Wahn mit einem toten Baum Freundschaft geschlossen hatte, mochte ich mich nicht allzu sehr auf mein eigenes Urteil verlassen.

Der Wind war scharf. Die Gischt machte mich von oben bis unten nass. Das Schiff begann, in die Wellentäler zu krachen, und zwar schneller, als ihm gut tat.

Die Bewegung des Schiffs auf See pflegt man in sechs Komponenten zu unterteilen, bekannt als die sechs Grade der Freiheit: Stampfen, Schlingern, Versetzen, Tauchen, Wogen und Gieren. Da der Wind das Segel an Steuerbord und das Boot in einem stetigen Winkel von 25° festhielt, war es in seiner Freiheit, zu schlingern und zu wogen, gottlob behindert, aber ansonsten erlaubte es sich jetzt alle

Freiheiten. Es gierte, es stampfte – hintereinander und in Kombination. Obwohl ich meine Ohren gegenüber dem Höllenlärm unter Deck verschließen wollte, nahm ich hinter meinem Rücken ein merkwürdiges Nagegeräusch wahr – als ob eine Ratte unter der Holzverkleidung wäre. Ich sah mich um und bemerkte, dass die Flagge mitsamt dem Stock soeben aus ihrer Halterung an der Heckreling gerissen war. Sie blieb kurz auf dem Dach der achtern gelegenen Kabine liegen und ging dann zu meiner Erleichterung über Bord. Das ungewohnte Flattern des unzulässigen roten Staubwedels war eins von den Dingen gewesen, die mich morgens immer genervt hatten.

Als Landspitze hatte North Point recht wenig zu bieten: einen Felsen, der leicht aus dem geraden Küstenverlauf herausragte und die Aussicht auf das, was dahinter lag, versperrte. Doch hier frischte der Wind auf. Und dann das: Eine halbe Meile vor North Point entwich plötzlich alles Leben aus dem Vorsegel, das nur mehr schlaff in einem merkwürdigen Flautenloch hing. Zwei, drei Minuten verstrichen. Dann tauchte der Wind in neuer Verkleidung auf – blies urplötzlich mit Sturmstärke von Westen, direkt von der Landspitze, legte das Boot um, machte die Wellen platt und verwandelte das Wasser in Schaum. Gefangen in diesem Luftwirbel, riss ich die Genuaschot aus der Klemme und ließ sie schlagen, ohne mich mehr darum zu scheren, ob der Wind das lose Segel zerfetzte.

Dann sah ich westlich der Landspitze das, was ich nicht zu erhoffen gewagt hatte: eine breite Strecke aus spuckenden Wogen, kaum einen Fuß hoch, eine See aus weiß gesprenkelter Jade. Ich konnte die seichte schmale Stelle am Eingang zu Vananda – nur acht Meilen hinter dem Nordufer von Texada – sicher passieren.

Die Berge um Vananda waren von Steinbrucharbeitern ausgehöhlt, und der Wind trug Steinstaub aus dem Marmorwerk herüber, als ich in die Bucht einlief. Zwischen steilen Felswänden jagten sich wirbelnde Böen, und ein Stück vom Dock entfernt wartete ich auf einen ruhigeren Moment, um anlegen zu können. Schließlich kamen zwei Männer von ihrem Sportfischerboot, um meine Leinen anzunehmen.

«Vielen Dank.»

«Schon klar.» Die Stimme hob sich am Ende des Satzes, obwohl keine Frage gestellt wurde.

«Da draußen ist es rau», sagte der Zweite. Ich hielt sie für Brüder, beide in den Vierzigern, dunkle, struwwelige Haare, unrasiert. «Der Wind hat wie ein Hooligan gewütet.»

«Ja», sagte ich. «Er ist buchstäblich aus heiterem Himmel gekommen. Von einem Moment zum nächsten, als ob jemand einen Fön angeknipst hätte. Huuuuuuuiiii!»

Der Mann blinzelte mich an, die Augen zum Schutz vor dem hochwirbelnden Staub zusammengekniffen.

«Woher kommen Sie?»

Durch seinen Ton vorgewarnt, sagte ich: «Aus Seattle.»

«Sie sind *Ömörrrikaner*?»

«Ja, sozusagen. Ich meine, ursprünglich komme ich aus ...» und dachte einen Augenblick nach, bevor ich das L-Wort aussprach: «London.»

Sofort hatte sich der Abstand zwischen uns vergrößert. Die Brüder bedachten mich mit einem starren, kühlen Blick, der bierernsten Argwohn ausdrückte, und gingen zu ihrem Boot zurück.

Ihr Akzent und meiner waren uralte Feinde. Sie sprachen im Tonfall des katholischen Nordirland, mit der Stimme von Derry und der Falls Road in Belfast. Ich sprach mit dem Akzent der Kolonialherren. Wenn man wollte, konnte man in meiner Stimme die gesamte lange

Litanei englischer Unterdrückung vernehmen – von Oliver Cromwell bis zu Margaret Thatcher und John Major. Nichts, was ich wirklich über die gegenwärtige Lage in den sechs Grafschaften dachte, wäre gegen den schlechten Eindruck angekommen, den ich durch meine Art, Vokale auszusprechen, hinterlassen hatte.

Ganz neu war mir das nicht. Als ich eines Abends im Jahre 1969 aus einem Kino in Belfast kam, beorderte mich ein Wutschrei von der Frau im Kartenhäuschen zurück. Sie bezichtigte mich lautstark, einen Sixpence zu wenig bezahlt zu haben. Ich gab ihr die Münze ohne Widerworte, woraufhin die Kassiererin leise, nicht zu mir, sondern zu ihrer Kartenrolle, mit einer Stimme voller Lebensüberdruss murmelte: «Scheißprotestant!»

Also galt ich im Hafen von Vananda wieder einmal als Scheißprotestant oder, schlimmer noch, als herumschnüffelnder Engländer, dessen Stimme an Sandhurst und Kasernenhof erinnerte. Ich ging nach unten, um die herausgefallenen Bücher auf die Regale zurückzustellen und die Scherben von zwei zerbrochenen Gläsern und einem Teller aufzufegen. Aber ich wollte den Brüdern schon zeigen, dass ich nichts zu verbergen hatte, und ließ deshalb das Boot unverschlossen und den Niedergang offen für die Inspektion, als ich mich aufmachte, eine Bank und einen Krämerladen zu suchen.

Vananda war ein Dorf mit verschlungenen Pfaden und Schotterstraßen und ein paar versprengten Holzhäusern, hübsch anzusehen in der Frühlingssonne. Blühende Sträucher überwucherten den kommunalen Boden. In jedem Garten fand sich ein kieloben aufgebocktes Boot, ein Vogelhäuschen mit Kolibris und eine Autoersatzteil-Sammlung auf dem Rasen. Aus Türen und Fenstern eines Hauses, alles sperrangelweit offen, erscholl ebenfalls Irisches – Violine, Tinwhistle und Konzertina, und dazu sang eine Stimme aus der Konserve:

Es suhlt sich das Ferkel, es käut wieder die Kuh:
Ein Mann ohne Frau findet nimmermehr Ruh'.
Dic Mutter liebt Entchen, die lieben Erpel noch mehr,
Und ich sterb für Biddy Mulligan, denn ich lieb sie so sehr …

Wer immer dort wohnte, versuchte offenbar, seine nationale Verbundenheit dem kanadischen Festland am anderen Ende der Malaspina Strait gegenüber lautstark mitzuteilen. Nur jemand Stocktaubes konnte den Lärmpegel im Haus ertragen.

Acushla mavourneen, ins Tal wir ziehn,
Werden Mann und Frau
Dort am Meer so blau.

Die vielen Refrains des Liedes verfolgten mich den Berg hinauf und das Tal hinunter und bis dorthin, wo Vanandas Wege sich gabeln.

Die Bank war in einem Wohnwagen untergebracht, wo mein Akzent sehr viel besser ankam als im Hafen, denn die Kassiererin stammte aus Chipping Sodbury in Gloucestershire, und wir gedachten einen kurzen Augenblick unserer englischen Wurzeln, als sie mir das Geld vorzählte.

«Hier gibt es anscheinend ein ganzes Kontingent von Nordiren …»

Ihre Hände erstarrten mitten in der Bewegung.

«Wir haben Leute aus aller Herren Länder», sagte sie.

Um die nächste Wegschleife wehte eine sehr große irische Trikolore an einer improvisierten Fahnenstange, die im Vorgarten eines verwahrlosten Häuschens steckte, auf dessen Dach ein Trio anderer Flaggen – die deutsche, die schwedische und die norwegische – in der Brise flatterte. Ein Schild verkündete mit ungelenken Buchstaben: «HENRIETTA'S LAND». Henrietta selbst – jedenfalls nahm ich das an – bewachte mehrere kleine brennende Abfallhaufen auf der Straße, aus denen so viel Rauch quoll, dass man kaum noch das Straßenpflaster sehen konnte. Ich kletterte auf den grasbewachsenen Rand und versuchte, dem faulig riechenden Qualm auszuweichen.

«Ich bin gerade beim Recyceln», sagte Henrietta.

«Alles klar», erwiderte ich – ich wollte schnell weiter.

«Kennen wir uns nicht?»

Auf den zweiten Blick konnte ich mir durchaus vorstellen, dass wir uns schon einmal begegnet waren, wenn auch vermutlich vor langer Zeit. Sie war in meinem Alter und, wie man so schön sagt, mein Typ. Sie trug ein Mini-Strickkleid, schmutzig zwar, aber ein teures Stück, das direkt aus der King's Road hätte stammen können – aus der 1960er Kollektion. Ihre nackten, knochigen Beine waren voller Schrammen und lehmverschmiert. Das graue, ehemals blonde Haar sah aus wie selbst geschnitten, und zwar mit der Heckenschere. Die blutunterlaufenen Tränensäcke deuteten auf Jahre von zu wenig Schlaf hin, doch das Gesicht hatte immer noch etwas koalahaft Kokettes, wie damals, als wir uns – falls überhaupt – zum letzten Mal begegnet waren. Urplötzlich erinnerte sie mich an Lulu, die Popsängerin, längst vergessen (zumindest von mir) – bis zu jenem Augenblick.

«Wie gefällt Ihnen unser neues Land?»

Das schräge Schild, die Feuerchen, die Flaggen, das baufällige Cottage – all das ging mir unerklärlicherweise deprimierend nahe. Es war, als ob wir uns wirklich gekannt und ich sie dreißig Jahre später in diesem Elend wiedergefunden hätte. Ich hatte Angst, dass sie meinen Namen aussprechen würde, durchstöberte die Rumpelkammer meiner Erinnerung nach einer Henrietta und kam mit leeren Händen zurück.

«Klar doch, ich kenne dich», sagte sie. Aber ihr Blick war leer; sie sah an mir vorbei, sah jemand ganz anderen an. «Die Regierung will mich fertig machen, verstehst du.»

«Welche Regierung?»

«Die von British Columbia. Die *Provinz*regierung», betonte sie. «Diese Straße – guck doch mal, die nimmt mir neun Zoll von meinem Grundstück. Mein Eigentum. Das habe ich ihnen bewiesen. Aber sie haben ihre Vertreter geschickt. Letzte Woche. Und die haben meinen Ziegenbock erschossen ...»

«Das tut mir Leid.»

«Er ist dadrin.» Sie zeigte durch den Rauch. «Ich möchte, dass er ein richtiges Begräbnis kriegt. Ich muss ihn verbrennen. Aber ich bin nicht stark genug, um ihn zu tragen, verstehst du? Aber du – du bist stark. Wenn du nur mal eben ...»

«Nein, tut mir Leid, das geht nicht.» Ich drückte mich an ihr vorbei. «Ich bin spät dran. Meine Frau erwartet mich.»

«Du könntest mir *helfen*.»

Ich schritt weiter, während ihre Stimme mich von der anderen Seite der Rauchwolke verfolgte: «Nun hilf mir doch ... ist doch bloß eine Kleinigkeit. Du bist doch stark genug.» Der Ton war reizend, neckisch, wie bei einem Flirt. «Es dauert nicht mal eine Minute.»

Ich fand den Krämerladen und schaute dann, mit Einkäufen bepackt, beim Hafenmeisterbüro vorbei, um die Liegegebühren für eine Nacht zu entrichten. «Ich kann jetzt nicht», sagte die Frau. «Gleich kommen die Lottozahlen im Fernsehen. Da müssen Sie schon reinkommen.» Ihr Bungalow war voller Katzen: herumlaufende Katzen, sich räkelnde Katzen, auf Sessellehnen liegende Katzen, schlafende Katzen, Katzen, die sich zankten. In dem Augenblick, als ich eintrat, war das gesamte Rudel scharf auf den Inhalt meiner Einkaufstüten, die ich in Brusthöhe hielt. Der Fernseher plärrte.

«Sie kommen in ein, zwei Minuten», sagte die Kaimeisterin. «Um 6 Uhr 49.»

Ihre Lottoscheine – offensichtlich eine größere Geldanlage – lagen auf dem Fußboden vor ihrem Sessel ausgebreitet.

Es war die Zeit für Lokalnachrichten, obwohl die Vancouver-Tagesschau aus Vanandas Perspektive genauso gut von einem fremden Planeten hätte kommen können.

«Die Uhr geht wohl vor», sagte sie, aber wenige Minuten später, um sieben Uhr, wurde ihr klar, dass sie den falschen Tag für die Lottoziehung erwischt hatte, worauf sie den Fernseher ausschaltete.

«Henrietta's Land ...», sagte ich.

«Ach *die*! Die hat wohl wieder mal ihre Medikamente nicht genommen.»

«Woher kommt sie?»

«Von irgendwo aus dem Osten. Sie war mal Lehrerin.»

«In England?»

«Gut möglich. Jedenfalls irgendwo im Osten, das weiß ich.»

«Sie scheinen ja viele Nordiren hier in Vananda zu haben.»

«Ja. Stimmt. Wir haben auch viele Neufundis.»

Neufundländer – Flüchtlinge aus einem anderen Notstandsgebiet. Nach dem Zusammenbruch ihrer Fischereiindustrie in den Grand Banks waren sie wohl just in dem Moment nach British Columbia gekommen, um hier den Niedergang der Lachsfischerei mitzuerleben.

Ich bezahlte, und die Hafenmeisterin öffnete die Haustür. Ein höchst willkommener Windhauch begrüßte mich – Frischluft ohne jeden Katzengeruch. «Und da haben wir das nächste Problem», sagte sie, während sie einen Schritt mit mir hinaustrat. «Der dadrin ...», sie deutete auf einen abgemackelten Wohnwagen, auf dessen Tür KEIN ZUTRITT in den Lack gekratzt war – «von *dem* habe ich in den letzten Tagen auch nichts mehr gehört. Wir haben dieselbe Wasserleitung, und ich krieg jedes Mal mit, wenn er sie benutzt. Aber dem sein Wasser hat seit Dienstag nicht mehr gerauscht.» Sie legte den Kopf schief und sah mich an, wie um zu prüfen, ob ich anbiss. «Da sollte mal jemand nachsehen», sagte sie.

Erst ein toter Ziegenbock, jetzt ein toter Mann.

«Tut mir Leid. Ich bin spät dran.» Ich wollte unbedingt zu meinem Boot zurück, an Bord bleiben und allen Scherereien aus dem Weg gehen. «An Ihrer Stelle würde ich Kontakt mit Freunden von ihm aufnehmen.»

«Der hat keine Freunde, jedenfalls nicht, soweit ich weiß.»

Irgendein Mensch liegt da tot drin, und Sie unternehmen nichts?

«Tut mir Leid!» Meine Füße übernahmen jetzt das Kommando und trugen mich vorbei an dem Wohnwagen und zur Straße, die zum Hafen führte. Alles in allem war Vananda für meinen Geschmack doch zu aufregend. Eigentlich hatte ich in dem schmuddeligen Pub-Motel zu Abend essen wollen, aber jetzt beschlich mich das ungute Gefühl, dass es dort doch nur zur nächsten unliebsamen Begegnung kommen würde und meine unmittelbare Zukunft sehr viel unkomplizierter wäre, wenn ich mit niemandem sprach und früh schlafen ging.

Alles auf dem Boot war, wie ich es verlassen hatte. Ich saß im Cockpit, ein Glas in der Hand, und beobachtete, wie das Licht in der Bucht erstarb. «Vananda» wäre, dachte ich ein nützliches Wort:

Vananda. Ein Ort, wo ungelöste Probleme auf natürliche Weise ein gutes Ende finden und Verlorenes sich vermutlich wiederfindet. Ein Hafen im Sturm; ein Schlupfloch, ein Asyl.

Kurz vor elf, in rabenschwarzer Nacht, hörte ich Autoreifen auf dem Rollsplitt der Hafenstraße knirschen. Wer auch immer das sein mochte, er hatte über der langen Mole oberhalb der verankerten Flöße angehalten und durchpflügte jetzt das Wasser mit einem mächtigen Schweinwerfer. Der wandernde Strahl hielt auf meinem Boot und blieb da eine gute Minute. Ich horchte auf Stimmen und hörte nichts. Vermutlich war es nur die Hafenmeisterin, die ihre Domäne überprüfte, doch an Schlaf war danach erst mal nicht zu denken.

Ich ließ die Leselampe in der vorderen Kajüte an und fiel irgendwann über Evelyn Waughs *Mit Glanz und Gloria* in einen unruhigen Schlaf – sein komischster Roman und der, von dem ich mir am ehesten Ablenkung erhofft hatte. Doch Basil Seal, ein sympathischer Terrorist, der einen Privatkrieg an der Heimatfront führte, verblasste immer wieder vor mir, verdrängt durch Bilder von Männern mit Baskenmützen oder Kapuzen und mit Schnellfeuerwaffen. Beim ersten Morgengrauen rappelte ich mich auf und machte die Leinen los. Mir gefiel Vananda am besten, als ich es sicher achteraus wusste.

Aus den Schloten der Zellstofffabrik von Powell River stiegen Dampfspiralen senkrecht zu einem Himmel hoch, an dem sich kein Lüftchen regte. Die von Strömungslinien übersäte See erinnerte mich an eine von Schlittschuhspuren zerkratzte Eisbahn. Diese nördliche Ecke der Georgia Strait war mit Inseln voll gepfropft, von großen, nackten, bewaldeten Höhen wie Harwood, Savary und Hernando bis zu unbenannten schieren Granitbrocken – erstklassige Startrampen für Fisch- und Seeadler und weiß gefleckt mit Vogelkot. Vancouver nannte es eine «sehr unangenehme Navigation … beidseits von Inseln und kleinen felsigen Eilanden gesäumt. Manche liegen auf dem Kontinentalufer, andere wahllos verstreut, von verschiedenen Formen und Ausmaßen.»

Die *Discovery* und die *Chatham* segelten gemeinsam mit der *Sutil* und der *Mexicana* aus der Malaspina Strait. Die Spanier meinten, eine Passage zum Ozean läge womöglich irgendwo vor ihnen, wodurch die Berge im Westen sich als Insel entpuppen würden. Die im Vorjahr dazu befragten Indianer hatten dies bestätigt, und es ging das noch zweifelhaftere Gerücht um, dass Robert Gray, der amerikanische Pelzhändler, mit der Schaluppe *Lady Washington* eine Route zwischen den Bergen hindurch zum offenen Meer gefunden habe.

Vor Ort klang das allerdings unwahrscheinlich. Die Strait of Georgia endete allem Anschein nach an einer schwarzen Mauer aus gebirgigem Gelände. Hier drängten sich Gipfel dicht aneinander. Die Schneegrenze in der Ferne wies keine Lücke auf. Die Gezeiten ließen die Möglichkeit eines Zugangs zum Meer zwar noch offen, aber der Fakt, dass die Ebbe weiter nach Osten und Süden floss, zurück in die Juan de Fuca Strait, sprach eher für die Befürchtungen der Forscher, wieder einmal in einer Sackgasse gelandet zu sein.

Bei extremem Niedrigwasser fuhren die vier Schiffe, vor einem leichten Wind von Ostsüdost an der innen liegenden Seite von Harwood Island segelnd (Vancouver hatte die Insel nach Edward Harwood benannt, einem Schiffsarzt, der mit Kapitän Bligh gefahren war), in eine unwegsame und trügerische Meeresstrecke. Die Oberfläche war mit Felsen gesprenkelt, als wäre sie ein mit Findlingen übersätes Flach, das nur knapp von der Flut bedeckt war. Doch die Handloter fanden weiterhin erst bei sechzig, siebzig Faden Grund, selbst als die Felsen in beängstigende Nähe rückten. Am Masttopp und am Bug wurden doppelte Wachen postiert, die auf unterseeische Riffe achten sollten. Das trübe Licht und die windgepeitschte See machten dies allerdings zu einer unmöglichen Aufgabe. Die Felsen schienen aus dem Nichts zu wachsen. Ihre Vettern konnten überall sein, vielleicht nur ein paar Zoll außer Sichtweite. Die Schiffe verkleinerten die Segelfläche, schlichen vorwärts und warteten auf den Zusammenstoß.

Meine Karte vom kanadischen hydrographischen Wetterdienst, deren blaue Umrisslinien von Schleifen und Spiralen nur so wimmelten, zeigte eine seltsame Topographie mit versteckten Pässen, Gipfeln und Spalten. Heutzutage könnte hier praktisch jeder Blödmann einen sicheren Kurs steuern, doch in Vor-Echolot-Zeiten muss dies eine höllische Route gewesen sein, die selbst den kühlsten Navigator in Panik versetzte. Und Käpten Van war nicht gerade ein kühler Navigator. Auf dem Quarterdeck der *Discovery* wagte niemand, ein Wort zu sagen. Abgesehen vom Quietschen der Leinen in den Blöcken und vom wispernden Wasser am Rumpf bewegte sich das Schiff in einer Blase aus gespanntem Schweigen vorwärts.

Auch mir wurde ganz schwummrig, aber aus einem anderen Grund. Nur wenige Fuß vor mir, an Backbord, kräuselte sich das Wasser wie von einem aufsteigenden Fisch. Blitzschnell legte ich den Rückwärtsgang ein, und das Ding glitt querschiffs vorbei – ein riesiger Baumstamm, der senkrecht im Wasser schwamm und dessen Spitze die Oberfläche streifte. Dies war kein Besenstiel mit einen halben Meter Durchmesser wie die Stämme aus dem Puget Sound, sondern eine alte Douglastanne, eins zwanzig dick, die gut und gern zwanzig Meter tief im Wasser liegen mochte. Wenn man sie rammte, würde man so sicher sinken wie nach dem Zusammenstoß mit einem massiven Felsen. Ich hatte den Baumstamm um wenige Zentimeter verpasst, und noch mindestens eine Stunde danach hielt ich so ängstlich Ausschau wie Vancouvers Wachtposten in der Rah. Fortan war jeder kleine Fisch, jede Robbe und sogar das Loch, das ein tauchender Eistaucher im Wasser hinterließ, ein schwimmender Baumstamm. Vorsichtshalber umsteuerte ich weiträumig sämtliche Meeresgeschöpfe.

Doch auch die Schleppzüge, die in halbstündigen Abständen aus den Bergen herausgedampft kamen, ließen mich auf der Hut bleiben: Die zu Flößen verbundenen Stammhölzer hatten alle eine ähnliche Größe wie mein Baum-Monster. In British Columbia durfte man – anders als im Staate Washington – immer noch alte Waldbestände abholzen: ein Maßstab für die Macht der Provinzregierung, die sich den aus Ottowa stammenden Aufrufen zu umweltfreundlicher Zurückhaltung widersetzte. Die Einwohner von British Columbia betrachteten die westliche Wildnis als ihr Eigentum, mit dem sie nach Belieben verfahren konnten. Paul Bunyan, den man stillschweigend aus dem Pantheon amerikanischer Helden hinausgedrängt hatte, genoss hier in British Columbia anscheinend einen rührigen Lebensabend. Babe, seinen blauen Ochsen, hatte man durch einen orangefarbenen Zwei-Propeller-Hubschrauber ersetzt, den ich vom Powell River zu einem armen alten Wald auf einem fernen Berghang fliegen sah. Die schrille Rettungsbootfarbe sollte ihn wohl nach einem möglichen Absturz leichter auffindbar machen.

Die Schiffe setzten ihre Fahrt zwischen Felsen und Inselchen fort, waren aber bei Einbruch der Nacht erst 16 Meilen weiter. Dort fand die kleine Flotte allerdings einen anderthalb Meilen breiten Durchlass zwischen den Bergen. Die Handloter hatten stetig zunehmende Tiefen gemessen, und mittlerweile fanden sie überhaupt keinen Grund mehr. Seit dem Nachmittag fiel ein dünner Dauernieselregen, der die Sicht trübte und die Stimmung der Forscher dämpfte. Die *Discovery* huschte als Erste in die Einfahrt, die sich zu einer seltsamen Kreuzung aus Wasserstraßen verbreiterte: lauter schwarze Klippen und tintige Kanäle, die wie die Arme eines Seesterns in alle Richtungen gingen. Das Schiff, das eher trieb als segelte, fuhr eine Kabellänge vom Kontinentalufer entfernt unter einem hohen Kliff. Kein Grund wurde gefunden. Die damalige Expedition konnte – anders als ich –

nicht sehen, dass sie über ein 1500 Fuß tief liegendes, glattwandiges unterseeisches Tal fuhr.

Der vom Land eingeschlossene und durch die Berge umgelenkte Wind kam in schwachen Stößen mal von Norden, mal von Osten, aber auch aus dem Süden und warf die Schiffe immer wieder zurück. «Die Nacht war dunkel und regnerisch», erinnerte sich Vancouver, «und die Winde so leicht und veränderlich, dass wir durch den Einfluss der Gezeiten wie mit verbundenen Augen in diesem Labyrinth dahintrieben.»

In diesem Labyrinth. Als Vancouver diesen Satz niederschrieb oder ihn für die Veröffentlichung zurechtfeilte, hatte er ein möbliertes Zimmer in Petersham, vier Meilen, einen netten Fußmarsch, vom berühmten Labyrinth in Hampton Court entfernt. Der Hainbuchen-Irrgarten, 1690 für Wilhelm III. von Oranien – Geißel der Iren und protestantischer Sieger der Schlacht am Boyne – angelegt, hatte gegen Ende des 17. Jahrhunderts den Status einer antiken Legende erworben. Als kontrolliertes Desorientierungs-Theater war der Irrgarten eine Allegorie des Wirkens von Zufall und Plan im menschlichen Leben und zugleich eine Touristenattraktion, die selbst Käpten Van nicht entgangen sein dürfte. Wie andere ornamentale Irrgärten jener Zeit nannte man auch diesen «die Wildnis». Im Versuch, seine Hilflosigkeit zu vermitteln, als er durch pechschwarze Dunkelheit in unheimlich tiefem Wasser zur Laune der Gezeit dahintrieb, verwandelte sich die düstere Wildnis der Pazifikküste vor Käpten Vans Augen in den Irrgarten von Hampton Court – jenem Spiel-Platz, in dem die Besucher sich an sonnigen Nachmittagen zum Spaß verliefen.

Doch dann befreiten ihn die Spanier aus seiner Not: Galiano von der *Sutil* hatte geduldig um die hohe, kegelförmige Insel und um ihre beiden Trabanteninselchen im Mittelpunkt der Kreuzung herumgelotet. Auf ihrer Nordseite entdeckte er einen unebenen Felssockel mit dreißig bis fünfzig Faden Tiefe. Hier fanden sich um Mitternacht die vier Schiffe ein, um Anker zu werfen. Die Kabel rasselten von den Pollern in fast zweihundert Fuß tiefes Wasser – nach üblichen Maßstäben ein unheimlich tiefer Ankerplatz, in dieser elenden Dunkelheit, umgeben von hohen, schattigen Bergen, allerdings tröstlich. Jedes Schiff legte sechshundert Fuß Kabel aus, und in der Nacht beschrieben alle vier schwankende Kreise, während sich die Wachen übers Wasser hinweg Warnungen zuriefen, wenn ein Zusammenstoß drohte. Dann trieben sie wieder auseinander.

Am 26. Juni konnte Vancouver schon bei Tagesanbruch den wahren Charakter des Labyrinths erkennen. Im Morgengrauen wirkte es nicht unbedingt freundlicher: Die Seiten des Kanals, schwarz vor Tannen, erhoben sich fast senkrecht bis auf 6000 Fuß. Das Wasser, das sich von den Bäumen die pelzig-finstere Farbe borgte und auf das nicht ein einziger Sonnenstrahl fiel, wirkte eigentümlich dunkel und tot. Alles troff vor Nässe. Kleine Wasserfälle, die sich von Überhängen stürzten, warfen monotone Echos zwischen den canyongleichen Felswänden. Diese Landschaft von erschreckenden, unfassbaren Dimensionen ließ die Schiffe schrumpfen und wie Spielzeug am Rand eines Untersee-Abgrunds schwimmen.

Zwei größere Kanäle gingen von der Kreuzung ab – einer nach Nordwest, der andere nach Ostnordost. Doch vom Deck aus konnte Vancouver diverse Gabelungen in beiden Kanälen erkennen, die irgendwo in dieses serpentinenartige Konglomerat aus Bergen und Inseln führen mochten. Man musste Vermessungsboote in jeden Arm und Korridor schicken, durfte keine mögliche Öffnung unerforscht lassen und sollte tunlichst ein Garnknäuel dabeihaben, das laut Labyrinthkunde übliche Hilfsmittel, um den verirrten Reisenden wieder zum Ausgangspunkt zurückzubringen.

Leutnant Broughton machte sich mit der Gig der *Chatham* auf, um einen besseren, für längere Dauer geeigneten Liegeplatz zu finden. Puget, Whidbey, Johnstone und Swaine (der dienstälteste Kadett) wurden mit der Führung der vier Vermessungscrews betraut. Käpten Van lehnte die Teilnahme an dieser Expedition ab und erklärte im Logbuch, dass er die *Discovery* nicht verlassen könne, da er noch etliche Beobachtungen zum Längengrad anstellen müsse. Ihm war sichtlich unwohl. Menzies machte sich Sorgen um ihn, vor allem wegen seines rasselnden Hustens, der sich verschlimmert hatte. Unfähig, ohne einen tüchtigen Schluck aus der Laudanum-Flasche zu schlafen, wirkte der Kapitän, üblicherweise schweigsam, verschlossen und in Gedanken versunken, zuweilen wie am Rande des Wahnsinns.

Während man unter einem Himmel, der nur Regen und Wind verhieß, Vorkehrungen für die Vermessungsexpedition traf, sprach Vancouver von der dringenden Notwendigkeit, ein Zelt am Ufer aufzuschlagen, um die Mondentfernungen zu berechnen. Dabei hätte sich fast jeder Fleck entlang der Küste besser für die Berechnung des Längengrads durch Astronavigation geeignet als dieser: Ausgerechnet hier wurde die Sicht auf den Himmel – wenn die Wolken sich überhaupt einmal hoben – durch die Berge erschwert. Doch Käpten Van, in seinem privaten schwarzen Irrgarten verloren, flüchtete sich instinktiv zur Astronomie, wie immer, wenn er spürte, dass ihm die Realität zu entgleiten drohte. Die lunaren Entfernungen würden ihm schon zeigen, wo er war. Sobald die Boote weg waren, würde er zu seinem Quadranten greifen, um sich selbst zu finden.

Um zwölf Uhr mittags begann es schwer aus Südost zu blasen, und die Schiffe, die den Wind mit voller Wucht abbekamen, rüttelten an ihren Ankern, wobei sie hundert Fuß Kabel und mehr aus dem Grund rissen. Broughton kam mit der Gig zurück und berichtete von einem besseren, geschützteren Ankerplatz sechseinhalb Meilen Nordwest. Kaum hatte er Vancouver die Stelle gezeigt, als sich die

Discovery aus ihrer Verankerung riss und das Kabel unnütz über der Untiefe baumelte. Während die Mannschaft am Poller den Anker einholte, sauste das Schiff schon vor dem Wind kanalaufwärts zu seinem neuen Quartier am Fuße einer riesigen Klippe mit tabakbraunen Felswänden, zugewuchert mit verkrüppeltem Immergrün. Vancouver fand den Liegeplatz «ebenso trist wie unerfreulich», obwohl er einen Vorteil hatte: Im Süden, eine halbe Meile entfernt, zog sich ein schmaler Streifen Land am Ufer entlang – ein guter Platz, um ein Zelt aufzuschlagen, die Greenwich-Zeit zu bestimmen und den Längengrad festzulegen.

Nach und nach verschwanden die Beiboote und Kutter aus dem Blick in die regnerischen Böen. Valdés fuhr mit einer spanischen Mannschaft im Beiboot der *Mexicana* weg.

Vancouver blieb mit Galiano zurück. Ihre Freundschaft hatte Ecken und Kanten, und beide gaben auch weiterhin gemeinsam entdecktem Land konkurrierende Namen. Vancouver benannte die Landspitzen auf jeder Seite der Labyrinthmündung nach seinen Schwestern; Sarah im Osten, Mary im Westen. Galiano taufte sie in Punta de Sarmiento und Punta de Magellanes um und ließ damit nur die Anfangsbuchstaben der Schwesternamen fortleben. Allerdings war Galiano, der ein Diplomatenenglisch mit starkem Akzent sprach, für Vancouver wohl der einzig akzeptable Gesprächspartner. Die nächsten zweieinhalb Wochen ankerten die Schiffe unter dem gefährlichen Felshang. Vancouver nahm seine Mahlzeiten allein zu sich, eingeschlossen in seine Kajüte auf der *Discovery*, und tauchte höchstens aus seiner Höhle auf, wenn Señor Galiano zu Besuch kam. Er nahm Einladungen zum Diner auf der *Sutil* an, wo sie zusammen tranken und von Kapitän zu Kapitän fachsimpelten. Nur Galiano konnte er die vielfältigen «Beobachtungen» anvertrauen, die er an Land vornahm.

Obwohl der Himmel für das Navigieren nach den Sternen selten klar genug war, konnte Vancouver schließlich zehn Mal die Mondhöhe messen, wofür er einen künstlichen Horizont mit der Quecksilberwanne erzeugte, in dem sich Sonne und Mond spiegelten. Aus dem Durchschnittswert der Messungen ermittelte er einen östlichen Längengrad, auf Greenwich bezogen, von 235° 5' 30" – bis auf weniger als eine drittel Meile genau von der Position des heutigen Joyce Point, das in den Lewis Channel hinausragt. Unter den gegebenen Bedingungen – Gelände, Wetter und Schwierigkeit der Berechnungen – war dies ein glänzendes Ergebnis.

Es gab nichts Verschrobenes in Vancouvers Vorliebe für diese Monddistanzmessungen. Der Pelzhändler Joseph Ingraham kartographierte die Queen Charlotte Islands ebenfalls mit diesem Verfahren, obwohl er kein großer Mathematiker war. Man kann nicht oft genug betonen, dass im Jahr 1792, derart weit weg von Greenwich (oder jedem anderen Hafen, wo Chronometer synchronisiert werden konnten), der Himmel immer noch eine zuverlässigere Uhr darstellte als die von John Harrison erfundene.

Vancouver war nicht glücklich mit seine Mondmesswerten von Joyce Point. Zehn davon fand er unzureichend, und die Ergebnisse stimmten nicht mit dem Längengrad überein, den die Schiffschronometer anzeigten. Da er nicht wusste, welchem Gerät er trauen sollte, dem Quadranten oder der Uhr, kamen dem Kapitän Zweifel an seiner eigenen Genauigkeit. Er redete mit Galiano. Und sobald er seine Position in die Karte einzeichnete, ging er nach dem Chronometer und verlegte seine Position über zehn Meilen weiter ins Binnenland, als er tatsächlich war. Dieser Fehler – nach einer bravourös gemeisterten, lehrbuchwürdigen Navigation – zeigte, wie sehr sein Selbstbewusstsein erschüttert war.

 Als Nächstes schickte er sich an, die lokale magnetische Variation zu finden – was meist einfach ist –, indem er den Azimutwinkel zwischen dem wahren und dem magnetischen Norden maß, wie der Schiffskompass ihn anzeigte. Ausgerüstet mit Korrekturtabellen und einer Reihe guter Beobachtungen des Polarsterns, hätte jeder erfahrene Kadett einen annähernd genauen Wert nennen können. Doch wieder brachte Vancouver seine Ergebnisse nicht in Einklang. Er maß Winkel vom Quarterdeck der *Discovery*, dann vom Beobachtungszelt am Ufer. Die Zahlen waren breit gestreut. Die östliche Variante lag irgendwo zwischen 14½° und 23° – eine erhebliche Diskrepanz. Vancouver musste sich mit zwei geschönten Durchschnittswerten begnügen, 16° an Bord und 19° an Land.

Doch was ihm am meisten zu schaffen machte, waren die Gezeiten. Tagtäglich beobachtete er die Bewegungen des Wassers und segelte von einer Landspitze zur nächsten, wobei er die Pegelstände an den Felsen markierte und den Zweigen folgte, die auf der Strömung schwammen. Je mehr Beobachtungen er machte, desto mehr verblüfften ihn die Resultate. Für einen Seemann in Küstengewässern sind Zeit und Gezeit Synonyme. Er plant seinen Tag nach dem vorhersagbaren Rhythmus von Gezeitenphasen und Strömungen. Doch diese labyrinthischen Gezeiten schienen rätselhafterweise überhaupt keinen erkennbaren Rhythmus zu haben.

> *Die Unregelmäßigkeit der Gezeiten war so, dass keinerlei korrekte Schlussfolgerungen gezogen werden konnten … Im Verlaufe etlicher Tage gab es nicht die mindeste Strömung; an anderen dagegen eine reißende, die generell vierundzwanzig Stunden und manchmal länger in eine Richtung lief. Die Zeit des Hochwassers war ebenso vage und unbestimmt.*

Hier war gewissermaßen die wesentliche Logik der Natur außer Kraft gesetzt. In Vancouvers Geisteswelt bestanden die fundamentalen Konstanten aus den Gestirnen, den Gezeiten und dem Magnetfeld der Erde. Mit ihnen fühlte er sich so zu Hause wie in keiner anderen Gesellschaft. Doch William Wales' ergebener Schüler zweifelte jetzt die Himmelsuhr an, ließ sich von den Gezeiten foppen und misstraute sogar dem Kompass.

Diese 17 Tage kamen ihm vor wie eine Zeit im Kerker:

Unser Aufenthalt an diesem Ort war wahrhaft trostlos; eine furchtbare Stille herrschte in den dunklen Wäldern, während jede lebendige Natur aus dem Umland gewichen schien, denn der Boden brachte nur ein paar kleine Zwiebeln, etwas Queller und hie und da Büsche mit einem kümmerlichen Ertrag nicht näher bestimmbarer Beeren hervor. Noch kam die See unseren Bedürfnissen entgegen; die steilen Felsenufer verhinderten den Gebrauch des Beutelnetzes, und nicht ein Fisch am Grund ließ sich zum Anbeißen bewegen.

Die meisten Kadetten waren mit den Vermessungsbooten unterwegs, und so blieb Käpten Van zumindest das Elend erspart, ihre Gespräche über die prunkvolle Erhabenheit der Situation mit anzuhören. Er hasste die «gewaltigen felsigen Gebirge», das ständig feuchte, wolkige Klima, die einengenden Felswände, das leblose Schweigen, nur vom Geräusch tropfenden Wassers gebrochen. Die Turbulenz und Unordnung dieses Meeres rief in ihm eine unerträgliche Vision von Chaos hervor, in der Natur wie in seinem eigenen stürmischen Wesen. Und so nannte er das Gewässer Desolation Sound: Sund der Verzweiflung.

Potts Lagoon

Wie ein Stück Heimat aus der Kindheit, das man nach vielen Jahren zum ersten Mal wieder aufsucht, schien Desolation Sound geschrumpft zu sein. Im diesigen Sonnenlicht waren seine Wände aus Waldbäumen grün statt schwarz, und seine verästelten Wasserwege glitzerten. Nur ein paar Handbreit vom Boot entfernt sprang ein Silberlachs drei Fuß hoch in die Luft, schüttelte sich wild vom Kopf bis zum Schwanz und fiel dann mit einem lauten Klatscher ins Wasser zurück. Nein, Desolation Sound war bestimmt nicht trist, trüb, finster oder gar zum Verzweifeln, sondern geradezu das Postkartenidyll einer Wildnis.

Im April hatten die Holzschlepper und Fischerboote den Ort ganz für sich. Außer mir war anscheinend niemand zu seinem Privatvergnügen unterwegs. Im Hochsommer dagegen würde Desolation Point sich in einen Urlaubsort verwandeln. Für Familien mit Boot gehörte er zu den beliebtesten Anlaufpunkten auf der jährlichen Zwei-Wochen-Tour an der nördlichen Pazifikküste. In Refuge Cove und Squirrel Cove lagen schwimmende Landebrücken vor noch verrammelten Kiosken, die bald wieder einen schwungvollen Handel mit Eis, Bier, Angelbedarf, Sonnenbrillen, tiefgefrorenen Ribeye-Steaks und Desolation-Sound-T-Shirts aufnehmen würden. Ab Juni stippten dann auch regelmäßig Wasserflugzeuge in die Refuge Cove, um frische Vorräte und Touristen in Shorts und Bootsschuhen auszuladen, die begierig auf den Geschmack – ganz gleich wie verwässert – von Wildnis, großartiger Landschaft und romantischer Einsamkeit waren, soweit sich diese an den überfüllten Ankerplätzen finden ließ, wo auf praktisch jeder Heckreling ein Barbecue-Grill qualmte. Tagsüber waren die Wasserwege von Käpten Vans trostlosem Labyrinth mit kleinen, langsam dahinziehenden Booten getüpfelt, auf deren Vorderdeck eine leicht gekleidete Gestalt stand, die Videokamera im Anschlag, um den majestätischen Abgrund, den Ehrfurcht gebietenden Wasserfall einzufangen. Ein einziges Mal war ich im August zum Desolation Sound gesegelt und gleich wieder geflohen: Es ging dort zu wie in Hampton Court an einem langen Wochenende bei strahlendem Sonnenschein.

Kein Wunder übrigens: Schon 1792 hatte der Desolation Sound so manches Mitglied von Vancouvers Crew in seinen Bann geschlagen. Archibald Menzies, der auf der *Discovery* zurückblieb, als die Vermessungsboote ablegten, verbrachte seine Tage damit, an den Hängen gleich hinterm Ankerplatz des Schiffes für das Gewächshaus auf dem Quarterdeck zu botanisieren. Sein Kommen und Gehen wurde vom Käpten mit ostentativer Missachtung bestraft. Vancouver hätte es wohl am liebsten gesehen, wenn Menzies mitsamt seinem grässlichen Grünzeug über Bord gegangen und für immer in den tintenschwarzen Tiefen verschwunden wäre. Und er war höchst übel gelaunt, als er zu notieren geruhte, dass Menzies sich an diesem stygischen Ort offenbar blendend amüsierte. Im schimmelnden Segeltuchzelt, in dem er seine Messapparaturen aufgebaut hatte, war Vancouver praktisch abgekapselt von der Welt, und es machte ihn rasend, vom munteren Platschen der Ruder von Menzies' Gig bei seinen Berechnungen gestört zu werden.

Menzies notierte in sein Tagebuch:

Nahe dem Grund einer tiefen Bucht, welche den Namen Cascade Cove erhielt, etwa anderthalb Meilen nordöstlich unseres Ankerplatzes, entdeckten wir einen gar prächtigen Wasserfall, gespeist von einem See dicht dahinter, der einen breiten schäumenden Fluss über einen felsigen Abgrund von vielleicht dreißig Yards ins Meer hinabschleuderte. Diese wildromantische Erscheinung wurde vortrefflich von dem nackten Gestein & den düsteren Waldungen unterstrichen, die sie umgaben, und ließen sie somit während unseres Aufenthalts zu einem Ort der Erbauung für kleine Gesellschaften werden. An den Ufern dieses Sees fand ich verschiedene Pflanzenarten …

Menzies und Vancouver befanden sich zwar zur selben Zeit an Bord desselben Schiffes, aber zugleich auf zwei verschiedenen Reisen durch zwei verschiedene Landschaften: Der eine Desolation Sound war Lichtjahre vom anderen entfernt. Nicht einmal hinsichtlich des Wetters konnten sie sich einigen – bei Menzies gab es lauter Sonnenlicht und Schatten, bei Vancouver nur bewölkten Himmel oder gleich Nieselregen.

Menzies war – milde ausgedrückt – hingerissen von dem mächtigen Katarakt, der tiefen, romantischen Schlucht. Jede Turbulenz in der Natur reizte seine Phantasie. Wenn man ihn liest, sieht man gleich einen akademisch gebildeten, wenn vielleicht auch nicht überdurchschnittlich klugen Mann Mitte dreißig vor sich: erheblich weniger interessant als sein Kapitän, denn er fühlt sich in seiner Zeit so zu Hause wie im Desolation Sound.

Das bewaldete Vorgebirge von Joyce Point, wo Vancouver seine Zelte aufschlug, versperrte mir die Sicht auf Menzies' Wasserfall am äußeren Ende von Teakerne Arm. Wahrscheinlich sowieso nicht der Mühe wert, dachte ich und schenkte mir den Umweg um die Landspitze. Nach zweihundert Jahren romantischer Schwärmerei, die häufig genug zum Klischee verkommen ist, können wir Wasserfälle und Schluchten offenbar nur noch mit verstaubten, abgegriffenen Metaphern wahrnehmen. Während ich durch den Sund tuckerte und dabei eifrig Ausschau nach unter der Wasseroberfläche treibenden Baumstämmen hielt, kam mir das Treibholz toter literarischer Klischees in Massen entgegen: oben schneebedeckte Gipfel, unten unermessliche Tiefen, und in der Mitte des Bildes die üblichen kahlen Klippen, feierlichen Felsen, wilden Wälder und kristallklaren Kaskaden.

Als die *Discovery* hier ankerte, war William Wordsworth 22 und damit so alt wie Thomas Manby und die anderen schon erfahreneren Seekadetten. Manbys höchst eigene Lust an allem Pittoresken – wie es sich in dem Tagebuch enthüllt, das er während der Schiffsreise heimlich führte – weist eine Geistesverwandtschaft mit Wordsworth in dessen frühesten Gedichten auf. Der junge Seemann, der (in der Discovery Bay) beschrieb, wie seine Barke an einem Morgen, der eher den Charakter von Verzauberung als von Wirklichkeit trug, über die Tiefen dahinglitt, hätte Wordsworths *Abendspaziergang* (1793) mit dem wachsenden Gefühl gelesen, dass hier eine neue Stimme sprach: die Stimme seiner eigenen Generation.

Im Laufe der nächsten zwölf Jahre schrieb Wordsworth praktisch all jene Gedichte, die zumindest für das englischsprachige Publikum zukünftig eine neue Lesart der wilden Natur vorgeben sollten. In seinem *Präludium,* 1805 vollendet, beschrieb er die Alpenwanderung, die er 1790 als Student unternommen hatte. Schauplatz war die Schweiz, aber es hätte ebenso gut der Desolation Sound sein können.

Wordsworth und Robert Jones, sein Freund aus Cambridge, brachen zum Simplon-Pass auf, kamen aber vom Weg ab. Als die verirrten Wandersleute einen hilfsbereiten Bauern fanden, mussten sie von ihm zu ihrer großen Enttäuschung erfahren, dass sie längst, ohne es zu merken, jenseits von Wasserscheide und Pass waren. Schwer ernüchtert machten Wordsworth und Jones sich an den langen Abstieg Richtung italienischer Grenze.

Bergab
Wandten wir schnell den Fuß, und als wir
Den erst verfehlten, schwer erkennbaren
Pfad wiederfanden und drauf weiterschritten,
Betraten bald wir eine enge Schlucht.
Gießbach und Weg begleiteten einander
In dieser dunklen Felsenkluft, und wir
Hielten an beide uns durch manche Stunde,
Während wir ruhigen Schrittes abwärts stiegen.
Das unermessliche Gen-Himmel-Ragen
Von Wäldern voll Verfall, die nie verfallen;
Das stete Donnern hoher Katarakte
Und, in der engen Klamm, bei jeder Biegung
Der Widerstreit der wilden Winde, die
Wirr und verloren im Gewänd sich brechen;
Die Wasserstürze aus der klaren Bläue;
Das Murmeln in den schroffen Felsenklippen
Nah unserm Ohr; schwarz tropfendes Gestein
Am Wegesrand, aus dem es zu uns sprach,
Als ob der Felshang eine Stimme berge;
Der bange Anblick und die schwindeltiefe
Vorausschau auf den tosenden Gebirgsbach;
Die fessellosen Wolken und der frei
Darüber hingespannte Himmelsraum;
Tumult und Friede, Finsternis und Licht –
’s war alles wie das Wirken eines Geistes.

Die Züge eines einzigen Gesichts,
Die Blüten, die ein einziger Baum hervorbringt,
Chiffren der einen großen Offenbarung,
Symbole – Bilder des Unendlichen,
Des, was da war von Anbeginn und letztlich
Noch immer sein wird, was da Mitte ist,
Und doch sein Dasein haben wird ohn' Ende.

Dies ist eine der großen Epiphanien der romantischen Literatur: ein intensives Erlebnis von Chaos und Unordnung in der Natur, durch das Wordsworth letztendlich seinem pantheistischen Demiurgen begegnet – einer Wesenheit, in der die Kwakiutl-Indianer durchaus ihren Komogwa, den Herrn der ozeanischen Misswirtschaft, hätten wiedererkennen können. Dies ist eine die Sinne verwirrende, Schwindel erregende Landschaft, wo Freiheit («fessellose Wolken») kaum von Wahnsinn («tosender Gebirgsbach») zu unterscheiden ist und Überschwang an Übelkeit grenzt. Es ist ein Ort der moralischen, mentalen und physikalischen Extreme. Vor allem aber ist es eine düstere Wasserstraße, wo sich der gasförmige («Widerstreit der wilden Winde») und der flüssige Aggregatzustand der Materie (ungezähmter Bach, «schroffe Felsenklippen», «Wasserstürze aus der klaren Bläue») immer wieder neu miteinander vermischen.

Von allen Varianten des Desolation Sound ist die von Wordsworth wegen ihrer umfassenden Ernsthaftigkeit mein Favorit. Hier findet sich sowohl Vancouvers irrationales Entsetzen als auch Menzies' ästhetisches Vergnügen, findet sich Halt in einer Natur, die eigentlich nur als instabil, chaotisch, widersprüchlich erlebt werden kann und überraschenderweise doch Ordnung und Sinn bietet – selbst in den irregulären Gezeiten und irreführenden Gestirnen.

Das ist eine Natur, wie sie J. M. W. Turner, fünf Jahre jünger als

Wordsworth und derselbe Jahrgang wie die Herren Pitt und Stuart, auf die Leinwand bannte. Wordsworths Erlebnisse am Simplon-Pass gleichen fast spiegelbildlich jenen, die Turner an einem nur dreißig Meilen weiter östlich gelegenen Pass hatte. Dort, an der Teufelsbrücke, skizzierte er seine Version einer chaotisch verkehrten Welt. *The Pass of St. Gothard* heißt das Gemälde, und darauf sind die Linien der konventionellen Perspektive um neunzig Grad nach unten gekippt, geradewegs in die abgründigen Tiefen. Weit unter den Füßen des Malers haben sich Wolkenklumpen in einer Spalte gefangen, und unterhalb dieser Wolken kreisen Adler im Aufwind. Selbst heutzutage, wo der Blick aus dem Fenster einer Boeing 747 schon fast Routine ist, kann einem bei der Betrachtung dieses Gemäldes – das übrigens in der City Art Gallery von Birmingham hängt – geradezu schwummerig werden, denn es führt das Auge des Betrachters bis hinab in den Abgrund und über den unteren Rand des Rahmens hinaus noch weiter in ungemalte Sphären.

Turners Steinflächen sind so gemalt, wie ein Geologe oder Bergsteiger sie sehen würde, mit genauem Blick auf jeden Vorsprung, jede Felsnase. Das Gemälde (1802 entworfen, 1804 vollendet und ausgestellt) ist gewissenhaft realistisch ausgeführt und symbolisiert doch zugleich jenen mystischen Abgrund, die große Tiefe, das Urchaos, in das selbst die Vernunft stürzen kann – als wäre es dazu geschaffen, den Betrachter das Gleichgewicht verlieren und sich fallen zu lassen, mitten zwischen die kreisenden Raubvögel.

The Pass of St. Gothard entstand zu einem relativ frühen Zeitpunkt in Turners Karriere, noch bevor seine Leidenschaft für die Naturgewalten zunehmend expressionistische Formen annahm. In seinem späten Gemälde mit dem herrlichen Titel *Snow Storm – Steam Boat off a Harbour's Mouth Making Signals in Shallow Water, and Going by the Lead. The Author was in this Storm on the Night the Ariel left Harwich*

[Schneesturm-Dampfer nach der Ausfahrt aus dem Hafen, in den Untiefen Signale gebend und das Lot werfend. Der Künstler hat diesen Sturm in der Nacht miterlebt, als die Ariel Harwich verließ] (1842) malte Turner sein großartigstes Bild vom schieren Chaos.

Was einem als Erstes, aus der Entfernung, ins Auge fällt, ist ein katastrophaler Strudel – ein Wind in Orkanstärke, kenntlich gemacht durch wirbelnden Schnee und Gischt. Tritt man näher, so löst sich der Strudel in immer kleinere Strudel auf, in deren Zentrum sich ein Schiff oder vielmehr Stücke eines Schiffes befinden: ein störrischer Mast, eine Signalflagge, die an ihrer Leine zerrt, die Blätter eines sich drehenden Schaufelrades, ein platt gedrückter Rauchschwaden auf einem hohen Schornstein. Es scheint nur noch eine Frage von Sekunden zu sein, bis das Schiff ganz und gar auseinander bricht und sich in dem rasenden Strudel bis zum letzten Splitter auflöst.

Wie Ismael in *Moby Dick* hat auch Turner das Drama überlebt, um Zeugnis davon abzulegen. Nicht nur, dass der Titel des Bildes mit Sachinformationen überfrachtet ist, nein, Turner hat auch noch behauptet, er habe vier Stunden am Mast des Schiffes festgebunden verbracht, um eine erste Skizze des Mahlstroms zu machen, und ernstlich damit gerechnet, zu ertrinken.

Nicht wenige Kunstgeschichtler sind deshalb über Turner hergefallen. In den Reedereiverzeichnissen jener Zeit ist keine *Ariel* aufgeführt, und Turner war auch keineswegs in der Nähe von Harwich, als der Sturm losbrach. Und doch hat er nicht einfach in betrügerischer Absicht mit seinem Mut geprahlt, sondern vielmehr eine schlichte, wenngleich metaphysische Tatsachenbehauptung vorgenommen. In diesem fiktiven Sturm wirft der Dampfer das Lot und gibt die korrekten Signale, während der Künstler, am Mast festgebunden, mit Bleistift und Skizzenblock seiner gewohnten Tätigkeit nachgeht. *So ist nun einmal die Welt. Mitten im Leben sind wir vom Chaos umgeben, und wir müssen lernen, uns hindurchzukämpfen. Und wenn wir Glück haben, gehen wir aus diesem Kampf als Sieger hervor.*

In der «Turner and the Scientists»-Ausstellung von 1998 in der Tate Gallery hat der Kustos James Hamilton *Snow Storm* neben James Faradays Magnetfeldexperimente gehängt – Eisenspäne, auf Papierbögen gestreut, unter denen ein oder mehrere Magneten platziert worden waren. Die Späne ordneten sich um die Attraktoren herum in Wehen und Wirbeln an, deren strudelartige Muster jenen gleichen, aus denen das Gemälde sich zusammensetzt. Das Spiel mit Zufall und Ordnung in Faradays Exeprimenten hat Turner sehr beschäftigt und ihn, wie Hamilton suggeriert, zu seiner radikalen Sicht vom Chaos auf hoher See inspiriert. *Snow Storm* nimmt auf fast gespenstische Weise das Mandelbrot-Set und den fraktalen Cluster vorweg, so wie sein eisernes Schiff die Funktion einer Lorentz-Kraft darstellt.

Turner war 67, als er das Gemälde vollendete. Was er im Titel andeutete – er wäre am Mast angebunden gewesen –, hatte durchaus einen wahren Kern: In einem Alter, wo er es sich in Pantoffeln hätte gemütlich machen können, wagte Turner sich mit künstlerischer Kühnheit und Beherrschung an den Rand des Abgrunds.

Die großen Künstler der Frühromantik wie Wordsworth und Turner schufen die Grundlagen einer Grammatik, in der spätere Schriftsteller und Maler wie John Muir und Thomas Moran ihre Reaktionen auf den Wilden Westen ausdrücken konnten. Auf seiner Reise durch Alaska gab Muir sich alle Mühe, Wordsworths Reinkarnation in Prosa zu werden, war in jeder Formulierung hingerissen von dem, was er auf den herrlichen Seiten der «Bibel der Natur» las. Moran versuchte mit *The Grand Canyon of the Yellowstone* zu malen wie Turner um 1800. Morans wirbelnde Wolken und sich auflösende Berge wirken wie ein grippekrankes Turner-Gemälde. Das Land bot sich ja als Thema an – gegen den Wilden Westen mit seiner Geologie der Extreme sahen die Alpen ziemlich klein aus –, und dennoch ist dieses Gemälde bloß eine grandiose Imitation.

Ich als postromantischer Tourist hatte im Desolation Sound das ungute Gefühl, ein berühmtes Schlachtfeld zu betreten, das von einem fremden Krieg übrig geblieben war. Dass dies damals der Schauplatz von solch exaltierten Empfindungen gewesen war, machte mir meine eigene Unaufgewühltheit umso bewusster. Am Busen der Natur, wie es so schön heißt, kämpfte ich instinktiv gegen die alte, nach Mottenkugeln riechende Umarmung an. Laut Gezeitenatlas war die Flut hier «schwach und unstet» – keine schlechte Beschreibung meiner Reaktion auf den Desolation Sound, wie ich fand, als ich eine Zigarettenkippe hineinschnipste und nervös berechnete, ob ich es noch schaffen könnte, die Stromschnellen von Dent und Yuculta, 14 Meilen voraus, bei Stillwasser zu passieren.

Der orangerote Hubschrauber, den ich schon morgens gesehen hatte, operierte jetzt über den Bäumen an der nördlichen Küste von West Redonda Island. Zwischen den Steilwänden des Lewis Channel dröhnte und vibrierte die Luft im Pulsschlag der Rotoren, während die Maschine wenige Fuß über den Bäumen schwebte. Mit der schwerfälligen Anmut eines dicken Menschen auf dem Tanzboden hob sie jeweils einen Baumstamm von einer schon vernarbten Stelle auf dem Berg, zog ihn mit Hilfe einer Schlinge in elegantem Schwung nach oben und ließ sich dann gemächlich, aber punktgenau an einer Luftsäule von 2000 Fuß herab. Das Wasser des Flößhafens in der Bucht von Redonda verschluckte den Baumstamm scheinbar ohne das leiseste Kräuseln.

Als Demonstration – für ein nicht genau definierbares Publikum – von technischem Können war das schon ein faszinierendes

Schauspiel. Die Holzfäller und die Hubschrauberpiloten, die Männer auf den Minischleppern oder «Deckbooten», die ein Floß bildeten, mussten mit höchster Präzision arbeiten. Eine kleine Fehleinschätzung beim Winkel oder Abstand konnte leicht jemanden das Leben kosten. In der Holzindustrie kam es zu mehr tödlichen Unfällen als in jedem anderen Gewerbe, vom kommerziellen Fischfang abgesehen. Noch in meiner Jugend waren Holzfäller romantische Figuren gewesen: mutige, selbstbewusste Naturburschen. Auf alten Sepiapostkarten aus dem Nordwesten trat der Holzfäller als der heroische *genius loci* der Arbeiterklasse auf: ein nonchalanter Typ à la Robert Redford mit breitkrempigem Hut, der wie ein Schornsteinarbeiter hoch oben in einer Wolkenkratzer-Douglastanne thronte. Doch seit den sechziger Jahren war er ziemlich tief gesunken, und mittlerweile galt er eher als Umweltzerstörer, ja als Vandale, der dringend eine Resozialisation plus Umschulung brauchte. Selbst Julia, die gegen niemanden etwas hatte, hatte etwas gegen Holzfäller.

Eines Nachmittags kam sie von ihrer Vorschule zurück, bewaffnet mit einem epischen, atemlos vorgetragenen Satz: «Wusstest du das schon? Man soll keine Bäume abhauen. Bäume sind nämlich lebendig, und Bäume machen die Luft, und wir atmen die Luft ein, und wenn Leute die Bäume abhauen, dann machen sie die ganzen Fische tot!»

Im kultivierten Nordwesten stand Achtung vor dem Wald schon auf dem Lehrplan der Vorschulen und wurde sogleich auch allen erwachsenen Neuankömmlingen eingetrichtert. Als ich hierher zog, sah ich anfangs nur Bäume – ein dickes Fell aus Wald, dichter, grüner und ausgedehnter, als ich es irgendwo sonst auf der Erde gesehen hatte. Doch dann wurde ich darüber belehrt, dass dies überhaupt kein echter Wald war, sondern ein Flickenteppich aus «Baumfarmen» – Tannenplantagen, ausgesät auf den Ruinen des ursprünglichen Waldes, den man schon vor langer Zeit abgeholzt hatte. Und so lernte ich, Bäume mit dem Blick des aufgeklärten, kritischen Konsumenten zu betrachten. Alles Nachgewachsene war nicht gut. Nur der Original-Wald, der Ur-Wald war gut genug, aber er musste auch ein breites Blätter- bzw. Nadeldach haben, ein dichtes Obergeschoss, einen von trockenen Ästen bedeckten Boden, den Lebensraum für Insekten und andere Kleintiere, die unbedingt zu einem organischen Wald nach dem Reinheitsgebot dazugehören. Als Beweis für diese Reinheit sollte er auch den Fleckenkauz beherbergen, und kein Holzfäller durfte je Hand an ihn gelegt haben.

Ich lernte, ganze Berghänge als Imitate abzuhaken. Diese Scheinwälder waren den Naturfanatikern zufolge keine Natur. Die – durchaus vorhandenen – Vögel, Bären, Berglöwen und Luchse lebten dort unter Vortäuschung falscher Tatsachen und waren mit List und Tücke dazu gebracht worden, einen unechten, von der Holzindustrie geschaffenen Lebensraum als echt anzunehmen.

Da ich aus einem Land kam, das bereits Mitte des 16. Jahrhunderts komplett abgeholzt worden war, wurde mir erst jetzt bewusst, dass auch ich unter Vortäuschung falscher Tatsachen gelebt hatte. Nach den neuen Standards, die ich zu adoptieren versuchte, gab es in England überhaupt keine Natur. All die tollen Abenteuer meiner Kindheit – Vogelnester ausräumen, angeln, Schmetterlinge jagen, Wildblumen zwischen den Blättern alter Bücher pressen – waren, wie Mary Baker Eddy, die Begründerin der Christian Science, gesagt hätte, Irrtümer. Die Landschaft, die ich fälschlicherweise für Natur gehalten hatte, war in Wirklichkeit so kultiviert und reguliert, dass sie auf nichts weiter als eine wuchernde Ausbreitung von Schrebergärten oder Laubenpieper-Idyll hinauslief.

Es liegt wohl auch an meinem Englisch-Sein, dass ich mich mit den modernen Schriftstellern des Nordwestens so schwer tue. Gary Snyder, Barry Lopez und Richard Nelson zelebrieren ihr Eins-Sein mit dem Lebensraum der Wildnis. Sie verdanken Emerson mehr als Wordsworth – dem Emerson, wie er in seinen prophetischsten Essays aufscheint. Was er in *Nature* über den Wald geschrieben hat –

> *Hier herrscht eine Heiligkeit, die unsere Religionen in den Schatten stellt, und eine Wirklichkeit, die unsere Helden gering schätzt. Hier finden wir die Natur als den Umstand, der alle anderen Umstände überragt und gottgleich über alle Menschen urteilt, die zu ihr kommen*

–, könnte als Motto für eine ganze Reihe von Büchern über die andächtige Beziehung zwischen dem Autor und dem Wald dienen. Der vorherrschende Ton des Nordwestens, verwurzelt in Überlieferungen der amerikanischen Ureinwohner und neuerdings auch den Lehren des Zen-Buddhismus, ist feierlich, lyrisch und zugleich höchst präzise. In der Wildnis wird nicht das Chaos entdeckt, sondern die transzendentale Ordnung. Beim Anblick der wie durch ein Sieb geschüttelten Oberfläche des McKenzie River, der an seinem Häuschen in den Wäldern Oregons vorbeizieht, schreibt Barry Lopez in *The Whaleboat*:

> *Das Sonnenlicht bricht sich zu schnell, zu vollständig, auf der Haut des Flusses, als dass das Auge von der Bank oder dem Fenster aus ein wiederkehrendes Muster darin erkennen könnte, doch ich glaube, dass es eines gibt. Dabei fühle ich mich nicht gezwungen, es herauszufinden; ich meine nicht, dass ich seine Bedeutung kennen muss. Aber ich weiß, dass die solchen Phänomenen eigene Form eine Ordnung hat, welche wiederum einer Logik entspricht, die sich von den mir bekannten unterscheidet. Sie ist, meine ich, verwandt mit der Logik, durch die das eigene Leben moralisch beständig wird.*

Lopez war zu hoch für mich. Aber vielleicht war ich ja auch disqualifiziert für seine Gedankengänge, weil ich, moralisch gesehen, ein unbeständiges Leben geführt hatte. Turners wirbelnder Abgrund schien mir das wahre Abbild jener Wirklichkeit zu sein, die ich im Allgemeinen erlebte. Lopez' Version kam mir dagegen viel zu geordnet und wohlwollend vor. Das «wiederkehrende Muster» implizierte einen großen Muster-Macher, an dessen Existenz ich nicht glauben konnte, und «Logik» war meines Erachtens ein nützliches Wort, aber nur, solange es *Logik* bedeutete und nicht irgendeine nebulöse, intuitiv wahrgenommene Lebenskraft. Dass es mehr als eine Logik geben könnte, wie Lopez dies nahe legte, war mir neu, denn ich kannte nur eine. Ich sah Chaos, wo er Ordnung sah – ein «Muster» mit einer wie auch immer gearteten «Bedeutung», deren tatsächliche Erforschung allerdings auf einen anderen Tag verschoben werden konnte, auf einen anderen Essay.

Bei der Lektüre der Naturschriftsteller des Nordwestens empfand ich mich als Agnostiker in ihrer Kirche. Leicht verlegen, halb bewundernd, nicht imstande, an den richtigen Stellen die Knie zu beugen. Ich wünschte mir ein bisschen mehr Humor in dem Ganzen. Aber Humor war nicht ihr Ding. Mir gefiel die mikroskopische Ausführlichkeit in vielen ihrer Arbeiten, ihr geschulter Blick, wenn sie versuchten, den Schleier der Natur zu durchdringen. Manche Passagen fand ich wunderschön. Aber ich konnte nicht in ihre Hymnen einstimmen, wurde nach wenigen Seiten unruhig und begann, mich nach profanerer Gesellschaft zu sehnen.

Die Vermessungsboote kamen von ihren Erkundungsfahrten durch das Labyrinth mit äußerst wichtigen Informationen zurück. Wenige Meilen von der Stelle entfernt, wo die Schiffe vor Anker lagen, lief die Ebbe in nordwestliche Richtung, was bewies, dass die Entdeckungsreisenden sich auf der Innenseite einer riesigen Insel befanden. Die Flut schoss mit ungeheurer Geschwindigkeit durch mehrere schmale Schluchten, wo das Wasser schäumte und sprudelte. Die Einwohner eines nahe gelegenen Dorfes hatten den Engländern gezeigt, wie sie die Stromschnellen in Kanus bei Stillwasser gefahrlos durchfahren konnten – obgleich das Wasser dort nie richtig zur Ruhe kam, da sich die Krater und pilzförmigen Blasen der Wirbel selbst während der Ebbe hielten. Laut Bericht der Vermesser trugen die Indianer nicht nur Speere und Pfeile mit Eisenspitzen bei sich, sondern auch Musketen, Pistolen und Entermesser, die sie bei einem Mann in einem Schiff aus Boston gegen Pelze eingehandelt hatten. Somit bestätigte sich das Gerücht: Robert Gray befuhr mit der *Lady Washington* tatsächlich dieselben Meeresstraßen.

Im Morgengrauen des 13. Juli lichtete die *Discovery* den Anker und segelte bei einem Windhauch aus Norden aus Desolation Sound. Die *Sutil* und die *Mexicana*, deren Kapitäne noch schliefen, schwojten an ihren Ankertrossen, während die Decksmannschaft der *Chatham* sich mit einem unklaren Anker abplagte, dessen Trosse sie abwechselnd lose ließen und dann mit der Ankerwinsch rasch durchsetzten – ein höchst anstrengendes Unterfangen, das sich über nahezu vier Stunden hinzog, bis der Anker endlich freikam und die *Chatham* der *Discovery* folgen konnte. Am Vorabend hatte man sich darauf verständigt, dass die Briten die der großen Insel nächste Wasserstraße nehmen würden, während Galiano und Valdés, kurz die Dons genannt, sich den Weg seewärts durch Kanäle suchen wollten, die dem Festland näher waren.

Vancouver segelte auf demselben Weg aus Desolation Sound hinaus, auf dem er gekommen war. Endlich ging es weiter, bei günstigem Wind, endlich verschwanden die vermaledeiten Wasserfälle und Klippen hinter ihm. Der austernrosa Sonnenaufgang um sechs Uhr drang ihm tief ins Gemüt. Zum ersten Mal seit Wochen konnte er wieder lächeln. Er zeigte sich geradezu hingerissen von der Szenerie aus flachen Inseln und sandigen Landzungen mit ihren Säumen aus wohltuend vertrauten Bäumen – Erle, Pappel, Ahorn, Haselnuss, Weide, Weißtanne. «Sie bedeuteten eine unendlich viel angenehmere Erscheinung als die des inneren Landes.» Selbst die Tierwelt dieses Gewässers bezauberte ihn. «Zahlreiche Wale, die die Jahreszeit genossen, spielten in jeder Richtung um das Schiff herum, wie auch einige Seehunde.» Für Käpten Van war das eine geradezu überschwängliche Wertschätzung der Natur.

Alle Segel voll gesetzt, schlich die *Discovery* zwischen Inseln durch einen Tiefwassereinlass, den Vancouver nach seinem Dritten Leutnant Baker Passage nannte, und bewegte sich auf eine lange Landspitze zu, die wie ein ausgestreckter Zeigefinger in südliche Richtung verlief und nach dem Ersten Leutnant den Namen Cape Mudge erhielt. Wenn Vancouver den *Royal Kalendar* und die Liste der Admiralitäten beiseite legte und begann, solche Ehren seinen eigenen Offizieren zukommen zu lassen, galt das als sicheres Zeichen dafür, dass die Stimmung des Kapitäns in steilem Anstieg war. Die Offiziere hatten allerdings gelernt, sich vor Vancouvers plötzlichen Ausbrüchen von Jovialität in Acht zu nehmen. Wenn er über das possierliche Spiel der Wale schwadronierte und die Namen seiner Schiffskameraden überall in der Gegend verstreute, bestand die Reaktion auf dem Quarterdeck darin, sich schleunigst zu absentieren.

Acht Meilen die Discovery Passage hoch (auch seinem Schiff gegenüber hegte Vancouver warme Gefühle), auf der Innenseite von Cape Mudge, lag die gezeitenabhängige Durchfahrt, die heute unter dem Namen Seymour Narrows bekannt ist: eine dunkle Höhle, eine halbe Meile breit, zwischen neunhundert Fuß hohen Kliffen, wo bei halber Tide das Wasser brodelte und sich in schweren Brechern ergoss. Die *Discovery* und die *Chatham* nutzten die nach Norden strömende Ebbe und sausten geradezu durch die Stromschnellen, in denen es von Strudeln nur so wimmelte. Thomas Manby beschrieb, wie die beiden Schiffe «sich in dem engen Kanal hielten, wo die Flut blitzesgleich entlangschoss, mit mindestens zehn Knoten pro Stunde».

Da, wo die Passage sich verbreiterte und die Strömung mäßiger wurde, legten Kanus vom Ufer ab und näherten sich den Besuchern. «Eine große Menge Häute wurde von den reichen Händlern an Bord gekauft», schrieb Manby, «und von einer Gruppe Fischer erstanden wir zwei mal hundert Lachse zum Preise von je zwei Knöpfen.»

Einige Meilen weiter hielten die Schiffe bei einem großen Dorf, wo sie von über hundert Kanus erwartet wurden, jedes mit einer Ladung Seeotterpelze zum Verkauf. Im Folgenden bringt Manby seinen Abscheu vor dem Kapitän unverblümt zum Ausdruck:

> *Riesige Mengen aller möglichen Felle wurden erworben, und jene Leute, denen die verschiedenen, von der Regierung bereitgestellten Artikel anvertraut waren, fuhren zu ihrer Schande eine reiche Ernte ein – Tuchballen und Decken wurden freigebig gegen Häute getauscht, und dies zu einer Zeit, wo Viele unserer eigenen Mannschaft vor Kälte zitterten, weil sie kein wollnes Zeug besaßen.*

Da Vancouver ebenso der Zahlmeister der Expedition wie ihr Kapitän war, sind «jene Leute» in Wirklichkeit eine Person. Die «Schande», will Manby uns sagen, hat allein Vancouver, als er skrupellos seine Schäfchen ins Trockene brachte, und das auf Kosten des Steuerzahlers, während seine Mannschaft in Lumpen schlotterte.

Diese Episode kam auch in einem Brief zur Sprache, den Manby ein halbes Jahr später von Monterey aus an einen Freund schrieb. «Ich muss leider sagen, dass der fortwährende Handel, den er weiter betrieben hat, sich nicht für den Charakter eines Offiziers auf solch ehrenwerthem und hervorgehobenem Posten ziemt.» Das Etikett «Handel», das Manby ihm anhängte, sollte auf Dauer an George Vancouver kleben bleiben.

In Gillrays 1796 entstandener Karikatur der Szene auf der Conduct Street, wo Vancouver vom Seekadetten Thomas Pitt, mittlerweile Lord Camelford, Prügel bezog, steht dieser «Handel» eindeutig im Mittelpunkt. Käpten Van – fett, glotzäugig, mit schwabbligen Lippen – tritt soeben aus einem anrüchig aussehenden Etablissement, dessen Schild verkündet: SÜDSEEWAREN, *aus China! Feinste schwarze Otternfelle (Hier wird keine Konterbande vertrieben)*. In Tür und Schaufenster hängen gespreizte Pelze. Auf Vancouvers sonderbarer Pelerine steht: *Leider wurde vergessen, dieses Geschenk des Königs von Owybee an George III. zu übergeben.* Der hoch gewachsene junge Baron, dessen klare Gesichtszüge in gesundem Kontrast zu der Puddingvisage seines vormaligen Befehlshabers stehen, beugt sich mit geschwungenem Stock über den zwergenhaften Kapitän. In der Sprechblase vor Camelfords Mund heißt es: «Ich verlange Satisfaktion, Schurke! – zieh dein Schwert, Feigling! Was, du willst nicht? – Dann nimm das hin, Rüpel! – & das! & das! & das! & das!»

Gillrays reaktionäre Satire suggeriert, Vancouver hätte seine Prügel schon allein deshalb verdient, weil er kein Gentleman ist. Die Karikatur trägt die Widmung «Den Flaggoffizieren der britischen Marine» – den Admirälen also, die den Parvenü unklugerweise befördert hatten und deren Ruf nun durch das ordinäre, geldgierige Gehabe ihres schlecht erzogenen Schützlings besudelt wurde.

Doch Vancouver – in dieser wie in vielerlei anderer Hinsicht Kapitän Cooks gelehriger Schüler – sah beileibe nichts Schandbares in seinen Handelsaktivitäten. In seiner *Voyage* erwähnt auch er diese Episode: «Unsere Besucher … brachten uns die Häute des Seeotters, in ausgezeichneter Qualität und in großem Übermaße, die gegen Kupferblech und blauen Stoff getauscht wurden. Diese Waren stehen bei ihnen in höchster Wertschätzung.» Nur die Passivkonstruktion verrät (wenn überhaupt) eine Spur von Verlegenheit.

Für einen Mann ohne eigenes Vermögen, der bald bei halben Bezügen in den Ruhestand geschickt werden sollte, war der Stapel Seeotterpelze in seiner Kabine eine schwer verdiente Altersrücklage. Das weiche, dichte, schokoladenbraune Fell bedeutete Komfort und Sicherheit für die Zukunft. Auf dem chinesischen Markt erbrachte ein einziger Pelz, ordentlich getrocknet und ohne Schutzhaar, hundert Dollar, etwa fünfundzwanzig Pfund Sterling. Als Zahlmeister und Kapitän, auf dem Höhepunkt seiner Laufbahn, verdiente Vancouver acht Shilling pro Tag; ein erstklassiges Otterfell entsprach demnach zwei Monatslöhnen. Viele kann er allerdings nicht verkauft haben: nur ein Jahr nachdem die *Discovery* nach England zurückgekehrt war, hatte Kapitän Vancouver einen Berg Schulden und etliche Gläubiger auf den Fersen.

Der Handel – obwohl er selbst das Wort nicht verwendet – ging kontinuierlich weiter, während die Expedition sich langsam die Küste hoch bewegte. Manby schrieb in seinem Tagebuch (hier in Bezug auf die Kwakiutl-Indianer, denen sie in der Discovery Passage begegneten) folgendermaßen darüber:

> *Die Frauen … trugen ein schmales Stück Fell um den Leib, manche trugen stattdessen geflochtene Binsen, obwohl sie damit ihr Geschlecht nur spärlich verbergen können, einige von ihnen waren von erträglicher Gestalt und hätten sogar gefällig genannt werden können, hätte man vermocht, sie von ihrem Schmutze und Kothe zu säubern. Kaum den Augen ihrer Männer entwichen, nahmen sie bereitwillig die Umarmungen eines jeden an, der für diese Gunst ein glitzerndes Schmuckstück hingab.*

Dass die Frauen der Nordwestküste «schmutzig» seien, war ein altes Klagelied englischer Seeleute, die selber wie die Skunks gestunken haben müssen. 1778, als Cooks *Discovery* im Nootka Sound vor Anker ging, ließ sich David Samwell, ein Sanitätsmaat, nicht ohne Häme darüber aus, wie die jungen Herren die Nootka-Mädchen badeten, bevor sie mit ihnen intim wurden:

Bisher hatten wir keine ihrer jungen Weiber gesehen, obwohl wir den Männern oft zu verstehen gegeben hatten, wie angenehm solche Gesellschaft uns wäre & wie einträglich für sie selbst; infolgedessen sie ungefähr zu dieser Zeit zwei oder drei Mädchen zu den Schiffen brachten; obwohl manche von ihnen keine unschönen Gesichter hatten, waren sie doch äußerst schmutzig, auf den ersten Blicke also nicht sehr einladend; doch unsre jungen Herren konnten diese Hindernisse nicht entmuthigen, welche sich, wie sie feststellten, mit Seife und warmem Wasser beheben ließen; dies nannten sie die Reinigungs-Ceremonie und amtierten höchstselbst dabei & es muss zu ihrem Lobe erwähnt werden, dass sie Nämliches mit viel Pietät und Hingabe verrichteten.

Ihre Väter, die sie im Allgemeinen begleiteten, schlossen den Handel & nahmen den Preis für die Dirnendienste ihrer Töchter entgegen, der üblicherweise einen gut gescheuerten Zinnteller per Nacht betrug. Als sie feststellten, dass dies ein ein vortheilhafter Handel war, brachten sie weitere junge Weiber auf die Schiffe, welche sich nun unseren sonderbaren Vorstellungen anpassten und sich die Mühe sparten, ihre Bemalung aufzutragen & sie sich von uns wieder abwaschen zu lassen, indem sie sich erträglich sauber machten, bevor sie zu uns kamen, wodurch sie feststellten, willkommenere Gäste zu sein, und indem sie sich also unsern sonderbaren Vorstellungen fügten (denn als diese betrachteten sie sie zweifellos), fanden sie schließlich Mittel & Wege, unseren jungen Adel seines Kochgeschirrs zu entledigen; sodass viele von uns nach Verlassen dieses Hafens nicht im Stande sind, einen Teller beizubringen, von dem sie ihr Pökelfleisch essen können.

Während sie durch die Discovery Passage und in die Johnstone Strait segelten, wo ein Kwakiutl-Dorf neben dem anderen am Ufer lag, glichen die Männer auf dem Quarterdeck zufriedenen Sommertouristen. Das Wetter blieb heiter. Die manisch gute Laune des Käptens verhieß zumindest, dass er keine Anstalten machen würde, die jungen Gentlemen bei ihren Zerstreuungen zu stören, ob an Bord oder an Land. Sie frönten der Lust, sooft sie Lust hatten. Sie speisten täglich Lachs oder Wildbret und beendeten ihr Mahl mit wilden Erdbeeren oder schwarzen Johannisbeeren. Sie schafften massenweise Seeotterfelle beiseite und mauserten sich zu eifrigen Sammlern einheimischer Artefakte, etwa von Körben und kegelförmigen Hüten, gewebt aus geflochtenen Fäden der Zedernborke und aufwendig dekoriert, bemalten Truhen, mit Seeohrmuscheln ausgelegt; Masken, Rasseln, Keulen, Talismanen.

Die Währung, gegen die all diese Dienste und Andenken getauscht wurden – eiserne Werkzeuge, Glasperlen, Knöpfe, Stoffe –, schuf die Voraussetzung für eine spektakuläre Weiterentwicklung der Kwakiutl-Kunst, denn nun konnten die Schnitzer und Weber ihren Arbeiten europäische Techniken und Materialien einverleiben. Insbesondere der eiserne Meißel ermöglichte es den Indianern, all das schnell und mühelos zu schaffen, was sie mit ihrem traditionellen Werkzeug aus Knochen, Muscheln und Steinen nur langsam und unter großen Mühen zustande gebracht hatten. Die neue Technologie und die eingetauschten Gegenstände – Kupferwaren, Spiegel, Säcke voll farbiger Glasperlen – gaben den Kunsthandwerkern der Kwakiutl die Freiheit, in eine neue Welt phantasievoller Ausdruckskraft aufzubrechen.

Doch die Indianer waren gleichermaßen von den künstlerischen Ausdrucksformen der Besucher beeindruckt – vor allem von den geschnitzten und bemalten Galionsfiguren auf ihren Schiffen, über deren Bedeutung und totemische Macht viel diskutiert wurde. Interessanterweise erwähnte niemand von der Vancouver-Expedition einen Totempfahl, und auch auf den Skizzen der Seekadetten von Eingeborenendörfern war keiner zu finden, obwohl es geschnitzte Hauspfosten fast überall zu sehen gab. Dem Pelzhändler Joseph Ingraham, der 1791 die Queen Charlotte Islands absegelte, wurden sie gerade-zu vorgeführt: «Zwei Säulen, ungefähr vierzig Fuß hoch, mit höchst absonderlichen Darstellungen von Menschen, Kröten etc.» Doch zu der Zeit, als Ingraham auf diesen Inseln eintraf, waren die dort ansässigen Haida-Indianer schon seit mehr als siebzehn Jahren in regelmäßigen Abständen von amerikanischen und europäischen Händlern besucht worden, also sozusagen die Kosmopoliten unter den Stämmen des Nordwestens. Um 1820 gab es Totempfähle überall entlang der Inside Passage zu sehen: eine Folge des Pelzhandels, der den Indianern eiserne Meißel und Hohlbeitel bescherte, die ihnen Zeit sparen und kulturelle Ressourcen freisetzen halfen, und vielleicht liegt der Ursprung der Totempfähle sogar in den Galionsfiguren der Schiffe der weißen Männer.

Während all diese Geschäfte zwischen den beiden Kulturen abgewickelt wurden, hielten sich die Mannschaften der *Chatham* und der *Discovery* mit den Vorräten von Sprossenbier über Wasser, das sie während ihres Aufenthalts im Desolation Sound an Land gebraut hatten. Hierfür wurden Fichtenzweige mehrere Stunden lang in einem Fass gekocht, der bittere, grünliche Extrakt durch Käseleinen geseiht, dann gab man Wasser, Melasse und Hefe hinzu und ließ die Mischung eine Woche lang im Fass gären. Dieses Rezept, das von dem verstorbenen Admiral der U.S. Navy, Bern Anderson, stammt, habe ich bisher nicht ausprobiert. Ich warte immer noch darauf, dass mich die richtige Stimmung dafür überkommt – eine heitere, selbstzerstörerische Anwandlung. Sprossenbier hatte den Vorteil, dass es anders als die tägliche Rumration zur freien Verfügung stand, also nach Lust und Laune konsumiert werden konnte. Da es erwiesenermaßen vor Skorbut schützte und daher medizinisch empfohlen wurde, war das Erlebnis, sich damit zu betrinken, stets von einem angenehmen Gefühl der Ehrbarkeit begleitet.

Sie waren ein heiteres Intermezzo auf einer schaurigen Reise, diese Tage voller Sonnenschein, Essen, Trinken, Sex und Pelzhandel, mit tiefen Wassern, auf denen es sich tagsüber gut segeln ließ, und bequemen Ankerplätzen nahe den Dörfern bei Nacht. Ein Hauch von bierseliger Laune durchweht alle Berichte über das Leben an Bord zwischen dem 13. Juli, als die Expedition vom Desolation Sound aufbrach, und dem 7. August, als die *Disvcovery*, bald gefolgt von der *Chatham*, in den felsigen Untiefen der Queen Charlotte Strait auf Grund lief.

Ich nahm die Route der Dons durch das kunterbunte Mosaik aus Inseln im Norden und Osten der Discovery Passage. Es herrschte Windstille. Doch sobald sich die Kanäle verengten und die Flut schneller wurde, veränderte sich das Wasser, als wollte es sich für die kommenden Stromschnellen wappnen. Es hatte die Farbe und Konsistenz von Melasse und bildete schlierige, zopfähnliche Muster.

Da, wo sich Stuart Island und Sonora Island gegen das Festland von British Columbia quetschen, bilden sie eine Art schmales, Y-förmiges Ventil, durch das eine ungeheure Menge Wasser auf dem Weg vom und zum offenen Meer passieren muss. Zum Nordosten hin entleert sich Bute Inlet – ein mehr als dreißig Meilen langer und zweihundert Fuß tiefer Meeresarm – bei Ebbe durch die Arran Rapids, einen zweihundertfünfzig Yards breiten Spalt zwischen den Stuart Islands und dem Festland. Von Süden her drückt fast alles Wasser aus dem Labyrinth des Desolation Sound durch die Yuculta Rapids zwischen Stuart und Sonora. Die beiden Ströme treffen und vermischen sich in einem von Strudeln blubbernden Hexenkessel, bevor sie mit vereinter Kraft durch die Dent Rapids in die breiteren Abschnitte von Cordero Channel und Johnstone Strait schießen und am nördlichen Ende von Vancouver Island ins Meer ablaufen. Die Wasserfälle von Arran, Yuculta und Dent, Namen, die eher nach einer renommierten Anwaltskanzlei klingen, sind die Scylla und Charybdis der Region – wenngleich weitaus wilder und wütender als die vergleichsweise gemäßigten Strudel in dem antiken Vorbild der Straße von Messina und dafür berüchtigt, Kanus, Schleppkähne und Fischerboote zu verschlucken. Außer beim Gezeitenwechsel – einer fünfminütigen Unterbrechung der Turbulenzen – konnten diese Wasserstürze selbst große Schiffe so auf die Seite stellen, dass ihr Heck unter Wasser gedrückt wird oder sie mit ihren schlangenförmigen, zehn Knoten schnellen Strömungen in die Felsen schleudern.

Die *Mexicana* und die *Sutil*, umringt von einer Truppe aufgeregter Berater in Kanus, warteten am nördlichen Eingang zu den Arran Rapids, von ihnen Angostura de los Commandantes genannt, auf Stillwasser. Die Indianer wiesen auf einen Berg in der Ferne und gaben den Europäern zu verstehen, dass der sicherste Zeitpunkt zur Überwindung der Stromschnellen der wäre, wenn die Sonne über jenen Berggipfel zog: um vier Uhr nachmittags, Schiffszeit. José Cardero, der Bordmaler der spanischen Expedition, ist höchstwahrscheinlich auch der Verfasser des anonym veröffentlichten Berichts über die Reise, in dem die Schrecken erregende Fahrt durch die Arran und Dent Rapids geschildert wird.

Die extreme Schnelligkeit, die die Wassermassen erreichten, war ein größter Aufmerksamkeit würdiges Phänomen. Die Strömung von Angostura de la Esperanza in der Straße von Magellan beträgt in Ufernähe sieben-

einhalb Meilen pro Stunde, und seine Geschwindigkeit mitten im Kanal ist sogar noch erheblich höher. Dennoch ist der Unterschied zwischen den beiden Strömungen, die man auf den ersten Blick erkennt, so groß, dass man, ohne zu übertreiben, behaupten kann, die Strömung von Angostura de los Commandantes betrage wohl zwölf Meilen pro Stunde. Der Anblick ist höchst eigenartig und malerisch: das Wasser fließt wie über einen mehrstufigen Wasserfall; eine große Menge von Fischen steigt beständig empor; Schwärme von Möwen haben sich im Eingang zum Kanal auf dem Wasser niedergelassen und lassen sich von dessen schnellem Flusse befördern, doch wenn sie sein Ende erreicht haben, fliegen sie zu ihrem Ausgangspunkt zurück und wiederholen alles. Dies hat uns nicht nur vorzüglich unterhalten, sondern auch gezeigt, wie sich die Kraft der Strömung akkurat messen lässt.

Wenige Minuten vor vier Uhr paddelten die Indianer ans Ufer, um das tollkühne Abenteuer der Weißen aus sicherer Entfernung zu beobachten. Galiano und Valdés waren übervorsichtig. Während sie auf das Nachlassen des Gezeitenstroms warteten, verpassten sie den Kenterpunkt, und als die Brigg und der Schoner in den Rachen der Meerenge einfuhren, unter Rudern und Beisegeln, strömte die Ebbe bereits schnell. Die *Mexicana* segelte hart am Festlandufer und wurde unbeschadet hindurchgetragen. Doch die *Sutil*, die sich nahe Stuart Island hielt, wurde von einem Strudel gepackt und «drei Mal mit solcher Gewalt herumgewirbelt, dass denen von uns, die mit ihr fuhren, gar schwindelig ward». Ihr Rumpf schrammte über die Felsen am Arran Point. Die *Mexicana* hielt sich windwärts vom Ufer ab, wo sie eine halbe Meile von den Stromschnellen entfernt eine Festlandbucht erreichte und dort Anker warf. Die *Sutil* hingegen schaffte es nicht, den Strom zu queren, und wurde außer Sicht getragen, während sie sich noch auf den Wirbeln drehte.

Die unablässigen Gegenströmungen und Strudel, bald den Schonern günstig gesinnt, bald das Gegentheil, schoben sie zurück und dann wieder voran, was es uns unmöglich machte, ihrer Herr zu werden, sondern dem Erbarmen der Wellen auslieferte, die unsere Hoffnung, zu einer kleinen Bucht ganz in der Nähe zu gelangen, abwechselnd hob und verhöhnte. Die Sutil *versuchte, eine östlich gelegene Landspitze zu erreichen, wurde aber bei diesem Manöver von einem weiteren heftigen Strudel erfasst und wiederum mitgerissen, wobei das Ende der Ankertrosse brach, die gerade festgemacht wurde.*

In unfreiwilligen Pirouetten wirbelten die Schiffe durch den Hexenkessel aus Strudeln und dann hinaus durch die Dent Rapids, wo ihre im wahrsten Sinne des Wortes erschütterten Kapitäne es schafften, einen halbwegs sicheren Hafen anzusteuern – die Ecke, die sich heute Burnt Bluff nennt. Sie ankerten bei vierzig Faden Tiefe und banden die Achterleinen an die nächsten Bäume am Ufer. Cardero, halb Matrose, halb Künstler, war hin- und hergerissen zwischen seemännischer Sorge um die Sicherheit des Schiffes und romantischem Genuss an den erhabenen Aspekten der Nacht, die nun folgte:

Später nahm der Wind an Stärke zu, sodass wir ihn durch die Gewächse über uns und die Bäume auf dem Berg pfeifen hörten. Zur selben Zeit hub der heftige Fluss des Wassers im Kanal ein gar schröckliches Heulen an, welches ein ebenso beachtliches Echo verursachte und damit insofern eine Ehrfurcht gebietende Situation erzeugte, als wir bislang noch nichts so Furchterregendes vernommen hatten.

Ich erreichte den Eingang zu den Yuculta Rapids, dem südlichsten Arm des Y-förmigen Durchlasses, 35 Minuten vor Stillwasser. Nach dem Mondzyklus der Stromschnellen war es ein recht ruhiger Moment und ein Tag der Nipptide, von Schleppschiffern im Gegensatz zu den schweren «Bulltides» der vierzehntäglichen Springflut auch «Blubberwasser» genannt. Und doch lief die Ebbe immer noch voll mit. Ich wendete und hielt mit Hilfe meiner Maschine bei vier Knoten in die Richtung, aus der ich gekommen war. Bei diesem Tempo konnte ich einen Erdbeerbaum auf Sonora Island zwischen den Steuerbordwanten anpeilen. In der Strommitte war das Wasser glatt, wirbelfrei. Die einzige sichtbare Turbulenz wurde vom Kielwasser meines Bootes verursacht, das seltsam schmal und schwach aussah und von der Tide gleich weggewischt wurde. Sobald ich mich dem Baum näherte, nahm ich das Gas weg, bis der Baum, bei zwei Knoten Geschwindigkeit, in derselben Position blieb. Dann wendete ich erneut und fuhr mit dem abnehmenden Strom.

Hinter Big Bay markierten riesige Schaumflächen die Stellen, wo sich Wirbel und Strudel ausgetobt hatten. Ein paar Stücke Treibholz und entwurzelte Riementangstängel drehten sich noch in den Resten von bewegtem Wasser. Doch diese letzten Turbulenzen konnten sich nicht einmal zu dem Versuch aufraffen, mir das Steuer aus der Hand zu reißen. Das Boot fuhr mit acht, beinahe neun Knoten durch die Gillard Passage und die Dent Rapids – eine Szene der Erschlaffung, vergleichbar den zerwühlten Laken auf einem verlassenen Bett, mit dem dazu passenden salzigen, postkoitalen Geruch von auf den Felsen trocknendem Blasentang.

Nur wenige Seewege dieser Welt sind nach Künstlern benannt worden. Cordero Channel, wo ich auf die junge Flut traf, hatte Cardero Channel geheißen, bis irgendwelche viktorianischen Seekartenkopisten, die keine seiner sorgfältigen Aquarelle und Federzeichnungen kannten, den Namen falsch buchstabierten, nur weil einer von ihnen einmal nicht richtig aufgepasst hatte – eine leider wohl nicht mehr gutzumachende Schlamperei. Als Schriftsteller wie als Maler hat Cardero, ein klein gewachsener Mann mit dem Spitznamen Pépé, der Kunst der Indianer genauere Beachtung gezollt und sich mehr in den Bann der Berge und Buchten ziehen lassen als die meisten Engländer auf Vancouvers Schiffen.

Über Funk, von Environment Canada, war soeben eine aktualisierte Wettervorhersage mit einer Sturmwarnung gekommen: Erwartet wurde ein stürmischer Wind aus Südosten mit fünfunddreißig bis vierzig Knoten in der Georgia Strait, und an der äußeren Küste einer mit fünfzig bis sechzig Knoten. An diesem Nachmittag herrschte die gespenstische Ruhe vor dem Sturm. Seit Mittag war der Tintenstrich des Barographen unter 990 Millibar gesunken, und die träge Luft fühlte sich dünn und leer an, als hätte sie jemand aus der Inselwelt herausgepumpt. Obwohl der Motor lief, konnte ich Vögel in den Bäumen hören – das protzige Schnellfeuergetrommel eines Saftspechts auf Brautsuche, das monotone, nach quietschender Tür klingende Klagelied einer Meise.

Die einzige Bewegung war die der hereinkommenden Flut, die sich mit einem Knoten Geschwindigkeit durch den Wald stahl. Wo abgebrochene Äste die Strömung nahe dem Ufer behinderten, entstanden schnurrhaarfeine Wirbelchen, die sich dann zu geflochtenen Bärten auswuchsen. Das Wasser floss eben schnell genug, dass sich die Luftreibung bemerkbar machen konnte, und mit der stärker werdenden Flut begann sich die spiegelglatte Oberfläche zu tüpfeln. Schon bald entstand ein gitterwerkartiges Muster aus ineinander verhakten kleinen Wellen, deren Ränder nur etwa ein, zwei Millimeter hoch waren und gerade ausreichten, um einen Löffel voll Licht einzufangen und zu formen.

Ich ging ganz nach vorn, um das Wasser vor dem Bug zu fotografieren, doch kein Verschluss der Welt wäre mit dem Tempo des

Geschehens mitgekommen: Einen Wimpernschlag lang enthielt jede dieser kleinen Wellen das verzerrte Fragment einer Spiegelung und war gleich wieder verschwunden. Da, eine Millisekunde lang, war ein Stück Himmel – ein Stück Baum – ein Teil des dunklen Schiffsrumpfes – ein Stück meines eigenen Gesichtes. Unzählige bruchstückhafte Bilder blitzten auf, dehnten sich, zogen sich wieder zusammen und lösten sich auf. Sie mit einer Kamera einfangen zu wollen war ungefähr so aussichtsreich, als versuchte man, Quecksilberkügelchen in einem Krabbennetz zu fangen. Doch ich knipste einfach weiter drauflos, in der Hoffnung, das Foto, das ich brauchte, durch Zufall zu bekommen.

Ich wollte nämlich etwas ganz Bestimmtes beweisen. Das Basis-Element in der dekorativen Kunst aller Stämme an der Nordwestküste ist eine Form, die sich leichter zeichnen als beschreiben lässt:

Bei den Chilkat kann man in jeder komplexeren künstlerischen Arbeit wie etwa einer Decke, einem Wandbehang oder einer geschnitzten und bemalten Bugholztruhe Dutzende dieser rautenähnlichen Formen sehen, manchmal dicht an dicht gedrängt wie Ziegelsteine in einer Mauer. Sie variieren in Größe und Form: bald sind sie lang gezogen wie zu einem Bumerang, bald fast auf Quadratmaß zusammengedrückt. Oft enthalten sie kleinere Rauten, genau wie die kleinen Wellen, die ich zu fotografieren versuchte, konzentrische Ellipsen aus Licht und Schatten enthielten.

José Cardero hat diese Rauten in mehreren seiner Zeichnungen von indianischer Kleidung und anderen dekorierten Gegenständen verewigt. Die Haida-Indianer, notierte Judge Swan, sahen in ihnen die Flecken auf der Haut eines jungen Rochens. Franz Boas nannte sie «Augenmuster». Bill Holm, der die indianische Kunst an den Nordwestküsten wie kein anderer kennt, nennt sie «Ovoide».

Ich habe solche eiförmigen Gebilde millionenfach auf der Wasseroberfläche gesehen: in fast unbewegtem Wasser, bei leichtem Wind oder auch bei Flut. Die Kanu-Indianer, die an, auf und mit diesem Wasser lebten, sahen tagtäglich Ovoide in der Natur, und wenn sie diese zu einem Muster kombinierten, imitierten sie damit die Kapillarwellen, die die Welt in Bruckstücken widerspiegeln.

Die «Formlinie» des Ovoids rahmt typischerweise ein einzelnes Körperteil ein: ein Auge, eine Klaue, einen Flügel mit Gelenk, die klingenartige Rückenflosse eines Mörderwals, die Schneidezähne eines Bibers. Das gesamte Bild mit all den verschiedenen Arten von aneinander hängenden Ovoiden verlockt den Betrachter dazu, es wie ein Puzzle lösen zu wollen. Man fängt fast automatisch an, seine Bestandteile zu einem ganzen Wesen oder einer fortlaufenden Geschichte zusammenzusetzen, doch das gefiederte und flossenbewehrte Geschöpf sprengt im Allgemeinen den Rahmen der konventionellen Zoologie, und die Geschichte geht in seltsamen, widersprüchlichen Sprüngen weiter.

Die indianischen Interpretatoren dieser Bilder und Muster – das Thema wurde vor etwa hundert Jahren entdeckt – waren herrlich unbefangen und sich ihrer Sache sehr sicher, auch wenn ihre Interpretationen nur selten übereinstimmten. In *Primitive Art* finden sich ein paar – bei Franz Boas sonst dünn gesäte – komische Momente, wenn er mit Hilfe der zurate gezogenen Ethnologen George T. Emmons und John R. Swanton – jeder von beiden mit seinem einheimischen Experten im Schlepptau – die Muster verschiedener Chilkat-Decken zu entziffern versucht.

Auf der in Abb. 203 gezeigten Decke ist laut Emmons eine Wölfin mit Jungen dargestellt ... Laut Swanton wird auf der Decke ein junger Rabe dargestellt.
Auf der in Abb. 204 gezeigten Decke ist laut Emmons ... ein sich aufsetzender Braunbär dargestellt ... Laut Swanton stellt das Muster einen Heilbutt dar.
Auf der Decke in Abb. 103 ist laut Emmons ein eintauchender Wal dargestellt und auf den Seitenfeldern ein sitzender Rabe ... Laut Swanton ist auf nämlicher Decke ein Wolf mit Jungen abgebildet.

Anschließend nimmt Boas sich Truhen aus Bugholz vor, und hier kann er endlich auf die Erfahrung des indianischen Künstlers selbst zurückgreifen: eines gewissen Charles Edenshaw vom Stamm der Haida, der ihm eine Rahmen-für-Rahmen(oder Ovoid-für-Ovoid)-Intepretation aller vier Seiten einer bemalten Holzkiste liefert. So sieht Boas' Zeichnung der fraglichen Kiste aus:

Und so lauten Edenshaws Erläuterungen:

Das Muster [zeigt] vier Interpretationen des Raben als Held der Kultur. Das Rechteck oben rechts auf der ersten Seite soll seiner Aussage zufolge den Kopf des Raben darstellen, gekrönt von dem Ohr, das große Auge links davon, in der linken oberen Ecke die Schulter und darunter den Flügel und den Schwanz. Das Muster in der unteren rechten Ecke interpretiert er als den Fuß, wobei die Zehen in der rechten unteren Ecke dieses Feldes deutlich sichtbar seien. Er behauptet, dass der umgedrehte Kopf im linken oberen Rechteck den Kopf des Raben darstelle und darunter die Hand, wodurch der Rabe als ein menschliches Wesen wahrgenommen werde …

Vorgewarnt durch Emmons-Swanton-Differenzen, schrieb Boas über diese Auslegung: «Ich halte sie für höchst abstrus.»

Der springende Punkt dabei ist, dass diese Kompositionen allen möglichen Interpretationen zugänglich sind, wobei keine davon als die endgültige oder maßgebliche angesehen werden darf. Mit fabelhafter Stilsicherheit und Könnerschaft haben die indianischen Künstler eine Welt wiedergegeben, die in sich fließend, bruchstückhaft, chaotisch ist und sich jeder genauen Festlegung entzieht. Schau her, das ist ein Bär; schau noch mal her, und es ist ein Heilbutt. Dies ist die Natur, wie man ihr im Zerrspiegel des Wassers begegnet. Ich halte es für keinen Zufall, dass Boas' Zeichnung der bemalten Truhe eine geradezu unheimliche Ähnlichkeit mit dem Foto aufweist, das ich so unbedingt schießen wollte und nicht zu schießen schaffte: das des marmorierten, sich endlos verschiebenden, zufälligen Chiaroscuro der Cordero Passage.

Die Motive dieser größtenteils anonymen Kwakiutl-, Haida- und Tsimshian-Künstler erwuchsen, so scheint es mir, direkt aus ihren Eindrücken, wenn sie das Spiel des Lichtes auf dem Meer beobachteten. Bei meinen Wanderungen durch die Museen von Seattle, Vancouver und Victoria und später durch die den Indianern des Nordwestens gewidmeten Säle im American Museum of Natural History in New York und der Sammlung Menil in Houston sah ich in beinahe jeder Arbeit eine leidenschaftliche Auseinandersetzung mit dem Element Wasser. Dies war ein Aspekt der Kunst, den die beschreibende Literatur ignorierte. Tausende von Seiten widmeten sich der Diskussion über den schamanistischen Symbolismus und, seit Bill Holms wegweisendem Werk *Northwest Coast Indian Art: An Analysis of Form* (1965), ihren abstrakten Mustern. Doch was ich auf meinen Tippeltouren durch die Museen fand, war eine Kunst im Banne kleiner Wellen und Widerspiegelungen.

Die einfachste Methode, Ordnung aus Chaos zu gewinnen, besteht darin, ihm einen Spiegel vorzuhalten. Die bunten Plastikschnipsel in Julias Kaleidoskop ergaben, ganz egal, wie man sie schüttelte, ein vollkommen symmetrisches Muster. In den geschützten kleinen Buchten des Nordwestens sahen die Indianer sich tagtäglich im Spiegel des Meeres, so wie er ihre unordentliche Welt verdoppelte und nachempfand. Kein Wunder also, dass ihre Kunst geradezu rauschhaft alles Symmetrische zelebriert. Sie steckt voller Tiere – Raben, Wölfe, Wale –, in der Mitte durchgeschnitten und flach ausgebreitet, sodass die linke Hälfte des Wesens der rechten spiegelbildlich gleicht. Auf den meisten Kästen und Decken (Boas' Truhe ist in dieser Hinsicht untypisch) verläuft in der Mitte der Komposition eine unsichtbare Naht von oben bis unten, da die beiden Seiten sich entsprechen wie die Flügel eines Schmetterlings. Totempfähle haben, zumindest auf der Vorderseite, dieselbe starre, spiegelbildliche Symmetrie.

Manchmal, insbesondere frühmorgens, ist das Wasser dieser kleinen Buchten so ruhig wie eine Pfütze Ahornsirup und die Oberflächenspannung frei von Wind oder Flut. In solchen Momenten erscheint das Spiegelbild fast unheimlich präzise, ohne sichtbaren

Rand oder Bruch entlang der Wasserlinie. Meine amateurhaften Versuche, das indianische Meer in dieser Stimmung fotografisch einzufangen, hatten erstaunlich gute Resultate erbracht.

Ein Jahr zuvor war ich um halb sechs Uhr morgens in einem lagunenartigen Fleckchen, tief zwischen den Fjorden der Westküste von Vancouver Island, mit der Kamera in Anschlag gegangen. Beim höchsten Stand eines Springhochwassers ragte die braune Uferböschung einen knappen halben Meter aus dem Wasser. Eine Unzahl Wurzeln und Steine ragte aus der dunklen Erde hervor, und die Böschung spiegelte sich auf ganzer Länge im Wasser. Quasi auf Zehenspitzen, um nur ja keine Wellen zu machen, schoss ich ein Dutzend Fotos. Die niedrige Böschung und ihr flüssiges Ebenbild kamen perfekt heraus – ohne jede Naht, die verraten hätte, wo die Erde aufhörte und die Spiegelung begann.

Zur Seite gedreht, zeigten diese Bilder genau das, was ich gesehen hatte: eine Säule aus fremdartigen Gesichtern. Die Doppelung verlieh jedem noch so zufälligen Merkmal der Böschung einen Ausdruck und eine Bedeutung. Aus der gebogenen Wurzel wurde ein Augenbrauenpaar, der schmale Felskeil, schräg in der Erde steckend, verwandelte sich in einen grinsenden Mund, ein Stein gab die geblähten Nasenlöcher ab. Die wenigen Meter bröckelnder Böschung wurden zu einem Gewimmel unheimlicher Fratzen.

Ich rahmte vier der Fotos und hängte sie in der Küche auf – vier schwärzliche Säulen, die in einem Dschungel aus Grünzeug standen. Wann immer ein Besucher sie sich genauer ansah, gab ich einen einzigen Hinweis: «Die Farbe ist abgeblättert – sie sind sehr alt.»

«Ah, verstehe. Totempfähle.»

Es funktionierte jedes Mal. Auch wenn dieses Experiment keinen Beweis für irgendeine Totempfahl-Theorie abgab, zeigte es doch, dass eine Zufallsreihung von Markierungen sofort «leserlich» wird, wenn man sie mit ihrem Spiegelbild koppelt. Boas meinte, der Sinn für Symmetrie in primitiven Kulturen sei «schwer verständlich», doch das traf mit Sicherheit nicht auf die Indianer der Nordwestküste zu, wo es Regel und nicht Ausnahme war, dass das Land zur Morgen- und Abenddämmerung mit seinem Spiegelbild im Wasser verschmolz. Das gespaltene Geschöpf – ein typisches Motiv – war einfach überall zu sehen: der watende Reiher, an den Fußgelenken an seinen Zwilling gebunden, der schwarze Bär am Seeufer, der sein eigenes Bild mit der Zunge aufschleckte.

Allem, was sich in seiner Reichweite befindet, spielt das Wasser seine Streiche. Es verzerrt und zersplittert, um dann nach dem Aus-eins-mach-zwei-Prinzip ein ausgefallenes Ganzes wiederherzustellen. Nichts anderes taten die indianischen Künstler des Nordwestens in ihren Dekorationen. Auf dem Wasser lebend und dort fast ebenso in ihrem Element wie die Seeotter, erkannten die Küstenstämme im spielerischen Wirken des Wassers unwillkürlich das Abbild ihres instinktgeprägten Weltbildes. Gekräuselte Oberflächen enthüllten eine unruhige und widersprüchliche Natur, in der alles unentwegt den Platz tauschte und es von plötzlichen, geheimnisvollen Veränderungen nur so wimmelte. Ob er nun eine Kiste schnitzte oder ein Stück Tuch bemalte – immer empfand der Künstler Szenen aus dem niemals endenden Bilderbogen des Wassers nach.

Bei Anbruch der Dämmerung erreichte ich die Ferienanlage am Blind Channel, deren Kaizungen verlassen dalagen. Während ich das Manöver vorbereitete, in einen Liegeplatz einzuparken, sah ich, dass die Flut zwischen den Stegen wirbelte wie ein Fluss bei Hochwasser. Die Fender ächzten, als das Wasser die immerhin 7000 Kilo des Bootes gegen den Steg drückte, und das Protestgegluckse der Strömung gegen den Rumpf machte ordentlich Krach in der Flaute.

Die Aussichtsfenster des Restaurants am Ufer rahmten die für die Off-Saison mit Tüchern verhängten, Schneewehen ähnelnden Möbel ein. Der Laden-plus-Post war dunkel, und auch aus dem Haus daneben drang kein Licht. Das einzige Zeichen für menschliche Präsenz war das Brummen eines elektrischen Generators in einem getünchten Schuppen. Im Dämmerlicht brauchte ich ein Weilchen, um das Ziel meiner Expedition auszumachen, einen öffentlichen BC TEL-Satelliten-Fernsprecher, vom Gebüsch verhüllt und ein Stück Trampelpfad entfernt.

Höchstwahrscheinlich war ich, da sich die Besitzer der Ferienanlage vermutlich gerade an den Stränden von Waikiki aalten, an diesem Abend der einzige Bewohner von West Thurlow Island. Mein größtes Problem war die Entfernung – keine hundert Schritte – zwischen mir und dem Telefon, von dem aus ich wie versprochen Jean und Julia anrufen wollte.

Ich habe mein Lebtag Angst vor großen Säugetieren gehabt – in England vor Kühen, hier im Nordwesten vor Bären und Pumas. Und West Thurlow in der Off-Saison sah für mich nach einem echten Bärenparadies aus. Meine Instinkte rieten mir, auf dem Boot zu bleiben, aber ich war fest entschlossen, mein Versprechen zu halten.

Eine der vielen antiquierten Vorschriften der US-Küstenwache lautete, dass jedes Schiff ab einer gewissen Länge eine Schiffsglocke mit sich führen musste, zum Gebrauch bei Nebel. Ich hakte meine Glocke aus ihrem Gestell auf dem Dach des Deckshauses und ging langsam den Weg entlang, wobei ich die Glocke schellen ließ wie ein Leprakranker im Mittelalter und zwischen jedem trauervollen Bimmeln auf ein lautes Knacken im Gebüsch horchte. Ein Zaunkönig floh in Panik aus einem Salal-Dickicht. Das einzige andere wilde Tier, dem ich begegnete, war eine dicke Bananenschnecke.

Am Telefon angekommen, durchwühlte ich mit einer Hand meine

Hosentaschen nach Kleingeld und ließ mit der anderen die Glocke bimmeln, um der Wildnis zu wehren. Dabei war mir durchaus bewusst, dass ein Barry Lopez oder Richard Nelson eine Situation wie diese wohl eher anders bewältigen würden. In der Telefonmuschel rauschte das Meer wie in einem Tritonshorn. Ich stopfte eine Hand voll Kleingeld in den Schlitz und tippte die heimatliche, astronomisch lange Nummer ein. Die Brandung brach sich unablässig an der Küste hinter mir.

«Hallo? Vermittlung?»

Doch keine Menschenseele versteckte sich in dem atmosphärischen Rauschen.

Ich versuchte es noch ein Dutzend Mal, bekam aber niemanden an die Strippe als das einsame Meer. Schließlich ging ich, missmutig mit der Glocke bimmelnd, zum Boot zurück und verfluchte dabei BC TEL, während Blind Channel seinem Namen alle Ehre machte und das Wasser die düstere Farbe des Tannenwaldes an seinem Ufer annahm. Da ich mich sehr gut an Geschichten von Bären erinnerte, die in Gegenden wie dieser regelmäßig an Bord von Schiffen kamen, angelockt vom verführerischen Duft der Haushaltsabfälle, machte ich gleich Niedergang und Luke vor möglichen Teddy-Einbrechern dicht.

Der Wind legte um Mitternacht los und weckte mich mit dem plötzlichen, hartnäckigen Hämmern einer losen Flaggleine gegen den Mast und, wenige Zentimeter von meinem linken Ohr entfernt, dem leisen Kratzgeräusch von Wellen, die sich an Fiberglas brechen. Mein Trommelfell verstärkte das Vibrieren der Flaggleine zu wahren Donnerschlägen. Bei jeder Bö knallte sie lauter und schneller, bis mir nichts weiter übrig blieb, als sie festzumachen. Einen Parka über die nackte Schulter geworfen, ging ich barfuß hinaus, in der Hand ein Messer und eine Rolle Gummistropp. Als ich mir auf diesem Ausflug eine Zehe an der Stahlklampe mittschiffs anstieß, bereicherte ich die diversen Nachtgeräusche noch um ein Wolfsgeheul.

Schon bei Tagesanbruch war ich wieder wach. Durch das Ovoid aus zerkratztem Acrylglas, das als Bullauge diente, beobachtete ich einen Erlenast, der wie verrückt versuchte, sich vom Baum zu lösen. Der Himmel dahinter sah aus wie kalter grauer Haferbrei. Ich klapperte die Frequenzen im Radio neben meinem Bett ab, aber der Apparat schwieg ebenso beharrlich wie das öffentliche Satellitentelefon. Eingeschlossen zwischen hoch liegenden Inseln, befand ich mich funktechnisch in einem schwarzen Loch.

Der Wind kam allerdings durch. Heftige Böen rasten quer über den weiß schäumenden Kanal und drückten das Boot mit voller Wucht gegen den Steg. Bei jedem Windstoß erzitterte es von Masttopp bis Kiel. Die Fender quietschten. Die Festmacher, dünn und straff gespannt, klangen wie Ukulele-Saiten, sägten an den Führungsringen und rissen an den Klampen. Gut festgemacht, ohne sonst groß etwas tun oder lassen zu können, beschloss ich, meine Zwangspause an diesem verrückten Morgen zu genießen. Ich zündete die Lampen an, setzte den Kessel auf und schob, um den dissonanten Krach des Schiffsorchesters zu übertönen, ein Band mit Mozarts Klarinettenquintett in A-Dur in den Kassettenrekorder – eine Aufnahme des Amadeus-Quartetts mit dem Klarinettisten Gervase de Peyer.

Die Violinen, gefolgt von Cello und Bratsche, unternahmen einen zögerlichen, aber dennoch neugierigen Abstieg in den Bass, wo sie die Klarinette entdeckten, die so frisch und wild wie Pans Flöte klang. 1789 war die Klarinette noch immer eine vulgäre Neuheit, und indem er eine solche Star-Partie für nämliches Instrument schrieb, betrat Mozart tatsächlich Neuland. In dieser eindringlich schönen Aufnahme erfüllt de Peyer jede Note mit etwas Fließendem, Gewagtem, als erkundete er seinen Weg durch unerforschtes Terrain.

Mozart, nur anderthalb Jahre älter als Käpten Van, hat ja ebenfalls den Eintritt in das neue Zeitalter miterlebt: die romantische Revolution. Während seine Musik erklang, eingerahmt von allen Geräuschen des Bootes bei einem kleinen Sturm, stellte ich fest, dass ich der Klarinette als dem Symbol jener unbehinderten Freiheit lauschte, auf die Mozarts Spätwerk immer hinzudeuten scheint: den Weg zu Beethoven und weiter weisend.

Den Salon voll Musik und Kaffeeduft, begann ich, die Wettervorhersage des vergangenen Tages aus ihrem Fachchinesisch zu übertragen. Ein intensives Tief (ärgerlicherweise war die Millibarhöhe nicht erwähnt) bewegte sich von Westen her auf Vancouver Island zu; die dazugehörige Front folgte südlich seines Zentrums. Laut Vorhersage sollte diese Front über die Insel ziehen und diese während der Nachtstunden von Norden nach Süden bestreichen, doch mein Barograph fiel immer noch weiter, und der Wind wehte aus Ostsüdost, was darauf hindeutete, dass das System an der äußeren Küste hängen geblieben war. Sobald die Front abgezogen war, sollte der Wind abflauen und nach Südwesten abdrehen und der nach unten gerichtete Zeiger des Barographen wieder zur Horizontalen hochschwenken. Der Tintenstrich bewegte sich mittlerweile bei 981 Millibar, und nichts deutete darauf hin, dass dies wirklich schon die Talsohle war.

De Peyer setzte zu einem Arpeggio von Vogelgesang an. Der Wind klampfte in den Wanten. Ich übte die hübsche Faustregel, die als Buys-Ballot-Windgesetz bekannt ist. Dreht man (auf der Nordhalbkugel) das Gesicht dem Wind zu, dann liegt das Tiefdruckzentrum irgendwo zwischen acht und zwölf Kompassgraden rechter Hand. Demnach befand sich mein Tief ungefähr Richtung Cape Scott – ein hungriges Loch, das sich entgegen dem Uhrzeigersinn drehte und dabei in riesigen Zügen Luft ansaugte, während es vom Meer her landeinwärts zog.

Auf einer neuen Seite des Logbuchs skizzierte ich die Küste und zeichnete einen Satz Isobarkringel über Vancouver Island, in die die Winde sich entleerten wie Badewasser in den Abfluss. In meiner Mozart und dem Kartenzeichnen geschuldeten und durchaus angenehmen Benommenheit brauchte ich ein paar Sekunden, um zu kapieren, dass irgendwer stur gegen den Rumpf klopfte. Ein Bär!, dachte ich und stürzte auf den wieder offenen Niedergang.

Neben dem Cockpit stand ein Mann in gelbem Regenzeug, der Besitzer der Ferienanlage, der seine 15 Dollar Liegegebühr für mein Boot eintreiben wollte. Ich war mir so sicher gewesen, allein zu sein, dass ich nur so stumm gaffen konnte wie Robinson Crusoe beim Anblick von Freitag.

«Tut mir Leid. Ich dachte –»

Ich murmelte irgendetwas von kein-Licht-im-Haus und hab-nicht-gemerkt-dass-jemand-da-ist, stellte aber gleich fest, dass damit kein Millimeter Eis gebrochen war. Die Augen des Mannes starrten nicht auf mich, sondern auf den Sitz im Cockpit, wo ich meine Lepra-Glocke abgestellt hatte.

Ich ging nach unten, um meine Brieftasche zu suchen. Soeben hatte die Trio-Passage begonnen. Ich stellte de Peyer aus und beschloss, als geistig normaler, ja ausgesprochen sympathischer Zeitgenosse wieder aufzutauchen, doch nichts, was ich sagte, schien von meinen glockenschwingenden Aktivitäten des letzten Abends ablenken zu können. Der Gesichtsausdruck dieses Mannes stempelte mich als armen Irren ab, den man sicherheitshalber auf Armeslänge abfertigte. Schon die Art, wie er die Quittung ausstellte, hatte etwas absichtlich Unnahbares. Und als ich ihm dann mit Fragen zusetzte, antwortete er mir so einsilbig, wie die Grammatik es überhaupt zuließ. Ich wollte wissen, wo er und seine Familie hergekommen waren, bevor sie ihr Geschäft auf West Thurlow Island eröffnet hatten.

Aus langer Gewohnheit heraus nickte er in halbwegs südliche Richtung. «Vancouver», sagte er.

Noch nie hatte ich jemanden den Namen mit einem so heftigen Unterton von Missbilligung aussprechen hören. Bei ihm klang «Vancouver» wie eine Mischung aus Sodom und Gomorrha, Babel und dem Sündenpfuhl London.

Also gehörte er zu den Stadtverächtern und finanzierte seinen Schlupfwinkel in der Wildnis, indem er ihn drei Monate pro Jahr für ganze Bootsladungen von anderen Stadtverächtern aufmachte. Und ich war nicht nur der Bekloppte mit der Glocke, sondern auch noch außerhalb der Saison erschienen. Als unwillkommener Eindringling in seiner Einsiedelei fühlte ich mich doppelt schlecht angeschrieben.

«Würden Sie den Laden für mich aufmachen?»

Er warf einen Blick auf seine Armbanduhr und meinte bedauernd: «Um zwölf.»

«Kann ich von hier aus Post verschicken?»

«Postflieger. Morgen.»

«Danke», sagte ich.

«Gern», erwiderte er.

Und so fand ich mich mit meinem Hunger nach ein bisschen Kommunikation als Aussätziger auf der Insel, wo mein schlechter Ruf übrigens bereits in Umlauf war. Eine Frau auf einem Fahrrad, die zwischen dem Haus und der Ferienanlage hin- und herradelte, wechselte bei meinem Anblick abrupt die Richtung und fand eine unaufschiebbare Arbeit in ihrem Gemüsegärtchen. Mittags, im Laden, wachte der Besitzer über seiner Kasse und trommelte mit den Fingern leise auf den Ladentisch, während ich die wenigen Artikel durchsah, die noch auf den Regalen lagen. Ich kaufte ein halbes Dutzend Bären-Postkarten für Julia, Briefmarken, ein paar Lebensmittel in Dosen und Tüten und bat dann darum, ein Ferngespräch führen zu dürfen. Der Besitzer ließ mich sein Handy benutzen, das mit dem BC TEL-Satellitensystem verbunden war.

«Hier ist Jean», log die schnarrende, magnetisch kodierte Kopie von Jeans Stimme. «Bitte hinterlassen Sie eine Nachricht.»

Ich informierte die Maschine, dass ich sturmeshalber auf einer Insel festsaß, praktisch mehr oder weniger außer Kontakt mit dem Rest der Menschheit, dass ich hoffte, die Bären-Postkarten an Julia kämen regelmäßig an, dass ich wieder anrufen würde, sobald sich die Chance bot, dass «ihr mir echt fehlt. Ich –».

«Pling-plong», machte das Zweiton-Glockenspiel des Anrufbeantworters, um mir mitzuteilen, dass meine Zeit zu Ende war.

«Neun Dollar», sagte der Besitzer der Ferienanlage, der die Dauer meines Telefonats mit dem Sekundenzeiger seiner Armbanduhr gestoppt hatte.

Damit war mein letzter Versuch gescheitert, Kontakt zu einem anderen menschlichen Wesen aufzunehmen, und so kehrte ich zum Boot zurück, um dafür mit den Wellen Zwiesprache zu halten, die sich mittlerweile in regelmäßiger Formation über den Kanal hinweg brachen. Der stürmische Wind wehte stur aus Ostsüdost, obwohl ich zu erkennen meinte, dass die Barographennadel sich bei der 980-Millibar-Marke einpendelte.

Die Wellen kamen gegen das Heck gefaucht. Erst ein paar Minuten alt, achthundert Meter weiter auf dem Kanal als Fältchen geboren, waren sie schon ausgewachsen, ja sogar schon graubärtig, und richtige Kracher. Helle Bänder aus sich auflösendem Schaum trieben durch das tintenschwarze Wasser, und das Boot wurde mit solcher Kraft durchgerüttelt, dass ich vorsichtshalber zwei zusätzliche Festmacher anbrachte. Mittlerweile hatte ich schon Mühe, mich aufrecht auf dem Schwimmdock zu halten, das unter mir wackelte wie ein Pudding beim Rock 'n' Roll.

Mircea Eliade zufolge soll die früheste uns bekannte Form von Dekor, das Zickzackmuster, das sich um den Rand eines Topfes aus der Jungsteinzeit zieht, einen Wellenzug in der Seitenansicht darstellen. An dieser Küste zog sich die wogende Wellenlinie, der ewige Kreislauf von Anwachsen und Einsturz, als wesentliche Form des Lebens durch die Kunst der Indianer. Wellen jagen einander um geflochtene Hüte und Körbe. Herrlich gemeißelte Wellen fassen einen Schöpflöffel aus Ziegenhorn ein, eine hölzerne Festmahl-Schüssel, einen Mörser aus Ahornholz. Der kalligraphische Pinselstrich, der mit kühnem Schwung die Umrisse einer Komposition festlegt, ahmt die Kurve der Welle nach, vom Tal bis zur Krone und wieder hinab zum Tal.

Wellen sind schon immer Wahrzeichen voll düsterer Bedeutung gewesen. «Ich höre die Wellen!», schreit der sechsjährige Paul Dombey aus Dickens' *Dombey & Sohn* im Delirium, wenige Augenblicke vor seinem Tod. Philip Larkin meditiert am Meer über den «immer wieder frischen Kollaps der kleinen leisen Wellen» und beschwört damit eine Schar kleiner, leiser Leben auf dem Weg zum Tod herauf. In seinem 60. Sonett sieht Shakespeare in den Wellen die Vergänglichkeit und Sinnlosigkeit des Lebens:

Wie hin zum Sandstrand Welle eilt um Welle,
So dringen hin zum Ende die Minuten,
Die eine treibt die andre von der Stelle,
In stetem Eifer alle vorwärts fluten

Eine so unermüdliche, auf so dramatische Weise vorgeführte und dennoch so folgenlos erscheinende Verausgabung wie die der Wellen macht diese zu einem natürlichen Symbol für menschliche Selbstüberschätzung und Sterblichkeit. Den Wellen zuzuschauen, die sich am Ufer brechen, ist eine Beschäftigung, die wie geschaffen dafür ist, melancholische Besinnlichkeit aufkommen zu lassen, und ich möchte bezweifeln, ob die Wellenprozessionen, die durch die Kunst der Indianer an der Norwestküste ziehen, eine sehr viel frohere Botschaft tragen als ihre todbringenden Cousinen, die durch die englische Literatur stromern.

Unten im Salon legte ich die Postkarten auf dem Tisch aus, nummerierte sie durch und versuchte, Julia eine lustige Geschichte über Emily, eine Bärin auf Wanderschaft, zu schreiben. Ich kam nicht richtig in Gang. Die Gepflogenheiten sprechender Bären (Hüte, Gummistiefel, Honigtöpfe usw.) schienen so formell und strikt wie die Regeln, die das petrarkische Sonett bestimmen. Zwischen Emilys etwas fade Abenteuer drängelten sich immer wieder Bärengeschichten, wie Boas und seine Kollegen sie gesammelt hatten, Geschichten, in denen der Geschlechtsverkehr von Bären mit Menschen und die daraus resultierenden sozialen Konsequenzen im Allgemeinen für den erzählerischen Höhepunkt sorgten. Vielleicht hatten A. A. Milne und Michael Bond ähnliche Qualen erlitten, wenn sie versuchten, Pu den Bären und Paddington daran zu hindern, sich auf dem Spielplatz an unschuldigen Kindern zu vergreifen. Ich hatte die Befürchtung, dass der Unterhaltungswert meines Bärenepos sich dem einer von Boas aufgezeichneten Geschichte annäherte, die «Nasenschleim» heißt und so geht: «Er kommt herunter, der Schleim – er geht hoch, der Schleim – er kommt herunter, der Schleim – er kommt heraus.» Währenddessen brachen sich die Wellen weiter in meinem Rücken, pflügten geradewegs ins Heck, wobei sie Geräusche wie von einem prasselnden Lagerfeuer machten und meine Behausung so heftig durchrüttelten, dass mir war, als würde ich in einem Güterzug mitten beim Rangiermanöver schreiben.

Am späteren Nachmittag schlug der Wind endgültig um, drehte

eine halbe Runde um den Kanal und zog dann über eine bewaldete Landzunge kaum hundert Meter hinterm Steg in südwestlicher Richtung davon. Das Rauschen der Wellen schwoll zu einem behaglichen Schmatzen am Wasserrand ab, und die Barographennadel stieg auf 982. Die Sturmfront war auf dem Weg ins Landesinnere über mich hinweggerauscht. Dann kam der Regen – ein warmer Wolkenbruch, der ins Wasser rieselte wie Zuckerraffinade aus einer Schute.

Von Kopf bis Fuß in orangefarbener Sturmausrüstung, wie jemand aus einer Katastrophenschutz-Einheit, gab ich meine Postkarten auf, indem ich sie eine nach der anderen unter der Ladentür durchschob, in der Hoffnung, dass sie irgendwann den Weg zum Postflugzeug schaffen würden, kehrte dann zum Boot zurück und suchte Zuflucht vor Regen und Dunkelheit in einem Stapel indianischer Texte.

> *Ein Häuptling lebte in einer sehr großen Siedlung. Seine Tochter ging gerne Beeren pflücken. Einmal machte sie sich mit den Sklaven ihres Vaters zum Beerenpflücken auf, und während sie tief in den Wäldern pflückte, trat sie in den Dung eines Grizzlybären. «Aus diesen riesigen Aftern fällt immer etwas, worauf die Menschen mit ihren Füßen treten», sagte sie …*

Daraufhin verwandelt sich der angriffslustige Bär («du mit den beiden riesigen Öffnungen an jedem Körperende») in einen Menschen und verführt die junge Frau, die sich in der Bärenhöhle wiederum in einen Grizzly verwandelt. Als sie in die Welt der Menschen zurückkehren will, wird sie von der aufgebrachten Familie des Grizzlybären verfolgt.

Sie begann um ihr Leben zu flehen. Dann flüchtete sie an das Ufer eines großen Sees, in dessen Mitte ein Kanu schwamm, das einen Tanzhut trug. «Lauf ins Wasser und komm hierher», rief es der Häuptlingstochter zu. Sie tat wie geheißen und eilte auf das Kanu zu. Gleich wurde sie in das Kanu hineingezogen, welches mit ihr zur Sonne aufstieg.

Hier haben wir es erneut mit einer Geschichte über die fragile Natur der menschlichen Identität zu tun, der stets Gefahr droht, wenn sich sich mit solch unbändigen Kräften wie Bären oder Strudeln einlässt. Bleibe im Dorf oder auf der Oberfläche des Wassers. In den Tiefen des Waldes und des Meeres wimmelt es von gefährlichen Liebhabern. Und wenn sich jemand – wie das Kanu mit dem Tanzhut – als Fluchthelfer anbietet, kommst du mit Sicherheit vom Regen in die Traufe. (Nachdem das Kanu die Häuptlingstochter zur Sonne getragen hat, wird sie von deren Söhnen vergewaltigt und geschwängert.)

Die Moral dieser Geschichten könnte man als nüchtern und banal betrachten, wäre da nicht der sentimentale Mythos um die Indianer, die angeblich in einem Zustand idealisierter Harmonie mit der Natur lebten. So wie die Natur in ihren Märchen und Geschichten beschrieben wird, ist sie leicht kränkbar und schnell gewillt, Rache zu nehmen. In sexueller Hinsicht betrachtet sie alle Menschen als Freiwild, wie sie ganz generell der Menschheit übel gesinnt ist. Die Zivilisation – das Kanu, das Haus, das Dorf – bildet nur einen winzigen Kreis, der ständig von einer gierigen, unersättlichen Wildnis bedroht wird. Schon eine einzige unbedachte Bewegung kann den Untergang bedeuten. Das Drama der Frau, die in einen Bären verwandelt wird, beginnt, als sie sich über den riesigen After des Grizzlys lustig macht.

Leider ist die mündlich überlieferte Literatur der Indianer durch mehrere Generationen von Dr. Bowdlers und Mrs. Grundies systematisch verwässert worden. Den Anfang machten die frühviktorianischen Liebhaber und Sammler von Indianergeschichten, die vor den sexuellen Details und der Fäkalsprache zurückschreckten. So verfiel Swanton, übrigens kein besonders prüder Vertreter seiner Zunft, auf den Ausweg, die anstößigen Teile einer Geschichte ins Lateinische zu übertragen:

Der Bär fragte den Raben: «Mein Freund, was benutzt du als Köder?»
Corvus respondit: «Testium cute ad escam praeparandum utor.»
*Ursus aeiebat corvo: «Licetne uti meis quoque?» Sed corvus dixit, «Noli id facere, ne forte sint graviter attriti.» Paulo post ursus aegre ferens aiebat: «Abscide eos.» Tum corvus cultellum acuens aiebat. «Pone eos extrema in sede.» Postea corvus eos praecidit, at ursus gemens proripuit circum scapham et moriens incidit in undas extreme cum gemitu.**
Nach einer Weile sprach der Rabe zum Kormoran: «An deinem Kopf läuft gerade eine Laus herunter.»

Wenn *das* ins Lateinische übersetzt werden musste, fragt man sich, in welche Sprache diese Geschichte überhaupt übertragbar war. Spätere Volkskundler, die ein größeres, jugendlicheres Publikum für die indianischen «Mythen» gewinnen wollten, haben die Geschichten so lange bearbeitet, bis sie keine auch nur im Entferntesten unanstän-

* Die deutsche Übersetzung lautet in etwa:
Der Rabe antwortete: «Am besten lässt sich die Haut der Hoden als Köder benutzen.» Der Bär sagte zum Raben: «Könntest du dafür auch meine benutzen?» Da sprach der Rabe: «Nein, die tun es nicht mehr – sie sind einfach zu ausgeleiert.» Nach einer Weile erwiderte der Bär geknickt: «Dann schneid sie ab.» Der Rabe ergriff ein kleines, scharfes Messer und sagte: «Senk deinen Hintern.» Dann schnitt der Rabe dem Bären die Hoden ab, worauf dieser wie wild zu brüllen anfing, sich mühsam um das Kanu schleppte und dann sterbend unter schrecklichem Stöhnen mit dem Arsch voran in die Wellen warf.
Nicht unbedingt eine Gutenachtgeschichte für Julia, aber andererseits auch nichts, womit nur unterm Ladentisch gehandelt werden dürfte.

digen Stellen mehr enthielten und nur noch ein saft- und kraftloser Abklatsch indianischer Spiritualität waren – Tierfiguren, die sich wunderbar mit Pu dem Bären vertragen würden. Die einschlägigen Bücher wie zum Beispiel Ella E. Clarks *Indian Legends of the Pacific Northwest* waren so sehr von dem Anspruch durchdrungen, «Volksmärchen für Kinder» zu sein, dass ihre bereinigten Versionen kaum mehr einen Bezug zu den krassen, aufregenden und von der Fäkalsprache bestimmten Originalen aufweisen, die Franz Boas und andere frühere Anthropologen noch zu hören bekamen.

Da mich meine eigene Reise immer tiefer in ein Gebiet führte, das immerhin wie Wildnis aussah, bekamen die indianische Kunst und die Erzählungen dieser Stämme für mich von Tag zu Tag größere Bedeutung, verloren ihren Talmi-Glanz der Exotik und zeigten dafür den melancholischen Realismus, der direkt in der Landschaft verwurzelt war. Es fiel mir nicht schwer, das Echo der vielen Geschichten zu vernehmen, in denen die schrecklichen Erlebnisse von Menschen beschrieben werden, die ihre Heimat verlassen und sich auf Wanderschaft begeben. Auch die Einsamkeit war ein vorherrschendes Thema. Ständig wurde jemand durch den Tod eines geliebten Menschen oder den Verlust seiner Freunde in den Wahnsinn oder Selbstmord getrieben. Ein Mann verliert seine gesamte Familie durch eine tödliche Epidemie, woraufhin er einige Stücke Treibeis zu einem zeremoniellen Fest einlädt. Als einem anderen Mann die Frau wegstirbt, gibt er dem besten Holzschnitzer des Dorfes den Auftrag, ihr Bild aus dem Holz des Riesenlebensbaums zu schnitzen. Dann zieht er der hölzernen Statue die Kleider seiner Frau an und trägt sie überall mit sich hin. Irgendwann beginnt die Figur sich zu bewegen, lernt aber nie richtig zu gehen oder zu sprechen.

Es gab kein schlimmeres Geschick als das eines Ausgestoßenen oder Verbannten. Die indianische Literatur ist voll von bösen Geschichten über Leute, die durch ein Unglück oder egoistisches Handeln aus dem Unterstützung und Wärme gewährenden Verbund einer Familie oder eines Dorfes ausgestoßen wurden. Zu den klassischen Verbannungsgründen gehörten Faulheit, Eifersucht, der Angriff auf ein mächtiges Wesen, Armut, Streitlust oder sexuelle Beziehungen zur falschen Person beziehungsweise zu einem Tier wie im Fall der jungen Frau, deren unsichtbarer Liebhaber sich als Hund herausstellt – sie bringt sogar einen Wurf Welpen zur Welt. Der Verbannte konnte sich höchstens mit der Hoffnung trösten, dass ihm eines Tages schamanische Kräfte erwachsen würden. Solche seltenen Glückspilze gelangten manchmal in den Besitz riesiger Mengen von Fisch oder Kupfer, woraufhin sie als bedeutende Persönlichkeiten in ihr Dorf zurückkehrten.

All diese Geschichten heben immer wieder die Schrecken des Unbekannten hervor – sei es eine einsame Insel, ein dunkler Wald, die unterirdische Grotte eines riesigen Teufelsrochens oder die Domäne des Himmels, durch die der Donnervogel fliegt. Man muss nur ein wenig tiefer tauchen, ein paar Schritte weiter gehen und einen Hügel mehr hochklettern als sonst, und schon ist man in den Lebensraum einer dieser magischen Kreaturen eingedrungen, auf deren Schrecken die vom Feuer erleuchteten Masken bei den Tanzzeremonien im Winter einen kleinen Vorgeschmack bieten.

Immerhin gelang es mir endlich, all diese Dinge in einem Zusammenhang zu sehen. Die Geschichten reflektierten ein gefährdetes soziales Umfeld, in dem die Menschen im Vergleich zu den 200 Fuß hohen Nadelbäumen, den bis 10 000 Fuß ansteigenden, unpassierbaren Bergen und den Gezeitenwirbeln, die es mit den Niagarafällen aufnehmen konnten, lächerlich klein wirkten. Die wilden, Fleisch fressenden Tiere waren den Menschen an Zahl und Macht weit überlegen.

Claude Lévi-Strauss ging davon aus, dass an dem über tausend Meilen breiten Küstenstreifen zwischen Puget Sound und dem südöstlichen Alaska einst um die 150 000 Indianer gelebt haben. Diese Schätzung wird heutzutage als viel zu hoch angesehen. Eher dürften es um die 75 000 gewesen sein – keine schlechte Zuschauerzahl für ein Basketball-Match, aber lächerlich gering angesichts eines so weitläufigen Gebiets voller kleiner Inseln und Archipele. Die Küstenstämme lebten in verstreuten Dörfern, von denen einige – wie zum Beispiel die «lang gestreckte Siedlung der Bärenfrau» – tatsächlich sehr groß waren. So schrieb Vancouver von «über hundert Kanus», die aus einem einzigen Dorf ablegten, um den fremden Besuchern ihre Pelze zu verkaufen.

Die spanischen wie die englischen Forschungsreisenden konnten oft tagelang segeln, ohne irgendwelche Anzeichen menschlichen Lebens oder menschlicher Behausungen zu Gesicht zu bekommen, obwohl sie in manchen Gebieten wie zum Beispiel an den Arran Rapids und der Johnstone Strait bis hoch zu den Seymour Narrows auf große Menschenansammlungen trafen. Turbulenzen bedeuteten sowohl Leben als auch Gefahr. Die meisten Fische fanden sich da, wo die Tide am schnellsten lief, und die Stromschnellen lockten alle Lebewesen an, die sich von Fisch ernährten – angefangen bei den Möwen und Adlern bis hin zu den Bären und Seeottern. Aber zwischen diesen Zentren, die alles magnetisch anzogen, erstreckten sich riesige Gebiete, in denen ein Grizzly sein gesamtes Leben verbringen konnte, ohne je ein einziges menschliches Wesen zu erblicken.

Kein Wunder, dass die Indianer ihren Kindern Geschichten erzählten, in denen die Tiere ihre Macht willkürlich oder gar böswillig ausüben. Selbst kleine Tiere wie der grausame Witzbold Rabe, der Nerz, der Frosch oder die Venusmuschel können, wenn sie provoziert werden, einen erwachsenen Menschen demütigen, ja töten. Auch wenn die Tiere als Vorfahren der Indianer galten – mit ihren schwachen, zweibeinigen Abkömmlingen empfanden sie keinerlei Mitleid.

Liest man sie einfach als märchenhafte Prosa für Kinder, so beschreiben diese Geschichten eine Welt permanenter Gefahren und böser Omen, in der man – wie Lewis Carrolls Haus hinterm Spiegel (oder Kapten Vans England) – gut daran tut, seinen Platz zu kennen und die rätselhaften Regeln von Ehrerbietung und Etikette bis aufs i-Tüpfelchen zu befolgen. An der nordwestlichen Pazifikküste war der Mensch großen Entbehrungen ausgesetzt, war ein Spielball für zahlreiche verschlagene, überaus schlaue Geschöpfe. Sei vorsichtig, mahnen diese Geschichten, denn du bist ein Nichts für die wilden Tiere des Waldes und die Ungeheuer der Tiefe.

Viele Sammler dieser Geschichten bogen sich ihr Material erst einmal zurecht und taten ihr Bestes, um sie in eine den Fabeln des Äsop ähnliche Form zu pressen. Doch in Boas' genauen Transkriptionen blieb sogar die eigentümliche narrative Grammatik der indianischen Geschichtenerzählung erhalten – und diese Grammatik ist oft ebenso interessant wie der ereignisreiche Inhalt. Oft beginnt eine Geschichte mit dem Wort «Dann» und endet völlig abrupt mit einem das Ende offen lassenden Satz: «Dann trieb er weiter hinab» oder «Die Krieger wanderten herum» oder «Er war gerade gestorben, als er vom Himmel gefallen kam». Was die Lektüre dieser Geschichten erschwert, sind ihre zahllosen, willkürlich oder zufällig erscheinenden Sprünge, die den Plot vorantreiben. Und gerade wenn man glaubt, ihn durchschaut zu haben, kommt ein Mörderwal dahergeschwommen und entführt die Hauptperson. Ein Bösewicht gewinnt plötzlich und unvorhergesehen ein Vermögen, während ein guter, harmloser Mensch unerklärlichen Heimsuchungen ausgesetzt wird. Die Welt in diesen Geschichten ist turbulent und chaotisch. Immer wieder werden die Indianer als Wesen dargestellt, die sich durch eine von anderen Mächten beherrschte Natur bewegen – ein bisschen wie Hänsel und Gretel im Wald mit all seinen Schrecken.

In den Geschichten der Kwakiutl ebenso wie bei ihren Masken und Statuen finden sich immer wieder zwei entscheidende Charaktere: Komogwa, der Plutokrat aus dem Meer, und Tsonogwa, seine Gegenspielerin aus dem Wald. Obwohl sie unabhängig voneinander in unterschiedlichen Elementen operieren, sind sie doch ein perfektes Paar. Konogwa hat eine Schnabelnase und hervorquellende Augen, denen nichts entgeht. Tsonogwa hat riesige Hängebrüste, und ihre Augen sind meist halb geschlossen, sodass sie wie blind oder betäubt wirkt. Ihr Mund mit den weit nach außen gestülpten Lippen bildet ein unersättliches O. Tsonogwa – kurzsichtig, dümmlich und wild – ist eine nahe Verwandte des Grizzlys.

Beide Wesen haben sich die Menschen als Beute auserkoren. Komogwa zieht Kanus zu sich in die Tiefe herab. Tsonogwa, eine Diebin und Kidnapperin, überfällt Dörfer, sofern sie nicht sorgfältig genug gesichert sind, um kleine Kinder zu stehlen. Bei den Wintertänzen gehörten die Masken von Komogwa und Tsonogwa zu den unheimlichsten und gruseligsten, vor allem, wenn Tsonogwa ihre monströsen, zinnoberroten Lippen zu einem O verzog, um das *«Huu! Huuh!»* auszustoßen, das sie auch bei ihren Kinderraubzügen ertönen ließ. Und dennoch wurden beide Figuren mit Lebensenergie und Überfluss gleichgesetzt. So herrschte Komogwa über seine wertvollen Kupferschätze, die er unter Wasser gebunkert hatte. (Lévi-Strauss zufolge hat das für die «Schätze» verwendete indianische Wort zweierlei Bedeutung – einmal «Kupfer» und einmal «Lachs», was sich möglicherweise durch die ähnliche Farbe erklärt.) Tsonogwa dagegen lebte in einem großen Haus im Wald, wo sich Felle, Dörrfleisch, Beeren und Fett bis unter das Dach stapelten. Gewöhnlich handeln diese Geschichten um Komogwa und Tsonogwa vom besonderen Glück oder Geschick eines Indianers, dem es gelingt, die Schätze aus den Höhlen der Menschenfresser – ob im Meer oder in den Wäldern verborgen – zu stehlen und mit ihnen heil nach Hause zurückzukehren.

Komogwa und Tsonogwa verkörperten also die Wildnis, der die Menschen die Stirn bieten mussten, um zu überleben oder es gar zu Wohlstand zu bringen. Freundlichkeit war diesen Wesen ebenso fremd wie Mörderwalen und Bären, die als ihre Komplizen galten. In ihren geschnitzten und gemalten Porträts entdeckt man einen wahren Abgrund von Gier, Boshaftigkeit und Machtgelüsten. Sie haben nicht die geringste Ähnlichkeit mit Mutter Natur, jener lächelnden Göttin, die man aus den amerikanischen Vorschulen kennt. Vielmehr stellen sie den Versuch dar, die Natur, wie sie sich den Kwakiutl darbot, in verständliche Bilder zu übersetzen.

An diesem Abend im Blind Channel fand ich einen besonderen Zugang zu den Masken und Geschichten, mit denen ich mich im Schein meiner Lampe beschäftigte. Draußen ächzten die Bäume im Wind, während der Regen aufs Kajütdach trommelte. Das Leben der Indianer an der Nordwestküste ist allzu oft als Idyll gezeichnet worden: Die Stämme lebten, ohne je darben zu müssen, in völligem Einklang mit der Natur, die erst von den weißen Eindringlingen geschändet wurde. Doch in ihrer Kunst, ob visuell oder literarisch, finden sich keinerlei Belege für diese sentimentale, von Schuldgefühlen motivierte Vorstellung. Was dagegen aus jeder Seite spricht, ist die Angst, die verständlicherweise entsteht, wenn man gezwungen ist, quasi auf Tuchfühlung mit sehr viel größeren und stärkeren Wesen zu leben.

So ging jemand zum Beispiel – nur mit einem Bogen und ein paar Pfeilen bewaffnet, deren Spitzen aus Muschelschalen bestanden – Beeren pflücken, und plötzlich pflanzte sich ein wutschnaubender Bär vor ihm auf. Oder er ging fischen, und plötzlich geriet das Kanu außer Kontrolle und begann sich im Wirbel eines Mordssturms, der über die ungeschützte Meerenge fegte, wie wild zu drehen. Ständig wurde diesen Menschen die eigene Schwäche und Bedeutungslosigkeit vor Augen geführt – sei es durch die schiere Größe der Fichten, die drohend aufgerichtete Gestalt des Grizzlys, den explosionsartigen Krach eines auftauchenden Wals oder den ungeheuren Tumult der Gezeiten.

Huu! Huu!

Komogwa und Tsonogwa verkörperten zu Recht den *genius loci* des Kwakiutl-Reiches.

Die frühen weißen Besucher – Cook, Vancouver mitsamt seinem Kreis von Tagebuch führenden Gentlemen, Cardero und Joseph Ingraham – haben übereinstimmend beschrieben, wie freundlich sie von den Indianern aufgenommen wurden, manchmal sogar mit riesigem Aufwand, zum Beispiel von Maqinna, dem Häuptling der Nookia, der in seinem Winterquartier Tahsis Feste und andere Vergnügungen für die Weißen veranstaltete. Von Zeit zu Zeit versuchten die Indianer zwar, ungeschützte Vermessungsboote oder kleinere Schiffe wie die *Hope*, Ingrahams Brigantine von 72 Tonnen, zu überfallen, doch im Allgemeinen empfanden die weißen Eindringlinge sie als sehr kontaktfreudig, vertrauensvoll, ungemein wissbegierig und von rascher Auffassungsgabe.

Wenn solch ein vierstöckiges schwimmendes Dorf des weißen Mannes mit vollen Segeln wie ein Geist aus dem Nichts auftauchte, schien es ja auch tatsächlich der Umgebung zu entsprechen. Die Großmaststenge der *Discovery* mit ihrem phantastischen Gewirr aus Wanten und Spieren, das an ein Spinnennetz erinnerte, ragte 40 Meter übers Wasser – ebenso hoch wie ein ausgewachsener Baum im Wald. Wenn ein Kanu Bord an Bord mit so einem Schiff lag, sah es aus wie eine Haselnussschale. Nur vom Wind getrieben, ohne jedes

Platschen von Paddeln, bewegte sich dieses gigantische Schiff in völliger Stille – ein Symbol dafür, dass der Mensch es mit den Kräften der Natur aufzunehmen vermochte, eine Schwindel erregende Vision dessen, was der Mensch mit jenen Werkzeugen und Materialien, die die Weißen im Tausch gegen Fische und Pelze überall zurückließen, zu erreichen vermochte.

Gegen Ende des 18. Jahrhunderts waren die technischen Möglichkeiten der Indianer weitgehend ausgereizt. Die mit Werkzeugen aus Knochen, Stein oder Muschelschalen hergestellten Artefakte, die Cook im Gebiet um den Nookia Sound gesammelt hat (und die sich heute im British Museum befinden), sind rein handwerklich gesehen erstaunlich anspruchsvoll und raffiniert. Wenn man im New Yorker American Museum of Natural History die Tlingit-Truhe aus dem Holz des Riesenlebensbaums betrachtet, die wahrscheinlich im 17. Jahrhundert angefertigt wurde, kann man sich sehr gut den Kampf vorstellen, den der Holzschnitzer zwischen seinen hochfliegenden Vorstellungen und seinen bescheidenen Werkzeugen auszufechten hatte. Es sieht ganz so aus, als träumte die Truhe selbst von dem Ideal, dem sie hätte entsprechen können, wenn dem Holzschnitzer nur ein besserer Meißel zur Verfügung gestanden hätte.

Die Indianer hatten keinerlei Unterweisung nötig. Sie stürzten sich auf die Werkzeuge, Gewehre und Nägel, das Eisen, den Kupfer und die Stoffe, weil sie diese Gegenstände als längst überfällige Neuerungen erkannten. Kaum hatte ein Schiff des weißen Mannes nahe einem Dorf Anker geworfen, waren die eisernen Fischhaken und Pfeilspitzen bereits im Gebrauch. Mit Hilfe der Musketen (die im Pelzhandel zur Standardwährung wurden, was Käpten Van noch zu verhindern gewusst hatte) und der Werkzeuge zur Holzverarbeitung gelang es den Indianern endlich, ihre Unterlegenheit gegenüber Komogwa und Tsonogwa zu verringern.

Unter den späteren, bereits mit den neuen Technologien hergestellten Produkten findet sich auch eine 22 Fuß hohe Statue von Tsonogwa, die Edward Curtis für den zehnten Band von *The North American Indian* fotografiert hat. Sie steht am Rand eines teilweise abgeholzten Waldes und breitet ihre Arme weit aus, um eine Schenkung von der Familie einer Braut zu empfangen. Ihr Körper ist sehr fein herausgearbeitet, und besondere Sorgfalt wurde vor allem der realistisch dargestellten Muskulatur ihrer Arme und den plumpen Händen mit den dicken Fingern gewidmet. Dennoch haben wir es hier mit einer ganz merkwürdigen Arbeit zu tun: Ihre Brüste sind nicht mehr bedrohlich gereckt, sondern hängen nur noch. Der bemalte Kopf ist in einem völlig anderen, cartoonartigen Stil geschnitzt. Ihre Ohren sind riesige Löffel, und mit ihren weit aufgerissenen, untertassenförmigen Augen starrt sie den Betrachter wie eine unter Schock stehende Minnie Mouse an. Selbst ihr offener Mund mit den umgestülpten Lippen lässt einen eher an eine verwirrte Greisin denken. Dies ist eine Tsonogwa, die um 1900, als die Statue geschnitzt wurde, ihre Zauberkräfte verloren hatte und längst nicht mehr die Hüterin des Waldes darstellte, sondern zu einer harmlosen Folklore-, wenn nicht sogar Witzfigur geworden war.

06:45, 998 Bar, r. Der Himmel sieht aus wie ein dreckiges Handtuch, das über den Bäumen zum Trocknen aushängt. Totenstille. Windvorhersage: NW 10–15.

Die Kälte, die in der Morgendämmerung über Blind Channel hereingebrochen war, ließ drei meiner Fingerspitzen ertauben, wodurch mir das Schreiben schwer fiel, da meine Extremitäten so taten, als gehörten sie nicht zu mir, sondern zu einem anderen Körper. Rasch griff ich nach einer Tasse mit heißem Kaffee, um wieder etwas Rosa unter die Haut zu zwingen. Dann legte ich vom Kai ab und begann mit

Hilfe meiner Stoppuhr ein Rennen gegen die Tide. Die Greene Point Rapids, praktisch gleich um die Ecke gelegen, hatten zur selben Zeit Gezeitenwechsel wie die immerhin zwölf Meilen entfernten Whirlpool Rapids. Da ich die erste Hürde gegen die Flut nahm, genau eine Stunde und zehn Minuten vor Stillwasser, hoffte ich, die nächsten bei Ebbe zu erwischen, und zwar innerhalb einer Stunde nach Stromkenterung.

Greene Point Rapids, die Schlucht zwischen West Thurlow und Cordero Island, war ein langer, glatter, glänzender Hügel aus Wasser. Alle möglichen Seevögel hatten die Ansammlung spitzer Felsen an Steuerbord mit einem einheitlichen Weiß überzogen, und der übliche schlecht gelaunte Mob raufte sich um die Leckerbissen, die aus der Tiefe emporgeschleudert wurden. Das Boot kämpfte gegen die starke Strömung an, näherte sich im Kriechgang der Bake, auf der zwei zufriedene Kormorane hockten und ihr Fischfrühstück verdauten. Sieben Knoten im Wasser, bestenfalls zwei über Grund. Der Dieselmotor unter meinen Füßen brummte auf Hochtouren. Blauer Rauch wirbelte achtern auf und wehte ins Cockpit zurück. Die Kormorane, die ihre Flügel zum Trocknen aushängen ließen, verschwanden langsam hinter den Wanten am Bug und waren dann auf gleicher Höhe wie mein Deckshaus – ein schwarzes Flugechsenpaar mit prähistorischen Augen.

Ich war überrascht, welche Wucht die Flut hatte, die doch so weit landeinwärts strömte, konnte mein Schiff aber mehr oder weniger auf Kurs halten, obwohl es gelegentlich auf einem Wirbel wegrutschte. Solange die Möwen um mich herum auf den Wellen flatterten, konnte ich nur mit Mühe die Wasseroberfläche lesen und die Neerströme neben dem Fahrwasser ausmachen. Doch irgendwann verschwand die Bake achtern, und die Strömung ließ auf beruhigende dreieinhalb Knoten nach.

In den Geschichten, die ich gelesen hatte, war von allen Naturgewalten die Tide den Menschen noch am freundlichsten gesinnt. Doch einst hatte es eine Zeit gegeben, wo sie von ausgesprochen rachsüchtigen Wesen kontrolliert wurde: dem Südwind (Salish vom Puget Sound), dem Westwind (Nootka), dem Donnervogel (Coos und Tillamook), dem Wolf (Kwakiutl) beziehungsweise der Herrin der Gezeiten, einer uralten Hexe, die das «Gezeiten-Band» in ihren Händen hielt und es ganz nach Lust und Laune auslassen oder anziehen konnte (Tsimshian und Tlingit). Zu jener Zeit stieg die See oftmals so hoch, das sie selbst die Berge überschwemmte, oder sie zog sich so weit zurück, dass sie das gesamte Land vertrocknen und sterben ließ. Doch dann wurde – üblicherweise vom Raben, aber manchmal auch vom Heilbutt, Rochen oder Nerz – die tyrannische Macht durch Tricks oder Erpressung dazu gebracht, die Tide so weit zu mäßigen und den Höchststand der Flut so weit zu regulieren, dass die Indianer bei Ebbe ihren Schellfisch in Strandnähe fangen konnten, ohne befürchten zu müssen, dass ihre Dörfer bei nächster Gelegenheit überschwemmt würden.

Es leuchtet ein, dass die Fluten der Vergangenheit in der kollektiven Erinnerung noch viel gewaltiger erschienen als die der Gegenwart. Wenn Mond und Sonne auf einer Achse standen, toste eine dieser «Bulltides» durch die engen Kanäle, falls ihr nicht durch ein Wunder Einhalt geboten werden konnte. Die meisten Indianerstämme an der Küste haben sich Geschichten über die große Flut erzählt, die vor langer, langer Zeit stattfand, als das Meer die Welt überschwemmte und verlassene Kanus auf schneebedeckten Berggipfeln stranden ließ. Mit Noah hatten die Missionare in den Reservaten ein Heimspiel – schließlich muss man hier nur ein einziges Mal eine veritable Springflut gesehen haben, um sich jede Menge Archen und Ararats vorstellen zu können.

In diesem oft wolkenverhangenen Land, in dem eine ganze Woche vergehen kann, ohne dass man auch nur einen Blick auf die Sonne oder die Sterne erhascht, war die Tide der beste Zeitmesser überhaupt. So fand Wayne Suttles in der halkomelemischen Sprache, die am südöstlichen Ende der Georgia Strait gesprochen wurde, viele Ausdrücke, die jede Phase dieses Zyklus beschrieb: «Ganze Flut», «hat Flut», «Ebbe», «hat Ebbe», «Hochwasser», «hat gerade Hochwasser», «Niedrigwasser», «hat halbe Tide» und «hat Stillwasser». Durch diese fortlaufenden Veränderungen wurde der Tag ebenso effizient unterteilt wie mit einer Uhr – ein Blick auf Höhe und Richtung der Tide genügte, und man wusste sehr genau, wann man zum Mittagessen nach Hause paddeln musste. War der Himmel klar, wurde der Stand der Gezeiten noch mit den Bewegungen der Himmelskörper abgeglichen. So haben die Kwakiutl-Indianer den beiden Dons angezeigt, wann – natürlich bei Stillwasser – die Arran Rapids überwunden werden konnten: wenn die Sonne über einem bestimmten Berggipfel stand, und Galiano und Valdés wagten es ja auch erst dann, durch die Stromschnellen zu fahren.

Die Gezeiten – Kalender und Uhr gleichermaßen – teilten das indianische Jahr ein. Im Nordpazifik treten die beiden niedrigsten Wasserstände des Jahres zu Mittag in der Zeit der Sommersonnenwende bei Vollmond und um Mitternacht in der Zeit der Wintersonnenwende bei Neumond ein. Beide Ereignisse wurden gebührend gefeiert. So machten sich während des mittäglichen Niedrigwassers im Sommer zahlreiche Familien zum Strand auf, um Schellfisch einzubringen. Und während des Niedrigwassers im Winter jagten Männer und Knaben beim Schein der Fackeln Wildgänse. Suttles hat im Halkomelemischen auch Wörter entdeckt, die die Jahreszeiten bezeichneten. So bedeutete etwa «Wechsel zum Tageslicht» den Beginn des Frühlings im März, beim Niedrigwasser der «Bulltides», ideal zum

Muschelsammeln direkt nach Sonnenaufgang. «Wechsel zur Dunkelheit» bedeutete Oktober, wenn direkt nach Einbruch der Nacht der niedrigste Wasserstand herrschte. Die «Mondtide» bezeichnete die Ebbe bei Vollmond, wie zum Beispiel die Nächte, in denen das Muschelfest gefeiert wurde. Mit der «Tide bei Dunkelheit» wurde das Niedrigwasser im letzten Mondviertel bezeichnet, wie das im Dezember, zu dem man Wildenten jagte.

Da ich die Begegnung mit den Strudeln der Whirlpool Rapids unbedingt vermeiden wollte, beobachtete ich die Strömung genauso aufmerksam wie ein Indianer. Den Gezeitentabellen konnte man nie so ganz trauen, vor allem nicht zu dieser Jahreszeit, wenn die steigenden Temperaturen den Schnee in den Bergen schmelzen und damit die Flüsse anschwellen lassen. Der reißende Strom aus frischem Schmelzwasser kann auf seinem Weg zum Meer ohne weiteres eine schwache Flut bezwingen und spielt damit für diese Gezeitenuhr den Knüppel im Getriebe. Starke Küstenwinde oder abnormer atmosphärischer Druck tun ihr Übriges, um die computerberechneten Vorhersagen durcheinander zu bringen. In den letzten vierundzwanzig Stunden hatte ein Wind mit fünfzig und mehr Knoten von Cape Scott her geweht, während der Luftdruck immer tiefer in den Keller abrutschte.

Die schwachen Wirbel der Strömung wurden träger und träger, bis sie in der zu einem Rinnsal geschrumpften Flut kaum noch auszumachen waren. In der Nähe von Lyall Islands, etwa acht Meilen von den Stromschnellen entfernt, konnte ich die satte Ruhe des Stillwassers zum Ende der Flut bereits spüren – wenn das Meer Atem zu holen scheint und das Land wie in einem gemalten See schwimmt. Das halkomelemische Wort dafür ist *xtlúnexam*. Laut Thom Hess' *Dictionary of the Puget Sound Salish* gilt die Faustregel: Beginnt eine Geschichte mit diesem Bild des Wassers bei Stillstand – spiegelglatt, ohne die leiseste Kräuselung –, dann geht sie auch glücklich aus.

Allerdings ist es mir bis heute nicht gelungen, eine dieser Stillwassergeschichten mit Happy End zu finden.

Binnen fünf Minuten kam das Meer wieder in Bewegung. Fingerhutgroße Strudel glitten schräg durch die aufkommende Ebbe. Der Garmin zeigte an, dass mein Boot ständig schneller über Grund fuhr als durchs Wasser. Da ich nun mit einer unterstützenden Tide segelte und auch das Blut wieder durch meine Finger floss, konnte ich mir die Zeit für einen kleinen gedanklichen Schlenker leisten.

Woher kommt das Wort «*nookie*»? Vielleicht von «*nook*» (Winkel, Ecke, Nische), meint das *Dictionary of American Slang* – ein für die Herausgeber Wentworth und Flexner untypisch geistloser Schuss ins Dunkle. Joseph Ingraham, der von 1791 bis 1792 durch die Charlotte Islands kreuzte, hat damals ein provisorisches Verzeichnis der wichtigsten Haida-Wörter erstellt. Die erste und für ihn wohl wichtigste Vokabel auf der Liste war die Bezeichnung des Seeotterfells: «nukky». Und 1907, nachdem der Seeotter praktisch längst ausgerottet war, vermerkte Boas, dass die Bella Bella das Fell des Seehunds mit dem Wort «nukwe» bezeichnen. Anfang des 19. Jahrhunderts benutzten etliche tausend amerikanische Matrosen, die an vielen Häfen viele Ausdrücke aufgeschnappt und so die englische Sprache ungemein bereichert haben, die Bezeichnung «nookie» für etwas Pelziges, Weiches und Kostbares. So hätte Käpten Van durchaus in jedem Dorf, vor dem er anlegte, nach «nookie» fragen können.

Tief im Süden riss der Himmel auf und ließ ein winziges Stückchen Blau sichtbar werden. Ein leiser Zug, noch unterhalb der Brisenstärke, aus Südost und nicht etwa, wie der Wetterdienst vorhergesagt hatte, nordwestlicher Richtung, kräuselte das Wasser. Die Whirlpool Rapids, die jetzt in Sicht kamen, waren durch einen üppig bewaldeten Felsvorsprung an der Westseite mit einer auf gleicher Höhe befindlichen zigarrenförmigen Insel bedingt – hier musste sich das

Wasser quasi durch die Düse eines Feuerwehrschlauchs zwängen und hatte entsprechend Druck drauf.

Die Strudel bildeten sich am hinteren Ende dieses Engpasses, wo sich der schnelle Strom an den Stillwasserstellen auf beiden Seiten rieb. Eine Strömung von sieben Knoten pro Stunde bewegt sich fast zwölf Fuß pro Sekunde – eine höllische Geschwindigkeit, wenn man sie auf den Rand eines winzigen Strudels mit einem Durchmesser von ein oder zwei Inches überträgt. Es sah aus, als würde ein Kreisel mit einem langen, an einem aufgerollten Faden befestigten Zugseil in Gang gesetzt, bis sich dieser rotierende Strudel zu einem hungrigen, um sich selbst drehenden Wirbel auswuchs, dessen Zentrum sich mit der Bewegung immer mehr vertiefte: ein Twister, nur eben nicht aus Luft, sondern aus Wasser.

Genau wie Tornados wandern auch Wasserstrudel auf so unberechenbaren und willkürlichen Bahnen, dass man meinen könnte, sie erfüllten irgendeinen geheimnisvollen Zweck. Ein Strudel kann plötzlich seitwärts ausscheren, um sich ein Kanu zu schnappen, oder ebenso abrupt abdrehen wie ein Hai, der den Köder verschmäht. Die Geschichten der Indianer beschreiben immer wieder den Übermut dieser Strudel, ihren Appetit auf menschliches Fleisch und ihre schrecklich reizbare Natur. So verlangten sie im Austausch für eine sichere Überfahrt, gefüttert zu werden. Der Tsinshian-Strudel bei Gemtemnax hatte eine ausgesprochene Schwäche für das Nierenfett der Bergziegen. In einer Geschichte wurde er von ein paar jungen Männern zutiefst gekränkt, weil diese ihm nicht nur das Fett verweigerten, sondern darüber hinaus noch versuchten, ein halbwüchsiges Mädchen während ihrer allerersten Menstruation an ihm vorbeizuschmuggeln. Immerhin trafen sie die Vorsichtsmaßnahme, das Mädchen zusammen mit seiner Großmutter in ein Extrakanu zu verfrachten und die beiden mit Zweigen zu bedecken, bevor sie es ins

Schlepptau nahmen. Doch der Strudel ließ sich nicht täuschen – er verschlang die Männer, zerfetzte das Schlepptau und verschonte nur die Frauen, die allerdings hilflos auf dem Wasser dahintrieben.

Mit ihrer Betonung auf Vorsicht und Respekt, geziemender Vorbereitung und den Konsequenzen von schlechtem Timing hätte diese Geschichte eigentlich einen Platz in Leckys *Wrinkles in Practical Navigation* verdient. Ich besänftigte die kartographisch erfassten Ungeheuer dadurch, dass ich ihnen schon im Voraus Stunden nervöser Anspannung widmete, in denen ich immer wieder die Gezeitentabellen überprüfte, ja sogar zuließ, dass diese Strudel mich in meinen Träumen heimsuchten. Wenn ich zu einer gezeitenabhängigen Durchfahrt gelangte, war ich nicht zu stolz, die Daumen zu drücken oder dreimal aufs Holz des Kompasshauses zu klopfen. An Land war ich ein knallharter Skeptiker, aber an Bord war eben alles anders. Ich pfiff niemals auf einem Boot. Und es perlte durchaus nicht von mir ab, wenn ein Freitag auf den 13. fiel. Gelegentlich hätte ich mir quasi als Rückversicherung das Glückshäubchen eines neugeborenen Babys oder die Feder eines Zaunkönigs gewünscht, dem man an einem 1. Januar den Hals umgedreht hatte – eine Unsitte übrigens, die den Zaunkönig auf der Isle of Man zu einer bedrohten Spezies werden ließ, da die dort ansässigen Matrosen seine Glück verheißenden Federn über alle Maßen schätzen.

Als ich mit zwölf Knoten pro Stunde in die Stromschnellen hineinjagte, herrschte seit 65 Minuten Ebbe, und es wurde höchste Zeit für einen sicheren Abgang. Auf der Leeseite der Insel hatte sich bereits ein riesiger, schüsselförmiger Wirbel gebildet, dessen rotierende Seitenwände wie Teer in einer Mischmaschine aussahen. Aber er schien mich nicht weiter zu beachten, denn schon im nächsten Augenblick riss die Strömung mein Boot an ihm vorbei, hinaus Richtung Johnstone Strait und das offene Meer.

«Überall», schrieb Lévi-Strauss bezogen auf die Nordwestküste, «entwickelte sich eine Parallelität zwischen diesen natürlichen Turbulenzen [wie etwa Strudel, mit denen Namen tragende Ungeheuer assoziiert werden] und jenen, die das familiäre und soziale Leben bedrohen.» Ja natürlich! Um in diesen Gegenden überleben zu können, musste man vor allem lernen, ein Kanu sicher durch Stromschnellen und Wildwasser zu bringen, und so entwickelte sich diese Erfahrung unvermeidlich zu einer Metapher für die allgemeine Lebensführung. In einem Strudel zu ertrinken dürfte für diese Kultur das eindringlichste Bild einer Katastrophe dargestellt haben – jemand verliert die Kontrolle, das Boot kippt um, die Menschen treiben im Wasser, werden von der überwältigenden Strömung mitgerissen und schließlich von der unendlichen Tiefe verschlungen. Malte sich jemand die Konsequenzen aus, die der Mord an seinem Bruder oder der Beischlaf mit seiner Schwester nach sich zögen, würden seine Vorstellungen sich gewiss an Begriffen wie Wasserwirbel, Erdbeben oder *tsunami* orientieren – so wie das Kanu ja auch als Schiff des Lebens angesehen wurde: von der kanuförmigen Wiege für den Säugling bis zu dem Kanu, in dem der Verstorbene in den Bäumen beigesetzt wurde. Falsches Sozialverhalten war wie unvorsichtiges Kanufahren und trug einem ähnliche Schwierigkeiten ein. Das Leben wurde als eine Reise durch unzählige natürliche Gefahren betrachtet, und so verwundert es nicht, dass Lévi-Strauss die indianischen Märchen vom Meer als kaum verschlüsselte Chiffren für die grundlegenden Regeln des sozialen Lebens sah – wie etwa das Verbot von Inzest, von Mord, Faulheit oder Egoismus.

Im Französischen mag es anders sein, aber der Fundus maritimer Metaphern in der englischen Sprache ist fast so groß wie jener der Kwakiutl oder Haida – selbst wenn sie häufig gar nicht mehr leicht als solche auszumachen sind wie beim «bitteren Ende», das vom *bitt*, dem Poller, abstammt und das letzte Stück der Ankerwinsch beschreibt. Der Schotte Robert Louis Stevenson wie auch Elias Canetti, ein Wiener bulgarischer Abstammung, haben unabhängig voneinander konstatiert, dass jeder Engländer sich in seinem tiefsten Innern wie der Kapitän eines Schiffs auf hoher See fühlt. So schrieb Stevenson: «Ein Mann aus Bedfordshire, der vielleicht nicht mal Backbord und Steuerbord zu unterscheiden vermag, bevor sein Schiff nicht in See gestochen ist, tritt dann aber [selbst wenn es sich nur um ein Paketboot auf dem Ärmelkanal handelt] so großspurig auf, als läge ihm die Nautik im Blut.» Und so können die Engländer, in dieser Hinsicht wahrlich mit allen Wassern gewaschen, sehr gut verstehen, warum sich aus Sicht der Indianer an der Nordpazifikküste das Leben mehr oder weniger in einem Kanu abspielte.

Jetzt, im offenen Wasser, stellte ich den Motor ab, rollte die Genua aus und ließ das Boot in der Brise die Küste entlang gleiten, während ich versuchte, über UKW eine Seefunk-Vermittlung hereinzubekommen. Ich klickte mich eine halbe Ewigkeit durch die Kanäle, ohne etwas anderes als atmosphärisches Rauschen zu hören. Doch zu guter Letzt traf ich auf eine Stimme von der Funkstation Alert Bay im Reservat der Kwakiutl auf Cormorant Island, die ich bat, mich mit Seattle zu verbinden.

Das Funkgerät funktionierte wie ein Verstärker, und so ließ die hilflose Bimmelei das ganze Boot erbeben. Es gibt einen deutlich wahrnehmbaren Unterschied zwischen einem Telefon, das im nächsten Augenblick jemand abnehmen wird, und einem, das im besten Fall mitteilt: «Hier ist Jean ... bitte hinterlassen Sie eine Nachricht.»

Die Worte waren in Lautstärke und Tonqualität wie das Echo der Ansagen, die noch immer die Tunnel der Londoner Tube erzittern lassen: «*Mind the gap!* Vorsicht an der Bahnsteigkante!»

Bei ruhiger See ist das erste Anzeichen für turbulentes Wasser voraus oft nicht mehr als eine winzig kleine Unebenheit an der Horizontlinie, die einen an den feinen Büttenrand einer Einladungskarte erinnert. Merkwürdig, denkt man, ohne sich groß Gedanken darüber zu machen, und merkt erst später, dass dies ein Warnsignal war, die Luken dicht zu machen.

Gewaltige Ströme aus dem Binnenland haben die Felswände der Johnstone Strait glatt geschliffen. Diese Wasserrinne von vierzig Meilen Länge und tausend Fuß Tiefe zwischen Vancouver Island und dem Labyrinth aus kleineren Inseln im Norden ist als Windfang verschrien. Doch an diesem Morgen blies der Südostwind mit freundlichen zehn bis zwölf Knoten – gerade so viel, um das Schiff unter Segeln gemächlich dahintreiben zu lassen. Jetzt, da die Sonne durch die Wolken brach und das Wasser silbern aufglänzen ließ, empfand ich diese Straße nach einer Kette einsamer Tage als überaus reizvoll und stimulierend: ein Kanal, den Kümos, Fischerboote, Schlepper und Leichter in ordentlichen Reihen auf der markierten Route zwischen dem Puget Sound und Alaska befuhren. Der Skipper eines in Seattle registrierten Beutelnetz-Trawlers trat aus seinem frisch gestrichenen Ruderhaus und winkte mir kurz zu, während er an mir vorbeiglitt. Beide waren wir weit genug von unserem Heimathafen entfernt, um die üblichen Stammeskämpfe zwischen Freizeit- und Vollzeitkapitänen einfach vergessen zu können.

Die enge Einfahrt nach Port Neville öffnete sich und schien sich gleich wieder zu schließen. Mein Boot fuhr viel schneller, als es das laut Gezeitentabelle hätte tun sollen. Ich segelte mit fünf Knoten, aber das Land glitt, wie mir mein GPS mitteilte, mit acht Knoten vorbei. Ich konnte mir nur vorstellen, dass ich von dem Phänomen profitierte, das man «Rutschwasser» nennen könnte:

Meereswasser, angereichert mit Chloriden und Mineralien, ist schwerer als Süßwasser. Wenn ein Fluss ins Meer strömt, breitet er sich im Allgemeinen wie ein riesiger Fächer auf dem dichteren Salzwasser aus. So kann es kommen, dass sich in der Flussmündung die Brackwasserschicht unabhängig von der Meerwassertide unter ihr bewegt, in einem permanenten Ebbstrom über sie hinweggleitet, selbst wenn gerade Flut herrscht. So etwas Ähnliches passierte jetzt auch in der Wasserstraße der Johnstone Strait. Das Boot fuhr über die schnelle Strömung an der Oberfläche, auch wenn die eigentliche Tide mit allerhöchstens einem Knoten in westliche Richtung rollte. Ich ließ einen Eimer ins Wasser und probierte ein Schlückchen von dem Wasser. Es schmeckte richtig salzig, überhaupt nicht mehr brackig. Doch ich hielt weiter an meiner Theorie vom Rutschwasser fest, da es mir eine brauchbare Erklärung für die vielen Ungereimtheiten und Widersprüche zwischen den Tabellen und dem unberechenbaren Verhalten der tatsächlichen Gezeiten lieferte.

Gerade als ich meinen Eimer wieder verstauen wollte, kam ein plötzlicher Windstoß über die Meerenge gefegt und traf mich wie ein Faustschlag – ein Faustschlag, wohlgemerkt, aus dem Nichts und durch nichts provoziert. Das Boot tanzte wie ein Korken auf den Wellen. Die Genuaschot, bretthart, ächzte auf der Winschtrommel. Ich machte mir Sorgen, ob die Nähte des Segeltuchs halten würden, das sich unter den heftigen Windstößen gewaltig streckte. In der Takelage ertönte ein hässliches Jaulen. Im Nu war aus dem leicht gekräuselten Wasser eine aufgewühlte See mit steilen Brechern geworden.

Doch solange das Meer von der Sonne beschienen wird, empfindet man nicht halb so viel Angst wie unter einem düsteren Himmel. Diese Wogen barsten förmlich vor Leben und Licht. Die Sonne brach sich in den Wellenkronen, ließ sie in einem milchigen Grün schillern, das sich dann, wenn die Welle in ihrer Mitte dicker wurde, zum

Türkis einer Pfauenfeder verdunkelte. Für die Farbe waren Algen und Phytoplankton verantwortlich – dieses Wasser enthielt ungefähr so viel Grünzeug wie eine Minestrone.

Ich hatte mir vorgenommen, in Alert Bay festzumachen und mich bei den Kwakiutl umzusehen, aber der Wind vermasselte mir die Tour. Dreißig Knoten waren viel mehr, als ich mir zutrauen konnte. Und je weiter ich durch die Wasserstraße fuhr, desto höher wurden die Wellen. Mein Boot schaukelte wie wild, krachte in jedes Tal und versuchte dann, seine Nase in die nächste Welle zu schieben. Von der Gischt und auch dem einen oder anderen Kübel grünen Meerwassers völlig durchnässt, klammerte ich mich ans Steuerrad und kurbelte wie verrückt, um wenigstens halbwegs Vorwindkurs zu halten. Ich hatte zu viel Segel gesetzt, aber inzwischen war es zu spät, um mit schlagenden Schoten und der Leine zu hantieren, mit der die Fock eingeholt wird. Mehr als eine Stunde lang versuchte das Boot durchzugehen. Es bockte und sprang, als wolle es seinen Reiter direkt in die schäumende Suppe schleudern.

Selbst jetzt, bei schönstem Sonnenschein, konnte ich diesem Ritt keinen Reiz abgewinnen. Ich habe zu spät im Leben segeln gelernt und deshalb nie das echte Gespür eines Seemanns entwickelt, der weiß, was zu tun ist, wenn der Wind sich erhebt und die See zu grollen beginnt. Ich musste auf die knarrende Maschinerie meines Denkapparats hören, musste mit dem Kopf entscheiden, statt zu spüren, was um Himmels willen ich zu tun hatte, wenn sich der Mast aus seiner Verankerung löste. Denn das würde er tun, und zwar bald. Ich erinnerte mich daran, in diesem oder jenem Buch gelesen zu haben, ein Präzisionsdrahtschneider sei an Bord unabdingbar. Natürlich hatte ich keinen. Also würde der 46 Fuß hohe Mast, wenn er einmal im Wasser lag und nur noch vom fadendünnen Spiel der Stahlverspannung gehalten wurde, wie eine Dampframme auf den Rumpf einschlagen, bis er mittschiffs ein Loch hineingestanzt hatte und das Boot in einem Gewölk sprudelnder, gurgelnder Blasen in der Tiefe versank. Während ich das Ruder nach Steuerbord herumriss, um das seitliche Versetzen des Boots ins Wellental vielleicht doch noch ausgleichen zu können, vernahm ich bereits das Knirschen des Masts, der zur Kombüse durchbrach, Teller und Gläser zerschlug und das Meer ins Boot schießen ließ. Ich bin schon immer ein Feigling gewesen, der tausend Tode stirbt, bevor es ihn wirklich erwischt.

Neun Meilen hinter Port Neville, da, wo die Broken Islands über die Einfahrt in den Havannah Channel verstreut liegen, tat sich in der nördlichen Wand der Wasserstraße barmherzigerweise ein Spalt auf, den ich ansteuerte, während das Boot auf einem schäumenden Wellenkamm aus dem Wind in Sicherheit glitschte. Das Manöver gelang. Der Mast stand noch immer. Die Sonne schien. Ein Seehund, der sich auf einem Felsen aalte, öffnete bei meiner Ankunft ein Auge und glitt dann lautlos in das ruhige Wasser, ohne eine Welle zu machen.

In seiner Ausgabe von 1965 verhieß der *British Columbia Pilot* ein Hotel, einen Gemischtwarenladen und ein Postamt auf Minstrel Island, mitten im Labyrinth, ein Dutzend Meilen nördlich. Ein funktionierendes Telefon war alles, was ich brauchte, und Minstrel Island klang nach einem Telefonparadies. Ich aß Käse und Marmite-Sandwiches zum Lunch und verbrachte den Nachmittag müßig unter Segel in einem Potpourri von Inseln, benannt nach den britischen Offizieren Mist, Harvey, Hull, Bockett, Atchison, Malone usw., alle an Bord der Fregatte *Havannah*, eines Vermessungsschiffs, das in den 1850ern hier stationiert war.

Die alten Kwakiutl-Namen waren treffende Beschreibungen, und sie sind auch heute noch so anschaulich wie vor dem Auftritt der Herren Bockett, Atchison und Co.: Schaum am Strand, Hat starke Ebbe,

Donnernde Brandung drinnen, Mit dem Gezeitenstrom, Windig, Ort, wo das Segel zerreißt, Wellenbrecher, Hat Spinnenkrabben, Tropfendes Wasser, Wasser in der Mitte seicht, Hat Wellen. In seiner Monographie *Geographical Names of the Kwakiutl* deckte Franz Boas das ganze Gebiet ab und stellte die indianischen Namen der Karte wieder her, die von den Briten ausgelöscht worden waren, als jene die Inside Passage in einen gigantischen Schiffsfriedhof verwandelten. Das Wort für Insel, *mekala,* bedeutete «rundes Ding auf dem Wasser.» Der Oberbegriff für ein gefährliches Navigationshindernis, meist ein Engpass mit Wirbeln und Strudeln, lautete *nomas,* alter Mann, eine höfliche Bezeichnung für ein dort heimisches Ungeheuer.

Franz Boas' Karte des Havannah Channel folgend, segelte ich von Felsiger Ort, unzugänglich, nach Durchgefahren auf Strand, Langes Gesicht, Runde Dinge auf dem Wasser vor dem Strand, Hat Flügelrochen, Hängender Ort, Kommt vorn in Sicht, Seeschnecke auf der Rückseite, Hat Farnwurzeln nach Rundes Ding auf dem Wasser – eine bilderreiche und denkwürdige Nachmittagstour.

Ich dachte hier gern an Boas. Er stellte ja selbst ein spannendes Objekt für die anthropologische Forschung dar: klein, drahtig, schwarze Augen, schwarzes Haar, Adlernase und buschiger schwarzer Schnurrbart. Im Gesicht trug er Schmisse aus seiner Studienzeit in Heidelberg (die bei den Indianern sicherlich Interesse geweckt haben). Seine Persönlichkeit wirkte einschüchternd. Er hatte den Hunger eines Asketen auf physische Härte, verabscheute jedwede Frivolität, besonders aber Operetten. Sein stocksteifer Prosastil lässt einen derart unerbittlichen Ernst erkennen, dass man bei der Lektüre zusammenzuckt. Der Mann war eine Forschungsmaschine. Nicht ein Fünkchen von Wärme zeigt sich in seinen Schriften, die nackte Tatsachen in einem Maß vergöttern, wie man es selten erlebt hat, seit Mr. Gradgrind aus Dickens' *Harten Zeiten* Sissy Jupe ein Pferd definieren ließ.

Was mögen die Indianer von ihm gehalten haben? Wie ein Fels überragt er mit seinen Wörter- und Grammatikbüchern, seinen Sammlungen von indianischen Mythen und Geschichten, seiner unbarmherzigen Auflistung von Motiven aus indianischer Kunst und oraler Literatur das Feld der Nordwestpazifik-Ethnologie. Irgendwo muss es Kwakiutl- oder Tsimshian-Geschichten von Franz Boas geben – dem Narbengesicht mit Füllhalter und Hauptbuch, das ihre ganze Welt in mehreren Bänden der *Columbia University Contributions to Anthropology* verwurstet hat.

Seltsamerweise wird Boas im Augenblick seines Todes am lebendigsten. Er war 84, als er am 21. Dezember 1942 einen Lunch im Columbia Faculty Club für den französischen Anthropologen Paul River gab. Nach dem Essen schenkte er sich Wein nach, zündete eine Zigarette an (ein später Luxus in seinem Leben), verdammte die Übel des Rassismus in zwei Sätzen und fiel tot in seinen Stuhl zurück. Dies ist eine seltene Momentaufnahme von Boas, wie er sich irdischen Freuden hingibt, und man möchte sich gern den betagten Dean der Anthropologie an Bord eines Indianerkanus vorstellen, wie er nachdenklich Rauchringe in den Abendhimmel bläst.

Von Atchison Island (bzw. Rundes Ding auf dem Wasser) führte die sonnenarme Schlucht des Chatham Channel (alias Ort der Kormorane) zur Minstrel Island, wo ich mit Hilfe eines indianischen Fischers in dem Durcheinander von Skiffen und Treibnetz-Booten einen Platz für mein Schiff fand.

«Gibt es hier ein Telefon?»

«Ja», sagte er und zeigte auf den Halbmond aus Häusern am Kopf der Bucht. «Direkt draußen vor der Bar.» Nach einer Kunstpause fügte er hinzu: «Sofern man es schafft, die Kiste zum Laufen zu bringen.»

Minstrel Island war ein rundliches grünes Ding auf dem Wasser, etwa zwei Meilen im Durchmesser, das zu einem vierzehnhundert Fuß hohen bewaldeten Kegel anstieg. Der Hafen wurde gegen den ungeschützten Nordwesten durch die geteerten Rümpfe von Leichtern abgeschirmt, die an ihren Ankerplätzen versenkt waren. Das «Hotel» bestand aus einer Reihe Hütten auf Fichtenholzstelzen: eine Unterkunft für Jäger und Fischer, die zurzeit von einer Holzfällercrew als Schlafbaracke genutzt wurde. Die Teppiche waren verfilzt, die Glühbirnen nackt. Auf der Veranda mit Hafenblick stand ein großer Schäferhundmischling mit wässrigen Augen beim Münztelefon Wache.

«Keine Angst – der beißt nicht», sagte die Frau, die über dieses liebenswert-verlotterte Etablissement Aufsicht führte. «Sie können das Telefon ausprobieren. Gestern oder vorgestern ist jemand durchgekommen.»

Ich fütterte es mit einem Haufen Münzen, aber wie schon in Blind Channel hatten die Satelliten nicht die richtige Konstellation. Alles, was ich zu hören bekam, war das Rauschen der Brandung von einem fernen Gestade. Ich sehnte mich nach den Stimmen von Jean und Julia, besonders jetzt, bei Sonnenuntergang, wo die Entfernungen sich wie Schatten verlängerten und die Stadtlichter vom Puget Sound schon so weit weg schienen, als ob ich meine Familie in Liverpool oder Valparaiso gelassen hätte. Ich versuchte immer wieder, durch schiere Willenskraft einen Wählton zu erzwingen. Ohne Erfolg.

«Wir brauchen das Telefon hier kaum. Wir haben alle Funk, auf Kanal sechs. Wollen Sie das Roastbeef zum Dinner?»

Mein kahles Kinn weckte Misstrauen in dem schmucklosen Resopal-Café. Ein Dreitagebart hätte mir vielleicht ermöglicht, mich unbemerkt zwischen den Holzfällern durchzuschieben. Das unverhohlene Interesse, mit der sie meine braune Tweedjacke, Khakihose und abgetragenen Bootsschuhe musterten, irritierte mich.

«Sie sind von der Volkszählung?»

«Wie bitte?»

Erst kürzlich, so stellte sich heraus, war ein einsamer Segler zwischen den Inseln herumgeschippert und hatte dafür von der kanadischen Regierung ein üppiges Gehalt und reichlich Spesen bezogen. Für diesen Mann sah ein typischer Arbeitstag so aus, dass er ein Ehepaar aufsuchte und es anmeldete, auf eine freie Mahlzeit und ein Bad dablieb und sich dann auf sein Boot zurückzog. Das, so wurde allgemein befunden, sei der beneidenswerteste Job der Welt.

«Wir haben uns gedacht, dass Sie sein Kollege sind. Sie beide haben nämlich genau die gleiche Yacht.»

«Wie hätten Sie Ihr Fleisch denn gern?», fragte mich die Frau.

«Ach, so blutig wie es geht …»

«Muuuuuuuh!», machte das spatenförmige Dickicht aus Schwarzbart, das mir gegenübersaß. «Muh, muh!»

Die «Helilogger»-Bodencrew, die einen alten Zedernbestand auf dem höchsten Punkt der Insel schlug und für den Abtransport per Hubschrauber fertig machte, war nicht besonders gesprächig. Jeder Mann brütete für sich über einem arg mitgenommenen Taschenbuch oder der letzten Sonntagsnummer der *Vancouver Sun*. Schwarzbart las einen zerfledderten John Grisham aus siebter Hand; seine Augen wanderten gemächlich von Wort zu Wort, und gelegentlich bewegten sich seine Lippen, um ein dreisilbiges Fremdwort nachzubilden.

Alles, was ich an Lektüre finden konnte, war der «Kettenbrief für Angler», ein fotokopiertes Dokument, das an die Wand über meinem Kopf gepinnt war.

Lieber Freund,

drei Viertel der Erdoberfläche bestehen aus Wasser ... und nur ein Viertel aus Land ... Der Wille des Herrn ist eindeutig. Jeder Mann sollte sich seine Zeit folgendermaßen einteilen: 3/4 fürs ANGELN. 1/4 für die ARBEIT.

Diese Kette wurde in der Hoffnung auf Anglerglück begonnen. Im Gegensatz zu anderen Pyramidenspielen braucht man hierfür kein Geld. Schick nur eine Kopie an fünf andere Anglerfreunde, dann pack deine Frau ein und schick sie an den Kerl, dessen Name ganz oben auf der Liste steht. Wenn dein Name oben auf der Liste steht, erhältst du 16 268 Frauen, und manche davon sind allererste Sahne. Sei zuversichtlich, unterbrich die Kette nicht. Ein Mann, der nicht mitmachte, hat seine eigene Frau zurückgekriegt!

Das Mahl, das mir serviert wurde, sah aus wie Minstrel Island en miniature: ein Berg aus Stampfkartoffeln, flankiert von Klippen aus Rindfleisch und Rosenkohl. Meine Portion hätte mich gleich mehrmals satt machen können, und selbst dann wäre noch genug für zwei, drei hungrige Hunde übrig geblieben. Die Holzfäller räumten systematisch ihre Teller leer, unter knorpelkauendem Schweigen, höchst selten einmal unterbrochen von einem leisen Satzfetzen, der für mich völlig unverständlich war, vom Rest aber mit beifälligem Brummen quittiert wurde. Wie eine Schiffsmannschaft hatten diese Männer schon so lange aufeinander gehockt, dass sie sich mit einem knappen Kode verständigten. Ein Eingeweihter konnte da vielleicht mit einem Stichwort wie «Nockenwelle» oder «Macs Zehennagel» den Saal zum Kochen bringen.

Zu Beginn des 20. Jahrhunderts haben Holzfällercrews an vorderster Front der amerikanischen Gewerkschaftsbewegung gestanden. Big Bill Haywoods «Industrial Workers of the World» hatten ihren Hauptsitz in Seattle, weil so viele der Wobblies Holzfäller in der Nordwestpazifikregion waren und zu den Liedern von Joe Hill marschierten.

All ihr Arbeiter, steht Seit' an Seit'.
Nur vereint man im Kampf sich befreit.
Sind die Welt und ihr Reichtum erlangt,
singen wir all den Schiebern zum Dank:

Euer Mahl sei gegönnt,
dann, wenn ihr für euch selbst kochen könnt,
sei gegönnt.
Arbeitswut tut euch gut!
Jeder Biss ist dann wie 's Paradies!
Ganz gewiss!

Holzfäller ließen sich gern zum revolutionären Sozialismus bekehren. Da sie ihrer gefährlichen Arbeit in tiefer ländlicher Abgeschiedenheit nachgingen, weit weg von den Bonzen, ihren Arbeitgebern in den großen Städten, gründeten sie ihre eigenen Bruderschaften in den Wäldern. Das Wobbly-Manifest sah eine industrielle Demokratie voraus, in der «die Arbeiter ihre Produktionsmittel selbst besitzen und die Früchte ihrer Arbeit allein genießen». In der arbeitsintensiven Holzindustrie war das Hauptwerkzeug die Säge, und für die Holzfäller war die Gelegenheit günstig, den Umsturz ihrer abwesenden Kapitalistenbosse zu planen. Zur Zeit des großen Generalstreiks von 1919 in Seattle war jedes abgelegene Holzfällercamp eine Keimzelle für die Räterepublik.

Zu gern hätte ich mit den Leuten auf Minstrel Island über solche Dinge geredet, aber ich musste nur meinen Blick von einem Bart zum anderen schweifen zu lassen, um zu wissen, dass meine Chancen, diese Männer zu einem offenen Gespräch über ihre politischen Ansichten zu bewegen, um einiges geringer waren als die, sie zu einem Gruppengespräch über *Schwanensee* zu animieren.

Nach dem Essen kam die Wirtin aus der Küche und leistete uns Gesellschaft. Die Anwesenheit eines weiblichen Wesens veränderte die Atmosphäre im Raum. Bücher wurden zugeklappt, Zeitungen weggelegt, und wir hockten über dem Kaffee wie die Lutheraner im Gemeindesaal. Das Hauptgesprächsthema war – eher indirekt – ich.

Mrs. Minstrel erinnerte sich, dass letztes Jahr ein «Millionär aus Seattle» für die Dauer der Fischfangsaison gekommen sei. Hier in der Gegend stand «Seattle» für unermesslichen Reichtum, und jedem, der von dort kam, wurde unterstellt, im Geld zu schwimmen. Jedenfalls hatte Mrs. Minstrels Mann für diesen Grande den Fremdenführer gemacht und ihn mit seinem Boot durch die Gegend geschippert. Eines Tages, bei Ebbe, sahen sie einen Grizzly am Strand Muscheln fressen. Der Mann stellte den Motor ab und ließ den Kahn aufs Ufer zu treiben, damit sein Kunde Fotos schießen konnte.

«Sie fuhren so dicht ran, dass sie das Blut auf dem Maul des Bären sehen konnten. Dem lief das Blut so richtig runter. Ihr wisst ja, dass die Burschen sich an den Muschelschalen schneiden ... Aber der Herr hat so die Flatter gekriegt, dass er die Kamera ins Meer fallen ließ.»

Die Holzfäller glucksten. Aller Blicke ruhten auf mir.

«Er hat so einen Schiss gekriegt, dass er Bob glatt auf den Schoß geklettert ist. Bob dachte schon, sie würden beide im Wasser landen. Der Bär war etwa so weit weg wie ihr jetzt von mir.» Sie zog ausgiebig an ihrer Zigarette, bevor sie noch eins draufgab: «Schon komisch. Man möchte doch meinen, dass einer, der wie der aus der Stadt kommt, vor *nichts* Schiss hat.»

Ich sah mich, wie sie es bestimmt auch tat, ebendort – auf Bobs Schoß.

Jetzt wurde zum Halali geblasen. Jeder hatte etwas zum Thema «Seltsame Vögel und andere Seltsamkeiten in der großen Stadt» beizutragen. Wir redeten über einsame Abende in Motels, wo einem das Quietschen aus den Aufzugschächten den Schlaf raubt, über Halbwüchsige, die um zwei Uhr morgens mit Harleys auf Parkplätzen herumknattern, über das geräuschvolle Mahlen von Truck-Bremsen, Essensportionen zu zwölf Dollar, von denen kein normaler Mensch satt werden kann, Raubüberfälle, Morde und gechlortes Wasser. «Ich muss davon würgen. Ich weiß nicht, wie die Leute das trinken können. Wisst ihr, worauf ich mich am meisten freue, wenn ich hierher zurückkomme? Auf das erste Glas Wasser aus dem Brunnen. Nach dem Stadtwasser das erste Glas – das geht mir runter wie Honig!»

Mich selbst als Botschafter von Gewalt, Krach, unaussprechlichem Reichtum, chemischen Zusätzen, Feigheit und Dummheit wiederzufinden war eine unwillkommene Verantwortung. Ich suchte die Schuld bei meinen glatt rasierten Wangen und der Brooks-Brothers-Jacke und zog mich ernüchtert aufs Boot zurück.

Gerade als ich begann, die Geschichte vom Millionär und dem Grizzly in mein Notizbuch zu schreiben, unterbrach mich ein zaghaftes Klopfen am Rumpf mittschiffs. Draußen standen, leicht verlegen, die beiden jüngsten Holzfäller aus der Crew.

«Wir wollten nur mal sehen, was für ein Boot das ist, dass ein Mann damit allein bis Alaska fahren kann.»

Erfreut über diesen unerwarteten Besuch, holte ich Bier, Wein und Gläser, während die beiden sich wohlgefällig in meinem Quartier umschauten. Sie arbeiteten seit zwei Jahren zusammen, zogen von Camp zu Camp. Wie ein altes Ehepaar hatten sie die Angewohnheit, dass einer die Sätze des anderen vervollständigte. Man konnte sie kaum voneinander unterscheiden: der gleiche Bart, das gleiche Karohemd und die gleichen Jeans.

Sie fragten, wozu der Barograph gut sei; sie spähten abwechselnd durch die Gummiabdeckung des Radars; sie lasen die Etiketten auf der Tafel mit den 43 Schaltern. Doch das größte Interesse fanden die zwei gerahmten Vogel-Drucke von 1790, die an die Schotten geschraubt waren.

«Zimtkolibris.»

«Tropikvogel. Ara.»

Die Holzhackerbuam waren also Vogelfreunde. Erst letzte Woche hatten sie ihren ersten Gefleckten Kauz gesehen. «Glauben wir wenigstens. Ich dachte zuerst, das ist ein Streifenkauz.»

«Der hatte Flecken und keine Streifen.»

Wir unterhielten uns über Vogelführer – *Peterson* gegen die *Audubon Society* gegen *National Geographic* – und waren uns einig, dass gemalte Vogelbilder den Fotografien haushoch überlegen seien, was Audubon auf den dritten Platz brachte. Ihnen gefiel die Klarheit von National Geographic, und ich mochte besonders Petersons Schreibstil: wie er die «kropfartige Kehle» eines Raben oder einen Rotfink als einen «in Himbeersaft getauchten Spatzen» beschreibt.

Die beiden waren jetzt feste dabei, den natürlichen Lebensraum der Vögel zu zerstören, die sie so gern beobachteten – ein Umstand, der ihnen die Arbeit vergällte, nicht zuletzt, weil das Abholzen eines Waldes mit altem Baumbestand sehr viel mehr Können erforderte und befriedigender war, als Besenstiele auf einer «Baumplantage» niederzumähen. Ich bemerkte fröhlich, dass sie in bester ornithologischer Tradition stünden: John James Audubon, ein hervorragender Schütze, hatte oft Vögel abgeschossen, um sie zu malen, und jede wunderschöne Farbtafel hatte einen Haufen kleiner Kadaver gefordert. Diese Parallele tröstete die Männer allerdings nur wenig.

«Wissen Sie, was der letzte Schrei in dieser Gegend ist? Die Jagd auf Grizzlys mit Pfeil und Bogen.»

«Wie Indianerspielen?», fragte ich.

«Sie haben High-Tech-Bögen – Titan, Graphit, so was in der Art. Sie gehen auf die Spitze vom Knight Inlet, wo es im Sommer, wenn die Lachse springen, jede Menge Bären gibt. Man muss bis auf dreißig Fuß an den Bären rankommen, um ihn mit einem Pfeil zu töten ... nah genug, um den Atem von dem Viech zu riechen. Die meisten von ihnen kriegen schon aus viel größerer Entfernung die Panik und verdrücken sich.»

«Das sind keine Berufsjäger. Das sind Banker. Oder sie machen in Software.»

«Wollen sich als Mann beweisen. Das stinkt mir.»

«Und dann machen sie Wurst draus. Das ist die große Sache – die Kollegen aus dem Büro zum Frühstück einladen und ihnen Grizzlywurst vorsetzen. ‹Den Bären hab ich selbst erlegt – mit dem Pfeil, dem Bogen ...›»

«Das ist ein totaler Ego-Trip. Man tötet, um sich zu beweisen. Ich finde, so was gehört verboten!»

«Sie verwunden mehr Tiere, als sie töten. Eigentlich ist der Führer von solchen Trips verpflichtet, einen verletzten Bären zur Strecke zu bringen, aber meistens passiert alles so schnell, dass der Grizzly schon wieder im Dickicht ist, mitsamt dem Pfeil im Gedärm.»

Gelbes Lampenlicht hing in ihren Bärten. Mir gefiel die Ernsthaftigkeit der Männer. Sie lebten aus der Werkzeugtasche, arbeiteten im Wald, zogen immer weiter, von einem Job zum nächsten. Das alles gab ihnen eine entschieden höhere spezifische Schwerkraft als den meisten Menschen ihres Alters. Eine erzwungene Loslösung vom täglichen Geplapper in Fernsehen und Blätterwald hatte sie vor den üblichen *idées reçues* verschont. Sie fühlten sich wohl mit der Einsamkeit, und durch ihr unzeitgemäßes Handwerk (gar nicht so anders als mein eigenes, das auch die Zerstörung von Bäumen mit sich bringt) stellten sie sich quer zum Rest der Welt, womit sie sich wohl abgefunden hatten.

«Sie könnten damit weit kommen ...»

Während wir redeten, beobachtete ich, wie der Jüngere der beiden das Boot mit den Augen in Besitz nahm: die Bücher und Bilder, das ICOM-Funkgerät, den Kochherd aus rostfreiem Stahl in seiner kardanischen Aufhängung, die vollendete schwedische Zimmermannsarbeit, das messingeingefasste Klinometer von Kelvin, Bottomley und Baird aus Basingstoke, den Handpeilkompass, die Karte auf dem Salontisch, beschwert mit dem nautischen Winkelmesser und so gefaltet, dass sie die Zufahrt nach Minstrel Island zeigte. Wie er jetzt dasaß, die Arme auf der Sofalehne ausgestreckt und mit seiner frischen Gesichtsfarbe von der Arbeit im Freien, hätte man viel eher ihn als mich für den Kapitän meines Schiffs halten können.

«Nach Alaska würde ich allerdings nicht fahren. Ich würde den Ozean überqueren. Ich würde nach ...» Er verdrehte die Augen, während er seine Erdkundekenntnisse hervorkramte. «... nach Borneo segeln!», sagte er, freudig überrascht von sich selbst.

Leicht benebelt im feuchtkalten Nachmorgengrauen, begriff ich nur langsam, was der neueste Seewetterbericht bedeutete. Ich lauschte ihm zweimal, machte mir sorgfältig Notizen und zeichnete eine isobarische Skizzenkarte ins Logbuch. Die Karte sah aus wie der Strudel von Getemnax, der über den Nordpazifik wandert. Eine neues «intensives Tief», tatsächliche Tiefe unbestimmt, wirbelte ostwärts über den Ozean, vermutlich mit Ziel Queen Charlotte Islands. Sobald es Land berührte, sollte es auf Vorhersage anhalten und das Wetter für die vorhersagbare Zukunft beherrschen und allen Seegebieten Wind bis zur Sturmstärke bringen. Für Environment Canada hieß die vorhersagbare Zukunft fünf Tage. Die nächsten vierundzwanzig Stunden brachten demnach gutes Segelwetter, mit einem Wind aus Südost bei fünfzehn bis zwanzig Knoten. Alles, was ich anschließend aus der gleichgültigen Stimme des Meteorologen mit dem schottischen Akzent heraushören konnte, waren horizontaler Regen und aufsteigende hohle, flintsteingraue Seen.

Beim Frühstück hatte ich Zeit, gründlich nachzudenken. Eine Tagesreise trennte mich vom Queen Charlotte Sound, der kurzen Strecke offenen Meeres zwischen dem oberen Ende von Vancouver Island und dem Ende der nächsten Kette schützender, küstennaher Inseln. Heute Morgen lief die See im Sund («kombinierte Windwelle und Dünungshöhen», wie der Rundfunksprecher es ausdrückte) vier Meter hoch, was übersetzt hieß: unter schrecklich viel Stampfen, Schlingern, Versetzen, Tauchen, Wogen und Gieren. Morgen, wenn sich der Zyklon näherte, würde die See anfangen zu steigen. Mit haushohen Wellen.

Ich hatte gehofft, den halben Weg bis Juneau zu schaffen – wenigstens bis Bella Bella in British Columbia –, bevor ich das Boot parken und für zwei Wochen nach Seattle fliegen würde, um Julia zu beweisen, dass sie immer noch einen mehr oder weniger funktionierenden Vater hatte. Die schlechte Vorhersage machte das zunichte. Innerhalb der nächsten paar Stunden musste ich einen sicheren Liegeplatz für die Yacht finden, jemanden, der sie im Auge behielte, und für mich eine Heimreisemöglichkeit, bevor der Sturm durch den Archipel jagte.

Ich hatte Glück. Per Zufall kam ich mit einer Frau namens Wendy ins Gespräch, die ihren Mann über Funk anrief (wie ich sie um ihren mühelosen Umgang damit beneidete!), und gleich darauf war ich unterwegs nach Potts Lagoon auf West Cracroft Island.

Die Rinne vom Clio Channel (wieder einmal nach einem britischen Kriegsschiff benannt) war so schmal, dass sie fast bis zuletzt unsichtbar blieb, bis zu der Schrecksekunde, als ein gezackter Lichtsplitter aus der massiven Wand von Blattwerk und eckigem grauem Felsen zuckte. Mehr der Karte als meinen Sinnen vertrauend, schlüpfte ich durch die Lücke, während schon Äste die Takelage streiften, und kam in einen waldumgürteten See, wo es ganz still war, bis auf einen Teichrohrsänger, der in den Zweigen über meinem Kopf trällerte. Obwohl im Kanal ein harter Wind blies, war die Lagune so glatt wie Öl, so geschützt, dass selbst ein Orkan sie kaum gekräuselt hätte.

Am Südufer beherbergte ein langes Floß aus massiven Stammhölzern ein Holzhaus und ein halbes Dutzend kleine Nebengebäude. Wendys Mann, John Walders, erwartete mich vor der Haustür.

«Sie haben uns also gefunden.» Er nahm meine Leinen an.

«Das ist ja wunderschön – wie im *Geheimen Garten*!»

Auf einer Waldlichtung hinter dem Floß sah ich einen Obstgarten und ein paar Gemüsebeete. Außer einem Krabbenfischer, der mit seiner Frau an Bord wohnte, hatten die Walders die ganze Lagune für sich. Ihre nächsten Nachbarn waren die Schwarzbären, die Äpfel aus dem Obstgarten mopsten und manchmal auf der Suche nach Essensresten aufs Floß kamen, von dem sie der Familienhund, ein hinkender schwarzer Labrador, verscheuchte.

Ich trat hinter Mr. Walders durch die Tür. Karg, aber gemütlich – dieses Haus hätte eine Heimstätte aus dem 19. Jahrhundert sein können. Wasserlichter tanzten auf Holzwänden. Ein bunter Häkelteppich verschönerte den Fußboden. Die Möbel waren alt und gut erhalten und strahlten eine strenge, aber verlässliche häusliche Behaglichkeit aus – die äußerlich sichtbare Form einer guten Ehe.

Ein Dutzend Jahre vorher hatte John Walders noch als Schweißer auf einer Werft in Victoria gearbeitet. «Ich war fünfunddreißig – ich hab meine Midlife-Krise früh gehabt.» Er hatte die Stadt, den Lärm und die Eintönigkeit seiner Arbeit satt. «Ich sah mir nur immer die älteren Männer an und dachte: ‹Das bist du in zwanzig Jahren.› Alles Leben war aus ihnen gewichen. Sie waren Zombies.»

Er steckte jede freie Stunde in die Ausrüstung seines Segelboots, mit dem er und seine Frau fliehen wollten. *Fliehen* ist intransitiv – sie wussten nicht, *wohin*. Walders – ein Leser, denn die Hütte war voller Bücher in hübsch gezimmerten Regalen – verlor sich in uralten Abenteuergeschichten über die Südsee. 1985 hängte er dann seinen Job an den Nagel, verkaufte alles und brach mit Wendy zu einer Reise ins Blaue auf, erst einmal zu einer Probefahrt durch die Inside Passage, um zu einem Entschluss darüber zu kommen, ob er nun Kurs auf die Sea of Cortez oder Surabaya oder Tahiti nehmen sollte. Stattdessen waren sie in Potts Lagoon gelandet.

Er verdiente sich jetzt ein nicht zu schweres Brot mit Schiffen, die in Seenot gerieten. Seine Schweißerwerkstatt auf dem Floß zog eine regelmäßige Prozession von Fischerbooten mit Motorproblemen an. Er war Taucher, Experte im Befreien von Schiffsschrauben aus Krabbenfängerleinen und Fischernetzen. Als Abschlepper hatte er Pannenfahrzeuge in Sicherheit gebracht, und er suchte zwischen den Inseln nach entfleuchten Floßhölzern. Alle paar Wochen zog er stapelweise wertvolles Triftholz zu einer Fabrik auf Vancouver Island. Zehn oder fünfzehn Stämme – der Anfang eines neuen Floßes – lagerten am Westende des Floßes; leichtes Geld, wenn man es finden konnte.

Brennstoff kam aus dem Wald, und das Wasser lief vom Dach durch einen Trichter in einen großen galvanisierten Tank neben der Haustür. Der Strom kam aus einem Generator. Die Walders lebten herrlich und in Freuden von Fisch, Wild und was immer sie im

Garten anbauen konnten, den sie sich mit den Bären teilten. Eine Fahrt zur Bank, zum Supermarkt, zum Eisenwarenladen, zum Friseur bedeutete bei schönem Wetter drei Stunden Bootsfahrt nach Südwest – so lange wie ein Flug von Seattle nach Los Angeles dauert.

Mit seinem schmalen, schnabelartigen Gesicht und seinem breiten Lächeln ähnelte Walders der Ratte aus dem Kinderbuch *Der Wind in den Weiden.* Er hätte leicht die Quelle jener Zeile sein können, die wir dieser Ratte verdanken: «Es gibt nichts, aber auch gar nichts, was annähernd so schön wäre, wie einfach so mit dem Boot herumzugondeln.» Ein paar Haarsträhnen, die an modriges Stroh denken ließen, klebten ihm am Schädel. Er hatte flinke, neugierige Augen. Das Treibholzfischen passte zu seinem Naturell, denn er war ein leidenschaftlicher Sammler, ständig auf der Suche nach unentdeckten Schätzen.

Jedes Regal in der Hütte stellte die indianischen Artefakte aus, die laut Walders überall herumlagen, am Boden und auf dem Sand, obwohl sie für alle anderen, auch für seine Frau, merkwürdigerweise unsichtbar blieben. Da gab es Pfeilspitzen aus Stein, wunderschön in Form geschlagen, einen mächtigen Meißel aus Malachit, eine große Handmühle, Steinahlen, Heilbutthaken aus Bein, eine Keule, deren Griff zu einem Adlerhaupt geformt war. Viele der Steinteile sahen aus, als reichten sie in eine Zeit weit vor der Ankunft von Cook, Vancouver und den Pelzhändlern zurück. Ich selbst war im Alter von zwölf, dreizehn Jahren zu Anfang des Frühjahrs an den von Möwen patrouillierten Feldern in Sussex und Hampshire entlanggestapft und hatte nach Überresten aus der Jungsteinzeit gesucht, die der Pflug aufwühlte. Gelegentlich führte ein seltsames Blitzen im nassen Erdreich zu einer Flintsteinaxt oder einer fischähnlichen Speerspitze eines alten Briten. Aber ihre Handwerkskunst war der von John Walders' Schätzen unterlegen.

Es gab auch europäische Artefakte – Tauschperlen, die frühe weiße Besucher säckeweise an diese Küste gebracht hatten. Walders schüttete mehrere Dutzend in meine Hand. Die meisten waren winzig, wie Schnipsel der Kunststoffisolierung von Elektroleitungen, aber durchscheinend und immer noch so leuchtkräftig wie 1792. Smaragdgrün, karmesinrot, azurblau, primelgelb ... Sie fühlten sich seltsam kühl auf meiner Haut an.

«Venezianisches Glas», sagte Walders.

Ich nahm eine zwischen Daumen und Zeigefinger und hielt sie gegen die Sonne. Sie hatte die Farbe einer Kumquat und leuchtete selbst wie eine kleine Sonne. Die Reise dieser Perle war schon bemerkenswert: aus der Fabrik auf Murano zu einem Kurzwarenhändler in London, nach Kapstadt, Australien, an die Nordwestpazifikküste, in John Walders' Floathouse und schließlich in meine Hand. Nicht ausgeschlossen, dass sie mit der *Discovery* oder der *Chatham* gekommen war und aus dem Schatz stammte, den Peter Puget oder Käpten Van ausgeteilt hatten.

Man hatte die Indianer mit Tauschperlen in solch rauen Mengen überschüttet, dass sie schnell an Wert verloren. Ein Pelzhändler aus den 1790ern berichtete, er habe in Indianerdörfern Hunde gesehen, die vom Kopf bis zum Schwanz mit Perlen geschmückt waren. Beim Stapellauf eines Kanus warf man damit wie Konfetti, und sie erlitten dieselbe Inflation wie die deutsche Reichsmark in der Weimarer Republik – man brauchte eine Schubkarre voll davon, um sein Mittagessen zu bezahlen.

John Walders erzählte mir von einem Strand, auf dem ich selbst leicht Perlen finden könnte. «Da liegen Tausende herum. Man muss nur da spazieren gehen, nah am Niedrigwasser, bei Ebbe, wenn der Sand nass ist. Stellen Sie sich irgendwohin und gucken Sie auf ihre Füße. Da können Sie sie sehen, wenn Sie gute Augen haben.»

Mir fiel Puget ein, der die Indianer mit hübschen Sachen umwarb, obwohl sie eigentlich nur Sägen, Meißel, Kupfer, Eisen wollten. 1778 schrieb Cook über die Indianer des Nootka Sound:

Nichts verfing bei unseren Besuchern außer Metall, und Messing hatte mittlerweile das Eisen verdrängt und wurde so eifrig gesucht, dass uns, bevor wir diesen Ort verließen, kaum etwas davon auf den Schiffen geblieben war außer dem Metall an unseren nothwendigen Instrumenten. Von Kleidern rissen sie sämtliche Knöpfe ab, von Kommoden die Beschläge, und Kupferkessel, Blechkanister, Kerzenhalter und ähnliche Gerätschaften, alles ging dahin.

Dennoch verteilten die Expeditionen auch weiterhin Tauschperlen. Sie verkörperten nun einmal die unter den Weißen fast unstrittige Meinung, alle Eingeborenen seien kindisch und weibisch, irrationale Liebhaber nutzlosen Tands, dumme Augenmenschen, fixiert auf alles, was funkelte. Die Indianer wiederum gaben die Perlen ihren Hunden oder verwendeten sie, um die Gunst der irrationalen Geschöpfe des Meeres zu erwerben.

Ich beschäftigte mich lange – zu lange vielleicht – mit John Walders' Sammlung, und schließlich legte ich die kleine Kumquatperle zu ihren Hunderten von Kameraden zurück.

«Sie können sie behalten, wenn Sie möchten ...»

«Hier ist ihr richtiger Platz. Ich werde mich gern daran erinnern, wie sie hier auf Ihrem Fensterbrett liegt.»

«Nicht viele interessieren sich für so etwas. Wenn die Yachten im Sommer kommen, heißt es immer: ‹Sind Sie Mr. Potts?› Dann: ‹Wohnen Sie hier das ganze Jahr über?› Dann: ‹Aber was *tun* Sie denn?› *Was ich tue?* Das hier!» Er breitete die Arme weit aus, um die Wälder, Felsen, das Meer und den Himmel zu umfangen – ein Leben, zu groß und andersartig für das Begriffsvermögen eines Sommergastes.

Ich erlebte das Buschtelegramm des Archipels in Aktion, als John Walders für mich ein Lufttaxi aus Potts Lagoon nach Port McNeill bestellte. Er rief seine Frau über Funk; die funkte der Posthalterin auf einer anderen Insel; die wiederum bestellte das Wasserflugzeug telefonisch, und dann kam eine Funkmeldung zurück, dass mich der Flieger bis spätestens fünf Uhr abholen würde, falls sich das Wetter hielt.

Walders fuhr auf seinem Skiff mit dem Hund los, um Triftholz zu fischen. Ich machte das Boot fest, sicherte die Leinen, packte meinen Seesack, setzte mich auf eine umgedrehte Fischkiste und beobachtete, wie sich die zwinkernden Ovoide im Wasser zu Kwakiutl-Mustern zusammenfügten.

Da ich nichts anderes zu tun hatte, als auf den Flieger zu warten, hing ich einem wehmütigen Tagtraum nach. Wenn ich doch nur geschickter mit meinen Händen wäre! Wenn ich doch nicht so sehr mit den Annehmlichkeiten von Universitätsbibliotheken und italienischen Restaurants verheiratet wäre! Wenn Jean und ich und Julia in einem Floathouse in einer Lagune wie Potts Lagoon leben könnten – *nur für ein, zwei Jahre, ab jetzt bis zu ihrer Einschulung.*

Julia, im Nordwesten geboren, lebte in greifbarer Nähe zu einer Version von Natur und einer regionalen Geschichte, die sich von der Alltagserfahrung der meisten Menschen völlig abhob. Wenn sie als Touristin hierher käme, wäre die Wildnis für sie nur ein Schauspiel, wie ein Zoobesuch. Aber ein zweijähriger Aufenthalt – das würde auch Einsamkeit und Trübsinn bedeuten. Und natürlich Schwierigkeiten und Unbequemlichkeiten für alle. Doch im Keller ihres Bewusstseins würde sich ein Wissensschatz ablagern, aus dem sie für den Rest ihres Lebens schöpfen könnte. Sie würde Bergziegen und Bären kennen, nicht nur gesehen haben, die Wanderung der Lachse – Keta-, Königs- und Rotlachs. Das Meer mit all seinen Launen. Wir würden Brennholz für den Winter sammeln, um den tyrannischen Holzofen zu füttern. Regen und Wind würden uns wochenlang in unserm Häuschen einsperren; auch das würde dazugehören. Wir würden Tauschperlen sammeln und die Bedeutung verrottender Totems im Wald entschlüsseln. Zum Abendbrot würden wir Fisch essen. Der einzige Mannschaftssport, den ich in der Schule je mitgemacht habe, war Schießen. Wir würden Wild zu essen haben.

So unmöglich war das nicht. Ich würde an einem Buch arbeiten und könnte uns drei ernähren. Jean sehnte sich danach, zu schreiben. Wenn wir die richtige Insel fänden, könnten wir mit London und New York per Mobiltelefon in Kontakt bleiben. Ob es so etwas wie Mobilfax gab? Vermutlich ja. Wir müssten einen Ort finden, wo andere kleine Kinder nah genug wären, um zum Spielen und Übernachten zu kommen. Wir brauchten ...

Ein Wasserflugzeug in einer abgetragenen blau-silbernen Livree senkte sich über die Lagune, kam tief über der Zufahrt herein, stieg dann steil hoch und flog seewärts zurück, um einen zweiten Versuch zu unternehmen. Dieses Mal streiften seine Schwimmkufen die Baumwipfel, dann setzte es auf dem Wasser auf, so anmutig wie ein landender Schwan, die Schwimmfüße ausgestreckt, und steuerte die Stelle auf dem Floß an, wo ich stand. Ich kletterte mit meinen Siebensachen an Bord und setzte mich vorn neben den Piloten, wobei ich en passant meinem einzigen Mitpassagier, einem Holzfäller auf dem Heimflug von einem Einsatz im Knight Inlet, die Hand schüttelte.

«Ihr Boot?», brüllte der Pilot über den Motorenlärm hinweg.

«Ja.»

«Schön!», schrie er und zeigte auf meine Kamera. «Wollen Sie Fotos machen?»

«Klar!»

Unter Geknatter, dann mit lautem Getöse schlitterten wir über das gekräuselte Wasser der Lagune. Als sich der Flieger vom Wasser löste, schoss er in die Höhe wie ein Korken aus einer unachtsam geöffneten Champagnerflasche. Der Wald fing an, Übelkeit erregend zu rollen. Einen Augenblick lang stand John Walders' Floß senkrecht zum Flugzeug, und meine Yacht trotzte der Schwerkraft wie eine Schnake an der Wand.

«Sie können das Fenster aufmachen, wenn Sie möchten!»

Die Luft rauschte mit orkanartiger Stärke vorbei und trieb mir Tränen in die Augen.

Ich hatte Schwierigkeiten, mich auf das Motiv im Bildsucher zu konzentrieren. Das Licht des späten Nachmittags hatte Potts Lagoon in ein poliertes Olivegold getaucht, die Farbe von Karpfenschuppen. Ich schoss ein Bild von meinem Boot und dann eins vom schwimmenden Haushalt der Walders, mit Großaufnahmen der häuslichen Details – dem abgedeckten Holzhaufen, den Propantanks, zwei Schornsteinen, dem Regenwasserleitungssystem. Während ich immer wieder den Auslöser betätigte, wusste ich, dass ich ein Bild haben wollte, das unmöglich zu bekommen war, eines, das so wunderbar detailliert wäre, dass meine Frau sähe, was ich darin sah: ein neues Leben, das wir noch zusammen führen könnten.

Rite de Passage

Vierundzwanzig Stunden später stieg ich durchgeschwitzt und dreckig aus einem anderen Flugzeug, dem Pendelflieger zwischen Vancouver und Seattle. Meine kleine Familie erwartete mich in der Ankunftshalle, und Julia sprang mir in die Arme. Sie klammerte sich fest an mich, stumm, vergrub das Gesicht unter meiner Achsel, atmete mich mit langen, tiefen Zügen ein. Aus dem fremdartigen Potpourri von Gerüchen – dem scheußlichen Motelzimmer in Port Hardy, Dieselöl, Schweiß, dem Minifläschchen Johnnie Walker an Bord – filterte sie die vitale Vater-Essenz heraus. Dass ich diesen kostbaren Duft besaß, machte mich regelrecht schwach vor Liebe und Stolz.

«Ihr Mittagsschlaf ist heute ausgefallen», sagte Jean.

Der blasse, sterile Korridor des Hauptterminals zog sich vor uns hin, ein Dutzend verwaister Flugsteige.

«Sie hat zugenommen.» Ich verdrehte die Schulter, um das Gesicht meiner Tochter zu mustern. Sie schlief fest.

«Ich muss heute Abend ins Theater. Deine Fahnen sind angekommen. Deine Mutter hat angerufen.»

«Ich werd sie morgen zurückrufen.»

Nach dem Puppenhaus von Boot war daheim alles erstaunlich groß. Ich unternahm eine lustvolle Wanderung durch unser Labyrinth aus Zimmern: Diese hohen Decken! Dieser Blick aus dem Fenster! Und dazu zwei Badezimmer! Jean hatte eine Flasche Pinot Noir besorgt, und schließlich saßen wir auf unserem Oberdeck und sahen über den Ship Canal nach Ballard hinaus, während ich den beängstigend hohen Stapel aus Brief- und Fax-Post durchblätterte.

«Bob Silvers bittet dich um Rückruf. Es klang dringend.»

«Bei dem ist immer alles dringend.»

«In deinem Arbeitszimmer liegt noch mehr Post.»

Ich kam nicht aus dem Lächeln heraus. Wieder daheim zu sein war schon nach weniger als drei Wochen Abwesenheit überwältigend. Bis ich fünfzig wurde und Julia zur Welt kam, hatte ich das nie so erlebt, aber nun, wenn auch reichlich spät im Leben, wusste ich endlich, was Zuhause bedeutete.

Am nächsten Morgen, als Julia in der Vorschule war und Jean an ihrem Schreibtisch bei der *Seattle Times* saß, begann ich, die Fahnen meines Buches *Bad Land* durchzugehen, das von Dürre und Desillusionierung in einem trockenen Land handelt – tausend Meilen vom nächsten Meer entfernt. In meiner Vorstellung war es immer eine Meeresgeschichte gewesen – der Schiffbruch einer einst viel versprechenden Flotte von Holzhäusern auf den staubigen Sandbänken von Montana und North Dakota. Zwei Jahre lang hatte ich mich in dieses Thema reingekniet, doch jetzt, wo ich mein Manuskript zum ersten Mal gedruckt vor mir sah, fand ich es vor allem peinlich. Dies war die britische Ausgabe, und ein wohlmeinender Londoner Lektor hatte sich die Mühe gemacht, meine Amerikanismen in englisches Englisch zu übersetzen. Wo ich *parking lot* für Parkplatz geschrieben hatte, hieß es nun *car park*. Aus *railroad* war *railway line* geworden, aus dem *store* ein *shop*. *Windshield* hieß *windscreen*, der amerikanische *trunk boot*. Ich brachte ein paar Stunden damit zu, diese Korrekturen rückgängig zu machen, aber sie hatten hässliche, nachhaltige Spuren hinterlassen. Mein Text kam mir nur noch wie Flickwerk vor – als wäre die Story mit Hammer, Nägeln und Kleinholz zusammengehauen worden.

Als ich eine Pause brauchte, rief ich bei meinen Eltern in England an. Mein Vater nahm ab.

«Peter – hallo! Ich bin für ein paar Wochen wieder in Seattle und wollte mal hören, wie's euch geht.»

«Guten Wind gehabt?», fragte er. Die Verbindung war nicht so gut wie üblich, und seine Stimme klang schwach.

Noch ganz erfüllt von meinem Törn, erzählte ich ihm, wie mir die Sturmvorhersage einen Strich durch die Rechnung gemacht, dafür aber den heimeligen Liegeplatz in Potts Lagoon beschert hatte. Ich erzählte unbekümmert von Klippen, Abgründen, Wasserfällen, Strudeln, versuchte, ihm den Mund auf alle möglichen Naturspektakel wässrig zu machen, denn sobald ich von Juneau zurückkehrte, wollten meine Eltern zu ihrem Amerika-Abenteuer aufbrechen. Ich hatte ihnen vorgeschlagen, nach Minneapolis zu fliegen, sich einen Mietwagen zu nehmen und sich dann durchs Hinterland nach Seattle durchzuschlagen, wofür sie knapp zwei Wochen brauchen würden. Keine Interstates, hatte ich gesagt, und nehmt lieber unbefestigte Straßen als geteerte. Haltet euch an die DeLorme-Geländekarten, die mit dem großen Maßstab und den topographischen Details. Sie würden in Ortschaften übernachten, wo es höchstens eine Ampel gab. Ich versprach ihnen, dass sie ein Amerika entdecken würden, wie es nur wenige Amerikaner zu sehen bekommen. Sie würden die Plains überqueren, die Rockies, die Cascades. Auf diese Weise, dachte ich, könnten sie ihre eingefleischten britischen Vorstellungen von den «Yanks» verlieren und etwas von diesem großartigen, verwirrenden und gastfreundlichen Land erleben, das aus mir einen Immigranten gemacht hatte. Ich sah sie schon in Seattle ankommen, voller neuer Eindrücke, die alle vorgefassten Meinungen und Vorurteile verdrängt hatten.

«Hast du die Geländekarten besorgt?»

«Liegt schon alles im Arbeitszimmer, mein Junge. Auch der wie-heißt-er-gleich ... der Rand McNally.»

«Vergiss den Rand McNally. Die Straßen, die ihr nehmen werdet, sind in keinem Rand McNally verzeichnet.»

«Noch eins, mein Junge.»

«Ja?»

«Was die Planung angeht, ist da ein kleines Fragezeichen aufgetaucht. Seit kurzem habe ich's wieder ein bisschen mit dem Magen. Du weißt schon.» Er machte das Geräusch – Schniefen, Schnauben, Glucksen –, mit dem er typischerweise die neuesten Mätzchen der anglikanischen Synode oder irgendwelchen Humbug im Stadtplanungsausschuss von Market Harborough kommentierte.

Anderthalb Jahre vorher hatte er sich einer Operation und der anschließenden Chemotherapie unterzogen. «Im Keim erstickt», hatte er fröhlich gesagt und das Thema Krebs nie wieder angesprochen.

Jetzt sagte er: «Tests ...» und «Ich fürchte, es sieht so aus, als müssten wir unsere Amerikatour noch ein bisschen aufschieben, mein Junge.»

Er gab mir zu verstehen, dass er bald sterben würde.

In London brieten die Menschen in der Maihitze. Die Luft war stickig, der Himmel bedeckt, und die Sonne zeigte sich hinter ihrem ständigen Wolkenschleier als pockennarbige Orange. «Globale Erwärmung» lautete das aktuelle Schlagwort, obwohl die für die Jahreszeit ungewöhnliche Hitze meines Erachtens bloß eine der Launen des englischen Wetters war. Jean, Julia und ich machten Quartier in Brixton, in dem hohen, schmalen und glücklicherweise düsteren Haus einer alten Freundin und ihres elfjährigen Sohnes. Julia verliebte sich Hals über Kopf in Francis, der mit seiner Arsenal-Football-Club-Kluft und seiner gegelten schwarzen Haartolle ordentlich was hermachte. Auf die Frage, ob ihr die erste Kugel englischer Eiskrem geschmeckt habe, antwortete sie: «Echt fett» – eine beachtliche Imitation des Jargons von über Zehnjährigen.

Wie jeder Besucher aus dem Ausland hatte ich mir am Flughafen Heathrow einen Mietwagen genommen. Sobald unsere kleine Familie halbwegs untergebracht war, machte ich mich allein auf den Weg nach Market Harborough, legte aber zuerst einen Stopp bei Fortnum & Mason's ein, um kandierten Ingwer für meinen Vater zu besorgen.

«Das bekommt ihm», hatte meine Mutter am Telefon gesagt. «Das kann er bei sich behalten, verstehst du. Ich muss ihn wieder aufpäppeln. Damit wir nach Schottland fahren können ...» Sie hatte ihr Herz an einen letzten gemeinsamen Urlaub gehängt.

Ich belud den Kofferraum – *boot*, nicht *trunk* – mit einem Arm voll Ingwer-Dosen, schloss dann die Beifahrertür auf und fragte mich, wo das Lenkrad abgeblieben war – der Beginn einer zwangsweisen Kulturschocktherapie.

Ich nahm den Weg nach Norden, den ich in- und auswendig kannte: Marble Arch, Seymour Place, dann Lisson Grove und Abbey Road, wo Hochzeitstorten-Stuck erst von wuchtigem Ochsenblut-Backstein, dann von Kieselrauputz, Beton und witzigem Pseudo-Tudor abgelöst wurde. Am Brent Cross steuerte ich den Wagen in den grauen Katarakt der M1, indem ich das Gaspedal durchdrückte, um mit der Automasse mithalten zu können. Bei 85 Meilen pro Stunde fuhr alles Stoßstange an Stoßstange, eine dahinströmende Karawanserei aus buntem Blech.

In Abständen von je etwa einer Meile standen riesige Plakattafeln am Fahrbahnrand mit der Aufschrift ABSTAND HALTEN! Die Schilder waren verwittert, die Buchstaben verblassten schon, aber für mich waren sie neu, obwohl ich dieselbe Strecke vor weniger als einem halben Jahr gefahren war. Bei diesem Tempo schienen sie ineinander zu verlaufen, ein ohnmächtiger, monotoner, geschwätziger Apppell: ABSTAND HALTEN! ABSTAND ... HALTEN!, der sich ebenso gut an die aneinander gekoppelten Wagen eines Schnellzugs hätte richten können. Auf dieser überfüllten Insel Abstand zu halten war schon immer ein heikles Problem gewesen. Soweit ich zurückdenken konnte, hatten die riesigen, labyrinthischen Kompliziertheiten des Klassensystems dazu beigetragen, Englands chronischen Mangel an Luft zum Atmen auszugleichen. Im Club wie im Pub, im Wohnzimmer wie im Salon konnten sich Meilen von Abstand zwischen Menschen auftun, sobald jemand den Mund öffnete und mit einem unpassenden Akzent sprach. Das Landhaus hinter seiner von Rhododendronbüschen gesäumten Auffahrt lag – was Sprache wie Umgangsformen anging – in immenser Entfernung von dem Dorf, dem es seine Postleitzahl verdankte.

Doch in den letzten zwanzig, fünfundzwanzig Jahren war das Klassensystem beinahe bis zum Zusammenbruch ausgehöhlt worden. Eine von Margaret Thatchers Lektionen während ihrer langen, despotischen und gnadenlosen Herrschaft als Premierministerin hatte gelautet, dass Geld und nicht Klasse die Engländer voneinander trennte. Dies war eine notwendige, ja überfällige Lektion, aber Geld war ein vergleichsweise schwaches Trennmittel, und daher schien in England nun alles noch dichter aneinander gequetscht, Stoßstange an Stoßstange, Ellbogen an Ellbogen, was mir – soeben aus der Wildnis von British Columbia gekommen – geradezu aberwitzig vorkam. Jetzt, wo England in lauter neuen Geländewagen amerikanischen Stils über die Autobahn jagte, gab es ja nicht einmal mehr den Abstand, den man potenziell hätte halten können. Mein Mietwagen – das billigste Angebot von Avis – hielt absolut keinem Vergleich mit der Horde aus Jeep Cherokees, Nissan Pathfinders, Range Rovers, Ford Explorers, Mitsubishi Shoguns und Toyota Land Cruisers stand.

Auch die Sprache hatte sich verändert. Aus dem Autoradio drang der Dialekt des neuen England, ein künstlicher Akzent, bekannt als «Estuary English», die südenglische Variante des Cockney. BBC-Rundfunksprecher, Politiker, Schriftsteller, alle hatten diese Sprache schon drauf. «Estuary» war in diesem Fall die Themse-Mündung, und der dahinter stehende Gedanke war, dass alle Leute versuchen sollten, wie ein cooler, cleverer Gebrauchtwagenhändler aus dem suburbanen Kent oder Essex zu klingen. Am konsequentesten wurde Estuary English übrigens von Männern gesprochen, die traditionsreiche Internate besucht und anschließend in Oxford oder Cambridge studiert hatten. In den Kurznachrichten von Radio 4 hörte ich zu meiner Verwirrung den Chef der Labour Party, Tony Blair (Fettes School und Oxford), ein Estuary English reden, als wäre er soeben aus einer langen, anstrengenden und nicht hundertprozentig erfolgreichen Stunde beim offiziellen New-Labour-Logopäden gekommen.

Mein Akzent mit seinen allzu deutlichen Spuren eines militärisch ausgerichteten Internats in den fünfziger Jahren plus mehrerer Generationen von Dorfpfarrern der anglikanischen Kirche war zu einem Relikt aus einem anderen Zeitalter verkommen. An der Westküste Nordamerikas war ich mir dessen nicht bewusst, schon weil man mich dort meist für einen Australier hielt, doch in England klang er selbst in meinen Ohren aufreizend träge und sonor, eine Lah-di-dah-Stimme, für die das Estuary-Wort vermutlich «poncy» lautete, so etwas wie «tuntig». Obwohl ich überhaupt nicht mehr auf dem Laufenden war, schwante mir, dass auch das Wort *poncy* mittlerweile für *poncy* gehalten wurde.

Unfähig, mit dem hektischen Tempo des modernen Großbritannien mitzuhalten – den abrupten Fahrspurwechseln ohne Rücksicht auf den Hintermann, der generellen Missachtung von Verkehrsschildern, der aggressiven Ungeduld –, bog ich kurz hinter Milton Keynes von der Autobahn ab und fuhr in eine ruhigere, vertrautere Welt hinein. Hier war das England, das jeder heimwehkranke Exilant an einsamen Abenden vor sich heraufbeschwört: wellig, grün, belaubt, mit Bruchsteinmauern, dichten Hecken, hohen Kirchtürmen, Häusern, erbaut aus dem honigfarbenen Gestein der Gegend, roten Briefkästen mit kunstvoll verschlungenen Initialen überm Schlitz, Pub-Schildern an Ketten (George & Dragon, Dog & Duck, Coach & Horses, Star & Garter, Pig & Whistle), Trampelpfaden durch die Felder, ab und zu Stroh auf einem Dach, Cottage-Gärten, Dorfpumpen, Pferden auf der Weide, blühenden Weißdornhecken (wo vom obersten Zweig jedes Busches eine Amsel zwitscherte), wackligen Wegweisern (LITTLE BRINGTON 3 1/4), herrschaftlichen Häusern mit in Gräben versenkten Grenzzäunen und eichenbestandenen Alleen, unübersichtlichen Kurven auf den Landstraßen (sodass man den entgegenkommenden grünen Massey-Ferguson-Traktor erst im letzten Moment sah), Vogelscheuchen, Ententeichen, Feldlerchen, Heuhaufen, Kirchenglocken, die zu jeder Viertelstunde schlugen – kurz, der ganzen sentimentalen Melange.

Dies war das England, das Käpten Van in das raue, von Tannen bevölkerte Land am Puget Sound projiziert hatte. Zweihundert Jahre später war sein England immer noch da. Wo Bedfordshire in Northamptonshire und Leicestershire überging, waren die uralten Ulmen allerdings reduziert auf Stümpfe, Opfer des Ulmensterbens in den siebziger Jahren, hatten die alten Dörfer sich Neubausiedlungen zugelegt, die sie von der Größe her längst in den Schatten stellten: sozialer Wohnungsbau aus den fünfziger Jahren und neuere, pastellfarbene, kunststoffverkleidete Reihenhäuser. Käpten Van hätte vermutlich auch den Kopf geschüttelt angesichts Englands neuester Errungenschaft, der kanariengelb gefärbten Hügel, wo auf Hundert-Morgen-Feldern neuerdings Raps angebaut wurde. Dieses Gelb, für englische Verhältnisse viel zu wild und leuchtend, ließ das halbe Land so aussehen, als wäre es aus dem Languedoc transplantiert worden; es gehörte in ein Gemälde von van Gogh, nicht von Constable.

Und doch blieb noch so viel vom Alten übrig, dass das Auge alles Neue zu streichen vermochte. Auf der Fahrt durch die Bringtons (Little B. und Great B., beides winzige Flecken) konnte ich mir ziemlich genau vorstellen, wie sie zu Käpten Vans Zeiten oder 1918 ausgesehen hatten, als mein Vater geboren wurde, oder 1942, als ich zur Welt kam. Nach den Heute-da-morgen-weg-Siedlungen des amerikanischen Westens wirkten sie wie für die Ewigkeit errichtet, obwohl die größeren Häuser jetzt vermutlich Londoner Handelsbankiers gehörten und sämtliche Dorfbewohner per Satellit CNN empfangen konnten. Das Auge ließ sich relativ leicht täuschen: Ich sah nur die noch vorhandenen Hülsen eines ländlichen Lebens, das seit langem verkümmert war. Doch selbst die Hülsen boten einen gewissen Trost. In dieser besonderen Situation hatte ich sie nötig, die alten Kirchen, alten Häuser, alten Bäume, alten Mauern – die alte Kulturlandschaft, die dem flüchtigen Dasein meines Vaters wie auch meiner Person lange vorausging und uns gewiss auch noch lange überleben würde.

Ich hielt bei einem hübschen Fachwerk-Pub, dessen Wände mit Zaumzeugbeschlag, endlosen Reihen von Ale-Flaschen und Sepiafotografien von toten Cricketspielern herausgeputzt waren, und nahm einen Neunziger-Jahre-Lunch zu mir: in der Mikrowelle erhitzte Fleischpastete mit Nierchen und als Beilage Erbsen der Tiefkühlmarke Bird's Eye, deren Grün so exotisch wirkte wie das Raps-Gelb draußen. Dieser Pub war offenbar eine Lieblingspinte von Büroangestellten eines der Industriegebiete vor den Toren Northamptons, denn er war voller Menschen, und alle hatten etwas zu lachen.

Ich hatte dieses Lachen vergessen. Keine andere Nation lacht so laut, so häufig und und so unaufrichtig wie England: das Land des *ha-ha-ha* und des *ho-ho-ho*. Auch in diesem Pub wurde jeder frisch Angekommene mit schallendem Gelächter begrüßt. An den Tischen flogen die Lacher tief und schnell, aber dennoch in gepflegtem persönlichem Stil. Das Trompeten des Alphamännchens. Das trockene, dünne, durch die Nase beförderte Niesen. Die Falstaff'sche Explosion, aus dem Bauch heraus Richtung Kneipendecke. Das komplizenhafte, an eine Dampflok beim Warmlaufen erinnernde Geschnaufe. Das Ellbogenstups-Kichern. Das von Frauen bevorzugte Lachen: ein vom Gaumen abprallendes, speichelverstärktes «*Ngh! Hng! Hng! Hng! Hnng!*». der Qualität, die selbst Glas zerspringen lässt.

Nicht dass irgendetwas von dem, was – jedenfalls innerhalb meiner Hörweite – gesagt wurde, auch nur im Geringsten komisch gewesen wäre, doch in diesem Land wurde Humor an und für sich geschätzt, wie Liebe etwa oder Ehre.

«Mich hätte es vor Lachen schier zerrissen», sagte man.

«Es ist zum Totlachen.»

«Lachen ist die beste Medizin.»

«Jetzt wollen wir aber mal was zum Lachen haben.»

«Da hatte er die Lacher auf seiner Seite.»

Hier war Lachen eine todernste Angelegenheit. Am liebsten hätte ich meinem Tresennachbarn erzählt, dass ich auf dem Weg nach Market Harborough war, um meinen Vater zu besuchen, der gerade an Krebs starb, nur um das herzliche Hahaha zu hören, aus dem seine Reaktion vermutlich bestanden hätte.

Und dieses Hahaha hätte mir sogar gut getan.

Vor dem Haus meiner Eltern in der Coventry Road stand ein fremdes Auto, und ein fremdes Gesicht erschien an der Tür, als ich auf die Klingel drückte.

«Ich bin die Bezirkskrankenschwester!», vertraute mir das Gesicht flüsternd an, als gehörte es zu einer Einbrecherin. «Sie müssen einer der Söhne sein.» Hinter der Krankenschwester tauchte meine Mutter auf, offensichtlich unsicher, welchen Rang sie jetzt noch in ihrem eigenen Haus einnahm. Neben der beinahe ungeschlachten Gestalt der Krankenschwester wirkte meine Mutter winzig, wie eine Elfenfrau. In ihren riesigen Augen stand die Erschöpfung geschrieben.

«Jonathan? Wie geht es dir? Du siehst schrecklich dünn aus. Nur noch Haut und Knochen.»

Sie war so schockiert von meinem Anblick wie ich von ihrem.

«Prima, prima. Ich war segeln – und auf See nehme ich immer ein paar Pfund ab.»

Ich spürte, wie schwer es meiner Mutter fiel, diesen hageren Mann Anfang fünfzig als ihren Sohn wahrzunehmen. Ich sah, dass sie in dieser neuen Phase, wo die Zeit an sich etwas Sonderbares wird, darauf eingerichtet war, mich als einen ungeschlachten Teenager willkommen zu heißen oder meinetwegen auch als einen Uni-Assistenten in seinen rosigen Zwanzigern – aber nicht als einen selbst schon halbwegs aussichtsreichen Todeskandidaten.

Ich umarmte sie. Sie bestand selbst nur noch aus Haut und Knochen.

«Wie geht's Peter?»

«Heute Morgen war er auf, aber dann hat er sich wieder hingelegt ...» Die Krankenschwester stand da und zog eine Miene, als wäre sie auch für uns beide zuständig. Erst als ich ihr einen bösen Blick zuwarf, stampfte sie widerwillig in die Küche und begann, laut mit dem Geschirr in der Spüle zu klappern.

«Er hat einen Anflug von Gelbsucht», sagte meine Mutter. «Der Arzt meint, das wäre ganz normal.»

Auf dem Flur stand ein metallgrauer Rollstuhl. Ich konnte die Augen nicht von diesem fremdartigen Vehikel abwenden. Seine funktionell bedingte Hässlichkeit wirkte ebenso wie die reizlose Schwesterntracht irgendwie unnötig und grausam.

«Ich glaube, er ist wach. Peter? Jonathan ist da.»

Ich folgte ihr ins Schlafzimmer.

«Hallo, mein Junge.» Unter den Laken brachte er seine ausgestreckte Hand zum Vorschein.

Ich nahm sie. Das Merkwürdigste an dieser Szene war, dass ich mich nicht entsinnen konnte, meinen Vater jemals zuvor im Bett gesehen zu haben.

«Tut mir Leid wegen all dem ... Gedöns.»

«Wie fühlst du dich?»

«Ach, ganz gut. Keine nennenswerten Schmerzen. Wie geht's Jean und – äh – Julia?»

«Gut», sagte ich. «Sehr gut. Wir werden alle am Samstag zum Fest erscheinen.» Es war ein lange geplantes Fest – der 55. Hochzeitstag meiner Eltern.

«Schön, schön», sagte mein Vater.

Durch die Gelbsucht hatte sein Gesicht die Farbe eines uralten Dokuments angenommen. Jeder Knochen zeichnete sich unter der Haut ab. Doch sein Bart spross kräftig und fröhlich in silbernen Büscheln und Locken und Troddeln, als hätte er alle Absicht, das Leben auch noch in fernerer Zukunft zu genießen.

«Also!», ließ die Bezirkskrankenschwester sich vernehmen, «ich geh dann jetzt. Bis morgen früh, Peter!», fügte sie mit einem professionellen Augenzwinkern hinzu.

«Nochmals vielen Dank. Wiedersehen.»

«Da hast du aber eine richtige Oberschwester», sagte ich, als sie gegangen war.

«Sie ist eine sehr nette Person», erwiderte er – wie immer schnell dabei, negative Schnellschüsse von mir zu korrigieren.

«Lieber du als ich.»

Meine Mutter wollte, dass er etwas aß. Sie fütterte ihn mit einer Pampe aus Nährpulver, in Wasser aufgelöst. Ich holte die Dosen mit kandiertem Ingwer aus dem Wagen.

«Von Fortnum & Mason's», sagte ich, um die trostlose Diät meines Vaters mit einem Hauch von Luxus aufzupeppen.

«Wirklich nett von dir, mein Junge. Ich hoffe, es hat dir nicht zu viel Umstände gemacht.»

«Und ich bringe dir Colonel Williams Tagebuch zurück.» Es war ein in Kalbsleber gebundenes Manuskript aus den 1830er Jahren, als Colonel William Raban, unterwegs nach Madras, auf offenem Meer in einen Sturm geraten war. Mein Vater hatte geglaubt, es könnte mich interessieren, doch Colonel William hatte sich als ebensolcher Langweiler erwiesen wie die meisten meiner väterlichen Vorfahren.

«Schön, dass du daran gedacht hast. Legst du es bitte auf meinen Schreibtisch im Arbeitszimmer? Damit es nicht verloren geht in dem ... allgemeinen Tohuwabohu.»

Ein, zwei Minuten später fielen meinem Vater die Augen zu, und er schlief ein. Ich trug das Buch in sein Arbeitszimmer. Der größte Teil des Schreibtischs war mit US-Geländekarten bedeckt. Mein Vater, der von 1939 bis 1945 als Offizier bei der Artillerie gewesen war, hatte unseren Familienurlaub stets generalstabsmäßig vorbereitet und sich auch für die geplante Fahrt von Minneapolis nach Seattle kräftig in die Riemen gelegt. Auf dem offenen Rand McNally lag sein alter Armee-Rechenschieber; etliche lose Blätter waren voll geschrieben. Er hatte verschiedene Alternativrouten skizziert. Die Namen der Ortschaften, die groß genug waren, um ein Motel zu bieten, waren umkringelt. Als ich die Notizen überflog und die Landkarten ansah, stellte ich fest, dass er in seiner Feldzugsplanung bis Great Falls, Montana, gekommen war. Die Hälfte der Strecke zu unserer Haustür.

Ich legte das Tagebuch des Colonel auf den DeLorme-Atlas von Idaho und ging dann zu meiner Mutter in die Küche.

«Nimmst du Zucker, mein Lieber? Ich hab's vergessen.»

«Für mich bitte keinen.»

«Ich glaube, William nimmt Zucker. Oder Dominic? Colin nicht, oder?»

«Wer auch immer», sagte ich. «Erzähl mir alles – alles, was du weißt.»

«Also», begann sie, ihre hohe Stimme in falscher Munterkeit noch weiter hebend. «Heute Morgen habe ich mit dem Arzt gesprochen. Wir mögen ihn beide, Peter und ich, wir mögen den Arzt beide sehr gern. Und ich sagte zu ihm: ‹Sein Zustand wird sich doch bessern, nicht? Wenn ich ihn dazu bringen kann, dass er ordentlich isst – wenn er seinen Appetit wiederfindet? Dann kommt er doch wieder auf die Beine, nicht? Und wir können vielleicht die Reise nach Schottland unternehmen?›»

Vor ihrer Heirat hatte meine Mutter vom Verfassen romantischer Geschichten für Frauenzeitschriften gelebt. Dialoge waren eine ihrer Stärken gewesen.

«Und da sagt der Arzt: ‹Tja, Monica, ich glaube, ich kann Ihnen keine *allzu* großen Hoffnungen machen. Ich fürchte, darauf werden Sie sich nicht *verlassen* dürfen.› Und ich frage ihn …: ‹Wie lange noch?›»

Ihre Stimme war ein Flüstern des Entsetzens.

«Er sagte … er sagte: ‹Das weiß man nie ganz genau, aber vielleicht ein paar … Wochen.›» Sie stieß einen erstickten Lacher aus, und da sah ich im Gesicht meiner Mutter den Abgrund.

Market Harborough war der richtige Ort für die Freunde der Fuchsjagd: Ich kam an einem Geschäft vorbei, in dem rote Röcke und Reitgerten fürs große Halali verkauft wurden. Hinter dem Marktplatz und dem alten Gymnasium auf massiven Eichenholzstelzen befand sich eine Art Einkaufszentrum. Der Architekt hatte offensichtlich Amerika bereist, aber die Umsetzung seiner Impressionen auf hiesige Verhältnisse nicht richtig hingekriegt. Im Sainsbury-Supermarkt dieses anglo-amerikanischen Niemandslandes suchte ich die Zutaten für einen Hühnchen-mit-Koriander-Curry zusammen und kaufte eine Auswahl verschiedener Weine. Die kühlen Gänge, die Weinetiketten, aus nächster Nähe studiert, das Ritual, ein paar Scheine aus dem Geldautomaten zu ziehen – all das fühlte sich kostbar normal an, und ich zog meinen Einkaufsausflug mehr in die Länge als nötig.

«Hi», sagte ich zu der jungen Kassiererin, «wie geht's?»

Der Blick, den sie mir zuwarf, erinnerte mich an meinen Marsmenschen-Status hierzulande.

Als ich zu Hause ankam, hatte es angefangen zu regnen: zum ersten Mal seit Wochen. Große Tropfen fielen aus einem windstillen, grauen Himmel.

«Sehr schön», sagte meine Mutter. «Das richtet den Garten für die Party her.»

Ich machte ein großes Getue darum, Zutaten auf dem Küchentisch klein zu hacken, eine Flasche roten Burgunder zu entkorken und ostentativ am Wein zu schnüffeln, bevor ich das Glas hob, um mit meiner Mutter anzustoßen.

«Ich gebe die Hoffnung nicht auf. Es wäre ganz falsch, die Hoffnung aufzugeben, nicht wahr? Ich hoffe jetzt einfach, dass wir noch diesen Sommer miteinander haben ... Aber er muss *essen*», sagte sie mit plötzlicher Heftigkeit. «Dein Ingwer hat ihm geschmeckt. Als du einkaufen warst, hat er davon gegessen, ein paar Stücke sogar.»

Während der Curry auf dem Herd köchelte, ging ich ins Schlafzimmer, um mit meinem Vater zu sprechen. Er war wach, aber benommen vom Morphium.

«Nochmals vielen Dank für den Ingwer, mein Junge.»

Ich saß in dem dunkler werdenden Zimmer auf dem Stuhl am Bett und erzählte ihm von Julia – ihrem umgänglichen, überschwänglichen Wesen, davon, wie schnell ihre verbalen Ausdrucksmöglichkeiten wuchsen und wie wohl sie sich in der Vorschule fühlte.

«Mein Augenstern», sagte ich.

Er nickte, lächelte und schlief ein.

Meine Mutter und ich aßen in dem kleinen Esszimmer, das auf eine verglaste Veranda mit Gartenblick hinausging. Das Haus, ein bescheidener Backstein-Bungalow aus den Vierzigern, hatten meine Eltern erst vor einigen Jahren bezogen. Es lag nur wenige Schritte vom Ortszentrum entfernt und praktischerweise direkt gegenüber dem Pflegeheim, für das sie sich, wie mein Vater gern scherzte, vielleicht irgendwann reif fühlten, «wenn wir in unsere zweite Kindheit kommen». Aber noch vor wenigen Wochen hatte die zweite Kindheit beruhigend weit im 21. Jahrhundert gelegen, und das Haus war als dauerhafter Ruhesitz gekauft worden. In der Einfahrt stand das Wohnmobil, in dem meine Eltern Europa – den Osten wie den Westen – bereist hatten. Die Recherchen meines Vaters zur Geschichte der Kanalinsel-Freibeuterei (ein Geschäftszweig, in dem seine Priaulx-Vorfahren das 18. Jahrhundert über tätig gewesen waren) führten ihn und meine Mutter auf regelmäßigen Spritztouren nach Guernsey, Saint-Malo, Cherbourg wie auch zu den Standesämtern verschiedenster Grafschaften in ganz England.

Eine Extravaganz hatte der Bungalow allerdings zu bieten, nämlich seinen Rasen, auf dem man bequem einen Tennisplatz hätte unterbringen können. Vergangenes Jahr hatte mein Vater ihn mit jungen

Bäumen bepflanzt, um die Monotonie von gemähtem Gras aufzulockern. Im Halbdunkel sah ich ihr Frühlingslaub herabhängen, ganz schlaff von der Dürre. Junge Bäume pflanzen, dachte ich, heißt das Schicksal herausfordern – eine Aktivität, die besser Kindern vorbehalten sein sollte.

«Ich hoffe wirklich, dass der Regen anhält», sagte meine Mutter. «Peter hat das Geplätscher gehört und sich *sehr* gefreut. Er sorgt sich doch so um den Garten.»

An diesem Abend machte ich mich um elf Uhr auf den Rückweg nach London. Da mir die rutschigen Landstraßen unheimlich waren, fuhr ich bei der erstbesten Gelegenheit, wenige Meilen westlich von Harborough, auf die Autobahn. Zu dieser späten Stunde herrschte kaum noch Verkehr, aber ich wurde durch meine eigenen Scheinwerfer auf der nassen schwarzen Asphaltdecke geblendet. Schwere Lastwagen, groß wie Frachtschiffe, brausten gen Süden. Zur Rechten wie zur Linken drängte die Dunkelheit herein – ein dichter Tannenwald. In Höhe von Newport Pagnell, wo ich hielt, um zu tanken, sah ich Wirbel und Strudel auf der Straße. Um mich von diesen maritimen Halluzinationen frei zu machen, stellte ich das Radio an, wo gerade Nachrichten liefen, gefolgt vom Seewetterbericht.

«Dogger, Fisher, German Bight ... Humber, Themse, Dover ... Wight, Portland, Plymouth ...» Es gab Sturmwarnungen für Fastnet und die Irische See. Südwest 7, später bis auf Windstärke 8 steigend.

Und so fand ich mich zwischen den Strudeln wieder, bahnte mir den Weg durch die Wälder.

Der Tod ist eine Wildnis, in der niemand die richtigen Worte findet.

Zwei Tage Dauerregen wirkten tatsächlich Wunder für den Garten, und am Samstag, als meine Eltern ihren Hochzeitstag feierten, stand das Laub der jungen Bäume wieder hell im Grün, und die Blumenbeete zeigten sich in üppiger Blütenpracht. Auf dem Rasen rannten Julia und ihre Cousine Alethea, nur zwei Monate auseinander, kreischend und nackicht herum, während ihr dreizehnjähriger Cousin James sie mit dem Wasserschlauch jagte.

Am Rand des Rasens, wo die Erwachsenen sich im Gras oder in bonbonfarbenen Liegestühlen fläzten, herrschte entgegen allem Anschein keine so ungezwungene Atmosphäre. Die vier Söhne im Alter zwischen 34 und 53 glichen sich wie ein Ei dem anderen: brünette, schmal gebaute Einsachtziger. Nur ich hatte die Neigung zur Glatzenbildung von der mütterlichen Seite meiner Familie geerbt – ein Manko, das ich unter einer draußen wie drinnen getragenen Basecap zu verstecken trachtete. Doch diese Art von brüderlicher Ähnlichkeit täuschte. Wir hatten zwar dieselbe tiefe Stimme, sprachen aber mit unterschiedlichen Akzenten und quälten uns mit uralten Kränkungen und Ressentiments, die nie offen zur Sprache kamen und nie gelöst wurden. Wie Araber und Israelis, wie nordirische Protestanten und Katholiken bei einer unglücklich zusammengesetzten Cocktail-Veranstaltung vielleicht vorsichtigen Smalltalk betreiben, so sprachen meine Brüder und ich, Gläser in der Hand, über sorgsam nach Neutralität ausgefilterte Themen. Drei von uns hatten je ein Kind, die Lebensgefährtin des Vierten war schwanger. Drei von uns besaßen Segelboote. Drei von uns hatten Handys vorzuweisen, natürlich von konkurrierenden Marken. Jetzt, zum ersten Mal seit vielen Jahren durch den Krebs meines Vaters zusammengebracht, tat jeder sein Bestes, um das Familienspiel aufzuführen, doch wir alle hatten unsere Rollen so wenig geübt, dass unsere Texte hölzern klangen, selbst nach den gnädigen Kriterien eines ersten Durchlaufs.

Jeder von uns war ein langjähriges Bündnis mit einem der anderen eingegangen, und wenn es Schwierigkeiten gab, fielen wir schnell in das alte Muster der Lagerbildung zurück, wobei die Partnerinnen immer zu ihren Männern hielten, sodass es stets vier zu vier stand. Jean, als Gast aus Amerika, trug das leichteste Gepäck und war in sozialer Hinsicht die beweglichste unter den Frauen, wenngleich sie mit dem Makel behaftet war, mich geheiratet zu haben.

Und doch gaben wir uns alle Mühe, während unsere Mutter zwischen unserem Vater im Schlafzimmer und den Alkoholkonsumenten draußen im Garten hin- und herhuschte und dabei Ausschau nach ersten Anzeichen für den Ausbruch von Feindseligkeiten hielt, von denen manche fast ein halbes Jahrhundert alt waren. Ich sah die Sorge in ihrem Gesicht, als sie aus dem Wintergarten trat. Hatte sie den Syrer «Golanhöhen» oder den Protestanten «Oberhoheit» sagen hören? Nein, doch zwischen dem Klirren von Eiswürfeln in Wodka und dem ausgelassenen Herumgetolle der triefnassen Dreijährigen war die Gefahr ganz real.

Wir lösten uns ab mit den Besuchen bei unserem Vater. Jean trug Julia im Arm, als wir an der Reihe waren. Mein Vater schenkte uns ein lahmes Lächeln, bei dem er die Pferdezähne entblößte, die ich neben vielen anderen Dingen von ihm geerbt habe.

Julia starrte ihn an. «Ist das mein Großpapa Peter?», fragte sie.

«Macht dir die Party Spaß?», fragte mein Vater.

«Ja, danke.» Ihre Augen wurden riesig, während sie die seltsame Hautfarbe meines Vaters erfasste, seine eingesunkenen Augen, diese Zähne. «Kann ich jetzt mit Alethea weiterspielen?»

«Bis nachher, Peter», sagte Jean. «Sag Großpapa tschüs ...»

«Tschüs, Großpapa Peter.»

Sobald man uns allein gelassen hatte, sagte mein Vater: «Begonia und Alethea sehen gut aus ...»

«Jean und Julia», korrigierte ich. «Kann ich dir irgendwas holen? Ingwer? Ein Glas Wein?»

«Im Moment nichts, mein Junge. Im Moment brauche ich gar nichts.»

Ich nahm seine Hand. Er schien überrascht, ja vielleicht sogar ein bisschen verunsichert. So etwas war zwischen uns nicht üblich. Ich ließ die Hand los, sagte aber: «Du gibst uns allen ein verdammt gutes Beispiel ... mit dem Mut, mit dem du das hier durchstehst. Wir sind alle sehr stolz auf dich.»

In seinen Augen blitzte eine höchst lebendige, streitbare Energie auf.

«Ach, ‹Mut› würde ich das nicht nennen.» Er war wieder in seinen *nun mach mal halblang*-Ton verfallen – den Ton, in dem er seinerzeit, als ich mich für einen marxistischen Literaturtheoretiker gehalten hatte, regelmäßig meine neuesten, von der Universität genährten Ideen zerpflückt hatte. Was die Stimme hätte begleiten sollen, war ein langes, bedächtiges Ausatmen von St.-Bruno-Pfeifenrauch. Doch mein Vater hatte das Rauchen 1992 aufgegeben. Sein erster pfeifenloser Tag war zufälligerweise auch der Tag gewesen, an dem er die Kapitänsverantwortung für den geliehenen Kahn übernommen hatte, mit dem Jean und ich durch die Oxford- und Grand-Union-Kanäle schippern wollten.

«Von Mut verstehe ich nichts. Ich würde sagen, es geht eher darum, welche Art Theater man spielt. Meinst du nicht auch, mein Junge? Selbstdarstellung im Alltag et cetera?»

Dies war natürlich eine Anspielung. Mitte der sechziger Jahre, als ich Literatur am walisischen University College in Aberystwyth unterrichtete und mein Bruder Colin Soziologie an der Universität von Manchester lehrte, saßen wir drei häufig bis drei, vier Uhr morgens zusammen, in aller Freundschaft und über etlichen Flaschen billigem

Roten streitend. Colin und ich interessierten uns gleichermaßen für «Rollentheorie» und hatten Peter dazu gebracht, Erving Goffmans *Wir alle spielen Theater – Die Selbstdarstellung im Alltag* zu lesen.

«Na», sagte ich, «wenn es denn Theater ist, dann ist es herrlich mutiges Theater.»

«Dazu ... braucht ... man ... keinen ... Mut», sagte mein Vater, ein Wort nach dem anderen zwischen uns schiebend. Dann gab er einen leisen, selbstironischen Räusperlaut von sich, einen sehr englischen Lacher.

Kurz nach drei kam meine Mutter in den Garten, um uns mitzuteilen, dass Peter gleich aufstehen und sich zu uns gesellen werde.

«Hat er denn wirklich die Kraft dazu?», fragte ich.

Mit einem Anflug von Zorn in der Stimme erwiderte sie: «Ja! Er fühlt sich schon viel besser und möchte bei dem Fest nicht fehlen.»

Zehn Minuten später manövrierte mein jüngster Bruder Dominic meinen Vater in dem scheußlichen Rollstuhl durch die Tür des Wintergartens. Obwohl das Thermometer um die dreißig Grad anzeigte, war er in Decken eingemummelt. Die Hosenbeine seines gestreiften Pyjamas flatterten um Knöchel, die kaum mehr als bloße Knochen zu sein schienen. Der Pyjama selbst, fadenscheinig und mit Sträflingsmuster, hätte gut und gern aus seiner Internatszeit stammen können. Er nickte und lächelte. Die schwarzen Höhlen seiner Augen waren jetzt hinter einer Brille verborgen. Sein Haar war ordentlich zurückgekämmt, und sein silberner Bart glänzte in der nach Westen weiterziehenden Sonne.

Gläser wurden erhoben. Jemand sagte: «Herzlichen Glückwunsch zum Hochzeitstag», aber ich war das nicht.

Mein Vater wurstelte seine rechte Hand aus den vielen Decken und hob sie langsam bis in Höhe seines Kopfes, Zeige- und Mittelfinger ausgestreckt, Ring- und kleiner Finger vom Daumen zurückgehalten. Die Geste erschien mir total vertraut, obwohl ich nicht hätte sagen können, woher – vielleicht vom auferstandenen Christus eines italienischen Gemäldes.

Er will uns den Segen erteilen! Das war seltsam. Am theologischen College Anfang der fünfziger Jahre, aber auch noch die nächsten paar Jahre als Diakon und Vikar, war mein Vater genau wie sein Vater, ebenfalls ein Geistlicher, ein Ritualist gewesen, ein Anglokatholik. Er hatte die schweren Gewänder angelegt und das Weihrauchfass geschwungen, hatte die täglichen Stundengebete gesprochen – Prim, Matutin, Komplet, Vesper. In den sechziger Jahren allerdings, unter dem Einfluss solcher Modernisierer der anglikanischen Kirche wie John Robinson, des Bischofs von Woolwich und Verfassers von *Honest to God*, hatte mein Vater alle Hochkircheninsignien abgelegt, bis hin zu dem Punkt, dass er nicht einmal mehr seinen steifen Kragen trug. Während ich nun die erhobene Hand betrachtete, die himmelwärts zeigenden Finger, dachte ich: Er ist zum Anglokatholizismus zurückgekehrt, und es sieht fast aus, als ob der Segen, wenn er denn kommt, auf Latein kommt.

Aber ich hatte mich geirrt. Die Hand bewegte sich langsam von einer Seite zur anderen. Er segnete nicht; er zählte.

«Alle meine Söhne», sagte er.

«Wein, Peter?»

«Schön, ein Gläschen. Weißen. Ein Schluck Weißer wäre schön.»

Er hielt das Glas, trank aber nicht. Er schmunzelte auf eine vage, großväterliche Art Julia und Alethea an, denen es die Sprache verschlug, während sie Lemurenaugen machten, als wäre ihnen Gottvater persönlich mitten in einem brennenden Dornbusch erschienen.

Unser Rückflug nach Seattle war für den Dienstag nach der Hochzeitstagsfeier gebucht. «Bring Julia nach Hause», sagte ich zu Jean. «Ich bleibe. Solange es dauert.»

«Sollen wir denn nicht bei dir sein?»

«Das wäre nicht gut für Julia. Sie muss zur Normalität zurückkehren, sonst vergisst sie noch, was das ist.»

Doch das war eine Schutzbehauptung. Ich wollte allein sein. Wenn ich die Rolle des Sohns ordentlich spielen wollte, während mein Vater im Sterben lag, konnte ich nicht auch noch die des Ehemanns und Vaters meistern. Ich brachte Jean und Julia zum Flughafen Heathrow und fuhr dann direkt in die Jermyne Street, wo ich einen anthrazitfarbenen Zweireiher von der Stange anprobierte.

«Vielleicht ein bisschen schwer für die Jahreszeit, Sir?»

«Ich brauche ihn für eine Beerdigung.»

«Oh, mein *herzliches* Beileid», sagte der Mann in einem sehr unbeileidsmäßigen Ton. Dann wurde ein Hauch von Nervosität vernehmbar. «Zu welchem Datum brauchen Sie ihn, Sir?» Wir hatten bereits darüber gesprochen, dass ich die Hosenaufschläge nicht haben wollte (ich musste mich treten, bis mir einfiel, wie sie in England hießen), dass die Jacke im Rücken enger gemacht und die Ärmel ein Stückchen ausgelassen werden sollten.

«Sie haben genug Zeit für die Änderungen. Er ist noch nicht tot.»

«Ach *so.*» Er starrte mich über seine halbmondförmige Brille hinweg an, wie um herauszufinden, ob ich ein Ghul oder bloß ein, wie ich fand, praktisch denkender Mensch war.

Ich kaufte eine schwarze Krawatte, ein paar formelle weiße Hemden sowie beerdigungstaugliche Schuhe. Nun, da ich mein Kostüm zusammenhatte, fühlte ich mich plötzlich entlastet. Ich aß mit einem Verleger in einem italienischen Restaurant in der Curzon Street zu Mittag. Wir sprachen über den Tod. Sein Vater – ebenfalls ein anglikanischer Geistlicher – war wenige Jahre zuvor gestorben, und ich hatte am Trauergottesdienst teilgenommen. Einmal waren meine Eltern auch auf einer Party bei Christopher in Islington gewesen.

«Ich brauche Tipps und Ratschläge», sagte ich.

«Werden Sie die Ansprache halten?»

«Ich denke, ja.»

«Machen Sie sie humorvoll, wenn es geht.»

Ich fuhr zurück nach Norden und nahm mir ein Zimmer mit Telefon in einem Pub in Great Oxendon, drei Meilen südlich von Harborough. Mit einem Stützpunkt in London und einem zweiten in Leicester hoffte ich, schnell da sein zu können, wo auch immer ich gebraucht wurde.

Unter einigen Mühen gelang es meinen Brüdern und mir, eine Art Dienstplan aufzustellen. Wir würden abwechselnd zu Besuch kommen, ohne unserer Mutter etwas von der notwendigen Zeit allein mit ihrem Mann wegzunehmen, aber auch ohne ihr das Gefühl zu vermitteln, die Familie lasse sie im Stich. Es war schon fast eine Gratwanderung, und sie führte zu hitzigen Auseinandersetzungen zwischen uns.

Mein Vater war überrascht, mich wieder an seinem Bett zu sehen.

«Solltest du nicht längst zurück in den Staaten sein?»

«Ach, da ist einiges dazwischengekommen. Vom Verlag aus, du weißt schon. Ich habe gerade die Fahnen von meinem neuesten Buch abgegeben.»

Mein Vater sah mich an. Sein Blick besagte: *Nun mach mal halblang.*

In London erwartete man ein ganz anderes Ereignis. John Majors konservative Regierung stand vor dem Aus: Major trug die niedergeschlagene Miene des Kapitäns einer Kricket-Schülermannschaft zur Schau, die zehn Spiele hintereinander verloren hat. Jeder, den ich kannte, war überzeugt davon, dass nach der Vorstellung des neuen Haushaltsplans im Herbst kurzfristig Neuwahlen anberaumt werden würden, dass aber – ganz gleich, welche Steuergeschenke die Regierung in besagtem Haushaltsplan ankündigen mochte – die Labour Party mit einem glatten Durchmarsch bei den Wahlen rechnen konnte. Die vorherrschende Stimmung bei Tisch und auf Partys war ein mit leisem Schwindel verbundenes Hochgefühl. Nach 17 Jahren unter Tory-Regierungen, der Kultur, der höheren Bildung und Menschen unseres Schlags geradezu feindselig gesinnten Regierungen, würden *wir* nun endlich wieder an die Macht kommen. Etliche meiner Bekannten standen Mitgliedern von Tony Blairs Schattenkabinett nahe. Eine Menge Vornamen schwirrten herum, und schon war die Rede von Peerswürden für Leute in meinem Alter, die sich ihre Meriten auf den Anti-Thatcher-Barrikaden verdient hatten.

Mein Exilantenstatus machte sich intensiv bemerkbar. Ich wünschte mir, dieses *wir* würde mich mit einschließen. Wenn ich Major im Fernsehen sah, der mit jedem Auftritt grauer und weniger zuversichtlich wirkte, dann musste ich unwillkürlich an meinen Vater denken – ein Vergleich, der Letzteren bestimmt furchtbar geärgert hätte. Ich freute mich schon auf den Augenblick, da Major endlich vom hohen Ross fallen würde, auch wenn mir klar war, dass zu dem Zeitpunkt sicherlich auch mein Vater nicht mehr da sein würde.

Von meinem Freund in Brixton borgte ich mir einen ganzen Stapel Bücher aus, um meine Zeit in dem freundlichen, lichtdurchfluteten Gastzimmer zu nutzen, das ich in der umgebauten Remise des Great Oxendon Pub gemietet hatte: John Lanchesters *Die Lust und ihr Preis*, Evelyn Waughs *Work Suspended*, Richard Holmes' *Shelley: The Pursuit* und Shelley-Gedichte im Dünndruck, eine Ausgabe noch aus viktorianischen Zeiten.

Während ich am offenen Fenster saß, den Bienen beim Nektarsammeln zusah und darauf wartete, dass das Telefon klingelte, gab ich mir alle Mühe, in Gedanken auch mit meiner Reise verbunden zu bleiben, mit dem Boot und dem Buch, die ich in Potts Lagoon zurückgelassen hatte. Das Lesen war ein Kraftakt, das Denken war ein Kraftakt. Das Wort «Metastasenbildung» wollte mir nicht aus dem Kopf. *Schneller Übergang von einem Stadium zum anderen.* Die Bienen taten ja dasselbe, sie gingen von Blüte zu Blüte über. Ich ging von Waugh zu Shelley über. Der Krebs, der in meinem Vater wucherte, brachte ein neues Vokabular für Wildheit und Tumult mit sich ...

Nun mach mal halblang, mein Junge. Während mein Vater täglich schwächer wurde, griff er zunehmend auf das Konversationsprotokoll zurück, das ihm als erfahrenem Gemeindepfarrer immer gute Dienste geleistet hatte. «Schön, dich zu sehen», sagte er. «Nett, dass du vorbeigekommen bist.» Er trug sich geduldig mit seinem Tod, tolerant – ein Profi im Umgang mit schlechten Nachrichten.

So manches Mittagessen im Pfarrhaus war vom Klingeln der Türglocke unterbrochen worden. «Ja verflixt! Schon wieder jemand von der Gemeinde!», rief meine Mutter dann. Aber mein Vater erhob sich und setzte auf dem Weg zur Haustür seine Vikarsmiene auf. «Ja, guten Tag! Nein, überhaupt nicht! Treten Sie doch ein!», und dann führte er den Besucher ins Wohnzimmer. Doch bevor er die Tür hinter sich schloss, drehte er den Kopf und grimassierte meiner Mutter etwas zu. Die Bandbreite seiner Grimassen war so groß wie die Ausstattung eines Schiffes mit Signalflaggen – von der Miene, die bedeutete: *Diesen Quälgeist bin ich in ein paar Minuten wieder los,* bis zum Gegenpol: *Sag alle meine Termine für heute Nachmittag ab und bring uns in einer halben Stunde Tee und Sandwiches.*

Zumindest bis Anfang der sechziger Jahre war die anglikanische Pfarrei das offizielle Gefäß für alle Kümmernisse. Die Leidtragenden, die Mittellosen, die Kleinmütigen, die Verrückten standen Schlange vor unserer Haustür. Junge Männer, die mit dem Gesetz in Konflikt geraten waren, parkten ihre Motorräder neben der Veranda. Junge Frauen, die als ledige Mütter «moralischer Fürsorge» bedurften, kreuzten in hellen Scharen auf.

Durch die geschlossene Tür drangen verzweifelte Schluchzer, skurrile Schilderungen von Pechsträhnen, im Brustton der Gekränktheit vorgebrachte Unschuldsbeteuerungen, wahnsinniges Gekicher und manchmal auch Schreie. Letztere wurden durch die Stimme meines Vaters unterbrochen, die so regelmäßig und verlässlich klang wie ein Metronom. «Aaa-hah. Ja ... ja ... ja ... Verstehe ... Ach so ... Klar doch ... Hmmmm ...»

Wenn ich jetzt an seinem Bett saß, war ich das Gemeindemitglied. Er versuchte, allen seinen Besuchern Trost im Angesicht des Todes zu spenden, so wie dies seine Aufgabe als Seelsorger gewesen war. Während seiner aktiven Zeit hatte er bestimmt durchschnittlich drei bis vier Beerdigungsfeiern pro Woche abgehalten. Er kannte das ganze Gedöns. Und nun, da sein eigener Tod bevorstand, versuchte er, eine Atmosphäre professioneller Beruhigung zu erzeugen. Er gab sich alle Mühe, witzig zu sein, heiter, *ist doch nichts dabei* und *muss ja*. Manchmal sah ich die Angst in seinen Augen, die dann aber blitzartig verschwand. Er scheuchte sie aus dem Blickfeld der Öffentlichkeit, wie ein guter Pfarrer das tun muss.

Meine Mutter erzählte mir, dass er vom Morphium Albträume bekam.

Ich las Shelley, und das aus gutem Grund.

Shelley war ein Bootsnarr. Er schrieb leidenschaftlich gern über das Wasser und starb schließlich auch am Ruder seines winzig kleinen, völlig übertakelten Schoners, der während eines plötzlich aufgekommenen nachmittäglichen Sturms im Golf von Spezia unterging. Seine Beschreibung der Landschaft – oder vielmehr Wasserschaft – des Todes bietet geradezu unheimliche Anklänge an den Nordwestpazifik.

Im Dezember 1815, sechseinhalb Jahre bevor er den Tod im Wasser fand, vollendete Shelley sein erstes großes Gedicht, *Alastor*: Der Held, genannt der Dichter, verlässt «... den kalten Herd, das fremd gewordene Haus / und suchte Wahrheit, unentdeckte Länder». Der Dichter ist der Archetyp des romantischen einsamen Wanderers. Er reist in introspektiven Träumereien durch Arabien, Persien und Kaschmir (wo er in den Genuss eines feuchten Traums kommt, in dem auch eine verschleierte orientalische Muse erscheint), bis er endlich einsam, liebeskrank und mit gewaltiger Verzweiflung das Meer erreicht, wo «ein kleines Boot, dem Strand nah driftend, hält». Das Boot («schon längst verlassen, klaffte mancher Riss») ist zwar beileibe nicht seetüchtig, doch sein erbärmlicher Zustand muss für den Dichter einen zusätzlichen Reiz bedeuten, denn

Es trieb die Unruhe ihn, einzusteigen
Und auf dem wüsten Meer den Tod zu treffen;
Er wusste, dass der starke Schatten Höhlen
Voll Schlamm in der belebten Tiefe liebt.

An dieser Stelle wird – jedenfalls für mich – die Geschichte von *Alastor* mit einem Satz lebendig: Der Dichter begibt sich ganz bewusst auf seine Todesfahrt. Die breit ausgemalte Sturmszene, in der das kleine Boot, getrieben von einem orkanartigen Wind, über die nächtliche See fliegt, steht vielleicht ein bisschen zu sehr unter dem Einfluss dessen, was Richard Holmes «Miltons episches Geleier» nennt, ist aber gleichzeitig sehr interessant und ereignisreich.

Auf Wolken voller Leuchten, floh das Boot
Mit Ächzen übers dunkle Wasser hin.
Ein Wirbelwind trieb es voran mit Böen
Von wilder, überstürzender Gewalt
Durch weißen Gischt des aufgewühlten Meers.
Die Wogen hoben sich. Und hoch und höher
Bäumten sich unterm Geißelhieb des Sturms
Die Kämme, Schlangen gleich im Griff des Geiers.
Gelassen, froh im schrecklichen Getümmel,
Da Welle sich an Welle brach und Wind
An Wind sich stieß und schwarze Flut in Strudeln
Sich dreht' in unheilvollem Lauf, sah er:
Als seien all die Geister seine Diener,
Bestellt, ihn hinzuführen zu dem Licht
Der so geliebten Augen, saß der Dichter
Und hielt das Ruder stet …
…
… Um Mitternacht
Stieg auf der Mond – und seht! ätherisch reckte
Der Kaukasus die Eisesfelsengipfel,
Die wie die Sonne leuchten zwischen Sternen.
Um seinen Fuß, in Höhlen, brachen wirbelnd
Die Strudel und die Wellen sich mit Urkraft
Und Wut und widerhallend ewig. – Rettung?
Das Boot floh weiter – kochend rast die Flut –,
Die Klippen rings mit schwarzen Zackenarmen,
Hoch überm Meer die Trümmer eines Berges,
Und mit unmenschlicher Geschwindigkeit,
Auf glatter Woge schwebend, trieb das Boot
Dahin. Es gähnte eine Höhle da,

Und mitten in ihr Labyrinth schlang sie
Das sturmgepeitschte Meer. Das Boot floh weiter,
War nicht zu hemmen. «Bild von Traum und Liebe!»,
Rief laut der Dichter, «ich hab sie geschaut,
Die Straße deines Abschieds. Schlaf und Tod
Solln trennen uns nicht lange mehr.»

Ich kannte die Eisesfelsengipfel, die Strudel, die Klippen mit den schwarze Zackenarmen, die Trümmer eines Berges, das Labyrinth. Während das Boot weiterfloh, fand ich immer mehr alte Bekannte: die «Wurzeln riesenhafter Bäume», die «sich bekämpfenden Gezeiten», die «Schnelligkeit, die schwindeln macht», wenn «stetig steigt der Strom», die «Pyramiden jener großen Zeder», die «grauen Klippen» und die «kahlen Zinnen», die «Tanne, tief im Fels verwurzelt», die «Wurzeln, knorrig, dick, auf Felsengrunde». Indem Shelley eine zum Tod seines Helden passende Phantasielandschaft schuf, empfand er British Columbia in fünffüßigen Jamben nach.

Dass sich gewisse, den wirklichen Nordwestpazifik kennzeichnende Passagen in *Alastor* eingeschlichen haben dürften, ist eigentlich leicht nachvollziehbar. Die Reisen von Cook, La Pérouse, Vancouver und den im Pelzhandel tätigen Kapitänen hatten die Wildnis jener Küste, anschaulich illustriert, gerade zu Shelleys Zeiten in die Büchereien Englands gebracht. Um 1810 herum, als es in den Alpen und dem Lake District schon von Wanderern wimmelte, entwickelte sich ein Appetit auf unberührtere Landschaften, wildere und erhabenere als die, mit denen Europa dienen konnte. Extreme Erfahrungen – die Gipfel und Abgründe von Liebe und Tod, die zum Kern der romantischen Bewegung in Dichtung und Malerei gehörten – fanden ihr passendes Gegenstück samt dazugehöriger Einsamkeit in der Natur. Reiseschriftsteller kamen mit der Kunde von einem Land zurück, das dem gewöhnlichen Touristen absolut unzugänglich war: voll alpiner Höhen, unergründlicher Meere, edler Wilder, Wasserfällen, stygischer Düsternis, nasser Labyrinthe und undurchdringlicher Wälder, wo jemand wie Shelleys Dichter endlos lange in ununterbrochener Einsamkeit wandern konnte.

Market Harborough war eben doch nur ein Marktflecken: Zum ersten Mal in meinem Leben verspürte ich das Bedürfnis nach einer Kathedrale: einem riesigen, dunklen, gewölbten, nach Moder riechenden alten Raum, wo ich eine Weile auf einer geschnitzten Bank zwischen Säulen und Kreuzgängen wie in einer Nachbildung des Waldes sitzen konnte, zwar nicht eigentlich, um zu beten, aber doch, um ganz für mich über das zu meditieren, was mit meinem Vater geschah. Wonach es mich verlangte, war diese Art von Größe, diese Art von Feierlichkeit, nicht das göttliche Element.

Market Harborough, noch immer von einer strahlenden Sonne beschienen, war weder groß noch feierlich. Die Leute sausten auf Fahrrädern vorbei. Sie gingen bei Tesco's einkaufen. Sie standen schwatzend bis auf die Straße hinaus vor den überfüllten Pubs. Ich machte einen Ausflug, um bei dem verlotterten pakistanischen Zeitungsladen Zigaretten zu kaufen, musste dort aber feststellen, dass ich nicht einmal die riesigen, albernen Schlagzeilen der Boulevardzeitungen kapierte. Ich war schon zu lange weg vom Fenster. Jede Figur des öffentlichen Lebens hatte einen Spitznamen, und ich kannte praktisch keinen davon. Ich wusste gerade noch, dass Paddy Pantsdown der Führer der Liberalen Partei war, aber damit hatte es sich auch schon. Der Tenor der Blättchen – zwinker-zwinker, stups-stups, ha-ha – schien sich bis auf die Straßen ausgebreitet zu haben. Zu jedem anderen Zeitpunkt hätte ich vielleicht Gefallen an der leutseligen Kumpeligkeit Mittelenglands gefunden, der Lust am Verulken und dem Neuaufguss von Optimismus, wo die Ökonomie jetzt doch endlich wieder auf dem aufsteigenden Ast war. Die vorzeitige Sommerhitze transportierte einen Hauch von Karnevalsstimmung. Nur dass ich nicht hier war, um Karneval zu feiern.

Ich wanderte über die High Street und dachte an den Desolation Sound.

Die Grenze zwischen Schlaf und Tod schien von Tag zu Tag schmaler zu werden. Manchmal sagte meine Mutter in aufgesetzt munterem Ton: «Schau doch mal kurz bei Peter rein, sieh nach, wie's ihm geht, ja?» Im Schlafzimmer starrte ich dann auf das gelbliche, reglose, mit Stoppeln bedeckte Gesicht und dachte *Er ist tot*, um sofort mein Hirn nach der Formulierung oder auch nur Geste zu durchforsten, mit der ich diese Nachricht meiner Mutter überbringen sollte. Dann sah ich das Flackern des Lebens in seinem sich fast unmerklich hebenden Brustkorb und konnte berichten: «Alles okay. Er schläft.»

«Oh, gut. Er braucht jetzt doch eine Menge Schlaf.»

Mein Vater hatte das Glück, so sterben zu dürfen: zu Hause, in dem Bett, das er noch mit meiner Mutter teilte. Er hatte kaum oder gar keine Schmerzen, dank der Medikamente – ein Wall aus Döschen und Fläschchen, deren Etiketten ich gar nicht erst lesen wollte. Auf seinem Gesicht konnte ich keine Anzeichen für Albträume sehen.

Ich ging bei dem Herrenausstatter in der Jermyne Street vorbei und hängte dann meinen geänderten Anzug in den Kleiderschrank des Pub-Zimmers. Er passte perfekt.

Ich las voller Spannung über Shelleys Tod auf See und stürmte die London Library (wo ich längst kein Mitglied mehr war), um mir bestimmte Details zu beschaffen, die in Richard Holmes' ausgezeichneter Lebensgeschichte des Dichters nicht vorkamen.

 Obwohl Shelley segelte, seit er in Eton zur Schule gegangen war, hatte er seine Erfahrungen vorwiegend auf Flüssen gesammelt, von der Themse bis zum Arno. Amateursegeln war wie das Bergsteigen ein Produkt der romantischen Revolution. Im überzivilisierten Europa waren das Meer und die Berge die letzte wahre Wildnis, und einen Dichter auf der Suche nach wilder Natur zog es unweigerlich hin zum Boot. Der Knabe Wordsworth stahl (laut *Präludium*) ein «kleines Boot» auf dem Lake Windermere, und eine seiner ersten Erfahrungen mit dem Erhabenen bestand darin, von einem «riesigen Felsen» verfolgt zu werden, als er bei Einbruch der Dunkelheit über den See ruderte. Byron besaß ein großes Schiff, die *Bolivar* (benannt nach dem Befreier Südamerikas), ausgestattet mit Kanonen, auf deren Rohre das Byron'sche Wappen und das Motto *Crede Byron* eingraviert waren. Als Shelley seine zahlreiche und unkonventionelle Familie im Frühjahr 1822 nach Lerici am Golf von Spezia verbrachte, bezahlte er 80 Pfund Sterling für die kleinere Version eines Schoners im amerikanischen Stil; schnittig, schnell, mit fast gerader Deckslinie und geringem Freibord und, der einschlägigen Literatur zufolge, nur 24 Fuß Länge. (Meiner Vermutung nach war das die Länge der Wasserlinie. Insgesamt, jedenfalls nach Daniel Roberts' Skizze des Bootes, scheint es gut 30 Fuß lang gewesen zu sein. Roberts, der den Bau beaufsichtigte, war in dieser Hinsicht bestimmt ein verlässlicher Zeuge.)

Ob es nun ein paar Fuß kürzer oder länger gewesen sein mag, jedenfalls liebte Shelley das Boot. Eigentlich wollte er es *Ariel* nennen, aber Byron setzte auf seine dominante, egozentrische Art durch, dass es den Namen *Don Juan* erhielt. Im Mai kam es aus Genua in Lerici an, und Shelley war entzückt. An Daniel Roberts schrieb er:

> *Das Boot ist eine Schönheit und übertrifft [unsere] Erwartungen so sehr, dass wir uns nur unter einigen Mühen versichern konnten, dass Sie uns nicht versehentlich die Bolivar geschickt hatten.*

Und an John Gisborne:

> *Es ist geschwind und wunderschön und durchaus ein stattliches Schiff. Williams [Edward Williams, Shelleys Freund und mit der ‹Jane› des nächsten Satzes verheiratet] ist Kapitän, und wir fahren im Abendwind unter dem Sommermond durch diese entzückende Bucht, bis die Erde als eine andere Welt erscheint. Jane bringt ihre Gitarre mit, und wenn Vergangenheit und Zukunft ausgelöscht werden könnten, so würde die Gegenwart mich derart zufrieden stimmen, dass ich mit Faust zu dem vergänglichen Augenblicke sagen möchte: «Verweile doch, du bist so schön.»*

«Es dient mir zugleich als Studierzimmer wie als Kutsche», schrieb Shelley, der das Boot mit Büchern füllte und sein letztes bedeutendes Gedicht begann, *Der Triumph des Lebens*, während er an Bord saß, den Rücken an *Don Juans* Großmast gelehnt.

Das Boot war von Anfang an schnell, doch Shelley, der es noch schneller machen wollte, fügte Marsstengen und Stagsegel hinzu sowie einen falschen Hecküberhang. Als Gegengewicht zur zusätzlichen Segelfläche legte er die Bilge mit einem Ballast von insgesamt 29 Barren Schmiedeeisen aus. In seiner Biographie von Trelawny (der entscheidend an Entwurf und Bau der *Don Juan* beteiligt gewesen war) beschreibt William St. Clair das Schiff als «eines der hochseeuntüchtigsten, die je konstruiert wurden».

Am 1. Juli segelte Shelley mit Williams und Charles Vivian, einem sechzehnjährigen «Bootsjungen», nach Livorno, 38 Seemeilen südlich von Lerici. Er entfloh einem Haushalt voller Kümmernisse. Ende April war Allegra (Claire Clairmonts Tochter, angeblich von Byron, obwohl Shelley Grund zu der Annahme hatte, der echte Vater zu sein), kaum fünf Jahre alt, in einem Kloster bei Ravenna am Typhus gestorben. Claire war vor Schmerz beinahe außer sich. Mary Shelley, die am 16. Juni eine Fehlgeburt erlitten hatte, war in kaum besserer Gemütsverfassung. Diesem sommerlichen Todesreigen suchte Shelley zu entkommen, indem er nach Pisa aufbrach, wo ihn die Gesellschaft von Byron und Leigh Hunt erwartete.

Die *Don Juan* erreichte Livorno sieben Stunden später. Sie war beständige fünf Knoten und mehr gefahren. Shelley ging von Bord, und Williams und Vivian blieben mit dem Auftrag zurück, sich um das Boot zu kümmern. In Pisa bezog er Quartier in Byrons Palazzo, feierte feuchtfröhlich mit seinen Literaten-Freunden und schmiedete mit ihnen Pläne für die neue Zeitschrift *The Liberal*. Am 7. Juli kehrte er nach Livorno zurück, wo ein kräftiger Südwind Richtung Golf von Spezia wehte. Am nächsten Nachmittag stachen Shelley, Williams und Vivian wieder in See. Sie waren zwanzig Meilen nördlich von Livorno und zehn Meilen vor der Küste, als gegen sechs Uhr nachmittags am südwestlichen Horizont Sturmwolken aufzogen und alle Fischerboote Kurs auf den heimischen Hafen nahmen. Eine halbe Stunde später brach der Sturm los. Das Meer vor dieser Küste ist seicht, die Wellen schlagen hoch.

Der irische Count John Taafe, bekannt geworden als der Hofdichter von Pisa, ist die einzige Quelle für die darauf folgenden Ereignisse. Er sprach nämlich mit dem Kapitän eines italienischen Fischerbootes, das die *Don Juan* passiert und Hilfe angeboten hatte.

Sowie er sah, dass sie sich gegen solch gewaltige Wellen nicht lange würden behaupten können, hielt [er] auf sie zu und bot ihnen an, sie an Bord zu nehmen. Eine schrille Stimme, vermutlich die Shelleys, ließ ein eindeutiges «Nein» vernehmen … Die Wellen türmten sich wie Berge – eine gewaltige Brandung schlug über das Boot, das zu seinem Erstaunen immer noch unter vollem Zeug fuhr. «Wenn Sie nicht an Bord kommen wollen, so reffen Sie um Gottes willen Ihre Segel, oder Sie sind verloren», rief ein Matrose durch den Sprachtrichter. Einer der Herren (vermutlich Williams) wurde dabei gesehen, wie er einen Versuch unternahm, die Segel einzuholen – sein Gefährte fiel ihm in den Arm als wie von Sinnen.

Die *Don Juan* sank zehn Meilen westlich von Viareggio. Einige Tage später wurden die Leichen von Shelley, Williams und Vivian an Land gespült. Die Fische hatten ihre Gesichter zerfressen. Shelley wurde anhand seiner Kleidung identifiziert: Seemannsjacke, weiße Nankinghosen und schwarze Lederstiefel. In seiner Jackentasche steckte ein Bändchen mit Keats' Gedichten.

Ein italienisches Fischerboot half Daniel Roberts, die *Don Juan* mit ihrem Gewirr aus zerbrochenen Spieren zu bergen (allem Anschein nach muss sie wirklich in einer Untiefe gesunken sein). Das Boot war voller bläulichem Schlamm. Roberts holte die 29 Barren Ballast heraus, dazu zwei Schrankkoffer voller Bücher und Kleidung, eine Kiste Marsalawein – die Korken durch den Wasserdruck halb aus den Flaschen gedrückt, der Wein mit Salzwasser durchsetzt – und sieben Teelöffel.

Ob Shelley vorgehabt hatte, die selbstmörderische Reise des Dichters in *Alastor* zu reinszenieren? Ich rief Richard Holmes an, um ihn über den Untergang der *Don Juan* zu befragen.

«War es schiere Tollkühnheit oder vielleicht auch ein romantischer Todeswunsch?»

«Ich glaube nicht, dass da irgendein Todeswunsch mit im Spiel gewesen ist. Es war ein sehr schwieriger Sommer für Shelley, und er musste sich durch lange Perioden von Depression kämpfen – wie übrigens die meisten Schriftsteller. Segeln zu können bedeutete da etwas herrlich Befreiendes. Die *Don Juan* war eine Todesfalle von einem Boot, aber eben auch der Ort, wo er am glücklichsten war. Ich glaube, als bei Viareggio der Sturm losbrach, war Shelley in waghalsig-euphorischer Stimmung und wollte das Boot einfach mal richtig ausprobieren –»

«Nach dem Motto: Wollen wir doch mal sehen, was die Kiste bringt?»

«Ja. So etwas in der Art. Schnell! Schneller! Der Rausch der Geschwindigkeit. Das begeisterte ihn. Er war schon viel gesegelt, hatte aber kaum Erfahrung mit dem Meer und machte sich nicht klar, wie unsicher das Boot war.»

Wer einem wirklich Leid tun konnte, war der Junge, Charles Vivian. Shelley und Williams trugen selbst die Verantwortung für ihren seemännischen Leichtsinn, doch Vivian war das unschuldige Opfer. Ich wollte gern mehr über ihn erfahren, aber Holmes' Recherchen hatten da nicht viel erbracht.

«Meiner Vermutung nach haben sie ihn im Hafen von Lerici aufgelesen. Als Shelley dort Quartier bezog, war der Ort bereits ein Segelzentrum für Exil-Engländer. Dies waren die ersten Anfänge der Yacht-Kultur ...»

Plötzlich wusste ich genau, wer Charles Vivian gewesen war: der junge Blondschopf, den Kopf voller Bootsromantik, der die Piers abklapperte, auf der Suche nach einer Koje in irgendetwas, das Segel hatte. Bei Shelley und Williams zu landen muss ihm wie ein echter Glückstreffer vorgekommen sein.

In seinem Brief an Mary Shelley nach der Bergung der *Don Juan* berichtete Daniel Roberts: «Alle Sachen des Jungen sicher in der Vorpiek.»

Armer Charles Vivian. Vor dem ersten Segeltörn mit Shelley hätte er besser daran getan, die Seefahrerpassagen in *Alastor* genau zu lesen und sich Gedanken zu machen, ob der Verfasser wohl ein umsichtiger Kapitän eines wirklichen Bootes auf einem wirklichen Meer war.

Am Abend des 14. Juni (zufälligerweise mein Geburtstag) saß ich in meinem Pub-Zimmer und las *Die Lust und ihr Preis*, als kurz vor elf Uhr das Telefon läutete. Es war mein Bruder Dominic, der mich bat, im Bungalow zu helfen: Das Bett meines Vaters musste frisch bezogen werden, eine Aufgabe für drei Personen.

Schimärenhafte Tannen und Zypressen drängten sich in die schmale Straße, während ich durch die Dunkelheit brauste. Jetzt schien mir, als löse sich England allabendlich in die Landschaft auf, die ich zurückgelassen hatte: die Felder und die Wiesen wurden wieder zu dichten Wäldern. Auf den Langstreckenfahrten zwischen Leicester und London war dies eine angenehme Illusion; ich genoss es, das Land zu entvölkern und wieder in Wildnis zu verwandeln.

Im Bungalow empfingen mich zwei hagere Schlafwandler: Meine Mutter wie mein Bruder waren kalkweiß im Gesicht vor Erschöpfung und Sorge. Wir murmelten ein paar Worte und trotteten dann hintereinander in das Schlafzimmer, wo mein Vater lag. Er war jetzt kurz vor dem Koma. Meine Mutter hob das Bettzeug an. Er trug nur eine Windel. Das Lendentuch, der Bart, der ausgemergelte Leib: All das ließ an eine *Pieta* denken, die Kreuzabnahme.

Trotz seiner hageren Statur war er erstaunlich schwer umzulagern. Wir versuchten, das schmutzige Laken unter ihm vorzuziehen, aber es ließ sich nicht bewegen. Mein Bruder und ich fassten je ein Bein und hievten ihn seitlich übers Bett, während meine Mutter seinen Kopf in ihrem Schoß wiegte und sagte: «Schon gut, mein Schatz, ist doch gut! Wir wollen dir doch nur ein frisches Laken aufziehen –» Mir schien, dass wir, indem wir eine seiner Gliedmaßen nach der anderen mit solch dilettantischer Grobheit bewegten, Gefahr liefen, ihn auseinander zu reißen. Mein Bruder und ich waren zwei ungelernte Möbelpacker, die nach Luft schnappten, während sie dieses sperrige Objekt, unseren Vater, herumzerrten. Als wir es fast geschafft hatten, rollte er sich plötzlich auf die Seite, das Gesicht uns zugewandt, und sagte: «Es geht zu Ende.»

«Nein, mein Schatz, nein! Das ist nicht wahr!»

Noch nie zuvor hatte ich meine Mutter mit solch heftiger, entschiedener Stimme sprechen hören.

Als ich mich fünf Minuten später verabschiedete, brachte mein Bruder mich zur Haustür. «Das war entsetzlich», sagte er mit trockener, krächzender Flüsterstimme.

«Wir haben es doch ganz gut hingekriegt», erwiderte ich.

Im Bett meines Pub-Zimmers fand ich zwar noch die Stelle, wo ich meine Lektüre unterbrochen hatte, aber die Wörter trudelten über die Seite wie ein Schwarm übermütiger Fledermäuse. Das Buch fiel mir aus der Hand. Sekunden später wurde ich von dem herrischen, typisch englischen Doppel-Bimmelton des Telefons geweckt. Die roten Ziffern auf dem Radiowecker zeigten 7:01 Uhr.

Die Stimme meiner Mutter. «Peter – es ist zu Ende.»

Natürlich hatte er es gewusst. Er war immer Realist gewesen. Keine weiteren Demütigungen mehr. Ich war froh für ihn. Auf der Fahrt nach Harborough, im Schein der jungen Morgensonne, kurbelte ich die Fenster herunter und lauschte dem Zwitschern der Amseln.

Jetzt am Morgen sah er seltsamerweise weniger tot aus als in der Nacht, als er noch am Leben gewesen war – sein Gesicht schien ganz entspannt in einem tiefen Schlaf, um den ich ihn fast beneidet hätte, so wie ich Julia um ihre totale Hingabe an das Unbewusste beneidete. Meine Mutter saß neben ihm. Ihr zuliebe beugte ich mich vor und fuhr ihm mit den Lippen über die Wange. Es war weniger als ein Kuss, aber wir hatten uns nie mit Küssen begrüßt oder verabschiedet. Die Wange war kaum kühler, als sie hätte sein sollen.

Meine Mutter sagte mit schwacher Stimme: «Wir waren so glücklich miteinander. Ich liebe ihn so sehr.»

Und nun begann die surreale Verwaltung des Todes, auch «Vorbereitungen» genannt. Ich stellte Kaffeewasser auf und hinterließ auf dem Anrufbeantworter des Beerdigungsunternehmers (dessen Ansage klang, als wäre sie von Vincent Price höchstpersönlich aufgesprochen worden) die Bitte um schnellstmöglichen Rückruf. Eine Krankenschwester erschien und verschwand gleich wieder. Dann kam der Arzt – ein feiner Mann mit leiser Stimme, der als Allererstes meine Mutter in den Arm nahm. Die beiden nicht anwesenden Brüder waren schon unterwegs, Colin von Sheffield, William von London, beide auf der M1, aber aus entgegengesetzten Richtungen.

Ich fand den Arzt auf den Knien vor der Toilettenschüssel und dachte erst, er müsse sich übergeben. Aber er war nur dabei, die Medikamente meines Vaters nacheinander runterzuspülen.

«Kaffee?»

«Das wäre sehr nett», sagte er über das Donnern des Wasserfalls in der WC-Schüssel hinweg.

Auch das Kommende hatte mein Vater im Griff gehabt. Er muss in heiterer, ja geradezu mokanter Stimmung gewesen sein, als er das eng getippte zehn Seiten lange Dokument mit der Überschrift FÜR DEN TODESFALL verfasste. Er hatte an alles gedacht und sich bestimmt amüsiert, während er Anweisungen für den Umgang mit seinen sterblichen Überresten auf der Schreibmaschine tippte.

Worüber der Bestattungsunternehmer als Erstes aus dem letzten Willen zu informieren ist, betrifft die Methode, nach der die Leiche entsorgt werden soll ... Erd- oder Feuerbestattung. Wir möchten beide eingeäschert werden – ohne großes Tamtam, ohne ein Grab, das gepflegt und besucht werden müsste, und eine dezente Form der Entsorgung ... bloß kein Moorleichen-Remmidemmi! Wohin mit der Asche: noch nicht geklärt, aber KEINESFALLS als Urne auf dem Kamin! Verstreuen – obwohl von der

Kirche mit Stirnrunzeln bedacht – z. B. im British Camp, auf Malvern Hill oder irgendwo in Worcester ... evtl. Oddingley [die Gemeinde seines Vaters] auf dem Kirchhof oder in der Nähe ... oder im New Forest? ... oder?? (Dann aber ein Wochenende, Unkosten für Hotelzimmer etc. zu bezahlen) Formeller wäre St. Nicholas – der Kirchhof hat einen Garten oder sog. letzte Ruhestätte. Natürlich mit dem Vikar absprechen.

«Eine Bestattung kommt nicht billig!», warnte er und riet uns, den Bestatter anzuweisen: «Die Tageslosung lautet ‹Schlicht halten›.» Er befasste sich auch mit den Parkplatz-Arrangements für den Leichenschmaus im Bungalow nach der Trauerfeier und Einäscherung:

Unbedingt die Polizei informieren, damit ausnahmsweises Parken auf dem Fahrradweg und am besten zwischen diesem Weg und der Straße abgesprochen werden kann. Mit den zusätzlichen Plätzen vor dem Bungalow könnten, falls Bedarf besteht und der Boden nicht zu feucht ist, ein paar Wagen sogar auf dem Rasen abgestellt werden ...

Für den Gottesdienst sollte «der allgemeine Ton eher Freude/Danksagung/humorvoll etc. etc. sein als bedrückt, und bitte negative Spekulationen und das Thema Versicherungspolicen vermeiden!».

Die umgängliche Plauderstimme meines Vaters im Ohr, machte ich eine Flasche Cognac auf und trug sie mitsamt Gläsern hinaus in den Garten, wo die Familie jetzt Kraft zu tanken versuchte. Morgens um neun Branntwein zu trinken schien der Situation angemessen und hätte genauso gut von meinem Vater vorgegeben sein können. Meine Brüder und ich, vier Bleichgesichter mit dicken Tränensäcken, hoben die Gläser zum stummen Toast. Der Beerdigungsunternehmer traf auf eine Szene dezenter Dekadenz – als würden wir alle nur eben den Party-Kater von vergangener Nacht herunterspülen.

Er sagte *sotto voce*: «Meine Mitarbeiter sind draußen. Wir warten gern, bis Sie so weit sind.»

Sein rundes, gerötetes Gesicht, voller Lachfältchen, passte so gar nicht zu dem schwarzen Anzug, der vorgeschriebenen Uniform seines Gewerbes. Er sah aus, als wäre er in der Schule ein echter Schlingel gewesen. Als Ruheständler in Harborough hatte mein Vater auch weiterhin Beerdigungsfeiern abgehalten und dabei oft mit Mr. Stamp zusammengearbeitet, der echte Trauer über den Tod meines Vaters zu empfinden schien. «Er hatte Humor», sagte er. «Er konnte mich zum Lachen bringen, ab und zu. Ich werd ihn vermissen, das kann ich Ihnen sagen.»

Das Glas Cognac lehnte er ab, obwohl ich ein leises Bedauern spürte. «Ein bisschen zu früh für mich», sagte er und entschuldigte sich gleich; er müsse sich mit seinen Leuten «mal kurz absprechen».

Meine Mutter saß in einem Gartenstuhl, den Blick vom Haus abgewandt. Zu ihrer Rechten saß Mr. Stamp, zu ihrer Linken Dominic. Der Rest von uns bildete einen windschiefen Kreis. Wir reichten die Anweisungen meines Vaters vom einen zum anderen und ließen uns dann dazu herab, über Särge und ihre jeweiligen Preise zu sprechen.

Über den gesenkten Kopf meiner Mutter hinweg sah ich im düsteren Hauseingang Mr. Stamps Leute, gleich ein halbes Dutzend, still den ersten Auftrag ihres Arbeitstags angehen. Sechs schwarze Kormorane, die durch den Hausflur trippelten. Ich wollte gar nicht so genau mitbekommen, was sie da machten.

Ich sagte: «Nehmen wir die einfache Ausführung –»

«Mit Messingbeschlägen?», schlug Mr. Stamp erwartungsvoll vor.

An diesem Nachmittag – statt Cognac gab es jetzt Weißwein – hockten mein Bruder Colin und ich in dem kleinen Steingarten am hinteren Ende des Rasens und versetzten die nach blühendem Lavendel duftende Luft mit einer ordentlichen Ladung Marlboros, den Roten. Colin – darauf bedacht, unserer Mutter alle zusätzlichen Krebs-Assoziationen zu ersparen – versteckte seine Zigarettenstummel tief in den Spalten zwischen den Steinen. Ich quetschte meine mit dem Schuh unter die Kiesel vor meinen Füßen.

Von uns vieren war Colin derjenige, der meinem Vater schon immer am ähnlichsten gesehen hatte. Durch seinen ordentlich gestutzten Bart zogen sich jetzt silberne Streifen. Wir sprachen über das Ritual, das Bett meines Vaters frisch zu beziehen, was er ein paar Tage vor mir besorgt hatte.

«Es war echt verrückt», sagte er. «Obwohl sein Körper so ausgemergelt war, habe ich doch erkannt, dass es mein Körper war – verstehst du? Meine Arme, meine Beine, meine Brust ...»

Mir wurde klar, dass ich das Gleiche empfunden hatte, doch meine Empfindung war eher vage gewesen. Es erleichterte mich, dass Colin sie in Worte fassen konnte.

«Ich mache mir Gedanken, wie wir den Sarg tragen sollen», sagte ich.

Vielleicht angefeuert durch den Alkohol zu so früher Stunde, hatten wir beschlossen, dass die vier Brüder den Sarg vom Leichenwagen bis ins Krematorium von Kettering tragen würden, nach dem Trauergottesdienst in Market Harborough. Mr. Stamp hatte unseren Plan verworfen, den Sarg auch in die Kirche zu tragen. Das sei ein Job für Profis. «St. Nicholas hat Treppenstufen», bemerkte er in düsterem Ton, «und gleich am Eingang eine ziemlich knifflige Kurve.»

«Im Fernsehen sind das immer sechs Kleiderschränke», sagte ich, «Soldaten von irgendwelchen Spezialtruppen, und sie marschieren immer im Gleichschritt. Aber wenn jetzt einer von uns aus dem Tritt gerät, was, meinst du, passiert dann mit dem Sarg?»

«O Gott.»

«Glaubst du, dass William und Dominic überhaupt im Gleichschritt marschieren *können*?»

Colin und ich waren in unseren jeweiligen Internaten zum freiwilligen Corps-Dienst abkommandiert worden, doch unsere jüngeren Brüder hatten Schulen besucht, an denen man am Sonntagvormittag nicht in Khaki-Kluft und Camouflage leichte Maschinengewehre zerlegte und andere Exerzierplatz-Drillübungen absolvierte.

«Vielleicht könnten wir einen Probedurchgang machen –»

«Mit einem leeren Sarg? *Links, links, links, rechts, links*?»

«Hast du noch eine Zigarette?»

«Hey …» Ich griff nach meiner Brieftasche und zog einen Schnappschuss von Potts Lagoon heraus, den ich sechs Wochen zuvor aus dem Wasserflugzeug aufgenommen hatte. Als würde ich Julia eine Gutenachtgeschichte erzählen, beschrieb ich meinem Bruder die Welt innerhalb des Bildes: die Bären in den Wäldern, den stillen Teich, dass man die Nachbarn per Boot besuchte, wie unwichtig das Telefon war, schwärmte von den Fischen und dem Wild, dem soliden Haus auf seinem Floß. Ich deutete auf mein Boot, an Walders' Floathouse mit einem Fadenspiel aus Leinen festgemacht. Als fortgeschrittenes Semester hatte Colin auch die Standardabhandlungen über die Kwakiutl gelesen. Und nun quasselte ich ihm vor, dass ihre Kunst eine brillante, stilisierte Erforschung von Fluss und Chaos sei.

Colin saugte an seiner Marlboro. «Ich wünschte, ich hätte auch eine Potts Lagoon.»

Shelleys Leichnam, hastig im Sand verscharrt und mit ungelöschtem Kalk bestreut, war indigoblau angelaufen, als Trelawny ihn einen Monat später wieder ausgrub, um ihn zeremoniell am Strand bei Viareggio einzuäschern. Treibholz brannte in einem eisernen Ofen, den man speziell nach Trelawnys Angaben gebaut hatte. Als das Feuer «gut entflammt» war, wurden Shelleys sterbliche Überreste, entstellt und teilweise schon verwest, hineingeschoben. Byron, dessen *Bolivar* dicht am Ufer ankerte, stand daneben. Leigh Hunt blieb in seiner Kutsche sitzen, während Trelawny, ein paar Fischer aus dem Dorf sowie einige Mitglieder der toskanischen Bürgerwehr der Einäscherung direkt beiwohnten.

In Trelawnys Worten:

> *Über Shelleys Leichnam wurde mehr Wein vergossen, als er in seinem ganzen Leben zu sich genommen hatte. Dieser Stoff zusammen mit dem Öl und dem Salz ließ die gelben Flammen glitzern und zucken. Die vereinte Hitze der Sonne und des Feuer war so gewaltig, dass die Luft sich zu kräuseln, zu wellen begann. Der Leichnam tat sich auf, und das Herz wurde bloßgelegt. Die Stelle am vorderen Teil des Schädels, wo er von der Breithacke getroffen worden war, fiel ab, und da der Hinterkopf auf dem rot glühenden unteren Grill des Ofens liegen blieb, sahen wir das Gehirn buchstäblich sieden, blubbern und kochen wie in einem Hexenkessel, und das eine lange Zeit.*
>
> *Byron konnte den Anblick nicht ertragen, er zog sich an den Strand zurück und schwamm zur* Bolivar *hinüber. Leigh Hunt verblieb weiterhin in seiner Kutsche. Das Feuer brannte so heftig, dass es im Eisen eine weiße Glut erzeugte und Alles in Reichweite zu grauer Asche werden ließ. Die einzigen Partien, die nicht von den Flammen verzehrt wurden, waren einige Knochensplitter, die Kiefer und der Schädel, doch am meisten überraschte uns, dass das Herz heil blieb. Indem ich dieses theure Angedenken aus dem feurig heißen Ofen riss, verbrannte ich mir gar böse die Hand …*

Byron wollte Shelleys Schädel haben, «doch da mir einfiel, dass er in der Vergangenheit einen solchen als Trinkgefäß benutzt hatte, war ich entschlossen, nicht zuzulassen, dass Shelleys Schädel derart entweiht würde». Trelawny überreichte das Herz Leigh Hunt, der es später Mary Shelley gab.

William St. Clair schreibt:

Shelley, der große Heide, bekam eine große heidnische Bestattung. Kein Priester war in der Nähe. Kein Gebet wurde gesprochen. Trelawny machte das, was eine lästige und vielleicht elende verwaltungsmäßige Qual hätte werden können, zu einem unvergesslichen Drama.

Shelleys früher Tod im Wasser und seine Beisetzung am Strand sicherten ihm die Apotheose als Held der Romantik.

Ich konnte das Wort «Einäscherung» nicht mehr hören, ohne an diese Szene in Viareggio zu denken.

Zwei Tage nach dem Tod meines Vaters war es so weit, dass die Angehörigen in Mr. Stamps Aufbahrungskapelle von ihm Abschied nehmen konnten. Ich fuhr meine Mutter hin.

Der Raum war klimatisiert, kühl und mit Urnen voll weißer Lilien geschmückt. Musik aus der Konserve, die Art, die man vermutlich «Klassik light» nennen würde und die in dieser besonderen Variante womöglich exklusiv im Bestattungsgewerbe zirkulierte, lief auf einer so niedrigen Lautstärke, dass man nichts weiter hören konnte als ein schwächliches, klagendes Gesäusel von Holzbläsern und Streichern. Der offene Sarg stand auf einem Bock, über den ein gestärktes weißes Tischtuch ausgebreitet war.

Ich blieb stehen. Meine Mutter schritt zitternd voran, und ich hörte sie scharf einatmen, wie vor Schmerz, als sie die Wachsfigur in ihrer Holzkiste sah.

Meine Mutter hatte die Kleidungsstücke zusammengesucht: frisch

gewienerte braune Schuhe («Unbedingt mit Ledersohlen, Gummi

wird vom Krematorium nicht zugelassen», hatte Mr. Stamp gesagt), graue Flanellhosen, ein lachsfarbenes Hemd, ein grünlich graues, sportliches Tweedjackett – wie für ein Picknick oder eine Runde Golf. Sein wild sprießender Bart war so ordentlich gestutzt wie der von Colin, sein zurückgekämmtes Haar mit Brillantine fixiert. Man hatte ihm Rouge auf die Wangen getupft, und seine Lippen, ebenfalls rot getönt, waren zu einem fremdartigen Lächeln verzogen. Man hatte ihm seinen Charakter genommen. Es war, als hätte er nie gelebt.

Meine Mutter beugte sich vor und küsste ihn – küsste *das da* – auf den Mund.

Ich legte ihr einen Arm um die Schulter, und so standen wir da und starrten das Kunstwerk an, das einmal mein Vater gewesen war und ihm jetzt nicht einmal mehr ähnlich sah. Eine Minute verging – oder waren es zehn Minuten oder nur zehn Sekunden? Eine Zeit jedenfalls, die sich nicht messen ließ.

«Ich glaube, ich bin jetzt so weit, dass wir fahren können», sagte meine Mutter.

Ich half ihr beim Einsteigen. Im Auto sagte sie: «Es war ganz wie Peter, aber es war nicht wirklich Peter ...», und begann dann zu weinen, hilflos, untröstlich, als wäre ihr innerer Betonwall der Trauer geborsten.

St. Nicholas war eine Pfarrkirche aus gelbbraunem Stein, so alt wie England. Mein Bruder William, Filmemacher von Beruf, kauerte zwischen den uralten Grabsteinen, um auf Video aufzunehmen, wie das Kormoran-Gespann den Sarg in die Kirche trug, gefolgt von der Familie, dann von einer mehr als stattlichen Menge aus Verwandten, Freunden, geistlichen Kollegen und ehemaligen Gemeindemitgliedern. Die ausfahrende lila Pupille der Kameralinse verfolgte uns, als wir durch das Friedhofstor traten, und es hätte mich nicht besonders gewundert, meinen Bruder «Licht! ... Kamera läuft! ... Und Schnitt! ... Gestorben!» rufen zu hören, während wir unsere Rollen in diesem klassischen Kostümstück spielten.

Ich nahm meinen Platz am äußeren Rand der Kirchenbank ein, der für die Familie reserviert war, und überließ mich den elegischen Tröstungen, von denen diese Kirche reichlich zu bieten hatte: alte Buntglasfenster, schwere Säulen, Gedenktafeln aus Messing, marmornes Gebälk, Steinplatten, schon so glatt getreten, dass man die eingravierten Namen der Menschen, die unter ihnen begraben lagen, kaum noch entziffern konnte. Obwohl sich die Kirche bis in die hinteren Reihen gefüllt hatte, waren die Toten den Lebenden zahlenmäßig weit überlegen. Man konnte sie in dem strengen, kirchentypischen Potpourri aus Betkissen, Chorälen, Holzpolitur und Knochenstaub riechen. Ihr neuestes Mitglied lag direkt vor meinen Füßen, am oberen Ende des Mittelschiffs, neben der Wendeltreppe, die zur Kanzel führte. Doch jetzt war mein Vater ein Novize oder vielmehr Freshman an einem College, dessen Traditionen bis ins Mittelalter zurückreichten.

Auf der heiligen Seite drängte sich Klerus, aufgetakelt wie eine Schar Druiden. Wir hatten jeweils ein Paar von Vikaren und Rektoren, einen Dekan, einen Erzdiakon (oder war das ein Suffraganbischof?), ein oder zwei Kanoniker ... Ich verlor den Überblick. Der Chor saß im Chorgestühl. Die Organistin tobte sich an einem feierlichen Bach-Stück aus.

Der Klerus bot sprachlich die Variante von Estuary English, die jetzt bei der anglikanischen Kirche angesagt war. Ich hätte gern die alten Worte vernommen:

Der Mensch, vom Weibe geboren, lebt kurze Zeit und ist voller Unruhe, geht auf wie eine Blume und fällt ab, flieht wie ein Schatten und bleibt nicht.
Mitten im Leben sind wir vom Tod umfangen …

Aber all das war schon in den Sechzigern über Bord geworfen worden, damals, als die Kirche es mit einer Anbiederung an den vermeintlichen Volksgeschmack versucht hatte, indem sie die Sprache des Gebetbuchs in einen gekünstelt modernen Jargon übersetzte, der irgendwo zwischen Kindergärtnerin und Steuerberater angesiedelt war. Doch das ehrwürdige Alter der Kirche wog selbst die neue Gottesdienstordnung auf.

Während wir einen Choral sangen, holte ich das Blatt mit den getippten Notizen aus der Innentasche meines schwarzen Anzugs.

Meine ganze Pubertät über hatte ich im Kriegszustand mit meinem Vater gelebt. Mit Ende zwölf, Anfang dreizehn wandte ich mich gegen seinen Glauben und erklärte mich insgeheim zum Atheisten. Mit vierzehn verweigerte ich aus Gewissensgründen das Abendmahl. Mit sechzehn schwänzte ich den Kirchgang mehr oder minder komplett. Die Kanzel, die ich gleich besteigen würde – Symbol der moralischen Autorität meines Vaters in diesem Dorf –, hatte für mich eine große Bedeutung, hauptsächlich in negativer Hinsicht. Wenn ich ihn in dem weißen Chorrock, der ihm von den Schultern wallte, selbstbewusst die Bühne für seine Sonntagspredigt betreten sah, stiegen Neid und Missgunst in mir auf. Seine Predigten waren gut, mein Desinteresse eher geheuchelt als echt. Doch seine Kanzelhoheit empfand ich als Synonym für die rigide, unmäßige, unduldsame Gewalt des Vaters über den Sohn. Wenn ich jemals dort hochsteigen sollte, hatte ich des Öfteren gedacht, dann würde ich ihn abkanzeln, dass ihm Hören und Sehen verginge.

Jetzt, wo ich den angestammten Platz meines Vaters erklimmen sollte, stand sein Sarg mir im Weg. Glücklich oben angekommen, stützte ich meine Arme auf die geschwungenen Seiten der Kanzel, genau so, wie ich es von ihm in Erinnerung hatte – wobei mir war, als hockte ich im Krähennest eines Rahseglers –, und erlebte die Nahezu-Vogelperspektive des Pastors auf seine Herde.

Es war wirklich eine eindrucksvolle Menge: bunt gemischt von Alter wie von Typus – genau die Art Publikum, die man bei einer gut besuchten Lesung in einer amerikanischen Buchhandlung erwarten würde. Ich wanderte mit den Augen durch die Reihen, um einen Fixpunkt zu finden, und entdeckte drei katholische Nonnen, dicht an dicht in ihrer schwarzen Ordenstracht, Fremdlinge in diesem erzprotestantischen Rahmen, obwohl die Kirche, die schon vor der Reformation erbaut worden war, einst für ihresgleichen da gewesen sein musste. Mein Ziel, beschloss ich, würde es sein, diese Nonnen zum Lachen zu bringen.

Binnen kurzem hatte ich ein Lächeln von Schwester Nr. 1 ergattert. Ein paar Sätze später ließ Nr. 2 ein deutliches Kichern vernehmen, und ab dann war ich in vertrauten Gewässern.

Auf meine eigene Weise war ich in die Fußstapfen meines Vaters getreten, genau wie er in die seines Vaters getreten war. Ich hatte die Stimme eines altmodischen Vikars geerbt. Ich sah mein Leben als freiberuflicher Autor in einem ganz ähnlichen Licht wie mein Vater die ihm so wertvolle Freiheit des Pfarrers als ein geistiges, kein weltliches Gut. Was das verstaubte Chaos im Arbeitszimmer anging, wo er sein Pfeifchen paffte und seine Predigten schrieb – in der Hinsicht stellte ich ihn mittlerweile mühelos in den Schatten. Doch was ich vor allem anderen von ihm gelernt hatte, war die flexible und eklektische Form der eigentlichen Predigt mit ihrer Darlegung alter Texte, ihren Geschichten, ihren Lehren und Schlüssen aus Anekdoten des Alltags. «Als ich vor ein paar Tagen die Pound Lane entlangging ...», begann er etwa, und diese banale Ausgangssituation führte dann zur Klärung irgendeiner komplizierten theologischen Frage oder zu einem Verweis auf die Verpflichtungen des Individuums in einer christlichen Gesellschaft. Seit nunmehr 25 Jahren nutzte ich diese Strategie häufig für meine eigenen Zwecke – obwohl ich weder Moralist noch Theologe oder Christ war. Nach Alaska zu segeln hieß für mich in Wirklichkeit, die Pound Lane entlangzugehen.

Jetzt hoffte ich, ihn so darstellen zu können, wie ich ihn in meinen mir liebsten Erinnerungen bewahrte – nachdem ich zu Hause ausgezogen war, nachdem unser Krieg vorbei war, wenn er und Colin und ich im Wohnzimmer des Pfarrhauses saßen, trinkend und redend und redend und trinkend, manchmal bis zum Morgengrauen. «Streitgespräche», so nannte er diese nächtlichen Runden, bei denen wir uns über Politik, Soziologie und die Probleme seiner Pfarrgemeinde ausließen – seinerzeit eine riesige, trostlose soziale Wohnsiedlung am Stadtrand von Southampton. Er war zum «Rural Dean» befördert worden, einem Landpfarrer mit Dekanswürden – schon ein recht ironischer Titel für jemanden, der tagtäglich seine Arbeit in mutwillig demolierten, mit Graffiti voll gesprühten, nach Urin stinkenden vierzigstöckigen Wohntürmen verrichtete, in die die bedürftigsten Mitglieder der arbeitenden Klassen verbracht worden waren. Vielleicht hatte ja ein seltsamer Anflug episkopalkirchlichen Humors den Bischof dazu bewogen, diesen seinen Untergebenen aus einem traditionellen Dorf in Hampshire in eine armselige und unselige Rand-Stadt zu versetzen, doch dieser Akt machte meinen Vater zu einem Leser und Denker.

Umgeben von kippligen Stapeln mit Büchern über Sozialarbeit, Psychiatrie, die neue Theologie, Stadtgeschichte, Ökonomie, von Romanen, in denen Autoren wie Alan Sillitoe und Stan Barstow die

Arbeiterklasse neu zum Thema erhoben, von Weißbüchern der Regierung, von Dutzenden Titeln, in denen das Wort «Krise» vorkam, stritt sich mein Vater in den späten sechziger Jahren zu einem neuen Menschen durch. Während meiner Kindheit war er ein nachdenklicher Konservativer gewesen. Nach Southampton versetzt, trat er in die Labour Party ein und ließ sich bei Protestmärschen ziemlich an vorderster Front blicken. Er lief sogar mit dem Button der Kampagne für nukleare Abrüstung herum – demselben Button, der ihm zehn Jahre zuvor Anlass gewesen war, mich, den Träger, vor die Tür zu setzen.

Mit fünfzig war er auf einmal intellektuell wacher, diskussionsgewandter und weitaus fähiger zur Selbstironie als die cleveren Studenten, die ich damals unterrichtete. Wir spielten uns die Bälle zu, fälschten ab und foulten und dribbelten die Nacht durch, während das Gasfeuer prasselte und der Hund vor den Füßen meines Vaters schlief und furzte und der Vorrat an spanischem Roten zur Neige ging und erst das Klirren der Milchflaschen vor der Haustür ihn daran erinnerte, dass er in drei Stunden einen Acht-Uhr-Gottesdienst abzuhalten hatte und sich besser noch ein Stündchen aufs Ohr legen sollte.

Als ich dann zu meinem Platz zurückwollte, dachte ich überhaupt nicht mehr an den Sarg und stieß mit dem Knie dagegen. Nach einem weiteren Choral bestieg einer seiner jüngeren Kollegen aus Southampton, ein Arbeiterkaplan, die Kanzel, um auf sehr sympathische Art von meinem Vater als dem Diözesen-Quälgeist zu sprechen, dem subversiven Joker im anglikanischen Kartenspiel.

Der Gottesdienst dauerte länger als vorgesehen. Sobald die Kirche sich geleert hatte und der Sarg wieder im Leichenwagen verstaut war, verschwand meine Mutter in einem Pulk aus schwarz gekleideten Menschen. Die Aussegnung im Krematorium von Kettering, zwölf

Meilen entfernt, sollte um 12:15 Uhr beginnen, und es war bereits drei Minuten vor zwölf. Mr. Stamp drehte seinen Hut ungeduldig in den Händen.

Ich wandte mich an ihn: «Meinen Sie, ich sollte mal versuchen, meine Mutter da rauszuholen und ins Auto zu verfrachten?»

«Ehrlich gesagt, Sir, so verflixt, wie es ist, aber wenn wir nicht gleich in die Gänge kommen, verpassen wir noch unseren Termin im Krematorium.»

Ich zog meine Mutter aus der Menge, schob sie in Colins Land Rover, und nun setzte sich der Trauerzug endlich in Bewegung, im Schritttempo, wobei Mr. Stamp dem Leichenwagen vorausmarschierte und die Bewohner von Little Bowden ihre Hüte abnahmen, während der Sarg an ihnen vorbeifuhr. Dies schien mir zwar eine sonderbare Methode zu sein, in die Gänge zu kommen, doch als der Leichenwagen hinter dem letzten Cottage des Dorfes um die Kurve bog, sah ich, wie Mr. Stamp sich den Hut über den Schädel zog und einen Hechtsprung durch die bereits aufgerissene Beifahrertür machte, während der Fahrer Gas gab.

Wrumm!

Mein Vater war immer ein rasanter Fahrer und ein nervöser Beifahrer gewesen. Jetzt wurde er von jemandem chauffiert, der sich hier vielleicht ein Zubrot zu seinem regulären Job als Formel-1-Fahrer verdiente. Jedenfalls nahm der Leichenwagen die Kurven auf der Landstraße wie Schikanen auf der Rennbahn von Indianapolis. Colin, beileibe kein Weichei, fiel schnell hinter den fliegenden Sarg zurück. Ich trat das Gaspedal bis zum Anschlag durch und hielt auf den Nebel aus braunem Staub zu, den der Land Rover aufwirbelte.

«Kann mir mal jemand eine Zigarette anstecken, *bitte?*»

Jemand – ein Bruder, glaube ich – kam der Bitte nach. Beim ersten Zug riskierte ich einen Blick in den Rückspiegel und sah ein Gesicht, das bestimmt einen ähnlichen Ausdruck wie das meine hatte: verkrampft über dem Lenkrad hängend und hinter sich einen Rattenschwanz von anderen Autos, die nur noch darum kämpften, nicht vorzeitig aus dem Rennen auszuscheiden.

Wir kamen zu einer Umgehungsstraße, rasten über einen Kreisel, und dann, bei dem durch einen Pfeil markierten Schild KREMATORIUM, bremste der Leichenwagen endlich ab, und wir wurden in einen würdevollen Trauerzug zurückverwandelt. Nach der in rituellem Schneckentempo zurückgelegten Viertelmeile passierten wir die Tore einer hygienischen, modernen Todesfabrik mit karg bepflanzten Gärten und Mauern aus weißem, als Marmor verkleidetem Beton. Das Krematorium. «Ohne großes Tamtam, ohne ein Grab, das gepflegt und besucht werden müsste, und eine dezente Form der Entsorgung», hatte mein Vater geschrieben. In seiner Zeit beim Militär hatte er Geschmack am Spartanischen gefunden, und ein Krematorium passte perfekt zu seiner Ungeduld mit allem, was nach unsinnigem Gedöns roch.

Unter Aufsicht von Mr. Stamp und seinen Schwarzröcken hoben meine Brüder und ich den Sarg auf die Schultern. Ich übernahm sozusagen die Steuerbordseite vom Bug, mit William an Backbord und Dominic und Colin am Heck. Das Gewicht erstaunte mich. Bei seinem Tod hatte das, was von ihm übrig blieb, nach so wenig ausgesehen, und doch drohten meine Knie jetzt, unter dem Druck seiner Bruttoregistertonnen, einzuknicken.

«Fertig?», fragte Mr. Stamp. «Also los.»

Ich konnte nicht marschieren, sondern nur plattfüßig dahinstolpern, um dem Gewicht standzuhalten, das auf meiner Schulter lastete. Hatte ich mir eben noch Sorgen gemacht, William und Dominic brächten es womöglich nicht fertig, im Gleichschritt zu marschieren, so bekam ich jetzt die Quittung dafür in Form eines Körpergefühls, mit dem ich nur das Wörtchen *geriatrisch* assoziieren konnte. Warum war mein Vater bloß so schwer? Oder war es vielleicht das Gewicht der Vaterschaft an sich, das wir zu tragen versuchten?

Colin hatte das Musikstück gefunden, das sich ideal für den Weg des Sarges ins Kremarorium eignete: ein Chorwerk von Edward Elgar, sehr zart und sehr feierlich, in einer Aufnahme des Worcester Cathedral Choir. Schließlich war Elgar *der* Komponist von Worcestershire. Als Junge hatte mein Vater die King's School besucht, das zur Kathedrale gehörige Internat, aus dessen unteren Klassen sich der Chor rekrutierte. (Auch mich hatte man auf die King's geschickt, obwohl mir meine Zeit dort keinerlei Anlass zu nostalgischen Gefühlen gab.)

Kurz vorher, auf dem Ghettoblaster meines Neffen James abgespielt, hatte die Musik mich noch zum Weinen gebracht: die hohen Knabenstimmen, ihr Aufbrausen wie von langen Wellen, die sich am Strand brechen.

Ecce sacerdos magnus, qui in diebus
suis placuit Deo, et inventus est justus.

Sehet den Hohepriester, der in seinen Tagen
Gott wohlgefällig war und für gerecht empfunden wurde.

Auf der miserablen Tonanlage des Krematoriums verkam die Musik zu einem dünnen Klangbrei im Hintergrund, waren die herrlichen Worte nicht zu verstehen.

Der Sarg schlingerte gemeingefährlich zwischen uns Brüdern hin und her, und sein unerträgliches Gewicht gab dem Ausdruck «die Last der Welt auf den Schultern tragen» eine ganz aktuelle, sinnlich erfahrbare Bedeutung. Der Mittelgang der Kapelle zog sich sehr, sehr weit hin. Unser fernes Ziel: eine Miniaturversion der Bodenroller in der Ladebucht eines Kaufhauses. Wir tapsten Schritt um Schritt zum schwachen lateinischen Gemurmel des Kirchenchors. Die Kormoran-Männer, in Habachtstellung zu beiden Seiten der Rollklötze, kamen langsam in erreichbare Nähe, bis sie schlussendlich meinen Vater in ihre professionelle Obhut nahmen und halfen, ihn auf die Einfahrmaschine herabzulassen, die ihn zum Kremationsofen transportieren würde.

Ich wankte zu einem Stuhl direkt neben meiner Mutter und massierte, sobald die Gebete begannen, verstohlen meine schmerzende Schulter. Dabei wandte ich die Augen nicht vom Sarg, abgesehen von dem kurzen Moment, als ich die Aussegnungsordnung umblätterte, und als ich wieder hinsah, war er fort – spurlos verschwunden hinter den roten Plüschvorhängen, unter denen nur noch die Bodenroller vorlugten. *Abrakadabra*!, und mein Vater hatte sich entmaterialisiert, wie der Knoten in einem Taschentuch oder eine weiße Taube.

Später tummelten sich dann Verwandte und Freunde auf dem Rasen hinterm Bungalow, redeten mit vollem Mund, balancierten Häppchen und Gläser wie auf einer Sommerfete bei Pfarrers, nur dass wir dafür alle unpassend gekleidet waren. Seit meiner Pubertät hatte ich kaum etwas von meiner Verwandtschaft gesehen, wusste nicht recht, wie ich diesen Leuten begegnen sollte, und versuchte, meine Unsicherheit zu überspielen, indem ich, eine Flasche in jeder Hand, einen auf Kellner machte.

«Und was treibst du jetzt so? Abgesehen von der Schreiberei?», fragte eine tantenartige Person, die ungefähr Mitte fünfzig war. Zu meinem Unbehagen dämmerte mir, dass ich sie das letzte Mal auf einem Tennisplatz gesehen hatte, in aufregenden Rüschenunterhöschen.

Wie alt wir doch alle geworden waren, wir Kinder der fünfziger Jahre, mit unseren Krähenfüßen, Gleitsichtbrillen, Rettungsringen, Hängebacken, Halbglatzen, grauen Haaren, Krampfadern, Kröpfen, Bandscheibenproblemen, Krebsängsten, der Schwerhörigkeit und den Nöten der etwas anderen Art, die mit einem Zweitwohnsitz, Aktienpaketen, Timeshare-Apartments in der Toskana, bescheidenen Auszeichnungen und Titeln und einer bereits anständigen Ladung Enkelkinder einhergehen.

Ich suchte nach meinem Patenonkel Peter, der mit seinen achtzig Jahren immer noch ein rüstiges Raubein war.

«Na», sagte er, «nach dem, was man so hört, hast du ja ein interessantes Leben gehabt.»

Also lag es selbst in seinen Augen bereits hinter mir.

Onkel Peter war im Krieg Offizier bei der Marine gewesen, im Frieden ein Segler und damit der eigentliche Seemann in der Familie. Wir redeten ein Weilchen über Boote, doch das Thema bedrückte ihn. Er hatte die Slup, die im Hafen von Lymington lag, verkaufen müssen. «Die alten Augen haben nicht mehr mitgemacht. Jedes Mal, wenn ich rausgefahren bin, bin ich in dichtem Nebel rumgesegelt, und schließlich musste deine Tante Connie ein Machtwort sprechen.»

Ich kam an Colin vorbei, der sich wie ich vorsichtshalber aufs Kellnern verlegt hatte. «Potts Lagoon!», sagte er.

Um drei Uhr nachmittags machten sich die ersten Autos – nach den Anweisungen meines Vaters geparkt – auf den Weg in alle Richtungen der englischen Windrose, und die Zurückbleibenden begannen, über Fahrtrouten und Abkürzungen zu reden: in diesem Land ein ebenso emotional besetztes Gesprächsthema wie das Wetter.

«Wenn du die M45 bis zur Abzweigung Coventry nimmst, landest du automatisch auf der A426, die läuft übrigens irgendwann mit der

A423 zusammen, aber du fährst einfach weiter bis Banbury, das heißt, du fährst natürlich nicht nach Banbury rein, sondern biegst in die Straße ein, die vorher schräg davon abgeht, bis du auf die A361 Richtung Chipping Norton stößt.»

«Du musst uns besuchen, wenn du mal in Cambridge bist.»

«Falls du mal was in Bristol zu tun hast, dann melde dich. Wir wohnen wirklich nur einen Katzensprung von der Autobahn entfernt.»

Die einzige Reise, über die anscheinend niemand sprechen wollte, war die, auf die mein Vater sich begeben hatte. Auch wir anderen würden sie irgendwann machen, jeder zu seiner Zeit, auf noch zu entdeckenden Nebenstraßen.

«Du fliegst jetzt also zurück nach Amerika?»

«Ja, heute Abend.»

«Na, es hat mich wirklich gefreut, dich wiederzusehen. Wir müssen unbedingt in Kontakt bleiben.»

Wenige von uns, dachte ich, würden zur Beerdigung eines der Anwesenden erscheinen.

Dominic und Ruth, seine Freundin, wollten die Nacht über bei meiner Mutter bleiben. Colin fuhr zurück nach Sheffield, William nach London. Die Leute vom Buffet-Service hatten die Teller mit zerpflückten Häppchen und die halb leeren Gläser eingesammelt, die auf jedem verfügbaren Fensterbrett und Mäuerchen abgestellt worden waren. Ich fuhr zum Pub in Great Oxendon, packte meine Tasche und raste gen Süden, in Gedanken bei meinem Vater, der mittlerweile ein Häufchen Asche war, in einer Urne mit Plastiketikett auf einem Regal, auf Abholung wartend.

Bei Harrods' Vorposten in Heathrow kaufte ich einen Teddybären und musste dann rennen, um mein Flugzeug noch zu erwischen. Statt der edlen Drinks, die mir in der Business Class angeboten wurden, kippte ich eine Flasche Mineralwasser nach der anderen. Ich schwor so gut wie allen Lastern ab. Dann überflogen wir die Hudson Bay am Rand des nördlichen Polarkreises: eine Welt voll leerem Eis, deren Anblick aus 39 000 Fuß Höhe zum Meditieren einlud. Am Nachmittag – beinahe Mitternacht nach Harborough-Zeit – passierten wir die rauen und wild gezackten Gipfel der Cascades.

«Guck mal, die Rocky Montains», ließ sich jemand hinter mir mit englischem Akzent und im Brustton der Überzeugung vernehmen.

Hinter dem Zoll wartete Jean mit Julia, die schlafend in ihrer Sportkarre lag. Vor ein paar Stunden wäre dieses Gefährt noch ein «pushchair» gewesen. Ich freute mich, dass es jetzt wieder «stroller» hieß, freute mich, wieder im Amerikanischen anzukommen.

«Meine Güte, du siehst ja furchtbar aus», sagte Jean.

«Es war wie *Das verlorene Wochenende*, und zwar gleich ein paarmal hintereinander», sagte ich.

Jean übernahm das Steuer. Ich setzte mich auf den Rücksitz zu Julia, die mittlerweile wach war und mit ihrem neuen Bären Freundschaft schloss.

Julia fragte: «Ist mein Großpapa Peter jetzt richtig tot?»

«Ja, Juliamäuschen. Richtig tot.»

«Da bin ich aber traurig.» Sie zumpelte einen Moment lang an ihrem Bären herum. Dann: «Können wir jetzt in den Coe-Park gehen?»

Die nächsten paar Tage tauchte ich wieder voll ins Familienleben ein – Abendessen kochen, Disney-Filme auf Video, Schaukeln und Rutschbahnen, Pu der Bär zum Schlafengehen, Gutenachtlieder.

Das stolze Schiff Titanic, wohl auf dem blauen Meer,
Gar niemals sollt' es sinken, doch irrte man sich sehr!
Horch, was kommt von draußen rein?
Das kann doch wohl kein Wasser sein???

O, welch ein Graus, welch ein Graus, welch ein Grausgrausgraus –
Das stolze Schiff, es sank mit Mann und Maus!

Ihr Onkel und Tanten
Und alle Anverwandten
Das stolze Schiff, es sank mit Mann und Maus!

Ich buddelte ein Loch in den Sand vom Strand der Golden Gardens, das bis zum anderen Ende der Erde führte, und besuchte die Malaienbären im Woodland Park Zoo.

Mittlerweile war die Lachssaison in vollem Schwung, und es gab wieder reguläre Flüge von Seattle zu den Fischercamps in British Columbia. Am Montagmorgen in der Früh fuhren wir drei zum Terminal des Wasserflugzeugs am Zufluss des Lake Washington.

«Nur noch vier Wochen, Juliamäuschen. Dann fliegst du mit Mommy nach Kanada hoch, und wir machen alle zusammen Urlaub. Wir werden mit dem Boot fahren und Fische angeln und sie dann zum Abendessen braten. Wir werden echte Bären sehen, die noch in freier Wildbahn leben. Wir werden Wale sehen. Wir werden zu einer Zauberinsel segeln und dort nach einem Schatz graben. Wir werden Familien finden, damit du Kinder zum Spielen hast ...»

Doch Dreieinhalbjährige lassen sich nicht so leicht zu Investitionen in den Zukunftsmarkt beschwatzen.

«Immer gehst du weg, Daddy.»

«Guck doch mal, Julia! Siehst du die Wasserflugzeuge?»

Meiner Tochter zum dritten Mal in drei Monaten untreu, hob ich wieder gen Himmel ab und fühlte mich dabei wie die böse West-Hexe aus Oz.

Im Beinahe-Tiefflug durch ginklare Morgenluft folgte das Flugzeug der Route der Inside Passage. Es war halbe Tide bei starkem Tidenhub, und die Wasseroberfläche wurde regelrecht gefalzt und gefältelt vom Strömungswiderstand der gezeitenabhängigen Flüsse, die in den Pazifik abliefen. In jedem Engpass verdrehte sich der Strom wie zu einem schweren Seil und schäumte weiß auf. In der breiten Strait of Georgia dagegen konnte man die serpentinenartigen Umrisse von Wirbeln sehen, teilweise meilengroß, die ihrerseits kleinere Wirbel enthielten, dünne Bleistiftkrakel auf der Meereshaut. Die generelle Tendenz war eindeutig: die Wassermassen bewegten sich süd- und westwärts. Doch zu jeder Strömung gab es auch eine Gegenströmung, und der Blick durchs Fenster des Flugzeugs bot eine Landkarte der Verwirrung: lauter Schnörkel und Spiralen. Unwillkürlich musste ich an die berühmte Bemerkung des Physikers Horace Lamb denken, die er 1932 bei einer Rede vor der British Association for the Advancement of Science gemacht hatte: «Ich bin jetzt ein alter Mann, und wenn ich sterbe und in den Himmel komme, gibt es zwei Dinge, bei denen ich auf Erleuchtung hoffe. Das eine ist die Quantenelektrodynamik, das andere die Wirbelbewegung von Flüssigkeiten. Was ersteres Thema angeht, bin ich eigentlich recht optimistisch.»

Vor Nanaimo tauchten wir kurz ins Wasser, um aufzutanken und die Zollformalitäten zu erledigen. Dann hoben wir wieder ab und flogen auf 4500 Fuß Höhe mit 128 Knoten weiter. Die Schatten der vereinzelten Wolken sahen im grünen Wasser unter uns aus wie Tintenkleckse vom Rorschachtest. Doch die Wolken wurden immer dicker, je näher wir Desolation Sound kamen, wo sich im Osten die Berge türmten: schartige Gipfel aus nacktem schwarzem Fels, Vorsprünge und Spalten voll blendend sibernem Schnee. *Alastor*-Land. Das Flugzeug holperte und drehte sich auf den Wirbeln und Strudeln aus instabiler Luft. Der Pilot, neben dem ich saß, rief über den Motorenlärm hinweg: «Hüte festhalten!», und ich sah die Nadel des Höhenanzeigers heftig auf- und abwippen.

Über Knight Inlet fand der Pilot das passende Wolkenfenster und tauchte glatt hindurch. Als wir bei Minstrel Island aufsetzten, fühlte sich das Wasser dick wie Leim an, und das Flugzeug kam schon nach ein, zwei Sekunden zum Halten. Ich war der einzige Passagier, der am Anleger ausstieg.

Dann schlitterte das Flugzeug munter davon und hob mit heftigem Gedonner von den Wellenkämmen ab. Ich hockte mich auf das Heck eines umgedrehten Dingis, den Seesack zu meinen Füßen, und versuchte mich wieder zurechtzufinden. Nach nur neun Wochen – ich zählte sie mit den Fingern ab – fühlte ich mich wie Rip Van Winkle beim Erwachen. Ich wollte in der Landschaft irgendein Anzeichen dafür entdecken können, dass ich fort gewesen war, doch hier, im Reich des Immergrün, sieht ein verhangener 1. Juli eben kaum anders aus als ein sonniger 20. April, und die Zeit, die meine Reise nach England und zurück gedauert hatte, schien an Minstrel Island spurlos vorbeigegangen zu sein. Ich starrte das geteerte Pfahlwerk an, die vergammelnden Hütten, die zum Schutzwall umfunktionierten Schiffsrümpfe. Alles sah aus, als hätte ich es erst gestern Abend gesehen – als hätte es keinerlei zeitliche Zäsur gegeben.

Dann entdeckte ich einen der Männer, die bei dem Dinner dabei gewesen waren – einen Sohn der Insel. Er bastelte gerade an einem Kahn herum, und ich bot ihm zwanzig Dollar dafür, dass er mich zur Potts Lagoon brachte. Er warf mir einen beiläufigen Blick des Wiedererkennens zu, der zu besagen schien, dass wir uns tatsächlich erst gestern Abend über den Weg gelaufen wären, und schon bretterten wir los durch das Blow Hole und in den Clio Channel.

Ich saß im Heck, während das Boot im auffrischenden Ostwind von Welle zu Welle knallte – demselben Wind, der im April geweht hatte. Der 75-PS-Außenborder beschränkte unsere Unterhaltung auf ein paar Takte heiseren Gebrülls.

«Ihr Segelboot drüben in der Potts?»

«Ja-ha!»

«Dacht ich mir!»

Mit einem riesigen Hahnenschwanz von Kielwasser brausten wir an den äußeren Inseln vorbei und in die schmale Rinne zur Lagune.

Das Boot war genau in dem Zustand, in dem ich es verlassen hatte, festgemacht vor dem Floathouse der Walders. Niemand war daheim. Ich hievte mich an Bord, fand die Schlüssel an ihrem üblichen Platz und schob die Lukendeckel auf. Die Luft im Salon war frisch – nicht ein Hauch des essigsäuerlichen Geruchs, den ich erwartet hatte. Die Bilge war trocken, die Batterien voll. Abgesehen von ein paar Spritzern angetrocknetem Möwenschiet auf dem Deckshaus konnte ich nur ein einziges Anzeichen dafür finden, dass ich jemals weg gewesen war.

Während mein Vater im Sterben gelegen hatte, war dem Boot ein pflanzengrüner Hula-Rock gewachsen, von der Wasserlinie abwärts und wesentlich tiefer, als ich sehen konnte. In der stillen Lagune ohne Wellengang vermehrten die Algen sich so wild wie in einem Aquarium, das nicht mehr gereinigt wird. Auf der ungeschützten Hafenseite, wo die Photosynthese ungehindert vonstatten gegangen war, hingen die Ranken sechs, sieben Fuß tief. Eine weitere Metastase.

Mit Hilfe eines Deckschrubbers ging das Grünzeug ziemlich flott ab. Ich verbrachte nicht mehr als eine halbe Stunde damit, im Dingi um das Boot zu kreisen und mich bei diesem Akt in chlorophyllgrünen Schleim zu hüllen. Aber die Beschäftigung tat mir gut, denn sie bestätigte mir, dass meine England-Reise hier in British Columbia doch etwas mehr als einen unbedeutenden Moment ausgemacht hatte.

Ich war oben im Cockpit beim Kaffeetrinken, als John Walders und sein Hund per Skiff eintrudelten, zwei dicke Baumstämme zu je

150 Dollar im Schlepptau. Er stellte den Motor ab und ließ sich bis ans Floß herantreiben.

«Hi! Gerade neulich haben wir angefangen, uns zu fragen, was wohl aus Ihnen geworden ist.»

Verkohlte Überreste

Als ich im Morgengrauen erwachte, wurde ich von zwei Gedanken heimgesucht. Der erste war, dass die durch den schweren Sarg meines Vaters verursachte Wunde niemals verheilen würde, ja dass ich sie wahrscheinlich für den Rest meines Lebens als eine Art ehrenvolles Stigma mit mir herumtragen müsste. Der zweite war, dass das Bootsinnere genau nach dem Vorbild eines Luxus-Sargs konstruiert war. Bisher hatte die schwedische Vorliebe für dunkles, in der Maserung genau abgestimmtes Furnierholz wie Teak und Mahagoni in meinem Boot Reminiszenzen an alte Londoner Clubs wachgerufen. Jetzt musste ich bei diesem Anblick eher an Mr. Stamp denken, an Kanubestattungen und an die im 19. Jahrhundert übliche Gewohnheit, ein Schiff, das leckte oder einen Hang zum Kentern hatte, als Sarg zu bezeichnen.

Oder wurden vielmehr Särge so gebaut, dass sie wie Schiffe aussahen? Die meisten Kulturkreise, vom anglikanischen England bis hin zu den Dörfern der animistischen Kwakiutl oder Haida, betrachteten den Tod als einsame Reise in eine neue Welt, auf der dem Einhandsegler ein robuster, solide gebauter Sarg als Gefährt für die lange, stürmische Überfahrt ins Jenseits diente. So stießen alle frühen Entdeckungsreisenden im Nordwesten immer wieder auf in Bäumen hängende Kanus, die sowohl menschliche Überreste als auch Reiseproviant bargen. Peter Puget sah in der Discovery Bay «ein Kanu in einem Baume hängen, worin selbst sich ein vollkommen erhaltenes Skelett sowie mehrere andere, im fortgeschrittenen Stadium des Verfalls, befanden – nebst einigen beiliegenden viereckigen Kisten, Pfeilen & Bögen, allerlei Fischereigerät und ein oder zwei Muschelstöcken».

Während ich mir passende Sachen für die feuchtkalte Morgendämmerung von Potts Lagoon anzog, dachte ich an meinen Vater in seinem offenen Boot, für einen Ausflug gekleidet, künstlich kühl gehalten, ein Wachsfiguren-Seemann. Das Wasser kochte. Ich machte mir eine Thermoskanne Kaffee und löste dann die Palsteks, die ich neun Wochen vorher festgemacht hatte, so leise wie möglich, um die Walders nicht zu wecken. Als ich das Boot vom Floß abgestoßen hatte, ließ ich es eine ganze Weile treiben, bevor ich den Motor anwarf. Nicht ein einziges Blättchen bewegte sich in den Erdbeerbäumen. Das Wasser war schwarz und spiegelglatt. In der tiefen Stille von Wald und Meer wirkte schon das bisschen Getucker wie ein Affront. Mit kaum drei Knoten schlich ich aus der Lagune und versuchte, mich wieder an das Gefühl zu gewöhnen, auf einem Boot zu sein, und zugleich die geheimnisvolle, unheimliche Ruhe des gerade angebrochenen Tages nicht zu stören.

Der Gezeitenwechsel fand hier früher statt als in der Georgia Strait, und ich hatte jetzt schon fast Niedrigwasser. Die nassen Felsen, die aus der auslaufenden Strömung auftauchten, sahen aus wie lackiert. Der bittere Jodgeruch von Seetang lag in der Luft. Das Boot dümpelte durch die Baronet Passage zwischen der Harbledown und West Cracroft Island. Darüber spannte sich ein Himmel, dessen Sonne lange Schatten zu werfen begann.

Als ich an dem breiten Strand – einem mit Felsen gespickten Halbmond – von West Cracroft vorbeisegelte, nahm ich einen Schatten wahr, der sich bewegte. Ich reckte den Hals. Es war ein Schwarzbär, der am Rand des Wassers nach Nahrung suchte. Gleich darauf erschien ein zweiter Schatten, der Gefährte des Bären, der im Abstand von etwa fünfzig Yards hinter ihm hertrottete. Ich wendete so unauffällig wie möglich und hielt näher auf die Küste zu.

Aber meine Vorsicht war ganz unnötig. Beide Bären, die Köpfe gesenkt und die Hinterteile in die Höh, konzentrierten sich voll und ganz auf ihr Frühstück. Sie weigerten sich sogar, das Boot zur Kenntnis zu nehmen, als ich es bei kaum sechs Fuß Tiefe dicht an den ersten Bären heransteuerte, so dicht, dass ich die einzelnen Haare in seinem Pelz erkennen konnte, die wellenförmige Muskelbewegung unter der Haut, seine großen, wässrig braunen Augen. Er hob kurz den Kopf, aber nur, um durch mich hindurchzusehen, und setzte dann seine Suche nach Muscheln fort.

Seine Kurzsichtigkeit wird der Grund dafür sein, dass der Bär in indianischen Märchen stets so einfältig erscheint und immer von schlaueren Geschöpfen wie etwa dem Raben ausgetrickst wird. In einer Entfernung von kaum mehr als dreißig Fuß war ich für die Bären anscheinend praktisch unsichtbar. Oder sie verwechselten den dunklen Fleck, den das Boot für sie darstellte, mit einem treibenden Baumstamm. Und vielleicht überdeckte der Seetanggeruch ja meine menschlichen Ausdünstungen. Es schien tatsächlich etwas Wahres an der Umdichtung des Osterchorals von «Gladly my Cross I'd bear» zu «Gladly, my cross-eyed bear» zu sein, die wir Schüler mit heidnischer Inbrunst in der Kathedrale von Worcester hatten erklingen lassen.

Kleine Steine knirschten unter den Füßen des einen Bären, der seine Suche jetzt weiter ausdehnte. Mit einer Tatze kippte er einen Findling von der Größe eines Küchenherds um, doch während der Felsbrocken in seinem Fall ein lautes schmatzendes und klatschendes Geräusch erzeugte, gab der Bär keinen Ton von sich, der auf irgendeine Anstrengung hingedeutet hätte, und seine Bewegung erschien ebenso mühelos wie die eines erwachsenen Menschen, der einen Kieselstein umdreht. Dann wühlte er mit seiner langen Schnauze in der neu entstandenen Pfütze und schlang ein paar kleine, aber offenbar sättigende Happen Meeresgetier hinunter.

Mit dennoch vorsichtigen Bewegungen griff ich nach meiner Kamera, die auf dem Regal im Salon lag, und verschoss die letzten zwölf Bilder. Als der Film Wochen später aus dem Entwicklungslabor in Juneau zurückkam, hielt ich ein paar hübsche Fotos von zwei riesigen Steinen in der Hand. Der größere war schwarz, der kleinere grau. Julia konnte nicht erkennen, welcher von beiden der Bär war.

«In echt?», fragte sie, ohne ihre Skepsis und Enttäuschung zu verhehlen, als ich mit dem Finger darauf zeigte.

«In echt», versicherte ich ihr. «Guck doch mal, das da ist seine Nase. Kannst du auch das Auge sehen?»

Ich beobachtete die beiden Bären etwa zwanzig Minuten lang. Als die Flut einsetzte, trotteten sie aufeinander zu und verschwanden im Wald. Obwohl Schwarzbären eigentlich nur dann Menschen angreifen, wenn sie ihre Jungen verteidigen wollen, musste ich noch lange an die Kraft dieser riesigen Tatze denken, die mit einem einzigen Stoß einen massigen Steinbrocken umgeworfen hatte, und schwor mir, mich niemals am selben Strand, wie groß auch immer, mit einem Bären aufzuhalten, welche Farbe der auch haben möge.

Am Vormittag erreichte ich Port McNeill auf Vancouver Island, wo ich säckeweise Lebensmittel auf mein Boot schleppte und die Diesel- und Trinkwassertanks auffüllte. Die nächste größere Ortschaft war Prince Rupert, 275 Meilen weiter nordwestlich. Ich musste mich also mit Proviant für sieben bis zehn Tage eindecken, an denen ich in einsamen, abgelegenen Buchten ankern würde. Sobald ich alles an Bord verstaut hatte, fuhr ich unter Vorsegel und Motor in die Queen Charlotte Strait.

Kurz darauf hörte ich im Radio, dass ein Boot namens *Trianna* eine Wasserleiche gefunden hatte. Der Anrufer – ein Mann, der sich wie ein Freizeitskipper anhörte – berichtete atemlos und mit überschnappender Stimme über seine grauenvolle Entdeckung. Der Küstenwachmeister am anderen Ende der Leitung in Comox legte dagegen eine schon fast gelangweilte Sachlichkeit an den Tag.

«Geben Sie mir bitte die genaue Position durch?»

Der Mann auf der *Trianna* hielt die Sendetaste gedrückt, während er und eine weitere Person an Bord – offenbar seine Frau – sich mühten, die Zahlen vom GPS abzulesen. Natürlich verwechselte er den Breiten- mit dem Längengrad und wurde entsprechend korrigiert.

«Handelt es sich um eine männliche oder weibliche Leiche? Haben Sie auf der Kleidung irgendwelche Identifikationsmerkmale gefunden?»

Als ich im April einen Blindgänger an dieselbe Station in der Johnstone Strait gemeldet hatte, war mir sehr viel mehr Sympathie und Interesse entgegengebracht worden. Aber eine Leiche bedeutet nun einmal keine Gefahr für die Seefahrt, sondern nur einen Haufen langweiligen Papierkram, den irgendein armer Trottel abarbeiten muss. Ich fragte mich, ob dieses Paar wohl seinen Törn fortsetzen oder, allzu aufgewühlt vom Anblick der Leiche, umgehend die Heimreise antreten würde.

Als ich eines Nachmittags im Frühling 1980 mit meinem neu erstandenen Motorboot von Hammersmith aus herumgedüst war, hatte ich hinter Chiswick auf einer Sandbank der Themse eine Leiche liegen sehen. Wie ich zwanzig Minuten später der Polizei per Telefon mitteilte, handelte es sich um einen weiblichen, ausgesprochen dicken Teenager mit brandneuen, knielangen Lederstiefeln. Als das

Polizeiboot eintraf, fuhr ich mit ihnen zu der Stelle, wo die Leiche bei Ebbe gestrandet war, machte mich dann schleunigst auf den Weg nach Hammersmith und ließ das Boot einen Monat dort liegen, ohne auch nur die kleinste Spritztour zu wagen. Bei der gerichtlichen Untersuchung, zu der ich als Zeuge geladen war, erfuhr ich, dass es sich um eine schlanke Frau von über sechzig handelte. Durch die Einwirkung des Brackwassers, in dem sie mehrere Tage gelegen hatte, war sie wie ein Ballon aufgequollen, bis alle Falten verschwunden waren und sie auf groteske Weise rund und jugendlich wirkte. Sie war wiederholt wegen Depressionen in Behandlung gewesen, hatte dann eines Tages einen langen, konfusen Brief auf ihrer Frisierkommode hinterlassen und sich in die Themse geworfen. Der mit der Untersuchung der Leiche beauftragte Pathologe zählte eine grausige Liste von Schnitten und Quetschungen an ihren Händen und Armen auf.

Der Coroner fragte: «Sind solche Verletzungen Ihrer Erfahrung nach typisch für den Tod durch Ertrinken?»

Der Pathologe bjahte und erklärte, dass sich die meisten Leute, die in flachem Wasser ertranken, solche Verletzungen zuzögen.

Ertrinken hat also ganz und gar nichts mit einem friedvollen Abschied zu tun, bei dem man wie in einem altmodischen, sepiafarbenen Film noch einmal sein gesamtes Leben vor sich abrollen sieht. Selbst ein Mensch, der fest zum Freitod entschlossen ist, krallt sich instinktiv an alles, was ihm helfen könnte, sein Leben zu retten, und bei diesem Kampf, den der gemarterte Körper gegen die Verzweiflungsentscheidung des Kopfes führt, schlägt und reißt er sich die Haut auf.

Als Shelley nach zehn Tagen an den Strand von Viareggio gespült wurde, muss auch er wie ein dickes Kind ausgesehen haben.

«*Trianna*, bitte behalten Sie Ihre derzeitige Position bei. In Kürze wird sich ein Patrouillenboot zu Ihnen auf den Weg machen.»

Nach den verlässlichen Tiefen des Labyrinths war die Queen

Charlotte Strait ein ziemlich tückisches Gewässer. Diese zwölf bis vierzehn Meilen breite Wasserstraße ist nämlich voll von Untiefen, Riffen, trocknenden Felsen und Inseln, kaum größer als ein Einfamilienhaus. Mein Echolot schlug beinahe Purzelbäume, da auf eine dreihundert Fuß tiefe Stelle plötzlich eine andere mit nur dreißig oder noch weniger Fuß folgte. Die Seekarte sah aus wie ein Vogelnest aus wirren blauen Umrisslinien – die Kartographen hatten sämtliche Löcher und Gräben, Plateaus und Spitzen unter Wasser skizziert.

Sechs Meilen weiter nördlich hätte Vancouvers Expedition beinahe ihr vorzeitiges Ende gefunden, als die *Discovery* auf ein Unterwasserriff lief. Den ganzen nebligen Morgen des 7. August 1792 über waren sie und die *Chatham* im Gezeitenstrom getrieben, ohne groß steuern zu können. Als die Sonne kurz nach Mittag endlich die Nebelschwaden durchdrang, befanden sie sich schon in der Queen Charlotte Strait. Das südwestliche Ufer, noch immer hinter weißen Nebelwänden verborgen, war kaum auszumachen, während sich auf der andern Seite die steile, unwirtliche Festlandküste in weitem Bogen nach Nordwesten zog. Und doch erhaschten sie hier zum ersten Mal seit April einen Blick aufs offene Meer.

Kurz nachdem sich der Nebel gelichtet hatte, kam eine leichte Brise aus Nordnordwest auf, und langsam segelten die beiden Schiffe in den Wind, die *Discovery* voraus. Sie loteten – zuerst mit der Fünfzig-Faden-, dann mit der Tiefseeleine –, ohne auf Grund zu stoßen. Die *Discovery,* voll unter Segeln, machte drei Knoten, «als wir», wie Vancouver schrieb, «gegen vier Uhr dreißig mit einem Mal auf einem Bett aus unterseeischen Felsen aufliefen … Unsere missliche Lage wurde unverzüglich der *Chatham* signalisiert, die sogleich in fünfzig Faden tiefem Wasser Anker warf, kaum anderthalb Kabellängen [dreihundert Yards] von uns entfernt, und alle verfügbaren Boote zu unserer Hilfe aussandte.»

Auch Thomas Manby berichtete über den Vorfall:

Das Schiff lief auf ein Felsenriff auf; wir unternahmen alle Anstrengungen, um es wieder loszumachen, da aber unglückseligerweise die Ebbe eingesetzt hatte, konnte das Schiff nun nicht mehr bewegt werden. Alsbald wurden die Rahen und Marsstengen abgenommen, in der Hoffnung, dass es sich nicht auf die Seite legte. Leider stellten sich unsere Befürchtungen als nur allzu begründet heraus: Nachdem die Discovery *noch etwa eine halbe Stunde aufrecht verblieb, legte sie sich mit einem fürchterlichen Krachen auf die Backe. Glücklicherweise trat daraufhin eine Windstille ein, welche unsere Lebensgeister mit der neuerlichen Hoffnung erfüllte, dass das Schiff durch die Flut wieder flottgemacht werde, falls die Felsen seinen Rumpf nicht durchbohrt hatten. Sieben lange und ermüdende Stunden saßen wir neben dem Schiffe, ohne ihm irgendwelche andere Hilfe zu Theil lassen zu können als einen Anker auszubringen und drei Leinen zu verholen, um es bei höherem Wasserstand wieder zu leichtern.*

Tatsächlich wurde einiges mehr unternommen, als Manby erwähnt. Vancouver gab Order, allen Ballast aus der Bilge über Bord zu werfen, ebenso Heizmaterialien und Trinkwasservorräte. Anschließend musste die Mannschaft das Schiff mit Spieren und Maststengen abstützen.

Währenddessen begaben sich Zachary Mudge und Joseph Baker – beide nicht allzu begabte Künstler – in eins der Boote, um Skizzen von der vermeintlich untergehenden *Discovery* anzufertigen. Ihre Zeichnungen zeigen das Schiff, wie es weit nach Steuerbord krängt, während der Bug himmelwärts ragt und Wasser über die Fenster von Käpten Vans Kabine schwappt. Im Vordergrund sind zwei Kanus zu sehen, voll gepackt mit schaulustigen Indianern, die sich aus sicherem Abstand daran ergötzen, zu welch törichtem Tun der weiße

Mann fähig ist. Die professionellere Version, von einem Kupferstecher nach Mudges Vorlage angefertigt, stellt die Indianer mit Seeotterfellen dar, die sie den Weißen ohne jedes Gefühl für Schicklichkeit in dieser Situation feilbieten.

Käpten Van bezeichnete den Vorfall als «höchst ärgerlich und gefährlich». Gegen neun Uhr befand sich das Schiff bei Ebbe «mit dem Stevenanlauf nur noch in dreieinhalb Fuß tiefem Wasser, während sein Heck in vier Faden tiefem Wasser lag». Laut Manby «schien das Schicksal des Schiffes drei Stunden lang besiegelt zu sein, doch selbst wenn die *Discovery* zerborsten wäre, hätten wir doch die erfreuliche Gewissheit gehabt, von unserem Begleitschiff, der *Chatham*, aus dem Wrack gerettet zu werden». Manbys Worte deuten an, dass er über den Verlust der *Discovery* gar nicht so unglücklich gewesen wäre. Sein Schiff zu retten ist oberstes Gebot für jeden Seemann, und dennoch reagierten die jungen Gentlemen auf Vancouvers Quarterdeck mit eher gemischten Gefühlen, als die *Discovery* sich nachts um zwei mit der Flut noch einmal aufrichtete und dann auf dem Heck vom Riff ziehen ließ – anscheinend ohne besondere Schäden davongetragen zu haben, sodass die Expedition, wie Vancouver vermerkte, «dies waghalsige Unternehmen, zu dem wir uns verpflichtet hatten», fortgesetzt werden konnte.

Knapp an der Katastrophe vorbeigeschrammt, empfand Käpten Van die «unaussprechliche Genugtuung», der Demütigung entgangen zu sein, die der Verlust seines Schiffes bedeutet hätte – die Herren Pitt und Stuart hätten hämisch frohlockt, und Käpten Vans Karriere zur See wäre ein jähes Ende beschieden gewesen.

Zwischen der Spitze von Vancouver Island und dem unteren Ende von Calvert Island erstreckt sich ein etwa vierzig Meilen langer Küstenstreifen am offenen Meer, eine Leeküste, auf der ständig eine –

gelegentlich sogar extrem hohe – Dünung aus Westen steht. Lange Wellen aus Stürmen vor Japan entwickeln sich hier zu glasigen Wellenbergen, die unter dem Einfluss des ansteigenden Seebodens immer steiler werden. Für die Querung dieses tückischen Stückchens Nordpazifik bietet sich Hurst Island an, eine dieser winzigen, wie Perlen aufgereihten Inseln vor Vancouver Island – ein bewaldeter Felsbrocken, kaum eine Quadratmeile groß.

Das Lotsenhandbuch rät, einen Bogen um die so lauschig aussehende Harlequin Bay auf der Ostseite der Insel zu machen – teils wegen der mit Felsen gespickten Einfahrt, teils wegen ihrer unfreundlichen Bewohner.

Vor Wanderungen auf der Ostseite der Insel wird ausdrücklich gewarnt. Frühere Anwohner haben dort einen «haarigen Mann» gesichtet, und es gibt Anzeichen dafür, dass ein Sasquatch-Clan auf der Insel lebt, möglicherweise auf dem über der Harlequin Bay gelegenen Meeson Cone. Indianische Bewohner der nahe gelegenen Balaklava Island bestätigen diese Sichtungen und sind seit geraumer Zeit nicht mehr willens, an irgendeiner Stelle der Insel an Land zu gehen.

John Chappells Buch *Cruising Beyond Desolation Sound* bietet viele Informationen, die allerdings arg trocken serviert werden. Die Stelle, in der es um die Sasquatches geht, die lokale Variante des Bigfoot, ist die mit Abstand aufregendste. Chappell hätte ebenso gut die Gefahren beschreiben können, die demjenigen drohten, der Komogwa zu nahe kam – mit Angabe des Längen- und Breitengrads, versteht sich.

Als Alternative empfahl er eine U-förmige Spalte auf der Westseite der Insel, eine drei viertel Meile von der Sasquatch-Höhle auf dem Meeson Cone entfernt. Ich traf nachmittags um fünf Uhr in God's Pocket ein. Doch überraschenderweise ankerte hier kein Fischerboot und keine Yacht, um früh am nächsten Morgen die Überfahrt nach Calvert Island zu unternehmen. Ich machte an der menschenleeren, schwimmenden Landebrücke fest, die zu der kleinen Ferienanlage an der Spitze des Eilands gehörte. Die einzigen Gäste in den paar Hütten am Wasser gehörten allesamt zur Großfamilie des Eigentümers. Die Sippe traf sich hier jedes Jahr am langen Wochenende des kanadischen Nationalfeiertags, und so fand ich mich beim Abendessen eingekeilt zwischen reizenden Urgroßeltern – sämtlich sehr viel älter als mein Vater – und einem Quartett quengelnder, von der Hitze mitgenommener Kleinkinder. Die Anwesenheit der Knirpse hielt mich davon ab, mich bei den Erwachsenen nach ihren haarigen Nachbarn auf dem Hügel zu erkundigen, konnte ich mir doch zu gut vorstellen, welche Albträume Julia bekäme, wenn sie erführe, dass wenige Straßenblocks entfernt eine Sasquatch-Familie lebte.

Das Lotsenhandbuch bestätigte übrigens aufs schönste die Kernaussage von Wayne Suttles' Essay *On the Cultural Track of the Sasquatch*: «Ich meine, dass wir die indianischen Begriffsklassen nicht den westlichen gleichsetzen dürfen. Ich finde im Gedankengut der Küstensalish keinerlei Hinweis auf eine Dichotomie in ‹real› und ‹mystisch› beziehungsweise ‹natürlich› und ‹übernatürlich›.» Gewöhnliche Geschöpfe wie der Bär oder Nerz und phantastische wie der Donnervogel oder der fliegende Sisiutl unterschieden sich nicht prinzipiell, sondern graduell und insofern, als erstere tagtäglich für jedermann sichtbar waren, letztere dagegen eher selten und dann auch nur für Menschen mit besonderen Gaben. Der Sasquatch, irgendwo im Mittelfeld angesiedelt, ist denn auch häufig von Amateurforschern gesichtet worden. Zum Ende des Spektrums hin fand sich ein wahres Pantheon sehr viel merkwürdigerer Wesen: Tiere, die fähig waren, ihre Gestalt zu wechseln, und dank dieser Gabe den Menschen oft übel mitspielten.

Suttles schrieb: «Eine wahrhaft ‹emische› – das heißt den Begriffsklassen entsprechende – Beschreibung der Kultur der Küstensalish sollte Wale und Bären, aber auch Sasquatches und doppelköpfige Schlangen unter derselben Überschrift als Teil der ‹wirklichen› Welt dieses Stammes aufführen.» Dies ist eine nüchterne, sofort nachvollziehbare Feststellung, und doch hat kein Anthropologe der Boas-Generation ihre offensichtliche Wahrheit erkannt. Selbst Claude Lévi-Strauss, der große Kulturrelativist, nimmt den Begriff «übernatürlich» zu Hilfe, wenn er in einer Indianergeschichte auf eine Figur stößt, die seinem rationalistischen, dem Linné'schen System verhafteten Naturbegriff widerspricht.

Die Koexistenz von Sasquatches oder doppelköpfigen Schlangen und gewöhnlichen Tieren – in einem Lotsenhandbuch des weißen Mannes genau wie in den Geschichten der Indianer – passt einfach perfekt zu dieser Landschaft aus Dunst und Nebel, langen Phasen der Dämmerung, dichten Wäldern, dickflüssigem, trübem Wasser und geheimnisvollen, unzugänglichen Bergen und Abgründen. In einer Welt, wo man selbst auf die kleinste, nur aus dem Augenwinkel wahrgenommene Bewegung von Schatten in den Bäumen, auf jedes noch so vage Glimmern unterm Kanu blitzschnell reagieren musste, gehörte phantasievolles Spekulieren über die Natur von Wesen, die sich nur flüchtig oder bruchstückhaft offenbarten, sozusagen zum Alltagsgeschäft.

Ein achthundert Pfund schwerer Bär, der sich auf die Hinterbeine stellt und den Hals lang macht, um an die höchsten Beeren im Strauch heranzukommen, erzeugt nun einmal die Assoziation eines menschenähnlichen haarigen Riesen. In dem Moment, wo jemand diese Erscheinung der Bezeichnung «Riese» im Unterschied zu «Bär» zuordnet, ist er bereits auf gutem Wege in eine Welt, die von doppelköpfigen Schlangen und Donnervögeln bevölkert wird. Die

Bilder wie die Geschichten der Nordwestküste mit all ihren wundersamen wilden Wesen spiegeln wider, was sich in den Köpfen von Menschen abgespielt haben muss, die einen Großteil ihrer Zeit damit zubrachten, höchst konzentriert in dunkle Wälder und verborgene Meerestiefen zu starren und zu sehen, wie ihre eigenen Ängste in diesen Gefilden, die selbst für ein Paar scharfer Augen undurchdringlich sind, wahrhaft monströse Ausmaße annahmen.

Gleich hinter der schützenden Bucht war das Wasser wie ein riesiger Ballen graufarbener Seide, das leichte Auf und Ab der Wellen ein erstes Vorzeichen der Meeresdünung. Schon bald pulsierte der Schwell gleichmäßig, rhythmisch – wie die Muskeln eines Bodybuilders beim Training – in der Windstille. Das Boot tanzte über die niedrigen Wellenhügel. Ich stellte mein Funkgerät ein, um die 6:45-Wettervorhersage und die Berichte der Küstenwachen zu hören.

Von Egg Island, auf halbem Weg zwischen Vancouver und Calvert gelegen, kamen beunruhigende Nachrichten. Der Leuchtturmwärter schätzte den ablandigen Wind auf zwanzig Knoten, was zu dieser frühen Stunde ziemlich viel war. Bis elf Uhr konnten es durchaus dreißig oder sogar vierzig Knoten werden, was mich in ernsthafte Schwierigkeiten bringen würde. Also rief ich über Kanal 9 bei diesem Leuchtturm an, um herauszufinden, ob die Angaben des Wärters auch tatsächlich korrekt übermittelt worden waren.

Das waren sie. «Sieht ganz so aus, als ob's da draußen ziemlich windig wird», meinte er.

«Komisch – da, wo ich bin, herrscht totale Windstille.»

Das sei typisch, erklärte er mir. Oft gebe es eine Flaute im Sund vor Egg Island, während die Queen Charlotte Strait, wenige Meilen entfernt, von Sturmböen aufgewühlt wurde.

Ich holte mir das Handbuch nach oben. Miles Inlet, ein Inselchen vor dem Festlandufer, versprach «Schutz vor allem Wind», und dort schien es auch keine Fabeltiere zu geben. Also suchte ich auf der Karte einen Zickzackkurs heraus, der mich hoffentlich heil durch das Gewirr aus Inseln, Felsen und Klippen zu diesem Eiland bringen würde. Während der neunzigminütigen Fahrt frischte der Wind aus Nordwest immer mehr auf. Als McEwan Rock querab lag und ich mit Kurs 042° auf eine Einfahrt zuhielt, die absolut nicht zu erkennen war, zitterte ich regelrecht vor Erleichterung darüber, dass ich die Fahrt durch den Queen Charlotte Sound abgeblasen hatte. Inzwischen peitschte der Wind die Wellen zu Brechern hoch, rollte die Brandung ums Bootsheck, während ich mich an meiner Magnetlinie festhielt.

Eine Gruppe von Dall-Schweinswalen beschloss, mich in den Hafen zu eskortieren. Sie schossen wie Torpedos links und rechts vom Cockpit hoch und tauchten dann vor dem Bug wieder ins Wasser. So etwas war mir schon einmal passiert – auch damals hatten mich Hafenschweinswale geradezu professionell durch eine schwierige Einfahrt gelotst. Natürlich war auch das reiner Zufall gewesen – was sonst? Denn wenn ich erst einmal anfing, diesen Meerestieren absichtsvolles Handeln zu unterstellen, würde ich demnächst auch an Sasquatches und Sisiutls glauben.

Da meine Route durch allzu viele Unterwasserfelsen begrenzt war, wagte ich es nicht, die Probe aufs Exempel zu machen, das heißt, vom Kurs abzuweichen, um zu sehen, ob meine Begleiter diesen Fehler korrigieren würden. Doch sobald sich im Wald eine dunkle Spalte – etwa eine Kabellänge von mir entfernt – auftat, schwammen die Hafenschweinswale wieder ins Meer hinaus und ließen mich mit der gespenstischen Empfindung allein, gegen meinen Willen zum Animisten zu werden. Wenn man, ganz allein auf dem Wasser, zwei und zwei zusammenzählt, muss man manchmal schon schwer aufpassen, um nicht fünf als Ergebnis zu bekommen. Gestern noch hatte ich über John Chappell und seinen Sasquatch-Clan gelacht, heute hätte ich eigentlich über mich selbst und meine Schweinswal-Lotsen-Phantasien lachen müssen.

Die Einfahrt erwies sich als ein schnurgerader Wasserkorridor, kaum mehr als zwei Bootslängen breit und von riesigen, tintenschwarzen Zedern flankiert. Als mein Boot sich näherte, stob eine Ricke mit ihrem Kitz davon. Ich konnte das Knacken von Zweigen hören, das Hufgeklapper auf dem Fels. Der Kanal endete in einem kleinen Bassin, das absolut reglos wirkte, als wäre es mit dickflüssigem Sirup gefüllt, obwohl der Wind durch die Baumwipfel strich. Der einzige Ruhestörer war ein gezeitenabhängiger Wasserfall am nördlichen Rand des Beckens, dessen vergnügtes Geplätscher an mein Ohr drang, als ich den Anker auswarf.

Es war erst neun Uhr, und der Tag dehnte sich vor mir wie eine lange staubige Straße. Ich hatte seit Wochen nicht so viel Zeit für mich gehabt und fürchtete mich davor, was sie mir vielleicht bescheren würde. Also begann ich damit, einen Teil des Decks zu schrubben, reinigte dann einen Kraftstofffilter im Dieselmotor, planschte mit meinem Dingi ein bisschen im Bassin umher, versuchte zu lesen, versuchte zu schreiben, aß früh zu Mittag und sah zu, wie die steigende Flut den Wasserfall unter sich begrub und die Uferböschung hochkroch. Auch hier bildeten die aus der Erde ragenden Steine und Wurzeln, an ihren Spiegelbildern im Wasser festgeschmolzen, einen Totempfahl voller Fratzen. Zehn Minuten verbrachte ich mit Fotografieren. Schließlich hatte ich fünf Stunden rum. Aber immer noch lagen viel zu viele vor mir. Ich wäre gern zu einem anderen Ankerplatz weitergefahren, nur um wieder unterwegs zu sein. Doch dann sah ich, wie die hohen Zedern sich im Wind beugten, und wagte nicht mehr, mich von der Stelle zu rühren.

Jetzt konnte ich meinem Vater nicht mehr entkommen.

In den letzten beiden Wochen hatte er sich irgendwie aus dem Korsett der Zeit befreit. Zuvor hatte er jeden Abschnitt seines Lebens so überzeugend ausgefüllt, dass die Vorstellung, er könne je anders gewesen sein, als er gerade war, fast absurd erschien. Sein Sterben hatte er ebenso gewissenhaft und formvollendet durchgestanden wie sein Soldaten- und Seelsorger-Dasein. Nun waren plötzlich all die verschiedenen Personen, die mein Vater je gewesen war, präsent – und alle auf einmal. Ich konnte ihn gleichzeitig aus jedem Winkel und in jeder Gestalt betrachten, wie die abgetrennten Flossen eines Mörderwals auf einer bemalten Truhe: mit Streitgesprächen von links und Predigten von rechts, in seinen Vierzigern, Zwanzigern, Fünfzigern, Dreißigern – mit Bart und glatt rasiert, in Kampfanzug und Talar, mit Decken umhüllt in einem Rollstuhl, beim Kricketspielen an einem windigen Strand in Cornwall. Für einen Geist auf Visite, wenn er das denn sein sollte, war mein Vater beunruhigend leibhaftig in all seinen Widersprüchen.

Es war nicht das erste Mal, dass ich sein Erscheinen auf der Bildfläche befürchtete.

Ein endlos erscheinender Morgen im Herbst 1945. Ich war drei – ein paar Monate jünger als Julia jetzt –, und jede Minute zog sich Stunden hin. Ich hatte im Sandkasten gesessen und Löcher gebuddelt. Ich war bei meinem Meerschweinchen gewesen, das seinen Stall im Schuppen hatte. Allerdings brachte das arme Kerlchen gefühlsmäßig keine große Leistung und eignete sich daher schlecht als Vertrauter. Zum zweiten Frühstück hatte ich eine der letzten Tomaten des Jahres bekommen; meine Mutter hatte ihr die Haut abgezogen und sie mit ein paar Körnchen des rationierten Zuckers bestreut, sodass ihr zartes, blutrotes Fruchtfleisch süß schmeckte.

 Ständig fuhren Züge über die Gleise, die kaum eine halbe Meile hinter unserem Haus vorbeiführten, aber keiner davon war sein Zug. Immer wieder hörte ich das Pfeifen, das Schnaufen der Lokomotiven und das Rattern der Waggons auf den Schienen.

«Nur Güterzüge», sagte meine Mutter durchs offene Küchenfenster. An diesem Morgen erschien sie mir wie eine Fremde: Statt der vertrauten Kombination aus Pullover und Hosen trug sie ein gebügeltes Baumwollkleid und Schuhe mit hohen Absätzen. Sie hatte sich parfümiert und dunkelroten Lippenstift aufgelegt.

Ich konnte mich an eine einzige Begegnung mit meinem Vater erinnern, doch bei seinem Kurzurlaub von der Front hatte er keinen großen Eindruck auf mich gemacht. Nun kam er, um mit uns «für immer und ewig» zu leben, wie meine Mutter es ausdrückte. Ihre Freude beunruhigte mich. Ich fand, dass sie und ich es sehr gut miteinander hatten und in unserem Leben keinen Dritten brauchten, fand es andererseits aber auch ziemlich aufregend, ihn vom Zug abzuholen.

Hempton, das Dorf, in dem wir wohnten, hatte einen eigenen Bahnhaltepunkt hinter dem Dorfanger. Die Bummelzüge aus Norwich hielten hier zum letzten Mal vor Falkenham, das eine halbe Meile weiter lag. Hempton, eher Weiler als Dorf, bestand aus einer Straßenkreuzung, an der die Cottages der Landarbeiter standen, und ein paar verstreuten Bungalows aus den dreißiger Jahren. Ein Stück unsere Straße hoch war Mr. Banhams Kornmühle, dahinter das Lager für die deutschen Kriegsgefangenen. Ein paar Meilen weiter südlich befand sich der amerikanische Luftwaffenstützpunkt. Die Konvois von amerikanischen Lastwagen, beladen mit Zigeunern und «Displaced Persons», mit Fliegern der amerikanischen Air Force oder deutschen Gefangenen, verliehen Hempton während des Krieges eine Aura der Betriebsamkeit, ja Bedeutung. Selbst in tiefster Nacht, also lange bevor das Pferd des Milchmanns mit seinen Hufen übers

Pflaster klapperte, konnte ich die Lastwagen im Kriechgang am Fenster vorbeibrummen hören und dazu die fröhlichen Gesänge betrunkener Soldaten.

1942 hatten meine Eltern für ein paar hundert Pfund ein weiß getünchtes Haus mit Flintsteinfassade in der Dorfstraße erstanden. Es hatte drei Schlafzimmer, also mindestens eins mehr als die meisten anderen Häuser im Dorf, und trug den hochtrabenden Namen Das Weiße Haus, Hempton Green. Mein Vater hatte sich für diese abgelegene Ecke im ländlichen Norfolk entschieden, weil sie weit genug von jeder Stadt entfernt lag, die als Ziel für feindliche Flugzeuge dienen mochte, zugleich aber in bequemer Nähe zu dem europäischen Kriegsschauplatz, auf dem er kämpfen sollte: kaum zweihundert Kilometer von dem von den Nazis besetzten Holland entfernt, direkt auf der Flugroute der amerikanischen Bomber. Doch nach der Evakuierung aus Dünkirchen 1944 und einer Ausbildungszeit in Schottland war mein Vater nach Nordafrika, Italien und Palästina versetzt worden – alles Orte, von denen aus er nicht einmal schnell übers Wochenende in Hempton vorbeischauen konnte, wie er sich das naiverweise gedacht hatte.

Endlich verkündete meine Mutter, es sei Zeit zum Gehen, und wir machten uns auf den Weg über die Dorfwiese – eigentlich ein hügeliges Stück Ödland, mit Stechginster überwuchert und von schmalen Wegen durchzogen, die sich hier und da gabelten. In der Mitte des Angers stand eine unscheinbare viktorianische Kapelle, von einem Holzzaun umgeben, und kurz dahinter der Pfahl, an dem der Dorfdepp heute wieder angebunden war. Bei schönem Wetter wurde er wie eine Ziege zum Grasen auf die Wiese geführt. Er war ein Kindmann, in Lumpen gekleidet und mit einer viel zu großen Tweedmütze auf dem Kopf, der schreiend und wild gestikulierend am Ende seiner Leine tanzte.

«Du sollst ihn nicht ‹Depp› nennen», ermahnte mich meine Mutter. «Das gehört sich nicht. Sag lieber ‹einfältig›.»

Aber jeder nannte ihn Dorfdepp. Er hatte gar keinen anderen Namen. Für mich war er eher Affe als Mensch, und gleichzeitig faszinierten mich die schwerfälligen Hände, mit denen er mir zuwinkte, und das breite Grinsen, das schiefe und käsegelbe Zähne enthüllte.

«Komm jetzt, J. Es gehört sich nicht, andere Leute anzustarren.»

«Jah! Jah! Jah!», quakte der Dorfdepp fröhlich, offenbar um Freundschaft mit mir zu schließen.

«Wir werden noch Daddys Zug verpassen!»

Ich hatte meinen Vater und seinen Zug völlig vergessen. Den restlichen Weg musste meine Mutter mich tragen, und schließlich standen wir am Bahnsteig, und die Warterei ging von vorne los. Der Wind strich durch das hohe Gras neben den leeren Gleisen. Dann begannen sie kaum merklich zu brummen, das Brummen wurde lauter und immer lauter, bis die mondgesichtige Lokomotive auftauchte, hinter der lange, wirre Locken aus Rauch herwehten, näher und immer näher kam und am Ende mit ihrer Hitze, ihrem Lärm und Gestank die ganze Welt beherrschte. Die Bremsen quietschten. Die Waggon-Kupplungen ratterten und zitterten. Und in Gedonner und wirbelndem Rauch manifestierte sich mein Vater wie weiland Jupiter in der Gewitterwolke.

Er war ein knochiger Riese, von der Sonne des Nahen Ostens so braun gebrannt wie eine Rosskastanie. Während er meine Mutter auf dem Bahnsteig umarmte und meine Augen vom Ruß brannten, wurde mir klar, dass eine ganze Lebensphase ihr jähes Ende gefunden hatte. Bis jetzt war ich der Star der Show gewesen, von nun an würde ich nur noch Statist sein, der Speerträger der Familie.

Seine Siebensachen waren in einem khakifarbenen Armee-Seesack verstaut, auf dem seitlich in schwarzen Lettern sein Name geschrieben stand – MAJ. J.P.C.P. RABAN R.A. Seit Monaten hatte meine Mutter mit mir Lesen geübt, und jetzt studierte ich die Buchstaben ganz genau. Der militärische Rang meines Vaters war ein hochinteressanter Palimpsest: Unter dem MAJ. waren noch die Reste eines abgescheuerten CAPT. zu sehen. Ich konnte mir absolut keinen Reim auf dieses Rätsel machen, und doch empfand ich beim Anblick der alten und neuen Buchstaben auf dem knubbeligen Segeltuch (zumindest will es mir heute so vorkommen) eine Ahnung von etwas Doppelgesichtigem, Vieldeutigem, Gefährlichem.

Und dann bückte sich mein Vater wie auf einen spontanen Impuls hin und richtete sich – abschnittsweise, wie ein Kranich – mit mir im Arm auf, sodass ich auf gleicher Höhe mit seinem Gesicht war. Der Boden kippte mir unter den Füßen weg; es war eine Schwindel erregende Reise nach oben. Mein Vater war überall stoppelig: sein Kinn mit blauem Bartschatten nach der Reise, seine Uniform rau wie Getreidehalme. Ich nahm schwach den fruchtigen Geruch seines Pfeifentabaks wahr. Und während ich unsicher auf seinen riesigen Schultern ritt, wurde ich von Panik ergriffen.

Wegen chronischer Darmbeschwerden, einer unter dem Namen Coliakie bekannten Krankheit, war ich ein echter Hänfling. Auf Fotos aus den vierziger Jahren sehe ich aus, als hätte man mich aus Stöckchen und Bindfäden zusammengebastelt. Doch was mir an Gewicht fehlte, machte ich durch ein ausgeprägtes Selbstwertgefühl wett. Ich wusste, dass mir ein Übermaß an Aufmerksamkeit und Fürsorge zuteil wurde, dass jede Mahlzeit, die ich zu mir nahm, peinlichst überwacht wurde, und ich verbrachte viel Zeit damit, mich in die Toilettenschüssel zu erbrechen, während meine Mutter mir den Kopf hielt. Und ich hielt es für mein gutes Recht, derart verwöhnt zu werden, doch ein Blick auf den Kriegsheimkehrer machte mir klar, dass er es garantiert nicht mit dem Verwöhnen hatte.

Mit seinen 27 Jahren verstand mein Vater herzlich wenig von Kindern, ob gesund oder nicht. Spielen bedeutete für ihn die ruppigen Scherze, die im Internat und in der Offiziersmesse üblich waren. Und so versuchte er, Kontakt zu seinem Sohn herzustellen, indem er ihm eine kleine Einführung in das gab, was etwa die Subalternoffiziere spielten, sobald in der Messe das Silber vom Tisch geräumt und der Toast auf den König ausgebracht worden war.

Am Nachmittag seiner Heimkehr war es immer noch so warm, dass man den Tee im Garten trinken konnte. Meine Mutter deckte auf dem Rasen. Mein Vater hatte seine Uniform abgelegt und die flanellenen Krickethosen seiner alten Schule angezogen, dazu einen weißen Pullover und ein Hemd mit offenem Kragen. Es gab Scones direkt aus dem Ofen – meine Mutter musste mit Mr. Banhams Mühle eine private Absprache getroffen haben – und dazu ein paar Klümpchen der raren Butter. Meine Eltern konnten gar nicht aufhören, einander zu berühren. Ich mampfte meine Scones mit finsterem Blick und dem Gefühl, ausgeschlossen zu sein.

Dann räumte meine Mutter das Teegeschirr ab. Mein Vater hob mich schwungvoll hoch und machte sich sogleich auf die Suche nach einem passenden Spiel zur Feier des Tages.

An der Rückseite des Hauses, also da, wo statt Ziegel- und Flintstein uraltes geteertes Holz verbaut war, stand eine Wassertonne. Ich allein konnte noch nicht über ihren Rand sehen, war aber ein paarmal hochgehoben worden, um einen Blick hineinzuwerfen. Dort zappelten nämlich Mückenlarven herum; Kaulquappen nannten wir sie. Wo es schon an der Oberfläche von Ekel erregendem Leben wimmelte, verhieß das schwarze, schmutzige Wasser in seinen Tiefen noch viel widerlicheres Getier.

Nur an den Fußgelenken festgehalten, starrte ich plötzlich voller Entsetzen in das lachende Spiegelbild-Gesicht meines Vaters. Sein

Mund unter mir ging auf und zu, während er über mir irgendwelches Zeug in irgendeiner Männersprache redete, deren Vokabular mir vollkommen fremd war. Und so ließ er mich über dem randvollen Fass samt all seinem grauen, sich windenden Ungeziefer hängen.

Ich wollte schreien, aber der Schrei wurde zu einem Würgen, und ich erbrach mich heftig ins Wasser.

Es ließ sich nicht gut an zwischen meinem Vater und mir.

Ich konnte hören, wie die Ankerkette sich Glied für Glied über dem schlammigen Grund straffte, während das Boot sanft auf der jungen Flut schaukelte. Es war fast dunkel. Der Wind hatte sich gelegt; das einzige Geräusch in der schmalen Bucht war das lebhafte Plätschern des Wasserfalls 150 Yards hinter mir.

Ich hätte kaum noch sagen können, ob ich mich im Jahr 1945 in Norfolk befand oder 1996 in British Columbia, denn wie bei einer Doppelbelichtung lag die eine Szene über der anderen. Ich öffnete eine Dose mit Lauchsuppe, schnippelte Champignons, um mir ein Omelett zu machen. Jetzt war ich genau doppelt so alt wie mein Vater damals, selbst Vater eines dreieinhalbjährigen Kindes, und konnte mich in seine Lage versetzen, konnte diese beängstigende Hilflosigkeit nachfühlen, die ihn in jenem Moment überkommen haben musste. Der Krieg hatte ihn der Chance beraubt, ins Vater-Werden hineinzuwachsen. Angesichts dieses fremden, kränklichen, ja beinahe feindseligen Kindes nahm er all seinen Mut zusammen, um sich – wie ein schüchterner Mann, der einen ungeschickten Annäherungsversuch wagt – auf mich zu stürzen.

Ich saß auf dem Schoß meiner Mutter, schluchzte und würgte am Geschmack von Erbrochenem, während mein Vater in seinem Kricketdress vor uns hockte und alles wieder gutmachen wollte.

 Wie sehr er sich auf seine Heimkehr gefreut haben muss. Nie und nimmer hätte er eine häusliche Szene erwartet, in der sein einziges Kind sich sehnlichst wünschte, er möge in den Krieg zurückgehen, wo er hingehörte.

Erinnerungen aus der frühen Kindheit sind von Natur aus unzuverlässig. Das Gedächtnis verfolgt seine eigenen Absichten, die dem, der sich erinnert, gewöhnlich verborgen bleiben. Es ist ein skrupelloser Redakteur, der hier Streichungen vornimmt, dort geschickt Ausschmückungen einfügt, um seine Sache zu untermauern. Unmöglich, genau zu unterscheiden, ob das, was in uns hochkommt, aus den tiefsten Tiefen geschöpft ist, wo es viele Jahre lang unangetastet gelegen hat, oder ob es nicht doch schon ein Stück weiter nach oben gewandert war, wir uns also nur mehr an eine frühere Erinnerung erinnern. «Unsere Kindheitserinnerungen zeigen uns die ersten Lebensjahre nicht, wie sie waren, sondern wie sie späteren Erweckungszeiten erschienen sind», warnte Freud. In fünfzig Jahren hatte ich reichlich Zeit gehabt, zu jenem Tag zurückzukehren, an dem mein Vater aus dem Krieg gekommen war – und das jedes Mal mit einem anderen Anspruch.

Jetzt, wo mein Vater tot war, fragte ich mich, ob jene Szene nicht vielleicht von meinem Gedächtnis zu meinen Gunsten verändert worden war. Doch die grässlichen Tiefen der Wassertonne, der Seesack, der einlaufende Zug, der wild gestikulierende Idiot, der Geschmack der mit Zucker bestreuten, überreifen Tomate – all das war für mich genauso wirklich wie die bereits nachtdunklen Zedern auf Miles Inlet. Denn als ich diese Erinnerung jetzt zum x-ten Mal anging, diesmal mit dem Anspruch, sie zu widerlegen, konnte ich keinen Fehler finden außer vielleicht dem Detail mit den «Kaulquappen». Ob es in Norfolk tatsächlich Stechmücken gibt, deren Larven im November schlüpfen?

Das Boot schlingerte heftig im Schwell. Ich hatte Miles Inlet in aller Herrgottsfrühe verlassen, das Großsegel gesetzt, um das Schiff für diese Überfahrt zu stabilisieren, aber das Segel flog nur knallend in der reglosen Luft hin und her, während ich Richtung Egg Island torkelte. Das Boot legte sich 35 Grad auf die eine Seite und pendelte zurück auf die andere Seite, wieder auf 35 Grad Schräglage, wie ich an der kleinen schwarzen Kugel des Krängungsmessers ablesen konnte. Was unter Deck nicht niet- und nagelfest war, begab sich auf Rutschfahrt, angeführt von dem schweren Werkzeugkasten über eine Flasche Olivenöl bis hin zu etwa einem Dutzend fluchtwilliger Bücher. Der Appetit auf Frühstück war mir vergangen.

Nach Westen zu war nun das nächstgelegene Stück Land die Halbinsel Kamtschasa, 2700 Meilen entfernt. Erschöpfte Pazifikwellen schwappten in Ketten gegen das Festlandufer von British Columbia und wieder zurück und erzeugten so eine steile, unruhige, aber zugleich sirupglatte See. Hinter mir entblößte ein Schlepper, der einen Leichter voller Container zog, seine rostfarbene Unterseite, und ich begann sogleich, mich um das Wohl seiner Ladung zu ängstigen. In unseren Meeren wimmelt es von diesen 20-Tonnen-Containern: auf keiner Karte verzeichnete Unterwasserriffe aus Aluminium, die groß genug sind, um ein Boot wie meines zu versenken.

Auf Höhe von Egg Island wurde ich von einem Beutelnetz-Trawler überholt. Ich hatte meine liebe Mühe, ihn mit dem Fernglas auszumachen, wenn er kurz aus einem Wellental auftauchte. Sobald ich ihn im Blickfeld hatte, erhob sich ein neuer Wasserwall und versperrte mir die Sicht. *Chirikof … Seattle.* Für einen Lachskutter hatte er sich reichlich spät auf den Weg nach Norden gemacht, doch dem funkelnagelneuen Anstrich in Kirschrot und Himmelblau nach zu urteilen, war er vielleicht aus kosmetischen Gründen am Fishermen's Terminal aufgehalten worden. Bald sank er in ein Meeresloch, bald stieg er über die Spitzen der Berge am östlichen Horizont. Hinten im Deckshaus stand mit weit ausgebreiteten Armen, als hielte er sich an einer unsichtbaren Querleiste fest, ein spindeldürrer Mann, der in seinen Klamotten zu ertrinken schien, mit lockigem grauem Bart und üppigem grauem Haar, das nach hinten angeklatscht war. Das Meer verdeckte ihn wieder. Als es ihn erneut ins Blickfeld rückte, sah ich die Pfeife, die ihm im linken Mundwinkel steckte.

Die Ähnlichkeit war Schwindel erregend. Es sollten Wochen vergehen, bis ich mich daran gewöhnte, dass mein Vater scheinbar auf jedem zweiten Schiff der Fischereiflotte Alaskas angeheuert hatte. Er war der älteste Matrose, Pop genannt von den Jüngeren, die sich seine Geschichten über die alten Zeiten in den Fischgründen geduldig anhörten und sich hinter seinem Rücken über ihn lustig machten.

Dies war schon ein seltsamer Karrieresprung für meinen Vater, dessen leidenschaftliches Interesse an der Geschichte der Seefahrt Hand in Hand mit einem tiefen Misstrauen gegen das Meer einherging. Als er Pfarrer einer Gemeinde vor den Toren von Lymington am Solent wurde, kaufte er sich ein altes hölzernes Dingi, das er zum Andenken an die seefahrenden Vorfahren meiner Mutter aus Shetland *Sheltie* nannte. Ich kann mich an drei, vier Ausflüge unter Segel erinnern, alle bei heiterem Wetter, aber jeder einzelne ein mittelschweres Drama, bis das Boot schließlich aus dem Verkehr gezogen wurde und im Gebüsch direkt unter dem Fenster des väterlichen Arbeitszimmers seinen endgültigen Ankerplatz fand. Und so fand ich es doppelt erstaunlich, ihn als silberhaarigen Seebären am Rand des Pazifiks wieder auferstehen zu sehen.

Ich beobachtete, wie die *Chirikof* etwa fünf Meilen vor mir in den sicheren Hafen von Calvert Island einlief, während ich mich ans Steuerrad klammerte, mit der sicheren Aussicht darauf, noch mindestens eine Stunde durch den Seegang schlingern zu müssen. Das Geschwanke war ermüdend, aber übel wurde mir nicht davon. Seit meiner Kindheit höre ich links besser als rechts, sodass mein Innenohr selbst an Land ständig damit beschäftigt ist, ein Leben in vermeintlicher Schieflage auszugleichen. Meine partielle Schwerhörigkeit sorgt dafür, dass ich nicht seekrank werde – eine erfreuliche Entdeckung, die ich mit fünfzehn während eines Sturms auf der Nordsee gemacht habe, an Bord des Paketboots von Aberdeen zu den Shetlands. Die düsteren Korridore des Schiffs waren vom Erbrochenen der Passagiere so glitschig, dass ich quasi zu den Mannschaftsquartieren durchschlitterte, wo ich um Mitternacht so lange mit Speckstullen voll gestopft wurde, bis man mich zur allgemeinen Enttäuschung für immun erklärte. Als wir in Lerwick anlegten, war das Häuflein Passagiere weiß wie Bettlaken, und alle erklärten dies zur schlimmsten Überfahrt seit Menschengedenken. Doch für mich war es der beste und eindrucksvollste Teil meiner dreiwöchigen Ferien. Da ich damals noch nichts über die Ursachen der Seekrankheit wusste, führte ich den bestandenen Speckstullen-Test darauf zurück, dass in meinen Adern eben Salzwasser floss, und stolzierte großspurig auf dem Deck herum, voller Schadenfreude über die Leiden der Landratten.

Die *Discovery* und die *Chatham* unternahmen die Überfahrt nach Calvert Island am 10. August 1792 bei steifem Ostwind. Vancouver war bedrückt und gereizt. Hier konnte er sich tatsächlich nur noch als Nachzügler empfinden. Zwischen 1786 und 1788 hatten drei englische Pelzhändler – Kapitän Guise von der *Experiment,* Kapitän Duncan von der *Princess Royal* und Kapitän Hanna von der *Sea Otter* – die größeren Inseln und Meeresarme nördlich und westlich von Vancouver Island benannt und kartographisch erfasst, womit Käpten Van lediglich die undankbare Arbeit blieb, seinen eigenen Kurs mit diesen Aufzeichnungen und Kartenskizzen zu vergleichen – kein Wunder also, dass er seine Mission nun für gänzlich nutzlos hielt. Als Forschungsreisender in einer bereits erforschten Gegend konnte er an den Arbeiten seiner Vorgänger bestenfalls marginale Korrekturen vornehmen.

Es macht einen himmelweiten Unterschied, ob man den Auftrag erhält, die berühmte Nadel im Heuhaufen zu suchen, oder den ganzen Heuhaufen durchwühlen soll, um sicherzustellen, dass keine Nadel drin ist. Vancouver glaubte nicht daran, dass es eine Nordwestpassage gab – ebenso wenig wie die Admiralität oder die Pelzhändler dies taten. Der bedauernswerte Auftrag der *Discovery* bestand darin, nur mehr nachzukontrollieren, dass es wirklich nichts zu entdecken gab. Käpten Van war für seinen Posten genau der Eigenschaften wegen ausgewählt worden, die seine Untergebenen so unerträglich fanden. Ein derart nüchterner, ja pedantischer Mann würde diesen Auftrag gewissenhaft erfüllen, ohne der für etwas phantasievollere Gemüter nahe liegenden Versuchung anheim zu fallen, hie und da sieben gerade sein zu lassen und eine kleine Abkürzung zu nehmen. Doch selbst bei diesem treuen Diener der Admiralität war das Maß voll, als sein Schiff in den Fitz Hugh Sound einlief. Bald würde er seinem Londoner Freund James Sykes offen schreiben, dass er sich «in diesem infernalischen Meere wie eingekerkert» fühlte.

Die beiden Schiffe ankerten in der Safety Cove an der Ostküste von Calvert Island. In dieser Nacht zog ein Tief über die Queen Charlotte Islands, das heftige Regenfälle und stürmischen Südwestwind mit sich brachte. Fünf kleine Boote wurden mit Proviant für eine Woche ausgestattet. Käpten Van übernahm das Kommando des einen, Puget, Whidbey, Johnstone und Humphrys je eines der vier anderen Boote. Am Morgen des 11. August brach die Flotilla bei horizontalem Regen und kurzen, steilen, brechenden Seen auf, um ein neues Labyrinth von Sackgassen zu erkunden.

Das Tiefdruckgebiet bewegte sich kaum. Es goss unentwegt weiter, und der Wind blies stürmisch. Die Mannschaft war bis auf die Haut durchnässt, die Uferlinie ein verschwommener grauer Strich in 50 Yards Entfernung. Weder die Sonne noch die Sterne ließen sich blicken. Käpten Van, der in seiner Jolle nach Kompass in nördliche Richtung segelte, erreichte alsbald

ein so trostloses, unwirthliches Land, das zu bewohnen nur ein sehr melancholischer Geist wünschen könnte. Nicht einmal die Adler, Krähen und Raben, die uns bei unserer einsamen Forschungsarbeit gelegentlich Gesellschaft leisteten, mochten sich auf diesen trostlosen Gestaden niederlassen. Selbst die gemeine Muschel wie etwa Mies-, Venus- und Herzmuschel, der Meerfenchel und andere gewöhnliche Pflanzen, die bei all den früheren Excursionen unserer Gesundheit und unserem Wohlbefinden so nöthig gewesen waren, gediehen hier kaum, und weit und breit legten nur die Überreste einer armseligen Hütte … davon Zeugnis ab, dass je ein menschliches Wesen dies Land vor uns betreten hat.

Am Nachmittag des 14. August zeigte sich die Sonne immerhin so lange, dass Käpten Van sie mit seinem Quadranten einfangen und darüber den Breitengrad von 51° 52' Nord bestimmen konnte. Dann traf er sich mit Johnstone im Kutter der *Chatham* und trat anschließend die Rückfahrt nach Safety Cove im Süden an. Ein heftiger Wind blies den Fisher Channel hoch, und seine Männer waren hungrig und erschöpft. 37 Meilen mussten sie wie die Galeerensklaven rudern, bis sie kurz nach Mitternacht wieder das Mutterschiff erreichten.

Puget, Whidbey und Humphrys waren immer noch irgendwo in südöstlicher Richtung unterwegs, wo die Küste weit weniger geschützt war und Wind und Meer tobten. Zwei Tage lang war der Kapitän in hilfloser Sorge um das Wohlergehen seiner verschollenen

Männer. Am 17. August erschien in der Einfahrt zur Bucht eine fremde Brigg, auf der die englische Fahne wehte. Leutnant Baker bestieg die Yawl, um den Besucher zu begrüßen: die *Venus* aus Bengalen, ein 110 Tonnen schweres Handelsschiff, das Pelze geladen hatte.

Kapitän Henry Shepherd muss sich äußerst bedeckt gehalten haben, denn Baker kehrte nur mit der guten Nachricht auf die *Discovery* zurück, dass das Versorgungsschiff für die Expedition, die *Daedalus*, den Nookia Sound erreicht und Vorräte aus London mitgebracht hatte, dazu die Post und den erst kürzlich ins Amt berufenen Astronomen William Gooch. Von Anfang an hatte Käpten Van die Admiralität um einen Astronomen gebeten. Cook hatte immerhin William Wales zur Seite gehabt, seinen verehrten Lehrmeister in der Astronavigation. Mit Gooch auf seinem Quarterdeck wäre er nun endlich in Gesellschaft eines Geistesverwandten, und das Problem der exakten Längengradbestimmung (eine ständige Disparität bis zu zehn Meilen, die sich zwischen dem Schiffschronometer und der Bestimmung über die Monddistanz auftat) könnte wohl endlich gelöst werden.

Shepherd ließ ihm auch einen versiegelten Brief übergeben, der vom Kapitän der *Daedalus*, Thomas New, an Kapitän Vancouver adressiert war. Laut Edward Bells Tagebuch kam der Brief erst nach vielen Schnörkeln zur Sache: News Vorgänger, Richard Hergest, der Astronom Gooch und ein nicht namentlich genannter Matrose waren in der Waimea Bay am Nordstrand von Oahu auf Hawaii, wo die *Daedalus* geankert hatte, um Wasser an Bord zu nehmen, von Eingeborenen ermordet, ihre Leichname von den rasenden Wilden zerstückelt worden. Die Tat datierte vom 11. Mai, gerade als Vancouver in der Hochstimmung des Entdeckers an den Ufern von Puget Sound ein neues England hatte erstehen sehen.

Käpten Van, voller Sorge um seine vermissten Leutnants und angesichts der trostlosen, unwirtlichen Wildnis und des abscheulichen

Wetters von Depressionen heimgesucht, verfügte mittlerweile über keinerlei emotionale Reserven mehr, auf die er hätte zurückgreifen können. Gooch war er zwar niemals begegnet, doch Hergest bezeichnete er als «meinen innigsten Freund». Die Nachricht über die Morde war für ihn niederschmetternd.

Am nächsten Morgen kamen Puget, Whidbey und Humphrys gemeinsam in die Bucht gesegelt, wo sie die Schiffe in ungewohnter Ruhe, ihre Kameraden dagegen in nervöser Unruhe vorfanden. Vancouvers rasselnder Husten hatte sich wetterbedingt noch verschlimmert. Wenn er atmete, hörte man Möwen in seiner Brust schreien. Er war totenblass, verschlossen, einsilbig, und alle fürchteten, er könnte jeden Moment explodieren. Er nahm die Berichte der Leutnants entgegen – über Meeresarme, die nirgendwohin führten, über ein großes Indianerdorf, dessen Bewohner sich Puget zufolge «aufs unverschämteste und frechste benahmen» – und verkündete dann kurz und bündig, dass die Vermessung der Küste für dieses Jahr beendet sei. Die Expedition werde erst im Frühling 1793 wieder zurückkehren, um von dieser Stelle aus den weiteren Norden zu erkunden.

Am 19. August, einem Sonntag, wehte «eine mäßige Brise aus Südost, die klares, heiteres Wetter mit sich brachte». Die *Discovery* und die *Chatham* lichteten ihre Anker und machten sich nach Nootka auf.

Nachdem Cape Calvert glücklich umfahren war, zog sich Vancouver in sein Quartier zurück. Zu den Geräuschen des Schiffs, das mit halbem Wind Richtung Cape Scott segelte, gesellte sich das Donnern seines Hustens.

Menzies, als Naturwissenschaftler und zugleich als Arzt der Expedition an Bord, hatte mittlerweile eine derartige Abneigung dem Kapitän gegenüber entwickelt, dass er es kaum noch über sich brachte, ihm Gutes zu wünschen. In professioneller Hinsicht jedoch machten ihm die Hustenanfälle Vancouvers, seine äußerliche Veränderung –

er wirkte zunehmend aufgedunsen – sowie seine extreme Kurzatmigkeit ernstlich Sorgen. Menzies vermochte dieser Krankheit keinen Namen zu geben, war sich aber sicher, dass Käpten Van demnächst daran sterben würde.

Ich hatte Namu umkringelt, das – 27 Meilen weiter nördlich im Fitz Hugh Sound gelegen – als die einzige Siedlung auf der 1500 Quadratmeilen Land und Wasser abdeckenden Karte verzeichnet war. *Konservenfabrik, Kaufladen, Postamt, Tel.* stand da geschrieben, und den *Segelanweisungen* war sogar das verheißungsvolle Wort *Café* angefügt.

Vor der Safety Cove, wo die *Discovery* und die *Chatham* einen Ankergrund gefunden hatten, der für mich zu groß und zu tief war, kam mir ein schickes weißes Kreuzfahrtschiff in die Quere – die *Sea Goddess II*, mit dem roten Wimpel der Cunard-Reederei. Gleich dahinter folgte ein hässlicher Riese von 70 000 Tonnen, ein P&O-Kreuzer mit Papageienschnabel namens *Regal Princess*, dessen Rumpf von tausend Fenstern durchlöchert war. Beide Schiffe bewegten sich so langsam, dass ihr Kielwasser sich kaum kräuselte, und machten die Inside Passage zu einem sich langsam entrollendes Diorama.

John Muir hätte ohne weiteres einen Werbetext für Cunard und P&O verfassen können, als er beschrieb, wie er und die übrigen Passagiere (die meisten davon waren Methodistenmissionare, die Chilkat-Indianer bekehren wollten) im Jahre 1879 auf dem Deck ihres gecharterten Dampfschiffes *Cassiar* standen:

Sorgen jedweder Art waren rasch vergessen, und obwohl die Antriebsmaschinen der Cassiar *bald gar ernsthaft zu seufzen und zu klagen begannen, was auf kommendes Unheil hindeutete, waren wir doch allzu glücklich, um ihnen Beachtung zu schenken. Jedermanns Antlitz erglühte in natürlicher Liebe zu dieser wilden Schönheit. Die Inseln waren in großer Perspektive zu sehen, das dunkle Grün der Wälder im Vordergrund durchsetzt von verschiedenen Blautönen, welche mit wachsender Entfernung immer zarter wurden; Buchten voller dunstiger Schatten, die ganz allmählich in offene, silbriglichte Flächen übergingen, Landzungen, die anmutig ins schimmernde Wasser tauchten. Doch aller Augen richteten sich auf die Berge. Vergessen waren die Chilkats und unsere Mission, während das Wort Gottes aus diesen phantastischen Hieroglyphen gelesen wurde, die den gesamten Himmel ausschmückten ...*

Mit dem Fernglas suchte ich die Decks der *Goddess* und der *Princess* nach Anzeichen für das «ernste, kindliche Staunen» ab, das Muir als passende Reaktion auf diese Landschaft empfahl, doch offensichtlich war an Bord gerade Siesta-Zeit.

Die Wildnis, die Vancouver in Verzweiflung gestürzt und Muir in theatralische Begeisterung versetzt hatte, war für die Passagiere von Kreuzfahrtschiffen im ausgehenden 20. Jahrhundert zu einer therapeutisch wirksamen Entspannungskulisse geworden. Verglichen mit den tropischen Reizen karibischer oder mexikanischer Küsten wirkt die Inside Passage mit ihren stillen Meeresstraßen, den gedämpften Farben und dem diffusen, schräg einfallenden Licht wie ein Antidepressivum. Was hier vor allem geboten wird, ist Leere im De-luxe-Format – Meile um Meile grauer Fels, graues Wasser, schlammiggrüne Wälder und nicht ein Haus, nicht eine Straße in Sicht. In einer übervölkerten Welt stellt schon die simple Abwesenheit von Menschen eine regelrechte Touristenattraktion dar. Und so lungerten die Kreuzfahrtschiffe, die schwimmenden Städte mit eigenen Einkaufszentren, in diesen weiten, leeren Räumen herum und luden die Passagiere dazu ein, die monumentale Kulisse aus unbebauten Grundstücken direkt am Wasser gierig zu bestaunen.

Auf jedem Schiff gab ein Natur-Experte vom Dienst über Bordlautsprecher laufend Kommentare ab, von denen einige Fetzen übers Wasser zu mir herwehten: «Zeder-Lebensbaum ... Fichte ... Bär ... Wolf ... Silberlöwe ...» Auch wenn es aus dem Fenster einer Kabine vielleicht nicht allzu viel Fauna zu sehen gab, gehörte der Kitzel, sich ganz in der Nähe von Säugetieren zu wissen, die Menschen töten und auffressen könnten, zu den Attraktionen solcher Kreuzfahrten, die bereits im Werbeprospekt hervorgehoben wurden. Der bordeigene Naturforscher war extra dafür angeheuert, den meist unsichtbaren Waldbewohnern bluttriefende Lefzen und Klauen zu verpassen, auf dass die Passagiere sich im Unterholz, an dem sie gemächlich vorbeitrieben, ihre eigenen, Discovery-Channel-würdigen Action-Szenen komponieren konnten. Tief im Busch gingen Bären auf Beutezug, rotteten Wölfe sich um Bergziegen zusammen, schlugen Pumas ihre Zähne in gellend schreiende Maultierhirsche, bellten Elche, pirschte sich der langohrige Luchs an den ahnungslosen Schneeschuhhasen heran. Auf dem B-Deck, nur einen Sandbunker-Schlag von dem gefährlichen Wild entfernt, zogen die Herren den Kleidervorschriften der Kreuzschifffahrtslinie entsprechend ihren Kummerbund fest, stiegen vorsichtig in den weißen Smoking und bereiteten sich darauf vor, ihre Zähne in ein weiteres Fünf-Sterne-Dinner zu schlagen.

Namu liegt in einem geschützten Eckchen der Whirlwind Bay, die ihren Namen den im Herbst und Winter von den umliegenden Bergen plötzlich hereinbrechenden Stürmen verdankt, sodass die *Segelanweisungen* davon abrieten, während dieser Monate in der Bucht zu ankern. Doch wir hatten Juli, und jetzt am Nachmittag strich nur ein leichtes Lüftchen über das Wasser des flachen, geschützten Beckens, das sich ideal für mein Boot eignete. Von Namu selbst gab es allerdings lediglich Ruinen zu besichtigen.

Bäume wuchsen durch die eingestürzten Dächer der Wohnbaracken. Die alten Stege waren auseinander geborsten, ihre Bretter hatten sich zu einem wüsten Haufen zusammengeschoben. Von Namus Hafenanlage waren nur noch die Stummel verfaulter Dalben übrig. Ein einziger wackliger Schwimmsteg, dem schon ein gut Teil seiner Planken abhanden gekommen war, führte in ein Brombeerdickicht. Von Kaufladen, Postamt, Tel. oder gar Café konnte keine Rede sein. Binnen ein, zwei Jahren würde der Wald die gesamte Siedlung verschlungen haben.

Die ersten Weißen waren 1893 hierher gekommen, in den Boom-Jahren, als Sägemühlen und Konservenfabriken die Ufer jeder Bucht sprenkelten. Während der Lachssaison hatten die Schiffe in den Ankergründen und an den Piers auf Tuchfühlung miteinander gelegen – schwimmende Dörfer von fragwürdigem Ruf, wo der Whiskey floss und die Quetschkommoden wimmerten. Und nun teilten diese einst wild wuchernden Goldgräberkolonien des Meeres ihr Schicksal mit indianischen Muschelhaufen und Fischreusen, die nur darauf warten konnten, dereinst von Archäologen entdeckt zu werden. Mittlerweile lebten nicht einmal mehr so viele Menschen an der Inside Passage wie zu den Zeiten, als Vancouver und die Pelzhändler hier aufgekreuzt waren. Die scheinbare Wildnis war voller Namus, und in den Wäldern stolperte man über verrostete Sägeketten, halb vermoderte Balken und Fensterrahmen, Dachpappe, Traktorenreifen und Blechdosen. Längst waren hier wieder die Bären eingezogen und bauten sich ihre Höhlen in den überwucherten Ruinen ehemaliger Betriebe, die noch vor zehn oder fünfzehn Jahren floriert hatten.

Ich hätte unbesorgt in der Whirlwind Bay ankern können, verspürte aber keine Lust, mir mit anzusehen, wie die Nacht auf Namus armselige Überreste herabsank – dieses *memento mori,* das selbst bei helllichtem Tage verstörend wirkte. Also verließ ich die Bucht und steuerte Bella Bella an, ein fünfundzwanzig Meilen weiter nordwestlich gelegenes Indianerdorf. Dass Bella Bella noch existierte, hielt ich für ziemlich sicher – die *Segelanweisungen* führten in ihrer Ausgabe von 1991 ein Lebensmittelgeschäft auf, ein Postamt, eine Bank, einen Waschsalon, einen Laden für Schiffszubehör, ein Hotel, eine Spirituosenhandlung, mehrere Kirchen und ein Krankenhaus, das von der United Church of Canada betrieben wurde. So viel Zivilisation auf einem Fleck würde der hungrige Wald in den letzten fünf Jahren nun doch nicht konsumiert haben können.

Gleich hinter der Whirlwind Bay passierte ich die Einfahrt zum Burke Channel, der sich um das bewaldete Vorgebirge von Edmund Point in nordöstliche Richtung schlängelt. Hier hatte Käpten Van im August 1792 zwei elende Tage in Regen und Wind verbracht, hatte sein Zelt in einer Gegend aufgeschlagen, die so trostlos war, dass selbst die Indianer sie zu meiden schienen. Als seine Expedition acht Monate später an die Nordwestküste zurückkehrte, gab er ihr den Namen Burke's Channel.

Ob dies vielleicht ein einmaliges Beispiel für Vancouvers schwarzen Humor war? Nein, er wollte wohl tatsächlich nur Edmund Burke als den großen alten Theoretiker des englischen Konservatismus ehren – und vielleicht auch seinem Vater, Little Van, dem wackeren Parteisoldaten der Tories von King's Lynn, Reverenz erweisen. Dass er Burkes *Philosophische Untersuchung über den Ursprung unserer Idee vom Erhabenen und Schönen* gekannt hatte, ist eher unwahrscheinlich sein, Menzies und einige der jüngeren Offiziere und Kadetten sicherlich halbwegs damit vertraut waren. Es war wohl eher komischer Zufall als witziger Einfall, dass Käpten Van ausgerechnet einen der düstersten, unheimlichsten Wasserwege British Columbias nach dem schöngeistigen Theoretiker von Schrecken, Not, Dunkelheit, Tiefe und unermesslicher Weite taufte. Burke Channel – schmal, gewunden, von Steilabfällen flankiert und von der Sonne gemieden – verkörperte aufs vortrefflichste Burkes Theorie des Erhabenen.

Anscheinend war ich gerade rechtzeitig gekommen. Obwohl Bella Bella noch existierte, fand ein größerer Exodus statt. Die untergehende Sonne ließ das Dorf am Westufer der Lama Passage im Dunkel versinken und vergoldete das Wasserbecken vor seinen Toren. Ein Verband von kleinen Booten verschwand gerade hinter der Landspitze in östlicher Richtung. Neugierig geworden, hängte ich mich hinten an die Karawane, um herauszufinden, wohin die Reise ging.

Jedes Schiff war voll gepackt mit Leuten, die sich gegenseitig auf den Knien saßen, und überall liefen Radios, auf denselben Soft-Rock-Sender eingestellt und bis zum Anschlag aufgedreht, sodass Schlagzeug und Bass – *wumm, wumm, wumm, wumm, wumm* – von den Klippen widerhallten. Die Passagiere waren der Musik entsprechend zeitgeistig gestylt – die jungen Männer mit Beatles-Zotteln, die jungen Frauen mit Volantröcken, tief ausgeschnittenen Blusen und Armreifen, die kess in den letzten Sonnenstrahlen aufblitzten. Alle trugen stolz ihre Stammesuniform zur Schau, eine Windjacke aus silbernem Nylon, deren Rücken ein scharlachroter Mörderwal zierte. Von den Booten, die offenbar auch reichlich Zigaretten und Sixpacks geladen hatten, ging denn auch die hedonistische Botschaft aus, dass jetzt am Samstagabend ordentlich auf den Putz gehauen wurde. Sie kreuzten das Kielwasser ihrer Rivalen wie Autoskooter auf der Kirmes und tauschten dabei lauthals Beschimpfungen über das fast nachtdunkle Wasser hinweg aus.

Überall stoben verschreckte Vögel aus den Bäumen, als der Schiffskorso vorbei an Bella Bella Island, Spirit Island und Whiskey Cove nach Shearwater zog, dem Anglerparadies am Kliktsoatli-Hafen. Und schon hüpften die ersten Mädchen, das Handtäschchen schwingend, leichtfüßig auf den Ponton. Ich entdeckte am Ende der Mole ein freies Plätzchen zwischen einem Kümo und einem Fischkutter und kroch hinein. Sogleich wurden meine Leinen von einem stämmigen jungen Mann angenommen, der eine locker geknotete, kanariengelbe Krawatte trug – ein überraschendes Accessoire in dieser Gegend, selbst für einen Samstagabend. Binnen Sekunden hatte er mich festgemacht, Vor-, Achterleine plus Spring.

Ich bedankte mich und lud ihn auf einen Drink ein.

Er schüttelte den Kopf. «Hier gibt's heute Abend Freibier und satt was zu essen. Das darf man sich nicht entgehen lassen.»

Die Ferienanlage war im Jahr zuvor niedergebrannt und zwischenzeitlich von Arbeitskräften aus Bella Bella wieder aufgebaut worden. Am heutigen Abend veranstalteten die weißen Besitzer eine Party für die Indianer.

«Kommen Sie doch mit», sagte mein Helfer, «da kann jeder hin.»

Also kam ich mit, auch wenn ich mich in Pullover und Jeans nicht angemessen gekleidet fühlte. Ich erzählte ihm, dass ich eigentlich in Namu hatte Station machen wollen, aber beim Anblick der verfallenen Konservenfabrik geflohen war.

«Das war ein echter Hammer für uns, als sie geschlossen wurde – die ganzen Jobs, so viele Jobs. Da haben doch alle den Sommer über gearbeitet, Indianer aus allen Reservaten in der Gegend – Bella Coola, Heiltsuq und Haisla … Und auch eine Menge Weiße.» Er lachte. «Die meisten von uns sind in Namu gezeugt worden. Deswegen haben auch so viele Leute im April oder Mai Geburtstag. Wir sind die Namu-Babys.»

Diese Bemerkung bestätigte sich eindrucksvoll, als wir das scheunenartige Hauptgebäude der Ferienanlage betraten, wo auf Tapeziertischen ein Buffet nebst Bierfässchen aufgebaut war. Überall entdeckte ich Namu-Babys. Einige Partygäste sahen aus, als seien sie vor erst ein, zwei Jahren über die Landbrücke aus Asien gekommen. Mit ihrem stämmigen Körperbau, der dunklen Haut, den flachen Gesichtern und den breiten Nasen ähnelten sie Dschingis Khans Stammesgenossen. Andere wiederum, groß gewachsene Bleichgesichter mit Zinken und fliehendem Kinn, hätten bestens in ein englisches Fußballstadion gepasst. Dass Namu tatsächlich als Schmelztiegel gedient hatte, ließ sich an der bemerkenswerten Vielfalt von Typen erkennen – und der quasi-uniforme schwarze Pilzkopf der meisten männlichen Namu-Babys betonte nur noch die Unterschiede.

Einige der Partygäste stammten wahrscheinlich von den Männern an Bord der *Discovery* und der *Chatham* ab. 1793 hatte die Expedition in Bella Bella Halt gemacht, zu einer Zeit, als die kleine Insel Bella Bella so vollständig von den bemalten Pfahlbauten des Dorfes bedeckt gewesen war, dass man nicht einmal das kleinste Stückchen nackten Fels sehen konnte. Edward Bell schrieb in sein Tagebuch, diese dem Charakter der Landschaft angepasste Architektur «glich eher einem einzigen großen Hause als vielen einzelnen und war höchst kurios mit den verschiedensten Farben bemalt und überaus verschwenderisch mit grotesken Gestalten von Menschen, wildem Gethier und Fischen verziert».

Meine schlipstragende Eskorte hieß Owen, obwohl er nichts von einem walisischen Zweig seiner Familie wusste. In seiner Stimme klangen deutlich schottische Vokale durch – auch dies ein Erbe der Missionare, die in den 1870ern und 1880ern scharenweise die Küsten bereist und in den Indianerreservaten Schulen eingerichtet hatten. Er wollte, erzählte er mir, nach England reisen.

«Warum ausgerechnet nach England?»

«Zum Ausspannen», erwiderte er.

Die eigens aus Prince Rupert herangeschaffte Rockband spielte sich in der Barzone warm, wo es, abgesehen von zwei grellen Scheinwerfern, die auf die Musiker zielten, stockdunkel war, und die ersten Paare begaben sich auf die Tanzfläche.

Es war so laut, dass ich schreien musste, als ich zu Owen sagte: «Der letzte Indianertanz, den ich miterlebt habe, war bei den Tulalip – in Washington State. Es war ein ‹Geistertanz›, und zu trinken gab es nichts weiter als Kool-Aid. Da gefällt mir das hier schon besser.»

«Wie lange hat das Ganze denn gedauert?»

«Ewig. Die halbe Nacht. Und das nur mit Kool-Aid.»

«Okay, dann war's ein echter Indianertanz. Bei Touristenveranstaltungen ist nach einer Stunde Schluss.»

«Diesen Indianertanz hier finde ich echter.»

Er lachte. «Ja, das ist auch ein echter Indianertanz.»

Am nächsten Tisch redete ein Rüpel, dessen weiße Haut vom Trinken gerötet war, auf seine dunkelhäutige, mongolisch aussehende Frau ein. «Scheiß-Tuss. Pack dir jetzt was zum Essen auf deinen Scheiß-Teller.»

Ich sah das Gesicht der Frau wie ein nasses Soufflé in sich zusammenfallen.

«Jetzt mach bloß keinen Scheiß-*Stress*!» Der Ehemann wies mit seinem Daumen auf einen Tisch irgendwo in den hinteren Reihen. «Setz dich rüber zu der Scheiß-Wendy!»

Sie stand auf, still in sich hineinschluchzend, während er selbstzufrieden seine Kumpels angrinste. Einen Moment später lachte er laut auf und tätschelte das Knie der neben ihm sitzenden Frau – einen Ausdruck überheblicher Verachtung im Gesicht, das von zu viel Bier und zu viel Testosteron gezeichnet war.

Schon beim ersten Blick auf Bella Bella hatte ich mich in die sechziger Jahre zurückversetzt gefühlt, und jetzt ganz besonders. Eine eheliche Interaktion wie diese hatte ich nicht mehr erlebt, seit die Flotte der Kabeljaufischer im Hafen von Hull aufgekreuzt war und ich als Taxifahrer die bereits feuchtfröhlichen Fischer und ihre Ehefrauen respektive Freundinnen von Kneipe zu Kneipe durch die Hessle

Road kutschierte. Während sich die männlichen Umgangsformen seit 1964 nicht sonderlich zum Besseren gewandelt hatten, verhielt sich nach meiner Erfahrung heutzutage keine Ehefrau mehr so wie diese Indianerin, die ihre Unterordnung weinend akzeptierte und sich gehorsam neben die Scheiß-Wendy setzte.

«So was bekommen Sie wohl öfter mit?», fragte ich Owen.

«Was?», fragte er zurück. Ihm war nichts aufgefallen, obwohl der Ehemann seine Worte genau in unsere Richtung gegrölt hatte.

In Bella Bellas Wirtschaftsmisere gab es viele Männer, deren einziger Aktivposten ihr Testosteron-Depot war. Die Konservenfabrik hatte keine Chance mehr. Und der Fischfang lag – laut Owen, der selbst Fischer war – ebenfalls in den letzten Zügen. In der jüngeren Geschichte hatte es nur zwei positive Nachrichten gegeben: Der Hafen des Dorfes war ausgebaut worden, sodass dort nun auch Kreuzfahrtschiffe anlegen konnten, und außerdem hatte der Brand in der Ferienanlage von Shearwater zu einem unverhofften Bedarf an Arbeitskräften im Winter geführt.

«Was wollen denn Kreuzfahrttouristen in Bella Bella?»

«Sie gehen zur Müllhalde und fotografieren die Abfall-Bären.»

Ich musste mich zwischen den Tanzpaaren durchdrängeln, um zur Bar zu gelangen, wo ich im Gewühl stand und versuchte, zwei Whiskeys zu bestellen. Beim Warten entdeckte ich auf dem Schlagfell der Basstrommel den Namen der Band: Die verkohlten Überreste.

Nördlich von Bella Bella hatte die See das Land überschwemmt. Große Zweige von Tannen und Erlen breiteten sich überm Wasser aus. Die Bäume, aufgereiht wie am Wegesrand, schienen zu schwimmen. Die Karte verzichtete auf topographische Details und verwandte stattdessen die Bezeichnung «Tiefland ohne bestimmte Merkmale». Eigentlich hätte dies ein Sumpf sein müssen, wo der Bootskiel jeden

Moment den Grund schrammen konnte. Doch tatsächlich war das Meer hier zweihundert Faden tief, und die schwimmenden Bäume markierten nur die Gipfel der untergegangenen Bergkette. Ein kalter schottischer Nebel ließ alle Konturen weicher und alle Entfernungen größer erscheinen. Wie in Genesis 7: *Mehr und mehr wuchsen die Wasser über der Erde, alle hohen Berge waren zugehüllt unter allem Himmel.*

Noch ein paar andere Archen trieben auf der Flut – die hellen Fenster eines Kreuzfahrtschiffes leuchteten im Grau, und zwei Troller, die mit ihren hochragenden Antennen an Insekten erinnerten, krochen dicht hintereinander aufs offene Meer hinaus. *Alles, das Hauch, Braus des Lebens in seinen Nasenlöchern hatte, was alles auf dem Festland war, es starb.*

Solche Seestücke bildeten den Ursprung indianischer Geschichten über eine Sintflut – Geschichten, die später durch erdgeschichtliche Forschungen bestätigt wurden. Die ersten Menschen, die vor neun- bis zwölftausend Jahren in dieses Land kamen, werden damals miterlebt haben, wie das Wasser über den Inseln zusammenschlug, wenn Erdbeben die Landmassen verschoben. Man konnte den fragilen Kompromiss, den Land und Meer hier eingingen, nicht betrachten, ohne sich die Große Flut vorzustellen, und man konnte sich die Große Flut nicht vorstellen, ohne sich einen Noah dazuzudenken, der ihr glücklich entkam. Die Küstenstämme betrachteten sich sämtlich als Überlebende eines historischen Kataklysmus, und auch hier brachten Boote die Rettung. So ertrank bei den Bella Bella der Überlieferung zufolge der ganze Stamm in der Flut – bis auf wenige Auserwählte, die in Kanus zum Gipfel des Berges am oberen Ende von Rivers Inlet gebracht wurden, wo sie so lange in Zelten lebten, bis die Wasser auf Erden vertrocknet waren. In diesem Land gab es gleich mehrere Ararats, auf deren Gipfeln die vom Schicksal Verschonten der Flut getrotzt hatten: Mount Benson auf Vancouver Island, Mount

McNeill, nördlich von Prince Rupert, Mount Cheam, östlich von Vancouver. In den Raben-Geschichten hält der Rabe sich während der Flut mit dem Schnabel an einer Wolke fest und fällt nach dem Rückzug der Wassermassen vom Himmel herab in ein weiches Bett aus Tang.

Weniger als eine halbe Meile vom Ufer entfernt, glitt ich über mehr als 1300 Fuß tiefes Wasser dahin. Angesichts dieser Ziffern auf der Karte wurde mir schon etwas schwummrig. «Ich neige zu der Vorstellung», schrieb Burke, «dass Höhe weniger imposant ist als Tiefe ... und eine Senkrechte mehr Kraft hat, das Erhabene darzustellen, als eine schiefe Ebene.» Es hätte ihn sicherlich gereizt, über diese Abgründe zu segeln, die so tief waren, dass kein Lot Grund erreichen konnte – nicht einmal mein Echolot. Konfrontiert mit einem solchen Abgrund, zeigte das Instrument seltsamerweise die alarmierende Zahl 0,9 Fuß an, während es vergeblich nach einem Echo von etwas Festem suchte, sodass es seine Impulse weiter und weiter vergeblich in die immer währende Dunkelheit sandte, wo sich die Kraken mit den radkappengroßen Augen tummelten.

Der Narrow Seaford Channel führt in den Milbanke Sound, der wiederum aufs offene Meer führt – und damit der großen Dünung aus Südwest ausgesetzt ist. Immerhin gab es hier so viel Wind, dass ich die Segel aufziehen und den Motor abstellen konnte. Minutenlang ritt das Boot auf einem Dünungskamm, bis es schließlich nicht mehr mitkam und achteraus ins Wellental zurückfiel.

Doch die Dünung legte sich rasch wieder. Es ist ein Naturgesetz, dass die See sich parallel zur Küste bricht. Ganz gleich, aus welcher Richtung der Wind weht – kein Mensch wird je sehen, dass lange Wellen schräg aufs Ufer laufen. Wenn ein Wellenzug in eine Meerenge läuft, dann kommt es zur Brechung, weil beide Ufer versuchen, die Seen parallel zu sich abzulenken. Die gewaltige, geballte Energie der größten Wellenketten wird durch diesen Prozess von Ablenkung und Brechung so schnell verzehrt, dass selbst einer mächtigen, zwölf Fuß hohen Dünung innerhalb weniger Meilen erzwungener Brechung die Kraft ausgeht.

Nach etwa zwanzig Minuten Achterbahn-Segelns gab es nur noch einen kurzen, unregelmäßigen Wellenschlag von einem Fuß Höhe auf dem ansonsten glatten Meer zu sehen. Unter aufklarendem Himmel segelte ich vor dem Wind, lehnte mich zurück und lauschte dem leisen Zischen der Bugwelle, die sich am Rumpf brach – wobei Luft und Wasser wie Eiweiß in einem Mixer verquirlt wurden. Gegen Mittag lief ich bei sporadischem Sonnenschein in den von Steilufern gesäumten flussartigen Korridor zwischen Cone Island und Swindler Islands und hielt in der hakenförmigen Bucht Ausschau nach dem Indianerdorf Klemtu.

Vor einem Aufenthalt in Klemtu raten die Yachtführer ab, da die Einheimischen unfreundlich seien. Gerade wollte ich vom voll besetzten Regierungsanleger abdrehen, als ich sah, wie zwei Fischer mir zuwinkten und vierzig Fuß freie Fläche verschafften, die vorher nicht da gewesen war. Ein Kahn wurde nach vorn verholt und an einem Treibnetzer festgemacht, dann der Treibnetzer losgemacht und am Schwimmsteg weiter vorgefahren, sodass ich genug Platz hatte, um längsseits anzulegen. Die Fischer nahmen meine Leinen an und stöpselten mein Elektrokabel in die Steckdose auf der Mole. Selten bin ich irgendwo so freundlich empfangen worden. Beide lächelten und beteuerten: «Kein Problem! Kein Problem!»

Ich war früh eingelaufen, um noch vor der Schlafenszeit in Market Harborough anzurufen. In der Telefonzelle am Molenkopf wählte ich die Nummer meiner Eltern. Dort war es jetzt neun Uhr abends. Während ich auf den Wählton wartete, stellte ich mir die langen Schatten der jungen Bäume auf dem Rasen vor, die auf den Bungalow fielen. Nach dem dritten Klingeln wurde der Hörer abgenommen.

«Hallo?» Die Stimme meiner Mutter klang sehr leise.

Einer der beiden Fischer kam die Landebrücke hochmarschiert und winkte mir im Vorübergehen schon wieder lächelnd zu. Verdutzt winkte ich zurück. Was hatte dieses permanente Lächeln denn nur zu bedeuten?

«Na ja», sagte meine Mutter, «ich habe meine guten und meine schlechten Tage.»

Ihr Kummer, der über Satellit direkt nach Klemtu gebeamt wurde, traf mich wie ein Messerstich, und das Dorf verschwamm vor meinen Augen. Sie stand auf dem finsteren, zugigen Flur. Wie in so vielen englischen Häusern befand sich der Apparat auf einem hohen Telefontischchen, weil man während des Gesprächs nur stehen und nicht sitzen sollte, um sich auf gar keinen Fall zu unnützem, kostspieligem Geplapper hinreißen zu lassen. Ich hörte, wie die Fernsehnachrichten im leeren Bungalow widerhallten – bisher hatte sich meine Mutter nicht sonderlich für diese Art von Sendung interessiert.

Ihre eigenen Neuigkeiten betrafen ausnahmslos meinen Vater. Seine Asche sollte in Oddingley beigesetzt werden, der ehemaligen Kirchengemeinde meines Großvaters. Ein Steinmetz aus Worcester arbeitete schon am Grabstein. «Schlicht ‹James Peter Caplin Priaulx Raban›. Wir halten den Zusatz ‹Kanonikus› oder ‹Pastor› nicht für nötig – du etwa?» Sie bemühte sich um einen gleichmütigen Ton, hangelte sich dabei aber von einem Wort zum nächsten: «Und dann: ‹Lehrer, Soldat, Geistlicher und Gelehrter› …»

«Das ist doch großartig.»

«Findest du?»

Ein helles, schwaches Buchfinkenstimmchen über mehr als 4000 Meilen im leeren Blau.

«St. James the Great», sagte sie.

«Wer?»

«So heißt die Kirche in Oddingley.»

Als das Gespräch beendet war, folgte ich dem schlängelnden Uferpfad zum Fähranleger und zum Kramladen an der äußersten Nordspitze der Bucht und stopfte mir unterwegs den Mund mit Brombeeren voll. Jede Menge Fußgänger waren hier unterwegs, denn der Wohnbereich des Ortes lag an der flachen Südspitze der Bucht. Dort waren einstöckige Schuppen und Häuser um die imposante Holzkirche gruppiert. Alle Leute sagten im Vorübergehen hallo zu mir, selbst ein verdrossener Teenager verzog das Gesicht zu einem müden Lächeln, als er mich sah. Da war doch was im Busch?

Ich musste mich in die Brombeersträucher drücken, um eine Gruppe von Touristen vorbeizulassen, zwölf oder vielleicht auch fünfzehn an der Zahl, mit Regenmänteln und Wanderstiefeln, begleitet von einer jungen einheimischen Fremdenführerin, die gerade eine Geschichte über Mörderwale zum Besten gab.

Im Laden herrschte gähnende Leere. Im Schein nackter Glühbirnen voller Fliegendreck präsentierten die Regale verstaubte Bohnenkonserven, ein paar ältliche Kartoffeln und zwei traurige Blumenkohlköpfe. Ich stöberte ein wenig herum und packte mir lauter Sachen in den Korb, die ich weder brauchte noch haben wollte. Die Kassiererin weigerte sich – auch wieder mit breitem Lächeln –, mir für eine Packung gefriergetrocknetes «Chicken à la King» *(nur Wasser zugeben und erhitzen)* Geld abzunehmen, «weil das hier schon so lange rumsteht». Da aber alles in diesem Laden so aussah, als stehe es bereits seit einem Jahr oder noch länger herum, fand ich sie meinem Hühnchen gegenüber voreingenommen. Doch dann lüftete sie das Geheimnis um Klemtus verblüffende Freundlichkeit.

Die Führung durch den Ort war ein Experiment, das erste seiner

Art. Die Reederei BC Ferries – die im Sommer Ausflugsfahrten zu ermäßigten Preisen anbot und ihre fahrplanmäßigen Touren als Studienreisen in die Wildnis anpries – legte ab heute in Klemtu einen Zwischenaufenthalt ein, der lange genug dauerte, um das Dorf etwas am Touristikgeschäft teilhaben zu lassen. Das Motto lautete: Seid nett zu den Fremden, und darum trugen heute Nachmittag alle dieses aufgesetzte Lächeln zur Schau.

Ein Blick in den Laden genügte, um zu erkennen, dass der Tourismus tatsächlich Klemtus größte Chance war. Über kurz oder lang würden die Einwohner hier zeremonielle, mit Stammestanz garnierte Lachsgrillfeste auf die Beine stellen und Miniaturtotempfähle als Souvenirs verkaufen. Falls Klemtu sich zur Touristenfalle mausern wollte, stand dafür schon gutes Arbeitsmaterial bereit – die malerische Bucht, die eine halbe Meile lange Uferpromenade, die Kirche, der nur die Tünche für einen neuen Anstrich fehlte, und das Dorf selbst, das ein paar traditionell bemalte Häuserfronten für den unwiderstehlich exotischen Touch nötig hatte. Zudem gab es Bären, die auf der Müllhalde wühlten, und in den tiefen Wäldern hauste sogar der seltene Albino-Schwarzbär, auch unter dem Namen weißer Kermode- oder Spirit-Bär bekannt und üblicherweise als «legendär» beschrieben. Die Dorfbewohner müssten nur ihr Sozialgefüge völlig umkrempeln und Darsteller in einem folkloristischen Historienspiel werden. Mit einem «Blackfish»-Hotel und Andenkenläden mit heimischem Kunsthandwerk, Kriegskanurennen über die Bucht und Zeremonien des Ersten Lachses könnte diese Gemeinde, die größtenteils aus arbeitslosen Holzfällern und Fischern bestand, den im Sommer stetig anschwellenden Geldfluss anzapfen, der an ihrer Haustür vorbeifloss. Der heutige Tag, an dem die BC Ferries hier einen längeren Stopp einlegten, war für Klemtu der Beginn einer neuen Zeit.

Ein Fischer dokterte immer noch an seinem siechen Motor herum, als ich zu meinem Schiff zurückkehrte. Ich befragte ihn über die Kitasoo-Nation, deren winzige Hauptstadt Klemtu war.

«Die Leute kommen von überall her», sagte er. «Die Regierung hat sie hierher umgesiedelt. Nicht nur Tsimshian, die schon vorher hier waren. Manche kamen aus anderen Stämmen ganz weit im Binnenland. Die hatten das Meer noch nie gesehen. Sprachen auch andere Sprachen. Darum mussten dann auch alle Englisch sprechen – das war die einzige Verständigungsmöglichkeit.»

Wie jeder Tourist hatte auch ich Klemtu für eine alte, bodenständige und organisch gewachsene Gesellschaft gehalten, doch nun entpuppte es sich als weiterer wirbeliger Schmelztiegel in Nordamerika. Diesen Teil würde man in dem Historienspiel dann wohl eher verschleiern müssen.

Später am Tag bekam ich Besuch von einem großen, schlaksigen Marinebiologen um die dreißig. Er war der Leiter des Fischereiprogramms in Klemtu und wohnte auf der weißen Slup, die in der Nähe vor Anker lag. Das heimische Fischereiwesen lag in den letzten Zügen. Obwohl die meisten Familien für den Eigenbedarf fischten, fuhren inzwischen nur noch zwei kommerzielle Schiffe aus dem Hafen aus. «Man kriegt das Geld für die Lizenzgebühren nicht wieder rein.» Der Biologe sollte den Dorfbewohnern zeigen, wie man die dezimierten Populationen von Abalonen, Garnelen, Heringen, Lachsen und Muscheln überwachen konnte. «Man muss die Viecher nur zählen. Keine bahnbrechende Forschung.»

Also stellte die Regierung ehemalige Fischer als Biologen an und bezahlte sie für die Überwachung dessen, was sie früher gefangen hatten. Ein voll ausgebildeter Techniker mit fünfjähriger Erfahrung konnte 11 kanadische Dollar oder 7,50 US-Dollar pro Stunde verdienen, also ungefähr die Hälfte des Satzes, den in Seattle eine Haushaltshilfe bezog. In Klemtu aber war das viel Geld, und die Leute wetteiferten um diese Option auf eine gesicherte Existenz.

«Das ist keine bahnbrechende Forschung», wiederholte der Biologe. «Aber die Leute sind gut. An harte Arbeit gewöhnt. Ich bin hier, weil ich das Dorf so mag. Ich komme immer wieder gern hierher.»

Jeden Herbst kehrte er in sein Forschungszentrum auf Vancouver Island zurück, um im Frühling wieder nach Klemtu zu segeln. Wenn er im Dorf lebte, war seine einzige Sorge, dass er ständig von Leuten eingeladen wurde, die sich seine Bewirtung eigentlich gar nicht leisten konnten. «Manchmal habe ich das Gefühl, als würde ich ihnen den letzten Bissen rauben.»

«Haben Sie gelesen, was die Reiseführer über Klemtu schreiben?»

«Die haben so eine Antihaltung, diese Typen, die so was zusammenschreiben. Das beleidigt die Menschen hier. Beleidigt übrigens auch mich. Klemtu war immer das netteste Reservat an der Küste von British Columbia.»

Ich erzählte ihm von den vielen Hallos und dem Dauerlächeln.

«So sind die Leute nun mal. Zu jeder Zeit. In jedem Jahr. Sie setzen ihr Lächeln nicht bloß für Touristen auf.»

Ich lud ihn zum Abendessen ein, aber er hatte schon eine andere Einladung im Dorf. Also setzte ich mich hin und aß allein, aber mit dem Geist meines Vaters.

1944 wurde vier Tage nach der Landung der Alliierten eine Gruppe von Kriegsberichterstattern nach Anzio geschickt, um die Einheit meines Vaters in Aktion zu beobachten. Wochen später fand mein Vater in einem italienischen Bauernhaus, in dem kurz zuvor amerikanische Soldaten einquartiert gewesen waren, ein zerfleddertes Exemplar der *Newsweek* (vom 14. Februar 1944) mit John Lardners »Vignettes from the Italian Front«.

... Die Briten hatten Sperrfeuer mit 25-Pfünder-Geschützen über das Flüsschen Fosso della Moletta auf die Deutschen gelegt, als wir ein Dörfchen an der Küste erreichten.

Im obersten Stockwerk eines Backhauses hatten sie einen Beobachtungsposten. Ein Bataillonskommandeur observierte vom Fenster aus die Deutschen, die sich 2000 Meter weiter vorn in einem Bauernhaus befanden. Er frotzelte mit Hauptmann Peter, dem jungen Beobachter an seiner Seite, der dringend mal zum Friseur gemusst hätte und Pfeife rauchte, während er die Deutschen durch den Feldstecher observierte und Kommandos gab.

«Drei-null Minuten draufhalten und hundert dazugeben», sagte Peter, ohne die Pfeife aus dem Mund zu nehmen.

«Drei-null Minuten draufhalten und hundert dazugeben», wiederholte ein Sergeant ins Telefon.

Hinter uns war Geschützfeuer zu vernehmen, und wenige Augenblicke später sahen wir vor dem Operationsziel schwarze Rauchwolken aufsteigen.

«Peter, Sie geben dem Ball zu viel Drall», sagte der Colonel. «Ich wette mit Ihnen um eine Flasche Bier, dass Sie das Haus, in dem die Fritzen frühstücken, nicht erwischen.»

Peter kaute auf seiner Pfeife herum und sagte: «Noch mehr eins-null Minuten, bestätigen.»

Erneutes Geschützfeuer. Gebannt blickten wir in das flache, braungrüne Marschland und beobachteten, wie eine Geschosshülse von der rechten Hauswand abprallte und sich dann an die linke Wand anschmiegte. Das Haus leuchtete in einem eigentümlichen Licht, bevor es endgültig seine Form veränderte.

«Den Putter können Sie stecken lassen», sagte der Colonel.

Neben «Drei-null Minuten drauflegen und hundert dazugeben» hatte mein Vater geschrieben: «Artillerietechnisch gesehen reiner Blödsinn.» *Nun mach mal halblang, Lardner.*

Ich hatte mir meinen Vater nie als Figur aus einer Hemingway-Story vorgestellt und hielt den Schnappschuss in Ehren, auf dem ich neunzehn Monate alt war und er fünfundzwanzig Jahre. Der Krieg und die Offiziersuniform hatten ihn gerettet. Da er keinen Studienplatz an der Universität bekam, besuchte er nach der Schule die Pädagogische Hochschule in Winchester. Sein praktisches Probejahr von 1938 bis 1939 war das reinste Elend. Er konnte keine Ordnung in die Klasse bringen. Mit dem Oberleutnantsstern des Territorialheers dagegen war er ein voller Erfolg. In der Welt des Militärs, mit ihren klaren Unterscheidungen, fühlte er sich sicher, anders als an der chaotischen höheren Schule, in der ihn die Jungen wegen seines Akzents aufgezogen hatten und während der allzu sorgfältig vorbereiteten Stunden außer Rand und Band geraten waren. Mathematik war immer sein bestes Fach gewesen, und ihm gefiel die Eindeutigkeit, auf die sich die Berechnung einer Geschossflugbahn gründete. Das war seine Art der Längengradbestimmung per Monddistanz.

Ein zweites Foto zeigt ihn in jener Uniform, die er in meiner Kindheit trug. In Auberon Waughs Autobiographie *Will this do?* bangt Bron, mein sehr entfernter Vetter, ob seine Raban-Vorfahren womöglich Juden gewesen seien, rechnet ihnen aber hoch an, dass sie seinem Vater Evelyn Waugh die Kraft der «Phantasie» vererbt hätten.

> *An Einbildungskraft mangelte es den Rabans wahrlich nicht. Großonkel George, ebenfalls Geistlicher, ließ sogar seine Kanzel im Stich, um mit dem Golfschläger eingebildete Mäuse durch die Kirche zu jagen. Dem Pfarrer Peter Raban ... bin ich nur einmal begegnet, auf Georges Beerdigung, zu der er einen Umhang à la Graf Dracula trug.*

Das war der Talar, den mein Vater von seinem Onkel Cyril geerbt hatte, der ihn wiederum von einem seiner Vorfahren im geistlichen Stand bekommen haben musste. Anscheinend ließ sich das gute Stück bis zur Gründung der anglikanischen Kirche durch Henry VIII. zurückverfolgen, denn seine fettige Patina glänzte wie eine Schmeißfliege und schien aus einem Gemisch aus schwarzer Wolle und Blei zu bestehen. Wenn es von einer Stuhllehne zu Boden fiel, krachte es, dass die Wände wackelten. Und wenn mein Vater sich in dieses grauslige Kleidungsstück hüllte, fiel es in ebenso schweren, wellenförmigen Falten wie der Plüschvorhang eines Theaters auf seine Füße nieder.

Winters wie sommers trug er tagtäglich diese Kluft, die ihn zu einem weithin sichtbaren Wahrzeichen in seiner Gemeinde machte. In meinen Jugendjahren erkannte ich ihn schon aus einer Entfernung von einer Meile oder noch mehr – ein schwarzer, afrikanischer Geier, der auf die Gassen von Hampshire herniedergeschwebt war. Sein Talar unterschied ihn vom Rest der Menschheit und verlieh ihm die beklemmende Autorität des geistlichen Standes. Selbst die römisch-katholischen Priester in ihren dünnen Habiten aus schwarzem Serge kuschten vor dem Superrock meines Vaters.

Es war kein Faible für das Phantastische, das meinen Vater dazu veranlasste, diesen Rock zu tragen, sondern vielmehr die Angst, ohne Uniform nicht respektiert zu werden. Es schmerzte ihn sehr, keinen akademischen Titel zu besitzen. Obwohl er es zum Kanonikus gebracht hatte, wäre er als Erzdiakon nie infrage gekommen, geschweige denn für das Amt eines Bischofs. Im Predigerseminar von Chichester sah er als Mittdreißiger neben den Milchgesichtern in seinem Abschlusssemester alt aus – ein onkelhafter Typ mit blauem Bartschatten am Kinn, immer noch «der Major», mit jugendlichem Halstuch, einem Söhne-Trio und einem Zweirad von Anno dazumal.

Nach seiner Ordination hüllte ihn Großonkel Cyrils Talar ein wie sein Schicksal. Er verdeckte alle Risse und Brüche seines Lebenslaufes. In seinem schwarzen Gewand war er der Geistliche schlechthin: zeitlos, ernst, «ein Mann des geistlichen Stands». Den Geruch dieses Rocks habe ich immer noch in der Nase: Er müffelte – besonders an feuchten Tagen – nach den Körperausdünstungen einer langen Reihe von Geistlichen, die darin gelebt hatten. Major MacTurk, unser Hausaufseher im Internat, nannte mich vor den anderen immer «Raban, Sohn des Rocks», als hätte mich dieser scheußliche Talar gezeugt – eine Vorstellung, die mir manchmal durchaus wahrscheinlich schien.

Gegen Ende der sechziger Jahre zog mein Vater den Talar nur noch zu Begräbnissen an und ließ seinen Bart zu einem dichten Pelz aus schwarzen, rötlichen und silbergrauen Locken wuchern. Dieses neue, radikale Merkmal meines Vaters lebte eine Zeit lang in friedlicher Koexistenz mit der schwarzen Montur und dem steifen schmalen Stehkragen des Klerikers, aber schon bald darauf folgte dieser Maokragen dem Talar in die Verbannung, was die unangefochtene Herrschaft des Bartes einläutete. Da mein Vater seinen wilden Backenbart stolz zur Schau trug, wurde er immer mehr zum Stachel im Fleisch der bischöflichen Hierarchie und begann, sich zum Fürsprecher der Erwerbslosen (wie die Linke sie jetzt gern nannte) aufzuschwingen. Anscheinend ermunterte ihn seine plötzlich piratenmäßige Erscheinung zu einer Denk- und Redeweise, die noch wenige Jahre zuvor unvorstellbar gewesen wäre.

Der Bart gehörte zu der seltsamen neuen Welt, die mein Vater jetzt bewohnte: Hochhaussiedlungen mit Sozialwohnungen, in der man die anglikanische Kirche, falls sie überhaupt noch etwas zählte, in dieselbe Ecke wie Moriskentänzer oder Robin Hood mit seinen lustigen Gesellen stellte. Doch mein Vater war nicht bereit, sich mit dieser Gleichgültigkeit abzufinden. Sein widerspenstiger Bart, der in allen Farben und in alle Richtungen spross, bezeugte seine Entschlossenheit, in diesem fremdartigen Umfeld, in das der Bischof ihn entsandt hatte, einen Platz für seine Kirche zu schaffen.

In einer kleinen Gemeinde mit einem gemeinsamen Ziel wäre mein Vater in seinem Element gewesen, denn da hätte er seine kämpferische, auf dem Schlachtfeld erprobte Natur produktiv einsetzen können. Etwas wie Klemtu wäre für ihn ideal gewesen. Hier hätte er sich zu einem Experten für Vertragsrecht gemausert, seine Geschütze auf Ottawa und das Provinzparlament von Victoria gerichtet und sich als erster Freiwilliger zur Blockade der Fischerboote gemeldet. Ich konnte ihn förmlich vor mir sehen, wie er mit Bart und Plastikparka über die Uferpromenade marschierte – endlich Pfarrer einer Gemeinde, die er voll und ganz verstünde.

Stimmen rissen mich aus dem Schlaf. Vom Nachbarboot drangen die Schallwellen eines voll aufgedrehten Funkgeräts herüber. Zwei Fischer erzählten sich Döntjes. Was sie sagten, konnte ich nicht verstehen – es war ein Austausch von lakonischen Raunzern, unterbrochen von keckerndem Gelächter. Ich zog die rechte Hand unter der Bettdecke vor und sah auf meine Armbanduhr: 5:40. Der überlaute, unverständliche verbale Schlagabtausch trieb mich aus den Federn. Schlaftrunken und stinksauer auf meinen rücksichtslosen Nachbarn, zog ich mich an und schob den Lukendeckel auf.

Das Dorf lag in Nebel gehüllt, das Wasser still und grau wie Schneematsch. Auf den Booten links und rechts regte sich nichts. Die Funkstimmen gehörten zwei Raben, die ganz in der Nähe auf den Dalben hockten und unbeirrt weiter miteinander schwatzten, ohne sich darum zu scheren, dass ich mich zehn Fuß unter ihnen tummelte.

Genau wie von Roger Tory Peterson beschrieben, hatten die Raben Kröpfe und römische Nasen: Von so menschlich klingenden

Vögeln konnte man nur in menschenähnlichen Kategorien denken. Selbst nachdem ich meinen Irrtum bemerkt hatte, versuchte ich noch, ihre Unterhaltung zu entschlüsseln. Vielleicht sprachen sie ja in irgendeinem ausgestorbenen Tsimshian-Dialekt, denn um ein Gespräch handelte es sich ganz zweifellos. Obwohl mir der Sinn ihrer Worte verborgen blieb, hörte ich klar eine grammatische Struktur heraus, ähnlich wie in Noam Chomskys berühmtem Beispielsatz «Farblose grüne Ideen schlafen wütend». So anschaulich Peterson das Aussehen des Raben beschreibt, seiner Stimme wird er kaum gerecht: «Ein krächzendes *Krrr…o…ak* oder *Prrr…a…x,* auch ein metallisches *Tock.*» Hätte er den Klemtu-Raben gelauscht, dann wäre ihm das hämische Gelächter aufgefallen, der nach William F. Buckley klingende Ton abgründiger, herablassender Ironie, die zahllosen Nebensätze, die Gewohnheit, rhetorische Fragen zu stellen und sie sofort zu beantworten, das Bertie Wooster'sche *Was? Was?*, das *Ts-ts-ts!* alter Weiber. Das Repertoire chronischer Nörgler mit seinen Jammertiraden und Selbstrechtfertigungen.

In den indianischen Geschichten ist der Rabe das klügste aller Tiere: ein Meister der Verstellung, ein brillanter Schwindler und Dieb, ein Feinschmecker und Wüstling, ein mit allen Wassern gewaschener Überlebenskünstler. In einem seiner vielen Abenteuer stiehlt der Rabe einem alten Mann die Kiste, die das Tageslicht enthält, entreißt der alten Tidenhexe die Herrschaft über die Gezeiten, indem er ihr mit Stachelschweinnadeln in den Hintern sticht, macht die Wellen und überredet eine Prinzessin zum Beischlaf, indem er sich als Schamane ausgibt. In Swantons Version des Tlingit-Raben-Zyklus mussten die Streiche des Raben zum großen Teil in lateinischer Sprache gedruckt werden. In manchen Geschichten erschafft der Rabe sogar die Welt.

Die Figur des heimtückischen Raben entsprach dem Alltagsverhalten der Vögel, wie man es in jedem Dorf beobachten konnte. Man brauchte nur ein klein wenig an tatsächlichen Vorfällen mit echten Raben zu drehen, und flugs verwandelten sie sich in die tolldreisten Geschichten des Raben-Zyklus. Erzählinhalt und Figur der Indianergeschichten decken sich erstaunlich genau mit den Schilderungen von Lawrence Kilham, dem großartigen Rabenvogel-Experten und Verfasser des Standardwerks *The American Crow and the Common Raven.* Kilham hatte 1933 in Island sein Schlüsselerlebnis mit einem Raben, auf den er mit einer Schrotflinte schoss. Eine einzige Feder schwebte herab, während der Vogel «anscheinend ungerührt» weiter am Himmel kreiste.

> *Der Rabe war schneller zurück, als ich erwartet hatte. In dem Moment, als ich hochblickte, zielte er auf mich. Ein großer, violetter Klecks (der Rabe hatte Krähenbeeren gefressen) platschte mir vorn auf den Hut. Ich nahm meine Kopfbedeckung ab und starrte verblüfft darauf. Man kann es Zufall nennen. Doch so kam es mir nicht vor. Bei diesem Erlebnis beschlich mich das Gefühl, dass Raben nicht nur sehr schlau sind, sondern vielleicht sogar Sinn für Humor haben.*

In Kilhams Buch lenkt ein Rabe ein paar junge Wölfe von ihrer Beute ab, indem er vortäuscht, sich einen Flügel gebrochen zu haben. Auf diese Weise kann sein Kamerad hinterrücks Futter von ihnen stibitzen. Ein weißer Schwan wird auf ähnliche Weise abgelenkt, während drei Raben derweil sein Nest plündern. Raben greifen aus schierem Übermut Gorillas im Sturzflug an und erschrecken diese Tiere so sehr, dass sie wie gelähmt sind. Raben rutschen hintereinander auf dem Bauch einen Schneehang hinunter. Zahme Raben versuchen, ihre menschlichen Meister zu bezirzen und sich mit ihnen zu paaren.

Um den Raben als listenreichen Schwindler darzustellen, der selbst Grizzlybären, Mörderwale und Menschen mühelos übertölpelt, mussten die Küstenindianer nur wenig erfinden. Das meiste von dem, was der Rabe tut – ausgenommen den Geschlechtsverkehr mit einer echten Prinzessin –, findet sich auch bei Kilham, und zwar nicht als Legende, sondern als Naturbeobachtung. Wie die Geschichten von der Sintflut hatten auch die in den Bereich des Mythischen, Märchenhaften verlagerten Raben-Chroniken einen wahren Kern, der auf dem Lebensalltag an der Nordwestküste beruht.

Unter den desinteressierten Blicken der tratschenden Vögel machte ich die Leinen los und legte ab.

Es war ein schöner Morgen für einen frühen Aufbruch. Blässliche Sonnenstrahlen erhellten die atemhauchähnlichen Nebelspiralen auf dem Wasser. Das Wasser bewegte sich in trägen Schnörkeln und Strudeln wie winzige Fischlein. Ich passierte eine Gezeitenmüllkollektion aus Treibgut – eine durchgehende Wellenlinie aus Baumstämmen, grünen Zweigen, vergilbten Fetzen von Plastikverpackungen, Getränkedosen, Kondomen, Fischkisten, ausgefransten Tau-Enden, alten Stiefeln, angenagten Äpfeln, einem zerbrochenen Rohrstuhl, einem Gummiball. Wo immer zwei Tideströme aufeinander treffen, bilden sie einen langen, schmalen schwimmenden Schrottplatz, zu dem alles Überflüssige aus der Umgebung irgendwann gravitiert. Diese endlosen Abfallstreifen bieten Einblicke in die natürliche Affinität des Unerwünschten: ein Sammelbecken alles Herrenlosen sind sie, eine schwimmende Republik der Verschwendung und Verwahrlosung. Ich durchfuhr diese Zonen des Gezeitentreffens mit äußerster Vorsicht, stets in der Hoffnung, einen ausrangierten Fender, eine japanische Glaskugel oder irgendein anderes der praktischen und dekorativen Objekte zu bergen, die ab und an auf diesen welligen Mülldeponien auftauchen. Heute Morgen hatte ich kein Glück. Doch die Möwen amüsierten sich gut und pickten Leckerbissen wie Sandwichhäppchen mitsamt üppigem Belag, die höchstwahrscheinlich von einem satten Kreuzfahrtpassagier ins Wasser geworfen worden waren.

Ich arbeitete mich nordwärts vor, durch den Finlayson Channel, auf Vancouvers Spuren vom Juni 1793, seiner zweiten Vermessungssaison. Mittlerweile hatten selbst die leidenschaftlichsten Romantiker an Bord so viele Kaskaden, Abgründe, schneebedeckte Gipfel und zauberhafte Fichtenwälder gesehen, dass es für ein ganzes Leben reichte. Das Wetter war eintönig nass und windig. Diesen Küstenstrich hatten bereits andere englische Kapitäne erforscht und teilweise sogar kartographiert: Sowohl Charles Duncan an Bord der *Princess Royal* als auch John Meares mit der *Felice* waren fünf Jahre zuvor hier vorbeigesegelt. Vancouver besaß Kopien ihrer Karten, und ihm oblag die nervtötende Pflicht, sie auf Genauigkeit zu überprüfen und die weißen Flecken auszufüllen.

Die Schiffe setzten ihre Reise auf Befehl der Admiralität in einer Dunstglocke aus Langeweile und Mühsal fort. Die Tagebücher der jungen Gentlemen auf dem Quarterdeck vermelden, anders als 1792, keine Ausbrüche und Konfrontationen. Es ereignete sich wenig. Jede neue Meerengen-Sackgasse sah der vorigen höchst ähnlich. Kleine Vorfälle nahmen breiten Raum ein. In der Nähe von Restoration Cove spürte James Johnstone, kürzlich zum Leutnant befördert, zwei Bärenjunge auf und erlegte sie mit je einem Gewehrschuss. Das köstliche Fleisch war eine willkommene Abwechslung vom üblichen öligen Pazifiklachs. Am 4. Juni, dem Geburtstag des Königs, labten sich die Offiziere auf der *Discovery* an einem üppigen Festmahl aus Bärensteaks, gedünstetem Adler und gebackenen Muscheln, die sie «flugs mit Schalen voller Grog hinunterspülten». Messingknöpfe und Kupferkessel wurden gegen Seeotterpelze getauscht. Dies waren seltene Höhepunkte in Zeiten, da die Küstenlinie sich endlos hinzog und man sich durch eine Landschaft quälte, die den Männern so vertraut war, dass sie sie nur noch als riesigen, immergrünen Kerker betrachteten.

Finlayson Channel endete an einer Kreuzung: Nach rechts führte ein breiter Meeresarm ostwärts zwischen zwei 3000 Fuß hohen Bergkämmen hindurch, und zur Linken lief ein krummer und viel engerer Wasserweg nach Nordosten. Vancouver bog nach links ab, schickte aber zwei Boote los, die dem größeren Arm bis zu seinem unvermeidlichen Ende folgen sollten. Am Morgen des 15. Juni hielten die zwei Boote in einer Bucht an der Zufahrt des Meeresarms, und man sammelte Muscheln am Strand und röstete sie zum Frühstück. In Thomas Manbys Tagebuch findet sich die genaueste Schilderung der Ereignisse:

Die Begebenheiten der letzten Woche erfüllten alle an Bord mit Schwermuth. Nicht ein einziges Mal hatte die Sonne während der ganzen Zeit einen aufmunternden Strahl geschickt. Kein Anblick, welcher die Phantasie beflügelt hätte; die stumpfen, faden Grüntöne der erhabenen Berge, die uns allenthalben umgeben, deren verwegene Gipfel die dahintreibenden Wolken in ihrer Reise aufhalten, sorgen für eine drückende Atmosphäre und Dauerregen. Mit selbigem Ungemach kämpften unsere Boote während der Exkursion, und am Fünfzehnten spielte sich eine Schreckensszene ab, welche sich bei der Rückkehr an Bord in den düsteren Mienen widerspiegelte. Die Bootsbesatzung hatte die Fahrt unterbrochen, um in einer kleinen Bucht mit Muscheln in Hülle und Fülle zu frühstücken. Davon aßen sie, ohne irgendeinen Unterschied wahrzunehmen, weder äußerlich noch im Geschmacke, zu jenen, welche wir seit unserer Ankunft in Amerika zu essen pflegten. Binnen weniger Minuten ward die ganze Mann-

schaft von schmerzhaften Krämpfen, ungewöhnlichen Schwellungen und jedem anderen Symptom heimgesucht, welches Gift hervorruft. Ein Kessel Wasser auf dem Feuer verschaffte etlichen Erleichterung, doch – grausame Chronistenpflicht – ein Seemann starb vor Ablauf einer Stunde, und drei weitere wurden aufs Schiff verbracht, ohne große Hoffnung auf Genesung. Da das felsige, unwirtliche Ufer nicht reich genug an Erde war, um die sterbliche Hülle unseres dahingegangenen Landsmannes aufzunehmen, wurde der Leichnam einem Seemannsgrab überantwortet und zum Gedenken an den Namen des Verstorbenen dieser Wasserweg Carter's Passage genannt.

In Manbys Schilderung sind die giftigen Muscheln fester Bestandteil des Gesamtbildes, das aus einer steinigen, sonnenlosen, regenüberfluteten Landschaft mit zu wenig Erde, drückender Luft und verwegenen Bergeshöhen besteht. Der Ausbruch von Schalentiervergiftung mit Lähmungseffekt wird als weiterer ungastlicher, ja bösartiger Aspekt der Natur an der Nordwestküste empfunden. Hier tötet die Natur spontan und lustvoll, indem sie den unschuldigen Fremden mit Meeresfrüchten lockt. Manby, von Schwermut befallen, sucht die Schuld für Carters Tod im feuchten, dunklen, feindseligen Charakter des Landes, das er allmählich hassen gelernt hat.

Falls es eine rötliche Färbung im Wasser gab, verursacht durch die Blüte des giftigen Dinoflagellaten *Alexandrium*, hätte man sie bei solch rauem und lichtlosem Wetter kaum gesehen, und die Bootsbesatzung hätte die Warnung vermutlich nicht lesen können. Das erste Warnsignal wäre ein Taubheitsgefühl in den Lippen gewesen, gefolgt von einem Anschwellen der Zunge, das es schwer machte, sich klar zu artikulieren. Laut dem medizinischen Ratgeber in meiner Bordbibliothek, *The Waterlover's Guide to Marine Medicine*, wird man von «Schwindelgefühl und Übelkeit befallen, die Zähne fühlen sich locker an, und man hat die allergrößte Mühe mit dem Sprechen und dem Schlucken, während die Lähmung eintritt. Diese Lähmung kann im Extremfall den Erstickungstod bewirken, wobei man bis zum bitteren Ende im Vollbesitz seiner geistigen Kräfte bleibt.»

Die kranken Männer ruderten mit Carters Leichnam zur Kreuzung am Finlayson Channel zurück, wo eine Bucht am Nordufer eine angemessene Grabstätte verhieß. (Der Seemann des 18. Jahrhunderts, so Marcus Rediker in *Between the Devil and the Deep Blue Sea,* betrachtete ein gekennzeichnetes Grab als wichtige Voraussetzung «für Frieden und ewige Ruhe».) Doch wo immer die Männer ihr Glück probierten, stets stießen die Schaufeln auf hartes Felsgestein. Der Tote, eingenäht in Segeltuch und mit Steinen vom Strand beschwert, wurde schließlich über das Dollbord des Beiboots in dreißig Faden tiefes Wasser geworfen. Leutnant Johnstone, der älteste anwesende Offizier, sprach barhäuptig im Regen die Worte des letzten Geleits aus dem Gebetbuch der Seeleute:

«Wir übergeben daher seinen Leib der Tiefe, auf dass er verwese bis zur Auferstehung des Fleisches (wenn die See ihre Toten hergeben wird), und dem Leben in der Welt, welche da kommen wird, dank unseres Herrn Jesu Christi ...»

Ich schwenkte nach Backbord, wie weiland die *Discovery*, knapp vor der Carter Bay. Alle paar Meilen segelte ich an den Überresten großer Anlagen vorbei, die vor die Hunde gegangen waren. Ein hoher Ziegelschornstein inmitten der Bäume war alles, was von Swanson Bay, einst eine Industriestadt mit einer belebten Mole, noch übrig war. Die Backsteine des Fabrikschlots zerbarsten bereits. In ein, zwei Jahren würden die Bäume den Turm zum Einsturz bringen, und dann würde er zu Staub zerfallen. Es gab kaum eine Lücke in der Uferlandschaft ohne ein halbes Dutzend geteerter Stümpfe, die schief und krumm in sämtliche Himmelsrichtungen zeigten, Anzeichen dafür, dass es hier einmal Anleger gegeben hatte und dahinter Häuser, eine Sägemühle oder Konservenfabrik. Wäre ich vor neunzig Jahren hier gewesen, die ganze Gegend hätte bienenfleißig gesummt, die Kanäle wären mit Schleppern, Leichtern, Fischerbooten und Dampfern übersät gewesen. Der Wald hatte ganze Arbeit geleistet und alles unter sich begraben.

Fast alle Indianerdörfer, die Vancouver damals gesehen hatte, waren verschwunden und hatten überwucherte Muschelhaufen – ähnlich den Grabhügeln auf den Äckern Südenglands – sowie ein paar merkwürdig platzierte Findlinge am Strand hinterlassen, die Überreste des Fischwehrs, mit dessen Hilfe der wandernde Lachs vom abfließenden Wasser eingeschlossen wurde. Weil die Indianer näher am Wasser wohnten als die Weißen, waren ihre verlassenen Dörfer im Allgemeinen leichter zu erkennen. Aber Weiße wie Indianer hatten mit Holz gebaut, und im Regenwald verfault Holz binnen kürzester Zeit, wenn der Mensch es nicht ständig pflegt und schützt. Totempfähle, Häuserfassaden, Villen mit Balustraden, in denen einst die Fabrikbesitzer residiert hatten, Hafenanlagen und Speicher – alles war schwarz geworden, aufgeweicht und weggekrümelt, ohne viel mehr Spuren zu hinterlassen als die im Wasser zerlaufende Bugwelle eines Kanus. Die Oberflächenspannung des Waldes schloss sich rasch über dem, was von Menschenhand darin angerichtet worden war. Hier verfiel alles viel schneller als in trockeneren Klimazonen, was der Landschaft selbst an ihren sonnigsten, lieblichsten Tagen etwas Düsteres verlieh: *Auch ich war in Arkadien …*

Die zäheste Ruine war Butedale, das sich am Südende von Fraser Reach um eine tiefe Bucht drängte. Majestätisch glitt ein Bauwerk nach dem anderen ins Blickfeld. Es war bei weitem die größte Ansiedlung, die ich seit Port Hardy gesehen hatte. Schon die Schlafbaracke auf dem Hügel über der Konservenfabrik hätte als mittelgroßes Bundesgefängnis dienen können. An der Mole, die für eine Fischereiflotte konzipiert war, lag nur ein kleines Motorboot. Obwohl man schon auf den ersten Blick annehmen musste, Butedale sei von einer grässlichen Seuche heimgesucht worden, zeigte sich das ganze Ausmaß des Verfalls erst aus einer Entfernung von zwei, drei Kabellängen vom Ufer: Fensterhöhlen, halbmondförmige Löcher in den schiefen Mauern, durch die der Himmel zu sehen war, Tau-Enden, mit denen Türen und schwankende Stege halbwegs an Ort und Stelle gehalten wurden. Hätte jemand Butedales Angelpunkt gesucht und mit der Schulter dagegen gedrückt, dann wäre das größte Fabrikgebäude an der Küste mit all seinem verrotteten Holz und Schmiedeeisen in die schon wartende See gestürzt.

Was Butedale trotz aller Ödnis fehlte, war Stille. Direkt neben der Konservenfabrik stürzte ein großer Wasserfall in einer weißen Zickzacktreppe über das Kliff. Sein Getöse – vom Lotsenhandbuch als ausgezeichnete Navigationshilfe bei Nebel empfohlen – war so laut wie Lastwagen, die mit defektem Auspuff über eine Autobahn röhren. Dieses Geräusch übertrug sich auf die Ruinen und täuschte dort eine lärmende, fortwährende Betriebsamkeit vor.

In Seattle hatte ich von Butedales Lichtern gehört, die jetzt offenbar endlich ausgeschaltet worden waren. Lange nach Schließung der Konservenfabrik hatte der Wasserfall noch eine Turbine gespeist, die so viel Strom erzeugte, dass man einen Hausmeister für die Wartung Tausender Glühbirnen einstellen musste, die Tag und Nacht mit hoher Wattzahl brannten und nur dazu dienten, den elektrischen Strom abzuleiten. Die Fischer sprachen von Butedale als dem gespenstischen Manhattan der westlichen Wildnis und der schönsten Landmarke in der Inside Passage bei Nacht.

Mit dem Fernglas suchte ich nach dem Besitzer des einsamen Motorboots und fand einen Mann, der ein Gemüsebeet auf dem Berg umgrub. Er stützte sich auf seine Forke, beschirmte die Augen mit der Hand und starrte – keineswegs unfreundlich, wie mir schien – in meine Richtung. Sollte er Familie oder Kollegen bei sich gehabt haben, so sah ich jedenfalls nichts von ihnen, obwohl Butedale ohne weiteres mehrere tausend unsichtbare Hausbesetzer in seinen baufälligen Waben hätte beherbergen können.

Ich hätte ihm gern einen Besuch abgestattet, doch das Wort GEFAHR war in ungelenken roten Buchstaben auf alle Kaimauern gesprüht worden. Ich winkte dem Mann, und er winkte langsam zurück, ohne mir eine Landestelle anzuzeigen.

Solche verlassenen Siedlungen zogen Regenbogenjäger jeder Couleur an. Die Dosen- und Holzfabriken waren froh, sie los zu sein, und Althippie-Kommunen, New-Age-Apologeten oder Neulinge in der Tourismusbranche zogen mit großen Erwartungen bei verheißungsvollem Frühlingswetter hier ein, setzten ein Gebäude wieder instand, legten einen Garten an, bauten ein Floß. Stellten eine Homepage ins Internet. Die Idee, mitten in der Wildnis ein Utopia zu erschaffen, ist ein fester Bestandteil der Phantasien vom Fernen Westen, und an der Nordwestküste wimmelte es von solchen Projekten, gegründet von Hutterern, Veganern, Chanelling- und Survivalist-Gruppen oder christlichen Sekten, die so fundamentalistisch waren, dass selbst die Fundamentalisten sie für exzentrisch hielten. Jedem, der ein Neues Jerusalem gründen wollte, musste Butedale wie ein Traum erscheinen, der nur darauf wartete, wahr zu werden.

Diese Utopien hatten eine durchschnittliche Lebenserwartung von ein, zwei Jahren. Einsamkeit, Regen und der aussichtslose Kampf gegen die unerschrockene Brombeer-und-Salal-Front trieben die meisten Idealisten bald in die Zivilisation zurück. Andere gingen in aller Stille Pleite. Binnen zehn Jahren sprossen aus jedem neuen

Butedale Ruinen aus Ruinen aus Ruinen, während ein hoffnungsvolles Häuflein nach dem anderen sein Glück versuchte – und scheiterte.

Ich winkte dem optimistischen Gärtner noch einmal zu. Lieber er als ich. Selbst in dem Augenblick, als er sich auf seine Forke stützte und über das Wasser schaute, streckte der Wald hinter ihm seine Tentakel aus.

In der überfluteten Schlucht vom Grenville Channel, eine halbe Meile breit und tausend Fuß tief, entdeckte ich zu meiner Überraschung einen orangefarbenen Fleck inmitten des ungeordneten Treibguthaufens, der sich in dem Strudel stromabwärts vor einem stumpfen Felsen angesammelt hatte. Ich verspürte einen Adrenalinstoß und gleich darauf Übelkeit, denn ich erkannte darin den Zwilling meiner Henri-Lloyd-Schmuddelwetterjacke, die ich vor zwanzig Minuten angezogen hatte, als der Nachmittag sich allmählich zum Abend hin abkühlte. Der höckrige Rücken und die Schultern wölbten sich aus dem Wasser, und die verknautschte Kapuze schwamm ein paar Zoll voraus wie eine große, voll erblühte Teerose.

Ich schaltete in den Leerlauf und knüpfte mit einem Palstek eine Schlinge ans Ende der Achterleine an Backbord, holte dann den Bootshaken und ließ das Boot auf den Strudel zutreiben, wobei ich das Echolot unentwegt im Auge behielt. Der Strudel bewegte sich schneller als erwartet, was mir das Gegensteuern schwer machte, und unversehens fand ich mich mitten in einem makabren Pas de deux wieder: Der Leichnam und das Schiff umkreisten einander bei zwanzig Fuß Abstand und einem Knoten Geschwindigkeit. Endlich bekam ich ihn mittschiffs auf der Backbordseite zu fassen und wollte ihn vom Vorschiff aus mit dem Bootshaken und der Schlinge sichern.

 Dass mir dies schon zum zweiten Mal im Leben passieren musste, empfand ich als eine gemeine Laune des Schicksals, doch meine erste Erfahrung hatte mich hart gemacht, und daher war meine Hauptsorge, das Ding von der Schiffsschraube fern zu halten. Ich beschloss, es an der Seite abzuschleppen, was bedeutete, dass die Schlinge über Kopf und Schultern geworfen und zusammengezogen und das lose Ende an den Wanten festgemacht werden musste. Wenn ich weiterfuhr, würde ich es bis um Mitternacht herum nach Prince Rupert schaffen. Die Nacht in irgendeiner Bucht vor Anker zu liegen und die Leiche während der frühen Morgenstunden an den Rumpf schlagen zu hören war eine unerträgliche Vorstellung. Es gab eine automatische UKW-Relaisstation auf dem höchsten Punkt von Gil Island, ein paar Meilen zurück. Mit etwas Glück könnte ich dort die Küstenwacht in Prince Rupert alarmieren und ihr vielleicht – den Toten gleichsam im Huckepack – auf halber Strecke entgegenkommen.

Diese taktischen Überlegungen trugen dazu bei, dass meine Hände sich beruhigten, als ich mich über die Rettungsleinen beugte und die Schlinge auf dem Wasser ausbreitete. («Drei Minuten drauf liegen lassen und bis hundert zählen.») Das Treibgut bewegte sich in langsamen Kreisbewegungen, wie umgerührte Hafergrütze. Mit dem Bootshaken versuchte ich, den Leichnam ein Stück vom Rumpf wegzuschubsen, um die Schlinge darüber zu ziehen, aber zu meiner Überraschung und ungeheuren Erleichterung traf ich auf keinerlei Widerstand. Ich erwischte die Kapuze und fischte die leere Jacke aus dem Meer. Die aus dem Wasser ragenden Höcker von Rücken und Schultern, selbst aus nächster Nähe so lebens- beziehungsweise todesecht, entpuppten sich als eingeschlossene Luft. Der Stoff war zerrissen und verdreckt, und den Messerschlitzen auf der Innenseite nach zu urteilen, hatte ihn jemand als Unterlage benutzt, um Fisch auszunehmen. Wer dieses Kleidungsstück weggeworfen hatte, war sicher froh gewesen, es los zu sein.

Seit dem ersten Anblick hatte ich keinen Moment daran gezweifelt, dass es eine Leiche war. Jetzt, auf dem Dach des Deckshauses ausgebreitet, war die Jacke nichts weiter als ein harmloses Stück Müll, und ich kam mir albern und hysterisch vor. Niemand bei klarem Verstand wäre darauf hereingefallen. Mein Problem waren die Leichen im Kopf.

Gegen eine träge Ebbe ankämpfend, mühte ich mich weiter, während der zerzauste Wald zu beiden Seiten des Kanals rasch dunkel wurde. Das Gerangel mit der orangefarbenen Jacke bestätigte nur, was ich bereits wusste: Eine Reise um die Welt in einem kleinen Boot ist eine Dauerlektion in schier unerschöpflicher Selbsttäuschung. Man hält tiefes Wasser irrtümlich für seicht. Man konstatiert voller Zuversicht, dass die Landspitze da drüben mit jener identisch ist, die man auf der Karte sieht – minutenlang passt man eifrig jedes sichtbare Stückchen Land in die gewünschte Form, und alles scheint zu stimmen –, bis man eine Überraschung erlebt.

Der Begriff «Indianer», der auch für die Ureinwohner der Inside Passage verwandt wurde, beruht auf einem grandiosen Navigationsfehler von Kolumbus, der auf der Insel San Salvador mit einem arabischen Dolmetscher in der Hoffnung an Land ging, dass ihm der Weg zur steinernen Stadt des Großen Khans gewiesen würde. Käpten Van, der John Harrisons Chronometer über die Maßen traute, verlegte den größten Teil dieser Küste gefährlich weit ins Binnenland. Schiffbruch erleidet man meist dadurch, dass man zu genau zu wissen glaubt, wo man sich befindet.

Alle Ich-Erzählungen gehen so: Ich dachte, es sei eine Leiche. Sie dachten, es sei eine Leiche. Wir haben uns beide geirrt.

Auf halbem Weg durch den Grenville Channel, ungefähr an der Stelle, wo ich den Leichnam der Küstenwacht hätte übergeben wollen, hatte eine lange, tiefe Doppelbucht den Spalt in der Nordostwand der Schlucht gefüllt, zwischen den Höhenzügen von Countess of Dufferin und Bare Top. Der empfohlene Yachtankerplatz war in der zweiten Bucht, hinter der tief liegenden Landspitze von Pike Point. Doch als ich in der Dämmerung in diesen einsamen See einlief, fand ich ihn voller Motorboote.

Seit meiner Abreise aus Potts Lagoon war ich mir in diesen Gewässern so allein vorgekommen, dass ich mir angewöhnt hatte, den Kapitänen von Kreuzfahrtschiffen zuzuwinken – Grüße von Mann zu Mann in der Wildnis. Gelegentlich, vielleicht einmal oder zweimal am Tag, sah ich ein anderes Freizeitschiff in der Ferne, meist eine weiße Trawler-Yacht oder einen rot-grünen Miniaturschlepper. Augenblicklich waren Pseudo-Nutzfahrzeuge in Mode, Motoryachten, als Fischdampfer verkleidet oder mit rein dekorativen Schornsteinen bestückt, aus denen Dampfwolken quollen, wie bei *Theodore the Little Tugboat* im Kinderfernsehen. Die Fischdampfer konnten nicht fischen, die Schlepper nicht schleppen, aber ihre Eigner, auf Urlaub von ihren Hochsitzen in den Bürotürmen von Seattle und Vancouver, trugen tressenverzierte Kapitänsmützen und gefielen sich in der Rolle alter Seebären. Drei Wochen lang wollten sie Seemannsgarn spinnen, die Brassen des Großseglers spleißen, wenn die Sonne über der Nock stand, was nichts anderes hieß, als zum frühestmöglichen Zeitpunkt einen zu heben und ein lauschiges Liegeplätzchen aufzusuchen.

Nettle Basin war ganz offensichtlich eins dieser berühmten lauschigen Plätzchen. Die Boote lagen in einer Linie vor einem hübschen Gezeitenwasserfall vor Anker. Jede Heckreling war mit einem Barbecue-Grill ausgerüstet, auf dem Lachssteaks brutzelten. Aus rivalisierenden Stereoanlagen schallten die Stimmen von Neil Diamond, Joni Mitchell und Elvis Costello übers Wasser. Eine Motoryacht erhöhte den allgemeinen Lärmpegel, indem sie ihren Generator volle Pulle laufen ließ.

Absurderweise in meinem Stolz verletzt, suchte ich eine Stelle möglichst weit vom Wasserfall, warf Anker, verschanzte mich im Salon und stellte dann selbst die Stereoanlage an (Henry Purcell, *Music for the Death of Queen Mary*).

«Geschmeiß!», pflegte mein Vater zu knurren, wenn unser Bradford Jowett um die letzte Kurve einer Straße in Cornwall bog und er dort in den Dünen mehr als zwei parkende Wagen vorfand. Dann legte er den Rückwärtsgang ein, wendete und fuhr in die Gegenrichtung, auf der Suche nach einer Stelle, die seiner Vorstellung von stilvoller Einsamkeit eher entsprach. Das bedeutete, dass die Strände, auf denen wir letzten Endes kampierten, meist so klein, felsig, gefährlich und unzugänglich waren, dass jeder halbwegs vernünftige Urlauber sie verschmähte. Es dauerte Jahre, bis mir dämmerte, dass der Ausruf «Geschmeiß!» aus dem Mund eines Geistlichen als Bezeichnung für seine Mitmenschen alles andere als koscher war. Aber jetzt ließ ich mir sein Wort auf der Zunge zergehen, zog die Vorhänge überm Herd auseinander und spuckte es in Richtung des bunten Haufens aus Bayliners, Tollycraft, Nordic Tugs und was sich dort sonst noch an Geländewagen der Meere versammelt hatte. *Geschmeiß!* Meine Faust umklammerte den Griff des Schöpflöffels und wirbelte die Spaghetti im Topf herum. Kochendes Wasser spritzte mir auf den Handrücken. Der Schmerz war ungeheuerlich, wenngleich kurz. Und heilsam dazu.

Es ist schon eine Erblast der Romantik, in einer zunehmend überfüllten Natur weiterhin so verbissen um Abgeschiedenheit zu kämpfen. Der «Reisende», der sich vom bloßen «Touristen» weit entfernt wähnt, lebt in dem Dünkel, ganz allein in der Landschaft und deren einziger, ursprünglicher Entdecker zu sein. Um diesen Dünkel zu bedienen, wurden Reisebücher zu Mitteln der Massenvernichtung. Sie machten Wanderer im Hindukusch, Konvois von Ausflugsbussen und die lustige Karawane von Wohnmobilen nieder, fielen über Parkbesucher her und hinterließen eine ethnisch gesäuberte Welt, in der es nur noch den Autor und seine dunkelhäutigen einheimischen Freunde gab. Die Inside Passage hatte mehr wilde und leere Küstenstriche zu bieten als jede andere Gegend, in der ich jemals gewesen war, aber Nettle Basin brachte mir jäh wieder zu Bewusstsein, dass ich ein Tourist unter Touristen war. Wenn es Zeit wäre heimzufahren, würden wir alle die Höhlen-Einsamkeit rühmen, die wir entdeckt hatten, und verschweigen, dass unsere Ankerketten sich mit denen anderer einsamer Entdecker in bescheuerten Booten verheddert hatten, aus denen bescheuerte Musik wummerte.

Zumindest konnte ich von mir behaupten, früher auf zu sein als der Rest. Alle schliefen, umkränzt von Nebel, eingelullt vom Plätschern des Wasserfalls, während ich auf dem Vorderdeck schwitzend 120 Fuß schlammverdreckter Kette einholte. Für den Aufbruch im Dunkeln entschädigte mich der Anblick von Nettle Basins touristischer Hauptattraktion. Auf dem steinigen Strand am Südende der Bucht untersuchten zwei Bären methodisch mit hochgereckten Hinterteilen und tief gesenkten Köpfen die Wasserlinie. Der größere Bär sah hoch und schnupperte wissend. *Geschmeiß!*

An seinem nördlichsten Ende öffnete sich der Grenville Channel zu einem Archipel großer und kleiner Inseln an der Mündung des Skeena River, wo ich zum ersten Mal auf dieser Reise zwischen eine Flotte von Treibnetz-Fischern bei der Arbeit geriet. Jedes der offiziell zugelassenen Netze – 16 Fuß tief und bis zu 1200 Fuß lang – beschrieb, von einer Winde am Heck des Bootes ausgehend, eine parabelförmige Kurve auf dem Wasser. Hochgehalten wurde das Netz von einer Kette aus zigarrenförmigen, weißen Schwimmern. Eine fußballgroße farbige Tonne markierte sein Ende. Die auf dem Wasser glitzernde Sonne erschwerte es, die Schwimmer zu erkennen. Die Polaroid-Sonnenbrille half ein bisschen, aber immer wieder musste ich im letzten Moment vor einer viertelmeilenlangen Perlenkette ausscheren, die urplötzlich dicht vor mir auftauchte. Ich fuhr im Zickzackkurs zwischen den Schiffen, nahe genug, um «'tschuldigung!» und «Hallo!» zum jeweiligen Nachbarn sagen zu können.

Die hydraulische Winde hatte diese industrielle Art des Fischens bedenklich einfach gemacht. In früheren Zeiten war die Länge des Netzes durch die Zugkraft einer Crew – zwei oder drei Mann – begrenzt gewesen. Jetzt musste man nur mit dem Fuß auf einen Knopf treten, und die Trommel wickelte das Gewebe mühelos auf, während man den Lachs mit Handschuhen aus den Maschen pflückte und jedes silberne Zappelding in den Laderaum warf. Die Mündung des Skeena war völlig verstopft von den Schleppen unsichtbarer Netze. Jeder Fisch, der so dumm war, weniger als 16 Fuß unter der Wasseroberfläche zu schwimmen, landete mit hoher Wahrscheinlichkeit in hauchdünnem Nylon, um seinen Weg zum Supermarkt anzutreten statt zu den Laichgründen.

Westwärts zog sich ein langer weißer Keil aus tief hängenden Wolken von Norden nach Süden über die Hecate Strait, aber an einer Stelle herrschte völlig klare Sicht. Und jetzt konnte ich Alaska vor mir sehen, in fünfzig oder sechzig Meilen Entfernung, eine Linie gedrungener, violetter Blasen am Horizont – ein Anblick, der mir Auftrieb gab. Ich holte die Hafenkarte von Prince Rupert heraus und begann, mich durch das Labyrinth sonniger Steinhaufen zu schlängeln, von denen die überraschend seichte See übersät war. Das Echolot, das wieder etwas zu messen fand, bewegte sich um die Hundert-Fuß-Marke herum – eine stattliche Tiefe für die Nordsee oder den Ärmelkanal, nicht aber für diese Küste.

Ich passierte die Lawyer Islands in der Nähe von Bribery Islet und den Client Reefs. Als ich mich, über die Namen sinnierend, noch einmal umschaute, entpuppte sich die Wolke, die ich vorher bemerkt hatte, als Nebel, der jetzt rasch auf mich zukam. Hohe Klippen, so scharf ins Sonnenlicht gemeißelt wie der Kreidefelsen von Dover, füllten den westlichen Horizont von einem Ende zum anderen. Zitronenfarbene Schatten hoben Sporen, Pfeiler, Schlote und vorspringende Klippen daraus hervor.

Ich konnte den hinter Prince Rupert liegenden und mit Tonnen markierten Kanal erkennen, doch dort wimmelte es von Treibnetz-Fischern und Hindernissen aus unterseeischen Felsen. Ich sah, wie die Nebelbank, die sich jetzt unmittelbar vor mir auftürmte, die Lawyer Islands in einem Happen verschluckte. Mit 2200 Umdrehungen durchpflügte ich das Wasser bei 7,5 Knoten, der Höchstgeschwindigkeit des Bootes, verfolgt von einer ungeheuren Advektion aus Zuckerwattesäulen. Ich schlängelte mich zwischen schwimmenden Netzen durch und dicht an anderen vorbei. Ein Baumstamm, fünf Fuß lang, tauchte direkt vor dem Bug auf wie eine fette Forelle, die nach einer Fliege schnappt. Ich verfehlte ihn um Haaresbreite. Der Nebel war mir dicht auf den Fersen, eroberte Kinahan Island, den Westen und Osten und die halbe Fischereiflotte und verharrte schließlich wundersamerweise über Digby Island, wo er wie ein Alabastermassiv am westlichen, zur Stadt führenden Rand des Kanals stehen blieb.

Jedes Mal, wenn ich einen Blick zurück riskierte, sah ich, wie der Nebel sich auf mein Kielwasser herabsenkte. Noch sechzig Sekunden, und er hätte das Boot verschlungen. Selten war ich so dankbar gewesen, den Hafen zu erreichen, wie jetzt, als ich unter Motor an den langen, belebten Molen von Prince Rupert vorbeifuhr, mit all seinen noch immer in der Sonne liegenden Hotels, Läden, Restaurants. «Zurück zu den Fleischtöpfen!», kritzelte ich in mein Logbuch. «Rupert ist eine Metropole!»

Doch mit den Ruinen von Namu, Butedale, Swanson Bay in noch frischer Erinnerung fiel es mir schwer, eine so große und aufgeblasene Siedlung wie Prince Rupert ohne eine gewisse teiresianische Skepsis zu sehen. Mir war, als hätte auch ich an Thebens Mauer gesessen, während ich an dieser Küste verfallender Städte vorübertuckerte. Dank seines großen, eisfreien Tiefwasserhafens und der Verkehrsanbindung an das kanadische Eisenbahn- und Straßennetz durfte Prince Rupert mit Fug und Recht auf ein langes, glückliches Leben hoffen. Der Hafen beanspruchte für sich den Titel «Kanadas nächstes Seetor zu Asien, dreißig Stunden näher als der nächste nordamerikanische Konkurrent». Wenn der Nebel es nicht verhinderte, konnte man über den westlichen Horizont hinaus bis fast nach Tokio sehen. Allerdings versäumte das Hafenamt den Hinweis darauf, dass Prince Rupert so weit entfernt von jedem wirklich bedeutenden Ort in Kanada oder den Vereinigten Staaten lag, dass seine vorteilhafte Nähe zu Tokio bei genauerer Betrachtung vielleicht doch kein solches Gottesgeschenk war. Jetzt allerdings, wo alle vom kommenden asiatischen Jahrhundert sprachen, konnte Prince Rupert sich durchaus seiner günstigen geographischen Lage rühmen.

Mit den Augen des Teiresias blinzelte ich zum Einkaufszentrum hoch, zum Philpott Evitts, zum Highliner, zum Coast Hotel und sah Fichten, die sich durch die Dächer bohrten, während sich am Horizont der Yen im freien Fall befand. All diesen hölzernen Städten des Nordwestens haftete etwas so Klappriges, Bruchbudenartiges an, als wollten sie gar nicht verhehlen, dass die Karawane bald weiterziehen würde. Die meisten waren ursprünglich Holzfäller-, Fischer-, Bergarbeitercamps gewesen, und hundert Jahre später muteten sie immer noch wie Übergangslager an, die man Knall auf Fall abbrechen konnte, wenn ein Telegramm mit schlechten Nachrichten eintraf. Es brauchte nicht viel, damit Prince Rupert sich wieder in Wald verwandelte.

Für ein heiteres Hier und Jetzt allerdings bot diese Stadt Tafelfreuden mit Aussicht auf die Schiffe und Fischerboote, die unten im Hafen manövrierten: Lachs *en croûte* mit einer Flasche leicht gekühltem Pinot Gris – der Luxus großstädtischer Fleischtöpfe. (Obwohl es das Restaurant, als ich wenige Wochen später wiederkam, schon gar nicht mehr gab.)

Mir gefiel Prince Rupert. Der Waschsalon in der Stadt, voller Fischer und Freizeitkapitäne, war wie eine große Bar an einem Samstagabend mit entsprechendem Lärmpegel. Der Schnapsladen führte Laphroaig Whisky, wenngleich zu einem horrenden Preis. Bei Safeway sah ich immer wieder Julia und ihre Mutter, immer am anderen Ende eines Ganges, und immer waren sie schon weg, bevor ich hinkam.

Die ausgewiesenen Sehenswürdigkeiten hielten sich in überschaubaren Grenzen. Das interessanteste und wichtigste Exponat war der Pacific Mariner Memorial Park, ein kleiner grüner Spielplatz auf der Klippe. Hier hatte der Hecate Strait Rotary Club neben Schaukeln und Rutschen ein arg mitgenommenes, muschelverkrustetes Boot aufgestellt, das herrenlos von Japan bis zu den Queen Charlotte Islands getrieben war: ein seltsam aussehendes Fahrzeug, 27 Fuß lang, mit plattem Rumpf und so schmal wie ein Stechkahn in Cambridge. Selbst auf dem Flüsschen Cam hätte ich um seine Stabilität gebangt. Am 26. September 1985 war ein pensionierter Beamter namens Kazukio Sakamoto damit von seiner Heimatstadt Owase,

Prince Ruperts Partnerstadt, zum Angeln ausgelaufen. Der Wind frischte auf, und der Mann kam nie zurück. Anderthalb Jahre später fand man *Kazu Maru*, sein «geliebtes Boot», wie auf der Plakette stand, vor Skidegate Inlet, wo es gegen die Felsen schlug.

Die westlichen Wind- und Meeresströmungen im Nordpazifik spülten unentwegt allen möglichen Krimskrams aus Asien an die Strände dieser Küste. Lange vor Ankunft der Europäer hatten die Indianer so immer wieder Beweise für die Existenz fremder Kulturen erhalten. Eine gläserne Fischerkugel ... ein Stück Treibholz mit Eisen- und Kupferbeschlägen ... gelegentlich, wie im Fall der *Kazu Maru*, sogar ein komplettes Boot. Diese seltsamen Hinweise auf eine andere Welt, die den Indianern vom Ozean zu Füßen gelegt wurde, müssen ihnen aufreizend von einer überlegenen Technik gekündet haben. Den ersten weißen Forschungsreisenden war es unbegreiflich, dass die Eingeborenen genau zu wissen schienen, wofür man Eisen und Kupfer benutzen kann. Hätten sie sich das Strandgut sorgfältiger angesehen, dann hätte sich das Geheimnis von selbst gelüftet.

Besonders Kupfer war hoch begehrt, und viele Geschichten befassten sich mit der Herkunft dieses Edelmetalls. In einer Tlingit-Version entdeckt ein verstoßenes Kind der Söhne der Sonne das Kupfer. Der Knabe lebt allein mit seiner Mutter in Armut, außerhalb des Dorfes. Als er alt genug ist, um auf die Jagd zu gehen, macht ihm die Mutter Pfeil und Bogen, und er begegnet einem – in der klassischen Zoologie nicht aufgeführten – Geschöpf mit Füßen, Flossen und Flügeln. Seine Mutter weist ihn an:

> *«Wenn es mit dem Maul nach dir schnappt und die Vorderpfoten an Land setzt, lauf zu ihm. Es ist das Kanu deines Vaters.» Also ging er hin, und es schnappte nach ihm. Die Mutter hatte ihm gesagt: «Schieß ihm in den Mund», und als er das getan hatte, hörte man es nach Art der Raben*

«Ga» sagen. Es sah aus, als wären alle seine breiten Bänke abgeschnitten worden. Es war ein Kupferkanu mit breiten Sitzen. Das Kanu bestand ausschließlich aus Kupfer und zerbarst. In der Nacht trug er es heim zu seiner Mutter. Niemand sonst wusste davon.

Der Junge wird zum Kupfermagnaten und heiratet die Tochter eines großen Häuptlings. Dass Kupfer in Form eines Kanus aus dem Meer kommt, stellt diese Mär gleichberechtigt neben die Reise der *Kazu Maru* – eine weitere Geschichte von wundersamem Treibgut, dank Kurshio-Strom und der Nordpazifik-Strömung angelandet.

Vis-à-vis von Mr. Sakamotos Boot befand sich ein schlichtes Museum für Tsimshian-Relikte. Zur Veranschaulichung der Tsimshian-Mythologie hatte man die Geschichte von Nagunakas, dem Strudel-Wesen und Kanu-Verschlinger, in großen Lettern auf eine Anzeigetafel geschrieben. Ein Detail dieser Variante war mir neu: Als Nagunakas die von ihm gefangenen Fischer wieder auslieferte, schickte er sie in einem Kupferkanu heim, das durch die Luft flog, wenn man mit einem Kupferpaddel darauf schlug. Kupfer, dieses Metall geheimnisvollen Ursprungs, besaß magische Eigenschaften, und die Ankunft von Nagunakas' Kanu muss dem Dorf wie eine Heimsuchung durch Außerirdische vorgekommen sein.

Abgesehen von einem prächtigen, geschnitzten Frosch, einst Wächter eines Sarges in einem offenen Totenhaus, bot das Museum die übliche Sammlung von Heilbutthaken, Borkenwesten und Nachbildungen zeremonieller Masken. Wie in den meisten staatlichen Kollektionen indianischer Kultur im ganzen Land begann der Rundgang mit einem kleinen Mitteilungsblatt, das den Besucher darüber aufklärte, dass die *First Nations* «eine Philosophie praktizieren, die sich auf Ehrfurcht vor der Natur und Sorge für die Umwelt gründet». Laut dieser neuen Mythologie waren die Indianer also die ursprünglichen Architekten eines umweltfreundlichen Lebens, die ersten passionierten Wiederverwerter.

Das ließ sich allerdings nur deshalb behaupten, weil die systematische Ausrottung von Indianersprachen, -bräuchen und religiösen Vorstellungen durch eifrige Christenpastoren und Regierungsvertreter so schrecklich erfolgreich gewesen war, dass kein heutiger Indianer überhaupt wissen konnte, woran seine Ur-Ur-Ur-Großeltern tatsächlich geglaubt hatten. Somit war es jetzt ein Leichtes, den Vorfahren fast jeden nachträglich für wünschenswert gehaltenen Glauben zuzuschreiben. Die meisten populären Bücher verbreiteten über die Nordwest-Indianer, sie seien Monotheisten gewesen, die den Großen Geist verehrten, einen nahen Verwandten von Gottvater und Jahwe. Für all das gab es keinen ernst zu nehmenden Beweis – obwohl die frühen Missionare gewiss mit der Vorstellung vom Großen Geist hausieren gegangen waren, weil sie hofften, so die Glaubensinhalte weißer Christen mit denen der Indianer versöhnen zu können. Ebenso wenig lässt sich die angebliche «Ehrfurcht vor der Natur und Sorge für die Umwelt» durch die mündlich überlieferte Literatur und die Überlebensstrategien der Indianer erhärten. Dass wenige oder keine Spuren der Herrschaft des Menschen über die natürliche Welt erhalten sind (die Geschichten lassen allerdings das Gegenteil vermuten) und kein indianischer Text der Schöpfungsgeschichte in Genesis 1,26 entspricht («Und Gott sprach: Lasset uns Menschen machen, ein Bild, das uns gleich sei, die da herrschen über die Fische im Meer und über die Vögel unter dem Himmel und über das Vieh und über alle Tiere des Feldes und über alles Gewürm, das auf Erden kriecht»), impliziert keineswegs – oder sollte es zumindest nicht –, dass die Nordweststämme die ersten Ökologen waren, die sich dem postmodernen Umweltschutz verschrieben hatten.

 Wie die Eingeborenen bei John Muir und Fenimore Cooper sind

diese Museumsindianer in ihrer edlen Milch-und-Wasser-Gesinnung unwirklich. Ihre Kunst und ihre Geschichten waren voll des prallen Lebens, so durchdrungen von düsterem Humor und so einzigartig, dass die gegenwärtige Star-Rolle, in der man die Indianer gern sieht, geradezu eine Beleidigung darstellt: als das Volk, das sich beim Lachs entschuldigte, bevor es ihn tötete, das Bäume umarmte, bevor es sie in Kriegskanus verwandelte, wie gute Kinder der 1990er Jahre, die sich an Mutter Naturs Hausordnung halten.

Besser, sich vom Vorschul-Stoff der Tsimshian-«Philosophie» abzuwenden und stattdessen die unergründlichen Tiefen jovialer Boshaftigkeit zu betrachten, die in die Züge des großen Holzfrosches geschnitzt waren.

Am nächsten Morgen war auf dem vierzig Fuß hohen Anleger des Yachtclubs von Prince Rupert keine Menschenseele mehr zu sehen, und aus dem Hafen klang es wie von verängstigtem Vieh im Schlachthof. Ich beobachtete die Schau auf dem Radarschirm – um die zwanzig weiße Leuchtflecken, die sich in alle Richtungen über den Schirm bewegten, aber nie richtig zusammenstießen. Laut Lotsenhandbuch ist Prince Rupert im Juli zu 17 Prozent der Zeit im Nebel versunken und im August zu 20,6 Prozent. Im Hochsommer ist die offene See wärmer als die Küstengewässer, darum kühlt sich die Luft, die von Westen her landeinwärts strömt, schnell ab, wenn sie auf die kalten Buchten stößt, und beim Abkühlen verdichtet sie sich zu wolligem Nebel. Das Buch bot betrübliche Aussichten: «Solcher Nebel hält den ganzen Tag und die Nacht an, selbst bei mäßigen Winden ... die Sicht bei oder nahe null dauert gewöhnlich mehrere Tage an.» Also wappnete ich mich für ein paar lange Nachmittage in Charley's Lounge und Dillon's Country Bar.

Nachdem ich einen Stapel Märchen-Postkarten an Julia losgeschickt hatte, hielt ich das Molentelefon eine Stunde lang in Beschlag. Jean, die mit einer terminlich knapp gehaltenen Tanztheaterkritik rang, war auf ihre eigene Art von Nebel umhüllt.

Ich sei, sagte ich, zehn Tage von Juneau entfernt. «Wenn ihr kommt, dachte ich, könnten wir zur Glacier Bay fahren, dann südwärts und zumindest um Baronof Islands herum bis nach Sitka. Von dort aus könntet ihr zurückfliegen. Da gibt es Eisberge, Wale und Bären für Julia – so viel kann ich ihr versprechen.»

«Toll», erwiderte Jean. «Jetzt muss ich aber wirklich Schluss machen.»

«Du fehlst mir.»

«Du mir auch», sagte sie und ließ mich den Wählton hören.

Aus Charley's Lounge rettete mich ein jäh aufflammendes, atemberaubendes Bündel aus Sonnenstrahlen, wie es zu einem Himmelfahrtsgemälde italienischer Schule gepasst hätte. Allerdings beleuchtete es eine Gruppe nicht sehr vertrauenswürdig erscheinender Fischerboote, die sich um einen einzigen Anker in Hafenmitte scharten. Der Nebel zerfiel rasch und blieb in Form von zerzausten Wattekugeln in den Bäumen hängen. Ich verließ Prince Rupert durch die Hintertür, schlich an den Felsen der Venn Passage vorbei und in die Lagune von Metlakatla, einem Indianerreservat, dessen Schuppen und Floathouses sich auf dem Spiegelglaswasser verteilten.

Mir blieb nicht mehr genug Tageslicht für die Strecke durch die offene Bucht vom Dixon Entrance, damit ich vor Anbruch der Nacht Schutz in Alaska finden könnte, doch eine andere indianische Siedlung, etwa 25 Meilen nördlich von Prince Rupert, sah noch ganz interessant aus. Auf einer Karte nannte sie sich Port Simpson, auf einer anderen Lax Kw' Alaams. Schilfumschlossen, mit einer für Kreuzfahrtschiffe zu seichten Einfahrt, stellte sie selbst für Yachtführer keinen lohnenden Anlaufpunkt dar, obwohl das Lotsenhandbuch einen ganz reellen Ort verhieß. Das unscharfe Panoramafoto zeigte ein großes Dorf, dessen Zentrum der hohe Kirchturm darstellte. Bei diesem Anblick musste ich an die kleinen Badeorte in Cornwall denken, die mein Vater stets für unsere Sommerferien ausgesucht hatte. Er verabscheute beliebte Touristenorte wie Mevagissey und Polperro und sah sich selbst als den Kolumbus von Portloe an. Jedes Jahr stöhnte er, dass Portloe kein «Geheimtipp» mehr sei, und verfrachtete uns immer tiefer ins Binnenland. Wir mussten unsere Zelte im Schutz stäubender Kaolinhügel aufschlagen und liefen mit mehlweißen Gesichtern herum. Die Landschaft war ausgesprochen hässlich, doch in den Augen meines Vaters lag ihr besonderer Reiz darin, noch nicht von den Amateur-Vespuccis und -Magellans in ihren Morris-Oxford-Kombis entdeckt worden zu sein.

Meinem Vater hätte es in Lax Kw' Alaams bestimmt gut gefallen. Bei klarer Sicht auf einer geriffelten See war die Fahrt eine schöne Übung in vorsichtiger Küstennavigation. Ich fuhr von Tonne zu Tonne, umschiffte Felsen, außen liegende Sandzungen und Eilande in engem Bogen und beobachtete mein Kielwasser nach Anzeichen für Gezeitenströmung. Die ganze Küste nördlich von Prince Rupert war als indianisches Gebiet eingezeichnet und erschien ganz unbewohnt. Kein Geschmeiß in Sicht.

Und genauso wenig war nach meiner letzten Wende, am FUCK YOU vorbei, das irgendwelche dörflichen Delinquenten in großen roten Lettern für Besucher gesprüht hatten, ein Motorboot zu sehen. Neben drei Beutelnetz-Trawlern und einem großen Krebsdampfer hatte die örtliche Treibnetz- und Trollerflotte den Platz für sich allein. Mein Vater nickte beifällig.

Ich hielt neben zwei Männern, die ein Treibnetz auf der Pier flickten. Als ich meine Leinen belegte, hob einer von ihnen das Netz an und zeigte ein Loch, durch das ein Morris Oxford gepasst hätte.

«Fische!», sagte er.

«Da haben Sie sich ja was vorgenommen», erwiderte ich.

Ein Treibnetz mit Korken und schwerer Bleileine, kostete um die 5000 Dollar und noch dazu tagelange Plackerei auf dem Anleger. Das Netz allein schlug mit 3000 Dollar zu Buche. Sonnenlicht, Lachs und die Belastung durch das nahezu stündliche Einholen strapazierten das Nylongewebe. Wer es sich leisten konnte, ersetzte die alten Netze alljährlich durch neue. Die anderen Fischer hielten sich über Wasser, indem sie die halb verrotteten Netze nach jeder Ausfahrt ausbesserten. Die alten, geflickten Netze fingen angeblich viel weniger als die neuen, daher fischten die Ärmeren weniger Lachs, verdienten weniger Geld … die übliche Geschichte.

Die Männer redeten bei der Arbeit, aber mein Angebot, einen Laphroaig mit mir zu trinken, schlugen sie aus. «Die Hälfte von meinen Freunden steckt schon ganz tief drin», sagte einer.

«Wie spricht sich eigentlich der Name dieser Ortschaft aus?»

«Port Simpson.»

«Nein, ich meine *den* da», sagte ich und deutete auf ein Schild mit der Aufschrift LAX KW' ALAAMS MARINE INDUSTRIES INC. an dem grauen, hangarähnlichen Gebäude oberhalb der Docks.

Der Mann gab gurgelnde und spuckende Geräusche von sich. «So in etwa hört sich das an.»

Das Dorf hatte seinen Namen vor zehn Jahren geändert. Lax Kw' Alaams war Tsimshian für «Ort der Rosen», aber der Name hatte sich nur in amtlichen Kreisen durchgesetzt, denn außerhalb der anthropologischen Fakultäten lebten kaum noch Menschen, denen diese Wörter etwas bedeuteten.

«Mein Vater, der konnte die alte Sprache ein bisschen. Seine Mutter hat mit ihm Indianisch geredet, als er klein war, und seine Großeltern haben es immer gesprochen.»

«Was ist mit den alten Geschichten? Erzählt die noch jemand?»

«Die Alten sind alle tot. Ich hätte sie auf Band aufnehmen sollen. Und die Jungen interessieren sich nicht dafür.»

Doch etwas von der ursprünglichen Tsimshian-Sprache hatte in der Sprechweise der Männer überlebt. Ihre Vokale klangen nach denen schottischer Missionare, aber sie klickten und schnalzten auch mit den Knacklauten ihrer Vorfahren, ähnlich wie Cockneys das Wort *bottle* wie *bo'el* aussprechen oder ein Bier, *pint of bitter*, wie *pai'ta bi'er*.

Curtis, der Jüngere der beiden, erzählte mir, er habe vier Töchter im Alter zwischen fünf Monaten und neun Jahren. In diese Mädchen hatte er seinen ganzen Ehrgeiz gesteckt. «Sie sollen nicht hier leben müssen. Sie sollen nicht in der Konservenfabrik arbeiten müssen. Sie sollen Ärztinnen und Ingenieurinnen werden – wie die Weißen. Ich sage ihnen: ‹Ihr müsst vier Sprachen lernen. Ihr müsst Japanisch können. Ihr müsst Spanisch können. Ihr müsst so lange in die Schule gehen, bis es euch *zu den Ohren* rauskommt!› Jetzt unterrichte ich sie zu Hause mit Vokabelkarten und am Computer.»

Compu'er.

Ich sagte, ich hätte auch eine Tochter.

«Was soll sie denn mal werden?»

Diese Frage hatte man mir noch nie gestellt, und ich selbst hatte auch nie darüber nachgedacht. Ich griff nach der ersten Vokabel, die mir in den Sinn kam, und erklärte im Brustton der Überzeugung: «Wissenschaftlerin.»

«Man muss sie antreiben, John. Richtig triezen. Nur so kommt man zum Ziel.»

Ich sah Curtis wie einen olympischen Kugelstoßer, der versuchte, seine Töchter, eine nach der anderen, mit voller Kraft aus dem Reservat und über die Berge nach Gott weiß wohin zu befördern, nach

Vancouver vielleicht oder nach Toronto, jedenfalls weit genug, um unwahrscheinliche Träume wahr werden zu lassen.

Kurz nach sieben brachte Curtis' Frau den Männern Essen an den Kai. Als es dunkel wurde, werkelten die Männer noch immer mit Stopfnadeln am verrotteten Netz herum. Sie verbrachten wohl mehr Zeit mit der Netzflickerei als mit dem Fischfang.

Port Simpson war nicht völlig von der Welt abgeschnitten. Zweimal die Woche kam eine Fähre, die neue Schule hatte einen Hubschrauberlandeplatz auf dem Hof, Wasserflugzeuge landeten regelmäßig in der Bucht und schwirrten zum Kai der Konservenfabrik. Es gab den Plan, irgendwann eine Straße nach Süden, nach Metlakatla und Prince Rupert zu bauen. Mit dem Schiff dauert die Fahrt nach Prince Rupert bei schönem Wetter vier Stunden, also konnte man es – wenn auch knapp – schaffen, in der Stadt einzukaufen und noch am gleichen Tag heimzukehren. Die Jugendlichen, die bis zur elften und zwölften Klasse durchhielten, gingen auf die High School in Prince Rupert, wo sie bei Indianerfamilien wohnten. Auf diese Art blieb Port Simpson dem Großstadtleben verbunden. Die Bandenslogans auf der Mole (für die Toyas) kamen aus Rupert, zusammen mit den Lebensmitteln und tragbaren CD-Playern.

Und doch wirkte es abgeschieden. Das Netz aus Feldwegen am Fuß des Town Hill, ausgedörrt und staubig, verwandelte sich während der herbstlichen Regenfälle in zähen Schlamm. Die zwei Läden waren Holzhütten, ununterscheidbar von den Wohnhäusern im Dorf. Der Hauptstrom der Touristengelder floss zehn Seemeilen weiter westlich vorbei und schien sich leider auch nicht umlenken zu lassen – obwohl ein ortsansässiger Künstler das Objekt neidvoller Verwunderung geworden war, als er einen selbst geschnitzten, dreizehn Fuß hohen Totempfahl für 3500 Dollar verkauft hatte.

Nach wie vor war die Fischerei Port Simpsons größtes Geschäft und der Heimathafen für hundert Boote, alle eingestellt auf die Kapricen der Lachswanderung, die Schwankungen der Fischpreise und das geheime Muster von Fangverbot (lang und länger werdend) und Fangerlaubnis (kurz und kürzer werdend), die das Ministerium für Fischereiwesen und Ozeane produzierte. Gerade jetzt herrschte auf den Docks ausgelassene Stimmung, denn die Fischerei auf dem Skeena River hatte die beste Saison seit Jahren. Einer früheren Voraussage zufolge hatte man mit einer starken Wanderung der Rotlachse gerechnet, mindestens mit drei Millionen, doch der Zug hatte früh eingesetzt, die Fische drängten sich nahe der Flussmündung, und die Meeresbiologen hatten ihre Schätzung auf sieben Millionen oder mehr heraufgesetzt. Die Boote, die nach Port Simpson heimkehrten, lagen schwer im Wasser. Ich hatte einen kleinen Troller beim Löschen der Fracht an der Konservenfabrik beobachtet, wo ein Kran einen weißen Plastikzuber in Badewannengröße herunterließ. Nach einiger Zeit kam die Wanne wieder hoch, randvoll mit Fischen – ein Zauberkunststück, bei dem das kleine Boot als der bodenlose Zylinder des Magiers diente.

Ich war an so vielen Fabrikruinen vorbeigefahren, dass es mich überraschte, ausgerechnet in Port Simpson einen brandneuen, massiven Fertigbau aus Aluminium vorzufinden, an drei Seiten hellgrau gestrichen, passend zur vorherrschenden Farbe des Himmels. Obwohl jeder aus Gewohnheit «die Konservenfabrik» dazu sagte, wurden dort keine Fische in Dosen verpackt. Die Tsimshian zielten auf eine Marktnische im preislich höheren Bereich, indem sie Tiefkühlfischfilets und hochwertigen Rogen für den japanischen Großhandel sowie minderwertigen Rogen im Glas als Fischköder für Angler produzierten. In schönem Einvernehmen von Stammestradition und kommerziellem Opportunismus planten sie als nächsten Schritt den Bau einer Räucherei und die Herstellung von Räucherlachs in Feinschmeckerqualität.

Das Innere ähnelte der Art von Krankenhaus, in dem man niemals als Patient landen möchte – ein Irrgarten aus Fließbändern, weißen Operationstischen und Betonrinnen mit kleinen Blutbächen. Es roch stärker nach Desinfektionsmittel als nach Fisch, und bei den frostigen Temperaturen hätte ich am liebsten gleich auf dem Absatz kehrtgemacht.

Und dennoch war diese kalte, graue, von der Regierung finanzierte Anlage ein gehätscheltes Experiment. In der Vergangenheit waren die Indianer der Nordwestküste reine Rohstoffproduzenten gewesen; sie hatten Holz gefällt und Fische gefangen. Oder Souvenirartikel hergestellt – von den wunderschönen Tonschiefer-Schnitzereien im 19. Jahrhundert bis zu den heutigen, zumeist plumpen Miniaturtotempfählen. Doch der große Profit steckt ja immer in der Mehrwertkomponente eines Produkts, und all die Dosen- und Zellstofffabriken befanden sich im Besitz und unter der Kontrolle von Weißen, die Indianer nur als ungelernte Arbeiter einstellten. Im Werk von Port Simpson verarbeiteten die Indianer nun den Fisch in Eigenregie, und der mögliche Gewinn würde ins Reservat zurückfließen. Viel Hoffnung und auch viel Sorge konzentrierte sich darauf, ob der Bau auf der Mole sich selbst tragen und den anderen Dörfern an der Küste gleichsam den Weg weisen würde.

An der Seeseite war die lange Metallwand mit einem riesigen Trompe-l'Œil bemalt, das die dahinter liegende Landschaft abbildete. Die Bucht war hellblau, und die Bergkette ragte smaragdgrün am breiten Ufer empor. Über den klaren Himmel zogen sich lang gestreckte Federwolken.

An manchen Tagen müssen die Farben des Bildes mit denen der Realität übereingestimmt haben, doch als ich da war, stand die Fabrikwand in grellem Kontrast zu ihrer Umgebung. Die echten Wolken waren tiefe graue Regenwolken, die Berge violett, in Schwarz übergehend, und das Wasser der Bucht wie gerippter grauer Fischleim.

Zurzeit – auf dem Höhepunkt einer bemerkenswert guten Saison – hatte die Fabrik neunzig Mitarbeiter in der Tages- und siebzig in der Nachtschicht. Der Lohn betrug zehn Dollar die Stunde, weniger als in der Dosenfabrik in Prince Rupert, aber dafür war das Geld im Reservat steuerfrei. Leute wie der Stammesverwalter, dessen getönte Brille und gestutzter Schnauzbart einen unerwarteten Hauch der Mode von Business-School-Absolventen nach Port Simpson herüberwehen ließ, drückten die Daumen und klopften auf Holz, dass dieses Beinahe-Wunder anhalten möge. Im Augenblick wenigstens entsprach das, was in der Fabrik vorging, dem sonnigen Optimismus des Bildes auf seiner Fassade.

Dieses Experiment, falls es denn gelänge, wäre eine realistische Alternative zu den üblichen indianischen Ersatzlösungen in Form folkloristischer Tanzdarbietungen, Stammesbingo und dem Verkauf von Traumfängern, Feuerwerkskörpern oder billigen Zigaretten an das Transportgewerbe auf dem Wasser. Dadurch würde Port Simpson sich als moderner Fischereihafen mit eigener Fabrik profilieren, als ein Standort, der in seinen traditionellen Arbeitsfeldern verankert blieb und dank voller Auftragsbücher florierte.

Jeder wünschte sich das, doch niemand schien so recht daran zu glauben. Selbst Don Reynierse, der Verwalter des Reservats, der sich mit missionarischem Eifer für die Fabrik stark machte, konnte nicht umhin, seine Prognosen zu zügeln. Damit der Plan Wirklichkeit würde, müssten alle unwägbaren Variablen des Fischereiwesens in idealer Konstellation stehen – müssten also die Sterne günstig stehen. Das Schicksal von Butedale, Namu und den meisten anderen

Konservenfabriken an der Küste verfolgte Lax Kw' Alaams Marine Industries seit der Planungsphase. Im Hafen lag ein schäbiger Treibnetz-Trawler namens *Native Dream*. Der tapfere, wenn auch wehmütig-ironische Name schien sich ganz natürlich mit dem großen, bemalten Bau von Port Simpson zu verbinden.

Für die Küstenschifffahrt im Dixon Entrance war eine Warnung des Seewetterdienstes durchgegeben worden. Die morgendliche Vorhersage verhieß Nordwestwinde mit einer Geschwindigkeit von dreißig Knoten, und ich war froh, einen Vorwand zum Bleiben zu haben. Nur ein paar vereinzelte Windstöße erreichten den Hafen, aber holzkohlegraue Wolken jagten tief am Himmel dahin, und die Bergkette war hinter einem dicken Regenvorhang verschwunden.

Als ich den Steg am vorderen Ende des Anlegers hinaufstieg, sprach mich ein Mann von der obersten Stufe her an. «Hätten Sie Lust zu boxen?» Seine Frage klang derart liebenswürdig, dass ich annahm, ihn falsch verstanden zu haben.

«Was haben Sie gesagt?»

«Boxen. B...O...» Pause. «X...E...N.»

«Dafür ist es mir noch zu früh am Morgen.»

Der Mann zeigte auf seinen Freund, der auf der Treppe vor dem Wachhäuschen des Hafenmeisters saß. «Er will sich aber gleich prügeln – er wartet nur noch darauf, dass *Sie* in Stimmung kommen.» Der Freund war in den Siebzigern, rundlich, rotgesichtig und keckerte zahnlos: «He, he, he.» Ich rang mir ein schwaches Grinsen ab. Die Pointe dieses Scherzes war etwas zu offensichtlich und nicht gerade schmeichelhaft. Der Witzbold, ein fröhlicher Muskelprotz im Holzfällerhemd und höchstens zehn Jahre jünger als ich, strahlte selbstgefällig wie ein Gockel auf dem Mist.

Zwischen Anleger und Ortschaft lag ein merkwürdiger Gedenkpark, nicht größer als zwanzig Quadratmeter, liebevoll angelegt, mit Plattenwegen zwischen dem Löwenzahn, der einmal Gras gewesen war. Im Zentrum dieses Parks stand eine rostige Öltonne, halb voll mit Abfall. Etwas weiter links erhob sich ein verwitterter Totempfahl, aus grauem Stein gemeißelt und gestützt von der wohlgeformten Figur eines Bibers, der an einem Baumstamm nagt. Hinter der Tonne erinnerte ein konventionelles Marmordenkmal an Abraham Lincoln: HÄUPTLING DES KITSHEESE-STAMMES, GESTORBEN IN PORT SIMPSON AM 1. JULI 1890 IM ALTER VON 85 JAHREN. Zwei uralte Messingglocken aus einer Kirche oder von einem Schiff flankierten das Miniaturmonument. Der Lauf einer kleinen Schiffskanone ein paar Meter weiter, unter deren erhabener Krone das Datum 1833 eingraviert war, richtete sich direkt auf Häuptling Lincoln. Hinter der Anordnung dieser Objekte steckte ganz klar künstlerische Absicht, denn man konnte sie nicht betrachten, ohne das Totem des Beaver-Clans, die Kanone, die Glocken, Lincoln und die Mülltonne zu einem nostalgisch angehauchten Bilderbogen der Geschichte Port Simpsons verschmelzen zu sehen.

Ich ging am Strand entlang Richtung Laden und suchte dabei den Sand nach dem Aufblitzen einer Tauschperle ab. Die Vancouver-Expedition hatte nicht in dieser Bucht angelegt. Die Kette nackter Felsen, die deren Einfahrt blockierten, wird sie wohl abgeschreckt haben. Maskelyne Point auf Maskelyne Island, fünf Meilen nördlich, hatte Käpten Van nach Nevil Maskelyne benannt, dem Hofastronomen und Hauptverfechter der Monddistanz gegenüber dem Harrison-Chronometer als Mittel zur Feststellung des Längengrades. An Maskelyne erinnerte man sich jetzt, falls überhaupt, als eine bombastische Gestalt des Establishments, die dem wackeren Erfinder aus Yorkshire im Weg stand und versuchte, ihm den mit 20 000 Pfund Sterling dotierten Preis des Längengradkomitees vorzuenthalten.

Doch Vancouvers Benennung der Landspitze zu Ehren Maskelynes spiegelte seine eigene Erfahrung mit dem fortwährenden Längengradproblem wider: Zwei Jahre von der Heimat und 230° östlich vom Nullmeridian in Greenwich entfernt, hatte Käpten Van mehr Erfolg mit den Monddistanzen als mit den Chronometern. Leckys *Wrinkles* vermerkt in der Ausgabe von 1907, dass die Längengradfrage schließlich erst durch die drahtlose und unterseeische Telegraphie gelöst wurde, mit deren Hilfe sich die Schiffsuhren von Kontinent zu Kontinent synchronisieren ließen. Maskelyne spielte also keine kleine Rolle in dem Streit um Langstreckennavigation und jedenfalls die des Namensgebers für die Nordspitze der Insel, gegen die das Meer jetzt wie ein zerfetzter weißer Rock klatschte.

Der Laden war leer. «Wenn das Schiff kommt, haben wir mehr Ware – falls es das bei diesem Wind schafft.»

Ich schlenderte zurück zum Hafen, in den im Laufe des Vormittags ein Dutzend vom Wetter gebeutelter Boote eingefahren waren. Ein Fisheries-and-Oceans-Patrouillenboot – keines von denen, die man in Port Simpson gerne sah – legte direkt vor mir an. Der Kapitän stand auf dem Anleger, O-beinig, in der Kauerstellung des Seebären, der meint, dass der feste Boden gefährlich unter seinen Füßen schwankt. «Aus Dundas bläst es wie der Teufel», sagte er und ahmte das Pfeifen des Windes nach. Als ich ihn vorsichtig wieder an Bord klettern sah, fiel mir ein, wie ich einmal nach einer stürmischen Überfahrt von Port St. Mary auf der Isle of Man beim Marsch über einen Parkplatz in Howth auf die Nase gefallen war: An die bewegte Irische See hatte ich mich gewöhnt, doch die Asphaltwogen, die zwischen dem Liegeplatz und dem Pub wüteten, brachten mich zu Fall.

Ein Troller drehte bei. «Wir hätten nicht auslaufen sollen. Meine Kaffeekanne ist zu Bruch gegangen, und die Frau hat sich vor Angst in die Hose gemacht. Ich hab mir vor Angst in die Hose gemacht. Es war okay, bis die Tide kenterte. Der Gezeitenwechsel richtet immer den ganzen Schaden an.»

Wir hatten Springtide, und die Ebbe preschte aus Portland Inlet hinaus und in den Dixon Entrance hinein, wo sie auf einen Wind von vierzig Knoten mit zunehmender Geschwindigkeit traf. Die Kollision von Gezeiten, Wind und Meeresdünung ließ unnatürlich steile, dicht gepackte, hohle Seen emporschießen, in denen jedem Fischerboot der Untergang drohte.

Der Eigner des Trollers zeigte mir den hiesigen Test für eine schlimme See. Von der Mole der Dosenfabrik aus konnte man eine Stelle am nordwestlichen Horizont erkennen, viereinhalb Meilen weiter auf halbem Weg zwischen Finlayson und den Birnie Islands, wo die Pointer Rocks aus der Mittelrinne herausragten. Wenn man dort nichts sah, war der Dixon Entrance sicher, sah man aber Weiß, sollte man lieber im Hafen bleiben. Ich sah erst einmal gar nichts. Doch dann erschien ein blasses Ausrufezeichen am Himmel – eine explodierende Brandung, die so hoch aufschoss, als wollte sie dem Kirchturm von Port Simpson Konkurrenz machen. Das Alarmsignal hing zwei oder drei Sekunden in der Luft, dann fiel es in sich zusammen. Es folgte eine überraschend lange Pause, bevor die See das nächste Ausrufezeichen hochschleuderte. Dieses !.......!.......!....... !.......! war die eindrucksvollste Navigationswarnung, die ich je gesehen hatte.

Im Lauf des Nachmittags zog die Gewitterfront vorüber. Der Wind ließ nach, die Tide kenterte, Pointer Rocks stellte die Übertragung ein, und der Hafen leerte sich. Während der legalen Fangzeiten zählte jede Stunde: Die Menschen lebten in einem gemeinschaftlichen Rausch, bezwangen Seekrankheit und Schlafmangel, um in jeder außer einer schlicht selbstmörderischen Wetterlage ihre Netze oder Plastik-Tintenfischköder hinter sich herzuziehen.

Als der Nachmittag zum Abend wurde und die tief stehende Sonne das Wandgemälde auf der Westseite der Dosenfabrik endlich ins rechte Licht setzte, trudelte das Versorgungsschiff in den Hafen ein. Das hoch beladene Boot – unter den meerwasserbespritzten Planen zeichneten sich bucklige Erhebungen ab – wirkte wie ein prall gefüllter Weihnachtsstrumpf, und binnen kürzester Zeit hatte sich eine Menschenmenge auf dem Anleger versammelt, um es zu begrüßen. Als Erstes kam unter den Planen eine schrumpffolienverpackte Matratze in Übergröße hervor. Als Nächstes tauchte ein Gasherd auf. Dann ein knallrotes Kinderfahrrad. Zwei Kisten mit Fernsehgeräten. Eine Yamaha-Heimorgel. Einst hatte man Kupferkessel und Messingknöpfe gegen Seeotterfelle getauscht. Jetzt tauschte man Pantoffelkino gegen Rotlachs.

Für die Läden kamen Getränke- und Gemüsekisten sowie. Eine lange Schlange von Helfern balancierte diese Waren auf dem Kopf über die Gangway zu einem wartenden Pick-up-Truck. Es war schon fast dunkel, als der Laster wegfuhr und in einer Staubwolke bergauf kroch, mit vier vergnügten Kindern auf der Ladeklappe.

Zurück an Bord, fand ich ein Geschenk auf dem Kartentisch – einen Rotlachs, etwa sieben Pfund schwer, schon küchenfertig ausgenommen, in einer Plastiktüte. Der edle Spender hatte keinen Namen hinterlassen.

Also speiste ich pochierten Lachs zu einem vielschichtigen Chardonnay aus British Columbia, dessen herber Nachgeschmack wie Kerosin in meinem Gaumen haften blieb. Als ich die Gezeitentabelle für den nächsten Morgen nachsah, fiel mir ein, dass heute der 15. Juli und mein Vater vor einem Monat gestorben war und ich seinen Geburtstag am 4. verpasst hatte, an dem er 78 geworden wäre. «Erst 78», sagten die Leute, als ob man in den Siebzigern noch nicht richtig reif für den Sarg wäre.

Er war mein Lampengeist geworden. Ich konnte ihn nach Belieben herbeirufen. Während der Pegel in der Flasche sank – so schnell, als wäre ich zu zweit –, führte ich Streitgespräche mit meinem Vater über Port Simpson, als wäre es eine problematische Kirchengemeinde. Die Nacht war voller Stimmen, Schritte, Motoren und Fender, die an die Pier platschten, und ich hörte das Presslufthammergeräusch des Generators auf einem großen Beutelnetz-Trawler (während der Fangzeit kamen die Fischer kaum je ins Bett). Ich lag ausgestreckt auf dem Sofa und drückte mich vor dem Geschirr in der Spüle, als mir bewusst wurde, dass meine Lippen jeden Satz nachformten, den ich im Kopf formulierte. Ich redete mit einem Geist. Vermutlich würde ich mit ihm streiten, bis ich selbst sterben müsste, und vielleicht war es genau dies, was man sich im besten Fall vom Leben nach dem Tod erhoffen konnte. Irgendwann würde Julia sich beim Zwiegespräch mit meinem Geist ertappen, so wie ich mich jetzt mit dem meines Vaters unterhielt. Wenigstens hoffte ich das.

Am Strand

Mit weißen Fingern und leichtem Kater fuhr ich im ersten Morgengrauen in den Dixon Entrance ein. Das Meer war wie Silberlack, die Dünung müde und matt. Nach Westen hin, an der Backbordseite des Bugs, gab es eine ungehinderte Sicht auf den windstillen, leeren Ozean. Nach so vielen Inseln, so viel eingeschlossenem Wasser, war es erhebend, die Absolutheit des offenen Pazifiks vor Augen zu haben: scheinbar das Ende der Welt und jenseits des unbestimmbaren Horizonts nichts mehr als Meer und noch mehr Meer und immer noch mehr.

Wenn die Indianer seltsames Treibgut fanden, dürften sie kaum geahnt haben, dass das Holz mit den Metallbeschlägen oder die Fischerkugel, die dort herumschwammen, von einer anderen Landmasse stammten. Rein instinktiv glaubten sie wohl, dass solche Objekte aus der Meerestiefe emporstiegen. Ihre Geschichten von Komogwa und Nagunakas erzählten von einer technisch hoch entwickelten unterseeischen Zivilisation: Beide Fabelwesen wurden mit dem Besitz von Kupfer (ein anderer Name für Komogwa bedeutet «Kupfermacher») in Verbindung gebracht, und beider Reichtum und Macht gründeten sich auf Fertigkeiten und Materialien, die den Indianern nicht zur Verfügung standen. Im Museum fungieren diese Geschöpfe als «Seeungeheuer» – ein irreführender Begriff, wenn man ihre beneidenswerten menschlichen Attribute und Interessen bedenkt. Tatsächlich ähneln sie eher einem Paar feister Untersee-Kaiser. Ja, die Indianer malten sich in ihrer Phantasie ein Land wie Japan aus, siedelten es aber wie Atlantis irgendwo auf dem Meeresgrund an.

Vom nächsten schützenden Hafen noch fünfundzwanzig Meilen entfernt, suchte ich den Himmel nach Anzeichen des kommenden Wetters ab, aber es herrschte ein eintöniges fleckenloses Waschküchengrau. Sollte die See eine unangenehme Überraschung für mich in petto haben, so ließ sie sich zumindest nicht in die Wetter-Karten gucken. Das entsprach genau Nagunakas' und Komogwas Stil. Ihre Launenhaftigkeit und schnell beleidigte Natur, aber auch die Lust an grausamen Scherzen waren Aspekte des Ozeans selbst. In Port Simpson hatte mir Curtis – der ehrgeizige Vater von vier Töchtern – erzählt, dass sein Vater vom Ozean zu sagen pflegte: «Der hat niemals Mitleid, mit niemandem», und die Personifizierung der See als Mann war vermutlich ein Relikt einer früheren indianischen Auffassung von der Natur. Doch an diesem Morgen schien das Meer zu schlummern und gleichmäßig im Schlaf zu atmen, wie ein satter Shogun.

Genau südlich der Lord Islands, bei 54° 42' N, kreuzte das Boot die gestrichelte Linie auf der Karte und lief in Alaska ein. In der Ferne konnte ich die einschüchternde Armada der amerikanischen Treibnetz-Flotte erkennen. Der Eingang zum Revillagigedo Channel, fast zehn Meilen breit, war durch kleine Boote vollkommen blockiert. Aus meiner Entfernung schien es, als ob sich ein Schwarm von Käfern auf dem Wasser niedergelassen hätte wie Schmeißfliegen auf einem Kadaver.

Als ich näher kam, frischte es mit einer leichten Brise aus Süden auf; es kam mehr Luft als Wind, doch gerade genug, um mir Steuerfähigkeit unter Segel zu geben. Mich langsam mit abgestelltem Motor durch die Flotte zu schieben war vermutlich weniger riskant, denn sollte ich in ein schwimmendes Netz tappen, würde ich mich zumindest nicht darin verheddern. Mit dem Genuasegel und unter leisem Geplätscher am Rumpf begann ich, das Boot in die Lücken zwischen den Schlangenlinien weißer Tupfer einzufädeln.

Die Netze waren quer zur Strömungsrichtung der neuen Flut ausgelegt, und jedes Boot brauchte ständig kleine Manöver, um sich mit seiner eigenen Perlenkette aus Schwimmern auf Linie zu halten. Diese amerikanischen Netze waren länger als kanadische – dreihundert Faden, mehr als eine drittel Meile –, und sie bauschten und verdrehten sich in der Turbulenz der Strömung. Ich spielte ein Spiel mit beweglichen Torpfosten: Eine viel versprechende Lücke schloss sich jäh, während woanders eine Korkenleine wie eine Tür aufsprang. Verbissen steuerte ich meinen Zickzackkurs und glitt im Schritttempo an den bunten Tonnen vorbei.

Die Boote waren alle in Seattle angemeldet. Ich entdeckte einige vertraute Namen vom Fishermen's Terminal, dem Winterquartier der Flotte. Three Point, wie die Leute diesen Ort nannten, um sich das zungenbrecherische «Revillagigedo» zu ersparen, war im Sommer wie Ballard im Winter. Die Schiffe waren Familienbetriebe, die Crews rekrutierten sich aus Brüdern, Ehepaaren, Vätern und Söhnen. An diesem stillen Morgen, mitten in einer unerwartet guten Saison, ging es unter den Treibnetzern wie bei einem fröhlichen Picknick zu.

«Wann sind denn Sie von Seattle losgefahren?», fragte eine Frau an meiner Seite.

«Am ersten April», sagte ich. «April, April! Aber dann ist mir was dazwischengekommen.»

«Und wo wollen Sie hin?»

«Nach Juneau.»

«Zu Weihnachten?»

Ich hörte, wie sie den Witz ihrem Mann erzählte, als sie mich schon außer Hörweite wähnte.

Zwei oder drei größere Boote mit handgemalten «KASSE»-Schildern in der Takelage passierten die Flotte am Rand. Ein Treibnetzer konnte den ganzen Tag mit Fischen und Verkaufen, Fischen und Verkaufen verbringen, ohne sich von seinem selbst gewählten Platz zu bewegen. Japsende Lachse wurden aus den Maschen gepflückt, sobald das Netz an Bord kam, und schon in Dollarscheine übersetzt, noch bevor sie erstickt waren.

Die Landschaft hier wurde von jeher geplündert. Die Berge im Umland trugen Tonsuren wie Mönche: Obwohl die tieferen Hänge einen dicken Pelz aus aufgeforsteten Bäumen hatten, wiesen sie oberhalb von etwa tausend Fuß große kahle Stellen aus grauem Stein auf, wo die neuen Tannen erst noch Halt finden mussten. Seit 1867, als die Vereinigten Staaten den Russen das Gelände für zwei Cent pro Acre abgekauft haben, ist Alaska ständig von durchziehenden Jäger-Sammlern heimgesucht worden, die mit Harpunen, Dynamit, Schaufeln, Äxten, Schaufelbaggern, Goldpfannen, Ölbohrern, Kettensägen und Fischernetzen bewaffnet waren. Wenige von ihnen hatten die Absicht, das Land zu besiedeln, das sie ausplündern wollten. Die Heimat war weit weg. Alaskas Boden zu beackern schien nicht attraktiv: 1958, bei der Aufnahme in den Staatenbund, waren lediglich 20 000 Morgen landwirtschaftliche Nutzfläche. Alles, was man brauchte, kam übers Meer aus Seattle: Selbst in der gemäßigten Zone von Südostalaska lebten Menschen wie auf einer Bohrinsel oder einer Forschungsstation in der Antarktis; eine nichtsnutzige Klientel, deren Grundversorgung von den «Lower 48» abhing.

Alaska galt als ein unerschöpflicher Schatz an natürlichen Ressourcen, die man zum Wohle der Nation vergeuden durfte. Zu den größten Attraktionen zählte seine Abgeschiedenheit, in der man tun konnte, was in Washington oder Oregon nicht geduldet wurde. Junge Männer konnten sich in Alaska so richtig austoben, ohne das soziale

Gefüge ihrer spießigen Heimatstädte zu beschädigen. In den Hundstagen der Friedenszeit verhieß Alaska Lärm und Abenteuer – ganz wie in einem größeren Krieg im Ausland.

Man hatte das Land ausgebeutet und missbraucht. Überall sonst auf der Welt hätte ein derartiger Raubbau einen auf ewig verwüsteten Bodennullpunkt zurückgelassen. Aber das Klima hier verzieh erstaunlich viel, und 160 Zoll Niederschlag pro Jahr heilen viele Landschaftswunden. In Alaska regenerierte sich die Wildnis schnell und überwucherte die hässlichen, von Menschenhand verursachten Zerstörungen. Nicht mehr lange, und diese Berge mit der kahlen Platte wären wieder grün. Die Lachse wanderten immer noch – erstaunlicherweise – in ausreichender Zahl, um die unersättliche Flotte auf dem Revillagigedo Channel zu ernähren. 1886, als Hubert Howe Bancroft sein Epos *History of Alaska* veröffentlichte, schrieb er: «[Alaska besitzt] Ressourcen in Hülle und Fülle, obschon manche davon noch nicht verfügbar sind, und sie sind so beschaffen, dass sie bei vernünftiger Bewirtschaftung nie ernsthaft gefährdet werden.» Ein Wunder, dass Bancrofts Behauptung nach über hundert Jahren rücksichtslosen Kahlschlags, Bergbaus, Jagens und Fischens noch nicht ad absurdum geführt worden ist.

Ich hatte die 1933er Ausgabe vom *United States Coast Pilot* für Alaska an Bord.

Schon damals war bei der Hälfte der Sägemühlen und Konservenfabriken an diesen Gewässern «außer Betrieb», «verlassen» oder «in Ruinen» vermerkt. In diesem Land, wo das Leben so unkompliziert war, gaben die Leute schnell auf und zogen weiter. Es ließ sich ja immer noch irgendein Stück von Alaskas 7000 Meilen langer Küstenlinie finden, wo das Zerstörungswerk weniger Mühe machte. Das Ausmaß der Wildnis ermutigte selbst die zerstörerischsten Räuber, anderswo zu nagen, zu beißen und nach Beute Ausschau zu halten.

Wurzeln im Boden zu schlagen und dort auszuharren, solange er trug, war noch nie Teil der unverbindlichen Ethik Alaskas gewesen.

Der Revillagigedo Channel mündet in die wirklich engen Tongass Narrows, wo sich die lange, dünne, hastig hochgezogene Stadt Ketchikan auf einem mit Dynamit aus dem Nordufer herausgesprengten Felsvorsprung entlangzieht. Das erste Anzeichen von Zivilisation war ein alter roter Londoner Doppeldeckerbus, der neben einem halben Dutzend Trucks und Anhängern auf einem schmalen Felssims parkte. Der Exil-Bus mit seiner Patina aus Rost und Schmiere sah aus wie eine dieser guten Geschäftsideen mit relativ raschem Verfallsdatum. Laut Seekarte hatte Ketchikan an seiner breitesten Stelle drei Straßen: die Aussicht, hier mit einem Londoner Bus herumzugondeln, hatte sich wohl nicht als der unwiderstehliche Touristenrenner erwiesen, den sich ein hoffnungsvoller Unternehmer erträumt haben mochte.

Große Konservenfabriken auf geteerten Stelzen ragten über das Wasser, und auf den Narrows selbst wimmelte es von Treibnetzern, Trollern, Beutelnetzern und den Leichtern der Händler, die sich um einen Platz an den Molen der Konservenfabriken rangelten. Ich fuhr in das Thomas Basin ein und mitten zwischen die Fischerboote und rief den US-Zoll vom Münztelefon am Molenkopf an. Der Zollbeamte notierte sich meine Daten, gab mir eine Abfertigungsnummer und fragte, wie mir meine Reise so gefallen würde.

«Wie weit wollen Sie denn?»

«Bis nach Juneau, Glacier Bay, Sitka – dann nach Seattle zurück.»

«Ich wünschte, ich könnte mitkommen.»

An der Promenade lag die Potlatch Bar, eine Spelunke, die ich unklugerweise betrat, um ein Bier zu trinken. Abgesehen vom Licht über dem Billardtisch ganz hinten war es im Innern stockfinster. Der

Holzfußboden vibrierte zum Bass und Schlagzeug einer Rockband, die aus der Jukebox wummerte. Überlagert war die ohrenbetäubende Musik von fünfzig Einzelgesprächen, die schreiend geführt wurden. Nach der Stille British Columbias schien die Potlatch Bar alles, was Amerika an Krach, Getümmel und Energie zu bieten hat, in einen einzigen Raum einzufangen. Vorsichtig näherte ich mich der Theke und redete mir dabei ein, dass ich froh war, wieder an Land zu sein.

Während ich auf einem aufgeschlitzten Barhocker eine Flaute abwartete, in die hinein ich meine Bestellung brüllen könnte, hörte ich einen Mann links von mir seinem Freund erzählen, wie er sich kürzlich einen Pick-up-Truck gekauft habe.

Man ersetze nach Belieben «Truck» durch «fuck» – oder auch umgekehrt –, dann hört sich die Geschichte in etwa so an: Er hatte den vertruckten Fuck von einem Truck, der verfuckt hoch auf einem vertruckten Berg lebte. Aber das vertruckte Getriebe war verreckt – er hatte den Fucker in den verfuckten dritten Gang gelegt und *zack*! … Da war aber der Truck am Dampfen! Er hatte sich die Hacken abgerannt, um aus dem alten Knacker Hackfleisch zu machen, weil der ihm den abgetruckten Fuck aufgeschnackt hatte. Et cetera pp.

«Scheiße!», sagte sein Freund.

Es gab nicht einmal den Versuch, in den unaufhörlichen skatologischen Redefluss die eine oder andere gewähltere Variante einzuschieben: Nein, «Truck» wurde unterschiedslos für Menschen und Sachen und zur näheren Beschreibung sämtlicher Substantive und Verben verwendet. Als ich mich aus diesem Gespräch aus- und in ein anderes einklinkte, war es dasselbe. Von einem Ende zum andern wimmelte es in der Potlatch Bar nur so von «Trucks» und «Fucks».

Endlich geruhte die Wirtin, Notiz von mir zu nehmen: Ich bekam ein Truckbier von ihr, trank den Trucker und machte mich schleunigst vom Acker. So vertruckt und verfuckt war Alaska!

Zurück auf der Promenade, sah ich einen Penner, der auf einer Bank zu schlafen versuchte. Kaum dass er sich dort breit gemacht hatte, plumpste er wieder hinunter, ein Sack aus fühllosem Fleisch. Mir schien das vergebliche Liebesmüh – er hätte sich schon längst auf den Boden legen sollen. Aber er schien unbedingt menschenwürdig auf der Bank übernachten zu wollen, und so sah ich ihn zum dritten Mal hinaufklettern, für den Augenblick Gleichgewicht finden und dann wieder auf den Weg kullern, wo er ein, zwei Minuten lang hingestreckt und mit dem Gesicht nach unten reglos liegen blieb.

Da tauchte ein Radfahrer auf, der seine frühabendlichen Trimm-dich-Runden drehte: grüne Radlerhosen, dazu passendes Top sowie ein weißer Helm in Form einer Banane – in Seattle eine vertraute Gestalt, aber in Ketchikan seltsam fehl am Platz. Das Geschlecht dieser Leucht-Gestalt war nicht eindeutig auszumachen, obwohl die weißen Socken eher ins Mädchenhafte spielten. Beim Anblick der Bierleiche am Boden stieg das Radlerwesen ab, beugte sich in einer Pose des sozialen Gewissens über den Armen und sagte etwas, das ich nicht hören konnte.

Der Betrunkene hob den Kopf um ein, zwei Zoll vom Boden hoch. «Vertruck dich!», brüllte er mit erstaunlicher Vehemenz.

Ich konnte das nachvollziehen. Von einem hellgrünen Grashüpfer aus dem Vollrausch gerissen zu werden gehört bestimmt zu den schlimmsten Albträumen jedes Penners.

Das Radlerwesen schoss mir einen *Was gibt's denn da zu glotzen*-Blick zu und trat wieder in die Pedale. Ich überquerte die Promenade zu einem Aufzug, der in den Felsen gezwängt war und sofortige Entrückung in eine andere Welt verhieß, wo es sich schön und gepflegt mit Panoramablick speisen ließe. Der Glaskäfig brauchte viel Zeit, um über die chaotische Stadt aus Blechdächern mitsamt dem Mastenwald zu steigen. Ich trat hinaus in ein Hotelfoyer, leer bis auf dudelnde Musikberieselung und Kübelpalmen. Nach der Promenade und der Potlatch Bar erschien mir das – für Ketchikaner Verhältnisse – einer Himmelfahrt sehr nahe.

Ich setzte mich in den großen, fast leeren Speisesaal, dessen riesige Fenster den Blick auf die Tongass Narrows und den geschwärzten Höhenzug von Gravina Island boten. Ketchikan lag unterhalb des Passepartouts, obwohl zwei weiße Kreuzfahrtschiffe, die in der Stadtmitte angelegt hatten, mit ihren spitzen Nasen gerade noch in den Rahmen ragten. Ich schlug mein Notizbuch auf, bestellte ein Glas Hogue Cellars Merlot aus Washington State und begann zu schreiben.

Seit Wochen hatte ich nicht mehr solche Höhe und so viel Raum genossen, und daher erschien mir der Speisesaal eine geeignete Warte, um von dort aus die bisherige Reise Revue passieren zu lassen und zu prüfen, ob sich in dem Wirrwarr von Orten und Ereignissen ein Muster oder eine Geschichte abzeichnete. Nicht viel, noch nicht. Zwar wurden schon erste dünne Erzählstränge sichtbar, aber ich wusste, dass sich ihre wahre Bedeutung meist erst im Nachhinein enthüllte, manchmal erst Jahre später.

Ich hatte der Kellnerin gerade genau erklärt, wie ich mein Steak gern hätte – «medium-rare, aber nicht zu medium, bitte» –, als ein Mann vom Nebentisch mich auf albern-militärische Art zackig grüßte.

«Sei gegrüßt, Landsmann!», sagte er.

Ein Engländer, wie Mr. Yorick sagt, reist nicht gern in ferne Lande, um andere Engländer zu treffen. Ich schenkte dem Mann ein schiefes und, wie ich hoffte, abschreckendes Lächeln und schrieb betont eifrig ins Notizbuch.

Er ließ sich aber nicht abschrecken.

«Ich glaube, ich habe Sie mal in der BBC gehört.»

«Möglich.»

«In Radio 4, dem Valium für die Mittelschicht.»

Ich schrieb: «In Ketchikan sind alle betrunken.» Dieser war in der frühen, ungehemmten, geschwätzigen Phase. Binnen Sekunden hatten er und seine Freundin sich an meinem Tisch häuslich niedergelassen. Beide rochen nach Fisch. Er sprühte vor aggressivem Elan, sie dagegen war blass und dürr und hatte in ihren Bewegungen etwas von einer Schlafwandlerin, wie mir schon aufgefallen war, als sie auf meinen Tisch zugerudert kam. Ihre zweite Flasche Wein ging bereits zur Neige, obwohl *ihr* Glas unbenutzt schien.

Beide arbeiteten in der Konservenfabrik am Fuß der Klippe, und mit dieser Mahlzeit belohnten sie sich dafür, dass sie den ersten Monat überstanden hatten.

«Wissen Sie, wo ich zuletzt gearbeitet habe?», fragte der Mann. «Im Unterhaus. Ich war ***s Assistent. Kennen Sie ihn?»

Ja, zumindest dem Namen nach: ein altgedienter Labour-Abgeordneter, parlamentarischer Sprecher für israelische Interessen in Großbritannien.

«Vom Unterhaus zur Fischfabrik», sagte der Mann selbstgefällig. «Wie finden Sie denn das?»

Er hatte das Dulwich College in South London besucht und ein Diplom in Politikwissenschaft von der Universität Southampton. Jetzt sortierte er den Fisch auf der Mole, schaufelte die Silber-, Rot-, Buckel-, Königs- und Keta-Lachse auf separate Fließbänder. Aber zumindest war er den ganzen Tag an der frischen Luft. Seine Freundin hatte irgendeinen ekligen Job in den Eingeweiden der Fabrik.

«Woher kommen Sie?», fragte ich sie.

«Das kennen Sie bestimmt nicht. Park City in Utah?»

Er verdiente 12,50 Dollar die Stunde, sie 10 Dollar. Sie wohnten in der Gemeinschaftsunterkunft der Fabrik und gaben kaum etwas aus. Bei 19 Arbeitsstunden täglich hofften sie binnen zwei Monaten beide je 10 000 Dollar zusammenzuhaben – genug, um ein Jahr lang zu reisen, meinte Simon. «Dann sind wir reiche Touristen.»

«Wohin wollen Sie denn?»

«Nach Ladakh.»

Als er Zahlen nannte, merkte ich, dass das Geld die geringste Rolle in der Geschichte spielte. Der Lohn war lausig. Was diese beiden nach Ketchikan verschlagen hatte, musste andere Gründe haben – winterliche U-Bahn-Fahrten von einer Wohngemeinschaft in Stockwell nach Westminster, das harte Leben in Park City, 4468 Einw., vor allem jedoch Alaskas mythischer Ruf als das Land der verwegenen Freibeuter. Mit 12,50 Dollar den Freibeuter rauszukehren dürfte allerdings verdammt schwer fallen. Doch hier wähnten sie sich endlich am Ziel: Nach Alaska konnte man abhauen, um über die Stränge zu schlagen und seine Familie per Postkarte zu Tode zu erschrecken. In Surrey wie in Park City würde schon der Stempel auf der Briefmarke genügen, um die Eltern zu schocken.

In der Fabrik, so Simon, herrsche eine babylonische Sprachverwirrung. Da seien Russen, Rumänen, Hispanics, Chinesen …

«Monique kommt aus Frankreich», sagte seine Freundin – ein unerwarteter Ausbruch von freier Rede. Ihr Kopf senkte sich langsam Richtung Teller.

Dann kam mein Steak. In seiner Darreichungsform – weniger gegrillt als vielmehr geräuchert und gegerbt – hätte es eine prima Sohle für den Stiefel eines Ölsuchers abgegeben.

Und nun begann Simon, alkoholgeschwängert und übermüdet, vom Leder zu ziehen, woraufhin sich die Köpfe der anderen Gäste, einer Hand voll älterer Ehepaare, ihm zuwandten. Mit Seitenblick auf seine dahindämmernde Freundin knöpfte er sich das amerikanische Bildungssystem vor.

«Ein Hochschuldiplom in diesem Land – das ist verdammt bedeutungslos. Es ist wie ein mittlerer Schulabschluss in England. Alle haben einen. *Sie* hat auch einen …»

«Was war denn Ihr Hauptfach?», fragte ich sie.

«Pädagogik», murmelte sie schläfrig.

«Das ist eine verdammte Lachnummer», sagte Simon. Aber er lachte nicht. Er forderte mich heraus. Als ich den Handschuh nicht aufnahm, verfiel er auf ein anderes Thema.

«Ich hasse Englisch.»

«So?»

«Das ist eine Wichsersprache, genau so, wie die Engländer sind – höflich und gewählt und unaufrichtig.»

Er meint mich, dachte ich.

«Wirklich ausdrücken kann ich mich auf Englisch nicht. Es gibt nur eine Sprache, in der ich mich wirklich frei fühle.»

«Ja? Und die wäre?», fragte ich höflich, um seiner Definition des Englischen entgegenzukommen.

«Hebräisch. Darin kann ich mich richtig ausdrücken.» Er hielt inne, stürzte ein halbes Glas Wein hinunter, verzog das Gesicht, durchpflügte die Luft mit den Händen und brüllte mich in einer Sprache an, die durchaus Hebräisch sein mochte. Bei seiner Darbietung fühlte ich mich stark an ein Mitglied der Pfingstgemeinde erinnert, das Zeugnis für den Glauben ablegt: Er redete in Zungen.

Jetzt hatte er die Aufmerksamkeit des gesamten Speisesaals. Die Kellnerin drückte sich in eine Nische. Die Mienen der älteren Ehepaare erstarrten, als würden sie Statuen spielen. Jemand bekam einen Hustenanfall. Allzu offensichtlich machte man mich für das Benehmen meiner grässlichen Schützlinge verantwortlich.

Seine Freundin, die mit dem Kopf auf dem Teller gedöst hatte, wachte sofort auf. Sie schien Simons Hebräisch nicht besser zu verstehen als ich, aber die Lautstärke war ihr offenbar vertraut.

«Verstehen Sie?», fragte Simon plötzlich in mildem Ton.

«Können Sie mir sagen, wie ich zum Bahnhof komme?», erwiderte ich.

«Was?»

«Was Sie eben gesagt haben – auf Hebräisch.»

«Das würden Sie nicht verstehen.»

Einen Augenblick dachte ich, er würde in Tränen ausbrechen.

«Ich will zurück aufs Zimmer», stöhnte seine Freundin. «Ich glaube, ich muss mich erbrechen.»

Urplötzlich und zu meinem Erstaunen war Simon wieder nüchtern-besorgt. «Sie ist nicht sehr robust», erklärte er. «Sie ist müde.» Er begleitete sie zur Toilette und gab mir so Gelegenheit, meine Rechnung zu bezahlen und zum Aufzug zu fliehen.

Als ich den Felsen hinabfuhr und die Konstellation von Lichtern auf den Tongass Narrows betrachtete, dachte ich, solang die Welt Bewohner wie Simon hatte, würde Alaska keinen Mangel an Arbeitsmigranten haben. Er war der Prototyp jener Legion von jungen, entwurzelten Männern, deren Unzufriedenheit Alaska zu einem Modell der Umgestaltung machte. Simon hätte zur Zeit des Goldrauschs hier sein sollen. Es tat mir Leid – so sehr, dass ich fast sein Essen bezahlt hätte, aber nur fast –, dass er nur 12,50 Dollar die Stunde verdiente.

Auf der Promenade hielt mich eine junge Frau an, die wie in vergangenen Zeiten gekleidet war: Netzstrümpfe, Stöckelschuhe, Mikrorock aus schwarzem Leder, flauschiger rosa Pullover, das Haar toupiert und mit Haarlack besprüht. Wehmütige Erinnerungen an meine eigenen Jugendjahre schossen mir durch den Kopf.

«Kommst du mit?»

«Nein, danke.» Aber es freute mich, dass sie gefragt hatte. Die Straßenlaternen waren schummerig, daher konnte sie die Krähenfüße um meine Augen nicht gesehen haben.

Klackernd setzte sie ihre Patrouille auf der Promenade fort. Es lag Regen in der Luft.

Ich wachte vom Radio an meinem Bett auf, das die ganze Nacht angeblieben war. Im National Public Radio sprach eine Frau über das Problem mit den Abfall-Bären. Ketchikan, sagte sie, werde mehr als jede andere Stadt in Alaska von Bären heimgesucht, die durch die Hintergärten streunten, Abfalltonnen umkippten, in Müllcontainern herumwühlten und alte Leute auf dem Weg zum Postamt verfolgten. Die Behörden versuchten, sie mit lautem Krach und Gummigeschossen zu verjagen. Wiederholungstäter wurden mit Betäubungspfeilen beschossen und per Schiff auf entlegene Inseln verfrachtet, von denen sie allerdings schnell den Weg zurück zum Honigtopf Ketchikan fanden. Einem Bären hatte man einen Kragen mit einem Sender verpasst und ihn dann nach Foggy Bay gebracht, fünfundvierzig Schwimmmeilen entfernt. Drei Wochen später war er schon wieder in der Stadt und verputzte Pizzareste und Fritten. «Abfall-Bären sind menschengemacht», lautete die Losung, und die Einheimischen wurden dazu gedrängt, ihren Müll zu verbrennen und zu helfen, diese Junkfood-Junkies in die Wildnis zurückzutreiben.

«Heute Morgen haben wir einen typischen Ketchikaner Sommertag», sagte die Rundfunkmoderatorin. «Die Niederschlagswahrscheinlichkeit beträgt hundert Prozent. Das Wetter ist lausig. Wir schalten zurück zur *Morgenausgabe …*»

Ich hob den Lukendeckel und spähte hinaus. Der Kreuzer, der soeben langsam den Wellenbrecher passierte, war nur ein flüchtiger Schatten auf einer Leinwand aus schmutziger Gaze. Die Sicht betrug höchstens hundert Meter. Ich war froh über den Vorwand, noch dableiben zu können. Bisher gefiel mir Ketchikan gar nicht schlecht, und ich hatte Lust auf mehr.

Auf dem Anleger musste man aufpassen, wohin man seine Füße setzte. Stellenweise war es gefährlich glitschig – da nämlich, wo die Zechbrüder am Vorabend gelbe Pfützen von Erbrochenem zurückgelassen hatten. An diesem feuchten Morgen präsentierte sich Ketchikan als angepasste Stadt: angepasst an Männer fern der Heimat und daher gesegnet mit jeder Menge Pfandleihern, Tätowierstudios und Münztelefonen. Letztere, die wirklich an jeder Ecke hingen, hatten ein mir neues Design mit eingebauten Plastiksitzen und großzügig bemessenen schirmförmigen Dächern aus Plexiglas. Selbst so früh am Tag waren die meisten Apparate von stirnrunzelnden Männern besetzt, die ihre Frauen in der Ferne anriefen. Ich kam an einem halben Dutzend solcher Telefonhäuschen vorbei und hörte immer wieder die gleiche Hälfte des immer wieder gleichen Gesprächs mit an – das Murmeln in ernstem Ton, das besorgte Nachfragen, das zögernde Herunterbeten von Daten und Ankunftszeiten, durchsetzt mit Wenns und Abers. Ich würde später an die Reihe kommen.

Als ich am Tresen des Pioneer Café frühstückte, waren meine Arme die einzigen untätowierten, und die Trucker rollten schon wieder: «truck»-dies, «truck»-das, «da habe ich dem abgefuckten Truck gesagt» ... Offenbar war in dieser Stadt Gossensprache erste Manespflicht, so wie Müll hinauszutragen oder im Herbst das Laub zusammenzuharken, und man galt als Schlappschwanz, wenn man nicht durchschnittlich wenigstens fünf «Trucks» in jeden Satz einflocht. In meinem ganzen Leben als Gelegenheitszecher war mir noch nie eine solche Flut beiläufiger, routinemäßiger Kraftausdrücke ans Ohr gedrungen wie hier in Ketchikan.

Nach dem Frühstück hatten die Vergnügungsdampfer ihre Fahrgäste ausgespuckt, damit sie sich verlustieren konnten. Ein Bienenschwarm von Paaren war in den Straßen unterwegs. Alle trugen dieselbe hellgraue, durchsichtige Sorte Plastikregenmäntel, die man zu einem faustgroßen Ball zusammenquetschen und in einer Hosen- oder Handtasche verstauen kann. Die Regenmäntel mussten ein Werbegeschenk der Reederei sein. Sie ließen die Menge beim Gehen rascheln – falls man überhaupt von Gehen sprechen konnte bei diesem trägen Geschlurfe von einem Schaufenster zum nächsten.

Außerhalb Alaskas würde Ketchikan nur als Dorf gelten. Ohne den Menschenstau hätte ich vielleicht drei, vier Minuten gebraucht, um das Zentrum von einem Ende bis zum andern zu durchqueren. Im Sommer ließ Ketchikan Tausende von Fremden mehr über sich ergehen, als es vernünftigerweise verkraften konnte: Holzfällercrews, Kreuzfahrtpassagiere, Saisonarbeiter in der Konservenfabrik, Fischer, Sportangler von der Charterflotte, Bootstouristen wie mich. Durch uns Auswärtige platzte das Städtchen aus allen Nähten, und wir waren alle miteinander schlecht gelaunt, zusammengepfercht, Hinterbacke an Hinterbacke wie Kühe im Korral. Wir zwängten uns in eine Gasse mit Andenkenläden, schoben und schubsten und sagten *«Entschuldigung!»* in einem Ton, der eher drohend als bittend klang.

Zwei Jugendliche mit aknenarbigen Gesichtern und golfballgroßen Adamsäpfeln standen am Eingang eines Andenkenladens Wache. Angetan mit Bärenfellmützen aus Pelzimitat, rotem Uniformrock und schwarzer Hose, schulterten sie hölzerne Gewehrattrappen. Beide wirkten peinlich berührt, als die Videokameras unter den Plastikregenmänteln hervorkamen und zu surren begannen. Die Idee, die Jungen als Wachsoldaten des Buckinghampalasts zu verkleiden, war vermutlich demselben Hirn entsprungen, das auch den Londoner Bus an die Tongass Narrows gebracht hatte. Was käme wohl als Nächstes? Die Londoner Pearly Kings und Queens in traditionellen perlmuttknopf- und perlenbestickten Kostümen? Eine Big-Ben-Nachbildung? Die Andenkenläden verkauften das übliche Sortiment indianischer Souvenirs von Strickwaren bis zu Traumfängern, bierkruggroßen Totempfählen und «Tauschperlen» zweifelhafter Provenienz.

Eine Frau in der Menge sagte zu ihrem Mann: «Wir brauchen unbedingt noch einen Tag. Es gibt ja sooo viel zu sehen!»

Entschuldigung!

Ich schlängelte mich durch.

Das kleine einstöckige Tongass Museum war längst voll, und so zog sich nun eine Schlange von Paaren den ganzen Gehsteig entlang. Alles wartete auf Einlass. Und plötzlich änderte ich meine Meinung über Ketchikan. Ich ertappte mich dabei, wie ich mit Wohlwollen an die Potlatch Bar zurückdachte – sie war eine Zuflucht vor dem langsam vorwärts kriechenden Haufen.

Ich erreichte Creek Street, den südlichsten Punkt des Touristenviertels. Den restlichen Teil der Stadt hatten die Fabrikarbeiter und Fischer mehr oder weniger für sich. Der Creek war ein von Mauern umschlossener, gezeitenabhängiger Abflusskanal, überragt von einer Reihe unauffälliger Holzhäuschen, ehemaligen Bars und Absteigen, aber jetzt mit Hilfe mehrerer Farbanstriche in Weiß, Blassblau und Korallenrot auf pittoresk getrimmt. Die meisten davon waren Andenkenläden, aber eins, Dolly's House, das «Puppenhaus», war ein seltsam anmutendes Museum für Prostitution Anno dazumal geworden.

Alle Videokameras waren auf das «Puppenhaus» gerichtet, das die wilden Zeiten in Alt-Alaska heraufbeschwören sollte, als Huren noch keine Huren, sondern galante Damen gewesen waren. Die gegenwärtigen Insassinnen, die lockend aus den Fenstern winkten, waren Wachspuppen, sittsam in Krinolinen, Taft und Spitze gehüllt. Obwohl die Zeit der Creek Street als echte Nahkampfzone eigentlich gar nicht so lange zurücklag, gelang es den Eigentümern des Puppenhauses, die Illusion zu wecken, die Glanzzeit liege bereits ein-, zweihundert Jahre zurück. Damals waren vermutlich Strumpfbänder und gepuderte Perücken zum Einsatz gekommen, sodass der rüstige Rentner sein Video den Enkeln vorführen konnte, ohne rot zu werden. Das Puppenhaus gehörte zu dem bunten Wandteppich des «Kulturerbes» – Historisches, das man vom letzten Fleckchen des Schlüpfrigen gereinigt hatte.

Hätten die Kameras einen Schwenk von 135 Grad gemacht, dann hätten sie entdeckt, dass die Creek Street beileibe nicht zum Museum des Gestrigen geworden war, sondern sich nur ein paar Schritt weiter nach Süden verlagert hatte. Statt Wachspuppen hätten die Kreuzfahrtpassagiere leicht das Authentische filmen können, in unerotischer Nahaufnahme. Für etwa fünfzig Dollar hätten sie Sex haben können. Das wäre eine aufregendere Geschichte gewesen. «Als dein Opa in Ketchikan war …»

Ich fragte mich, wie lange es noch dauern würde – zehn Jahre? Zwanzig? –, bevor die Potlatch Bar, nach dem Vorbild der Creek Street zur Touristenattraktion aufgemotzt, ebenso bezaubernd die verlorene Welt von Fin-de-Siècle-Trunksucht und Prostitution fröhliche Urständ feiern ließe.

Am Nachmittag verpasste ich den Pfeifton beziehungsweise das Glockengebimmel. Jedenfalls war Ketchikan plötzlich wie leer gefegt. Für heute war die Tagesvorstellung beendet, die Regenmänteltäger hockten wieder in ihren Kabinen, das Schiff entfernte sich im Krebsgang mit der Ebbe und ließ eine geplünderte Stadt hinter sich zurück. Morgen würden die nächsten viertausend Mittelschicht-Invasoren ausschwärmen, aber die Nacht über hätten wir kleinen Leute Oberwasser, würden miteinander streiten, trinken und trucken.

Ich fand ein freies Münztelefon auf der Mole im Stadtzentrum und rief zu Hause an. Julia war noch in der Vorschule, aber Jean war da. Sie hatte den Flug gebucht: Am 1. August um 8:25 Uhr würden die beiden in Juneau eintreffen. Sie komme als Alleinerziehende gut klar, sagte sie, und da die Spielsaison sich dem Ende nähere, müsse sie nur noch ein, zwei Kritiken pro Woche schreiben. Heute Abend sei sie mit Julia zu einer Party eingeladen. Sie klang vergnügt, hatte alles gut im Griff.

Die Kumuluswolken hingen so tief, dass sie fast in den Kanal stippten, und versperrten die Sicht auf Gravina Island. Ganz in der Nähe floss das graue Wasser in verschnörkelten Arabesken seewärts. Ich sah es aus einer Pfahlwand hervorquellen – wie ein langer Zopf aus dicken Hanfseilen, der in der Strömung hin- und herwogte.

«Ich kann's kaum erwarten», sagte ich.

«Ich auch nicht», erwiderte Jean. «Als ich Julia gestern Abend ins Bett brachte, schoss sie plötzlich hoch und schrie: ‹Ich – brauche – meinen – Daddy!› Du fehlst ihr ganz fürchterlich.»

«Hat sie meine Karten bekommen?»

«Mit jeder Post kommt eine. Manchmal sogar zwei auf einen Schlag.»

Obwohl noch lange nicht Sonnenuntergang war, brannte in Ketchikan schon überall Licht. Der Geruch von Holzfeuerrauch und die vorzeitig hereinbrechende Dunkelheit erinnerten an einen Abend gegen Ende November.

Das Gespräch mit Jean hatte mir Auftrieb gegeben. Ich ging in einen Supermarkt nördlich des Stadtzentrums und packte einen ganzen Einkaufswagen voll. Da fast alles per Flugzeug oder Schiff aus Seattle geliefert wurde, kam ein hübsches Sümmchen zusammen – nie zuvor war es mir gelungen, bei einem einzigen Supermarktbesuch 231 Dollar auszugeben. Meine Einkaufsorgie verdeutlichte wieder einmal, dass der Staat Alaska Kunde der «Lower 48» war, denn jede

Packung Cornflakes und jedes Stück Butter war ein importierter Luxusartikel. Das beinahe einzige Produkt aus heimischer Produktion fand ich im Schnapsladen nebenan: Bier im Sixpack.

Gloria, die Taxifahrerin, die mich zu meinem Boot chauffierte, erzählte mir, sie sei ursprünglich gemeinsam mit ihrem Mann nach Alaska gekommen.

«Ein Idiot war das. Geld hat er zwar nach Hause gebracht, aber er meinte immer, er hätte den Kürzeren gezogen, der Idiot. Kennen Sie die Sorte?»

«Na, zu gut!», sagte ich.

Nach der Scheidung war sie mit ihren beiden Kindern nach Los Angeles gegangen. Aber das Leben in einer kalifornischen Großstadt machte «zu viel Angst». Nach dem Krankenschwester-Examen hatte sich Gloria via Seattle nach Alaska zurückgearbeitet.

«Sie müssten mal im Winter nach Ketchikan kommen. Jetzt sieht man es zwar nicht, aber das ist hier eine richtig nette, sichere Kleinstadt. Alles Nachbarn – man schnackt über den Gartenzaun –, und für Kinder ist es einfach das Richtige. Ich werde wohl dableiben, bis ich sterbe. Im Sommer, da sieht es ja nicht so toll aus. Aber im Winter ist es hier richtig gemütlich – da müssten Sie mal vorbeikommen.»

Ich konnte es mir vorstellen. Bei Dunkelheit, Kälte und Regen wäre Ketchikan auf dem zwischen Wald und Wasser eingezwängten Felssims sicher ein warmes Nest zum Aneinanderkuscheln. Unten im Süden gab es keine geschlossenen kleinen Ortschaften mehr, denn das Netz der Interstate Highways hatte alle Kleinstädte zerschnitten. Aber an Ketchikan kam man nicht vorbei. Hier konnte man wohl monatelang wie auf hoher See leben.

Im Winter würden die First City Players für *The Sound of Music* neue Mitspieler suchen, würde das Amateurballett von Ketchikan mehrfach auftreten, gäbe es Töpfer- und Buchdruckerkurse, Eisfischen, Wer-baut-den-schönsten-Schneemann-Wettbewerbe, «Fish Art» von Ray Troll in der SoHo Coho Gallery, Quilt-Nähkränzchen, Treffen des Schriftstellerverbands in der Buchhandlung «Parnassus» am Ende der Creek Street ...

Nein, geselligen Menschen würde es nicht schwer fallen, sich in Ketchikan wohl zu fühlen.

Nach dem Frühstück im Pioneer Café, wo sich zwei Frauen gestritten hatten («Finger weg von meinem ‹vertruckten› Mann, du Schlampe!»), legte ich unter einem undichten Himmel ab, der sich über Ketchikan wölbte – von den größten Gebäuden bis hin zu den Bäumen am Ende der Meerenge. In Troyer und Handschuhen und nervtötend quietschendem Ölzeug nahm ich einen Zickzackkurs durch das Gewimmel aus Kreuzfahrtschiffen, Schleppern und Fischerbooten. Aus der Zellstofffabrik (der akut die Schließung drohte) stiegen Rauchsäulen auf – höchst passende Stängel zu den Blüten, die der graue Himmel trieb.

«Wetter: bewölkt und regnerisch» herrschte auch, als die Vancouver-Expedition im August 1793 hier vorbeikam. 16 Faden tief hatten die *Discovery* und die *Chatham* ihre Anker bei Port Stewart geworfen, einer tief eingeschnittenen Bucht, gleich um die Ecke vom Nordende der Tongass Narrows. Laut Archibald Menzies geschah hier etwas, das die Beziehungen zwischen Indianern und Weißen schlagartig veränderte. Der Tagebucheintrag ist kurz und sachlich:

> *28. Aug. Ein Eingeborener hatte uns zuvor inständigst gebeten, mit uns nach England segeln zu dürfen & Kap. Vancouver schien geneigt, ihm zu willfahren, da er aus freien Stücken mitkommen wollte. Doch am 28. wurden in seinem Beisein auf der* Discovery *Strafen höchst unangenehmer*

Art vollzogen. Daraufhin begaben sich alle Eingeborenen aus der Bucht, & jener, welcher zuvor solcher Art auf eine Mitreise gedrängt hatte, verließ uns ohne Abschied und ward fürderhin nicht mehr gesehen.

Über die barbarischen Sitten und Gebräuche bei den Indianern gibt es zahlreiche Berichte der Weißen, doch keine dieser Gräueltaten reicht an die Absurdität der englischen Stammesrituale heran, die routinemäßig an Bord der *Discovery* stattfanden: der Mann, festgebunden an der Gräting, der Bootsmanngehilfe mit der neunschwänzige Katze in der Hand, das Fleisch, zerfetzt vom Knochen hängend, das allgemeine Strammstehen in Uniform zu solchem Anlass, während das Opfer schreit. Was die Indianer sich bei diesem Anblick wohl gedacht haben mögen? Und wie wird diese Geschichte die Küste entlang weitergetragen worden sein?

Winston Churchill hat die Marine des 18. Jahrhunderts in drei Worten charakterisiert: «Rum, Analverkehr und die Peitsche.» Käpten Van war ganz versessen auf den Gebrauch der Peitsche. Zwar sind die offiziellen Logbücher der *Discovery* verloren gegangen, aber Peter Puget übertrug die Einträge von zehn Tagen in seine persönlichen Aufzeichnungen, aus denen hervorgeht, dass Vancouver alle drei, vier Tage die Prügelstrafe verhängte. In der Zeit vom 30. Mai bis zum 8. Juni 1792 (jener glücklichen Periode, als Käpten Van die viel versprechende, fruchtbare Landschaft um den Puget Sound erkundete) wurden drei Männer ausgepeitscht:

Mittwoch, 30. Mai … Bestraft: Willm. Wooderson, Matrose, 24 Hiebe wegen Unverfrorenheit …

Sonnabend, 2. Juni … Bestraft: Jos. Murgatroyd, Matrose, 12 Hiebe wegen Nichtbefolgung von Befehlen …

Mittwoch, 6. Juni ... Bestraft: John Thomas, 36 Hiebe wegen Vernachlässigung der Pflicht

Solche Strafen waren selbst für das ausgehende 18. Jahrhundert extrem. Es hat ganz den Anschein, als habe Vancouver sich jeweils mittwochs und sonnabends beim sechsten Glasen in der Vormittagswache um elf Uhr einen vorlauten Matrosen ausgesucht, um ihn halb totprügeln zu lassen.

Menzies' Abscheu vor derart gewalttätigen Machtdemonstrationen schallt uns immer wieder aus seinem Tagebuch entgegen. Der Naturwissenschaftler und der Kapitän waren nunmehr auf Konfrontationskurs.

Sir,
inzwischen ist es mir derart unangenehm geworden, Ihnen über alles, was mit dem Herbarium auf dem Quarterdeck zusammenhängt, mündlich Bericht zu erstatten, dass ich Sie fürderhin auf diesem Wege die von mir gewünschten Abänderungen, beziehungsweise die Erweiterung des ursprünglichen Planes, wissen lasse, zum Schutze der darin befindlichen Pflanzen, und gegebenenfalls Anweisungen für deren Pflege während meiner Abwesenheit. Auf dass meine inständige Bitte um des Erfolges der Pflanzenzucht willen mir nicht zum Nachtheil gereiche ...

Der unterkühlte Ton dieses Briefs sagt viel über die Atmosphäre an Bord der *Discovery* aus. Sein Zivilistenstatus erlaubte es Menzies als einzigem der Gentlemen auf dem Quarterdeck, sich gegenüber Vancouver zu behaupten, in dem er längst einen jähzornigen, selbstherrlichen Wahnsinnigen sah. In Briefen an Sir Joseph Banks karikierte Menzies seinen Kapitän als einen aufgeblasenen Hanswurst:

Ich vergaß zu erwähnen, dass unser Kapitän sich an dieser Küste bereits verewigt hat, denn die große Insel, welche wir letzten Sommer umschifften und zu welcher Nootka gehört, trägt nun den bescheidenen Namen Quadra & Vancouver's Island …

Käpten Van schlug zurück, indem er Menzies die Benutzung eines kleinen Boots für botanische Exkursionen untersagte. Ein Kapitän ohne Freunde, dem man in seinem Beisein gehorchte und den man hinter seinem Rücken verwünschte, klammerte sich an seinen Rang und die willkürliche Machtausübung, die ihm seine Stellung einräumte.

Indianerhäuptlinge haben ihre Macht demonstriert, indem sie ihre Nachbarn und Rivalen mit Geschenken beschämten, die so großzügig waren, dass diese nicht mithalten konnten. Käpten Van hielt sich an das Schreckensszenario mittschiffs. Diese Form öffentlicher Demütigung war weit weniger subtil als ein Potlach, wenngleich beide Rituale demselben Zweck dienten. Es waren Fanfarenstöße, die der Menge vom Rang und von der Macht jenes Mannes künden sollten, der sie inszeniert hatte. Vancouver war klein, dick und kränkelnd. Je weiter sein Körper im Laufe dieser Reise verfiel, desto stärker empfand er die Notwendigkeit, seiner Mannschaft ins Gedächtnis zu rufen, dass er immer noch das Sagen hatte und in königlichem Auftrag unterwegs war.

Noch über Generationen hinweg, jedenfalls bis zu den fünfziger Jahren des 19. Jahrhunderts, als Judge Swan an die Küste Washingtons kam, bezeichneten die Indianer weiße Besucher als «König Georges Männer». Käpten Van hatte also wohl doch den erwünschten Eindruck hinterlassen.

Auf der Spur der *Discovery* segelte ich durch die Clarence Strait, nahe dem gebirgigen und überaus steinigen Ufer der Cleveland Peninsula. Die Namen auf der Karte spiegelten Käpten Vans Gedanken in jenem August wider, als er diese Wildnis für das Haus Hannover beanspruchte. So nannte er die Kontinentalküste New Hanover, obwohl sich dieser Name nicht hielt. Das Wasser, das ich jetzt unter Motor befuhr, war

> *das weitläufigste [unter all diesen Kanälen], welchem ich ... zu Ehren Seiner Königlichen Hoheit, Prinz William Henry, den Namen* THE DUKE OF CLARENCE'S STRAIT *gab. Im Osten grenzt es an die Inseln des Duke of York, an einen Theil des Festlandes bei Cape Caamano sowie an die Isles. Das Westufer ist weites Land, welches (obwohl bislang für uns unsichtbar) vermuthlich oft durch Wasser unterbrochen ist und eine deutliche Masse in dem großen Archipel bildet. Dieses habe ich mit dem Namen* THE PRINCE OF WALES'S ARCHIPALAGO *geehrt.*

Allein in seiner Kajüte, vom geselligen Leben des Mannschaftsraums ausgeschlossen, pflegte Vancouver standesgemäßen Umgang mit dem Adelskalender. Am Ende seiner Reise würde er lauter Viscounts, Earls und Dukes längs der Küste verstreut haben. Die vornehmsten Familien Englands im 18. Jahrhundert, die Spencers, Portlands, Binghams, Cokes, Lucans und viele andere, zieren noch heute so manche windumtosten Vorgebirge und vereisten Buchten Alaskas.

Die graue See kräuselte sich unter einer Katzenpfote, einem unbeständigen Lüftchen, bei dem sich das Hissen des Segels nicht lohnte. Die regensatte Luft tauchte die Welt in ein perlmuttartiges Licht. Ich holte die Kamera und fotografierte einen Schwarm von Strandläufern, die Flügel an Flügel in geschlossener Formation nach Norden flogen. Um das stimmungsvoll schillernde Licht auf Platte zu bannen, fotografierte ich noch mehr, den vorbeiziehenden Troller *Peggie Ann,* aus Ketchikan kommend, die Spinnweben nasser Takelung, die vier festgelaschten Schleppangeln, die eine tief hängende Wolkenbank kratzten. Im Bildsucher mutete das Schiff wie ein fremdartiges Tier an, das sich frei nach Darwin seiner Umgebung angepasst hatte: teils Insekt mit langen tastenden Fühlern, teils Vogel, teils Fisch und teils gemütliches Zuhause für die ganze Familie.

Über Funk setzte ich mich mit der *Peggie Ann* in Verbindung und stieß auf eine Mrs. Nic Neble. Sie freute sich sehr darüber, dass ich Fotos von ihrem Boot geschossen hatte.

«Wir sind so stolz auf unser Schiff und wollten schon immer mal ein Bild von ihm auf hoher See haben.»

Wochen später schickte ich den Nebles eine Vergrößerung von einer weiß-grau bemalten *Peggie Ann,* die unter bewölktem Himmel dahinglitt wie ein Donnervogel im Gleitflug oder ein doppelköpfiger fliegender Sisiutl. Als Gegengeschenk bekam ich zu Weihnachten ein großes Paket aus Ketchikan mit einem geräucherten Rotlachs.

Eine wild tobende Tümmler-Eskorte geleitete mich durch die Zufahrt zum Meyers Chuck, die wegen der vielen unterseeischen Felsen sehr schwierig zu befahren ist. Auch wenn alles dafür sprach, dass man mir hier die Flosse der Freundschaft schütteln wollte, sozusagen von Meeres- zu Landsäuger, trog der Schein. Unsere ansonsten divergierenden Interessen deckten sich rein zufällig an der Einfahrt in den Kanal, den Lachse und Boote gleichermaßen frequentierten. Fische gab es jetzt nicht, darum jagten sie mich, um nicht aus der Übung zu kommen. Die Saltos schlagenden kompakten Muskelpakete schossen wie Torpedos am Cockpit vorbei und vor den Bug, was meiner Ankunft einen gewissen Glanz verlieh. Als ich am Schwimmsteg festmachte, spürte ich, dass die Last dieser Reise plötzlich von mir abgefallen war. Nur noch vier Tage bis Juneau. Jetzt konnte ich mir unseren schwimmenden Familienurlaub danach vorstellen ... Julia und die Tümmler ... Julia und die Eisberge ... Julia und die Bären. Wir würden eine Angel brauchen – wird in Juneau besorgt. Und noch mehr Kinderbücher mit Gutenachtgeschichten. Außerdem haufenweise Makkaroni und dazu den widerlichen gelben Cheddar, der für Julia als einziger den Namen Käse verdient.

Vor Meyers Chuck hätte ich das alles nicht zu denken gewagt. Jetzt malte ich mir voller Hingabe einen lustigen Einkaufszettel aus. Sonnenmilch mit UV-Filter, Mandarinenlimonade, Kleenex, Matzen, kandierten Ingwer gegen Seekrankheit, Beanie Babys, Erdnussbutter, Thunfisch in Wasser, ein Reise-Scrabble, Buntstifte, M&M's und Kräutertee. Als sich diese Worte in meinem Kopf formten, musste ich unwillkürlich lächeln – und bald hätte ich die ganze kleine Siedlung umarmen mögen.

Chauk, das Nootka-Wort für «Wasserkörper», war von den Weißen als scherzhafter Ausdruck übernommen worden. Die Kanadier der Westküste – insbesondere diejenigen, die für Yachtzeitungen schrieben, nannten das Meer gern «saltchuck», was nichts weiter als Salzwasser bedeutet. Ich fand das albern, absichtlich altbacken-altmodisch. Aber in diesem Ortsnamen hatte «Chuck» etwas Rührendes. Von der Clarence Strait durch eine bewaldete Insel und ein Riff abgeschirmt, mutete Meyers Chuck wie ein spiegelglatter Klosterteich an: Reiher wateten durch die seichten Stellen in Ufernähe, und in der Mitte schoss ein Gürtelfischer wie eine Tauchbombe aus dem Wasser.

Nur die verbogenen Gleise einer ehemaligen Bahnverbindung zum Hafen nebst einigen aus dem Boden ragenden verrotteten Stümpfen waren von der Fabrikhalle und der Schmiede übrig geblieben, die im Lotsenhandbuch aus dem Jahr 1933 erwähnt werden. Jetzt wohnten in Meyers Chuck 37 Menschen in vereinzelten Pfefferkuchenhäuschen, die etwas abseits vom Wasser lagen. Ein schlammiger, überwucherter Pfad voller Baumwurzeln schlängelte sich von einem Haus zum andern. Nichts an diesem schnuckeligen Ort wirkte schickimickihaft oder protzig: Alles schien mit seinem Rückzug aus der Welt zufrieden zu sein, und nur wenige Privatboote wie meines verirrten sich im Sommer hierher. Am Ostufer gab es eine kleine Fischerhütte, eine winzige katholische Grundschule und ein paar gewerblich genutzte Fischerboote zu besichtigen. Das Postamt war ein mit Vorhängeschloss gesicherter Schuppen, und seine seltenen und höchst ungewöhnlichen Öffnungszeiten waren der allwöchentlichen Landung des Postfliegers geschuldet. Ohne große Hoffnung warf ich eine Bären-Postkarte in den Kasten.

Auf meinem Spaziergang war mir niemand begegnet, doch die Hunde-Buschtrommeln funktionierten: Gebell überall, wo ich hinkam.

Die einzigen Wegweiser – handgemalte, kreuz und quer an die Tannen genagelte Holzschilder – zeigten den Weg zur Kunstgalerie, die sich als Baumhaus am Ende des Pfads entpuppte. Die Ausstellungsstücke im Innern erklärten die seltsame Stille in Meyers Chuck. Offensichtlich blieben die Dorfbewohner zu Hause, weil sie alle Hände voll zu tun hatten: Sie reihten Perlen auf, kochten ein, verzierten mit Brandmalerei, töpferten, stopften Paradiesvögel aus Filz aus, schnitzten Objekte aus Treibholz, malten Aquarelle (manche davon gar nicht übel), schliffen und polierten violette und grüne Steine. Dazu kamen noch Häkel-, Stick- und sonstige Textilarbeiten, Lackieren und Lasieren sowie die Herstellung von allerlei Schnickschnack aus Muscheln, Silberfolie, Ästchen und Kleister.

Es roch intensiv nach Räucherstäbchen und Lavendelkissen. Bei der leisesten Bewegung brachte ich gleich wieder irgendwo ein Klangspiel zum Klimpern. Voller Vorfreude auf Juneau und das anschließende Familienleben an Bord, erstand ich einen wattierten Topflappen und ein Glas hausgemachter Marmelade.

Im Laufe des Nachmittags legten noch zwei Motorboote mit Familien an. Sie nahmen den ausgeschilderten Weg zur Galerie, und niemand kam mit leeren Händen zurück. Die örtliche Maschinerie der Touristikbranche lief also in einem Tempo, das dem Dorfleben kaum schadete. An diesem Abend saß ich im Cockpit und beobachtete das muntere Treiben der beiden Familien. Sie waren im Begriff, miteinander zu verschmelzen: Die Kinder liefen barfuß herum und jagten sich mit Krabbennetzen, die Männer frotzelten beim Grillen miteinander, und die Frauen erschienen frisch geduscht, in Badetücher gewickelt und mit Flaschen und Gläsern in Händen. Für die Dauer des Sommerurlaubs führten sie ein Bohèmeleben am Rand der realen Welt. Ich war bloß Zaungast bei ihrem Fest.

Und wenn schon. Nicht mehr lange. Bald war ich ja dran.

Als die Sonne morgens von den Schneekuppen im Osten abhob und plötzlich aus dem Nichts eine frische Brise wehte, war das Flachwasser gelb und grob granuliert wie geharkter Kies. Die Clarence Strait war leer. Ich hockte im Deckshaus und wärmte meine Hände am Kaffeebecher. Für mich gab es nichts weiter zu tun, außer den Kurs zu überwachen und dem monotonen *Hiii-hooo-hiii-hooo*-Geräusch des Autopiloten zu lauschen, der die Kurskorrekturen ans Steuerrad übermittelte. Ich war um fünf aufgewacht und hatte über mich und meinen Vater nachgedacht – seine lebenslange Vorsicht und meine reaktionäre Impulsivität. Seltsam, aber wenn ich an seinen Beruf dachte, schien er der geborene Skeptiker zu sein, ich hingegen ein voreilig Glaubender.

Ich stellte die Kompassrose auf dem Schaltkasten des Autopiloten ein, um von Misery Island klar zu kommen. Am Tag zuvor hatte ich

Bittersweet Rock passiert. Bezeichnend für Amerikas Westen, zu Wasser wie zu Lande, waren die geographischen Namen, die aus einer Zeit stammten, als jede Familie John Bunyans *Pilgerreise* in der x-ten Dünndruckausgabe zwischen Bibel, Sears-and-Roebucks-Katalog und zumindest hier auch den Gezeitentabellen auf dem kleinen Bücherbord stehen hatte. Viele von Käpten Vans Namensschöpfungen hatten Anklänge an Bunyan, zum Beispiel Desolation Sound (Sund der Verzweiflung) und Deception Pass (Pass der Täuschung). Die Siedler hatten diese Tradition fortgeführt und die Meerestopographie mit sittlichen oder emotionalen Begriffen belegt. Anhand der Seekarte ließe sich so eine *Pilgerreise* oder – in Anlehnung an die Stiche von William Hogarth – ein *Lebenslauf eines Wüstlings* schreiben. Der Protagonist würde am Incarnation Point (Kap der Fleischwerdung) das Licht der Welt erblicken, und Hardscrabble Point (Kap der Mühsal) wäre dann der erste Meilenstein im Säuglingsalter. Weiter würde der Weg über Sunshine Island (Insel des Sonnenscheins) und Luck Point (Kap des Glücks) zu einer frühen Prüfung am Liar Rock (Lügnerfelsen) führen, anschließend nach Trouble Island (Insel des Kummers) und weiter zum Seduction Point (Kap der Versuchung). Nach einer schwierigen Durchquerung der Meerenge Peril Strait (Straße der Gefahr), vorbei an Grief Islet (Eiland der Betrübnis) und Ford's Terror (Fords Entsetzen) müsste er dem Point False Retreat (Kap des falschen Rückzugs) trotzen und den Eye Opener (Augenöffner) passieren, von wo das Cape Decision (Kap der Entscheidung) aus dem Nebel auftauchen würde und Point Escape (Kap des Entrinnens) nicht mehr fern wäre. Nach der Beichte käme der Pilger schließlich in den Port Conclusion (Hafen des Abschlusses) mit den Harmony Islands (Inseln der Eintracht), der Happy Cove (Glücksbucht) und den Paradise Flats (Marschland des Paradieses). Mit solchen Ortsnamen wurde die Wildnis in eine dreidimensionale Allegorie verwandelt, deren Inhalt sich (je nach gewählter Route) ständig veränderte. Heute war ich von Misery Island (Insel des Elends) zum Cemetery Point (Friedhofskap) unterwegs.

Als Kind hatte ich großen Respekt vor meinem Vater, wenn er sonntags beim Lunch mit dem Tranchiermesser hantierte. Im ersten Akt kam der rituelle Schwertkampf mit dem Schleifstein, dann wurde der Braten in tiefem Schweigen tranchiert – oder vielmehr in hauchdünne Scheiben von der fleckigen Transparenz eines Fotonegativs geschnitten. Das Messer war sehr alt. Wie die meisten Dinge in unserer Familie wurde es von Generation zu Generation weitergereicht, und das seit über hundert Jahren wöchentlich durchgeführte Wetzen der Klinge hatte diese so schmal wie die Spitze eines Rapiers werden lassen. So schaffte es mein Vater, dass auch der kleinste Braten noch bis zum folgenden Samstag reichte.

Als Kinder der Weltwirtschaftskrise waren meine Eltern für ein lebenslanges Knapsen und Knausern gerüstet. Mein Vater trug seine Kleider, bis sie völlig verschlissen waren. Großonkel Cyrils Talar verbarg praktischerweise gewendete Manschetten und Kragen und auch die grauen Flanellhosen, die bereits dünn und glänzend wie Seide waren.

Der einzige große Luxus, den sich mein Vater in den genügsamen fünfziger Jahren leistete, war sein Glaube. Wie sein Vater und sein Onkel war er ein Anhänger der High Church und hielt sich an hochkirchliche Rituale. Für den Abendmahlsgottesdienst legte er Weiß und Gold an, Messgewand und Stola. Lediglich die Low-Church-Einstellung der Kirchenleitung und der Gemeinde hielten ihn davon ab, zum Weihrauch zu greifen. Wenn er mit dem Rücken zur Gemeinde vor dem Altar stand, herrschte er über das heilige Mysterium, in dem Gott sich in der Hostie und dem silbernen Kelch mit dem Messwein der Marke Vino Sacro offenbart.

Wenn er den Abendmahlskelch zur Wandlung hob und dazu die Worte Christi sprach: «Trinket alle daraus, denn dies ist mein Blut des neuen Bundes, welches für euch und viele vergossen wird zur Vergebung der Sünden!», dann verwandelte sich der billige Burgunder tatsächlich in das Blut des Erlösers.

«Die Theologie», pflegte mein Vater kurz nach der feierlichen Einsetzung in sein Amt zu sagen, «ist die Königin der Wissenschaften.» Wenn der Pfarrer im Gewand eines ägyptischen Magiers vor dem Altar stand, wurden die Naturgesetze auf wundersame Weise außer Kraft gesetzt. Mein Vater konnte Brot in Fleisch verwandeln und wusste um das göttliche Geheimnis der Dreieinigkeit.

In allen anderen Lebensbereichen bestand seine instinktive Reaktion aus Zweifel. Stets entdeckte er eine Wolke am Himmel. Es machte ihn glücklich, wenn er irgendwo ein Haar in der Suppe oder einen logischen Fehler fand. Nur bei der Ausübung seiner Religion war er verschwenderisch. Und so führte er in die Sozialbausiedlung, wo er als Vikar arbeitete, und später in das lang gestreckte, weit auseinander gezogene Dorf, seine erste richtige Pfarrgemeinde, eine merkwürdige De-luxe-Ausführung des Protestantismus englischer Prägung ein, mit reichlich Kniebeugen, prächtigen Gewändern und den mystischen Widersprüchen solch früher Apologeten der Kirche von England wie Donne und Hooker.

In den sonst so sanften sechziger Jahren fing er damit an, das Tranchiermesser an seinem eigenen Glauben anzusetzen, und schnitt immer mehr Scheibchen davon ab, passend zum neuen England und zu der Umgebung seiner Gemeinde mit all den Ringstraßen, Hochhäusern und Einkaufszentren, um die der Wind pfiff. Er las «existenzielle Theologie» – Tillich und Bonhoeffer – und jammerte, wie schwer es ihm falle, philosophische Ideen zu begreifen. 1963 las er *Honest to God* von John Robinson, dem Bischof von Woolwich, ein Buch, das in kirchlichen Kreisen einen Sturm auslöste und meinen Vater sehr interessierte. Einmal hob ich dieses *Honest to God* von seinem angestammten Platz auf dem Boden neben dem Stuhl meines Vaters im Wohnzimmer auf und sah, dass die in der kleinen, ordentlichen Schrift meines Vaters mit Tinte geschriebenen Anmerkungen – etwas dandyhaft mit all den schwungvollen Bögen und Schnörkeln – den Originaltext Robinsons fast überdeckten, sodass dieser kaum noch zu lesen war. Mein Vater führte eine monatelange Diskussion mit dem fehlgeleiteten Bischof, bevor er sich schließlich auf dessen Seite schlug.

Das war sein Weg durch die Peril Strait, die Straße der Gefahr – eingehüllt in Pfeifenrauch, inmitten von wackelnden Bücherstapeln, zu seinen Füßen ein furzender Hund. In den frühen Achtzigern hatte er seinen Glauben so weit zurückgestutzt, dass nur noch das ethisch-symbolische Knochengerüst übrig geblieben war.

In unseren weinseligen Konversationen, die spätnachts vor dem Gaskamin stattfanden, stellte ich ihm die Gretchenfrage: «Wie stehst du denn neuerdings zur Auferstehung und zu der Vorstellung vom ewigen Leben, Peter?»

«Meinst du das jetzt buchstäblich?»

Die hochgezogenen buschigen Augenbrauen, das schiefe breite Lächeln. Die Pfeife. Blinzelnd fixierte er den Weinpegel in seinem Glas, als wolle er darauf schießen.

«Ich würde doch meinen, dass die für jeden eine hohe Symbolkraft haben, oder etwa nicht, mein Junge?»

«Aber kann man denn ein gläubiger Christ sein, ohne an Gott zu glauben?»

«Nun ...» Er packte eine ganze Menge in dieses Nun. Er warf den Kopf in den Nacken, kniff die Augen zusammen, atmete tief aus. «Natürlich bin ich skeptisch in Bezug auf das Übernatürliche ...»

Er ließ sich nicht packen, machte allerdings ganz klar, dass sich der winzige Spalt zwischen seinem Glauben und meinem Unglauben nur in millionstel Metern messen ließe. Nicht, dass er seinen Glauben verloren hätte. So sah mein Vater das gewiss nicht. Vielmehr hatte er ihn nach demselben Verfahren des vernünftigen Wirtschaftens verfeinert, mit dessen Hilfe der Braten eine Woche reichte und eine Hose zwanzig Jahre.

Ich weiß nicht, was er glaubte – oder nicht glaubte –, als er starb, oder was der Tod ihm da bedeutete. Aber ich war mir ziemlich sicher, dass er ihn nicht als Tor zur himmlischen Herrlichkeit sah. In seinen vierzig Jahren als Seelsorger verbrachte er die meiste Zeit damit, andere Menschen zu trösten, und doch zweifelte ich, ob er selbst noch Trost aus dem Rest seines Glaubens schöpfen konnte.

Während ich über die Reise meines Vaters nachgrübelte, vergaß ich meine eigene. In Gedanken stand ich an seinem Bett in Market Harborough und beobachtete die Schatten der Autos, die durch den Raum huschten, als mein Boot mit einem Baumstamm zusammenstieß. Der Aufprall brachte es abrupt zum Stehen. Der Bug ragte hoch aus dem Wasser, und es ertönte dasselbe Geräusch, das ein Haus bei einem Erdbeben von sich gibt – ein Krachen und Knirschen, das auf jede Menge Komplikationen in den Fundamenten schließen lässt. Der Baumstamm, der schwarz vom Alter war, zwei Fuß im Durchmesser und ungefähr dreißig Fuß lang, glitt fast komplett unter Wasser am Schiff vorbei. Nur ein bleistiftdünner, heller Strich verriet ihn. Er hatte bloß darauf gelauert, jemanden beim Dösen zu erwischen, und das war ihm jetzt voll und ganz gelungen.

Ich hob in der vorderen Kajüte und im Salon die Bodenbretter hoch, entdeckte aber in der Bilge kein eindringendes Wasser. Kein Grund zur Beunruhigung also. Das Boot war stabil gebaut und konnte einiges vertragen. Beim Kauf hatte mir der Sachverständige gesagt: «Das kann mehr Schläge einstecken als Sie.» Tatsache ist, dass die Robustheit dieses Schiffs mich bereits etliche Male davor bewahrt hatte, die Konsequenzen meiner eigenen Nachlässigkeit auszubaden – wie es sich für eine Arche gehört.

Wieder zurück im Hier und Jetzt, schaute ich mich sehr aufmerksam um. Ich ging in den Wind, um die Segel zu setzen. Ungefähr eine Stunde lang trieb mein Schiff wie ein Geist über eine Meile oder mehr im immer weiter abflauenden Wind hin und her, bis die Segel erschlafften und es sich nur noch langsam und schwerfällig in der Strömung drehte. Mir lag nichts daran, das Schweigen in der Windstille zu brechen. Ich lauschte auf Tierlaute im Unterholz des Ufers, ließ den Himmel über mir kreisen und beobachtete einen Adler, der sich wie verbranntes Papier von einem thermischen Aufwind vor dem Himmelsblau emportragen ließ.

Die Kanäle spalteten hier Berge mit kahlen Gipfeln. Sie schienen gänzlich von Land umschlossen, bis im letzten Moment ein Granitblock zur Seite glitt und den nächsten Abschnitt enthüllte. Im schmalsten Spalt von allen, dort, wo die Zimovia Strait zu einem gezeitenabhängigen, knapp eine halbe Meile breiten und mit lauter winzigen Inselchen durchsetzten Fluss zusammenschrumpft, lag ein altes Dorf der Tlingit. Schon im Lotsenhandbuch von 1933 wurde der Ort als längst aufgegeben bezeichnet, aber man konnte noch immer sehen, wo die Indianer die Findlinge am Strand aus dem Weg gerollt hatten, um ihre Kanus zu Wasser zu lassen. Und obwohl die Häuser inzwischen verrottet und wieder zu einem Teil des Waldes geworden waren, wirkte die Gegend hier immer noch irgendwie bewohnt.

Dieses hübsche, wenngleich ziemlich kleine Refugium lag sicher behütet vor dem großen, wilden Land, das es umgab. Das Wasser war ziemlich flach – der mit Tonnen gekennzeichnete Kanal war nicht mehr als fünf oder sechs Faden tief und vollkommen geschützt. Selbst ein starker Sturm würde ihm kaum mehr als ein leichtes Kräuseln entlocken. An den sanft abfallenden Ufern wuchsen Erlen und Weiden, und das Sonnenlicht, das durch die Blätter der Bäume gefiltert wurde, tupfte seine Schattenflecken auf die klassischen Auen. Käpten Van, der die Einfahrt in die Zimovia Strait sehr wohl sah, sie aber nicht näher erforschte, hätte dieses abgelegene Becken mit seinem halben Dutzend Miniaturinseln und den gleichmäßig geschwungenen Rasenflächen sicher gefallen.

Die frühen Forschungsreisenden sahen in den Indianern jeweils die Geschöpfe der Landschaft, die sie bewohnten. Für sie gehörten die Eingeborenen ebenso zur Fauna wie Bären und Wölfe. Und je weiter Vancouvers Expedition nach Norden vordrang, desto dunkler, strenger, unbeugsamer und feindseliger erschienen die Indianer, als ob das Gelände, in dem man sie antraf, auf ihre Wesensart abgefärbt hätte. Die «hinterhältigen, ewig plappernden» Tlingit (so Menzies' Worte) waren der grimmigste und fremdartigste Stamm, auf den die Weißen bis dahin gestoßen waren. In ihnen verkörperte sich das gesamte schlechte Wetter, das im Sommer 1793 geherrscht hatte, und die unwegsame, verästelte Natur dieses Terrains, des heutigen Alexanderarchipels, das von bedrohlichen Klippen und den undurchdringlichen schwarzen Wäldern der Wildnis geprägt ist. Hätten die Reisenden die Indianer in einer Kulisse wie der Zimovia Strait gesehen, hätten sie ihnen sicher einiges mehr abgewinnen können.

Tatsächlich hatte Vancouver und seinen Leuten von den Eingeborenen Tahitis und Hawaiis weit größere Gefahr gedroht. Doch die englischen Touristen verbanden – und daran hat sich bis heute nicht viel geändert – mit dem Charakter eines Menschen aus dem warmen Süden ganz bestimmte Vorstellungen. So schrieben sie den Inselbewohnern im Pazifik grundsätzlich ein sonniges Gemüt und eine große Genussfreude zu, etwa einen ziemlich unenglischen Appetit auf Sex am Nachmittag. Selbst als schon Mord in der Luft lag, hielten die englischen Matrosen an der Vorstellung fest, Tahiti und Hawaii seien so etwas Ähnliches wie ein Club Med des 18. Jahrhunderts.

Die Tlingit waren ein Volk des Nordens und lebten auf demselben Breitengrad wie die Einwohner von Aberdeen. Und da die Engländer die Menschen im Norden von jeher mit Sparsamkeit und mangelnder Lebensfreude gleichsetzten, empfanden sie die Tlingit auf Anhieb als griesgrämig, gemein und grob. Es war, als ob die *Discovery* drei Viertel der Welt umsegelt hätte, nur um dort auf ein Volk von grimmen, halb nackten Schotten mit Lippenschmuck und Pfeil und Bogen zu treffen.

Hinter dem letzten Eiland verbreiterte sich die Meerenge zu einem U-förmigen Tal, auf dessen Berghängen massive, eckige Einschnitte und die senkrechten schlammigen Holzleiten zu sehen waren, durch die man die Stammhölzer ins Meer beförderte. Hier war das Wasser von einem milchigen Specksteingrün – vermutlich wegen des Schmelzwassers aus dem Stikine River. Dicke Staub- und Pollenflocken schwammen auf der Wasseroberfläche, die so glatt und dickflüssig wie Malerfarbe wirkte.

Ich musste heftig gegen die Tide ankämpfen, denn das Boot schien auf dieser reizlosen Strecke festzusitzen. In der Ferne erkannte ich über Meilen unheimlichen grünen Wassers und tief eingekerbten Bergen Cemetery Point, einen Schmutzfleck an Steuerbord, der einfach nicht näher kommen wollte, obwohl der Motor auf vollen Touren lief. Eine Stunde verstrich. Zwei. Dann, fast um vier Uhr, kam Wrangell hinter Cemetery Point in Sicht: Eine riesige Flotte aus Fischerbooten lag Rumpf an Rumpf im Hafen, und dahinter zog langsam ein Städtchen aus niedrigen Holzhäuschen unter einer meilenlangen Wolke aus Industrieabgasen vorbei.

Wrangell befand sich in einer Krise und wimmelte von Müßiggängern. Mit bleichen Gesichtern, die Hände tief in den Hosentaschen, schlurften sie über die Docks, saßen in Pick-ups, ließen bei geöffneten Fenstern das Radio laufen, bummelten mit ihren Kindern die Hauptstraße auf und ab, vorbei an lauter geschlossenen Geschäften, die zum Verkauf standen. In der rauchgeschwängerten Luft des Diamond C. Café las ich einen zehn Tage alten *Wrangell Sentinel* und verstand plötzlich, was los war. Vor kurzem hatte eine Sägemühle dichtgemacht und 250 Leute freigesetzt. Weitere Schließungen standen bevor. Die von der Regierung Clinton verfügte Einschränkung des Holzschlags betrachtete man hier als bösartigen Versuch Washingtons, die Stadt zu zerstören, die jetzt eine Hochburg militanter Republikaner war. Vier Monate vor der Wahl schossen überall in den Vorgärten Plakate mit der Aufschrift WÄHLT DOLE aus dem Boden. Und im Diamond C. Café hieß der Präsident nur noch Trucking Bill.

Die Bürger von Wrangell ließen sich auch nicht durch die 32 Millionen Dollar aus Bundesmitteln beschwichtigen, zahlbar über vier Jahre – ein Zuschuss aus dem Wirtschaftsfonds für Katastrophenhilfe, der immerhin den Stadtdirektor entzückte. So zitierte der *Sentinel* seinen Ausspruch: «Wir müssen jetzt jedes Jahr 7,5 Millionen Dollar ausgeben – ein tolles Problem, das wir da haben.» Mir erschien das eine ganze Menge: 3000 Dollar für jeden Mann, jede Frau und jedes Kind. Aber die Gäste im Diamond C. Café mit den Buschhüten und Seestiefeln klagten darüber, dass «das große Geld», wie sie es nannten, bedauerlicherweise für das Falsche verplant worden sei, und das, bevor man in der Stadt auch nur einen einziges Cent davon gesehen hätte. Der Saal kochte. Ich hielt es für klüger, den Kopf gesenkt zu halten und keine Fragen zu stellen, während die anderen über die vertruckten Projekte des vertruckten Rathauses herzogen.

 Am Fenster hing ein Plakat: FÜR ARBEITSPLÄTZE IM BEREICH

UNSERER RESSOURCEN. Inzwischen waren Vokabeln wie «Holzfällen» und «Fischen» weitgehend aus den politischen Diskussionen verschwunden – ein Gradmesser für den Sieg der Naturschützer im Krieg der Worte. Jetzt mussten sich Fisch- wie Holzindustrie hinter einer Nebelwand aus überstrapazierten Euphemismen verschanzen. Lachsfang oder Kahlschlag bezeichnete man neuerdings als «sinnvolle» oder «umweltfreundliche Nutzung der Ressourcen». In der Berichterstattung über das Abholzverbot von öffentlichen Wäldern nannte der *Sentinel* dies höchst raffiniert «das Versäumnis des Kongresses, mehr Land für die Holz verarbeitende Industrie zur Verfügung zu stellen».

Autonummernschilder proklamierten Alaska als «The Last Frontier», das wilde Grenzland. Angesichts der langen Tradition frischfröhlicher Ausplünderung legte man die neuen Restriktionen als Angriff auf die Freiheit aus. Wrangell, das härter als jede andere Stadt an der Küste gebeutelt wurde, kochte vor Zorn. Von jedem einzelnen Haus hatte man Aussicht auf weitläufige Baumbestände, die von der Bundesregierung unter Naturschutz gestellt worden waren, und dies aus vermeintlich niederträchtigen und willkürlichen Beweggründen.

Wieder einmal spielte die Klassenfrage eine große Rolle. Die Wildnis – die man von Rechts wegen als Holzplantage nutzen sollte – wurde künstlich und aus rein ästhetischen Zwecken geschützt, damit sich *Touristen* – ein Wort, bei dem man Gift und Galle spuckte – an der schönen Kulisse ergötzen könnten. Die Bewohner von Wrangell verloren ihre traditionellen Lebensgrundlagen, weil die Roten in Washington nach der Pfeife von Kajakfahrern, Wanderern, Passagieren von Kreuzfahrtschiffen, Vogelfreunden und anderen unbedarften Eindringlingen aus den großen Städten tanzten, Leuten wie diesem englischen Bleichgesicht mit Baseball-Kappe und Bootsschuhen, das da in der Ecke die Zeitung las.

Um ein Bild vom Alltag in Wrangell zu bekommen, las ich den Polizeibericht des *Sentinel:*

> 15.09: *Bär gemeldet. Ein Bürger berichtet, dass er eine Bärenmutter mit zwei Jungen im hinteren Teil des Parkplatzes für die Forstangestellten gesehen hat.*
> 15.40: *Bär gemeldet. Ein Bürger berichtet, dass er einen Bären auf dem Müllplatz in Blooms Wohnwagenpark gesehen hat.*
> 22.33: *Störung der öffentlichen Ordnung. Drei Leute randalieren in der Grief Street.*
> 23.38: *Störung der öffentlichen Ordnung/Schlägerei. Zwei Männer prügeln sich zwischen der First Bank, Benjamin's und dem Parkplatz. Ausgangspunkt der Tätlichkeiten war die Frage, wem ein bestimmtes Fahrzeug gehört.*

An diesem Abend legte die *Compass Rose*, die in Victoria gemeldet war, neben mir an. Mit ihren penibel zu Schnecken gerollten Leinen und den sauber geschrubbten Decks wirkte sie neben meinem Boot, als wolle sie sich auch mal unters Volk mischen. Der Besitzer war entsprechend ausgerüstet, mit Seglermütze, Troyer und gelber Seglerhose. Sein grau-braun melierter Bart stellte wohl nur eine Sommerübung dar und keine Dauereinrichtung. Bei aller Korpulenz war er sehr behände, tänzelte geschickt vom Bug bis zum Heck, wobei er, während er unsere Boote aneinander band, schwungvoll die Leinen über die Klampen schlang. Seine Reisegefährtin, ein zierliches, elfenhaftes Geschöpf, blieb unterdessen im Cockpit und überließ alles seiner Kompetenz. An der Anspannung ihrer Gesichtsmuskeln merkte ich, welche Mühe sie ihr entschlossenes Lächeln kostete.

Sie stellten sich mir vor. Dereks sonore Stimme klang befehlsgewohnt, bei Linda dagegen schwang ein hastiger, bedauernder Unterton mit, als befürchte sie, mitten im Satz abgewürgt zu werden. Als Paar hatten sie offensichtlich ein paar Tage zu viel im emotionalen Druckkochtopf ihres 34 Fuß langen Bootes verbracht. Ich kannte das Gefühl.

Ich entkorkte eine Flasche Wein, froh über die Gesellschaft und in der Annahme, Linda und Derek wäre ein bisschen Abwechslung ebenfalls recht. Aber Derek übernahm das Kommando und führte mir den ganzen elektronischen Schnickschnack seiner *Compass Rose* vor: das Notebook auf dem Kartentisch, in dem eine CD-ROM mit allen Karten von Alaska steckte, den Autopiloten und das GPS, das eine Schnittstelle zum Karten-Display hatte, sodass das Boot ganz allein um die Welt segeln konnte, während Derek den Monitor im Auge behielt. Er betätigte laufend neue Tasten, während er von Chips und Bytes sprach. Linda gab zu, seekrank zu werden und Angst zu haben.

«Das ist alles sehr neu für mich.»

«Klicken Sie mal dieses Icon an», sagte Derek. «Sehen Sie?»

«Derek mag diesen ganzen Technikkram», sagte Linda.

Derek starrte sie verwundert an, dann fragte er mich: «Gibt es hier eine Federal-Express-Annahme?»

Ich meldete Zweifel an. Wrangell sah mir nicht danach aus.

«Ich muss einige Unterlagen per FedEx verschicken.» Derek nickte viel sagend. Dann meinte er an Linda gewandt: «Wenn es von hier aus nicht geht, müssen wir das in Petersburg erledigen. Morgen Nachmittag. Spätestens.»

Haben Sie das notiert, Frau Sekretärin?

«Ich werde mich mit dem Hafenmeister in Verbindung setzen», sagte Derek.

Ich wurde nicht aus ihm schlau. Linda hatte beiläufig erwähnt, dass sie «im richtigen Leben» Lehrerin sei, aber Derek und ich ließen uns gegenseitig nicht in die Karten gucken. Als Kapitäne hatten wir keine

Lust, unsere anderen Berufe offen zu legen. Nachdem das interessante Thema der FedEx-Papiere abgehandelt und wieder vom Tisch war, sprachen wir über das Wetter und die Gezeiten – allerdings nicht leichthin, denn Derek hatte die Gabe, jeder spontanen Eingebung Tiefe und Ernsthaftigkeit zu verleihen. Als er beispielsweise sagte: «Ich überlege, ob ich nicht nach Sitka fahren soll», klang das so, als wolle er eine Sondereinheit hinschicken und den Ort im Sturm erobern.

Er war etwa in meinem Alter und kam aus Victoria. Sein Bart war nur eine zeitweise Verkleidung. Er war daran gewöhnt, sehr ernst genommen zu werden. Zu dem Zeitpunkt, als wir uns gute Nacht sagten, glaubte ich, ihn mit ziemlicher Sicherheit als Abgeordneten des Provinzparlaments von Victoria platzieren zu können, vielleicht sogar des Bundesparlaments in Ottawa. Hatten die Kanadier eigentlich einen Kriegsminister?

Jedenfalls schlief ich zur Abwechslung einmal lange. Die Gezeiten, nach denen sowohl die *Compass Rose* als auch ich mich zu richten hätte, wären erst am Nachmittag günstig für uns, weshalb Derek und ich uns auf einen gemeinsamen Aufbruch gegen halb eins geeinigt hatten. Beim Frühstück hörte ich im Lokalsender Nachrichten. Die menschlichen Überreste, die man an einer Straße gefunden hatte, gingen nach Auffassung der Polizei auf das Konto eines Bären. Ein bewaffneter Mann trieb sich immer noch in der Gegend um Dundas Bay herum. Er hatte den Kapitän eines Charterboots mit einer .44 Magnum bedroht und gefragt: «Wissen Sie, was eine .44 anrichten kann?» Die Firma Icicle Seafood baute eine neue Produktkette in Feinschmeckerqualität auf, darunter auch Keta-Lachs in Teriyakisoße – für die Mikrowelle. Die Universität von Alaska bot neue Aufbaukurse im Fach «Gäste-Industrie» an – wieder so eine überspannte Formulierung, die zeigte, wie belastet das Wort «Tourist» inzwischen war. Da die Touristen Wrangells Wirtschaft zugrunde gerichtet hatten, versprach man sich jetzt eine Wiederbelebung durch Gäste.

Danach folgte eine ganze Reihe von «Funktelegrammen» – Nachrichten für die Leute ohne Telefon, die auf den diversen Inseln oder Inselchen wohnten. Die Robertsons an Harold Bergman: «Wir kommen am Donnerstag mit der Vormittagsflut.» – «Sharon Evans, bitte rufen Sie die Polizei in Wrangell an.» – «Würden die Crabtrees sich bitte bei Denise in Cripple Creek melden?» Es hörte sich an, als ob der Sprecher jeden der Angesprochenen persönlich kennen würde – und vielleicht war dem ja auch so. Hier erwies sich (wie eigentlich überall im Westen), dass die Gemeinden mit dem besten Zusammenhalt sehr abgeschieden und weit verstreut liegen. Das Funkhaus von Wrangell fungierte als Nervenzentrum dieser ausgedehnten Wasserstadt, die sich am Stikine River entlang und durch den gesamten Archipel erstreckt.

Derek klopfte an meine Luke. Er habe gerade gefrühstückt und auch das Problem mit FedEx gelöst. In seinem Reiseführer stand zu lesen, dass es an einem Strand nördlich der Stadt indianische Felszeichnungen zu besichtigen gebe. Er habe ein Taxi bestellt, um dorthin zu fahren. Ob ich Lust hätte, ihn zu begleiten?

«Und Linda?», fragte ich.

«Linda», sagte Derek vorsichtig, «muss noch einiges an Bord erledigen.»

Das zerfurchte Gesicht unseres Fahrers versank in einem Nikolaus-Rauschebart. Er bestand darauf, dass wir als Erstes die wichtigste Touristenattraktion von Wrangell besichtigen müssten – den Müllabladeplatz. Zwischen ausrangierten Kühlschränken, Fahrrädern, Koffern, zerborstenen Möbeln und alten Krabbenreusen lagen Dutzende aufgerissener Mülltüten mit eklig aussehenden Speiseresten, die durch die Risse quollen. Doch Bären sahen wir nicht.

«Hier sind *immer* Bären», sagte der Fahrer beleidigt.

Der Wachmann kam aus seiner Hütte zu uns herüber. Er hielt etwas in der Hand, das wie eine .44 Magnum aussah. «Hab den ganzen Morgen lang keinen gesehen.»

Offenbar kränkte das den Fahrer in seiner Ehre. «Immer wenn ich herkomme, sind Bären da.»

«Jetzt aber nicht», bemerkte der Wachmann.

«Da oben.» Der Fahrer zeigte auf einen leeren Felsvorsprung hinter dem Müllplatz. «Da treiben sich immer welche rum.» Er starrte auf den Felsen, als könne er kraft seines Willens einen Bären herbeizaubern.

«Bären haben wir schon gesehen», sagte Derek. «Jetzt wollen wir zu den Felszeichnungen.»

Düpiert und widerstrebend wendete der Fahrer seinen Minivan und verließ im Schneckentempo den Müllplatz, den Blick fest auf den Rückspiegel gerichtet.

«Das ist das erste Mal, dass ich jemanden mit zum Müllplatz nehme und keine Bären sehe.»

«Ich habe kein Interesse an Bären. Ich interessiere mich für Felszeichnungen», erklärte Derek und brachte damit den Fahrer zum Schweigen.

Am Strand blieb der Fahrer schmollend im Auto sitzen. Die Wasserlinie war weit weg, der Strand steinig und voller Felsblöcke. Zeichnungen sahen wir nicht.

«Immer wenn ich herkomme, sind Felszeichnungen da», sagte ich.

Derek musterte mich ernst, als fürchte er um meinen Geisteszustand. Ich deutete auf den parkenden Van und murmelte tonlos: «Der Fahrer ...»

«Ach so.»

 Doch dann entdeckte Derek ein Indianermädchen, das mit seinem Bruder in einem Priel spielte, und fragte die Kleine aus. Sie deutete auf einen Findling, den wir bereits inspiziert hatten – und nun, da wir die erste Felszeichnung sahen, konnten wir überall welche sehen. Sie waren höchst kunstvoll in Stein geritzt, auch wenn die Flut sie zu Schatten ausgewaschen hatte, und ebenso verblichen wie die Lettern auf alten Grabsteinen. Einige stellten menschliche Gesichter dar, die meisten aber Lachse, naturgetreu und lebensgroß, und alle wiesen in die gleiche Richtung, nach Südwesten. Wer hier bei Hochwasser schwamm, bekam einen in Stein geritzten, verblassten Fischschwarm zu sehen.

Sie können nicht sehr alt gewesen sein, denn sonst hätte das Meer sie völlig zerstört. Im Nordwesten taucht die traditionelle Eiform immer wieder als Ornament in einem realistischen, von den Weißen übernommenen Kunststil auf. Meiner Einschätzung nach waren diese Felszeichnungen um 1900 entstanden.

«Richtungsweiser», sagte Derek.

Der Kopf des Fischbildes zeigte vom Stikine River weg zur Zimovia Strait und zu dem verlassenen Dorf hin, an dem ich gestern vorbeigekommen war. Doch wenn es tatsächlich Richtungsweiser waren, um die echten Lachse dazu zu ermutigen, die richtige Abzweigung nach Wrangell zu nehmen, fiel es mir trotzdem schwer, zu verstehen, warum die Indianer so viel Kunstfertigkeit darauf verschwendet hatten, das Unvermeidliche zu erzwingen. Weshalb hatten die Felsritzer so etwas überhaupt für notwendig erachtet, angesichts der riesigen Lachswanderungen in Alaskas Vergangenheit, die jeden einzelnen Wasserlauf mit Fischen verstopften? Sollten die Indianer nur aus Lust und Laune an den Felswänden herumgekritzelt haben?

Derek, ein zielstrebiger, tüchtiger Tourist, marschierte von einer Felszeichnung zur anderen und verharrte vor jeder neuen gerade lange genug, um seine Kamera einzustellen und den Auslöser zu betätigen. Nach zehn Minuten hatte er den ganzen Strand abgearbeitet und brannte darauf, wieder auf sein Boot zu kommen. Während ich noch versonnen mit dem Finger die Rillen eines Keta-Lachs-Kadavers nachfuhr, von dessen Kopf nur mehr das Heckenscheren-Gebiss übrig war, sah Derek ostentativ auf seine Uhr, als ob er dort etwas sehr Dringendes entdeckt hätte.

Unser Weg zurück zum Hafen führte uns an einem kleinen weißen Krankenhaus vorbei, für das Derek sich plötzlich ungemein interessierte. Er fragte den Fahrer nach der exakten Anzahl von Betten, Beschäftigten, Operationssälen und der sonstigen Ausstattung. Doch der Fahrer hatte nicht seinen besten Tag. Er antwortete wortreich und gekonnt ausweichend. Ich merkte, dass ich beim Berufe-Raten von Derek einen Fehler gemacht hatte. Jetzt ging mir ein Licht auf. Derek war mit Sicherheit im medizinischen Komplex tätig. Als Arzt? Oder in der Krankenhausverwaltung? Als wir an Bord unserer Boote kletterten, glaubte ich, die Nuss geknackt zu haben. Ein Urologe.

Zwanzig Meilen westlich der Stadt verlaufen die Wrangell Narrows, ein ganz schmaler, mit Dynamit verbreiterter und ausgebaggerter Durchlass zwischen drei Inseln – und die meistbefahrene Wasserstraße Alaskas. Die zickzackförmige Fahrrinne war mit Navigationshilfen garniert, und es machte keine Mühe – bei Tageslicht –, sich durch diesen Markierungswirrwarr aus Tonnen, Pfosten, Dalben und Betonpfeilern hindurchzuwinden, obwohl eine starke Tide alles dransetzte, das Boot ins schlammige Flachwasser am Rand abzudrängen.

Die Dichte des Verkehrs auf Wrangell Narrows hatte auf dem tief liegenden Ostufer eine rege Bautätigkeit ausgelöst. Mittlerweile war zwar die Hälfte aller Kaianlagen schon wieder verfallen, doch zwischen eingestürzten Dächern und vermodernden Ruinen verlassener

Wohn- und Geschäftshäuser schossen neue Bauten wie Pilze aus dem Boden. Das war typisch für Alaskas fieberkurvenartigen Lebensrhythmus – während der Wert der einen Ware Schwindel erregende Höhen erklomm, stürzte der einer anderen ins Bodenlose. So stiegen und fielen Gold, Holz, Fisch und Blaufuchsfelle (Letztere laut Lotsenhandbuch aus dem Jahr 1933 ein Wirtschaftswert mit hohen Zuwachsraten) in chaotischer Folge, was eine ganz spezielle Architektur bewirkte: Die Ruinen der letzten Pleite führten einen Stellungskrieg gegen die aufstrebenden Holz- und Rigipsplattenbauten. Nichts war auf Dauer angelegt: Als klassisches Modell diente anscheinend noch immer das Zelt des Goldsuchers, das an einem Tag aufgeschlagen und am nächsten abgebrochen wurde.

Der reichste Staat in Amerika hatte die Mentalität eines Landstreichers. Alaska reiste immer mit leichtem Gepäck (so lagen zum Beispiel die Ausgaben für Bildung und Erziehung auf Platz 48 des Haushaltsbudgets) und lebte auch nur für den Augenblick: Es säte Wind und erntete Sturm. Als ich an der unschönen Uferlinie vorbeiglitt, fühlte ich mich ihr wesensverwandt, entsprach sie doch dem starken nomadischen Zug in mir. Die Szenerie spiegelte meine eigene Schlampigkeit wider, meinen Gusto fürs Provisorische, meine verrückten Ideen, die ich fahren ließ, kaum dass ich mich auf sie eingelassen hatte. Sollte man mich je mit dem Aufbau und der Besiedelung eines amerikanischen Staates betrauen, würde dieser Alaska sehr ähnlich sehen – und ich hätte keine Lust, darin zu leben.

Die sporadische Bebauung mit Hütten und Häusern verdichtete sich schließlich zu der tief liegenden, blassen, schwimmenden Stadt Petersburg, deren Büchsenfabriken und Wohnbaracken – auf Pfählen im Wasser errichtet – sich im ölglatten Wasser der Flaute spiegelten. Es gab eindeutig mehr Boote als Bauten. Da die Narrows an dieser Stelle kaum eine halbe Meile breit waren, brauchte Petersburg keine schützende Hafenmauer, und die einzelnen Boote verteilten sich über eine Strecke von einer Meile an Dalben und Liegeplätzen, Landestegen und Schwimmdocks und sorgten so dafür, dass die Ortschaft wie eine vor Anker liegende Flotte aussah. Alles wogte und flimmerte. Mir war leicht schwindelig, als ich festmachte und zum Hafenmeister ging, um mich anzumelden.

Während Wrangell in einer Depression versank, boomte Petersburg und litt unter Arbeitskräftemangel. Auf dem Höhepunkt der Lachswanderung – der besten seit Jahren – stapelten sich die Rotlachse in den Kühlhäusern. Die Fischfabriken ließen die ganze Stadt durchkämmen und selbst die Saufköpfe in den Bars beschwatzen, bei dieser Ernte mitzuhelfen. Da der Fischpreis aufgrund der Lachsschwemme stündlich weiter fiel, düsten die Fischer gleich nach der Anlandung wieder los, um wenigstens durch Masse das wieder hereinzubekommen, was sie an Dollars pro Pfund verloren. Fabriken und Fischer arbeiteten auf Hochtouren, und Petersburg war wie im Rausch, lärmend, aufgedreht und ziemlich unsicher auf den Beinen.

Petersburg lag nur vierzig Meilen von Wrangell entfernt, doch in Alaska hieß das vierzig Meilen aus Meer und Gebirge, was die beiden Städte so weit voneinander entfernte wie den Sommer vom Winter. Im Hafen, wo sich enttäuschte Männer von Schiff zu Schiff die Zahlen zuriefen («Siebzig vertruckte Cents für ein vertrucktes Pfund!»), stieß ich wieder auf die frisch eingetroffene *Compass Rose* und machte mich gemeinsam mit Derek und Linda auf die Suche nach einem Restaurant fürs Abendessen.

Das schummerig-verrauchte Café Homestead war wie eine Sardinenbüchse, voll gepackt mit Fischern und Fabrikarbeitern. In der Warteschlange für einen freien Tisch – «*Selbst*bedienung – prompt, freundlich, zügig», warnte uns das Hinweisschild – gab ich mich geschlagen und fragte Derek, womit er seine Brötchen verdiente.

«Ich bin Professor für Molekularbiologie.»

«Ah, dann war ich ja nah dran. Wenn auch nicht ganz. Ich hätte auf Mediziner getippt.»

«Ich habe gerade die Unterlagen für einen internationalen Medizinerkongress weggeschickt», gab Derek zu.

Als wir endlich einen Tisch ergattert hatten, wobei Derek Qualitäten an den Tag legte, die auf einen ehemaligen Rugbystürmer hindeuteten, kannte er auch meinen Beruf, und von nun an verlief das Gespräch viel entspannter. Beide waren wir erst in mittleren Jahren zum Segeln gekommen, und so neigten wir auch beide dazu, uns dem Meer wie ernsthafte, späte Studenten zu nähern, die sich eine neue akademische Disziplin draufschaffen wollen. Am Abend zuvor hatte ich auf der *Compass Rose* einige Bücher entdeckt, die mir wie Zwillinge meiner eigenen vorkamen, so zum Beispiel Van Dorns *Oceanography and Seamanship*, Willard Bascoms *Waves and Beaches* sowie Rachel Carsons *Das Meer, das uns umgibt.* Jetzt sprachen wir über Strudel, brechende Seen, gezeitenabhängige Wasserwirbel und Kapillarwellen – alles Themen, die ich sonst lieber für mich behielt. Zu oft hatte ich erlebt, wie Augen glasig wurden, sobald ich das Gespräch auf diese faszinierenden Wasserbewegungen lenkte. Aber Dereks Augen blieben klar, und mit seinem Interesse für dieses Thema legte er auch sein selbstherrliches Gehabe ab. Seine Reise in den Norden hatte ihm – genau wie mir – viele Wunder der Meeresphysik nahe gebracht. Seine Ortsbeschreibungen handelten von Rissen, Wirbeln, Strudeln und Stromschnellen.

Ich erwähnte die gewaltige, wie Ausrufezeichen anmutende Brandung bei den Pointer Rocks, wo die See vor Port Simpson ablief.

«Port Simpson?», fragte Linda. «Ich habe zehn Monate in Port Simpson gelebt.»

Ihr ehemaliger Mann hatte als Lehrer an einer Schule im Reservat gearbeitet. Als sie nach Lax Kw' Alaams kamen, wusste Linda gerade seit zwei Tagen, dass sie schwanger war. Der Herbst ging in den Winter über, die Straßen des Dorfes verwandelten sich zuerst in klebrigen Matsch und dann in tief eingefurchtes Eis. Abgeschnitten von der Außenwelt und unerträglich weit von ihren Freunden in der Stadt entfernt, mit denen sie das Abenteuer ihrer Schwangerschaft hätte teilen können, fühlte Linda sich über alle Maßen einsam.

«Das war die schlimmste Zeit meines Lebens.»

«Wie fanden Sie die Indianer?»

«Feindselig.»

«Das klingt nach einer Geschichte von Alice Munro», meinte ich. Doch ich musste an Derek und Linda und ihren achtwöchigen Sommerurlaub auf der *Compass Rose* denken. Auch das war eine Alice-Munro-Geschichte, aber eine, die ich fast selbst hätte schreiben können.

«Sie ist eine großartige Schriftstellerin», sagte Linda.

Das Stichwort Schriftsteller regte Derek zur Schilderung eines Romans von Michael Crichton an. Er konnte sich nicht mehr an den Titel erinnern – war es vielleicht *Die ihre Toten essen*? Auf jeden Fall ging es um ein primitives Volk, was Dereks Aufmerksamkeit gefesselt hatte, da es eines der seltenen belletristischen Bücher war, die sich exakt an wissenschaftliche Tatsachen hielten. Ich dachte bei mir: *Genau das, was er in der Munro-Geschichte auch sagen würde.*

Es war schon dunkel, als wir das Café Homestead verließen. Der Gehweg zu den Docks hinunter war nach einem Regenschauer gefährlich rutschig. Während wir vorsichtig bootwärts schlitterten, berichtete Derek von den neuesten wissenschaftlichen Erkenntnissen über den Wasserdurchfluss in Röhren.

«Die Ergebnisse», sagte er, «sind durchaus nicht so, wie man vermuten würde. Das, was der Laminarströmung am nächsten kommt, spielt sich in Röhren ab, deren Innenseite aufgeraut ist. Und die stärksten Turbulenzen der Strömung beobachtet man in glatten Röhren, denn da unterbindet die Oberfläche nicht die Bildung von Wirbeln.»

«Merkwürdig», erwiderte ich. Rein instinktiv war ich immer davon ausgegangen, dass Turbulenzen durch ein Hindernis entstehen – etwa durch eine vorspringende Landzunge, durch felsigen, unebenen Meeresgrund oder eine Insel inmitten der Strömung. «Aber das gefällt mir. Es bedeutet, dass Turbulenzen einfach so entstehen. Sie brauchen keinen Auslöser.»

«Na, das hängt wohl davon ab», meinte Derek, «ob die Bewegungseinschränkung des Wassers durch eine Röhre als Auslöser zählt.»

Ich sah sie genau vor mir, die Behinderung und den Aufruhr, das eingesperrte Wasser, das in der Röhre brodelt und sich brüsk von seinem glatten Behältnis abwendet. Wieder an Bord, machte ich mir noch schnell ein paar Notizen über das Verhalten von Wasser in Röhren, denn das war ein Bild, das mir irgendwann einmal für irgendetwas sehr gelegen kommen könnte.

Am nächsten Morgen war der Himmel blau – nicht dieses fade, verschossene Jeansblau des Nordwestens, sondern das tiefe, satte Blau des Ozeans. Über den schneebedeckten Bergen im Norden und Osten waren einige wie mit Kreidestrichen skizzierte hohe Zirruswolken zu sehen. Mit dem klaren Himmel kam auch eine trockene Brise aus östlicher Richtung auf, gerade stark genug, das Boot unter Segel mit vier oder fünf Knoten ruhig am Laufen zu halten. Der Tisch in meiner Kajüte hielt sich so perfekt in der Waagerechten, dass ich ein Ei hätte drauflegen können und es nicht nach Lee gerollt wäre. Dies war das schönste Wetter seit meinem Aufbruch aus Seattle.

Bis Juneau waren es weniger als hundert Meilen, bis zum Eintreffen von Jean und Julia noch fünf Tage. Zeit genug zum Faulenzen und Genießen der Landschaft, ohne Meilen schinden zu müssen. Dank Segel und Autopilot brauchte ich kaum etwas zu tun, außer wie ein Passagier im Cockpit zu hocken und das Boot gemächlich gen Frederick Sound treiben zu lassen.

Obwohl der Himmel blau war, veränderte sich das Wasser unentwegt. Zu Beginn hatte es dank etlicher Flüsse, die ihre schlammige Ladung einbrachten, eine gelblich braune Tönung. Als dann die Thomas Bay und der Beard Glacier querab in Sicht kamen, wurde es zu einem in sich changierenden Jadegrün. Vor Cape Fanshaw wirkte das Wasser von fern fast schwarz, denn dort hatte eine winzige Tideströmung aus dicht gepackten kleinen Wellen dem Meer irgendwie das Licht geraubt. Und jenseits des Kaps verwandelte es sich erneut, diesmal in das Kobaltblau eines Schmetterlingsflügels.

In den letzten Tagen hatte ich wegen der schlechten Sichtverhältnisse das weite Land, das ich durchfuhr, gar nicht recht erkennen können: nur tief hängende Wolken und dunkler Wald – eine Grimm'sche Märchenkulisse. Nun hob sich der Vorhang wieder und gab den Blick auf ein riesiges Gelände frei, in dem sich Eiskrem-Alpen bis zum Horizont erstreckten. Ich hatte klare Sicht bis zum Yukon und darüber hinaus, auf all die Vorsprünge und Kamine aus nacktem Fels, die aus den Schneefeldern herausragten und mit zunehmender Entfernung von Weiß in Himbeerrot übergingen.

Der Wald nahm am wenigsten Raum ein. Oberhalb der Baumgrenze erschien Alaska wie das Werk eines größenwahnsinnigen Zuckerbäckers. Ohne dieses gespenstische Sonnenlicht hätte die öde Schneelandschaft einschüchternd und beklemmend gewirkt. Dies waren die verbotenen Berge aus den indianischen Märchen – jene Unterwelt, in die von Zeit zu Zeit bedauernswerte Menschen von schrecklichen Mächten entführt wurden. An Tagen wie heute sahen sich die Indianer der Inside Passage der extremen Enge ihrer bewohnbaren Welt ausgesetzt: einem gewundenen grünen Faden, mit einer Wildnis aus Felsen, Eis und Schnee auf der einen Seite und auf der anderen dem leeren, ununterteilbaren Ozean. Diese Grenzen waren absolut und klar erkennbar. Man blieb mitten auf dem Weg, weil man sonst Gefahr lief, rechts davon den Donnervögeln zum Opfer zu fallen oder links anderen Ungeheuern. Nur entlang des dünnen Fadens, der sich durch das Gewirr der Inseln schlängelte, konnte man sich halbwegs sicher fühlen. Kein Wunder also, dass so viele dieser Geschichten immer wieder das schreckliche Schicksal der Wanderer beschrieben, die vom rechten Weg abkamen.

Ich umfuhr einige bewaldete Inselchen, die umgedrehten Kaminbesen ähnelten, und gelangte schließlich in die Stephens Passage, eine breite, siebzig Meilen lange Wasserstraße, die erst in nördliche und später nordwestliche Richtung fast bis nach Juneau führte. An Steuerbord tauchte in zwanzig Yards Entfernung ein Wal auf. Ich sah die Sichel seiner tropfenden schwarzen Rückenflosse, dann einen gewaltigen Strudel und schließlich ein Loch im Wasser, als hätte jemand von ganz tief unten einen Stöpsel herausgezogen.

Die Brise nahm ab. Das Boot machte kaum Fahrt über Grund gegen eine Tide, die noch zwei Stunden, nachdem laut Gezeitentabelle der unterstützende Wechsel stattfinden sollte, in südliche Richtung lief. Auf der Suche nach einer Erklärung dafür fand ich im Lotsenhandbuch folgende Anmerkung: Wenn der Mond in Quadratur zur Sonne steht, kommt es in der Stephens Passage manchmal zu einer fortwährenden Ebbe. Das ist weit weniger geheimnisvoll, als es klingt. Sonne und Mond müssen in einer Linie stehen (wie sie das bei Neu- und Vollmond tun) und gemeinsam eine Flut hervorbringen, die stark genug ist, um gegen die vereinten Flussströmungen anzukommen, die nach Süden ins Meer laufen. So etwas sollte man sich wirklich merken. In den meisten Fällen schienen die Gezeitentabellen für Alaska von einem halbseidenen Wahrsager verfasst worden zu sein, so wenig stimmten sie mit dem tatsächlichen Verhalten des Wassers überein. Sie beschrieben eine Welt, in der es weder Schneeschmelzen noch Flussmündungen gab, und bei einer Nipptide (wenn der Mond in Quadratur zur Sonne steht) kamen sie mir vor wie blind aus dem Hut gezogen. Mein Boot machte drei Knoten im Wasser, doch an den Wanten schob sich das Land kaum vorwärts, als ich in die Hobart Bay einbog, um ein Plätzchen für die Nacht zu suchen.

Plötzlich wurde ich über Funk von einem NOAA-Forschungsschiff mit dem Namen *John A. Cobb* begrüßt. Als ich mich nach dem Mikrophon umdrehte, sah ich den großen Trawler achtern durch mein Kielwasser pflügen. Und ich hatte geglaubt, das ganze Meer für mich allein zu haben. Der Kapitän kannte den Knigge für Seefahrer. Da er vorhabe, in der Hobart Bay vor Anker zu gehen, wolle er von mir wissen, wo ich denn mein Schlammhackl zu werfen gedenke. Ich sagte ihm, er solle ruhig vorausfahren und sich einen Platz aussuchen, die Bucht sei groß genug für eine ganze Flotte. Kurz darauf fragte ich über Funk bei der *Cobb* an, ob ich ihnen einen Besuch abstatten könne, da ich mich für Meeresforschung interessiere. Vielleicht, dachte ich, überarbeiteten sie ja die Gezeitentabellen.

Nachdem die *Cobb* auf dem zehn Faden tiefen Schelf festgemacht hatte, drehte ich bei. Sie nahmen meine Leinen an, und ich kletterte über die Reling zu der Schar aus sonnengebräunten, bärtigen Seeleuten und Wissenschaftlern. Der Kapitän, ein Mann in den Dreißigern, stellte sich als Sportsegler vor, im Augenblick zwischen zwei Booten, und es schmeichelte mir, dass er Interesse an meinem bekundete. Ich brachte meine Hoffnung zum Ausdruck, dass hier über die merkwürdigen Gezeiten geforscht würde.

Das, meinte der Kapitän, täte er liebend gern. «Aber die Gezeiten interessieren niemanden. Meeresphysik ist nicht angesagt. Dafür werden keine Gelder lockergemacht.»

Wirbel – uninteressant? Die Quadratur des Mondes – nicht angesagt? Ich war düpiert.

Das Forschungsprojekt für diesen Sommer war eine Untersuchung der historischen Lachspopulationen. Die Wissenschaftler der Universität von Alaska in Fairbanks und Juneau entnahmen dem Grund der Flussmündungen Proben aus den Ablagerungen. Sie fuhren in kleinen Booten hinaus und versenkten sechs Fuß lange Plastikröhren in den Meeresboden. Die schlammgefüllten Röhren wurden auf dem Achterdeck wie Zinnsoldaten nebeneinander aufgestellt. Später im Labor würden Wissenschaftler den Inhalt jeder einzelnen Röhre Millimeter um Millimeter auf Spuren von Schuppen, Gräten, Phosphor und Stickstoff untersuchen – nach all den Überresten, die tote Lachse in der schwarzen Pampe hinterlassen. Eine Sedimentschicht wächst innerhalb von fünf Jahren um etwa einen halben Zentimeter, und somit enthielt jede Röhre 1820 Jahre Schlammgeschichte, anhand deren sich die Lachswanderungen vom frühen Mittelalter bis zur Gegenwart erforschen ließen.

«Gibt es da eigentlich eine nennenswerte Variationsbreite?», fragte ich, denn dieses Projekt fand ich nun meinerseits ziemlich uninteressant.

Einer der Wissenschaftler, ein gewisser Bruce Finney aus Fairbanks, fasste seine bisherige Arbeit für mich in lockerer Form zusammen. Unter anderem hatte er anhand von Sedimentspuren in den Seen Alaskas historische Rotlachspopulationen untersucht. Die jährlichen Fluktuationen im Umfang der Wanderungen waren zwar nicht signifikant, doch in Zeiträumen von zwanzig bis dreißig Jahren gemessen, gab es enorme Abweichungen. Finney erklärte, man könne ein Jahrhunderte umspannendes Wellenmuster erkennen, in dem die Lachspopulation erst abnahm, die Talsohle erreichte und dann plötzlich wieder anstieg, um nach einem Höchstwert, der etwa fünf bis zehn Jahre anhielt, erneut zu sinken.

«Wie in den ersten Jahren des 16. Jahrhunderts. Da hat es riesige Wanderungen gegeben. Dann kam es bis etwa 1550 zu einem steten Niedergang. Und schließlich gab es wieder Zuwachs.»

«Und wie sah es im 18. Jahrhundert aus?»

«Anfangs eher mäßig, aber am Ende des Jahrhunderts kam es zu Spitzenwerten.»

«Als Vancouver hier war.»

«Genau. Anfang des 19. Jahrhunderts – einer ganz ‹kleinen Eiszeit› – hat sich der Bestand wieder verringert. Dann gab es von 1870 bis 1900 ein neues Hoch, das in etwa den Beginn des kommerziellen Fischfangs markiert. Ab 1950 geht es dann wieder bergab, aber offensichtlich kommen wir aus dem Tief heraus.»

«Wenn Sie von einem ‹Tief› in historischer Zeit vor der Ankunft der Weißen sprechen, was bedeutet das genau?»

«Den tiefsten Wert, den wir auch in diesem Jahrhundert gemessen haben.»

Und da dämmerte mir, was an diesem Projekt so interessant war.

Die Anzahl der Alaska-Lachse war seit Mitte des 19. Jahrhunderts drastisch gesunken – infolge der industriellen Überfischung und der Verschmutzung vieler Laichplätze im Binnenland durch die Holz verarbeitende Industrie. Trotzdem war das Wellenmuster ausgeprägter als die stetige Abwärtskurve, die man dem «anthropogenen» Einfluss durch die kommerziellen Interessen der Weißen zuschreiben kann.

Demnach war jede einzelne Welle von «klimatischen und ozeanographischen Faktoren» bestimmt, wie Finney sie nannte, doch was das nun genau bedeuten sollte, blieb nach wie vor ein Rätsel. Immerhin ließ sich ein gewisser Zusammenhang zwischen warmen Perioden und großen Fischwanderungen feststellen, und Finney hatte eine Zeit lang mit der Hypothese gearbeitet, dass dies der Schlüssel für jede neue Welle sei. Schließlich bekommen Bäume in wärmeren Jahren auch dickere Jahresringe, sodass der Querschnitt eines sehr alten Baums verlässliche Auskunft über Klimaveränderungen gibt. Doch als Finney die Kurve der Lachswanderungen mit der Baumkurve verglich, fand er kaum Übereinstimmungen. Jetzt beobachtete er die Stärke des jahreszeitlichen Aleuten-Tiefs, die Temperaturschwankungen im subarktischen Wirbel und der Japan-Strömung, um vielleicht doch ein Muster zu entdecken, das dieses Auf und Ab der Fischwanderungen erklären könnte.

Ganz aufgeregt kehrte ich auf mein eigenes Boot zurück. Mir war, als hätte man mir en passant die Lösung des Rätsels zugespielt, über das ich mir seit meiner Ankunft im Nordwesten das Hirn zermarterte.

Auch ich hatte ja das altbekannte Dogma verinnerlicht, dass die Indianer sich vor Ankunft der Weißen, die das Gleichgewicht der Natur störten, auf das Füllhorn der Natur verlassen konnten. Die immense Bandbreite ihrer Kunst und Riten wurde häufig dem Umstand zugeschrieben, dass sie niemals allzu hart hatten arbeiten müssen, um sich den Bauch zu füllen. Die Küstenindianer seien als einzige unter den Ureinwohnern Amerikas ein Volk der Muße gewesen und hätten sich, da für ihren Lebensunterhalt gesorgt war, in sehr kultivierter Form dem Streben nach Status und Reichtum gewidmet.

Diese Theorie stieß allerdings auch auf Skepsis. So warnte Wayne Suttles davor, den «Mythos» des Überflusses einfach so zu akzeptieren. Er wies darauf hin, dass sich auch in Zeiten vor dem Kontakt mit den Weißen schlechtes Wetter und die raue See in den Schilderungen von Hungersnöten in den Dörfern niedergeschlagen hatten. Doch selbst Suttles meinte, abgesehen von Schlechtwetterperioden hätten die Indianer durchaus im Überfluss gelebt.

Das war das eigentliche Rätsel – zumindest für mich. Fast jeder Stamm an der Küste feierte die Zeremonie des Ersten Lachses, bei dem der erste gefangene Lachs der Saison rituell zubereitet und verspeist und seine Überreste anschließend voller Ehrerbietung wieder dem Fluss oder See übergeben wurden. Lachs, im Frühling und Sommer frisch, im Winter geräuchert, bildete die Hauptnahrung der Küstenstämme, weshalb diese Zeremonie als schlagender Beweis dafür angesehen wurde, dass die Indianer eine besondere Beziehung zu ihrer Umwelt unterhielten, von der sie ihre Nahrung bekamen.

In «The Fish God Gave Us», einem Artikel für die *Arctic Anthropology,* fasste Pamela T. Amoss zusammen, was frühe Augenzeugen bei verschiedenen Nordweststämmen anlässlich der Zeremonie des Ersten Lachses beobachtet hatten:

> *Wenn die Lachswanderung einsetzte, durfte niemand fischen, bevor man nicht den ersten Lachs in einer Zeremonie feierlich willkommen geheißen hatte. Frisch gebadet, mit rotem Ocker bemalt und mit Vogeldaunen bestreut, kamen die Kinder oder der Dorfälteste an den Strand, um den Lachs von den Fischern in Empfang zu nehmen. Dann trug man den Fisch mit ausgestreckten Armen zur Feuerstelle. Hier wurde er auf Farnkraut gebettet und mit rotem Ocker bestrichen. Die Frauen schlachteten ihn und lösten das Fleisch behutsam in einem Stück vom Skelett, das intakt bleiben musste. Dann wurde das Fleisch aufgespießt und über den Kohlen gebraten, wobei man häufig den Samen von Wilder Petersilie [Lomatium nudicale] ins Feuer warf. Einige Stämme am südlichen Ende des Puget Sound kochten die Fische, statt sie zu braten.*

Derjenige, der die Zeremonie vollzog, also jemand, der die Riten beherrschte, oder der Anführer der im Fischlager Versammelten, betete darum, dass der Fisch gnädig auf den Stamm blicken und in großer Zahl zurückkehren möge. Gewöhnlich teilte sich der gesamte Stamm den gekochten Fisch, obwohl in manchen Fällen nur die Kinder und die Alten davon zu essen bekamen. Wer sich in einem rituell unreinen Zustand befand (wie zum Beispiel menstruierende Frauen oder Witwer und Witwen), durfte gewöhnlich nichts davon essen. Den meisten Bräuchen zufolge musste das Lachsfleisch restlos verzehrt werden. Gräten und Innereien wurden sorgsam in einem Korb oder auf einer neuen Matte gesammelt und voll Ehrerbietung wieder dem Fluss oder See übergeben, auf dass der Lachs aufs Neue lebendig werden und seine Kameraden zu den Fischgründen zurückführen möge.

Den roten Teppich, den die Indianer zum Empfang der Lachse ausbreiteten, interpretierte jeder Kommentar, den ich zu lesen bekam, als Anerkennung der engen Beziehung zwischen den Indianern und der wilden Kreatur, mit der sie ihre Welt teilten. Die Lachse kamen alle Jahre wieder. Und alle Jahre wieder huldigten ihnen die Indianer, indem sie die Ankömmlinge mit ehrenvollen Namen begrüßten wie *Der Erlauchte*, *Blitze, die aufeinander folgen*, *Häuptling der Frühlingslachse*, *Zwei Kiemen auf dem Rücken*, *Quarznase* oder *Drei Sprünge*. 1928 schrieb Erna Gunther in «A Further Analysis of the First Salmon Ceremony»:

Ehrenvolle Namen sind von großer Bedeutung. Dass die Indianer sich auf diese Weise an den Lachs wandten, während sie ihn zerteilten, zeigt sehr deutlich, wie sehr diese Zeremonie teilweise auch ein Sühneopfer ist. Der Gebrauch ehrenvoller Namen ist in einer Kultur, in der Namen ein hohes soziales Privileg darstellen, äußerst wichtig.

So wurden die Lachse wie Menschen von höherem Stand behandelt – wie die Lords und Ladys des Meeres.

In den siebziger Jahren des 20. Jahrhunderts hat man die Zeremonien des Ersten Lachses, die seit fünfzig Jahren nicht mehr praktiziert worden waren, unter Aufsicht von Anthropologen wieder zum Leben erweckt. Seit ich im Nordwesten lebte, tauchten sie alljährlich in den Kulturmagazinen lokaler Fernsehsender auf, sozusagen als Musterbeispiele dafür, dass die Indianer aufgrund ihrer Umweltverehrung von jeher leidenschaftliche Ökologen gewesen waren. So wie der Indianer niemals einen Baum fällen würde, ohne zuerst zu ihm zu beten, so hatte er den Lachs stets hoch geschätzt und danach getrachtet, ihn auch für künftige Generationen zu erhalten – lange bevor seine Wanderungen durch die rücksichtslosen und zerstörerischen Aktivitäten des weißen Mannes bedroht worden waren.

Eine hübsche Geschichte, auch wenn es mir schwer fiel, das zu glauben. Mal abgesehen von dem Bedürfnis, Lobeshymnen anzustimmen und die Natur zu verehren, musste der Zeremonie schon irgendeine andere, praktischere Funktion zugrunde liegen. Und nun allerdings ließ Bruce Finneys Erforschung der Lachspopulationen die Sache in ganz neuem Licht erscheinen.

1792, als sich in jeder Bucht die springenden Rotlachse drängelten, müssen sich die Älteren an Zeiten erinnert haben, als der Fischfang so mager ausfiel, dass die Trockengestelle am Strand leer blieben. Umgekehrt dürften in schlechten Zeiten die alten Männer von den riesigen Lachswanderungen in ihrer Jugend geschwärmt haben. Wie heute die Weißen, so werden sich damals die Indianer für den ständigen Rückgang der Lachse verantwortlich gemacht haben – waren die Lachse, offenbar enttäuscht von der Art und Weise ihres Empfangs beim Stamm, doch weitergeschwommen, um Menschen zu finden, von denen sie besser behandelt würden.

Finneys Wellenmuster erklärte schlagartig die Zeremonie des Ersten Lachses: Die Indianer verehrten die Fische, da die erwiesenermaßen reale Gefahr bestand, dass sie nicht mehr in ausreichender Menge zu ihrem Stamm zurückkommen würden und dieser dann Hunger leiden müsste. Das klang vertraut: Die gesamte mündlich überlieferte Literatur der Indianer war – in meiner Lesart – als eine weitschweifige Parabel über das launische und heimtückische Wesen der Natur zu verstehen. Die mächtigen Protagonisten in diesen Geschichten – der Rabe, Komogwa, der Donnervogel und Tsonogwa – waren allesamt gefährliche Possenreißer, die einen Menschen in einem Augenblick reich beschenkten, ihn aber im nächsten züchtigten oder gar umbrachten.

Und der Lachs – jenes Geschöpf, das einen festen Platz im Leben der Indianer hatte – war von Dr. Finney und seinem Forschungsteam als ein unsicherer Kandidat entlarvt worden. An dieser Küste des ständigen Überflusses war auf das Hauptnahrungsmittel der Indianer genauso wenig Verlass wie auf den Gleichmut des Grizzlys oder die Gutmütigkeit des Raben. Nur durch unterwürfige Schmeichelei und einen hohen Aufwand an rotem Ocker und Samen der Wilden Petersilie ebenso wie den Ausschluss von unreinen Menschen konnten *Blitze, die aufeinander folgen* dazu überredet werden, den Stamm nicht im Stich, sprich verhungern zu lassen.

Um fünf Uhr sah das Wasser aus wie Glas, das die blütenblattrosige Morgenröte getönt hatte. Knapp eine halbe Meile von mir entfernt lag die *John A. Cobb* im Tiefschlaf: Ihre Ankerkette hing schlaff vom reglosen Bug des Trawlers herab. Ich war sehr früh aufgestanden, weil ich mich beizeiten gegen die ständige Ebbe in der Stephens Passage nach Norden durcharbeiten wollte.

Westlich von Entrance Island brannten sechs Rauchsäulen wie von

Lagerfeuern auf dem Wasser. Da ich noch nicht ganz wach war, brauchte ich erstaunlich lange, bis ich die Feuer als Wale identifizierte, die ganz einfach ausatmeten. Die Sonne ließ ihre feuchten Aushauchungen golden aufglühen. Eine riesige Fluke peitschte aufs Wasser ein und löste damit so starke Wellen aus, dass mein Boot zu schaukeln begann. Ich schnupperte, roch aber nur das Tannenwaldaroma, das sich mit dem Salz und dem verrottenden Seetang des Niedrigwassers vermischt hatte. Es wird ja behauptet, der üble Mundgeruch eines Menschen sei nichts gegen den fauligen Brodem eines Wals. Doch enttäuscht stellte ich fest, dass diese Wale hier – Grauwale, wie ich annahm – sich außerhalb meiner Riechweite befanden.

Binnen zwei Tagen zwei Mal Wale gesichtet – das war ein gutes Omen: Ich hatte Julia die Wale zwar fest versprochen, aber den ganzen Sommer noch keinen einzigen gesehen. Doch in diesen Gewässern gab es Wale satt. Um 6:45 Uhr tauchte deutlich vernehmbar schon wieder einer auf – auch wenn ich, als ich mich umdrehte, nur noch die riesige Delle im Wasser sah, die er hinterlassen hatte.

Zu meiner Überraschung riss mein Boot die Meilen nur so runter, schaffte sieben bis acht Knoten über Grund bei dieser launischen Flut, die heute Morgen schließlich doch noch eingesetzt hatte, obwohl die Mondphase erst vor zwei Tagen ins dritte Quartal eingetreten war. Dieses Meer machte wirklich, was es wollte, und missachtete jede Regel im Lotsenhandbuch.

Um 8:10 Uhr sah ich meine ersten Eisberge – allein zwei Dutzend waren bei Tracy Arm wie Perlen über dem Wasser aufgereiht, wo ein schrumpfender Gletscher unaufhörlich kalbte. Aus der Ferne waren sie so weiß wie Schneeflocken, aus der Nähe betrachtet von einem gespenstisch leuchtenden, hellen Türkis – einem Farbton, wie er von Eau-de-Toilette-Produzenten gern kopiert wird. Der kleinste Eisberg war nicht größer als ein VW-Käfer, während der größte den Umfang eines zweistöckigen und mit Giebeln überladenen Hauses hatte. Da die berühmte Spitze des Eisbergs jedoch nur ein Achtel bis ein Neuntel der Masse beträgt, die sich unter der Wasseroberfläche verbirgt, geht selbst von den kleinen eine große Gefahr aus, weshalb ich sie weiträumig, in einem Bogen von mehreren hundert Metern, umfuhr.

Seit langem schon bewunderte ich R. H. Danas wortreiche, für Männer ganz untypische Beschreibung der Eisberge (in *Zwei Jahre vorm Mast: mein Bericht vom Leben auf See*), in denen er «kleine schwimmende Feeninseln» sieht, die «wie Saphire funkeln», und jetzt begriff ich genau, was er meinte. Gemächlich ließen sie sich mit der Brise dahintreiben, strahlten im grellen Sonnenschein: geradezu surreale Gebilde, Trugbilder, die mit dem nächsten Wimpernschlag schon wieder verschwunden sein mochten.

In den letzten beiden Tagen hatte ich beobachtet, wie das Licht immer dann härter wurde, wenn an der Küste die Wälder den Gletschern wichen. Hier nun ergossen sich die Gletscherflüsse – Sumdum, Sawyer, Torris und Nakku – wie ein Brei aus welligem Kaolin ins Meer. Die plötzliche, trockene Kälte auf meiner Haut hatte mir schon Meilen vorher dieses Naturspektakel angekündigt. Ihr prähistorisches Schmelzwasser färbte das ganze Meer milchig grün.

Kurz nach zwölf Uhr mittags und kurz bevor ich Gastineau Channel, den Zubringerkanal nach Juneau, erreicht hatte, kam über Funk eine Live-Reportage über havarierte und sinkende Schiffe: Bei der Küstenwacht ging ein SOS-Ruf nach dem anderen ein. Im Tracy Arm hatte ein Jet-Boot, eine gewisse *Seymour* oder *Sea Moor* oder vielleicht auch *See More,* auf einer Ausflugsfahrt mit achtzig Sachen einen schwimmenden Eisblock gerammt. Alle 18 Passagiere wurden jetzt mit der Fähre in das Krankenhaus von Juneau gebracht. Als Nächstes lief ein Schleppnetzer, die *Lady Helen,* auf einen Felsen auf und sank rasch, wie ihr Skipper aufgeregt meldete.

«Südlich vom Leuchtturm, am Nordende von Entrance Island!», rief er.

Ein anderer Fischer schaltete sich ein. «Der spinnt ja! Vor der Südspitze wird er wohl liegen. Und da gibt's ein Leuchtfeuer, keinen Leuchtturm.»

Ein Heilbuttfänger bot sogleich eine tragbare Pumpe an. Und dann meldete sich ein anderes Schiff, das ein Beiboot zu Hilfe schicken wollte. Die Küstenwacht leitete Maßnahmen zur Rettung des Kapitäns und seines Maats ein, während das Schiff auf den Felsen auseinander brach.

Ob es hier in der Gegend wohl immer so zuging? Auf jeden Fall nahm ich mich im dichten Verkehr der Einfahrt zum Kanal vor durchgedrehten Skippern in Acht – im Seefunk, auf Kanal 16, schimpften und fluchten sie miteinander um die Wette. Jetzt, mitten in der Fang- und Urlaubssaison, standen alle unter Einfluss von No-Doz oder noch stärkeren Aufputschmitteln, und in den Funkstimmen klang etwas Irres mit. Ich hielt mich an den äußersten Rand des Kanals und achtete auch auf den nachkommenden Verkehr.

Nach neun Meilen Fahrt durch die enge Schlucht tauchte Juneau am östlichen Ufer vor mir auf – ein am Fuß der Berge hingekauertes Gebilde: ein Häusergewirr vor einer zerklüfteten gelb-braunen Klippe – ein Felsen wie ein von Mäusen angeknabberter riesiger Käse. Das Lotsenhandbuch empfahl, nach dem imposanten Gouverneurspalast Ausschau zu halten, doch das war vergebliche Liebesmüh. Juneau kündigte sich durch ein Öl-Terminal, einen Betonbau mit Bürogebäuden und drei Kreuzfahrtschiffe im Hafen an. Neben diesen dicken Pötten wirkte die Stadt unbedeutend. Kein einziges Gebäude in Juneau konnte der vielstöckigen, schneeweißen Herrlichkeit dieser schwimmenden Republiken von Holland-America, Princess oder Royal Caribbean das Wasser reichen.

Die Antenne auf dem Mast im Blick, schlich ich unter der Brücke durch – ich hatte tatsächlich nur wenige Zoll zu verschenken – und bog in den Fischereihafen ein. Dort fand ich eine Lücke zwischen einem Treibnetzer und einem älteren hölzernen Motorboot. Als ich mit einem Arm voll Leinen an Land sprang, folgte mir ein fröhliches Kind in Julias Alter von Poller zu Poller, eine schmuddelige kleine Nixe, eine Bootsnomadin. Nachdem ich festgemacht hatte, ließ ich mich im Schneidersitz auf dem Kai nieder und unterhielt mich mit Rebecca – über Hubschrauber, ihre neue gelbe Schwimmweste und wie spannend es doch war, dass sich ihre Zauberkugel im Mund immer mehr von Rosa zu Rot verdunkelte, je länger sie daran lutschte. Rebeccas Mutter griff ein, als ich gerade die letzte Strophe des Liedes *Die Eule und das Kätzchen* schmetterte, und ich musste ihr etwas verlegen erklären, dass ich einen ziemlichen Nachholbedarf an solcher Konversation hatte.

«Ich habe auch eine Tochter, ungefähr in ihrem Alter ...»

Der Argwohn stand ihr ins Gesicht geschrieben, doch dann zog sie sich hinter eine schäbige Plane zurück, die über das Achterdeck geworfen war.

«Sie speisten Haschee und Quittengelee / Und tranken gar süßen Wein. / Und sie tanzten am Strand Hand in Hand. / Sie tanzten im Mondenschein / Im Schein / Im Schein / Sie tanzten im Mondenschein.»

Noch fünf Tage.

In Juneau machte die örtliche Niederlassung der Autovermietung «Rent-a-Wreck» ihrem Namen alle Ehre. Mein Wrack war ein alter hellbrauner Datsun, der 97 000 Meilen auf dem Buckel hatte, dazu schwammige Bremsen, eine Lenkung mit viel Spiel sowie eine Klimaanlage, die einen ranzigen Wüstenwind ins Auto blies, wenn man sie auf «kalt» stellte. Immerhin funktionierte das Radio. Und dann glitt ich auf meinem bootsähnlichen Untersatz über den samstäglichen Highway und hörte mir Juneaus schlechte Nachrichten an.

Fünf Todesopfer und 71 Verletzte, zwei davon in Lebensgefahr schwebend. Während der nächtlichen Schlafenszeit hatte das Passagierschiff *Universe Explorer*, auf mehrwöchiger Kreuzfahrt durch die Inside Passage, ganz gemächlich den Lynn Canal passiert, als plötzlich in der Hauptwäscherei ein Feuer ausgebrochen war. Kurz danach hatte das darüber liegende Deck mit dem Schlafquartier der Mannschaft in Rauch und Flammen gestanden. Vier der Toten waren Filipinos, einer Puerto-Ricaner. Ihre Namen sollten erst bekannt gegeben werden, nachdem man die Angehörigen verständigt hatte.

Das Schiff lag nun in der Auke Bay vor Anker, gut zehn Meilen von Juneau entfernt. Die Verletzten wurden im Krankenhaus vor Ort versorgt, die übrigen Passagiere mit Chartermaschinen nach Seattle ausgeflogen. Immer noch, sagte der Sprecher, kämen neue Berichte herein – und die schwirrten auch im Hafen herum, als ich zurückkam. Die Fischer, die am Informations-Tropf UKW-Funk hingen, waren über jedes Detail im Bilde. Die *Universe Explorer* war in Amerika gebaut worden und gehörte auch einem Amerikaner, fuhr aber unter der Billigflagge Panamas – was hier im Hafen ganz besonders sauer aufstieß, erinnerte man sich doch noch gut an die Zeiten, als nur ein Kreuzfahrtschiff pro Woche in Juneau einlief, dafür aber meist unter der roten englischen Nationalflagge mit dem Heimathafen London. Doch dann hatten die Kreuzfahrtlinien «ausgeflaggt» und ihre Schiffe in Ländern der Dritten Welt neu angemeldet, um die lästigen amerikanischen Vorschriften, Steuern und Löhne zu umgehen.

Dies traf auf alle Kreuzfahrtschiffe zu, die ich gesehen hatte. Auch wenn sie gern ein großes Sternenbanner am Jackstag hissten, enthüllte ein genauer Blick aufs Kleingeschriebene am Heckwerk, dass die Heimathäfen dieser Schiffe Panama City, Monrovia oder Manila waren. Nach internationalem Seerecht galten sie somit tatsächlich als ein Teil von Panama, Liberia oder den Philippinen, der auf den Hoheitsgewässern der Vereinigten Staaten herumschwamm, und waren dabei so «ausländisch» wie ein Rostbeulenfrachter aus Wladiwostok.

Das war nichts Neues. Auf den ersten Seiten von *Taifun* entwirft Joseph Conrad ein Bild von der Katastrophe, die über Kapitän MacWhirrs Dampfschiff hereinbrechen wird, indem er in seemännischer Abscheu bei dessen «komischer Flagge» verweilt. Die *Nan-Shan,* in Schottland gebaut und in englischem Besitz, segelt unter der siamesischen Flagge, einem weißen Elefanten auf rotem Grund. «Zweimal so lang wie breit und der Elefant genau in der Mitte», wie MacWhirr bemerkt.

Die *Universe Explorer* segelte unter einer anderen komischen Flagge, der panamaischen. Das hielt man hier im Hafen für die eigentliche Unglücksursache. Die meisten Schiffsoffiziere waren Angloamerikaner, doch viele der Besatzungsmitglieder sprachen wenig bis gar kein Englisch und hatten – da ohne eigene Funkgeräte – keine Möglichkeit, direkt mit der Brücke zu kommunizieren. Als der Wäschekorb Feuer fing, musste die Nachricht von Mund zu Mund, über viele Stockwerke hinweg, aus dem Bauch des Schiffes bis zum wachhabenden Offizier wandern. Die ursprüngliche Meldung in der Tagalog-Sprache wurde erst ins Spanische, dann ins Englische übersetzt ... und als sie schließlich die Brücke erreichte, war sie dank des Stille-Post-Syndroms völlig unverständlich geworden. Verlorene Zeit, Verlust von Menschenleben. Als endlich der Feueralarm losging und sich die noch benommenen Crewmitglieder und Passagiere im Nachthemd zu den Sammelstationen durchkämpften, waren bereits fünf Menschen an Rauchvergiftung gestorben.

Diese Unglücksmeldung hatte die Stimmung der zwei- bis dreitausend Passagiere des Kreuzfahrtschiffes, die im Zentrum von Juneau einen Einkaufsbummel machten, allerdings nicht gedämpft. Aber vielleicht war sie nur noch nicht zu den Touristen vorgedrungen. Mit dem Auto durch diese engen Straßen fahren zu wollen erwies sich als keine gute Idee, denn man kam einfach nicht weiter vor lauter Gehhilfen, Rollstühlen, langsam schwenkenden Videokameras und Leuten, die mitten auf der Straße stehen blieben, um auf den Totempfahl, die Bärenskulptur, die alte Amtsstube des Goldprüfers oder den berüchtigten Saloon der Grubenarbeiter zu zeigen. Schlichte Gebrauchsgegenstände konnte man im Zentrum von Juneau nicht kaufen, denn hier waren jetzt alle Läden «Galerien» für Geschenke und Souvenirs. Am Hafen fand sich immerhin ein Schiffsausrüster. Lebensmittel bekam man im Valley, neun Meilen die Straße (es gab nur die eine) runter, also stadtauswärts.

Dieses Tal war ein Exil-Juneau, auf der Flucht vor den Touristenströmen. Auf dem sumpfigen Gelände, das der schrumpfende Mildenhall-Gletscher hinterlassen hatte, war eine liebenswerte alternative Stadt entstanden, deren ganz unromantische Schlackenbetonbauten und vom Wind heimgesuchte Parkplätze es geradezu darauf anlegten, auch den hartnäckigsten Touristen abzuschrecken. Mit seinen Einkaufszentren, Tankstellen, öden Wohnsiedlungen und tief fliegenden Flugzeugen bot das Valley genau den Anblick, dem man im Urlaub ja gerade entkommen wollte.

Das Juwel in der Krone des Valleys war jedoch ein riesiger, prachtvoller K-Mart mit mehr Abteilungen, als mir je zuvor untergekommen waren, darunter einem sehr gut sortierten Spirituosenshop. Hinter dem K-Mart, in Flughafennähe, hatten sich, vom Touristenrummel im Zentrum genervt, diverse Lebensmittelläden, Kneipen und Restaurants, Anwaltskanzleien und sonstige kleine wie große

Firmen angesiedelt. Die Legislative war in der Stadt verblieben, die Tageszeitung *Juneau Empire* aber ebenfalls die Straße runtergezogen.

In der Stadt war ich dem frostigen Lächeln und abweisenden Verhalten der Einwohner ausgesetzt, die von Fremden mehr als genug hatten. Im Valley dagegen war jeder hilfsbereit. In der Angelsportabteilung vom K-Mart, wo ich mit Julia im Hinterkopf schon mal eine Angel, Rolle, Köder und Angelschein besorgte, erzählte mir der Verkäufer, die letzte Bastion des alten Juneau sei zu Beginn dieses Jahres gefallen, als Lyle's Eisenwarenhandlung – eine Institution, so alt wie die Stadt – weggezogen war. Kaum war sie draußen, machte sich auch schon Little Switzerland in der historischen Stätte breit: mit Uhren von Patek Philippe, Lederwaren von Gucci und Düften von Givenchy und Dior. Der symbolische Kontrast zwischen Lyle's grundsoliden Nägeln zu einem Penny das Stück und diesen protzigen Klunkern wurde als ein trauriges Zeichen der Zeit angesehen.

Die Kreuzfahrttouristen galten – wie in Stratford-on-Avon oder Williamsburg oder sonst irgendwo auf der Welt, wo man sich von langsam vorwärts kriechenden Urlaubermassen genervt fühlt – bei der einheimischen arbeitenden Bevölkerung als Invasoren, über die man sich mit grummligem Spott hermachte. Wegen ihrer Gehirne wurden sie «Tourons» genannt, wegen ihres fortgeschrittenen Alters «Tourosaurier». In *Capital City Weekly* lief ein Wettbewerb zum Thema «Die dümmste Frage, die Ihnen ein Tourist diesen Sommer gestellt hat», obwohl die eingesandten Beiträge nicht besonders originell waren. «Was zahlen Sie für den Rücktransport der Fische nach Amerika?» – «Muss ich das verzollen, wenn ich in die Staaten zurückkehre?» oder: «Wie hoch liegt Juneau über dem Meeresspiegel?» Vergangenen November hatte eine Bürgerinitiative den Vorschlag zur Abstimmung gebracht, jedem Ausflügler beim Landgang eine Kopfsteuer in Höhe von sieben Dollar abzuknöpfen.

Doch bei allem Geläster wünschte sich kaum jemand ernsthaft ein Abflauen des Touristenstroms. Die Ausflugsdampfer waren eine Geldquelle, die man in Juneau sogar gern noch kräftiger anzapfen wollte. In bester Alaskamanier hatte die Stadt ihr Alltagsleben nach Norden und Westen verlegt und das Feld denen überlassen, die in den alten Kulissen ein Stück über Juneaus Goldgräberzeit inszenierten, das die Hunderte von Geschenkboutiquen ins Rampenlicht rückte.

Zwei Tage lang machte ich emsig klar Schiff für Jean und Julia. Die Hundekoje war ab sofort kein Kartenraum mehr, sondern wieder ein Kinderzimmer – mit neuem Teddy auf dem Kissen und neuen Bilderbüchern auf dem Bord über dem Bett. Ich schrubbte die Decks und wienerte die Holzteile im Innenbereich. Die Kombüse bekam ich so sauber, dass ich ab sofort nicht mehr zu kochen wagte. Zwei Sack Wäsche, frisch aus der Wäscherei, bescherten uns gebügelte Bettlaken, Geschirrtücher und Kissenbezüge, die nach frischem Brot dufteten. Auf dem Tisch im Salon stand eine Vase mit Willkommensblumen und im Apothekenschränkchen eine neue, extragroße Flasche Sonnenschutzmittel mit hohem Lichtschutzfaktor.

Ich befand mich in guter Gesellschaft. Auf der Mole wimmelte es von Männern, die Marlspieker, Besen, Malpinsel und Eimer trugen. In der altmodischen englischen Bezeichnung «ship's husband» für den Schiffsinspektor, der eine Überholung überwacht, steckt etwas Gediegenes, das ganz herrlich zu diesen Fischern passte, wenn sie sich mit einer Sorgfalt, die jeder Hausfrau würdig war und ihre besseren Hälften sicher verblüfft hätte, um ihre Netze und Boote kümmerten. Man sah sie auf der Mole sitzen und geduldig nähen oder mit gelben Putzlappen Pledge-Politur («mit dem Frischeduft der Zitrone») auf die Steuerräder ihrer Boote auftragen.

Mein Nachbar auf dem Treibnetz-Trawler an Steuerbord, ein bedrückt wirkender Pole, schien mit seinem Besen verwachsen. Wie er mir erzählte, war er schon in den vierziger Jahren nach Amerika gekommen, obwohl er nur gebrochen Englisch sprach. Er fuhr immer allein mit seinem Boot hinaus, wo er viel Zeit zum Nachdenken hatte.

«In zwei Wochen ich Krankenhaus gehen. Untersuchungen.»

Um ihn nicht nach dem Grund dafür fragen zu müssen, erkundigte ich mich nach dem Krankenhaus.

«Fred Hutchinson.»

«Das Fred Hutchinson in Seattle?»

«Seattle.» Er sprach den Namen wie ein Todesurteil aus.

Die anderen Fischer bemühten sich nach Kräften, ihn aufzuheitern, allerdings auf eine für meinen Geschmack ziemlich derbe Art. Ein Kerl mit hellem Bart, nur halb so alt wie der Pole, kam eines Nachmittags vorbei und grölte: «Hey, Joe! Jetzt hat dich die Syph also doch noch erwischt. Zu viele Weiber, Mann, zu viele Weiber!»

Joes Antwort war ein brüchiges Lachen. Kurz darauf sagte er zu mir: «Nix Siff, die Untersuchungen.»

«Ich weiß», entgegnete ich, und dann wienerten wir weiter an unseren Booten herum.

Obwohl ich tausend Meilen gereist war, um nach Juneau zu kommen, kam es mir manchmal so vor, als hätte ich mich im Kreis bewegt. Fast jeder Wagen auf der Straße trug die Plakette eines Händlers aus irgendeinem Randbezirk von Seattle: Auburn, Bellevue, Redmond, Lake City. Eines Abends, nachdem die Touristen wieder auf ihre Ausflugsdampfer zurückgekehrt waren, wurde es in Juneau für die Dauer eines Heimspiels der Seattle Mariners unheimlich still. Ich schaute mir das Spiel in der Triangle Bar an, einem der letzten noch im Stadtzentrum verbliebenen Lokale. Vielleicht war es noch übrig, weil die verlotterten Stammkunden als Veteranen des Goldrauschs hätten durchgehen können und die Schlägereien vor dem Eingang als Teil von Juneaus historischer Kulisse. Ken Griffey Jr. und sein Team, die Big Unit, waren die Helden hier und wurden mit Ratschlägen bombardiert, während sie wie Fische über den riesigen Bildschirm schwammen.

Was Lebensmittel, Oberligaspiele, Krebsuntersuchungen, Autos, Schiffsreparaturen und Bekleidung betraf, so hing Juneau an der Nabelschnur von Seattle. Und Seattle entsorgte Juneaus reichlich anfallende Abfallprodukte wie die Mutter die Windeln eines Kleinkindes. Ich sah zu, wie man die zweiwöchentlich verkehrende Abfallschute mit ausrangierten Autos, Bettgestellen, Kühlschränken und Waschmaschinen belud, um sie durch die Inside Passage zu einer Müllhalde am Duwamish Waterway zu verfrachten. Gut möglich, dass mein Datsun von «Rent-a-Wreck» schneller den Weg nach Seattle zurück finden würde als ich.

Ich buddelte eine alte Schiffermütze aus dem Schapp. Damit würde ich – so hoffte ich zumindest – wie ein Einheimischer aussehen.

Selbst zur Schiffsausflügler-Zeit – von zehn bis fünf – schlenderte ich gern durch die Randbezirke von Alt-Juneau. Oberhalb der Geschenkboutiquen verwandelte es sich in ein Städtchen aus lauter steilen Gassen, buckligen Pfaden, endlosen Treppenfluchten und erhöht liegenden kleinen Cottages mit blühenden Gärten. Eine Kletterpartie von fünfzig bis hundert Fuß genügte, und schon war man dem Touristentrubel entkommen, war allein zwischen Kolibris und Geißblattbüschen. Ich wurde zum kurzzeitigen Stammkunden in Mrs. Longenbaughs antiquarischem Buchladen in der Second Street, der für die meisten Zufallskunden den einen entscheidenden Straßenblock zu hoch lag. Mit seinen verstaubten Winkeln und unsortierten Kisten weckte der Laden bei mir angenehme Erinnerungen an eine Secondhand-Buchhandlung in Winchester.

Ich kaufte einen Stich, «DORF der FREUNDLICHEN INDIANER, an der Mündung des BUTE CANAL gelegen», mit dem Rasiermesser aus der ersten Ausgabe von Kapitän Vancouvers *Voyage* herausgetrennt, nach einer Skizze des Seekadetten Thomas Heddington, angefertigt während einer Vermessungsexkursion, als die *Discovery* und die *Chatham* im Desolation Sound ankerten. Zu gern hätte ich ein Exemplar der *Voyage* in der vierbändigen Originalausgabe von 1796 gehabt, aber die war wegen ihrer Karten und Kupferstiche dermaßen ausgeplündert worden, dass sie längst eine Rarität darstellte und inzwischen um die 15 000 Dollar kostete. Mrs. Longenbaugh hatte schon lange kein Exemplar mehr gesehen.

Ich bezahlte 90 Dollar für Joshua Slocums *Sailing Around the World*, erste Auflage, 1901 – für meinen Geschmack ein echtes Schnäppchen. Zu Lebzeiten war Slocum offenbar ein echter Kotzbrocken gewesen, ein Prahlhans von einem Kapitän und bei der Mannschaft verhasst. Dreimal musste er sich vor Gericht verantworten – wegen Freiheitsberaubung, Mordes und unsittlichen Umgangs mit einem Kind. Mit seiner Frau im selben Haus (auf Martha's Vineyard) zu leben war ihm unmöglich – sicherlich ein wichtiger Faktor bei der Entscheidung, ganz allein in einem kleinen Boot dem Ozean zu trotzen. Er legte keinen großen Wert darauf, zu baden oder seine Unterwäsche zu wechseln. Doch aus den Buchseiten spricht ein bescheidener, witziger, ja umgänglicher Mensch, der ideale Begleiter – ein nicht ungewöhnliches Phänomen bei Schriftstellern.

Aus einem Pappkarton fischte ich eine zerfledderte Penguin-Ausgabe von Mark Aurels *Selbstbetrachtungen* heraus, denn deren Zwillingsschwester residierte in der Arbeitszimmer-Bibliothek meines

Vaters, und ich war gespannt, was ihn wohl zu diesem stoischen Kaiser hingezogen hatte.

Aber die Lektüre musste noch warten. Im Augenblick saß ich mit Rebecca und ihrem sechsjährigen Bruder im Cockpit und las ihnen aus *Clifford the Big Red Dog* und *Madeline and the Bad Hat* vor. Doch mein Vater war nie weit weg. Ob in Juneau, Petersburg oder Ketchikan, immer tauchte er am äußersten Rand meines Gesichtsfelds auf – eine hagere Gestalt mit langem Gesicht, zerzaustem Silberbart und selbst geschnittener, vom hohen Haaransatz glatt nach hinten gestrichener Mähne, so schlenderte er über die Mole, einen Marlspieker oder Malerpinsel in der Hand.

Eine Viertelmeile vom Hafen entfernt ergoss sich der Gold Creek in den Gastineau Channel. Sein Schlick hatte Juneau einst reich und berühmt gemacht, aber vor kurzem hatte die Stadt den Gold Creek zu einem hässlichen offenen Abflusskanal umgestaltet, der direkt vom Berg in das Watt stürzte – eine nackte Betonleitung mit gleich bleibend steilem Gefälle. Das nur knapp ein Zoll hohe Wasser rann über ihre gewellte Oberfläche. Sobald die Gezeitenmitte überschritten war, wurden die letzten dreißig Yards dieser algenverseuchten Überlaufrinne Schauplatz eines verzweifelten, bejammernswerten Kampfes.

Tausende von Keta-Lachsen drängelten sich am unteren Ende der Rinne und versuchten die unmögliche Kletterpartie in ihre alten Laichgründe. Es wimmelte von Lachsen, deren Buckel aus dem Wasser ragten, während sie sich gegenseitig wegschubsten, um die Wanderung fortsetzen zu können. Wenn sie an der Reihe waren, schossen sie aus dem Kanal auf den Beton, wo sie sogleich panisch herumzuckten wie Aale. Die Fische waren ohnehin schon in einem erbärmlichen Zustand: olivgrün verfärbt, mit unregelmäßigen Flecken in

Kaugummirosa. Die Schuppen fielen ihnen klumpenweise aus, Flossen und Schwänze waren zerfetzt, ihre Leiber bestanden nur noch aus Haut und Gräten, kurzum, es reichte gerade zum Laichen und zum Sterben.

Sie zuckten, zappelten, krümmten sich und flutschten über den Beton, sie schossen in die Luft, nur um wieder auf dieselbe Stelle zu klatschen. Für alles blind außer dem Fortpflanzungstrieb, warfen sie sich so lange gegen die Rinne, bis sie starben. Nach minutenlangem Kampf wurden ihre Verrenkungen allmählich schwächer, bis die erschlafften Fischleiber über die Algen in den Kanal zurückrutschten. Und schon stürzten sich eifrige Neuankömmlinge über die Verendenden und Verendeten. Manche bewegten sich sogar auf dem Schwanz durchs frische Wasser fort, sobald sie die angestammten Laichplätze witterten.

Kein Lachs schaffte das Rennen. Zum Atmen war das Wasser bei weitem nicht tief genug, und auf dem glitschigen Beton konnten sie sich nicht hochwinden. Ein paar Unentwegten gelang es immerhin, die zweihundert Yards bis zur zweiten Brücke zurückzulegen, doch die meisten blieben schon nach kaum zwanzig Yards auf der Strecke.

Früher einmal muss es Dutzende von Rückhaltebecken und Stromschnellen gegeben haben, die es den Fischen ermöglichten, den Gold Creek auf einer sanft ansteigenden Lachsleiter zu erklimmen. Was sollte dieser grässliche, künstlich erschaffene, fischmordende Abflusskanal? Von meinen Nachbarn erfuhr ich, dass man sich nach dem Laichen der Fische über deren Leichengestank beschwert habe. Für die Anwohner war er eine Zumutung, den Touristen gleich gar nicht zumutbar. Und daher war der Gold Creek begradigt und mit Beton eingefasst worden.

Mit der Flut wurden die Lachskadaver in den nördlich gelegenen

Hafen geschwemmt, wo sie sich zwischen den Booten sammelten. Rebecca und ihr Bruder stocherten liebend gern in den Leibern herum, bis sie zerfielen und in einer rosa Gaswolke versanken. Während meiner spätnächtlichen Bettlektüre in der vorderen Kajüte hörte ich die Kadaver leise gegen den Rumpf klatschen, in der Strömung gefangen, die unter den Schwimmstegen gurgelte.

Angeblich war diese Keta-Lachs-Wanderung die Folge einer Havarie im Gastineau Channel ein paar Jahre zuvor gewesen: Ein Container mit Fischbrut war auseinander gebrochen und hatte die Lachse vor den Toren Juneaus freigesetzt. Mich überzeugte diese Erklärung nicht, da sie die Lachse zu ortsfremden Besuchern machte, zu reinen Lachs-Tourons. Doch die Fische, die ich gesehen hatte, wussten genau, wo es langging – zu ihren angestammten Kiesbetten in den oberen Abschnitten des Gold Creek.

Nachdem ich am Dienstag die letzten Lebensmittel aus dem Valley eingelagert hatte, fuhr ich zur Auke Bay, wo die *Universe Explorer* festgehalten wurde. Bevor man das Schiff zu Überholarbeiten nach Vancouver auslaufen ließ, verlangte die Küstenwacht der Crew eine zufrieden stellende Feuerwehrübung ab. Zwei Versuche waren bereits fehlgeschlagen. Das *Juneau Empire* berichtete auf seiner Titelseite:

> *Nach Aussage von Lt. j.g. Lindsay Dew vom Safety Office der Küstenwacht lag die wahrscheinliche Ursache für das Fehlschlagen der Übung in Übermüdung, Kommunikationsproblemen und mangelnden Vorkenntnissen der Crew.*
>
> *Dew befand die heutigen Übungen für «ungenügend» und erklärte des Weiteren, er habe bereits beim ersten Durchlauf einem Mannschaftsmitglied Feuer in der Vorratskammer des Schiffes gemeldet.*
>
> *Die Frau, die gut Englisch sprach, habe weder gewusst, wie sie Kontakt*

zur Brücke herstellen sollte, um die Meldung weiterzugeben, noch wo sich die Feuermelder befanden.

Daraufhin wandte Dew sich an ein anderes Mitglied der Crew. Der Mann meldete zwar das Feuer der Brücke, aber da sowohl er als auch die Crew auf der Brücke mit starkem Akzent jeweils unterschiedlicher europäischer Länder sprachen, wurde der Ort, wo das Feuer ausgebrochen war, nicht korrekt weitergegeben.

Das Schiff lag in der engsten Stelle der Bucht vor Anker, ein Kutter der Küstenwacht dicht daneben. Die Sonne stand hoch am Himmel. Hier und da kräuselte eine Katzenpfote das stille Wasser. Ich stand unter den tief hängenden Zweigen einer Hemlocktanne, um ein Foto zu schießen. Unten am Strand hüpfte ein Nerz von einem Felsen zum anderen. Ich richtete den Sucher auf das Schiff und drückte auf den Auslöser – ein Idyll wie aus der Reklame.

Es dauerte eine Ewigkeit, bis das Bodenpersonal den schwankenden ziehharmonikaartigen Tunnel um die Flugzeugtür angebracht hatte. Julia, eine der Ersten, die herauskamen, flog juchzend in meine Arme. Jean erschien hinter mehreren anderen Passagieren. Sie schleppte sich mit zwei Taschen ab und wirkte sehr abgespannt und erschöpft.

«Ich habe bis drei Uhr gearbeitet. Um fünf mussten wir schon wieder aufstehen, um den Flieger zu erwischen.» Sie versuchte zu lächeln, aber es wollte ihr nicht recht gelingen.

Ich legte meinen freien Arm um ihre Schultern. «Du kannst auf dem Boot schlafen. Ich unternehme etwas mit Julia. Einkaufen müssen wir nicht. Wir haben alles, was wir brauchen.»

«Es geht schon gleich wieder.»

In Juneau wurden die Neuankömmlinge von einem ausgestopften, leicht mottenzerfressenen Grizzlybären begrüßt. Auf den Hinterbeinen stehend, reckte er sich acht Fuß in die Höhe, wie ein riesiger Boxer, die Klauen ausgestreckt, das Maul weit aufgerissen, ein enger Verwandter von Balu aus Disneys *Dschungelbuch*-Version – sein irrer Vetter nämlich, der mit dem stieren Glasaugenblick und den gelben Fängern, von dem die anderen Bären nie reden. Julia ließ sich nicht Bange machen. Sie klammerte sich an mich und grinste den *Ursus horribilis* tapfer, wenngleich etwas unsicher an. «Gibt es echte Bären in unserer Welt?»

«Ganz viele. Die sehen wir alle von unserem Boot aus.»

«In echt?»

«In echt. Alaska ist für echte wilde Bären der beste Platz auf der ganzen Welt.»

«Dad-*dy*», sagte sie in ihrer *Ach du*-Stimme. «Sind wir denn jetzt in Alaska?»

«Ja, Juliamäuschen, jetzt bist du in Alaska. Wie findest du das?»

«Machst du auch keinen Quatsch?» Sie forschte in meiner Miene. Da ich schon gern mal Flugsaurier in den Bäumen vor unserm Haus hocken sah, hatte sie allen Grund, meinen Worten zu misstrauen.

«Nein, bestimmt nicht. Du bist in Alaska. In Juneau.»

«Mommy», rief sie durch die Ankunftshalle. «Das hier ist *Alaska*! Wir sind in *Alaska*!»

Auf der Fahrt zum Hafen begann Julia jeden Satz mit «Mommy-Daddy». Ich beobachtete sie im Rückspiegel: Sie strahlte vor Freude darüber, wieder beide Eltern bei sich zu haben.

«Soll das der *Mietwagen* sein?», fragte Jean, als wir uns durch das Valley schlängelten.

«Einen besseren habe ich nicht kriegen können.»

«Du hättest zu Hertz gehen sollen.»

«Bin ich ja. Aber die waren ausgebucht.»

«Der hier ist wirklich ein Wrack.»

An Bord legte ich Julia sofort die Schwimmweste aus dem K-Mart an, dann machte ich sie mit Rebecca bekannt, während Jean in die vordere Kajüte ging, um sich ein Weilchen hinzulegen. Julia wurde schnell auf dem Motorboot heimisch.

«Wir passen schon auf sie auf», sagte Rebeccas Mutter, und ich ging nach unten, um mit Jean zu reden, bevor sie einschlief. Im Innern des Bootes war es heiß, von der Mole draußen konnte man Stimmen und Schritte hören.

«Hier stinkt es.»

Den Geruch der Keta-Lachs-Kadaver im Hafen nahm ich schon gar nicht mehr wahr. Ich sagte: «Morgen sind wir hier weg. Wir können sogar schon am Nachmittag lossegeln –»

«Nein», erwiderte Jean mit plötzlicher Schärfe. «Ich habe doch noch nichts von Juneau gesehen.»

«Wie fühlst du dich?»

«Okay. Ich bin nur müde. Ich musste vier Kritiken schreiben. Und dann die ganze Packerei. Wenn ich mich ein bisschen ausgeruht habe, wird's schon gehen. Gib mir eine Stunde, ja?»

Ich setzte mich ins Cockpit. Julias Stimme drang hinter der Plane nebenan vor. Sie spielte so schön, dass ich sie nicht zu mir holen wollte. Unter ihrem Bett in der Hundekoje lag die Karte, die uns zur Glacier Bay lotsen sollte. Ich holte sie und zeichnete unseren Kurs ein, der um die Nordspitze von Admiralty Island in die Icy Strait führte.

Eine Dreiviertelstunde später kam Jean nach oben und sagte, sie fühle sich schon besser. Ihr Gesicht wirkte noch immer verspannt, aber weniger verkrampft als vorher. Zu dritt schlossen wir uns dem langen Zug der Touristen durch die Innenstadt an, schlenderten an den vielen Geschenkboutiquen vorbei und aßen einen überteuerten Lunch in einem Restaurant direkt am Wasser, wo Jean in ihrem Caesar Salad herumstocherte und ich mich über Eisberge, Bären und Wale ausließ und über so abgeschiedene Ankergründe, dass es uns vorkommen würde, als hätten wir ganz Alaska für uns allein. Julia war untröstlich, ihre neue Freundin schon wieder verlassen zu müssen, und schlug vor, Rebecca mitzunehmen.

Wir fuhren zum Sheep Creek, wo die Lachse sich vor der Mündung des Flüsschens zusammenrotteten und dann von Bassin zu Bassin sprangen. Auf den Felsen stehend, sahen wir den Fischen zu, die nur von dem Drang beseelt waren, stromaufwärts zu steigen und ihren Laich loszuwerden.

Julia starrte auf die schnappenden Kiefer, die sonderbaren Farben. «Ich mag sie nicht. Sie sind gruselig.»

«Sie wollen doch nur ihre Eier ablegen und ihre Babys ausbrüten.»

«Müssen sie sterben?»

«Ja. Aber vorher kriegen sie tausend und aber tausend Babys. Später schwimmen die Babys den Fluss hinab und aufs Meer hinaus, wo sie zu genauso großen Fischen heranwachsen wie die da. Und dann kommen sie hierher zurück, um ihre Eier abzulegen.»

«Das ist aber traurig. Ich will nicht, dass sie sterben.»

«Möchtest du auf den Spielplatz?»

«Ja!»

Auf einer meiner Spritztouren mit dem Wrack hatte ich den richtigen entdeckt. Er lag auf der anderen Seite des Gastineau Channel bei Douglas, gegenüber von Juneau, wo die Abfälle einer verlassenen Goldmine zu einem breiten Sandstrand aufgeschüttet waren, mit Schaukeln, Rutschen und einem Klettergerüst am oberen Ende.

«Eigentlich ist es jetzt Zeit für ihren Mittagsschlaf», sagte Jean.

«Nach dem Strand. Sie soll sich erst ein bisschen austoben.»

 Das pulverisierte Felsgestein war grobkörniger als normaler Sand, aber Julia rannte sofort los. Schuhe und Strümpfe blieben auf der Strecke. Ich sammelte alles auf und folgte ihr zu den Schaukeln.

«Höher! *Höher,* Daddy!»

Die Ketten quietschten und knarrten in ihren Ringbolzen. Die Sonne schien. Allein das Gewicht meiner Tochter im Schaukelsitz zu spüren tat unheimlich gut, auch wenn mir Jeans Stimmung zu schaffen machte, die ich wie so oft nicht ergründen konnte. Während ich meine Tochter anstieß, beobachtete ich meine Frau.

Sie saß, eine Zigarette rauchend, auf einer kleinen Düne vielleicht vierzig Yards den Strand hinunter und sah aufs Wasser. Vor ihrer Silhouette zogen sich Pfähle in Reihen zu einem kleinen Turm hin, der ein Stück weit draußen im Wasser stand, zwischen den vorschnellenden Zungen der zurückweichenden Ebbe. Bei der Einfahrt nach Juneau hatte ich das Ding für einen verlassenen Leuchtturm gehalten, doch in Wirklichkeit war es das letzte von der Goldmine übrig gebliebene Bauwerk: ein Pumpenhaus, dessen Blechdach zum edlen Farbton toskanischer Ziegel verrostet war und dessen Betonmauern dank der hiesigen Witterung die grobe Struktur von altem, grauem Gestein angenommen hatten. Von nahem besehen – wie ich seit gestern wusste – war es eine hässliche Ruine, aus gewissem Abstand betrachtet jedoch ein pittoreskes Türmchen aus historischen Zeiten.

Julia mochte nicht mehr schaukeln und steuerte eine Rutsche an.

Ich ging den Strand hinunter zu Jeans kleiner Düne und absolvierte dabei eine Art Hindernislauf über verrostete Trümmerteile von alten Minenmaschinen, die mit Muschelschalen überkrustet waren, und verbogenen, halb im Sand begrabenen Schienen.

Sie rauchte eine Zigarettensorte, die ich noch nie zuvor gesehen hatte, teer- und nikotinarme Glimmstängel der Marke «True». Ich zog mir eine aus der Packung und zündete sie an. Sie schmeckte ein bisschen wie nasses Stroh.

«Jean? Alles in Ordnung?»

«Ja, alles okay.»

Ich erzählte ihr von der Mine, auf deren Gelände wir hockten. In den achtziger und neunziger Jahren des 19. Jahrhunderts war die Treadwell Mine ziemlich berühmt gewesen. Unter dem steilen Hügel hinter Julias Spielplatz befand sich ein regelrechtes Labyrinth aus Stollen. Mr. Treadwell aus San Francisco hatte es vom Hilfsbauarbeiter zum Multimillionär gebracht, hatte dann ein paar Fehlinvestitionen gemacht und seine Tage mittellos in einer New Yorker Absteige beendet – ein geradezu klassischer amerikanischer Lebensweg.

Jeans Reaktion auf diese Geschichte bestand aus einem Achselzucken. Dann blies sie ein Wölkchen «True»-Rauch in die Luft.

«Was hast du?»

«Ich möchte ganz gern das Thema Trennung ansprechen. Ich meine, hast du schon mal an Trennung gedacht?»

«Trennung?» Mir wurde flau in der Magengrube.

«Ich habe immer geglaubt, es würde mir schwerer fallen, ohne dich zu leben. Aber seit du weg bist, finde ich es leichter, mit Julia allein zu sein. Es geht uns einfach besser, wenn du nicht da bist.»

«Du meinst doch nicht *uns*. Du meinst *mir*. *Dir* geht es besser.»

«Mommy-Daddy! Mommy-Daddy! Guckt maaaal!»

Julia hing wie ein Affe im Klettergerüst. Wir hoben beide eine Hand und winkten ihr zu. «Toll!», rief ich. «Ganz toll!»

«Na schön», sagte Jean, «*mir* geht es besser.»

«Bist du deshalb nach Juneau gekommen? Um mir das mitzuteilen?»

«Ich wollte ehrlich sein.» Die Zigarettenschachtel auf ihrem Schoß las sich wie ein englischer Untertitel in einem französischen Film: *True*!

 Es herrschte starke Ebbe, und das Treibnetz-Boot, das sich stromaufwärts nach Juneau kämpfte, saß bald in dem Bildausschnitt zwischen Pumpenhaus und Jeans Kopf fest. Das Boot ließ das Kielwasser zu einem V aufschäumen, machte aber keinerlei sichtbare Fortschritte bei der Fahrt über Grund.

«Ich muss mein Leben selbst in die Hand nehmen. Ich kann mich nicht länger von dem abhängig machen, was du mir rüberreichst, ich muss endlich mal mit mir zu Potte kommen. Mir zum Beispiel eine ordentliche Arbeit suchen. Bei Microsoft gibt es eine Stelle ...»

Ihr Ton war trocken, barsch, klang- und farblos. Jean hatte viele Stimmen. Dies war ihre Manhattan-Stimme. Als Kind der Upper Westside war sie stolz darauf, keine große Geduld für gute Manieren aufzubringen. Sie konnte auf Knopfdruck in das schnelle, flache, nasale Patois der Straßen New Yorks umschalten. Jetzt hörte sie sich an, als würde sie in einem Deli Lunch zum Mitnehmen bestellen.

«Ich muss mir ein neues Leben aufbauen», sagte sie.

Ich kam nicht mehr mit. Das konnte nicht wahr sein. Ich wollte alles, was Jean gesagt hatte, zurückspulen, aber die Worte strömten weiter aus ihr heraus, wie mechanisch auswendig gelernt, ohne die geringste Modulation. Sie musste diese Rede seit Wochen einstudiert haben – oder sogar seit Monaten? Hatte sie das hier etwa schon im Mai vorbereitet, als wir zusammen in England gewesen waren? Hinter ihren Worten meinte ich einen Gesprächstrainer zu hören. Ich wollte lieber nicht wissen, wer das war.

«Und du kannst dir genauso ein neues Leben aufbauen», fuhr Jean fort. «Du bist dann ja auch wieder frei. Und hast mehr Geld für dich, wenn du mir nicht ständig unter die Arme greifen musst.»

Eine neue Familie war auf den Spielplatz gekommen. Ich sah, wie Julia Kontakt aufnahm. «Mommy und Daddy sind dort drüben ...» Ihre übersprudelnd fröhliche, freundliche Art machte es ihr leicht, mit großen Hunden und älteren Kindern Freundschaft zu schließen.

«Wenn du dich erst an den Gedanken gewöhnt hast, merkst du sicher auch, dass es das Beste ist.»

Ich brachte kein Wort heraus. Jean hatte ihren Text, ich hatte keinen. Es gab nichts zu diskutieren: Das sagten die strengen Falten auf ihrer Stirn, die Art, wie sie die Nase reckte, wie ihre Lippen sich um den Filter der Zigarette schlossen. Ihre Augen, hart wie Wolfram, wichen meinen aus, verweigerten den Kontakt. Allem Anschein nach hatte sie unsere Ehe längst beendet und musste jetzt nur noch die lästige Pflicht erledigen, mich vor vollendete Tatsachen zu stellen.

Wie dumm von mir. Ich hatte uns sicher gewähnt. Obwohl es vieles gab, was uns trennte – ein Graben von fast zwanzig Jahren, ihr Amerika, mein England –, betrachteten wir die Welt doch durch die gleiche dunkle Brille. Das Tief, das in letzter Zeit über uns hereingebrochen war, hatte ich für zufällig und überwindbar gehalten – durch eine Wetterveränderung, einen anständigen Job für Jean, Geld, zuverlässige Babysitter, vierzehn Tage Alaska-Urlaub. In unseren schlimmsten Momenten – und einige waren wirklich furchtbar gewesen – hatte ich doch immer geglaubt, wir beide seien einander ähnlicher als anderen Leuten und dadurch irgendwie geschützt.

Und dann hatten wir doch Julia, unseren Augenstern. Wenn zwei Leben vom gleichen Licht erhellt wurden, war es dann nicht natürlich, dass sie miteinander in diesem Lichtstrahl umherschwirrten?

«Und wie soll Julia in dein großes Abenteuer passen?»

«Ohne die Spannungen zwischen dir und mir kann ich eine bessere Mutter sein», sagte sie und vergrub ihre Kippe im Sand.

«Sie braucht beide Eltern – sie braucht eine Familie, Jean!»

«Du bekommst ja Besuchsrechte.»

«Ich werde Julia doch nicht ‹besuchen›. Nie und nimmer.»

«Wir können alles besprechen. Und wir können eine Vereinbarung über die elterliche Fürsorge treffen.»

Sie benahm sich ebenso distanziert wie eine Beamtin, die hinter ihrem Schalter in irgendwelchen Papieren herumwühlt. Ebenso gut hätte ich es mit Miss Lopez oder Miss Takimoto von der Sozialversicherung oder der Einwanderungsbehörde zu tun haben können. Doch selbst aus der Distanz – sicher hatte der Trainer diesen kühlen, offiziellen Redestil mit ihr eingeübt – stellte ich verblüfft fest, wie ähnlich wir uns waren. «Ein neues Leben aufbauen», so hätte ich es bestimmt nicht formuliert, aber Amerika als das Land, in dem man sich permanent neu erfinden konnte, war von jeher mein Thema. Bisher war immer ich derjenige gewesen, der wegging, wenn die Zeit kam. Nun hatte Jean eine neue Chance für sich entdeckt und wollte sie leben, genau wie ich das in der Vergangenheit getan hatte. Ihre grausam kalte Zurückweisung erinnerte mich unangenehm an mich selbst.

«Sie braucht eine *Familie*», wiederholte ich matt.

«Wenn sie, sagen wir mal, zehn ist, wird die Hälfte der Kinder in ihrer Klasse geschiedene Eltern haben.»

«Sie ist keine Scheißstatistik!»

«Schrei mich nicht an.»

Das Fischerboot hatte sich nicht bewegt. Die ganze Welt hatte sich verändert, doch der Treibnetz-Fischer hing immer noch fest – hielt mit voller Kraft in die Strömung und kam doch nicht voran.

«Und wo gedenkst du zu leben?»

«Sobald ich zurück bin, gehe ich auf Wohnungssuche. Ich werde ein bisschen Geld brauchen, und wir müssen den Haushalt aufteilen. Du kannst deinen Anteil haben.»

«Meinen *Anteil*? Jean!»

Aber Jean war längst fort. Das Gesicht vor meinen Augen gehörte irgendeiner Miss Takimoto.

«Mommy-Daddy! Mommy-Daddy!» Julia kam auf uns zugerannt und wirbelte dabei den tauben Sand der Goldmine auf.

Sechsunddreißig unbeschreibliche Stunden später fuhr ich Jean und Julia zum Flughafen, setzte die beiden vor dem Eingang ab und brachte dann das Auto zu «Rent-a-Wreck» zurück.

«Schönen Urlaub gehabt?»

«Danke, bestens», sagte ich.

Im Hafen schämte ich mich wegen meiner offensichtlichen Einsamkeit. Julia war auf der Mole bald so bekannt gewesen wie ein bunter Hund. Jetzt brachte ich nicht einmal die Energie auf, einen Trauerfall in der Familie vorzuschützen, fühlte mich schon bei dem Gedanken überfordert, mir dazu irgendwelche Details ausdenken zu müssen. Ich brannte darauf, endlich loszusegeln, um in der reinen, schieren Bewegung vielleicht ein wenig Trost zu finden, doch ausgerechnet jetzt blies ein südlicher Wind mit 25 Knoten und mehr durch den Gastineau Channel und sollte laut Vorhersage im Laufe des Nachmittags noch heftiger werden. Bisher wäre es mir nie in den Sinn gekommen, trotz einer Sturmwarnung auszulaufen, und wenn ich es jetzt täte, würde ich nur beweisen, dass ich nicht imstande war, das Boot nach Süden zurückzusteuern und meine Reise zu Ende zu bringen.

Mit maskenhafter Miene lief ich über die Hafenmole zum Slip – (auf das Wort «unser» hatte ich plötzlich keinen Anspruch mehr) – und versteckte mich im Salon. Ich brachte die Lukenbretter wieder an, schloss sie und zog die Vorhänge zu. Nebenan hörte ich Rebecca mit ihrem Bruder zanken.

Der Bär, den ich Julia in Juneau gekauft hatte, lag unter dem Tisch im Salon. Und neben dem Ausguss in der Kombüse stand ein halb leerer Saftkarton mit umgebogenen Trinkhalmen.

Wie ein Roboter füllte ich den Kessel, zündete das Gas an, warf den alten Filter in den Müll, nahm einen neuen und gab löffelweise gemahlenen Kaffee hinein. Während der Kaffee durchlief, holte ich mir einen Stoß Papier, dick genug, um ein ganzes Epos zu schreiben, und begann einen Brief an einen Freund in Cape Cod.

Lieber Paul,
jede erfolgreiche Reise sollte in einer größeren Entdeckung gipfeln, und am Ende dieser Reise fühle ich mich wie Sir Walter Raleigh. Nicht weit von Juneau entfernt habe ich mein eigenes privates Guyana gefunden, obwohl ich bei Gott wünschte, dem wäre nicht so …

Komogwa

Nun begann mein Leben nach Zahlen. Die Tage wurden schon kürzer, doch vom ersten matten Schimmer der Morgendämmerung kurz nach fünf bis zum letzten Blau der Abenddämmerung blieben im Prinzip immer fünfzehn bis sechzehn Stunden, um weiterzukommen. Wenn der Motor auf vollen Touren lief, konnte ich 6,5 Knoten, also etwa 90 Meilen, pro Tag machen und manchmal sogar 100. Nachts wagte ich nicht zu fahren, aus Angst, ein über oder unter Wasser treibender Baumstamm könnte meinem Boot den Rumpf aufreißen.

Ich deponierte Hansens Handbuch im Schutz des Deckshauses, hakte die Seezeichen ab und riss die Meilen runter. Mein Logbuch, mittlerweile schon Nummer zwei und bereits überquellend von epischen Landschaftsbeschreibungen, wurde mit einem Mal zu einem Musterbeispiel der Selbstbeschränkung: Es gab nur noch hingekritzelte Zahlen in verschiedenen Spalten – Zeit, Entfernung, Windgeschwindigkeit, Kurs, Luftdruck.

Ich machte einen Bogen um jede Ortschaft. Da ich zu essen und zu trinken für drei an Bord hatte, war ich mehr als wohl versorgt. Und statt die lauschigen, geschützten Ankergründe, die von den Yachtführern empfohlen wurden, steuerte ich abends irgendeine der unansehnlichen Buchten an, die nur ein paar Flecken boten, wo das Wasser seicht war, und einen gewissen Schutz in der Abdeckung von

Landzungen. Kurz vor Sonnenuntergang begann ich mich umzusehen. Irgendein Plätzchen fand sich immer, und eine gewisses Unruhe bei Nacht (Dreht sich der Wind? Warum rumpelt die Kette überm Grund?) passte ideal zu meiner Gefühlsverfassung.

Ich lernte, gleichzeitig zu lesen und Wache zu halten. Ich musste mich ablenken und fand heraus, dass ich einen Abschnitt – manchmal auch nur einen Satz – aufnehmen und die Worte im Kopf behalten konnte, während ich das Wasser nach Gefahren absuchte, den Kurs überprüfte und am Autopiloten herumspielte, bevor ich mir den nächsten Brocken Text vornahm. So kam ich zwar nur langsam voran, aber es war eine gute Art zu lesen – wenn ich mit einem Buch fertig war, konnte ich es fast auswendig. Alaska und British Columbia verschwammen im Hintergrund, wurden zu einer gleich bleibenden, neutralen Kulisse aus Wäldern und Wasser, vor der sich Szenen aus einer anderen Welt abspielten.

Auf diese Art las ich auch Evelyn Waughs *Eine Hand voll Staub*. Sobald ich bei der letzten Zeile angekommen war, kehrte ich zum Anfang zurück und begann aufs Neue mit der Lektüre. Es war ein literarischer Genuss, wie Waugh das demütigende Desaster seiner ersten Ehe in eine bitterernste Komödie umgewandelt hatte. Zum ersten Mal seit der Treadwell Mine lachte ich wieder: über die raffinierte Einleitung, das mit trockenem Humor gezeichnete Porträt dieses wandelnden Firlefanzes John Beaver. Genau von so einer Sorte Mann war Waugh zum Hahnrei (seine eigenen Worte) gemacht worden. Während er an seinem Roman *Aber das Fleisch ist schwach* in einem Hotel auf dem Land arbeitete, meinte seine kindische Frau Evelyn Gardener mit einem eifrigen Londoner Partygänger namens John Heygate durchbrennen zu müssen. Damals schrieb Waugh: «Ich hätte nie gedacht, dass man sich so elend fühlen kann und dennoch weiterlebt.» Drei Jahre später, im Winter 1932, begann er mit der Arbeit an *Eine Hand voll Staub* und machte Heygate zu Beaver, einem unbedarften Wilden aus dem Dschungel des schicken London mit seiner Sammlung von kostbaren wappengeschmückten und goldverzierten Tabakbehältern, Hutbürsten und Flaschen für die Jagd. Auf diesen Seiten nahm er Rache, doch diese Rache war mit kunstvoller Gelassenheit und in heiterer, formvollendeter Prosa ausgeführt.

Waugh und seine Frau wurden als Tony und Brenda Last besetzt. Brenda schnappt sich John Beaver als Spielzeug, als amüsante Abwechslung vom langweiligen Leben auf dem Land, worauf es in der Ehe der Lasts zu kriseln beginnt. Dann kommt der gemeinsame sechsjährige Sohn – John Andrew – bei einem Jagdunfall ums Leben. Waugh, der die Fäden dieses Chaos zusammenhält, schreibt hier besser als jemals zuvor und jemals danach, indem er Posse und Tragödie zu gleichen Teilen miteinander vermischt.

Ein Freund erscheint bei Brenda, um ihr die Nachricht vom Tod des kleinen John beizubringen.

«Was ist los, Jock? Sag schon, ich hab Angst! Es ist doch nichts Schlimmes, wie?»
«Leider doch … ein schwerer Unfall.»
«John?»
«Ja.»
«Tot?»
Er nickte.
Sie setzte sich auf einen kleinen, harten Empirestuhl an der Wand. Sie saß völlig reglos, die Hände im Schoß gefaltet, wie ein kleines, wohlerzogenes Mädchen in einem Zimmer voller Erwachsener. Dann sagte sie: «Erzähl mir, was passiert ist! Woher weißt du es als Erster?»
«Ich bin nach dem Wochenende in Hetton geblieben.»
«Hetton?»

«Weißt du nicht mehr? John sollte heute mit auf die Jagd!»

Sie zog die Brauen hoch und begriff nicht sofort, was er sagte. «John … John Andrew … ich … oh, Gott sei Dank …» Dann brach sie in Tränen aus.

Diese Passage las ich laut den Bäumen vor.

Im fulminanten Finale versetzt Waugh seinen Helden Tony Last aus den Höhlen der schnatternden Barbaren von Mayfair in den echten Dschungel des Amazonasbeckens, wo er sich dem Forschungsreisenden Dr. Messinger anschließt, der nach einer sagenhaften Stadt der Inkas sucht. Bratt's Club und The Old Hundredth machen Platz für Brüllaffen, Baumfrösche, Fledermäuse, Spinnen, Alligatoren, Leguane und Kaburifliegen. Der Übergang vollzieht sich unmerklich. In beiden Welten gelten dieselben Gesetze. Die Forscher verirren sich in kartographisch noch unerschlossenem Terrain; Tony bekommt hohes Fieber und vermengt in seinen Wachträumen England mit dem Amazonas; Dr. Messinger macht sich allein auf den Weg, um bei den Indianern Hilfe zu suchen. Der Fluss, auf dem er mit seinem Kanu reist, ist die turbulente Essenz dieses Dschungels – schlammig, voller Strudel, Stromschnellen und Wasserfälle. Es dauert nicht lange, und er ist darin ertrunken.

Wenn ich von der Lektüre aufsah, um den Kurs zu überprüfen, hatte ich meinen eigenen Dschungel direkt vor Augen: schnell fließendes Tidenwasser, von vielen kleinen Wirbeln durchzogen, bemooste Baumstümpfe, der immer weiter vorankriechende, tentakelbewehrte Salal, der Adler, der gebückt auf dem abgestorbenen Ast einer vom Blitz getroffenen Kiefer hockte.

Ich aß mein Frühstück im Dunkeln: Kaffee und ein Schälchen Fruit Loops.

Mein frühes Aufstehen wurde mit so mancher Bären-Sichtung belohnt. Wenn ich den Anker lichtete, sah ich etwa, wie ein großer, schwarzer Findling sich plötzlich schüttelte und in Bewegung setzte, um den Strand nach Meerestieren abzuschnüffeln. Jeder Bär löste einen schmerzhaften Stich aus. Manchmal ging ich nach unten und holte meine Kamera, aber mit Julia Fotos anzugucken wäre doch bloß ein armseliger Ersatz für das, wovon ich so lange geträumt hatte – ihr einen richtigen Bären vorzuführen, in echt.

Als Juneau fünf Tage zurücklag und ich den Dixon Entrance glücklich passiert hatte, geriet ich in richtig scheußliches Wetter. Ein lang gezogener Tiefdrucktrog hatte erst die Queen Charlotte Islands heimgesucht und sich dann über der Inside Passage festgesetzt. Mit sich brachte er einen wilden, stürmischen Wind aus südlicher Richtung und heftige Schauer – der schräg fallende Regen prasselte wie Kies an die Fenster meines Deckshauses. Im Princess Royal Channel wurde das Meer von dicht aufeinander folgenden, drei Fuß hohen Wellen aufgewühlt, Wolkenfetzen hingen auf Masttopp-Höhe, und das gebirgige Ufer auf der Steuerbordseite war nur ein dunkel gesprenkelter Streifen im alles beherrschenden Grau. Wellen und Wind hatten das Boot auf weniger als drei Knoten verlangsamt, obwohl ich mit der Tide fuhr und knapp fünf Knoten über Grund machte.

Plötzlich wurde ich in meiner Lektüre – *Gilbert Pinfolds Höllenfahrt* – unterbrochen: Direkt hinter mir knatterte ein Wasserflugzeug los. Der Pilot versuchte, unter den Wolken durchzufliegen, wurde aber immer weiter zum Wasser hinabgedrückt, das meines Erachtens viel zu aufgewühlt war, um ihm eine Landung zu erlauben, bei der er nicht den Verlust seiner Maschine riskierte. Er musste sie ein paar Fuß hochziehen, um mir nicht den Mast abzurasieren, und brauste dann mit Panik erzeugendem Gedonner über meinen Kopf hinweg.

Obwohl ich nichts vom Fliegen verstand, hatte ich den Eindruck, dass er in Bedrängnis war, denn die Sicht betrug kaum mehr als null, und die schiefen, steil abfallenden Felswände des Kanals lagen gerade mal eine Meile auseinander. Ich konnte nur hoffen, dass er wusste, was er tat, als ich seiner Maschine nachhorchte, deren Gebrumm sich im Klatschen des Regens verlor, doch den ganzen restlichen Tag war ich halbwegs darauf gefasst, an dem schwimmenden Wrack vorbeizukommen.

Doch mich verschlang ein wilderes Meer / Und tiefer sank ich noch als er. Meine Begegnung mit dem Wasserflugzeug hatte die Erinnerung an das Reimpaar ganz am Ende von William Cowpers letztem und bestem Gedicht heraufbeschworen. Ich holte *The Oxford Book of the Sea* und las noch einmal *The Cast-Away* (*Der Schiffbrüchige*) – das wohl verzweifelteste Gedicht in englischer Sprache, obwohl Cowpers Viervierteltakt *ta-tam-ta-tam-ta-tam-ta-tam* ihm einen subversiven Schwung verlieh – jedenfalls dann, wenn ich es laut deklamierte.

Cowper war 67, als er im März 1798 *The Cast-Away* schrieb, nicht lange vor seinem Tod, vom methodistischen Glauben abgewandt, zu dem er als junger Mann aus leidenschaftlicher Überzeugung konvertiert war. Er glaubte, im eigentlichen Sinne des Wortes «verdammt» zu sein, da ihm der Zugang zu Gott und Seiner Liebe fremd geblieben war. Wie so viele zurückhaltende Menschen, die ihr Leben zu Hause verbringen, hat auch Cowper «Lehnstuhlabenteuer» verschlungen und in Lord Ansons *Reise um die Welt* eine Analogie zu seiner eigenen erbärmlichen Lage gefunden. Ansons Schiff, die *Centurion,* war vor Kap Horn in einen heftigen Sturm geraten, und schließlich erging der Befehl: «Alle Mann nach oben!» – eine lebensgefährliche Arbeit, bei der sämtliche Segel des Schiffs zu bergen waren und die Seeleute die Wanten hinaufmussten, um den Angriff des Windes zu mindern und das Schiff weiter steuern zu können. Dabei verlor ein Matrose den Halt und stürzte in den eiskalten Südatlantik. Da das Schiff sich unmöglich wenden ließ, mussten Anson und seine Männer ohnmächtig mit ansehen, wie der von den Wellen mitgerissene Körper schließlich verschwand. Anson schrieb und Cowper las:

Ungeachtet der gewaltig aufgewühlten See schwamm er mit großer Kraft, und wir mussten uns zur äußersten Beunruhigung eingestehen, dass wir nicht im Stande waren, ihm zu Hilfe zu eilen. Tatsächlich bekümmerte uns sein unseliges Schicksal umso mehr, als wir ihn bei seinem Kampf mit den Wellen aus den Augen verloren, denn daraus, wie vortrefflich er das Schwimmen beherrschte, konnten wir ja schließen, dass er noch eine beträchtliche Zeit so weitermachen würde, auch wenn er sich der Schrecken seiner aussichtslosen Lage bewusst war.

Genauso ging es Cowper im Alter. Auch ihn hatte das Schiff zurückgelassen. Er sehnte sich nach dem Tod, der sich aber noch nicht einstellen wollte.

In *The Cast-Away* setzte Cowper Ansons Schilderung in Verse, schwenkte allerdings in den letzten beiden Strophen von der Tragödie des Seemanns zu seiner eigenen um.

Drum plan' ich oder träum' ich nicht
wenn ich sein Los beklag'
Dass mit dem düsteren Gedicht
Man länger trauern mag.
Doch tröstet, wenn dem eigenen Fall
Aus fremder Not schallt Widerhall.

Kein Gott dem Sturme Einhalt bot,
Kein Licht gab hellen Schein,
Bar jeder Hilfe in der Not
Starb jeder ganz allein:
Doch mich verschlang ein wilderes Meer,
Und tiefer sank ich noch als er.

Der arme Cowper, dessen gesamtes Erwachsenenleben eine Achterbahn aus – seinem religiösen Wahn geschuldeten – kurzen Höhenflügen war, die von Zeit zu Zeit die langen Phasen selbstmörderischer Depressionen unterbrachen, hatte sich von jeher als einen glücklosen Seefahrer betrachtet. Seine persönlichen Erfahrungen mit dem Wasser beschränkten sich zwar auf eine Fahrt in einem kleinen Segelboot auf dem Solent, unweit von Southampton, doch das hinderte ihn nicht daran, die großen Reisen des 18. Jahrhunderts auf Metaphern für seine eigene Lebenslage hin auszuplündern. Zuweilen empfand er sich selbst als ein sinkendes Schiff:

Vom Sturm gepeitscht, ermattet ich, im Wind
Zerfetzt die Segel, ohne Kompass, blind,
Und Tag für Tag hat mich der Strömung Macht
Vom günst'gen Kurse weiter abgebracht.

Als ein Freund nach einer Reise von Calais mit dem Paketboot heil aus Ramsgate zurückkehrte, schrieb ihm Cowper:

Bezwungen ist dein Sorgenmeer,
Gar wohl bist du gelandet.
Ich find' den Hafen nimmermehr,
Bin sturmgepeitscht gestrandet.

Demselben Freund schilderte er seine Arbeit – die Übersetzung von Homers Werken in Versform – als eine Tätigkeit, die ihm «zu einem kleinen Maß Gelassenheit» gebe, sei dies doch «die *turbulenteste Reise*, die ein christlicher *Seefahrer* je unternommen hat».

Ein ganzes Leben, angefüllt mit dem Studium und den Metaphern der Meere, bildete den Hintergrund für seine Arbeit an *The Cast-Away* – und bestimmt hat Cowper einen Moment des Triumphs erlebt, als er die Worte für die letzten beiden Zeilen fand, für dieses reine Destillat des Leidens. Cowper lebte noch dreizehn Monate, schrieb aber nichts mehr. Doch dieses letzte Reimpaar fand seinen Weg in den Olymp der populären Zitate. In Virginia Woolfs *Fahrt zum Leuchtturm* führt Mr. Ramsey es bei jeder Gelegenheit im Munde. Und für ein, zwei Tage adoptierte auch ich es und sang mit Inbrunst:

«*Doch* mich *ver*-schlang *ein* wild-*res* Meer,
und tie-*fer* sank *ich* noch *als* er.»

Am sechsten Tag verließ ich Center Cone Island und lief in den Finlayson Channel – genau die halbe Strecke zwischen Juneau und Seattle. Die Cocoa Puffs zum Frühstück schmeckten noch scheußlicher als die Fruit Loops. Dann genehmigte ich mir ein paar Kostproben aus dem Buch meines Vaters, der Penguin-Ausgabe von Mark Aurel – und schon auf Seite 51 sprang mir mein Text des Tages ins Auge:

Vom menschlichen Leben ist die Zeit ein Punkt, die Substanz im Fluss, die Wahrnehmung dunkel, die Zusammensetzung des ganzen Körpers zur Fäulnis geneigt, die Seele umherirrend, das Geschick schwer zu ergründen, der Ruf urteilslos; zusammengefasst ausgedrückt: alles Körperliche ist ein Fluss, alles Seelische ein Traum und Wahn, das Leben Krieg und Aufenthalt eines Fremden, der Nachruf Vergessenheit.

Heraklit gemäß betrachtet Mark Aurel das menschliche Leben als turbulente Fließbewegung. Die Zeit ist «ein Fluss, aus dem, was geschieht, und ein reißender Strom ist die Ewigkeit; zugleich nämlich wurde ein jedes gesichtet, und es ist schon vorübergetrieben, und ein anderes treibt vorüber ...» Wenn man ein Spiegelbild für das Dasein sucht, braucht man nur herabstürzende Wasserfälle und abklingende Wirbelstraßen hinter umströmten Pfählen zu betrachten.

Für Mark Aurel waren unruhige Strudel und dahinjagende Wasser keineswegs gefällige Redewendungen. Im Frühling und Herbst konnte der Tiber binnen ein, zwei Stunden von einem kränklichen Rinnsal zu einem reißenden Strom anschwellen. Den Fluss in Schach zu halten war ein aufwendiges Unternehmen für den Stadtstaat, und unter Augustus fasste man den Tiber schließlich mit steinernen Uferdämmen ein. Als Mark Aurel 161 A.D. Kaiser wurde, hatte die Stadt sich bereits bis zum Westufer ausgedehnt, doch selbst als die riesigen Marmorwälle des kaiserlichen Rom ihn umschlossen, blieb der turbulente, rasant steigende Tiber ein Stück unbezähmbarer Wildnis im Herzen der Ewigen Stadt.

Mir wurde klar, wie sehr Mark Aurels *Selbstbetrachtungen* meinen Vater angesprochen haben mussten. Schließlich war er ja immer ein kleiner Stoiker gewesen, ohne dies an die große Glocke zu hängen. Seine Sparsamkeit und Bescheidenheit ebenso wie die zunehmende Askese in der Ausübung seines religiösen Amtes waren durchaus aurelische Tugenden, und manchmal schien es mir, als spräche Mark mit der Stimme meines Vaters zu mir:

> *Zu lesen ist nicht möglich. Aber Übermut zurückzudrängen ist möglich, Lüste und Schmerzen zu überwinden ist möglich, dem Ruhm überlegen zu sein ist möglich, Empfindungslosen und Undankbaren nicht zu zürnen, obendrein sich um sie zu kümmern ist möglich.*

Mein Junge ... Er hätte die Tabakreste aus seiner Pfeife über der Kaminecke ausgeklopft und sich dann wieder in den Falten seines Talars verkrochen.

Und noch etwas wurde mir klar: Er musste den englischen Übersetzer der *Selbstbetrachtungen* gekannt haben. Maxwell Staniford war ebenfalls «Rural Dean» gewesen, in Blandford in Dorset, nur fünfunddreißig Meilen westlich vom Sprengel meines Vaters bei Southampton. Schon eigenartig, dass anglikanische Geistliche, die den allmählichen Niedergang der etablierten Kirche bis ins Detail mit durchlitten, ausgerechnet in der strengen Philosophie eines heidnischen römischen Kaisers geistigen Trost fanden. Doch angesichts leerer Kirchenbänke, leerer Kassen und eines Kirchendachs, das dringend neu gedeckt werden musste, mag auch ein Pfarrer durchaus mehr Bezüge zu Mark Aurels *Selbstbetrachtungen* entdecken als zu den Episteln des heiligen Paulus.

Ich verstieß gegen meine neue Regel und trug gleich zwei Zitate ins Logbuch ein:

Verlust ist nichts anderes als Verwandlung. Daran hat die Allnatur Freude ...

Entweder Zwang des Verhängnisses und eine unausweichliche Ordnung oder gnädige Vorsehung oder Durcheinander des Zufalls ohne Leitung. Wenn nun unausweichlicher Zwang, was sträubst du dich? Wenn aber Vorsehung, die es zulässt, gnädig gestimmt zu werden, mach dich würdig der göttlichen Hilfe. Wenn aber Durcheinander ohne Führung, sei zufrieden, dass du in solchem Schwall in dir selber einen leitenden Geist hast. Und wenn dich der Schwall fortreißt, soll er das Fleisch, den Lebenshauch und so weiter fortreißen, denn den Geist wird er nicht fortreißen.

Ich las Swantons *Tlingit Myths and Texts*. «Die Frau, die von einer Venusmuschel getötet wurde» – «Die Frau, die vom Volk der Frösche entführt wurde» – «Der Mann, der ausgesetzt wurde» – «Der Riesenteufelsfisch und der Schreihals». Geschichten über fortwährendes Unheil, über leichte Verfehlungen und schwere Strafen, über das launische, boshafte Wesen der Natur. Die meisten Geschichten begannen damit, dass jemand das Haus verlässt – um einen Spaziergang im Wald zu machen, Muscheln am Strand zu sammeln, auf die Jagd oder fischen zu gehen. Und urplötzlich, fast immer ohne jede Erklärung, nimmt das Verhängnis seinen Lauf.

Ich kannte diese Geschichten seit mittlerweile sechs Jahren. Ja, was hatte ich denn erwartet – dass eine freundliche Gottheit meine Pläne abnicken und mir auf meinem Weg nachwinken würde? Während ich auf der Suche nach einem schützenden Hafen durch die kalten grauen Meereswellen der Queen Charlotte Strait ritt, hörte ich deutlich Komogwas glucksendes Unterwasserlachen.

An dem Morgen, als ich die Stromschnellen von Yuculta und Dent passierte, klarte das Wetter auf, und so hielt ich unter einem unfassbar hohen blauen Himmel Kurs auf Desolation Sound. Weiter südlich, im Urlaubsparadies, fuhren Segelschiffe und Motorkreuzer im Zickzackkurs von einer kleinen Insel zur anderen, immer eine Angel im Schlepptau, während die Wasserskifahrer, die von kleinen weißen Sportbooten gezogen wurden, ihre Achter um die gemächlich dahindümpelnden Angler drehten. Da mein Tank fast leer war, musste ich notgedrungen den nur die Saison über geöffneten Yachthafen von Refuge Cove anlaufen.

Die Schwimmstege waren gerammelt voll mit Vergnügungsbooten, und überall roch es nach Sonnenöl. Kinder in Schwimmwesten jagten die Mole auf und ab. Auf den Bootsdecks und Flybridges räkelten sich junge Mütter auf gestreiften Handtüchern in der Sonne. Ich tankte fünfzig Gallonen und ging dann unter Deck, um den Wasserabscheider in der Dieselzuleitung zu leeren.

Das letzte Mal hatte ich den Tank in Klemtu gefüllt. Aber seit neuestem lief der Motor bei voller Fahrt ab und an etwas unregelmäßig, was ein Anzeichen für Wasser im Brennstoff war. Ich hakte die Niedergangsstufen aus und stellte sie beiseite, um an die mechanischen Eingeweide des Bootes heranzukommen.

Der Maschinenraum war total überhitzt. Mit Dieselqualm in den Augen und auf der Zunge drehte ich den Entwässerungshahn unter der Glasglocke des Abscheiders auf, um das angesammelte Wasser herauszulassen. Verdreckter Treibstoff tröpfelte in einen Pappbecher, bis einige Minuten später endlich violettfarbener Diesel in einem dünnen Strahl auf die eklige emulgierte Brühe folgte. Und plötzlich begann ich aus irgendeinem Grund zu heulen und mich gleichzeitig zu erbrechen. Während ich die Schweinerei aufwischte, kam ich mir vor wie der letzte Idiot oder wie im falschen Film. Ich war froh, als der Yachthafen hinter mir lag.

Von Vergnügungsbooten war schon erheblich weniger zu sehen, als ich in die Georgia Strait lief, wo ein leichter Nordwestwind die Meeresoberfläche kräuselte. Zum ersten Mal seit der Abfahrt aus Juneau machte ich den Motor aus und setzte die Segel. In den nächsten drei Stunden vergaß ich alles, was mir auf der Seele lag. Ich war im Sommerurlaub. Schluss mit dem Lesen. Ich saß am Steuer und ließ das Boot im ständig drehenden Wind tanzen, wobei ich mit einem Auge auf die Geschwindigkeitsanzeige schielte und versuchte, die 4,3 Knoten auf 5,0 hochzujagen – bis die Sonne hinter Vancouver Island versank und ich in den seltsamen Hafen von Vananda einlief, wo man mit irischem Akzent sprach.

Dreizehneinhalb Tage nach meiner Abfahrt aus Juneau war ich wieder in Ballard Locks. Ein Schleusenwärter, der mir bekannt vorkam, nahm meine Leinen an, wobei er Fahrzeug und Kapitän einer genauen Musterung unterzog. Zum ersten Mal in meinem Leben war ich so dunkel gebräunt wie Mahagoni. Und ich wog so wenig wie seit Jahren nicht mehr.

«Sie waren unterwegs?», fragte er.

«Oben in Alaska.» Ich gab mir Mühe, meine Antwort echt lässig klingen zu lassen.

«Guter Trip?»

«Ja, Klasse.»

Die Schleusentore öffneten sich. Das maritime Seattle drängte sich den Ship Canal entlang. Selbst im Schein der Augustsonne blendeten mich die Schweißbrenner. Die vielen Rostpartikel, die von den Werften her übers Wasser wehten, machten die Luft schwer. Die meisten Pötte hier waren schrottreif – uralte Frachter aus Archangelsk, Wladiwostok, Ochotsk, Schlepper und Fabrikschiffe aus Anchorage, Juneau und Ketchikan. Die Stadt, so riesig wie London, nahm mich wieder auf.

Ich machte das Boot am Anleger in der Ewing Street fest, warf das, was ich am dringendsten brauchte, in meinen Matchsack und ging an Land. Sogleich begann der Boden unter meinen Füßen zu schwanken. Auf dem Hügel, hinter den Ziegelbauten des Bibelkollegs, sah ich das oberste Stockwerk unseres Hauses mit seinem weißen Balkon zwischen dem Grün der Bäume durchblitzen. Ich trat über die stillgelegten Eisenbahnschienen und holte tief Luft, bevor ich mich an das letzte Stück Weg machte, eine Viertelmeile bergan durch die Vorstadt, wo mich das wildere Meer erwartete.

Die Übersetzerin dankt

Dr. Martin Kolb für seine fachkundige Beratung
über Meer, Wind und Wellen

Christiane Bergfeld für umfangreiche Recherchen
zu Wasser und zu Lande sowie für die Übertragung
von Gedicht- und Reimfragmenten,
insbesondere von:
Alexander Pope: *Windsor Forest*
Edward Lear: *The Owl and the Pussycat*
William Cowper: *The Cast-Away*

dem Liedermacher Gerd Schinkel
für die deutsche Version von Joe Hills *Priest and Slave*

Juneau
Gastineau Channel
Stephens
Passage
Tracy Arm
Holkham
Bay
Hobart Bay
Chicagof
Island
Chatham Strait
Admiralty
Island
Sitka
Baranof
Island
Frederick Sound
Wrangell Narrows
Petersburg
Sumner Strait
Zimovia
Prince of Wales
Island
Dixon
N
Pazifischer
Ozean
Queen Charlotte
Islands
136°
135°30'
135°
134°30'
134°
133°30'
133°
58°
57°30'
57°
56°30'
56°
55°30'
55°
54°30'
54°
53°30'
53°